FINANCIAL
MANAGEMENT

재무관리

최 혁
안희준 · 김종오 · 정재만
이우백 · 엄윤성 · 양철원
김지현 · 우민철 · 윤선흠
반주일 · 이효정 · 왕수봉

弘 文 社

머 리 말

네덜란드는 국토면적이 한국의 40%에 불과하며 12세기까지 사람이 살지 않고 바다에 잠겨있던 곳이다. 14세기에 이르러서야 사람들이 살기 시작했지만 당시 인구는 100만 명에 불과한 청어잡이로 유명한 어업국가였다. 14세기에서 16세기에 걸쳐 부르고뉴공작가, 합스부르크왕가, 스페인 왕가의 지배를 받았기 때문에 국가라는 표현도 적절하지는 않다. 그러던 곳이 17세기에는 남아프리카와 동남아시아 등지에 방대한 식민지를 가지게 되고, 북미대륙에도 뉴암스테르담(지금의 뉴욕)을 건설하기까지 하였다. 뉴질랜드를 발견하기도 하였으며, 일본에도 진출하여 '난학'(蘭學)이라고 불리는 네덜란드 문화를 전수하기도 하였다. 한편, 이 시기에 문화적으로도 황금기를 맞이하여, 렘브란트 등의 화가와 에라스무스, 스피노자 등과 같은 철학자도 배출하였다.

외국 열강의 지배를 받다가 겨우 독립한 조그마한 나라가 전 세계를 아우르는 해양 제국으로 성장하여 '네덜란드의 황금시대'라 불리는 번영을 이룰 수 있었던 이유는 무엇일까? 여러 가지 이유를 들 수 있지만, 그 중 중요한 하나는 '주식회사'제도의 도입이다. 당시 인도를 비롯한 아시아 무역은 고위험, 고수익 사업이었다. 출항한 상선 10척 중 한 척 정도 돌아오지만, 한 척만 돌아온다면 투자금의 2배 수익이 돌아오는 그야말로 '벤처' 사업이었다. 당시 동방무역을 지배하던 포르투갈이나 스페인은 왕가에서 거대자본을 출자할 수 있었지만, 중소상인만이 존재하는 네덜란드에서는 그러하지 못했다. 여기서 생겨난 아이디어가 '주식회사'이다. 여러 사람의 돈을 모아 거대자본을 가진 회사를 만들고, 이익이 생기면 주주에게는 지분만큼의 이익을 배당하자는 것이다. 그런데, 자본금에 더하여 돈을 빌려서 10척을 출항시켰는데, 10척 중 한 척도 돌아오지 않는다면, 주주는 출자금 손해에 더하여 부채 상환도 해야 한다는 문제가 있다. 주주는 자본금을 출자했을 뿐, 사업의 성패는 선장에 좌우됨에도 불구하고, 이런 위험을 진다면 아무도 출자하지 않을 것이다. 그래서 생겨난 아이디어가 주주는 출자한 금액만큼만 책임을 진다는 '유한책임'이다. '유한책임'으로 인하여 주주의 최대 손실이 출자금으로 확정되기 때문에 주주는 출자금 이내의 손실 위험만을 부담하고 '주식회사'에 투자할 수 있게 되었다. 그리고 '주식회사'라는 제도를 통해 소유와 경영이 분리되었다. '주식회사'는 계속 지속되기 때문에 주주가 투자금을 회수할 수 없다는 문제점이 있다. 이 문제를 해결하기 위한 아이디어가 '주식거래소'이다. 투자금을 회수하고 싶은 주주는 회사에 투자하고 싶은 제3자에게 주식을 매각할 수 있는 유통시장을 만든 것이다. 17세기 네덜란드에서는 세계 최초의 주식회사인 '동인도회사'가 설립되었을 뿐만 아니라 세계 최초의 주식거래소가 설립되었고, 이를 바탕으로 '네덜란드의 황금시대'를 열 수 있었다.

'네덜란드의 황금시대' 이야기가 한국에서 특히 중요한 이유는 네덜란드와 마찬가지로 작은 나라인 한국도 기업이 해외로 확장해야 번영할 수 있으며, 이를 위해서는 금융과 재무가 중요하기 때문이다. '금융'은 돈의 융통을 자금의 제공자인 금융기관 관점에서 이야기하는 용어이고, '재무'는 돈의 관리를 자금의 수혜자인 기업 관점에서 이야기하는 용어로 동전의 앞뒷면과 같다. 본서는 이 중 기업 관점에서 돈의 관리인 재무에 대해 이야기한다. 우리는 자본주의 시대에 살고 있고, 많은 사람들은 기업에서 일하고 있다. 그리고 모 그룹 비서실장의 대부분이 재무통이고, 그 중 10년 이상 장수한 비서실장 2명은 모두 재무통일 정도로 재무관리는 기업에서 중요하다. 이러한 의미에서는 본서는 기업의 재무관리 담당자뿐만 아니라 기업에서 일할 사람이라면 필독해야 할 책이라고 생각한다. 또한, '재무관리'는 '투자론', '파생상품론', '금융기관론' 등 재무 · 금융 분야 과목의 기초이기도 하다. 개인 차원에서 투자하지 않는 사람은 없으며, 금융소비자가 아닌 사람도 없다. 이러한 의미에서 본서는 누구나 필독해야 할 책이라고 생각한다.

본서는 대표 저자인 최혁 교수가 미국 펜실배니아주립대학교와 서울대 경영대학에서 32년간 재직하면서 강의해온 내용을 토대로 확장, 정리한 것으로, 집필하는 데 있어 네 가지 목표를 가지고 있었다.

1. 가능한 한 군더더기 없이 간결하고, 정확하게, 그리고 이해하기 쉽게 서술하자.
2. 결과만 서술하기보다는 이유나 원리를 설명하자.
3. 가능한 최신 연구결과들을 녹여내자.
4. 시장경제원리 하에서 재무적 사고의 틀을 강조하자.

최종 출판 단계에 와서 검토해보니 얼마나 목표가 달성되었는지는 염려가 앞선다. 그렇지만, 더 늦출 수는 없다고 생각하여 부끄러움을 무릅쓰고 책을 출판하게 되었다. 미진한 부분은 개정판에 반영할 것을 약속드린다.

2022년 8월 1일
저자들을 대표하여 정재만 씀

차 례

1장 기업과 재무관리

2장 증권시장과 회계정보

3장 가치평가의 기초

4장 자본예산의 구조

5장 자본예산의 실행

6장 채권의 가치평가

7장 주식의 가치평가

8장 포트폴리오 선택 이론

9장 자본자산가격결정모형(CAPM)과 자본비용

10장 시장의 효율성

11장 자본구조와 기업가치

12장 배당정책과 기업가치

13장 부채와 자본예산

14장 옵 션

15장 선물과 위험관리

16장 환율과 국제 자본예산

제1장

기업과 재무관리

1. 기업의 조직 형태
2. 기업의 재무관리
3. 기업의 목표
4. 소유와 경영의 분리

Financial Management

CHAPTER 01

기업과 재무관리

이 단원에서는 기업 조직의 작동원리와 기업의 목표에 대해 살펴보고 기업의 목표를 달성하기 위해 재무관리가 어떤 역할을 하는지 설명한다. 기업은 시장에서의 경쟁력을 강화하기 위해 진화해왔다. 기업 간의 경쟁은 자본주의가 작동하는데 있어서 핵심적인 역할을 한다. 기업은 가장 낮은 가격으로 소비자가 원하는 재화와 서비스를 제공해야 치열한 경쟁 속에서 생존할 수 있다. 기업 간의 생존 경쟁 속에서 기술혁신이 촉진되었으며, 그 결과로 인류는 전대미문의 풍요로운 삶을 누릴 수 있게 되었다. 그러나 경제가 발전하면서 환경 문제, 기업의 사회적 책임, 지배구조 문제도 함께 부상하고 있다. 기업의 목표에 비추어 이러한 문제들을 어떻게 보아야 하는지도 현대 재무관리에서 다루어야 하는 중요한 주제이다. 이 단원에서는 먼저 다양한 기업의 조직 형태에 대해 알아보고 기업에서 재무관리가 수행하는 역할에 대해 배우게 된다. 다음으로 기업가치의 극대화가 왜 재무관리 의사결정 과정에서 추구해야 할 기업경영의 목표가 되어야 하는지에 대해 생각해보고, 마지막으로 현대 주식회사의 특징이라 할 수 있는 소유와 경영의 분리에서 초래되는 대리문제에 대해 살펴본다.

1. 기업의 조직 형태

기업은 인간의 상업 활동을 위해 자연스럽게 발생하였다. 기업은 다양한 형태를 취할 수 있는데, 소비자가 필요로 하는 재화와 서비스는 그 형태와는 무관하게 생산 가능하다. 그러나 기업은 생산하는 재화와 서비스의 특성 및 경제 환경의 변화에 따라 치열한 경쟁을 뚫고 살아남는데 가장 효율적인 형태로 진화되어 왔다.[1] 적자생존 원리에 따라 살아남은 조직의 형태들을 유형별로 분류하여 법률로 제도화한 것이 오늘날 우리가 보는 기업 조직이다. 현대의 기업들은 법률에 의해 설립되고 관리되며, 기업을 규율하는 세부적 내용은 국가에 따라 달라진다. 이 장에서는 기업의 조직 형태를 살펴보기로 한다.

1.1 개인기업

개인기업(sole proprietorship)은 기업의 여러 유형 중에서 가장 긴 역사를 갖고 있다. 규제가 약하고 설립이 쉽기 때문에 기업의 개수로는 이 유형이 가장 많다. 그러나 대규모의 자금 조달이 어려워 규모가 크지 않은 경우가 대부분이다. 주위에서 자주 보는 조그만 상점이나 개인택시 등은 대부분 개인기업의 형태를 취하고 있다. 개인기업은 기업 자체가 독자적으로 권리와 의무를 행사할 수 있는 법인이 아니다. 법인이란 자연인이 아니면서 법률에 의해 권리와 의무의 주체가 될 수 있는 것을 말한다. 개인기업은 기업과 그 소유자가 사실상 동일체이기 때문에 개인기업의 권리와 의무는 모두 소유자에게 귀속된다. 그러므로 기업이 진 부채에 대해 소유자가 무한책임(unlimited liability)을 진다. 무한책임을 진다는 것은 기업 활동과 관련하여 발생한 채무들에 대해 소유자 본인이 자신의 사적 재산을 통해서라도 상환할 의무가 있다는 뜻이다.

1.2 회사

우리나라 상법에서는 '상행위나 그 밖의 영리를 목적으로 하여 설립한 법인'을 회사라고 정의하고 있다. 따라서 상법상의 회사는 재무학에서 말하는 기업의 일부라고 생각하면

1) Fama−Jensen, 1983, Separation of ownership and control, Journal of Law and Economics 26(2), 301−325. 및 Fama−Jensen, 1983, Agency problems and residual claims, Journal of Law and Economics 26(2), 327−349.

표 1-1 우리나라 상법상 회사의 종류

회사의 종류	유사한 미국 명칭	소유자의 구성
합명회사	partnership	무한책임사원
합자회사	limited partnership	무한책임사원과 유한책임사원
유한회사	limited liability company(LLC)	유한책임사원
유한책임회사	limited liability company(LLC)	유한책임사원
주식회사	corporation	유한책임을 지는 주주

된다. 개인기업과 달리 회사는 법인이므로 스스로 권리와 의무의 주체가 될 수 있다. 상법에는 '사원'이란 표현이 자주 나오는데 상법상의 사원은 회사의 종업원이 아니라 주인을 말한다. [표 1-1]에 정리한 바와 같이, 현재의 우리나라 상법에서는 회사의 종류를 5가지(합명회사, 합자회사, 유한회사, 유한책임회사, 주식회사)로 명시하고 있다.

합명회사

합명회사는 무한책임사원(GP, general partner)만으로 구성된 회사로 미국의 파트너십(partnership)과 유사하다. 무한책임사원이란 개인기업의 경우와 같이 기업이 진 부채에 대해 무한책임을 지는 기업의 소유자를 말한다. 이들은 경영활동에 적극적으로 참여한다. 법무법인, 회계법인, 영리병원, 컨설팅회사 등 전문가들이 모여 만든 기업들이 이런 형태의 회사를 설립하는 경우가 많다. 그 이유는 회사의 소유자들이 공동으로 무한책임을 지는 구조이므로, 각 전문가 구성원들이 서로 감시(monitoring)하여 업무 품질의 신뢰도를 높일 것을 고객들이 기대할 수 있기 때문이다.

합자회사

합자회사는 무한책임사원(GP, general partner)과 유한책임사원(LP, limited partner)의 두 종류 소유자로 구성된 회사로 미국의 리미티드 파트너십(limited partnership)과 유사하다. 유한책임사원은 자신이 출자한 금액 한도에서만 책임을 지며 그 지분은 양도 가능하다. 그 대신 경영의사결정에는 참여하지 못한다. 투자 전문가가 거액 투자자들의 자금을 모아 투자하는 사모펀드(PEF, private equity fund)의 경우가 합자회사의 형태를 취하는 예에 해당된다. 사모펀드의 자금을 직접 운용하는 투자 전문가가 무한책임사원, 투자자들이 유한책임사원이 된다.

유한책임회사와 유한회사

유한책임회사와 유한회사는 유한책임사원으로만 구성된다. 무한책임사원이 존재하지 않기 때문에 유한책임사원이 직접 회사를 운영한다. 이런 점에서는 둘 다 미국의 LLC(limited liability company)와 유사하다. LLC는 세금 면에서는 개인기업 또는 합명회사와 유사하면서도 소유주가 대부분 유한책임을 지는 기업 형태이다. 주식회사에 비해 규제가 약하기 때문에 유연한 경영이 가능하다. 미국에서는 인기 있는 기업 형태이다.

우리나라 상법에도 원래부터 유한회사가 있지만, 유한회사는 미국의 LLC와 달리 이사와 사원총회를 두어야하기 때문에 신속한 의사결정이 상대적으로 어렵다. 2011년에 상법을 개정하면서, 이러한 제약을 없앤 유한책임회사를 추가로 도입하였다. 이런 점에서 보면, 유한회사보다는 유한책임회사가 미국의 LLC와 더 가깝다고 할 수 있다. 둘 다 주식회사에 비해서는 설립 절차가 간단하고 공시 의무가 없거나 약한 장점이 있다. 하지만 기업의 투명성을 담보하기 어려워 외부 투자자들로부터 대규모의 자금을 조달하는 데는 한계가 있다. 그러므로 이런 조직은 벤처기업이나 소규모 기업에 적합한 형태라고 볼 수 있다. 많은 다국적 기업의 한국 법인이 유한책임회사의 형태를 취하고 있다.

주식회사

주식회사는 유한책임을 갖는 주주들이 소유자인 회사로 미국의 코퍼레이션(corporation)과 거의 비슷하다. 주식회사에서는 기업 전체의 소유권을 잘게 나누어 주식을 발행한다. 특별한 규정이 없는 한, 주식을 가진 주주들은 가지고 있는 주식의 수에 비례하여 주식회사의 최고 의사결정기구인 주주총회에서 의결권을 행사할 수 있다. 주식 수에 비례하여 의결권을 행사할 수 있기 때문에 많은 주식을 보유한 경우, 또는 충분한 수의 주식을 갖고 있는 주주들의 동의를 얻을 경우에는 주식회사를 경영할 권리를 가질 수 있다.

주식회사의 기원은 1600년 네덜란드에서 설립된 동인도주식회사(Dutch East India Company)로 알려져 있다. 동인도주식회사는 후추를 비롯한 향료 등을 수입하는 데 있어서 감당하기 어려운 비용문제를 해결하기 위해 1602년 주식을 발행해서 자금을 모집했다. 출자한 금액의 비율에 맞게 회사가 얻은 이익을 배분했으며, 손해가 발생할 경우에는 자신이 출자한 자금에 한정하여 책임을 부담하였다. 투자자들은 자신이 가지고 있는 투자 지분을

1602년 설립된 암스테르담거래소에서 거래하기 시작했는데, 이것이 세계 최초의 증권거래소이다.

다른 형태의 회사에 비해 주식회사의 가장 중요한 특징은 소유권(ownership)의 거래가 자유롭다는 점이다. 기존 주주들은 갖고 있는 주식을 타인에게 양도하여 현금화할 수 있다. 특히, 주식이 증권거래소에 상장되어 있는 경우에는 주식의 양도가 매우 용이하다. 주식회사 입장에서는 증권거래소에 주식을 신규 상장하면서 최초 공모(IPO, initial public offering)를 하거나 신주를 추가로 발행하여 일반 대중들로부터 대규모의 자금을 조달할 수 있다. 바로 이런 이유로 대기업들은 대부분 주식회사 형태를 취하고 있으며, 주식회사들이 국가 경제나 세계 경제에서 차지하는 비중은 다른 형태의 회사들에 비해 압도적으로 크다. 주식회사를 경영하는 경영자는 자주 바뀌지 않지만, 주식 보유를 통해 기업을 소유하는 주주는 주식 거래를 통해 시시각각 바뀔 수 있다. 그러므로 소유와 경영의 분리가 가능해진다. 주식회사의 단점으로는 이중과세(double taxation)의 문제를 들 수 있다. 주식회사는 발생한 이익에 대해 법인세를 납부한 후, 남은 이익 중 일부를 주주에게 배당(dividend)으로 지급한다. 배당을 받은 주주들은 이에 대한 소득세를 또 납부해야 하기 때문에 동일한 이익에 대해 두 번 세금을 내는 셈이 된다.

1.3 환경 변화와 기업의 조직 형태

기업의 조직 형태는 환경 변화에 대응하여 변화하기도 한다. 대표적인 예로 투자은행(investment bank)의 조직 형태를 들 수 있다. 원래 대부분의 투자은행들은 합명회사의 형태를 가지고 있었다. 그러나 국제 경쟁이 심화되면서 투자은행들은 대규모의 자금조달에 적합한 주식회사 형태로 점차 전환하게 되었다. 세계적인 투자은행인 골드만삭스(Goldman Sachs)의 경우 1999년에 주식회사로 전환하고 증권시장에 신규 상장을 하면서 최초 공모(IPO, initial public offering)를 실시했다. 그로부터 약 9년이 지나 글로벌 금융위기가 본격화된 2008년 9월, 경영 환경의 위기를 감지한 골드만삭스는 연방정부의 부실자산회생 프로그램(TARP, Troubled Asset Relief Program) 자금에 접근하기 위해 은행지주회사로 다시 조직의 형태를 변경했다.

정보의 노출을 방지하기 위해 조직의 형태를 선택하기도 한다. 우리나라에 들어온 다국

적기업의 한국 법인들은 유한회사 형태를 취하는 경우가 많았다. 유한회사는 법률적인 공시 의무가 없어 매출액이나 모회사로의 현금 배당, 로열티 금액 등을 밝힐 필요가 없는 장점이 있다. 그러나 법률 개정에 따라 일정 규모 이상의 유한회사는 2020년부터 외부 감사를 받게 되었다. 이에 대응하여 외국계 법인들이 공시 의무가 없는 유한책임회사로 조직 형태를 변경하는 경우가 발생하게 되었다.

2. 기업의 재무관리

재무학의 기본원리는 정부, 기업, 가계 등 모든 경제 주체의 재무관리에 적용될 수 있다. 여기서는 그 중에서도 자본주의 경제에서 핵심적인 역할을 하는 기업, 특히 주식회사의 작동 원리를 설명한다. 이 책에서는 앞으로 기업, 회사, 주식회사를 동일한 개념으로 혼용해 사용한다.

2.1 주식회사의 현금흐름

먼저 [그림 1-1]을 가지고 주식회사의 현금흐름(cash flow)을 살펴보기로 한다. 기업이 재화와 서비스를 생산하기 위해서는 자산(asset)에 대한 투자가 필요하다. 자산에는 기계장비나 공장과 같은 유형자산은 물론 특허권이나 상표권과 같은 무형자산도 포함한다. 기업은 투자를 통해 생산한 재화와 서비스를 판매하여 현금흐름을 창출한다.

기업은 주주나 채권자로부터 투자에 필요한 현금을 조달한다. 물론 내부에 유보된 현금이 충분할 때는 그것을 사용할 수도 있다. 주주로부터 현금을 조달하기 위해서는 주식을 발행하며, 채권자로부터 조달할 때는 채권(bond)을 발행하거나 금융기관 등으로부터 차입한다. 전통적인 주식이나 채권 대신에 이들을 변형한 하이브리드증권을 발행하기도 한다.

기업은 자금 조달의 대가로 주주에게 배당(dividend)을 지급한다. 주주가 투자한 원금을 상환하지는 않는다. 채권자에게는 약정한 원금과 이자를 지급한다. 만기가 무한대인 영구채

그림 1-1 주식회사의 현금흐름

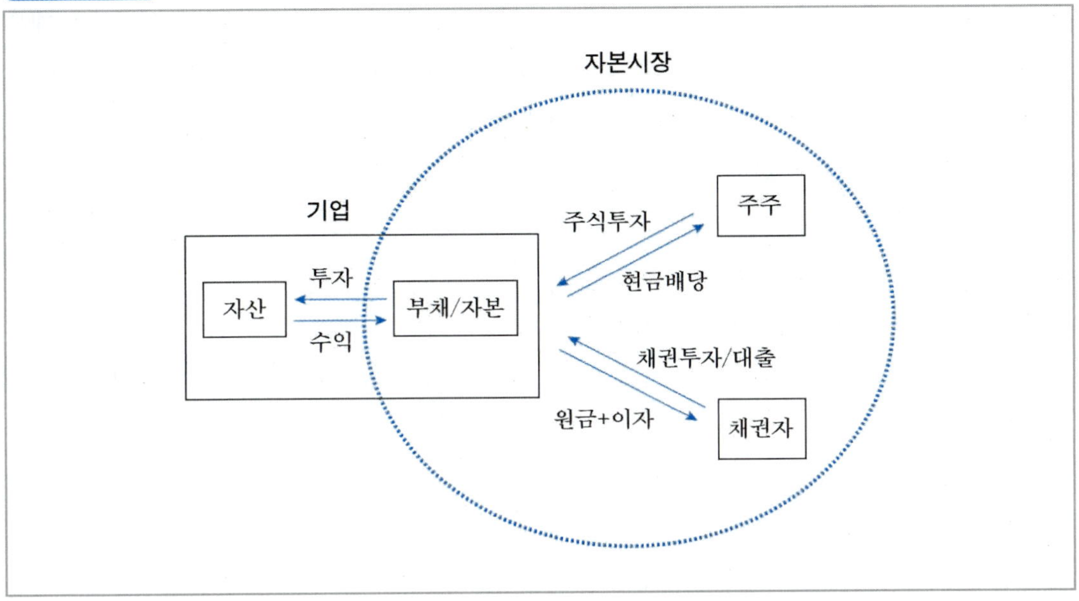

를 발행하는 경우도 있는데, 이 경우에는 채권자에게 원금을 상환할 의무가 없다.

주주와 채권자 등 투자자들과 기업들을 연결하는 시장을 자본시장(capital market)이라고 한다. 자본시장을 1년 이상의 자금을 융통하는 시장이라고 좁게 정의하여 1년 이내의 자금을 융통하는 시장인 단기자금시장(money market)과 구분하는 경우도 있다. 그러나 재무학에서는 1년이라는 인위적인 기간 구분에 큰 의미를 두지는 않는다. 실제로 두 시장의 작동 원리가 다를 바 없기 때문에 이 책에서는 두 시장을 하나로 묶어 자본시장이라고 표현하기로 한다.

2.2 최고재무책임자의 역할

기업 경영을 통괄하는 사람을 최고경영자 또는 CEO(chief executive officer)라고 부른다. 일반적으로 CEO는 상법상의 대표이사가, 대표이사가 둘 이상인 경우에는 그 중 한 명이 맡는다. 주식회사의 CEO는 주주의 위임을 받아 기업 경영을 책임진다. 소유와 경영이 분리된 경우에는 기업 경영에 있어서 CEO의 역량과 주주에 대한 책임감이 특히 중요하다.

규모가 큰 주식회사는 CEO를 보좌하여 최고재무책임자 또는 CFO(chief financial officer)를 별도로 두는 경우가 많다. 기업은 재화 또는 서비스를 생산하고 판매하여 영리, 즉 재무적 이득을 추구하는 조직이다. 기업이 재무적 이득을 추구한다는 점에서 보면 모든 기업 활동은 그 본질이 재무적이다. 생산관리나 마케팅과 같은 기업의 본원적 기능을 비롯하여 인적자원관리, 경영전략, 사회적 관계 관리 등 다양한 세부 활동들은 모두 기업의 재무적 목적을 달성하기 위한 것이다. 그러므로 기업의 재무계획을 수립하고 기업 전체의 재무활동을 총괄하는 CFO의 역할은 매우 중요하다.

CFO가 책임져야 하는 재무 의사결정의 범위는 기업에 따라 다를 수 있지만, 보통 투자 의사결정(investment decision)과 자금조달 의사결정(financing decision)을 기본적으로 포함한다.

투자 의사결정

투자 의사결정은 자본예산(capital budgeting)이라고도 하며 투자와 관련된 의사 결정을 하게 된다. 투자 의사결정의 대상으로는 다음과 같은 문제들을 예로 들 수 있다.

- 어떤 투자프로젝트에 투자할 것인가?
- 어떤 규모로, 언제, 어느 장소에 투자할 것인가?
- 직접 생산할 것인가 아니면 외부에 맡겨 생산할 것인가?
- 자체적으로 신규 사업을 수행할 것인가 아니면 기존의 회사나 사업 부문을 인수할 것인가?

자금조달 의사결정

자금조달 의사결정은 주로 자본 조달과 관련된 문제들을 다룬다. 자금조달 의사결정의 대상으로는 다음과 같은 문제들을 예로 들 수 있다.

- 주식, 채권, 아니면 어떤 증권을 발행해 자금을 조달할 것인가?
- 장기적인 자본구조(capital structure), 즉 부채와 자본의 비율을 어떻게 가져갈 것인가?
- 주주에게 얼마나 배당을 지급할 것인가?
- 어떻게 기업의 위험을 관리할 것인가?

여기 제시한 문제들이 기업의 CFO가 답해야 하는 재무적 의사결정의 핵심이며 이 책의 주요 부분을 차지한다.

3. 기업의 목표

최고재무책임자가 적절한 재무 의사결정을 해야 하는 이유는 궁극적으로 기업의 목표를 달성하기 위함이다. 따라서 세부적인 재무 의사결정들에 대해 배우기 전에 기업이 왜 존재하는지, 무엇이 기업의 목표가 되어야 하는지를 정확하게 이해할 필요가 있다.

3.1 이해관계자와 대리문제

기업에는 다양한 이해관계자(stakeholder)가 존재한다. 주식회사의 경우를 보면, 회사에 자금을 공급하는 주주와 채권자, 경영을 책임지는 경영자 그리고 실무를 담당하는 직원들이 있다. 뿐만 아니라 기업으로부터 법인세를 징수하고 기업의 활동을 규율하는 정부, 기업이 생산하는 재화와 서비스의 소비자, 기업에 자재나 서비스를 제공하고 그 대가를 받는 공급자, 기업 활동과 직간접적으로 연결된 지역 사회 등도 중요한 이해관계자이다. 사회를 별도의 이해관계자로 보는 견해도 있다. 그러나 정부가 사회를 대리하여 법인세를 징수하고 기업을 규율하기 때문에 사회를 별도의 이해관계자로 볼 필요는 없다.

대리문제

각각의 이해관계자들이 자기가 입을 손실 또는 부담을 최소화하면서 자기가 기업으로부터 받아갈 몫을 극대화하려고 노력하는 것은 지극히 당연한 일이다. 문제는 각자가 자기 몫을 극대화하는 과정에서 끊임없이 이해의 충돌(conflict of interest)이 발생한다는 점에 있다. 예를 들어, 홍길동이 자기 돈 1억원을 자본금으로 하여 주식회사를 설립하고, 그 주식회사가 은행으로부터 9억원을 차입하는 경우를 생각해보자. 주주인 홍길동이 회사 자산 10억원 중 8억원을 배당 명목으로 가져간다면 회사 내에 남는 자산은 2억원 밖에 되지 않아 은

행 차입금을 갚기에 턱없이 모자라게 된다. 채권자인 은행 입장에서는 대출한 돈을 돌려받을 확률이 낮아지기 때문에 큰 손실을 볼 수밖에 없다.

이처럼 이해관계자들 사이에 이해가 충돌하는 현상을 대리문제(agency problem)라고 부른다. 원래 대리인이 자신의 이득을 위해 주인의 이익에 반하는 행위를 하는 주인-대리인 문제(principal-agent problem)가 주 관심 대상이었지만, 현재는 이해관계자 사이의 이해충돌을 모두 포괄하여 대리문제라고 부른다. 위에 제시한 홍길동의 예는 주주와 채권자 사이에 발생하는 대리문제이다. 만일 홍길동이 고용한 전문경영자가 업무를 게을리하거나 자신의 이익을 위해 회사 재산을 낭비하여 홍길동에게 손해를 입힌다면 주주와 경영자 사이의 대리문제가 발생하게 되는데, 이 문제가 바로 전형적인 주인-대리인문제에 해당한다. 대리문제 때문에 발생하는 비용을 대리비용(agency cost)이라고 한다.

대리문제는 이해관계자 사이에 발생하는 이해의 충돌을 의미한다.

계약

합리적인 이해관계자들은 계약(contract)을 통해 대리문제에 대비한다. 여기서 말하는 계약은 당사자 사이의 계약뿐만 아니라, 외부의 법률적 제약, 내부의 성과평가기준, 보상 및 승진기준 등도 포함한다. 기업이 관련된 계약은 대리문제의 발생을 예방하기 위한 방안과 대리문제가 발생했을 때의 처리 방법 등을 포함하며, 법률에 의해 계약의 유효성을 보장받는다. 위 홍길동의 예에서의 은행은 대리문제가 발생할 수 있음을 예견하고 배당을 제한하거나 충분한 담보를 설정하는 조항을 계약서에 넣게 된다. 만일 홍길동이 계약을 지키지 않는다면 법정에서 다투게 된다.

그런데 장차 발생할 수 있는 모든 대리문제들을 충분히 고려하여 계약을 만드는 데는 비용이 든다. 각 이해관계자가 제대로 계약을 지키는지를 지속적으로 감시하고 계약의 이행을 강제하는 데도 비용이 든다. 대리문제를 경감시키기 위해 계약을 만들고 강제하는 비용 역시 대리비용(agency cost)이라고 볼 수 있다.

계약은 대리문제를 해결하는 기본적 방법이다. 계약을 마련하고 강제하는 데는 비용이 발생한다.

계약들의 결합체로서의 기업

기업을 하나의 유기체로 보아서는 기업의 행태를 제대로 이해할 수 없는 경우가 많다. 기업이라는 허울을 한 꺼풀 벗겨 냈을 때 나타나는 것은 수많은 이해관계자들 사이에 맺어진 계약들이 거미줄처럼 얽히고설킨 모습이다. 따라서 기업의 행태를 제대로 이해하기 위해서는 기업을 둘러싼 이해관계자들의 유인(incentive)과 이해관계자들 사이의 상호 작용을 분석하는 것이 중요하다. 이런 이유로, 현대 재무학에서는 기업을 이해관계자들 사이에 맺어진 계약들의 결합체(nexus of contracts)로 정의한다.[2] 이러한 관점에서 기업을 본다면 이해관계자들 사이에서 발생하는 대리문제는 현대재무학이 다루는 핵심적 주제의 하나라고 말할 수 있다.

3.2 청구권자

기업의 이해관계자들은 대부분 기업의 자산에 대한 청구권자(claimant)이다. 여기서의 청구권은 기업 자산의 전부 또는 일부에 대한 권리를 말한다. 주식회사에서 주주와 채권자는 기업이 필요로 하는 자금의 제공자이기 때문에 자산에 대한 권리를 갖고 있는 중요한 청구권자라고 볼 수 있다. 경영자, 직원, 공급자도 기업이 필요로 하는 생산 요소를 제공한 대가를 받을 권리를 갖고 있는 중요한 청구권자이다. 정부도 법에 따라 법인세를 징수할 권한이 있으므로 중요한 청구권자이다.

고정청구권자

주주를 제외한 대부분의 청구권자들은 청구권의 크기가 회사 자산의 규모와 관계없이 정해지는 고정청구권자(fixed claimant)이다.[3] 예를 들어, 은행이 주식회사에 대출했다면 대출만기 시점에 받아갈 몫은 원금과 그 이자로 고정되어 있다. 경영자와 직원은 사전에 계약한

2) Jensen－Meckling, 1976, Theory of the Firm: Managerial Behavior, Agency Costs and Ownership Structure, Journal of Financial Economics 3(4), 305－360.

3) 여기에서 이야기하는 고정청구권은 다음에서 이야기할 잔여청구권의 반대되는 개념이다. 고정청구권은 금액이 사전에 확정된 청구권뿐만 아니라 사전에 정해진 공식에 따른 청구권도 포함한다. 예를 들어, 이익에 따라 정해지는 법인세나 성과급도 고정청구권이다.

보상체계에 따라 정해지는 자기 몫을 주기적으로 받는다. 공급자는 사전 계약으로 정한 대가를 받으며, 정부는 기업의 이익에 대해 세법에 따라 법인세를 징수한다. 자산 가치가 증가하더라도 고정청구권자들의 청구권이 증가하는 것은 아니다. 예를 들어, 자산 가치가 아무리 증가해도 채권자가 원금과 이자를 초과하여 자기 몫을 주장할 수 없다.

잔여청구권자

주식회사에서의 주주는 매우 특별한 위치에 있다. 주주는 고정청구권자가 아니다. 주식회사가 정상적으로 활동하는 동안 주주가 회사로부터 받을 수 있는 것은 배당뿐이다. 그런데 배당은 이사회가 기업의 경영 성과를 고려하여 정하는 것으로서 청구권이라고 볼 수 없다. 그 이유는 주주들이 주주총회에서 높은 배당을 요구할 수는 있지만, 회사가 배당을 주지 않거나 적게 준다는 이유로 법적 조치를 취할 수 있는 것은 아니기 때문이다. 회사 자산에 대한 주주의 청구권은 주식회사가 청산 또는 파산할 때가 되어야 비로소 의미를 갖게 된다. 이 경우, 주주는 제일 마지막 순위의 청구권을 갖는다. 고정청구권자들에 대한 지급을 모두 마친 후에야 청구권을 주장할 수 있다는 뜻이다. 잔여 자산이 있으면 그것은 크기와 관계없이 모두 주주의 몫이다. 잔여 자산이 전혀 없으면 주주는 한 푼도 받을 수 없다. 물론 주식회사의 주주는 유한책임을 지므로 자기 돈을 추가로 내어 고정청구권자들이 받지 못한 금액을 보전해야 하는 의무는 없다. 주주는 고정청구권자들에 대한 지급이 끝난 후에야 자신의 청구권을 행사할 수 있으므로 잔여청구권자(residual claimants)라고 말할 수 있다.

주식회사에서 주주는 잔여청구권자이다.

3.3 기업가치의 극대화

재무학에서는 기업가치의 극대화(value maximization)를 기업의 목표로 본다. 여기서의 기업가치는 자산의 시장가치를 말한다. 기업가치의 극대화가 기업의 목표인 이유로는 전체 파이의 극대화와 생존 가능성의 증가를 들 수 있다. 첫째로, 기업을 둘러싼 여러 청구권자들이 기업으로부터 받아갈 몫의 기대값을 키우기 위해서는 청구권자들에게 돌아갈 전체 자산의 가치를 최대한 키워야 한다. 자산의 가치가 클수록, 고정청구권자들이 자기 몫을 찾아갈 확률이 높아지며, 잔여청구권자들이 고정청구권자의 몫을 제외하고 받을 수 있는 자산의 크기가 커질 것이기 때문이다. 여러 명이 피자를 먹을 때, 일단 피자의 크기가 커야 각자에게 돌아갈 몫이 커질 수 있다는 원리와 같다.

둘째로, 기업가치의 극대화는 기업의 생존 가능성을 높인다. 기업의 장기적 생존 가능성은 모든 이해관계자들에게 중요하다. 기업의 생존기간이 길수록 고정청구권자들이 자기 몫을 찾아갈 확률이 높아진다. 예를 들면, 기업이 장기적으로 생존해야 은행 등 채권자들은 대출해준 자금을 돌려받을 수 있으며, 정부도 계속 세금을 징수할 수 있다. 임직원들은 자신의 소득과 사회적 지위를 안정적으로 지킬 수 있다. 소비자들도 회사가 생산하는 상품과 서비스를 지속적으로 공급받을 수 있으며, 공급자들은 안정적으로 매출을 올릴 수 있다.

기업의 목표는 기업가치의 극대화이다.

다른 조건이 동일하다면, 기업가치가 큰 기업일수록 장기적 생존 가능성이 높다. 학술연구에 따르면 시가총액이 큰 기업일수록 생존기간이 길다.[4] 이 연구는 기업가치와 생존 가능성 사이에 실제로 양(+)의 관계가 있음을 시사하고 있다. 시가총액은 기업가치 중 주주의 몫을 의미하므로 기업가치의 일부분에 불과하지만, 대체로 자기자본 가치가 큰 기업일수록 기업가치도 큰 경향이 있다.

기업가치가 클수록 장기적 생존 가능성이 높은 이유의 하나로 규모의 경제(economies of scale)를 들 수 있다. 규모의 경제는 상품 생산량이 많을수록 단위 생산에 필요한 원가를 낮출 수 있어 가격 경쟁력이 커지는 것을 말한다. 큰 기업은 작은 기업에 비해 대규모의 투자가 가능하여 기술혁신이 상대적으로 용이한 점도 생존 가능성을 높여주는 요인의 하나로 볼 수 있다.

대기업의 생존 가능성을 높여주는 또 다른 이유로 대마불사(TBTF, too big to fail) 문제를 들 수 있다. 대마불사는 '큰 기업은 실패하지 않는다'는 뜻인데, 정치가와 관료들이 대기업의 파산을 두려워해 파산위기에 직면한 큰 기업들을 구제하는 경향이 있다는 지칭한다.

4) 이 연구에 의하면, 시가총액 하위 10%에 속하는 기업들은 10년 내에 약 절반이 증권시장으로부터 사라지지만, 상위 10%에 속하는 기업들은 약 80%가 20년 이상 생존한다. Queen－Roll, 1987, "Firm mortality: Using market indicators to predict survival," Financial Analysts Journal 43(3), 9－26.

미국 정부가 1979년 파산위기를 겪고 있던 크라이슬러(Chrysler) 자동차를 구제한 것은 유명한 일화로 남아있다. 대마불사 문제가 정작 중요한 화두로 부상한 것은 2008년 글로벌 금융위기이다. 이때, 각국 정부는 막대한 세금을 투입하여 큰 금융기관들의 대부분을 구제했다. 대부분의 학자들은 정부의 무분별한 기업 구제는 기업의 도덕적 해이(moral hazard)를 부추겨 방만한 경영을 유도한다고 본다. 도덕적 해이란 스스로 책임져야 한다면 하지 않을 행동을, 누군가 대신 책임을 져준다면 서슴지 않고 하는 현상을 말한다.

이윤의 극대화

기업가치의 극대화 대신에 이윤의 극대화(profit maximization) 또는 이익의 극대화라는 표현을 쓰기도 한다. 그러나 이윤은 일정 기간 동안의 흐름(유량, flow)을 나타내는 개념이기 때문에 이윤의 극대화가 어느 기간의 이윤을 극대화한다는 것인지 모호하다. 일반인들은 이익이 재무제표에 기재된 영업이익이나 당기순이익을 의미하는 것으로 이해하는 경우가 많은데, 기업이 발표하는 이익은 제도적으로 정한 회계기준에 따라 인위적으로 계산된 값이므로 경제적 이윤과 반드시 일치하는 것도 아니다. 그러므로 이윤의 극대화라는 표현은 피하는 것이 좋다.

3.4 주주 부의 극대화

주식회사의 목표를 기업가치의 극대화 대신 주주 부의 극대화(shareholder wealth maximization)라고 표현하는 경우가 더 많다. 기업가치의 극대화 대신에 여러 이해관계자의 일부에 불과한 주주의 부를 극대화하는 것이 어떻게 주식회사의 목표가 될 수 있을까? 주식회사는 주주가, 주주의 이익을 위해, 주주의 돈을 투자하여 설립한 것이기 때문이라고 할 수 있다. 주주가 자기들의 이익을 위해 설립한 것이니만큼 주주가 기업 자원에 대한 의사결정권을 가져야 한다는 것이다. 이런 뜻에서 주주를 주식회사의 주인(owner)이라고 한다.

일반적으로 주주가 기업 자원에 대한 의사결정권을 가지면 기업가치를 극대화할 수 있다. 주주는 고정청구권자들의 몫을 모두 지급한 후 남는 잔여자산을 갖게 된다. 잔여자산이 작거나 없을 수도 있기 때문에 주주가 부담해야 하는 위험을 잔여위험(residual risk)이라고 한다. 그런데 주주의 몫인 잔여자산을 최대한 키우는 것은 전체 파이인 기업가치를 극대화하는 것과 같다. 기업가치가 극대화되면 고정청구권자들이 자기의 몫을 찾아갈 확률이 높아진다. 따라서 주주가 자기의 몫인 잔여자산을 극대화하면 다른 청구권자들의 이득도 극대화된다. 주주의 부를 극대화하는 것이 바로 모든 청구권자들에게 이득이 되므로, 주주가 의사결정권을 갖게 하는 것이 최적의 조직구조이다. 잔여위험을 부담하는 주주가 의사결정권을 갖는 것이 청구권자들 사이에 발생하는 대리문제를 최소화하는 방안이 될 수 있다. 이것이 주식회사 제도의 요체이다.

일반적으로 주주의 부를 극대화하면 기업가치가 극대화된다.

예제 1 우리나라 상법은 다섯 가지 종류의 회사 형태를 허용하고 있다. 만약 고정청구권자 중 어느 하나가 회사 자원에 대한 궁극적 의사결정권을 갖는 변형된 주식회사를 6번째의 회사 형태로 상법에 도입한다면 어떤 결과를 예상할 수 있을까?

해설 고정된 자기의 몫을 안전하게 지키는 것이 고정청구권자의 목표이다. 자기의 몫이 고정되어 있으므로 그 이상으로 기업가치를 극대화할 유인(incentive)가 약하다. 따라서 잔여청구권자인 주주의 이익이 희생당할 확률이 높다. 합리적 투자자들은 이런 사실을 충분히 예상하기 때문에 애초부터 이런 조직 구조의 주식회사를 설립하지 않을 것이다. 만약 이미 설립된 주식회사를 6번째 회사 형태로 변경한다면 주주의 몫인 잔여자산의 가치가 줄어들어 주가는 급락할 것이다. 주식시장을 통한 자금조달은 어려워진다. 기업가치가 기존의 고정청구권자의 몫을 크게 넘어서지 않다가 급작스런 충격으로 고정청구권자의 몫을 하회할 위험도 커질 것이기 때문에 은행과 같은 잠재적 채권자들도 이 회사에 돈을 빌려주는 것을 꺼리게 된다. 자금 조달이 어려워져 투자가 부진해지고 회사는 경쟁력을 잃게 된다. 그러므로 이런 형태의 주식회사는 장기적 생존 가능성이 낮다.

기업가치에 비해 주주 부를 측정하는 것이 훨씬 쉽다. 기업가치를 직접 측정하려면 불확실한 미래와 관련되는 여러 가정을 해야 하므로 측정값의 오차 범위가 넓다. 이에 비해 주가는 시시각각 시장에서 결정되기 때문에 아무 때나 비교적 정확하게 주주의 부를 관찰할 수 있다. 주주 부의 극대화를 기업 목표로 삼는 경우에는 경영자는 주가를 극대화하는 방향으로 의사결정을 하면 되기 때문에 의사결정 기준도 단순해진다. 당연히 경영의사결정에 대한 사후적 평가도 주가의 반응만 보면 되므로 간단하다.

주주 부의 극대화가 반드시 기업가치 극대화를 의미하지 않는 경우도 생각할 수 있다. 앞서 설명한 바와 같이, 주식회사가 정상적으로 운영되는 시기에는 청구권자들 사이의 계약을 통해 대리문제가 통제될 수 있으므로 주주 부의 극대화가 기업가치 극대화를 동일한 기업 목표로 보아도 무방하다. 그러나 회사가 극심한 재무적 위기를 겪거나 타회사에 인수·합병될 때는 대리문제가 중요한 이슈가 될 수 있다. 모호한 상태로 남아있던 잔여위험이 현실화될 가능성이 높아지기 때문에 주주가 고정청구권자들의 이익을 희생해 자신의 부를 키우는 의사결정을 할 유인(incentive)가 높아진다. 그러므로 이처럼 비정상적인 시기에는 주주 부를 극대화하는 의사결정이 반드시 기업가치를 극대화하지 않을 수도 있다.

3.5 기업과 사회

주주 부를 극대화하는 의사결정이 사회에도 이로운 일인가? 대체로 그렇다고 보는 것이 보편적 시각이다. 주주 부를 극대화하기 위해 기업들이 기술 혁신에 매진하는 것을 예로 들 수 있다. 기술 혁신이 성공적인 경우에는 주주들의 부가 증가할 뿐만 아니라 새로운 상품이나 서비스가 제공되어 일반 소비자들의 삶의 질도 크게 높아질 수 있다.

외부효과

주주 부를 극대화하기 위해 사회에 해로운 의사결정을 하는 경우도 있다. 기업이 원가절감을 위해 공기와 물을 오염시키거나 건강에 해로운 제품을 판매하는 행위가 대표적인 예이다. 환경오염과 같이 경제 주체의 행위가 제3자에게 주는 영향을 외부효과(externality)라고 한다. 외부효과는 제3자에게 이로운 경우도 포함하는 개념이지만 여기서 문제가 되는 것은 제3자에게 해를 끼치는 경우이다.

그러나 현대 사회에서는 기업의 사회적 유해행위가 주주 부를 극대화할 가능성은 매우 낮다. 경제 발전에 따라 시민들의 의식수준이 크게 높아져 기업의 사회적 유해행위를 용납하지 않는 사회분위기가 형성되었다. 교통과 통신의 발달, 다양한 매체의 등장, 시민운동의 영향, 과학기술의 발전 덕분으로, 기업의 유해행위가 발각되지 않고 묻혀버릴 가능성은 매우 낮아졌다. 사회적 유해행위가 한번 발각되면 해당 기업은 치명상을 입게 된다. 법령에 의한 처벌도 있지만 이보다 효과적인 것은 시장의 응징이다. 상품시장의 소비자들은 더 이상 기업의 비윤리적 행위를 용납하지 않고 불매운동과 같은 적극적 실력행사에 나서는 경우가 빈번하다. 주식시장에서는 주가가 하락해 주주의 부가 손상된다.

주주 부의 극대화라는 기업의 목표가 사회에 해를 끼친 사례로 2008년 글로벌 금융위기를 들기도 한다. 은행들이 주주 부를 극대화하기 위해 위험한 금융자산에 투자하여 금융위기가 발발했다는 주장이다. 그러나 금융위기의 원인은 복합적이어서, 주주 부의 극대화라는 기업 목표 때문에 기업이 사회에 해를 끼친 예로 보는 것은 적절하지 않다.[5] 금융위기의 원인을 묻는 2017년도 설문조사에 따르면, 노벨경제학상 수상자들을 포함한 저명 경제학자들은 대체로 은행보다도 정부의 잘못을 금융위기의 더 중요한 원인으로 지목하고 있다.[6] 금융위기는 시장실패가 아니라 정부실패 때문에 발생했다는 것이다.

기업의 사회적 책임과 주주자본주의

기업의 사회적 책임이란 기업이 사회에 해를 끼치지 않아야 하는 것은 물론, 비록 주주의 부가 극대화되지 않더라도 적극적으로 사회를 이롭게 하는 행위를 해야 한다는 의미로 사용된다. 기업이 기부, 사회봉사, 실업자 구제와 같은 행위를 하는 것이 적절한지에 대해서는 오랫동안 논쟁의 대상이 되어왔다.

주어진 경쟁의 규칙을 제대로 지키며 이익을 늘리는 것이 기업의 유일한 사회적 책임이라고 설파한 밀튼 프리드먼(Milton Friedman)의 신문 기고문은 매우 유명하다.[7] 프리드먼 기고문은 다음과 같이 요약할 수 있다. 경영자가 사회적 책임을 수행하기 위해 기업의 자원을 사용하는 행위는 사회적으로 비효율적이다. 경영자는 주주에 의해 경영 전문가의 자격으로 선임된 것이지, 사회 어느 곳에 얼마나 자원을 배분해야 사회적 효율을 극대화시킬 수 있는지를 판단하는 사회 설계자(social planner)의 능력까지 갖추기는 어렵다.[8] 사회 설계는 경영자가 아니라 정부가 해야 하는 역할이다. 경영자가 해야 할 일은 가능한 한 많은 이익

---

5) 최혁, 2009, "2008 글로벌 금융위기: 현대인을 위한 금융특강," K－books.
6) Zingales, 2017, "Who is to blame for the 2008 Financial Crisis," Chicago Booth Stigler Center, ProMarket web page.
7) Friedman, 1970, "A Friedman doctrine － The social responsibility of business is to increase its prof－its," New York Times (Sept. 13, 1970).
8) Mankiw, 2020, "C.E.O.s are qualified to make profits, not lead society," New York Times (July 24, 2020). 맨큐의 기고문은 프리드먼의 이론을 일반인을 위해 쉽게 풀어 쓴 글이다.

을 창출하는 것이며, 그 결과로 기업은 많은 세금을 납부하게 된다. 정부는 이렇게 거둔 세금을 사회를 위해 사용하게 된다. 이렇게 기업의 역할과 정부의 역할을 분리하는 것이 사회적으로 효율적이다. 그러므로 주주에 의해 선임되고 주주에게 책임을 지는 경영자는 기업의 자원을 주주 부의 극대화를 위해 사용해야 한다.

프리드먼은 나아가 사회적 책임을 주창하는 경영자들을 비판한다. 경영자들의 언동이 기업의 이윤 추구를 죄악시하는 사회분위기를 조장해 기업에 대한 사회주의적 통제를 불러올 수 있기 때문에 자유시장경제에 해가 된다고 경고한다.

물론 경영자나 주주가 개인적으로 사회를 위한 행위를 하는 것은 개인의 자유이므로 반대할 이유가 없다. 경영자가 훌륭한 일이라고 판단하는 행위를 하고 싶다면 기업의 자원이 아니라 자신의 개인 돈과 시간으로 하라는 것이 프리드먼 비판의 요체이다. 물론, 기업과 좋은 관계를 유지해야 하는 지역 사회에 대한 기부행위 등은 주주 부를 극대화하기 위한 일종의 투자로 볼 수도 있으므로 프리드먼의 비판 대상이 아니다.

프리드먼의 이론은 주주자본주의(shareholder capitalism)라고 하며 오늘날까지도 자유시장경제의 근본 원리로 인정받고 있다.[9] 사실상 주주자본주의 덕분으로 기술혁신이 급속히 촉진되어 오늘날 인류가 풍요로운 삶을 영위하게 되었다고 해도 과언이 아니다.

주주자본주의는 자유시장경제를 지탱하는 근본 원리이다.

주주자본주의가 부의 양극화를 심화시키는 역할을 했다고 보는 견해도 있다. 이런 견해를 갖고 있는 사람들은 주주자본주의 대신에 이해관계자자본주의(stakeholder capitalism)로 전환되어야 한다고 주장한다. 이해관계자자본주의는 기업 경영이 주주만이 아니라 모든 이해관계자를 만족시키는데 초점을 맞춰야 한다는 개념이다. 이미 설명한 바와 같이, 주주 부를 극대화하면 기업 가치 및 고정청구권자들의 이익도 극대화되기 때문에 표면적으로는 주주자본주의와 다를 바 없다. 그러나 이해관계자자본주의를 주장할 때는 대개 이해관계자의 범위를 사회, 국가, 나아가서는 인류 사회까지 확장하여 기업의 자원을 사회적 목적에 사용할 것을 요구한다. 정치적 목적을 달성하기 위해 정치가들이 이해관계자자본주의를 내세우기도

9) 학자들도 프리드먼의 주주자본주의 이론을 경제학의 근본 이론의 하나로 다루고 있다. 2020년, 이 기고문(주7 참조) 50주년을 기념하여 노벨 경제학상 수상자들을 포함하여 여러 저명한 학자들이 27편의 글을 ProMarket에 게재했다.

한다. 중요한 유권자 그룹인 노동조합을 다독이기 위해 노동자들의 경영참여를 요구하거나, 실업률을 낮추기 위해 불필요한 인력을 채용하도록 기업을 종용하는 것을 예로 들 수 있다.

ESG(Environmental, Social, and Governance)는 기업에 대한 투자 과정에서 환경, 사회 및 지배구조를 고려하자는 투자운동이다. 내부에 ESG 전담 부서를 설치해 ESG운동에 적극적으로 대응하는 기업들도 있다. ESG는 전통적 이슈인 환경과 지배구조에 '사회'를 추가한 것으로 이해관계자자본주의와 밀접한 관계가 있다. 그런데 ESG에서의 '사회'는 개념과 범위가 명확하지 않으며 주창자의 생각에 따라 취사선택되기도 한다. 궁극적으로 ESG의 성공 여부는 투자자들의 판단에 달려있다. 상품시장과 자본시장에서 기업이 '사회'에 자원을 배분하는 행위를 높이 평가한다면 기업의 '사회'에 대한 자원 배분은 기업가치를 극대화하기 위한 의사결정이라고 볼 수 있다. 그렇지 않다면 기업가치를 훼손하는 의사결정으로 보아야 한다. 자칫하면 ESG의 '사회' 개념을 잘못 적용해 기업경쟁력을 떨어뜨려 기업의 가치를 손상시킬 수도 있다.

주주자본주의 대신 이해관계자자본주의를 주장하는 견해도 있다.

4. 소유와 경영의 분리

4.1 소유와 경영이 분리되는 이유

긴 역사를 가진 대기업들 중에는 소유와 경영이 분리되어 있는 경우가 많다. 우리나라에는 소유와 경영이 분리된 기업은 선한 기업이고 그렇지 않은 기업은 악한 기업이라고 생각하는 이들이 많다. 그러나 소유와 경영의 분리는 선악의 문제 때문에 나타나는 현상이 아니라 소유자 개인의 선택과 효율성의 문제 때문에 발생한다. 창업 초기부터 소유와 경영이 분리되어 탄생한 기업은 찾아보기 어렵다. 소유와 경영의 분리는 시간이 지나면서 자연스럽게 발생하는 것이다. 기업 초기에는 창업자가 주인이면서 경영자의 역할을 동시에 맡는 것이 일반적이다. 창업자가 혁신의 주체이자 최고경영자이기 때문이다. 창업자의 경영 능력이 감당할 수 없도록 기업이 커지거나 창업자가 경영 일선을 떠나 다른 관심사를 추구하려는 경우 전문경영자를 고용하게 된다. 창업자의 상속자가 경영능력 없거나 기업을 경영할 뜻이 없는 경우에도 전문경영자를 고용한다. 세월이 흘러 주식이 분산되면서 지배적인 주주가 사라져 전문경영자가 등장하는 경우도 많다. 주식의 분산이 가능한 이유는 주식이 주식시장을 통해 자유롭게 거래될 수 있기 때문이다.

소유와 경영의 분리(separation of ownership and management)는 경제학에서 말하는 분업의 원리와 그 본질이 같다. 기업의 자본을 제공하는 일에 특화된 주주와 실제 경영을 맡는 일에 특화된 전문경영자가 분업하는 것이 효율적이라는 것이다.

4.2 대리문제

그러나 소유와 경영의 분리는 치명적인 단점을 갖고 있다. 바로 이미 설명한 대리문제(agency problem)이다. 주주가 자신의 이익을 극대화할 목적으로 경영자를 선임했기 때문에, 경영자는 주주의 부를 극대화하는 방향으로 경영 의사결정을 해야 하며 주주에게 책임을 지는 것이 원칙이다. 그런데 인간의 본성인 이기심 때문에, 경영자에게는 비록 주주의 이익을 훼손하더라도 자신의 이익을 추구하려는 유인(incentive)이 있다. 결국 주주와 경영자 사이에서 이해의 충돌이 발생하는 것이다. 이 문제는 대주주가 없거나 정부가 대주주인 경우에 더욱 심각하다.

대리문제의 예로는 경영자가 자기의 위신을 세우기 위해 회사 자금으로 불필요한 제트비행기를 구입하는 행위를 들 수 있다. 다른 기업을 인수함으로써 경영자가 지배력의 범위를 넓히고 자기 위치를 공고히 하려는 '제국건설'(empire building) 행위는 대리문제의 또 다른 예이다. 다른 회사를 인수할 때는 시너지효과가 있다거나 다각화가 필요하다는 이유 등을 들어 정당화하기 때문에, 의사결정 과정에 대한 세밀한 검토가 없다면 경영자의 제국건설 행위인지 여부를 판단하기 어렵다.[10]

10) 시너지효과(synergy effect)란 한 회사가 다른 회사를 합병했을 때 그 가치가 두 회사의 가치를 단순합산한 것보다 커지는 것을 말한다.

소유와 경영의 분리는 대리문제를 유발한다.

4.3 대리문제의 해결

대리문제를 해결하는 보편적인 방법인 계약의 작성만으로는 주주와 경영자 사이의 대리문제를 해결할 수 없다. 기업의 자원이 모두 경영자의 통제 아래에 있기 때문에 주주들이 모든 경영 의사결정을 일일이 파악하고 감시하는 것이 힘들기 때문이다. 주식이 잘 분산되어 대주주가 없는 기업의 경우에는 주주들이 자신의 돈과 시간을 들여 경영자를 감시할 유인(incentive) 조차 없다. 누군가 대신 경영자를 감시할 것이라고 믿고 자신은 다른 사람의 행동에 편승하려는 무임승차문제(free-rider problem) 때문이다.

그러나 현대적인 주식회사는 주주와 경영자 사이의 대리문제를 제어하는 지배구조를 갖추고 있다. 이사회(board of directors)는 주식회사의 최고의사결정기구로서 대리문제를 해결하기 위한 가장 중요한 기구이다. 이사회는 주주총회에서 선임하는 이사들로 구성된다. 이사회는 CEO 등 내부이사들도 포함하지만 회사와 독립적인 사외이사들을 다수 포함해야 한다. 경영자가 주주의 부를 극대화하는 의사결정을 하는지 감시 및 감독하는 것이 주식회사 사외이사들이 해야 할 가장 중요한 역할이다. 따라서 사외이사는 회사와의 이해의 충돌로부터 자유로워야 한다.

주식회사의 사외이사는 주주를 대신해 경영의사결정을 감시·감독해야 한다.

신문, 방송, 잡지와 같은 미디어, 애널리스트의 보고서, 신용평가기관의 평가 등이 주주가 기업의 경영 상태를 파악하는 데 필요한 정보를 제공한다. 주주는 이러한 정보를 토대로 주주총회에서 의결권을 행사할 수 있다. 그러나 소액주주들 입장에서는 주주총회를 통해 잘못된 경영을 바로잡는 것보다는 주식시장에서 주식을 처분하고 다른 회사의 주식을 매입하는 것이 훨씬 쉽다. 주가는 기업 경영상태에 대한 다양한 정보가 적절히 반영되어 결정되므로 주가 자체를 경영상태의 지표로 볼 수 있다. 경영자의 잘못된 경영 의사결정으로 주가가 낮은 경우에는 인수합병을 전문으로 하는 투자자들이 기업을 인수해 정상화를 도모하기도 한다. '기업사냥꾼'에 의한 원치 않는 인수합병으로 경영권을 위협받지 않기 위해서 경영자들은 기업가치를 훼손시키지 않는 의사결정을 해야 한다. 이는 대리문제를 감소시키게 된다. 그러므로 인수합병시장에서의 시장규율(market discipline)이 경영자의 잘못을 제어하는 마지막 보루의 역할을 한다고 볼 수 있다.

4.4 대주주와 소액주주 사이의 대리문제

우리나라의 재벌 기업들은 소유와 경영이 분리되어 있지 않고 대주주가 직접 회사를 경영하는 경우가 많다. 이 경우에는 주주와 경영자 사이의 대리문제보다는 대주주와 소액주주 사이의 대리문제가 중요하다. 원칙적으로는 대주주나 소액주주 모두 주주인 것은 분명하며 주가가 오르면 둘 다 부가 증가하는 것은 틀림없다. 그러므로 여기서의 문제는 주주 부의 극대화라는 기업 목표 자체가 아니다.

재벌그룹의 대주주는 개별 기업이 아니라 재벌그룹 전체의 가치를 극대화하려는 인센티브를 가지고 있다. 예를 들어 그룹 내의 A회사가 손해를 보지만 B회사가 얻는 이익이 더 큰 경영 의사결정을 가정해 보자. 이런 의사결정은 그룹 전체의 이익을 극대화하는 것이어서 대주주의 이해에 부합한다. 반면에 A회사에만 투자한 소액주주는 이 의사결정의 결과로 피해를 보게 된다.

재벌그룹이 아닌 단독 기업의 경우에도 대주주와 소액주주 사이의 대리문제가 발생할 수 있다. 경영권을 가진 대주주가 자신의 취미, 자신이 갖고 있는 사회적 소신의 실현, 개인적 은혜에 대한 보답, 경영권 승계 등의 목적으로 회사의 자원을 사용하는 경우가 있다. 대주주의 개인적 목적을 달성하기 위해 회사의 자산이 유출되는 것이므로 당연히 소액주주는 피해를 보게 된다.

대주주와 소액주주 사이에 발생하는 대리문제 관한 한, 이사회의 역할이 제한적일 가능성이 높다. 사외이사는 주주총회에서 선임하지만 지배적인 의결권을 확보한 대주주가 사실상 정하는 경우가 많다. 이런 경우에는 사외이사가 자신을 선임해준 대주주의 경영활동을 감시할 인센티브가 크지 않을 가능성이 있다.

키워드

- 개인기업
- 합명회사
- 합자회사
- 유한회사
- 유한책임회사
- 주식회사
- 동인도회사
- CEO(chief executive officer)
- CFO(chief financial officer)
- 투자 의사결정
- 자금조달 의사결정
- 대리문제
- 대리비용
- 이해관계자
- 고정청구권자
- 잔여청구권자
- 잔여자산위험
- 기업가치의 극대화
- 도덕적 해이
- 주주 부의 극대화
- 외부효과
- 기업의 사회적 책임
- 주주자본주의
- 이해관계자자본주의
- ESG
- 소유와 경영의 분리
- 이사회
- 사외이사

01 연습문제

Exercise

01 (★) 다음 용어를 설명하시오.

(1) 합명회사 (2) 유한회사 (3) 대리문제 (4) 잔여청구권자
(5) 외부효과 (6) 도덕적해이

02 (★) 다음 설명 중 옳은 문장을 모두 고르면?

> ㄱ. 우리나라 상법상의 회사 중 미국의 'Limited liability company(LLC)'와 가장 가까운 것은 유한회사이다.
> ㄴ. 이해관계자자본주의는 자유시장경제를 지탱하는 근본원리이다.
> ㄷ. 주식회사에서의 주주는 고정청구권자가 아니다.
> ㄹ, 주식회사는 이중과세의 문제를 가진다.

① ㄱ, ㄴ ② ㄴ, ㄷ
③ ㄷ, ㄹ ④ ㄱ, ㄹ

03 (★) 기업에서 재무관리를 담당하는 경영자의 의사결정 영역과 가장 거리가 먼 것은?

① 최적의 자산을 구성하기 위하여 어떤 자산에 얼마나 투자할 것인지를 결정한다.
② 자기자본 또는 타인자본 중 어떤 수단으로 얼마나 자본을 조달할 것인지를 결정한다.
③ 순이익 중 기업내부의 유보액과 주주에게 지급할 배당금 규모를 결정한다.
④ 기업의 재무 관련 정보를 시장에 공시하고 투자자에게 홍보하는 전략을 결정한다.

04 (★) 다음 중 재무관리자가 의사결정시 가장 우선시해야 하는 사항만을 모두 고르면?

> ㄱ. 어떻게 하면 당기순이익을 극대화시킬 수 있는가?
> ㄴ. 어떻게 하면 기업가치를 극대화시킬 수 있는가?

ㄷ. 어떻게 하면 주가를 극대화할 것인가?
ㄹ. 어떻게 하면 주주의 부를 극대화할 것인가?

① ㄱ, ㄴ, ㄹ ② ㄱ, ㄴ, ㄷ
③ ㄱ, ㄷ, ㄹ ④ ㄴ, ㄷ, ㄹ

05 (★★) 다음 중 주식회사의 주주와 경영자 사이의 대리비용을 통제하는데 도움이 되는 방법이라 볼 수 있는 것은?

ㄱ. 사외이사 제도
ㄴ. 외부 독립기관에 의한 감사
ㄷ. 스톡옵션

① ㄱ, ㄴ ② ㄴ, ㄷ
③ ㄱ, ㄷ ④ ㄱ, ㄴ, ㄷ

06 (★★) 다음 중 주식회사와 관련하여 옳은 설명만 모두 고르면?

ㄱ. 경영자가 모든 재무의사결정에 있어 가장 중요시해야 할 고려사항은 '기업가치 극대화'이다.
ㄴ. 주가는 시시각각 변하므로 주가극대화는 재무관리의 목표가 될 수 없다.
ㄷ. 주식회사가 가지는 장점 중의 하나는 소유권 이전의 용이성이다.

① ㄱ, ㄷ ② ㄱ, ㄴ
③ ㄴ, ㄷ ④ ㄱ, ㄴ, ㄷ

07 (★★★) 다음 중 주식회사의 특징과 거리가 먼 것은?

① 주주들은 유한책임으로 인해 투자 위험이 감소된다.
② 대규모 자본을 쉽게 조달할 수 있어 성장 가능성의 장점을 얻을 수 있다.
③ 주식은 유동성이 상대적으로 높으므로, 회사의 가치에 긍정적으로 작용한다.
④ 경영자는 기업 부채에 대해 무제한의 개인책임을 진다.

08 (★) 무한책임사원으로만 구성된 회사의 종류는?

① 합명회사 ② 합자회사

③ 유한회사 ④ 주식회사

09 (★★) 기업에서 최고재무책임자(CFO)가 담당하는 투자의사결정문제들을 구체적으로 설명하시오.

10 (★★★) 주주와 경영자간에 발생하는 대리문제를 해결하기 위한 제도의 실제 사례를 조사하여 내용을 설명하시오.

11 (★★) 기업의 목표로 "이익의 극대화"가 적절하지 않은 이유를 설명하시오.

12 (★★) 기업가치가 큰 기업일수록 장기적 생존가능성이 높은 이유를 설명하시오.

13 (★★) 주주자본주의 대신에 이해관계자자본주의를 강조할 경우 발생할 수 있는 문제점을 설명하시오.

14 (★★) 주식회사에서 주주가 최종 의사결정권을 가지는 이유를 설명하시오.

15 (★★) 주식회사의 경우 주주 부(wealth)를 극대화하는 의사결정을 하면 기업가치를 극대화하게 된다는 주장의 원리를 논리적으로 설명하시오.

16 (★★) 소유와 경영이 분리된 주식회사의 경우 발생할 수 있는 가장 심각한 문제는 무엇인지 그 본질을 간략히 설명하시오. 그리고 이 문제를 경감시키는 제도적/시장 장치를 아는 대로 열거하시오.

17 (★★) 합명회사와 합자회사의 차이점을 설명하시오.

01 연습문제 정답 및 해설

Exercise

02 ③ ㄱ. 유한책임회사이다. ㄴ. 주주자본주의이다.

03 ④

기업의 재무 관련 정보 공시는 재무관리 의사결정의 결과이다.

04 ④

당기순이익은 기업가치로는 부적절하다.

05 ④

p.14에서 대리문제에 대비한 계약들에 해당한다.

06 ①

주가는 시시각각 변하기 때문에 주주의 부의 변동을 쉽게 관찰할 수 있다.

07 ④

경영자가 기업의 지분이 있다면 주주로서 유한책임을 진다.

08 ①

[표 1-1]의 회사의 종류와 소유자의 구성을 참조

15 청산이나 파산시, 주주는 고정청구권자들에게 지급하고 남는 잔여자산을 가진다. 주주가 잔여자산을 키우려고 노력할수록 선순위 고정청구권자들이 자신들의 몫을 가져갈 확률이 높아진다. 주주가 의사결정권을 갖고 주주 부를 극대화하는 것이 우선순위에 있는 고정청구권자들에게도 이득이 된다.

16 소유와 경영의 분리는 주주와 경영 사이에 대리문제를 유발할 수 있다. 주식시장, 주주총회, 이사회, 인수합병시장 등.

제2장

증권시장과 회계정보

1. 증권시장과 자본조달
2. 증권거래
3. 재무상태표와 손익계산서

Financial Management

CHAPTER 02

증권시장과 회계정보

주식회사의 실질적 목표는 주주 부의 극대화이며, 주주 부의 가장 좋은 지표는 증권시장에서 형성되는 주가이다. 따라서 재무관리를 학습하는데 있어 증권시장의 작동원리를 이해하는 것은 반드시 필요하다. 증권시장의 주가는 기업의 경영상태를 반영하여 결정된다. 기업의 경영상태를 파악하기 위한 가장 중요한 도구는 재무제표와 같은 회계정보이다. 회계정보는 기업가치를 평가하는 기초 자료가 되기도 한다. 이 단원에서는 재무관리를 이해하기 위해 필수적으로 알아야 하는 증권시장의 제도 및 재무제표의 구조를 설명한다. 먼저 증권시장의 자본조달 기능에 대해 간단하게 살펴보고 한국거래소의 제도를 중심으로 주식거래의 체결방식 및 주문의 종류에 대해 알아본다. 마지막으로 재무상태표와 손익계산서의 구조에 대해 소개하고 순운전자본의 의미와 장부가치와 시장가치의 차이에 대해 학습한다.

1. 증권시장과 자본조달

주식은 기업 소유권의 일부분을 나타내는 증서로서 자기자본(equity)을 잘게 분할한 조각(share)이다. 기업 소유권을 잘게 쪼개서 거래할 수 있어 일반 투자자들이 적은 금액으로도 기업 소유권에 투자할 수 있다.

전세계 대부분의 국가들은 증권거래소를 가지고 있으며, 많은 기업들이 증권거래소를 통해 자본을 조달하고 있다. 동일한 기업의 주식이 두 곳 이상의 증권거래소에서 거래되는 경우도 있다. 기업을 유치하기 위한 증권거래소 간의 경쟁도 치열하다. 증권거래소가 경쟁력을 가지려면 최소한의 비용으로 공정한 증권가격이 형성될 수 있는 거래제도와 전산시스템을 갖춰야 한다. 경쟁력 강화를 위해 서로 합병하기도 하며, 증권거래소 자체가 주식회사 형태로 조직 형태를 바꾸고 상장하기도 한다.

우리나라에는 한국거래소(KRX, Korea Exchange)가 있다. 한국거래소는 유가증권시장, 코스닥시장, 코넥스시장을 하부에 두고 있다. 한국거래소에서는 주식뿐만 아니라 채권, 파생상품, 금, 탄소배출권 등도 거래된다.

증권시장은 증권을 발행하는 발행시장(primary market)과 이미 발행된 증권을 투자자들이 거래하는 유통시장(secondary market)으로 분류된다.

1.1 발행시장

발행시장은 기업이 자금을 조달하기 위해 주식을 발행하는 시장을 말한다. 증권거래소에서 거래가 가능하도록 상장하기 위해서는 지분이 분산되어야 한다. 지분분산요건을 충족하기 위해 처음으로 주식을 공개 매도하는 행위를 최초공모(IPO, initial public offering)라고 한다. 기업은 신주를 일반 투자자에게 매도함으로써 신규 자금을 조달할 수 있다. 창업자는 자신이 보유하고 있던 주식의 전부 또는 일부를 일반 투자자에 매도하여 큰 부를 형성할 수도 있다. 기업을 증권거래소에 상장시키려는 희망은 창업과 기술혁신을 촉진시킨다. 기업이 상장하기 위해서는 증권거래소가 정한 기준을 충족해야 한다. 한국거래소의 세 주식시장은 각각 별도의 상장 기준을 갖고 있다.

이미 발행된 주식이 증권시장에서 유통되는 상태에서 기업은 주식을 추가로 발행할 수도 있다. 이것을 증자(SEO, seasoned equity offering)라고 부르며, 신주를 기존 주주에게 매각할 수도 있고 아니면 불특정 다수, 특정한 제3자에게 매각할 수도 있다.

1.2 유통시장

이미 발행된 주식을 거래하는 시장을 유통시장이라고 하며 보통 증권거래소를 의미한다. 유통시장에서 체결되는 거래 가격이 바로 뉴스에 매일 발표되는 주가이다. 유통시장은 투자자들 사이에 거래하는 시장이므로 여기서 거래된 자금이 기업으로 흘러 들어가지는 않는다. 그렇지만 유통시장이 존재하기 때문에 발행시장이 작동한다. 만약 유통시장이 없다면, 투자자들이 회사로부터 주식을 매입할 이유가 현저히 줄어든다. 유통시장에서 형성된 가격으로 인해 주식의 가격 불확실성은 거의 없다. 또한, 발행시장에서 구매한 주식을 유통시장을 통해 쉽게 처분할 수도 있다. 거래가 빈번해 유동성이 풍부한 시장에서는 투자자들이 주식을 쉽게 매수하고 매도할 수 있다. 이러한 이유로 증권거래소는 시장의 유동성을 높이기 위해 많은 노력을 기울인다.

주식시장에 상장된 종목을 거래하고자 하는 투자자는 증권회사에 주식 계좌를 개설해야 한다. 증권회사는 주문을 수탁하고 증권거래소에서 매매가 성립되면 투자자로부터 체결 서비스 제공에 대한 수수료를 받는다. 수수료율은 각 증권회사가 자율적으로 정한다. 또한, 투자자는 매도시에 거래세를 부담해야 한다.

2. 증권거래

증권시장은 불특정 다수의 투자자들이 거래에 참여하기 때문에, 세계 각국의 증권거래소들은 공정하고 질서있는 증권거래가 가능하도록 거래제도를 규정하고 있다. 여기서는 한국거래소의 중요한 제도 몇 가지를 살펴본다.

2.1 거래의 체결 방식

매수주문과 매도주문을 낸 투자자들이 원하는 가격은 동일하지 않은 것이 보통이다.

KRX는 매수자와 매도자 모두 만족할 수 있도록 미리 정해놓은 규칙에 따라 거래를 체결한다. KRX의 매매체결방식은 단일가매매(call auction)와 접속매매(continuous auction)로 구분된다. 단일가매매는 일정시간 동안 접수된 주문들을 모아 하나의 가격으로 체결하는 방식이며, 접속매매는 체결이 가능한 주문이 제출되면 즉시 매매거래를 체결하는 방식이다. 단일가매매는 거래의 연속성이 단절된 시가(opening price)나 단절될 종가(closing price) 결정시에 사용된다.[1] 접속매매를 하면 시황에 대한 정보가 주가에 신속히 반영되고 투자자가 시장상황 변화에 능동적으로 대처할 수 있기 때문에 평소에는 접속매매를 사용해 거래를 체결한다.

단일가매매의 예

단일가매매를 적용할 때는 일정 시간 동안 거래를 체결시키지 않고 주문들을 누적한다. 단일가매매를 적용하기 직전까지 누적된 주문들의 상태가 [표 2－1A]와 같다고 가정하자. 단일가매매의 원리는 높은 가격에 제출된 매수주문과 낮은 가격에 제출된 매도주문을 서로 상쇄시키면서 균형가격을 찾아가는 것이다. 단일가매매 방식의 체결 순서는 다음과 같다.

- 1,025원에 제출된 50주의 매수주문 중 10주와 1,000원에 제출된 10주의 매도주문을 상쇄시킨다.
- 1,025원에 남아있는 40(＝50－10)주 중 20주와 1,005원에 제출된 20주를 상쇄시킨다.
- 1,025원에 남아있는 20(＝50－10－20)주는 1,010원에 제출된 10주의 매도주문 및 1,015원에 제출된 40주 중 10주와 상쇄시킨다. 이제 1,025원에 남은 매수주문은 더 이상 없다.
- 1,015원에 남아있는 30(＝40－10)주의 매도주문과 1,020원에 제출된 40주의 매수주문 중 30주와 상쇄시킨다. 이제 1,015원에 남아있는 매도주문은 없다.
- 1,020원에 남은 10(＝40－30)주의 매수주문과 1,020원에 제출된 30주의 매도주문 중 10주를 상쇄시킨다. 이제 1,020원에 남아있는 매수주문은 없다.

1) 이외에 저유동성 종목에 대해서는 30분 간격으로 단일가매매를 하고 있으며, 서킷브레이커로 거래가 중단되었다가 재개될 때에도 단일가매매를 하고 있다.

표 2-1A 단일가매매 방식에 의한 체결 직전의 주문 상태

매도주문수량(주)	가격(원)	매수주문수량(주)
50	1,025	50
30	1,020	40
40	1,015	
10	1,010	50
20	1,005	20
10	1,000	100

표 2-1B 단일가매매 방식에 의한 체결 직후의 주문 상태

매도주문수량(주)	가격(원)	매수주문수량(주)
50	1,025	
20	1,020	
	1,015	
	1,010	50
	1,005	20
	1,000	100

[표 2-1B]는 매수주문과 매도주문 사이의 상쇄과정을 진행한 후의 주문 상태를 보여준다. 여기서 말하는 상쇄는 체결을 의미한다. 어느 주문도 주문한 가격보다 불리한 가격(매도주문의 경우에는 더 낮은 매수가격, 매수주문의 경우에는 더 높은 가격의 매도가격)으로 체결되는 일은 없어야 한다. [표 2-1B]를 보면 더 이상의 체결이 발생할 수 없다는 것을 쉽게 알 수 있다. 1,020원에 남아있는 20주의 매도주문과 체결시킬 수 있는 매수주문이 더 이상 없다. 마지막으로 상쇄된 1,020원이 체결가격으로 결정되고 체결된 모든 주문에 동일하게 이 가격이 적용된다. 1,025원에 제출된 매수주문도 1,020원에 체결되며, 1,000원에서 1,020원에 제출된 매도주문도 모두 1,020원에 체결된다. 어느 주문도 원하던 가격보다 불리한 가격으로 체결되지 않는다.

접속매매의 예

접속매매는 가격 조건이 일치하는 주문이 제출되면 즉시 체결시키는 방식이다.

표 2-2A 접속매매 방식에 의한 체결

매도주문수량(주)	가격(원)	매수주문수량(주)
50⑤	1,025	10①
	1,020	
40③	1,015	
	1,010	
	1,005	30②
20④	1,000	

표 2-2B 접속매매 직후의 주문상태

매도주문수량(주)	가격(원)	매수주문수량(주)
50	1,025	
	1,020	
30	**1,015**	
	1,010	
	1,005	10
	1,000	

[표 2－2A]에서 ①~⑤는 주문이 제출된 순서를 나타낸다. 접속매매 방식의 체결 순서는 다음과 같다.

- 맨 먼저 제출된 ①과 ②의 매수주문은 거래할 매도주문이 없는 상태이므로 매매가 체결되지 않는다.
- 1,015원에 40주를 제출한 매도주문 ③은 1,025원에 10주를 제출한 매수주문 ①과 체결된다. 이때의 체결가격은 먼저 나와있던 주문가격인 1,025원이다. 매도주문 ③은 잔량이 30주이다.
- 1,000원에 20주가 제출된 매도주문 ④는 1,005원에 30주가 제출되었던 매수주문 ② 중 20주와 체결되며, 체결가격은 1,005원이다.
- 1,025원에 50주가 제출된 매도주문 ⑤는 1,025원 이상으로 매수하기를 희망하는 매수주문이 없으므로 그대로 남아있다.

여기서 주의할 것은 체결가격이 매도주문, 매수주문 중에서 먼저 제출된 것의 주문가격으로 결정된다는 점이다. 예를 들면, 1,015원에 40주를 제출한 매도주문 ③이 이보다 앞서 제출된 매수주문 ①과 체결될 때는 해당 매도주문의 가격인 1,015원보다 유리한 가격인 1,025원이다. 매도주문 ③이 1,015원이 아니라 보다 높은 가격으로 주문을 했다고 하더라도 매수주문 ①과 체결될 때는 똑같은 1,025원에 체결된다.

마지막 매도주문 ⑤가 제출된 직후에 남아있는 주문들의 상태는 [표 2-2B]와 같다. 주문가격을 호가라고도 부르며, 남아있는 매도호가 중 가장 낮은 가격(여기서는 1,015원)을 최우선매도호가, 매수호가 중 가장 높은 가격(여기서는 1,005원)을 최우선매수호가라고 한다. 두 호가의 차이를 호가스프레드(bid-ask spread)라고 한다. 이 예에서 호가스프레드는 10원이다.

호가스프레드는 다음 두 가지 이유로 중요하다. 첫째로, 호가스프레드는 숨은 거래비용이라고 볼 수 있다. 만약, [표 2-2B] 상태에 있을 때 홍길동이 1주를 즉시 매수한 후 즉시 매도하는 경우를 생각해 보자. 1주를 즉시 매수하려면 최우선매도호가인 1,015원을 지불할 수밖에 없다. 그렇지만, 그 주식을 즉시 매도하려면 최우선매수호가인 1,005원을 받게 된다. 결국 이런 왕복 거래를 하면 홍길동은 10원을 잃게 된다. 잃은 돈 10원은 거래수수료처럼 명시적 거래비용은 아니지만 암묵적 거래비용이다.

둘째로, 호가스프레드는 유동성(liquidity)의 지표가 된다. 위 예에서 홍길동이 잃게 되는 10원은 1,015원의 매도주문을 제출하고 거래 상대방이 나타날 때를 기다리는 투자자와 1,005원의 매수주문을 제출하고 거래 상대방을 기다리는 투자자의 몫으로 돌아간다. 그렇다면, 홍길동이 10원의 거래비용을 지불하고 무엇을 얻는 것일까? 홍길동은 신속한 거래의 대가로 10원을 지불한 것이다. 1,015원의 매도주문이 나와 있지 않았더라면 더 높은 1,025원에 매수할 수밖에 없었을 것이다. 1,005원의 매수주문이 나와 있지 않았더라면 이미 매수한 주식을 즉시 처분할 수 없었을 것이다. 1,015원의 매도주문과 1,005원의 매수주문을 제출한 투자자들은 홍길동과 같은 거래 상대방을 기다리는 대가로 10원을 받는다. 얼마나 신속하게 거래가 가능한지를 유동성이란 용어로 표현한다. 홍길동은 다른 투자자들이 공급하는 유동성을 소비한 대가로 10원을 지불하는 것이며, 유동성의 가격은 10원, 즉 호가스프레드이다.

호가스프레드는 유동성의 척도이다.

유동성은 시장이나 상품에 따라 다르다. 일반적으로, 부동산시장보다는 증권시장의 유동성이 높다. 증권 중에서도 인기 있는 종목들은 유동성이 높고 잘 알려지지 않은 종목들은 유동성이 낮다. 유동성이 높은 종목들은 투자자들 간의 경쟁 때문에 호가스프레드가 상대적으로 작아진다.

2.2 지정가주문과 시장가주문

KRX는 투자자들에게 다양한 주문 형태를 허용한다. 이 중에서도 투자자들이 가장 많이 이용하는 것은 지정가주문(limit order)과 시장가주문(market order)이다.

지정가주문을 이용할 때는 원하는 가격과 수량을 함께 제출한다. [표 2－2A]의 ①~⑤ 주문들은 모두 지정가주문이다. 투자자가 1,000원의 가격에 100주를 매수(매도)하겠다는 주문을 제출하면, 투자자는 1,000원 보다 낮은(높은) 가격이면 어떠한 가격으로도 체결이 가능하다. 지정가주문은 투자자가 지정한 가격보다 불리한 가격으로 체결되지 않는 장점이 있지만, 부합하는 상대 주문이 제출되기 전까지는 체결이 되지 않는 단점이 있다. 지정가주문이 체결되는 과정은 이미 설명했으므로 반복하지 않는다.

시장가주문을 이용할 때는 원하는 수량은 지정하지만 가격은 별도로 지정하지 않는다. 그 대신 현 시점에서 가장 유리한 가격 또는 시장에서 형성되는 가격으로 즉시 매매를 해달라는 것이다. 예를 들어, [표 2－2B]의 상태에서 1주를 매도하기 위해 시장가주문을 제출하면 최우선매수호가인 1,005원에 매매가 즉각적으로 체결된다. 시장가주문은 지정가주문에 우선하여 매매가 이루어진다. 즉각적인 거래가 가능하다는 점이 시장가주문의 장점이다.

그렇지만, 시장가주문을 이용하더라도 항상 최우선호가에 매매할 수 있는 것은 아니다. 최우선호가의 주문잔량보다 큰 수량의 시장가주문을 제출하면 주문수량 전량이 해소될 때까지 가장 우선하는 상대방 주문부터 순차적으로 체결이 이루어진다. 따라서 최우선호가보다 불리한 가격으로 매매가 체결될 수도 있다. 예를 들어, [표 2－2B]의 상태에서 60주를 매수하려고 시장가주문을 제출하면 일단 최우선매도호가인 1,015원에 30주가 체결되지만 나머지 30주는 이보다 불리한 1,025원에 체결된다.

예제 1 [표 2-2B]의 상태에서 홍길동은 지정가주문을 이용하여 60주를 매수하려고 한다. 지정가주문의 가격을 얼마로 해야 시장가주문을 이용하는 것과 동일한 효과를 얻을 수 있는가?

해설 1,025원 이상의 가격으로 지정가 매수주문을 제출하면 시장가주문과 동일한 효과를 얻을 수 있다. 지정가주문의 경우 먼저 제출된 상대 주문의 가격으로 매매가 체결되기 때문이다. 첫 30주는 최우선매도호가인 1,015원에 체결되고 나머지 30주는 1,025원에 체결된다. 그러므로 시장가주문이 존재하지 않는다고 하더라도, 가능한 높은 가격의 지정가 매수주문을 제출하거나 또는 가능한 낮은 가격의 지정가 매도주문을 제출해 시장가주문과 동일한 효과를 거둘 수 있다.

공격적인 지정가주문을 이용해 사실상 시장가주문과 같은 효과를 얻을 수 있다.

2.3 레버리지투자

부채를 얻어 투자하는 것이 레버리지투자(leverage investment)이다. 레버리지투자를 하면 이익 또는 손실이 확대되는 레버리지효과가 있다. 예를 들어, 10억원을 투자하면 1/2의 확률로 13억원 또는 9억원을 얻을 수 있는 투자프로젝트가 있다고 하자. 이 경우 운이 좋으면 3억원의 이익을, 운이 나쁘면 1억원의 손실을 예상할 수 있다. 투자수익률로 환산하면 30% 또는 −10%가 된다. 그런데 홍길동이 자기 돈 1억원에 부채 9억원을 더한 10억원으로 투자하면 어떻게 될까? 운이 좋을 때는 총 13억원의 수익 중에서 차입금 9억원을 변제한 나머지 4억원이 홍길동의 이익이다. 애초에 갖고 있던 돈이 1억원뿐이므로, 홍길동의 투자수익률은 30%가 아니라 300%나 되어 이익이 증폭된다. 운이 나쁘면 수익 9억원으로 차입금을 갚으면 홍길동의 몫은 0원으로 투자수익률은 −10%가 아니라 −100%로 손실 역시 증폭된다.

증권시장에서도 이런 레버리지투자가 가능하다. 주식에 대한 레버리지투자는 두 가지가 있다. 주가상승을 예상하고 자금을 빌려서 매수하는 신용매수(margin trading)와 주가하락을 예상하고 주식을 빌려서 매도하는 주식 차입 공매도(short sale)이다.

신용매수

신용매수는 주식투자 금액의 일정비율에 해당하는 현금을 담보로 증권회사로부터 나머지 금액을 빌려 주식을 매수하는 거래를 말한다. 거래의 구조는 일반적인 레버리지투자와 동일하다. 주가가 상승할 때는 이익이 확대되지만, 주가가 하락할 때는 손실이 확대된다. 따라서 신용매수는 일반적인 증권거래에 비해 위험이 더 크다. 증권회사 입장에서는 주가가 크게 하락하게 되어 빌려준 돈을 받지 못할 가능성이 있기 때문에 안전장치로 증거금제도를 두고 있다. 증권회사는 초기에 일정한 담보 비율을 설정하는데 이것을 개시증거금(initial margin)이라고 한다. 주가 하락으로 인해 담보비율이 일정 수준 이하로 떨어지면, 증권회사는 투자자에게 초기에 설정된 담보비율만큼 보충하라는 추가증거금 납입요청(margin call)을 하게 된다. 추가증거금 납입요청의 기준이 되는 담보비율을 유지증거금(maintenance margin)이라 한다. 만약 투자자가 추가증거금 납입요청에 순응하여 증거금을 채우지 못하면, 증권회사는 투자자의 의사와 관계없이 주식을 강제로 매도하게 되는데 이것을 반대매매(reverse trading)라고 한다.

예제 2 10,000원인 주식을 100주 매수하는 과정에서 40만원을 빌렸고, 유지증거금이 30%라고 하자. 만약 주가가 7,000원을 하락했다면 증거금은 얼마가 되는가?

해설 주식의 평가금액은 70만원(=7,000원×100주)이며, 이 중 투자자의 순자산은 30만원(=70만원 − 40만원)이다. 따라서 이 투자자의 증거금은 43%(=30만원/70만원)가 된다.

예제 3 위 예에서 주가가 얼마까지 하락하면 추가증거금 납입요청이 발생하겠는가?

해설 주가가 P원이라 하자. 주식의 평가금액은 100P원으로 이 중 투자자의 순자산은 (100P - 40만)원이 된다. 따라서 이 투자자의 증거금은 (100P - 400,000)/100P 이다. 증거금이 30%가 되면 추가증거금 납입요청이 발생하므로, (100P - 400,000)/

100P = 30%인 P의 값을 구하면 된다. 이 P의 값은 5,714원이다. 주가가 이 금액 미만으로 하락하면 증거금이 30% 아래로 떨어져 추가증거금 납입요청이 발생한다.

공매도

주가 하락 예상으로부터 돈을 벌 수 있는 방법이 있을까? 주식을 보유하고 있다면, 매도를 통해 손실을 회피할 수는 있지만, 이익을 얻는 것은 아니다. 주식을 보유하고 있지 않다면, 먼저 주식을 빌려 현재의 시장가격에 매도하고 나중에 하락한 가격에 주식을 되사서 상환하여 이익을 얻는 방법이 있는데, 이것이 공매도이다.

그러나 예상과 달리 주가가 상승하면 손해를 입게 된다. 증권회사는 빌려준 주식을 돌려받지 못할 위험에 대비하기 위해 신용거래의 경우처럼 증거금제도를 두고 있다. 신용거래의 경우에는 매수한 주식을 담보물로 설정하여 유지증거금을 정하지만, 공매도의 경우에는 개시증거금과 매도 금액을 합산한 현금이 담보가 된다.

예제 4 현재 주가가 10,000원인 주식을 100주 빌려서 매도한 후 주가가 7,000원으로 하락했다면 투자 이익은 얼마인가?

해설 주식을 매도해 확보한 현금은 100만원(= 10,000원×100주)인데, 이 중 7,000원으로 하락한 주식을 다시 매수하는데 지불한 금액은 70만원(= 7,000원×100주)이다. 따라서 30만원의 이익을 얻는다.

예제 5 50%의 개시증거금, 30%의 유지증거금인 경우, 주가가 얼마까지 상승하면 추가증거금 납입요청이 발생하겠는가?

해설 공매도를 위해 주식을 빌릴 때는 개시증거금 50만원을 증권회사에 맡겨야 한다. 매도 금액 100만원도 담보이므로 총 담보금액은 150만원이다. 주가가 P원으로 변동하면, 투자자가 100주의 주식을 되사기 위해 필요한 돈은 100P원이다. 담보에서 이 돈을 차감한 금액이 되사는데 필요한 돈의 30% 아래로 떨어지면 추가증거금 납입요청이 발생한다. 즉, (1,500,000 - 100P)/100P = 30%인 P의 값을 구하면 된다. P값은 11,538원으로 주가가 이 금액보다 오르면 추가증거금 납입요청이 발생한다.

대부분의 학자들은 어떤 주식이 시장에서 고평가되어 있다고 판단하는 투자자들이 주가 하락을 예측하여 공매도를 한다고 본다. 그리고 그 결과 고평가된 주가는 적정가격으로 복원한다. 이러한 공매도의 역할을 보통 '시장의 가격발견기능(price discovery)을 촉진한다'고 표현한다.

공매도는 시장의 가격발견기능을 촉진한다.

학자들의 견해와 달리, 일부 투자자들은 공매도가 정상적인 주가를 하락시켜 주식이 저평가되도록 만든다고 본다. 이 견해는 가격형성에 있어서 투자자들 간의 경쟁이 중요한 역할을 한다는 사실을 간과하고 있다. 주가가 적정가격임에도 불구하고, 일부 투자자가 공매도로 주가를 하락시켜 이익을 취하려 한다고 가정해보자. 주식이 저평가되어 있다고 판단하는 투자자들이 그 주식을 매수하기 시작해 공매도의 영향을 상쇄시킬 것이다. 결과적으로, 투자자들 사이의 경쟁에 의해 주가는 정상적인 수준으로 회복하게 될 것이다. 원활하게 작동하는 증권시장에서는 이 조정과정이 매우 빠르다.

공매도 금지를 주장하는 투자자들도 있으나 주장의 근거는 분명하지 않다. 공매도로 인해 주식이 저평가되었다고 판단한다면 매수기회가 생기는 것이므로 환영할 일이지 불만을 가질 이유가 없다. 공매도를 금지하면 매수와 매도 사이에 불균형이 발생한다. 원한다면 누구나 자기 자금 또는 차입한 자금으로 주식을 얼마든지 매수할 수 있지만, 주식을 갖고 있지 않다면 매도는 원천적으로 불가능하다. 매도가 주식을 갖고 있는 투자자들로 제한되기 때문에, 주가가 부풀려져 있더라도 시장에서 신속하게 바로잡힐 가능성이 낮아진다. 일부 투자자들이 묵시적, 명시적으로 담합해 주가의 상승을 인위적으로 유도하더라도,[2] 이들의 행위를 제어할 시장의 힘이 약해진다. 이렇게 부풀려진 주가는 언젠가는 폭락한다. 주가조

2) 투자자들이 담합해 주가를 인위적으로 끌어 올린 후 매도해 차익을 얻는 행위를 펌프앤덤프(pump and dump)라고 한다.

작자들이 주식의 현금화를 위한 매도가 시작되면, 난파선에서 서로 먼저 내리려고 하는 것과 똑같은 현상이 발생해, 매도주문이 쇄도하고 주가는 결국 폭락할 수밖에 없다. 고가에 매수했던 투자자들은 큰 피해를 입게 된다. 대부분의 국가에서는 법으로 이런 주가조작 행위를 금지하고 있지만, 주가 상승을 분석해 주가조작 여부를 판단하고 이를 처벌하는 것은 쉽지 않다. 시장기능이 제대로 작동하지 않으면, 합리적 투자자들이 시장을 떠날 가능성도 높아진다. 사회적으로는 경영 의사결정의 기준인 주가가 왜곡되어 자원이 비효율적으로 배분될 수 있다.

2.4 가격제한폭

우리나라 증권시장의 특징 중 하나는 가격제한폭(price limit) 제도이다. 가격제한폭이란 하루에 변동할 수 있는 가격의 범위를 정해놓는 것이다. 현재 KRX는 주가가 전일 종가(또는 기준가격)를 기준으로 하여 상하 30%를 초과할 수 없도록 제한하고 있다. 하루 중 상승할 수 있는 최고 가격을 상한가, 하락할 수 있는 최저 가격을 하한가라고 한다. 미국, 영국, 독일 등의 증권거래소는 가격제한폭 제도를 두지 않아, 정보의 유입에 따라 주가가 자유롭게 움직일 수 있다.

KRX는 가격제한폭 제도의 목적으로 공정한 가격 형성과 시세 변동에 따른 투자자의 피해방지를 들고 있다. 그러나 이 제도로 인해 정보가 시의적절하게 주가에 반영되지 못하는 경우도 발생할 수 있어서 오히려 공정한 가격 형성을 저해할 수도 있다. 주가가 상한가나 하한가에 도달한 경우에는 더 이상의 거래가 불가능하기 때문에, 투자자들의 매수, 매도 기회가 제한된다. 이러한 문제들을 경감시키기 위해, KRX는 지속적으로 가격제한폭을 확대해왔다.

3. 재무상태표와 손익계산서

기업은 기업활동의 내역과 결과를 수치로 측정하여 표준화한 형태로 작성하여 이해관계자들에게 제공한다. 이렇게 작성된 보고서를 재무제표(financial statements)라고 하며, 재무제표의 양식과 내용은 회계기준에 따라야 한다. 재무제표는 재무상태표, 손익계산서, 자본변동표, 현금흐름표, 주석 등으로 구성된다. 재무제표에 나타난 금액들은 회계기준에 따라 작성된 회계기록이라는 점을 유념해야 한다. 회계기준은 표준화를 위해 제도화된 인위적 기준이므로, 재무제표 상의 숫자들과 재무학에서 다루는 숫자들이 반드시 일치하지는 않는다. 재무학에서는 모든 것을 시장가치로 환산하고, 실제 발생한 현금흐름을 분석한다.

재무제표의 작성방법이나 계정과목에 대한 자세한 내용은 회계학에서 다룬다. 여기서는 재무관리를 공부하기 위해 최소한으로 필요한 내용만 간추려 설명한다.

3.1 재무상태표

[표 2-3]은 현대자동차의 2019년도 재무상태표이다.

재무상태표(balance sheets)는 특정 시점에서 측정한 기업의 재무상태를 나타내는 보고서이다. 재무상태표는 자산, 부채, 자본의 세 요소로 구성된다. 자산을 왼쪽에, 부채와 자본을 오른쪽에 기재한다. 자산은 재화와 서비스를 생산하기 위한 자원의 가치를 회계기준에 따라 계산하여 모아 놓은 것으로 자금의 운영을 나타낸다. 부채와 자본은 자산 취득에 필요한 자금의 원천을 나타낸다. 운영하는 자금(=자산)과 조달된 자금(=부채+자본)은 크기가 같아야 한다. 따라서 다음과 같은 재무상태표 등식이 성립한다.

$$자산 = 부채 + 자본$$

재무제표 등식은 청구권자들의 몫을 모두 합한 것(=부채+자본)이 전체 자산임을 의미한다.

자산은 1년 이내에 현금화할 수 있는 유동자산과 1년 이내에 현금화가 어려운 비유동자산으로 구분된다. 유동자산에 포함되는 주요 항목으로는 현금 및 현금성자산, 매출채권, 재고자산 등이 있다. 현금성자산은 유동성이 높아 쉽게 현금화할 수 있는 증권이나 기타금융자산을 말한다. 비유동자산은 유형자산과 무형자산을 포함한다. 유형자산은 건물, 기계설비, 공장 등을 포함하며, 재무제표상의 평가금액은 취득시점의 자산가치에서 평가시점까지 발생한 감가상각비의 누적액을 차감한 금액으로 표시한다.

표 2-3 재무상태표의 예

현대자동차주식회사

2019년 12월 31일 현재(단위: 백만원)

자산		부채 및 자본	
유동자산	**22,346,792**	**유동부채**	**15,148,868**
현금 및 현금성자산	382,000	매입채무	4,349,005
단기금융상품	5,793,630	미지급금	3,275,483
기타금융자산	6,983,208	단기차입금	3,293,370
매출채권	4,733,426	유동성장기부채	648,368
기타채권	1,118,882	당기법인세부채	207,081
재고자산	3,065,329	충당부채	1,936,640
기타유동자산	270,317	기타유동부채	1,438,921
		비유동부채	**5,089,342**
		장기성미지급금	825,824
비유동자산	**51,810,427**	사채	299,617
장기금융상품	682,334	장기차입금	676,957
기타금융자산	2,359,601	순확정급여부채	320,843
장기성매출채권	20,449	충당부채	2,521,136
기타채권	475,659	기타비유동부채	444,965
유형자산	24,413,350	**부채총계**	**20,238,210**
투자부동산	143,237	**자본**	
무형자산	4,270,089	자본금	1,488,993
종속기업, 공동기업 및 관계기업투자	18,416,453	자본잉여금	4,012,033
이연법인세자산	862,064	기타자본항목	(1,516,817)
사용권자산	148,128	기타포괄손익누계액	64,476
기타비유동자산	19,063	이익잉여금	49,870,324
		자본총계	**53,919,009**
자산총계	74,157,219	**부채 및 자본 총계**	74,157,219

부채는 1년 이내에 만기가 도래하는 유동부채와 만기가 1년 이상 남은 비유동부채로 구분된다. 유동부채 범주에 포함되는 주요항목으로는 매입채무, 미지급금, 단기차입금 등이 있다. 비유동부채에 포함되는 주요항목으로는 사채, 장기차입금 등이 있다. 자본은 자산에

대한 주주의 청구권을 회계적으로 나타낸 것으로, 주주가 기업의 주식을 매입하여 투자한 자본금과 이익을 재투자한 이익잉여금을 포함한다. 이익잉여금은 이익에서 적자와 배당금을 차감한 잔액을 기업 설립 시점부터 누적한 금액을 의미한다.

다음은 재무상태표와 관련하여 재무관리에서 중요하게 다루는 기초 개념들을 설명한다.

현금과 순부채

재무관리에서 말하는 현금은 포괄적인 개념으로서 현금, 현금등가물 또는 매매 가능 증권(marketable securities) 등 쉽게 현금화할 수 있는 자산들을 모두 포함한다. 재무상태표에 별도로 기재되어 있는 현금 및 현금성자산, 단기금융상품, 기타금융자산이 그것이다. 단기금융상품은 보통 만기가 3개월 이상 1년 미만으로 단기간에 현금화가 가능한 예금성 자산을 의미하며, 기타금융자산은 주식, 채권, 펀드 등 시장성 있는 증권을 의미하므로 모두 현금의 범주에 포함할 수 있다.

기업은 재무계획에 따라 기업의 본원적 사업에 대해 영향을 주지 않고 현금을 늘리거나 줄일 수 있다. 특히 부채를 상환하여 현금을 조정하는 것은 상대적으로 쉬운 편이다. 현금은 부채를 상환하는데 사용할 수도 있으므로, 현금을 음(−)의 부채라고 생각할 수 있다. 따라서 기업의 재무상태를 판단할 때는 표면에 나타난 부채가 아니라, 부채에서 현금을 차감한 순부채(net debt)를 이용하는 것이 더 적절한 경우가 많다. 같은 이유로, 부채/자본 대신에 순부채/자본, 더 나아가서는 순부채/시가총액과 같은 비율을 실질적인 부채비율로 판단하여 이용할 수도 있다. 순부채의 계산식은 다음과 같다.

$$\text{순부채} = \text{부채} - \text{현금} = \text{부채} - (\text{현금 및 현금성자산} + \text{단기금융상품} + \text{기타금융자산})$$

이 식을 적용하면, [표 2−3]에서 현대자동차의 순부채는 20.2조−(0.4조+5.8조+7.0조)=7조원으로 계산된다.

순운전자본

운전자본(working capital)이란, 일상적인 비용지출, 재고자산 구입 및 유지, 단기적인 채무상환 등 영업활동을 원활하게 해주는 단기자금을 의미하는데 보통 재무상태표 상의 유동자산을 지칭한다. 유사한 개념으로서 이러한 운전자본이 충분한지를 측정하는 순운전자본(NWC, net working capital)이 있다. 순운전자본은 재무상태표 상의 유동자산과 유동부채의 차이로 정의된다. [표 2-3]에서의 순운전자본은 7.2조원(=22.3조원-15.1조원)이다. 순운전자본을 충분하게 확보하지 못한 경우에는 단기적인 자금부족 사태에 직면할 위험이 존재한다. 따라서 기업의 재무관리자는 적정 수준의 순운전자본을 확보하고 유지하는 역할을 수행하게 된다.

순운전자본은 사업을 위한 단기 투자자금으로 이해하면 된다. 유동자산과 유동부채를 구성하는 여러 계정과목 중에서도 특히 네 항목이 가장 빈번하게 등장한다. 현금, 재고자산, 매출채권 및 매입채무가 그것들이다.

원자재의 구입, 노동자의 임금 지불, 예상치 못한 일의 발생 등에 대비하기 위해서는 어느 정도의 현금을 유지해야 한다. 이런 종류의 현금은 임의로 다른 곳에 사용하기 어렵기 때문에 사실상 묶여있는 자금이라고 볼 수 있다. 따라서 현금은 사업을 유지하기 위한 단기 투자로 볼 수 있다. 투자나 영업활동의 본질과 관계없이 기업이 보유하고 있는 유휴현금은 사업을 위한 단기투자라고 보기 어렵다.

재고자산은 단기투자의 대표적인 예이다. 기업은 생산을 위한 원자재 또는 판매를 위한 상품을 어느 정도 유지할 필요가 있다. 재고자산은 원자재가 생산에 투입되거나 제품이 판매되면서 단기에 해소되지만, 사업의 연속성을 위해서는 재고자산이 계속 준비되어야 한다. 재고자산은 원자재의 공급이나 제품의 수요 변화에 따라 변동할 수 있다.

상품이나 서비스를 판매하면서 그 대금을 즉시 받지 못하고 외상으로 판매하는 경우가 많다. 이런 경우에 매출채권이 발생한다. 나중에 대금을 받으면 해당 매출채권은 없어지지만 보통 새로운 매출채권이 발생하게 된다. 따라서 어느 정도의 매출채권이 항상 남아있는 것이 일반적이다. 매출채권 역시 사업을 영위하기 위해 필요한 단기 투자로 볼 수 있다.

반대로, 원자재를 구입하면서 그 대금은 일정한 기간 후에 지불하기로 약속하는 경우에는 매입채무가 발생한다. 매입채무는 매출채권과 반대로 생각하면 된다. 매출채권이 단기투자라면, 매입채무는 음(-)의 단기 투자인 셈이다.

지금까지 설명한 순운전자본은 일정 시점에서 측정한 저량(stock)의 개념이므로, 1년 동안 순운전자본에 추가로 투자된 금액, 즉 순투자를 계산하려면 해당연도 말의 순운전자본으로부터 전년도 말의 순운전자본을 차감해야 한다. 수식으로 표시하면 다음과 같다.

$$\text{순운전자본에 대한 투자} = \triangle NWC_t = NWC_t - NWC_{t-1}$$

자본과 시가총액

재무상태표의 자본 항목은 기업이 발행한 주식의 장부가치를 나타낼 뿐, 실제로 이 주식이 시장에서 얼마에 거래되는지를 의미하는 시장가치와는 다르다. 장부가치는 주식 발행 시점에서 주주가 납입한 금액과 그동안 재투자된 금액을 합한 것으로 기계적으로 계산되지만, 시장가치는 주식에 대한 수요와 공급에 의해 증권시장에서 결정된다. 자본의 시장가치를 흔히 시가총액(market capitalization)이라고 부른다. 시가총액은 발행주식수에 주가를 곱하여 산출된다. 부채의 가치 또한 장부가치와 시장가치가 있지만, 부채는 주식에 비해 가치 변동이 작아 통상 장부가치를 사용한다.

예제 6 현대자동차는 2019년 12월 31일 현재 보통주(현대차)와 3종류의 우선주(현대차우, 현대차2우B, 현대차3우B)가 있으며, 발행주식수와 시장가격은 [표 2-4]와 같다.

(1) 현대자동차의 시가총액을 계산하고, 재무상태표 상의 자본총계와 비교하시오.

(2) 현대자동차 자산의 시장가치를 추산하시오.

표 2-4 현대자동차 주식의 발행주식수와 시장가격

주식의 종류	발행주식수(주)	시장가격(원)
현대차	213,668,187	120,500
현대차우	24,356,685	71,700
현대차2우B	36,485,451	79,400
현대차3우B	2,428,735	70,600

해설 (1) 우선주는 보통주에 우선하여 현금배당을 받지만 주주총회에서의 의결권은 없다. 우선주를 포함한 4종류의 주식에 대해 시장가격 발행주식수를 계산해 합산하면 현대자동차의 시가총액은 약 30.6조원으로 계산된다. 장부가치인 자본총계 53.9조원과는 큰 차이를 보이고 있다.

(2) 재무상태표의 자산 항목들을 가지고 자산의 시장가치를 계산할 수 없다. 그렇지만, 자산 = 부채 + 자본이라는 재무상태표 등식을 이용해 대략적인 값을 추산할 수 있다. 부채의 시장가치가 장부가치와 큰 차이가 없으므로 (1)에서 계산한 자본의 시장가치 30.6조원에 부채의 장부가치 20.2조원을 더하면 50.8조원이다.

사업가치

기업의 사업가치(enterprise value)는 기업의 시장가치에서 현금을 차감한 것이다. 사업가치는 기업의 모든 사업을 부채 없이 인수하는 데 소요되는 비용으로 해석할 수 있다. 예를 들어, 어떤 회사자본의 시가총액이 6조원, 부채의 시장가치가 4조원이라고 가정하자. 이 회사가 1조원의 유휴현금을 보유하고 있다면, 이 회사를 완전히 인수하는 데 필요한 비용은 9조원이다. 주식을 인수하는 데 6조원, 부채를 인수하는 데 4조원이 든다. 이 회사를 10조원에 인수하더라도 인수와 동시에 1조원의 현금을 사용할 수 있다. 그러므로 인수에 필요한 실제 비용은 9조원이라고 볼 수 있다.

사업가치는 다음의 산식에 의해 계산된다.

$$사업가치 = 부채의\ 시장가치 + 자본의\ 시장가치 - 현금$$

예제 7 2019년 12월 31일 현재 현대자동차의 사업가치를 추산하시오.

해설 부채의 시장가치는 장부가치와 별다른 차이가 없는 것으로 가정하면 사업가치는 다음과 같이 계산할 수 있다.
사업가치 = 부채의 장부가치 + 자본의 시장가치 - 현금 = 20.2조 + 30.6조 - 13.2조 = 37.6조원

3.2 손익계산서

손익계산서(income statements)는 일정기간 동안에 기업의 영업활동으로 인해 발생한 수익과 비용을 일목요연하게 정리하여 이익을 계산하는 경영성과 보고서이다. 수익에서 비용을 뺀 것이 이익이다. 재무상태표가 저량(쌓인 것, stock) 기준으로 일정 시점에서의 재무상태를 보여준다면, 손익계산서는 유량(흐름, flow) 기준으로 일정 기간 동안의 손익을 나타낸다고 볼 수 있다. 따라서 재무상태표의 맨 윗줄에는 기준 시점인 날짜가 적혀있고, 손익계산서에는 측정 기간이 적혀있다.

표 2-5 손익계산서의 예

현대자동차주식회사

2019.01.01.부터 2019.12.31까지(단위: 백만원)

매출액	**49,155,693**
매출원가	40,324,396
매출총이익	**8,831,297**
판매비와 관리비	7,251,133
영업이익(손실)	**1,580,164**
종속기업 및 관계기업 투자손익	181,110
금융수익	1,562,521
금융비용	144,315
기타수익	866,840
기타비용	856,427
법인세비용 차감전 순이익	**3,189,893**
법인세비용	357,604
당기순이익	**2,832,289**

재무상태표는 저량(stock)을, 손익계산서는 유량(flow)을 나타낸다.

[표 2-5]의 손익계산서를 보면 네 종류의 이익이 등장한다. 첫째로, 맨 먼저 표시하는 것이 매출액(revenue)에서 매출원가(cost of goods sold)를 차감한 매출총이익(gross profit)이다. 매출원가는 재화나 용역을 생산하기 위해 직접적으로 지출하는 비용을 의미한다. 재료비나 생산에 직접 투입되는 노동자들의 인건비, 제조에 필요한 유형자산의 감가상각비 등이 포함된다.

둘째로, 매출총이익에서 판매비와 관리비(selling, general, and administrative expenses)를 차감해 영업이익(operating income)을 계산한다. 판매비와 관리비에는 임직원 급여, 건물 감가상각비 등 회사 관리에 들어가는 제반 비용과 광고비 등 판매와 관련된 비용들이 포함된다. 투자자들은 영업이익이 기업의 경쟁력과 경영성과를 반영한다고 보아 가장 중요하게 생각한다.

셋째로, 영업이익에 영업외수익을 더하고 영업외비용을 차감해 법인세비용 차감전 순이익(earnings before taxes)을 계산한다. 영업외수익과 영업외손실은 주요 영업활동 이외의 비본질적 활동에서 발생하는 수익과 비용을 말한다.

마지막으로, 법인세비용 차감전 순이익에서 법인세비용(income taxes)을 차감해 당기순이익(net income)을 계산한다.

감가상각비

실제의 손익계산서로부터 감가상각비 총액이 얼마인지 파악하는 것은 쉽지 않다. 기업이 선택한 회계처리방법에 따라 다르기는 하지만 보통 감가상각비를 성격에 따라 분류해 매출원가, 판매비와 관리비, 기타비용 등 여러 항목에 포함시키기 때문에 총액이 명시적으로 드러나지 않는다. 예의 현재자동차 경우도 손익계산서가 아닌 다른 곳에서 찾아야 한다. 현대자동차의 2019년 사업보고서의 '재무제표 주석' 항목을 살펴보면, '비용의 성격별 분류'에서 2019년 한 해 동안 1.4조원의 감각상각비가 발생한 것을 알 수 있다.

키워드

- 한국거래소
- 발행시장
- 유통시장
- 가격제한폭
- 단일가매매
- 접속매매
- 최우선호가
- 호가스프레드
- 유동성
- 지정가주문
- 시장가주문
- 신용매수거래
- 개시증거금
- 유지증거금

- 반대매매
- 공매도
- 재무상태표
- 손익계산서
- 순운전자본
- 시가총액
- 순부채
- 사업가치
- EBIT
- 감가상각비
- 가격발견기능

02 연습문제 Exercise

01 (★) 다음 용어를 설명하시오

(1) 접속매매 (2) 호가스프레드 (3) 공매도 (4) 순운전자본
(5) 순부채 (6) 신용융자거래 (7) EBIT (8) 지정가주문

02 (★★) 손익계산서의 최종 항목은 당기순이익임에도 불구하고 영업이익이 중요한 이유 중 적절하지 않은 것은?

① 당기순이익에는 자금조달 활동의 결과인 이자비용과 영업외 활동이 반영된다.
② 영업이익은 기업의 경쟁력과 영업성과를 반영하여 보상의 기준으로 사용된다.
③ 영업이익은 당기순이익에 비해 크게 변동하는 성향이 있다.
④ 한 기업이 다른 기업을 인수할 때, 피인수기업의 경영성과에 관심을 갖는다.

03 (★) 다음 재무제표에 대한 설명 중에서 옳지 않은 것은?

① 재무상태표는 일정시점의 기업의 자산, 부채 및 주주지분의 금액을 보고한 것이다.
② 당기순이익 중 배당으로 지급되지 않고 사내유보된 금액은 재무상태표의 이익잉여금으로 누적된다.
③ 재무상태표에서 자산항목은 유동성이 큰 순서에 따라서 순차적으로 구성되어 있다.
④ 손익계산서에는 매출액에서 비용이 차례로 차감되면서 매출총이익, 법인세차감전 순이익, 영업이익, 당기순이익 순서로 계산된다.

04 (★) 다음 재무제표에 대한 설명 중에서 옳지 않은 것은?

① 현금흐름표는 당기순이익을 조정하여 기업의 현금의 원천과 사용을 보여준다.
② 재무상태표에서 자기자본의 장부가치는 시가총액으로 계산되는 기업의 시장가치와 일치한다.
③ 재무상태표의 차변인 자산은 대변인 부채와 자기자본의 합과 일치한다.
④ 손익계산서는 기업의 수익과 비용을 보고하며, 궁극적으로는 당기순이익이 산출된다.

05 (★★) 다음 중 다른 조건은 동일할 때 순운전자본이 감소하는 경우에 해당하는 것은?

① 제품의 외상 판매에 따라 매출채권이 증가했다.
② 회사채를 발행하여 기계설비를 구입했다.
③ 토지를 매각하여 매입채무를 상환했다.
④ 기계설비를 외상으로 구입하여 매입채무가 증가했다.

06 (★★) 기업의 이해관계자인 주주, 채권자, 경영자, 노동자, 정부는 회계정보를 각각 어떤 용도로 활용할 수 있는지에 대해 논하시오.

07 (★★) 자본의 장부가치와 시장가치 사이에 차이가 발생하는 이유를 설명하시오.

08 (★★) 기업의 사업가치를 계산할 때 현금을 차감하는 이유를 설명하시오.

09 (★★) 주식시장에 상장된 기업을 선택하여 그 기업의 최근연도의 순부채, 순운전자본, 사업가치를 계산하시오(기업의 재무제표 자료는 금융감독원 전자공시시스템(dart), 주가자료는 한국거래소의 정보데이터시스템을 이용할 것).

10 (★★★) 다음은 오전 11시에 확인된 A주식의 주문집계장(limit order book)이다.

매도잔량(주)	호가(원)	매수잔량(주)
1,500	50,500	
2,000	50,400	
1,000	50,200	
	50,000	2,000
	49,800	3,000
	49,700	1,000

투자자 갑, 을, 병, 정이 A주식에 대해 다음과 같이 순차적으로 호가를 제출했을 때 오전 11시 9분의 주문집계장을 나타내시오.

11시 1분: 갑은 1, 000주를 매도지정가 50,100원에 주문

> 11시 2분: 을은 최우선매도호가에 1,000주 매도 주문
> 11시 4분: 병은 최우선매수호가에 500주 매도 주문
> 11시 6분: 갑은 11:01에 주문한 매도지정가 주문전량에 대해 50,200원으로 정정
> 11시 8분: 정은 매수시장가 2,500주 주문

11 (★★) 주식 A와 B에 관한 현재 주가와 미래 예상 주가에 관한 정보는 다음과 같다. A주식을 100주 공매도한 금액으로 B주식을 매입하고, 공매도한 A주식을 3개월 후에 상환할 때 예상되는 이익은?

주식	주가(원)	3개월 후 예상주가(원)
A	1,000	700
B	2,000	5,000

12 (★) 한국주식시장에서 단일가매매로 적용되는 가격결정 사례를 설명하시오.

13 (★★) 가격제한폭제도가 가격발견을 저해할 수 있는 이유를 설명하시오.

14 (★★★) 투자자 갑은 10,000원인 A주식을 100주 매수하는 과정에서 증권회사로부터 30만원을 빌렸다. 또한 투자자 갑은 10,000원인 B주식을 100주 빌려서 공매도했으며, 증권회사는 공매도 대금에 대해 30%의 개시증거금을 부과했다. 증권회사는 주가가 급변할 때 신용융자와 차입공매도에 대해 모두 유지증거금이 30% 미만으로 하락하면 추가증거금 납입을 요청한다. 투자자 갑이 신용융자와 차입공매도에 대해 모두 추가증거금 납입을 요청받지 않을 경우의 주식A와 주식B의 가격 변동의 조건을 설명하시오.

15 (★★) 주식시장에서 공매도의 가격발견기능을 설명하시오.

16 (★★★) 다음의 호가 상황에서 단일가매매 방식에 의해 체결이 이뤄진다면 체결가격과 체결수량은 얼마인가? 또한 체결 직후 최우선호가는 각각 얼마인가?

매도호가(주)	가격(원)	매수호가(주)
50	1,025	50

40	1,020	40
30	1,015	30
20	1,010	20
10	1,005	10
10	1,000	10

02 연습문제 정답 및 해설

Exercise

02 ③

당기순이익은 기업의 본질적인 영업활동 뿐만 아니라 변동성이 큰 일시적인 수익과 비용을 포함하고 있다. 따라서 당기순이익이 영업이익보다 더 크게 변동하는 성향이 있다.

03 ④

매출총이익, 영업이익, 법인세비용 차감전 순이익, 당기순이익 순서로 계산된다.

04 ②

재무상태표의 자기자본 항목은 기업이 발행한 주식의 장부가치를 나타낼 뿐, 실제로 이 주식이 시장에서 얼마에 거래되는지를 의미하는 시장가치와는 다르다.

05 ④

순운전자본은 유동자산과 유동부채의 차이로 정의되며, 사업을 위한 단기 투자자금을 의미한다. 외상 판매로 인해 발생한 매출채권은 사업을 영위하기 위한 단기 투자로 볼 수 있는데, 매입채무는 이와는 반대로 음(−)의 단기 투자이다. 따라서 매입채무가 증가하면 순운전자본은 감소하게 된다.

10 • 11시 1, 2, 4, 6분의 주문이 기록된 주문집계장은 다음과 같다.

매도잔량(주)	호가(원)	매수잔량(주)
1,500	50,500	
2,000	50,400	
1,000 11시 6분 1,000 (갑)	50,200	
~~11시 1분 1,000 (갑)~~ 11시 2분 1,000 (을)	50,100	
	50,000	2,000 11시 4분 (병) 500
	49,800	3,000
	49,700	1,000

• 11시 8분의 주문 집계장

정의 매수시장가 주문 2,500주는 을의 주문인 최우선호가 50,100원의 1,000주와 차우선호가 50,200원의 원래 잔량 1,000주, 그리고 갑의 정정주문인 50,200원의 1,000주 중 500주가 체결된다.

매도잔량(주)	호가(원)	매수잔량(주)
1,500	50,500	
2,000	50,400	
~~1,000~~ 11시 6분 500 (갑)	50,200	
~~11시 1분 1,000 (갑)~~ ~~11시 2분 1,000 (을)~~	50,100	
	50,000	2,000 11시 4분 (병) 500
	49,800	3,000
	49,700	1,000

• 11시 9분

따라서 정의 주문 체결 후 11시 9분의 주문집계장은 다음과 같다.

매도잔량(주)	호가(원)	매수잔량(주)
1,500	50,500	
2,000	50,400	
500	50,200	
	50,000	2,500
	49,800	3,000
	49,700	1,000

11 A주식에 대한 공매도금액 100,000원(=100주×1,000원)으로 B주식을 50주(=100,000원/2,000원) 매입할 수 있다. 3개월 후 B주식의 예상 보유가치는 250,000원(=50주×5,000원)이며, A주식을 상환하기 위한 예상 매입금액은 70,000원(=100주×700원)이므로 예상 이익은 180,000원(=250,000−70,000)이다.

14 • 신용융자 거래

A주식의 주가가 P원일 때 주식의 평가금액은 100P원이므로 이 투자자의 증거금은 (100P−300,000)/100P이다. 추가증거금 납입요청을 받지 않기 위해서는 (100P−300,000)/100P >0.3이어야 하므로 P>4,286이어야 한다. 즉, 주가는 4,286보다 높아야 한다.

• 공매도 거래

공매도 대금에 대해 개시증거금이 30%가 부과되므로 총 담보금액은 1,300,000(=100주×10,000원×[1+0.3])이다. 주가가 P원으로 변동할 때 투자자가 상환해야 할 금액은 100P이므로 투자자 갑의 유지증거금은 (1,300,000−100P)/100P이다. 추가증거금 납입요청을 받지 않기 위해서는 (1,300,000−100P)/100P>0.3이어야 하므로 10,000>P이어야 한다.

따라서 신용융자와 차입공매도거래에 대해 모두 추가증거금 납입을 요청받지 않을 조건은 4,286<P<10,000원이다.

A주식의 주가가 P원일 때 주식의 평가금액은 100P원이므로 이 투자자의 증거금은 (100P−300,000)/100P이다. 추가증거금 납입요청을 받지 않기 위해서는 (100P−300,000)/100P>0.3이어야 하므로 P>4,286이어야 한다. 즉, 주가는 4,286보다 높아야 한다. 아래 그림은 신용융자와 차입공매도의 주가에 따른 유지증거금의 변동을 보여준다. 신용융자의 유지증거금은 주가가 3,000원을 초과해야 0보다 크며, 차입공매도의 유지증거금은 주가가 13,000원 미만이어야 0보다 크다. 신용융자와 차입공매도의 유지증거금이 동일할 때의 주가는 8,000원이며, 이때의 유지증거금은 62.5%이다.

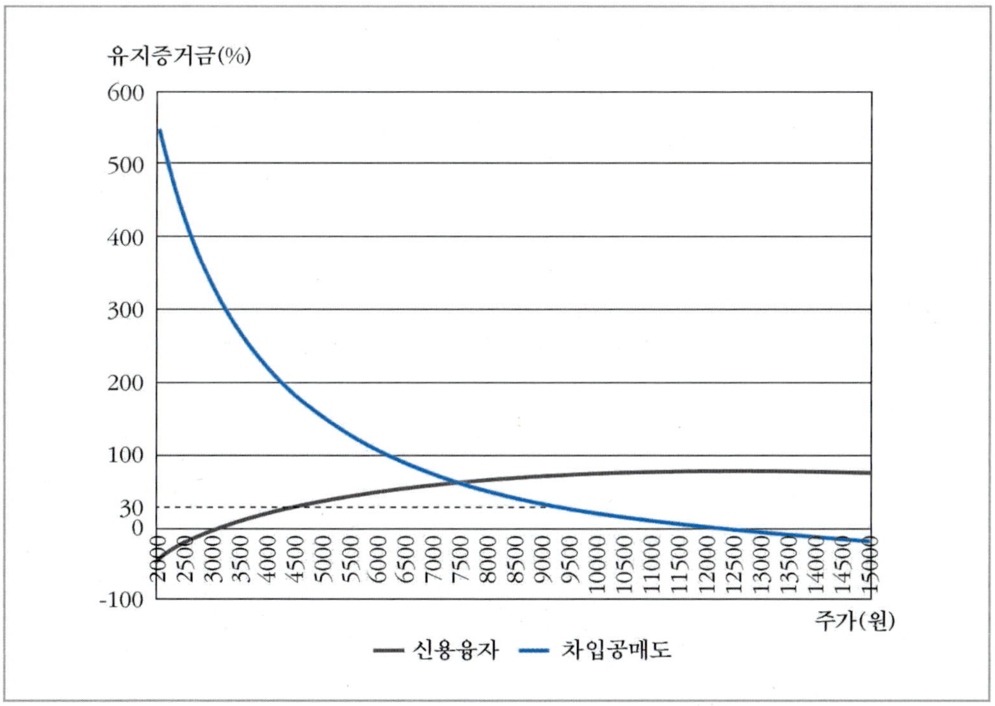

16

매도호가 (주)	가격 (원)	매수호가 (주)
50	1,025	~~50(1)~~
~~40(2)~~20	1,020	~~40(2)~~
~~30(1)(2)~~	1,015	30
~~20(1)~~	1,010	20
~~10(1)~~	1,005	10
~~10(1)~~	1,000	10

(1) 매도측 50주 = 1,000원(10주) + 1,005원(10주) + 1,010원(20주) + 1,015원(10주)
매수측 50주 = 1,025원(50주)

(2) 매도측 40주 = 1,015원(20주) + 1,020원(20주)
매수측 40주 = 1,020원(40주)
최종 체결가격: 1,020원, 체결수량: 90주
최우선매도호가: 1,020원(20주), 최우선매수호가: 1,015원(30주)

제3장

가치평가의 기초

1. 가치평가의 대상
2. 시장가치와 내재가치
3. 화폐의 시간가치
4. 차익거래와 무차익원리

Financial Management

CHAPTER 03

가치평가의 기초

재무학은 가치(value)를 다루는 학문이라고 해도 과언이 아니다. 모든 거래에서는 가치에 대한 판단을 수반하기 때문에, 가치를 평가하는 일은 실무적으로도 중요하다. 투자자들은 금융상품의 가치에 대한 나름대로의 판단에 근거하여 금융상품에 투자한다. 기업경영자들은 현금유출과 현금유입의 가치를 평가해 신규투자에 대한 의사결정을 한다. 또한, 회사 전체 또는 사업 부문을 양도하거나 양수할 때도 그 가치를 평가해 매도자와 매수자 둘 다 합의할 수 있는 가격을 결정해야 한다. 비상장회사가 상장하는 경우에도 가치를 적절히 평가해 주가를 결정해야만 발행시장에서 투자자들의 호응을 이끌어낼 수 있다. 이 단원에서는 가치평가와 관련된 기본적인 개념과 원리에 대해 공부한다. 먼저 시장가치와 내재가치의 관계에 대해 살펴보고 내재가치 개념의 핵심이라 할 수 있는 화폐의 시간가치에 대해 자세하게 공부한다. 마지막으로 효율적 시장가치 형성의 근본 원리라고 할 수 있는 무차익원리에 대해 살펴본다.

1. 가치평가의 대상

[그림 3-1]은 재무학에서 보는 기업의 모습을 재무상태표 형식으로 나타낸 것이다. [그림 3-1]은 겉으로는 재무상태표와 비슷하지만, 두 가지 면에서 크게 다르다. 첫째로, 회

그림 3-1 재무학에서 보는 기업

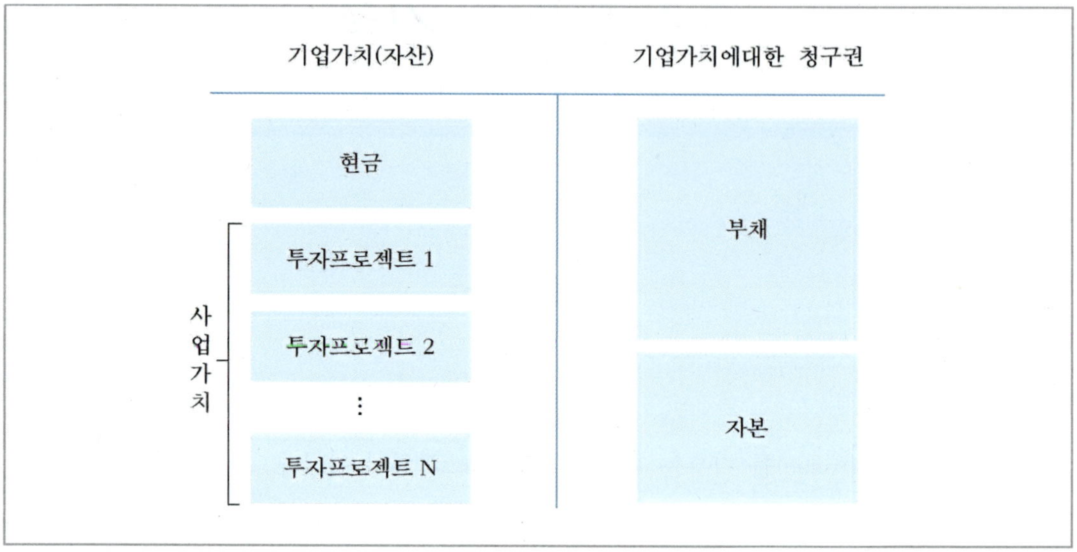

계에서는 제도적으로 정해진 회계기준에 따라 재무상태표를 작성하지만, 재무학에서는 모든 항목들의 가치를 시장가치로 생각한다. 둘째로, 재무상태표에서는 기능이나 성격에 따라 분류하고 합산하여 자산의 가치를 나타내지만, 재무학에서는 여러 투자프로젝트들의 가치의 합을 자산가치로 본다. 자산을 투자프로젝트들의 집합으로 생각한다.

재무학에서는 역사적 원가로 표시된 회계학의 재무상태표가 아니라 시장가치로 표시한 재무상태표를 상정한다.

이 그림을 보면 재무학의 가치평가 대상이 무엇인지 이해할 수 있다. 이 책에서 다루는 내용이 무엇인지도 개관할 수 있다.

기업가치는 현금과 사업가치(enterprise value)를 합산한 것이다. 사업가치는 여러 투자프로젝트들의 시장가치가 합해진 것으로, 기업가치를 평가하기 위해서는 먼저 각 투자프로젝트의 가치를 평가해야 한다. 투자프로젝트의 가치를 평가하는 과정을 자본예산(capital budgeting)이라 부르며, 이와 관련된 내용이 재무관리 교과서의 앞 부분을 차지한다. 투자프로젝트의 가치를 평가하는 원리는 주식이나 채권과 같은 금융상품의 가치를 평가할 때도 그대로 적용된다.

기업가치는 청구권자들의 몫이므로, 기업가치는 이에 대한 청구권 가치들의 합과 같아야 한다. 재무상태표 등식이 기업가치와 청구권 가치 간에도 성립해야 한다는 것이다. 그러므로 고정청구권자의 몫인 부채의 가치를 어떻게든 평가할 수 있다면, 기업가치에서 부채의 가치를 차감하여 쉽게 잔여청구권자의 몫인 자본의 가치를 평가할 수 있다. 이 방법은 주식의 가치를 평가하기 위해 자주 사용된다. 자본의 가치를 발행주식총수로 나누면 주당 가치를 계산할 수 있다.

2. 시장가치와 내재가치

재무학에서는 자산의 가치를 시장가치(market value)와 내재가치(intrinsic value)로 구분하여 분석한다. 시장가치와 내재가치는 재무관리를 공부하는데 있어서 반드시 이해해야 하는 중요한 개념이다.

2.1 시장가치와 내재가치의 개념

시장가치(market value)는 경제학에서 말하는 수요와 공급의 원리에 따라 결정되는 시장가격에 형성된 가치를 말한다. 일반적인 재화나 서비스의 경우와 마찬가지로 증권도 자산에 대한 수요가 증가하면 가격이 상승하고 공급이 증가하면 가격이 하락한다. 시장가치는 거래가 없거나 빈번하지 않은 경우에는 측정하기 어렵다.

내재가치(intrinsic value)는 자산이 갖고 있는 본원적 가치를 말하며 본질가치(fundamental value)라고 부르기도 한다. 자산의 내재가치를 측정하는 과정을 가치평가라고 한다. 투자프로젝트의 가치를 평가하는 자본예산이나 증권의 가치 평가가 여기에 해당한다. 재무학에서는 자산이 미래에 제공할 것으로 예상되는 현금흐름(cash flow)을 현재의 가치로 환산하여 합산한 값으로 내재가치를 측정한다. 증권이나 투자프로젝트에서 현금흐름은 문자 그대로 '돈의 흐름'을 말한다. 장신구나 가구와 같이 자산의 소유자에게 명시적인 현금흐름이 아닌 효용(utility)을 주는 경우에는 금액으로 환산한 효용의 흐름을 현금흐름으로 간주하기도 한다.

2.2 시장가치와 내재가치의 관계

시장가치와 내재가치는 어떤 관계가 있을까?

자산의 내재가치는 그 자산이 제공할 것으로 예상되는 미래의 현금흐름을 현재의 가치로 환산하여 합한 값이므로, 내재가치를 추정하기 위해서는 불확실한 미래에 대한 많은 정보가 필요하다. 그런데 투자자들이 가진 정보들은 서로 다를 수 있다. 투자자는 자신이 가진 정보를 토대로 나름대로의 내재가치를 추정한다. 투자자마다 다르게 추정한 내재가치의 값들은 자산에 대한 수요곡선과 공급곡선에 반영된다. 투자자들이 희망하는 가격이 서로 다르더라도, 동일 시점, 동일 시장에서는 수요곡선과 공급곡선이 만나는 점에서 하나의 가격으로 시장가격이 결정된다. 비록 투자자들이 서로 다른 값으로 내재가치를 추정하더라도, 투자자들 사이의 경쟁을 통해 시장에서 내재가치에 대한 하나의 컨센서스(consensus)가 형성되는 셈이다. 결국 시장가격은 내재가치에 대한 시장 참여자들의 컨센서스이면서 각자 가지고 있는 서로 다른 정보의 총합이라고 볼 수 있다.

시장이 효율적으로 작동하고 있다면, 시장가격에 반영된 내재가치가 진정한 의미의 내재가치, 즉 시장에 유입된 모든 정보를 반영하여 추정한 내재가치와 같게 된다. 이 원리는 다음과 같이 정리할 수 있다.

효율적 시장에서 시장가치와 내재가치는 같다.

이 원리가 효율적시장가설(efficient market hypothesis)의 핵심이다. 주류 재무학자들은 시장이 완벽하지는 않더라도 대체로 효율적이라고 본다. 하지만 시장의 비효율적인 측면을 강조하는 학자들도 있다. 효율적시장가설의 구체적 내용과 이와 관련된 논쟁에 대해서는 별도의 단원에서 상세하게 설명한다.

3. 화폐의 시간가치

3.1 화폐의 시간가치와 위험

화폐의 시간가치

1년 후에 100만원을 받는 것과 당장 100만원을 받는 것 중에 선택하라고 하면 대부분 후자를 선택한다. 그 이유로 이자나 인플레이션을 들 수도 있지만, 더 본질적인 것은 현금의 유연성(flexibility) 때문이다. 1년 후에 받을 돈은 지금 사용할 수 없으나, 현재 100만원을 갖고 있으면 필요할 때 즉시 사용할 수 있다. 그러므로 대부분의 사람들은 현재의 돈을 미래의 돈보다 선호한다. 이 원리를 화폐의 시간가치(time value of money)라고 하며, 다음과 같이 정리할 수 있다.

화폐의 시간가치: 오늘의 1원은 내일의 1원보다 가치가 크다.

화폐의 시간가치가 있기 때문에 미래의 현금흐름과 현재의 현금흐름을 직접 비교하거나 단순 합산을 해서는 안 되며, 미래의 현금흐름을 현재가치(현가, PV, present value)로 환산하는 과정이 필요하다. 이것은 달러 금액을 원화 금액으로 환산해야 다른 원화 금액과 비교 또는 합산할 수 있는 원리와 유사하다. 내일의 1원이 오늘의 1원보다 가치가 작은 것처럼 모레의 1원은 내일의 1원보다 가치가 작다. 먼 미래의 현금일수록 현재가치는 더 작아진다.

위험

투자로부터 발생하는 미래의 현금흐름이 불확실한 경우에는 위험(risk)이 따른다. 위험은 여러 의미로 쓰이지만, 재무학에서는 보통 어떤 일이 발생해도 동일한 결과를 얻는 경우에 위험이 없다고 표현한다. 반대로 투자의 결과가 두 가지 이상 가능한 경우에는 위험이 있다고 본다. 위험을 불확실성과 동일한 개념으로 보아도 무방하다.

재무학에서는 투자자들이 위험회피성(risk-aversion)을 갖고 있다고 본다. 위험회피적인 투자자들은 동일한 금액이 기대되더라도 확실한 현금을 불확실한 현금보다 더 높게 평가한다. 이러한 투자자들의 인식을 다음과 같이 정리할 수 있다.

위험회피성: 안전한 1원이 위험한 1원보다 가치가 크다.

무위험자산

미국 정부가 파산할 가능성은 거의 없기 때문에, 재무학에서는 미국 재무부(Department of Treasury)가 발행하는 재정증권(Treasury bill)을 무위험자산(risk－free asset)으로 간주한다. 미국의 재정증권은 만기가 1년 이내인 채권이며, 액면가(만기에 받는 금액)는 대개 $1,000이다.[1] 재정증권의 이자율을 무위험이자율(risk－free interest rate) 또는 무위험수익률(risk－free rate of return)이라고 한다.

미국 재무부가 발행한 단기 재정증권을 무위험자산으로 본다.

그런데 엄밀한 의미에서는 미국 재정증권에 위험이 아주 없다고 보기는 어렵다. 명목상으로는 만기에 $1,000를 받는 것은 확실하지만, 보유 기간 중의 인플레이션율이 불확실하기 때문에 실질 가치는 불확실하다. 뿐만 아니라 외국인 입장에서는 미국 재정증권에 대한 투자를 무위험 투자라고 보기 어렵다. 만기 시점의 환율이 불확실하기 때문이다.

3.2 복리 계산

단리와 복리

연 이자율을 이용해 여러 해 동안의 누적 이자를 계산하는 방법으로는 단리(simple in－terest)와 복리(compound interest) 방식이 있다. 단리는 시간이 흐르더라도 항상 최초의 원금을 기준으로 이자를 계산하며 단순이자의 줄임말이다. 복리는 최초의 원금과 그동안 누적된

1) 재정증권은 4, 8, 13, 26, 또는 52주의 만기를 갖는 것이 보통이다.

이자를 합산한 금액을 매년 새로운 원금으로 간주하고 이자를 계산한다.

연 이자율이 10%인 2년 만기의 정기예금에 100원을 예금한다고 하자. 단리로 계산하면 원금 100원에 대해 매년 10원의 이자가 붙게 되어 2년 후 원리금으로 120원을 받게 된다. 복리로 계산할 때는 첫 해의 이자는 10원으로 동일하지만, 둘째 해에는 110원(=100+10)이 새로운 원금이 되어 11원(=110×0.1)의 이자가 발생한다. 따라서 2년 후 121원을 받게 된다. 일반적으로, 연 이자율이 r, 만기가 T년인 정기예금에 A원을 예금하면, 만기에 받는 금액과 T년 동안의 총 이자율은 다음과 같이 계산할 수 있다.

	T년 후 받는 금액	T년 동안의 총 이자율
단리:	$A(1+rT)$	rT
복리:	$A(1+r)^T$	$(1+r)^T-1$

[그림 3-2]는 100원을 예금했을 때 만기에 받을 원리금이 만기에 따라 어떻게 변하는지를 그린 것이다. 단리는 만기에 비례하여 원리금이 증가한다. 복리는 만기가 길수록 원리금이 급격히 증가한다. 복리의 원리금 증가속도는 이자율이 높을수록 더 빠르다.

그림 3-2 만기와 연 이자율에 따른 복리의 효과(원금 100원)

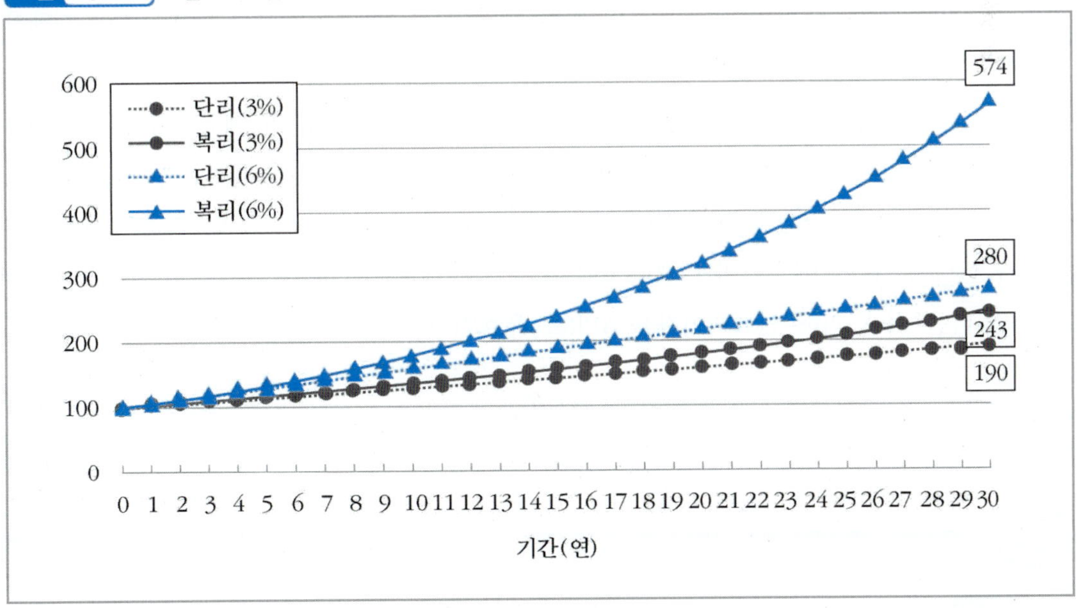

예금이나 채권 등 일반적인 금융거래에서는 복리 방식을 쓰는 것이 보편적이다. 2년 만기 정기예금과 1년 만기 정기예금의 연 이자율이 같으며 단리로 원리금을 계산하는 은행이 있다고 생각해 보자. 합리적인 투자자라면 2년 만기 정기예금에 가입하지 않는다. 1년 만기 정기예금에 가입해 1년 후 원리금을 찾은 후, 원리금을 새 원금으로 하여 1년 만기 정기예금에 다시 가입하는 것이 처음부터 2년 만기 정기예금에 가입하는 것보다 유리하기 때문이다. 장기 예금을 유치하기 위한 경쟁에서 탈락하지 않으려면 은행들은 복리 방식으로 이자를 계산해야 한다. 이러한 이유로 현실 세계에서 금융거래에 복리 방식을 사용하는 것이 보편적이다.

연표시이자율과 유효연이자율

이자율을 인용할 때는 1년을 기준으로 하는 것이 관행이다. 그렇다고 반드시 1년 단위로 복리 계산을 하는 것은 아니다. 상품에 따라 분기 단위 또는 월 단위로 복리 계산을 하기도 한다. 복리 계산의 기간은 나라에 따라 다를 수도 있다. 예컨대, 미국 채권시장에서는 반년 복리 계산이 관행이다.

복리 계산의 주기와 관계없이 1년 단위 이자율(연 이자율)로 나타낸 것을 연표시이자율(APR, annual percentage rate)이라고 하며 이자를 지급하는 대부분의 금융상품에서 사용된다. 동일한 APR을 갖는 금융상품이라도 1년 동안 이자를 몇 번이나 계산하는가에 따라 실제로 발생하는 이자 금액은 달라진다. 예를 들어 1년에 이자를 2회 계산하는 금융상품의 APR이 10%라고 표현한다면, 이것은 반년마다 5%(=10%/2)의 이자율로 복리 계산한다는 의미이다. 그러므로 이 금융상품의 실질적인 연 이자율은 $(1+0.1/2)^2-1=0.1025$, 즉 10.25%이다. 실질적 연 이자율을 유효연이자율(EAR, effective annual rate)이라고 한다. 만약 분기마다 복리 계산을 한다면 계산식에 두 번 나오는 2를 모두 4로 대체하면 된다. 1년에 m회 복리 계산한다면, 다음 식에 의해 연표시이자율 APR을 유효연이자율 EAR로 쉽게 변환할 수 있다.

$$EAR=(1+\frac{APR}{m})^m-1 \tag{3-1}$$

예제 1 월복리로 계산하는 마이너스통장으로부터 1,000만원을 꺼내 1년 후에 갚을 때 필요한 금액은 얼마인가? APR은 10%이다.

해설 월복리는 1년에 12회 복리 계산을 한다. 따라서 갚아야 할 금액은 1,000만원× $\left(1+\frac{0.1}{12}\right)^{12}=11,047,131$원이다. 이 경우의 유효연이자율 EAR은 10.47%가 된다.

만약 APR은 고정된 상태에서 복리 계산의 구간이 매우 짧아진다면 EAR은 어떻게 될까? 이 질문은 식 (3-1)에서 m이 증가할 때 EAR이 어떻게 변하는지를 묻는 것이다. [표 3-1]을 보면 복리 계산 횟수 m이 증가할수록 EAR은 증가하는 것을 알 수 있다. 그런데 m이 증가할 때 EAR의 증가폭은 점점 작아져 EAR 수준이 어느 수준 이상으로 높아지지는 않는다. 복리 계산 횟수가 무한대(∞)로 증가하는 경우 식 (3-1)의 EAR은 일정한 값으로 수렴한다.

APR을 r이라고 할 때 다음 식이 성립하는 것은 수학에서 잘 알려져 있다.

$$\lim_{m\to\infty}\left(1+\frac{r}{m}\right)^m=e^r$$

여기서 e는 자연로그(natural log)의 밑(base)으로 자연상수라고도 하며 대략 2.718의 값을 갖는 무리수이다.

그러므로 연속복리로 계산하는 경우에 APR을 EAR로 변환하는 식은 다음과 같다.

$$EAR=e^{APR}-1 \qquad (3\text{-}2)$$

식 (3-2)에서 1을 좌변으로 넘기고 자연로그 ln을 취하면 다음과 같이 EAR을 APR로 변환할 수도 있다.

$$APR=\ln(1+EAR) \qquad (3\text{-}3)$$

이때의 APR을 연속복리이자율(continuously compounded interest rate) 또는 연속복리수익률(continuously compounded rate of return)이라고 한다.

표 3-1 APR과 EAR

복리 계산 횟수	명칭	EAR	
		APR=2%인 경우	APR=10%의 경우
1회	연복리	2.00000%	10.00000%
2회	반기복리	2.01000%	10.25000%
4회	분기복리	2.01505%	10.38129%
12회	월복리	2.01844%	10.47131%
365회	일복리	2.02008%	10.51558%
∞	연속복리	2.02013%	10.51709%

3.3 현재가치의 계산

먼저 위험이 없는 경우 현재가치를 계산하는 방법을 살펴본다. [그림 3-3]의 투자프로젝트 A에 100원을 투자하면 1년 후 110원을 회수할 수 있기 때문에 아무런 위험이 없다. 100원을 매우 안전한 은행에 무위험이자율 10%로 1년 동안 예금하는 것으로 이해하면 된다. 1년 후 110원을 회수할 것이므로 현재의 100원의 미래가치는 110원(=100×(1+0.1))이라고 볼 수 있다. 역으로 생각하면 1년 후의 현금 110원의 현재가치는 100원(=110÷(1+0.1))이라는 것을 알 수 있다. 그러므로 현재가치는 미래가치를 할인한 값이다. 미래가치를 할인할 때 사용되는 이자율을 할인율이라고 한다.

미래 현금에 위험이 있더라도 현재가치를 계산하는 방법은 다르지 않다. 달라지는 것은 할인율뿐이다. [그림 3-3]의 투자프로젝트 B는 100원을 투자하면 1년 후 반반의 확률로 100원 또는 120원을 회수할 수 있어 위험을 갖고 있다. 1년 후의 기대현금은 110원이다. 그런데 기대현금 110원의 현재가치를 계산할 때는 무위험이자율 10%보다 더 높은 할인율로 할인해야 한다. 기대현금은 110원이지만 내재되어 있는 위험 때문에 안전한 110원보다 가치가 더 작다.

여기서의 할인율은 기회비용의 개념을 적용하여 구한다. 투자프로젝트 B에 투자함으로써 비슷한 위험을 가진 다른 투자로부터 얻을 수 있는 기대수익률(expected rate of return)을 잃어버린 셈이므로, 이 잃어버린 기대수익률을 할인율로 사용한다. 비슷한 위험을 가진 다

그림 3-3 투자프로젝트와 위험

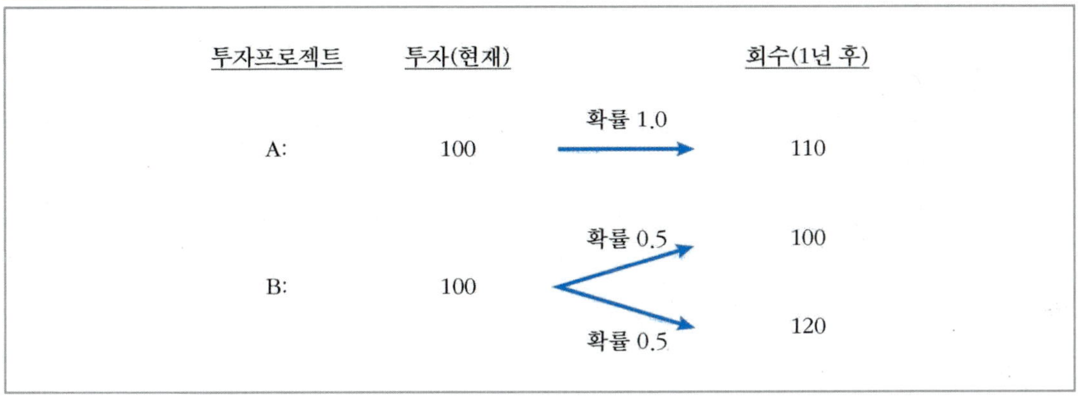

른 투자는 증권시장에서의 투자를 말한다. 증권시장에서는 투자의 위험에 대응하여 적정한 기대수익률이 결정된다. 증권시장에서 어떻게 기대수익률을 결정하는지는 포트폴리오 이론 단원에서 설명한다. 할인율로 사용하는 기대수익률은 자본의 기회비용(opportunity cost of capital) 또는 줄여서 자본비용(cost of capital)이라고 한다.

만약 자본시장으로부터 구한 자본의 기회비용이 15%라고 가정한다면, 투자프로젝트 B의 기대현금 110원의 현재가치는 110/1.15=95.7원으로 계산된다. 물론 95.7원의 현재가치를 갖는 프로젝트를 위해서 100원씩이나 투자할 이유는 없다.

현재가치를 계산할 때 자본의 기회비용(자본비용)을 할인율로 사용한다.

위험의 수준에 따라 할인율이 달라지는 것을 제외하면 현재가치를 계산하는 산식은 위험의 존재 유무와 관계없이 동일하다. 일반적으로, 할인율(자본비용)이 r인 경우 1년 후에 발생하는 현금 C_1의 현재가치는 다음 식에 의해 계산된다.

$$PV = \frac{C_1}{(1+r)} \tag{3-4}$$

3.4 여러 기간 현금흐름의 현재가치

연 이자율이 r인 경우, 복리 계산의 원리에 의해 현재의 현금은 t년 후 $(1+r)^t$배로 성장한다. 시간 역순으로 생각해 보면, t년 후에 발생하는 현금은 현재가치가 $1/(1+r)^t$배로 줄어든다는 것을 쉽게 알 수 있다. 그러므로 t년 후에 발생하는 현금 C_t의 현재가치는 다음 식에 의해 계산된다.

$$PV = \frac{C_t}{(1+r)^t} \tag{3-5}$$

여기서의 $1/(1+r)^t$를 할인요소(DF, discount factor)라 한다. 할인요소는 미래 현금의 크기와 관계없는 오직 이자율 r과 시간 t의 함수이며, t년 후 발생하는 현금 1원의 현재가치라고도 생각할 수 있다.

[그림 3-4]는 시간선(time line)을 따라 발생하는 현금흐름의 전형적 모습을 보여준다. 시점 0은 현재를 나타내며 1기(보통 1년) 말부터 현금흐름이 발생한다. 여러 시점에 걸쳐 현금흐름이 발생하는 경우에는 각 현금흐름의 현재가치를 합산하면 전체 현금흐름의 현재가치를 계산할 수 있다. 어떤 투자프로젝트로부터 발생하는 현금흐름이 이 그림과 같고 할인율(자본비용)이 r인 경우, 이 투자프로젝트의 현재가치 PV_0는 다음의 식으로 나타낼 수 있다.

$$PV_0 = \frac{C_1}{(1+r)} + \frac{C_2}{(1+r)^2} + \cdots + \frac{C_T}{(1+r)^T} \tag{3-6}$$

현재가치를 계산할 때는 기간과 시점을 명확히 구분해야 한다. 이 그림에서 보듯이 기간 1의 끝을 시점 1, 기간 2의 끝을 시점 2와 같은 방식으로 표시하는 것이 일반적이다. 물

그림 3-4 여러 기간에 걸친 일반적 현금흐름

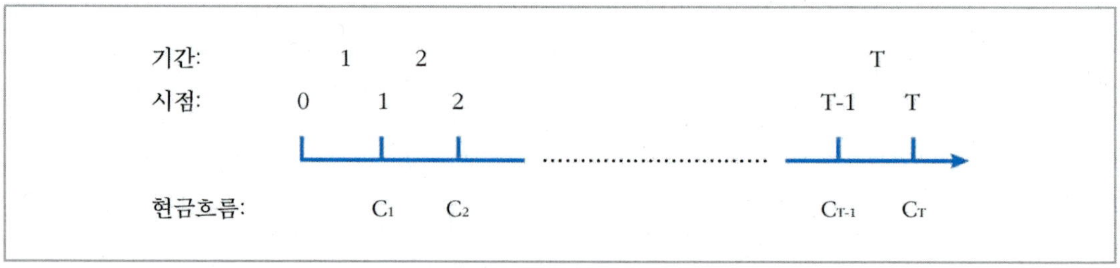

론 어떤 기간의 끝은 그 다음 기간의 시작과 같다.

예제 2 주식회사 한국라면은 '핫꼬꼬면' 프로젝트를 새로 시작하였다. 이 프로젝트는 앞으로 3년간 지속되며, 1년 후에는 −100억원, 2년 후에는 200억원, 3년 후 300억원의 순현금흐름(net cash flow)이 예상된다. 이 프로젝트의 가치를 계산하시오. 핫꼬꼬면 프로젝트와 유사한 수준의 위험을 갖는 증권투자는 5%의 수익률을 얻을 것으로 예상된다.

해설 $PV_0 = \frac{-100}{1+0.05} + \frac{200}{(1+0.05)^2} + \frac{300}{(1+0.05)^3} = 345$억원. 대부분의 투자프로젝트는 현금유입과 현금유출이 동시에 일어나는 경우가 많아 이 둘을 상쇄시켜 순현금흐름을 계산해야 한다. 보통 순현금흐름 대신 현금이라고 표현하는데 여기서는 순현금흐름이 주어져 있으므로 그대로 사용한다. 핫꼬꼬면 프로젝트에 대한 투자 대신에 증권투자를 하면 5%의 수익률이 기대할 수 있으므로 자본의 기회비용은 5%이다.

3.5 특수한 현금흐름

재무학이나 실생활에서는 동일한 크기의 현금흐름이 반복해 나오거나 일정 비율로 증가하는 현금흐름이 자주 등장한다. 이런 특수한 현금흐름의 현재가치는 고등학교 수학을 이용해 쉽게 공식화할 수 있다.

영구연금

영구연금(perpetuity)이란 매기 말에 일정한 액수의 현금흐름이 영원히 발생하는 것을 의미한다. 국가나 기업이 발행하는 영구채(perpetual bond)가 그 예이다. 영구채에 투자하는 투자자는 영원히 주기적으로 일정한 금액의 이자를 받게 된다. 영구연금은 [그림 3-4]의 모든 $C_t(t=1, 2, 3, \ldots)$가 동일한 C이며 마지막 시점 T가 무한대인 경우라고 할 수 있다. 따라서 영구연금의 현재가치는 다음 식으로 나타낼 수 있다.

$$PV_0 = \frac{C}{1+r} + \frac{C}{(1+r)^2} + \frac{C}{(1+r)^3} + \cdots$$

그런데 이 식은 공비가 $\frac{1}{1+r}$ 인 무한등비수열의 합이다. 무한등비수열의 합의 공식을 이용하면 아래와 같이 간단하게 표현된다.[2)]

$$PV_0 = \frac{C}{r} \tag{3-7}$$

예제 3 한국텔레콤은 통신기지국 설치를 위해 홍길동이 보유한 토지를 영구적으로 임차하기를 원하고 있다. 이 토지의 시가는 3억원이다. 할인율은 연 5%로 가정한다.

(1) 한국텔레콤이 매년 1천만원씩 토지사용료를 지불하겠다고 제안한다면 홍길동이 받아들일지 판단하시오. 첫번째 토지사용료는 계약 시점에 지불한다.

(2) 홍길동이 받아들일 수 있는 최소한의 연 토지사용료는 얼마인가?

해설 (1) 영구연금이므로 식 (3-7)을 적용하면 내년부터 받는 토지사용료들의 현재가치는 $PV_0 = \frac{1천만}{0.05}$=2억원으로 계산된다. 여기에 계약 시점에 지불하는 토지사용료 1천만원을 더해 총 토지사용료의 현재가치는 2.1억원이다. 그런데 이 토지를 매도하면 3억원을 받을 수 있으므로 토지를 임대하기보다는 매도하는 것이 더 낫다. 식 (3-7)은 1년 후부터 발생하는 현금흐름에 적용되기 때문에 지금 당장 발생하는 현금은 포함하지 않는다는 점에 주의해야 한다.

(2) 총 현재가치가 시가 3억원과 같게 되는 연 토지사용료를 x라고 하자.
$1천만원 + \frac{x}{0.05}$=3억원이 되는 x값은 1,450만원이다.

영구성장연금

영구성장연금(growing perpetuity)이란 매기 말 발생하는 현금흐름이 일정한 성장률 g로 영원히 증가하는 것을 의미한다. 영구성장연금의 현재가치는 다음 식으로 나타낼 수 있다.

$$PV_0 = \frac{C}{1+r} + \frac{C(1+g)}{(1+r)^2} + \frac{C(1+g)^2}{(1+r)^3} + \cdots$$

2) $PV_0 = \dfrac{\frac{C}{1+r}}{1-\frac{1}{1+r}} = \frac{c}{r}$

이 식 또한 무한등비수열의 합인데 공비는 $\frac{1+g}{1+r}$이다. 무한등비수열의 합의 공식을 이용하면 아래와 같이 간단하게 표현된다.[3]

$$PV_0 = \frac{C}{r-g}(r > g) \tag{3-8}$$

이 식에서 $r \le g$이면 무한등비수열의 합이 일정한 값에 수렴하지 않고 발산하므로 $r > g$이어야 한다. 물론 성장률 g가 0인 경우에는 영구연금과 같아지므로, 영구연금은 영구성장연금의 특수한 경우라고 볼 수 있다.

예제 4 예제 3에서 한국텔레콤이 계약 시점에는 1천만원의 토지사용료를 지불하고 그 다음 해부터는 매년 2%씩 인상해 주겠다고 제안한다면 홍길동이 받아들일지 판단하시오.

해설 계약 시점에서 받을 1천만원을 제외하면 나머지 현금흐름은 영구성장연금과 같다. 그런데 식 (3-8)에서의 C, 즉 1년 후에 받을 토지사용료는 1천만원에서 2% 인상된 값이므로 1,020만원이다. 계약 시점의 토지사용료까지 고려한 총 현재가치는 $PV_0 = 1\text{천만원} + \frac{1.02\text{천만}}{0.05-0.02}$=3.5억원으로 계산된다. 미래 현금흐름의 현재가치가 토지의 가격인 3억원보다 크기 때문에 제안을 받아들이는 것이 더 낫다.

예제 5 예제 3에서 한국텔레콤이 5년 동안은 무료로 토지를 사용하고 5년 후에는 1천만원의 토지사용료를, 그 다음 해부터는 매년 3%씩 인상해 주겠다고 제안한다면 홍길동이 받아들일지 판단하시오.

해설 식 (3-7)과 (3-8)은 모두 평가 시점의 1년 후부터 현금이 발생한다는 가정 아래 유도된 공식들이다. 이 예제에서는 첫번째의 현금흐름이 시점 5, 즉 5년이 지난 직후에서 발생하므로 한 해 전인 시점 4에서 평가한 총 현재가치 PV_4를 먼저

3) 초항이 $\frac{c}{1+r}$, 공비가 $\frac{1+g}{1+r}$인 무한등비수열의 합이므로 $PV_0 = \frac{\frac{C}{1+r}}{1-\frac{1}{1+r}} = \frac{c}{r-g}$로 정리된다.

계산한다. PV_4는 시점 4에서 본 영구성장연금이므로 $PV_4 = \frac{1천만}{0.05-0.03} = 5억$원으로 계산된다. 현재 시점 0에서의 총 현재가치 PV_0를 계산하려면 PV_4를 4년 동안 할인해야 한다. 따라서 $PV_0 = \frac{5억}{(1+0.05)^4} = 4.11억$원으로 계산된다. 미래 현금흐름의 현재가치가 토지의 가격인 3억원보다 크기 때문에 제안을 받아들이는 것이 더 낫다.

연금

연금(annuity)이란 매기 및 일정한 액수의 현금흐름이 일정 기간 동안 발생하는 것을 의미한다. 연금의 현재가치는 두 영구연금의 현재가치의 차이를 이용하면 쉽게 계산할 수 있다. [그림 3-5]는 연금과 영구연금의 현금흐름을 시간선에 나타낸 것이다. 연금은 시점 1부터 시점 T까지 매기 일정한 금액 C를 지급한다. 영구연금 A의 현금흐름은 시점 1부터 시작하며 영구연금 B의 현금흐름은 시점 T+1부터 시작한다.

어떤 사람이 연금과 영구연금 B를 함께 갖는다면 여기서 발생하는 현금흐름은 영구연금 A를 가질 때 발생하는 현금흐름과 동일하다. 연금과 영구연금 B를 함께 갖는 것이 영구연금 A를 갖는 것과 다를 바 없으므로 현재가치 또한 같아야 한다. 그러므로 영구연금 A의 현재가치에서 영구연금 B의 현재가치를 차감하면 연금의 현재가치를 바로 계산할 수 있다.

$$PV_0(연금) = PV_0(영구연금\ A) - PV_0(영구연금\ B)$$

영구연금 A의 현재가치는 C/r이다. 그런데 영구연금 B의 현금흐름은 시점 T+1부

그림 3-5 연금과 영구연금의 관계

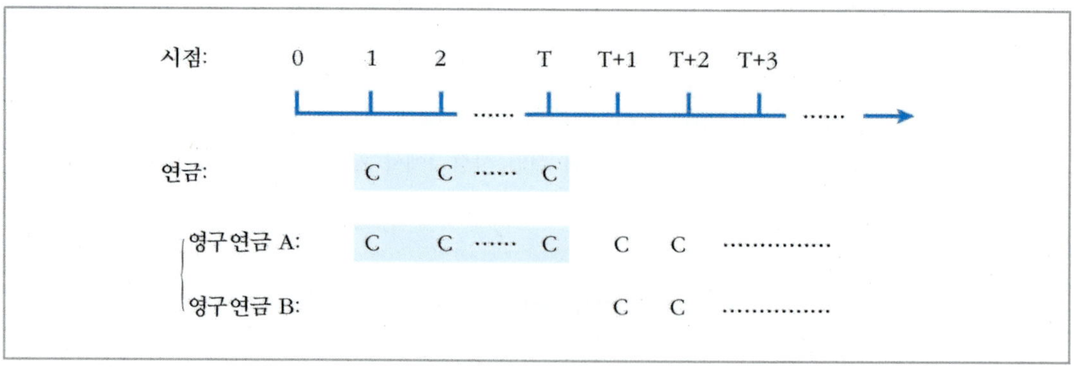

터 시작하므로 시점 T에서 측정한 현재가치 C/r를 T 기간 동안 한번 더 할인해야 시점 0에서 측정한 현재가치를 계산할 수 있다. C/r를 T 기간 동안 할인한 값은 $\frac{C/r}{(1+r)^T}$이다. 따라서 영구연금 A의 현재가치와 영구연금 B의 현재가치의 차이는 $\frac{C}{r}-\frac{C/r}{(1+r)^T}=C\left[\frac{1}{r}-\frac{1}{r(1+r)^T}\right]$이다. 결국 연금의 현재가치는 다음의 공식으로 나타낼 수 있다.

$$PV_0 = C\times\left[\frac{1}{r}-\frac{1}{r(1+r)^T}\right] \tag{3-9}$$

식 (3−9)에서 사각괄호 안의 값을 연금요소(annuity factor)라고 한다. 연금요소는 앞서 배운 할인요소와 마찬가지로 r과 T의 함수이다. 따라서 연금요소는 다음과 같이 정의할 수 있다.

$$AF_{r,T} \equiv \frac{1}{r}-\frac{1}{r(1+r)^T} \tag{3-10}$$

예제 6 금융회사 세일즈맨으로부터 1억원을 지금 납입하면 20년 동안 매년 한번씩 700만원을 지급하는 연금상품에 가입할 것을 권유받았다. 연금은 가입 후 1년이 경과할 때마다 지급한다. 현재 이자율(할인율)이 4%라고 할 때 이 연금상품에 가입하는 것이 합리적인지 판단하시오.

해설 $PV_0 = C\times\left[\frac{1}{r}-\frac{1}{r(1+r)^T}\right]=700\text{만}\times\left[\frac{1}{0.04}-\frac{1}{0.04(1+0.04)^{20}}\right]=9{,}513\text{만원}$으로 계산된다. 현재가치가 납입액 1억원보다 작으므로 해당 상품에 가입하는 것은 비합리적이다.

예제 7 역모기지(reverse mortgage)란 보유한 주택을 담보로 제공하고 일정 기간 동안 매월 연금방식으로 생활자금을 수령하는 금융상품을 의미한다. 나이가 60세인 이장수씨는 현재 특별한 소득이 없으며 시가 9억원짜리 아파트를 한 채 소유하고 있다. 이장수씨는 기대수명이 90세라고 가정하고 앞으로 30년동안 역모기지 상품을 이용하여 생활자금을 해결하고자 한다. 편의상 생활자금을 1년에 1회만 받는 것으로 가정할 경우, 30년동안 매년 수령할 수 있는 최대 금액은 얼마인가? 할인율은 2%이다.

해설 현금흐름이 연금과 같으므로 연금의 현재가치는
$PV_0 = C \times \left[\frac{1}{0.02} - \frac{1}{0.02(1+0.02)^{30}} \right]$=9억원으로 계산된다. 역모기지 상품의 판매사가 아무런 이익을 남기지 않을 경우 최대 금액을 받을 수 있으므로 위 식의 C가 수령가능한 최대 금액이다. 연금요소 $\frac{1}{0.02} - \frac{1}{0.02(1+0.02)^{30}} = 22.3965$이므로 C는 약 4,018만원으로 계산된다.

3.6 순현가

지금까지 설명한 현재가치는 미래 현금흐름을 자본비용으로 할인해 합산한 값이다. 그런데 투자프로젝트로부터 미래의 현금흐름을 창출하기 위해서는 미리 투자를 해야 한다. 따라서 현재 시점, 즉 시점 0에서는 현금이 유입되는 것이 아니라 유출되는 경우가 대부분이다. 상품을 제조하기 전에 공장을 짓거나 설비를 구입해야 하는 것이 그 예이다. 그러므로 투자의사결정을 할 때는 유입되는 현금과 유출되는 현금을 모두 고려해 순현재가치(순현가, NPV, net present value)를 계산한다. 투자프로젝트를 착수할 때 시점 0에서 유출되는 현금을 C_0라고 할 때 순현가는 다음과 같이 계산할 수 있다.

$$NPV = -C_0 + PV_0 \tag{3-11}$$

순현가는 단순하고 직관적인 개념이며 투자의사결정의 기본 틀을 제공하는 중요한 역할을 한다.

4. 차익거래와 무차익원리

지금까지 내재가치 계산을 위해 알아 두어야 할 기초사항들을 설명했다. 이제 시장가치 형성에 관한 중요한 원리를 설명한다.

경쟁적인 시장에서는 시장가격이 제멋대로 결정되지 못하게 만드는 근본 원리가 존재한다. 무차익원리(no arbitrage principle)가 바로 그것이다. 무차익원리는 단순하고 직관적이지만 응용범위가 매우 넓어 이 책의 여러 단원에서 이용되는 중요한 원리이다. 무차익원리를 이해하기 위해 먼저 차익거래의 개념부터 설명한다.

차익거래

차익거래(arbitrage)는 보통 동일한 상품이 두 시장에서 다른 가격으로 거래될 때 발생한다. 예를 들어, 설악자동차의 주식이 A증권거래소에서는 1,000원에, B 증권거래소에서는 1,500원에 거래되고 있다고 가정하자. 이 경우에는 차익거래의 기회가 발생한다. 투자자가 A증권거래소에서 1주를 매입함과 동시에 B증권거래소에서 공매도를 할 수 있다면, 당장 500원의 차익을 얻을 수 있다. 이 주식을 1주 매입할 때 1,000원이 필요하지만, 공매도로부터 1,500원의 현금이 들어오므로 실제로는 아무런 투자금을 지출할 필요가 없다. 물론 B증권거래소에서 공매도한 주식은 나중에 주식으로 상환해야 한다. 그러나 A증권거래소에서 매입해 갖고 있던 주식으로 상환하면 되기 때문에 상환과 관련한 추가 부담은 전혀 없다.

차익거래의 조건은 다음과 같다.

- 투자금이 불필요하다(zero investment).
- 위험이 없다(zero risk).
- 손해보는 경우는 없으며(non-negative profit), 이익을 얻는 경우가 존재한다(positive profit).

이 세 조건을 모두 갖추고 있는지를 보아, 특정 거래가 차익거래인지 여부를 판단할 수 있다.

예제 8 미국의 단기 재정증권은 사전에 이자율이 정해지므로 투자자가 확실한 이자수익을 올릴 수 있다. 이 단기 재정증권에 대한 투자는 차익거래인가?

해설 미국 정부가 파산할 가능성은 거의 없기 때문에 무위험투자라고 볼 수 있다. 그러나 재정증권에 투자하기 위해서는 투자금이 필요해 차익거래의 첫번째 조건을 충족시키지 못해 차익거래가 될 수 없다.

예제 9 현재 가격이 100원인 주식 A와 주식 B의 1년 후 주가는 다음과 같다. 무위험이자율이 6%일 때 차익거래의 기회가 존재하는지 판단해 보시오.

주식	현재의 주가(원)	1년 후의 주가(원)	
		호경기	불경기
A	100	130	90
B	100	80	120

해설 200원을 들여 주식 A와 B를 각각 1주씩 매수하는 포트폴리오(portfolio)를 생각해 보자.[4] 1년 후에는 호경기, 불경기 관계없이 항상 210원(= 130 + 80 또는 90 + 120)을 받고 매도할 수 있으므로 이 포트폴리오에는 아무런 위험이 없다. 따라서 이 포트폴리오는 무위험자산과 다를 바 없다. 그런데 무위험자산으로부터 1년 후 210원을 수취하려면 198원(= 210/1.06)만 투자하면 된다. 그러므로 차익거래의 기회가 존재한다. 예컨대, ① 무위험자산에 198원을 투자하고 ② 동시에 주식 A와 B를 1주씩 공매도해 200원을 받는 거래가 차익거래이다. 두 거래로부터 당장 차액 2원을 얻을 수 있지만 미래의 순현금흐름은 언제나 0으로 아무런 위험이 없다. 1년 후 ①의 무위험자산을 처분하여 210원을 받고 이 돈으로 주식 A와 B를 1주씩 매수해 ②의 공매도를 상환하면 되기 때문이다. 무위험, 무투자로 당장 2원의 차익을 얻을 수 있으므로 차익거래의 기회가 있다.

차익거래는 무투자, 무위험 거래이므로 거래의 규모를 무한히 키울 수 있다. 위 관악주식회사의 예(예제 9도 마찬가지)에서 1주만 가지고 차익거래를 해야 할 이유는 없다. 관악주식회사의 경우 1주가 아니라 10주를 거래하면 1주 차익거래에 의한 차익 500원의 10 배에 해당하는 차익을 얻을 수 있다. 만약 일백만 주의 거래가 가능하다면 500원의 일백만 배에 해당하는 금액, 즉 5억원의 차익을 얻게 되는 것이다. 제도가 허용하는 범위에서는 얼마든지 거래의 규모(scale)를 키울 수 있다는 것이 차익거래의 중요한 특징이다.

4) 포트폴리오(portfolio)는 자산의 묶음을 의미한다.

예제 10 어떤 은행이 1년 만기의 경우에는 15%, 2년 만기의 경우에는 연 6%로 이자율을 정했다고 가정하자. 백만장자가 될 수 있는 방법을 찾아보시오. 이 은행의 예금이자율과 대출이자율은 동일하다.

해설 다음과 같은 두 개의 거래를 생각해 보자. ① 2년 만기로 100원을 대출받는다. 이 경우에는 2년 후에 112.36원(= 100×1.06×1.06)을 갚아야 한다. ② 대출받은 100원 중 97.8원은 1년 만기로 다시 예금한다. 1년 후 은행으로부터 돌려받을 돈은 112.47원(= 97.8×1.15)일 것이다. 이 금액은 2년 후 112.36원을 갚기에 충분한 금액이므로 일단 보유하고 있다가 ①의 대출금을 상환하는 데 쓰기로 한다. 결과적으로 보면, 이 두 거래를 통해 아무런 투자도, 아무런 위험도 감수하지 않으면서 당장 2.2원(= 100 - 97.8)의 이익을 창출할 수 있다. 차익거래의 기회가 발생하는 것이다. 차익거래는 얼마든지 규모를 키울 수 있으므로, 100원 단위가 아니라 100조원 단위로 차익거래를 한다면 2.2조원의 이익을 얻을 수 있다.

무차익원리

위 설악자동차의 예와 같은 상황이 계속 유지될 수 있을까? 결론부터 말하면, 그럴 가능성은 없다. 차익거래자가 A증권거래소에서 대규모의 매수주문을 제출하면 해당 주식에 대한 수요가 증가하므로 주가가 상승한다. B증권거래소에서는 대규모의 공매도 주문으로 주가가 하락한다. 주가 조정은 두 시장에서의 가격이 같아져 더 이상 차익거래가 가능하지 않게 되면 멈추게 된다. 증권시장에서는 이 과정이 순식간에 마무리된다.

경쟁적인 시장에서는 차익거래 기회가 존재하더라도 순간적으로 사라지게 되므로 차익거래 기회가 존재할 가능성은 거의 없다. 재무학에서는 이 원리를 무차익원리(no arbitrage principle) 또는 무차익조건(no arbitrage condition)이라고 하며 다음과 같이 정리할 수 있다.

무차익원리: 경쟁시장에서는 차익거래의 기회가 존재하지 않는다.

이 원리는 경제학에서 말하는 '일물일가의 법칙(law of one price)'과 동일한 개념이다. 무차익원리는 재무학 여러 분야에서 필요한 사고의 틀을 제공한다. 예를 들어 무차익원리는 증권이나 파생금융상품의 시장가격이 어떻게 결정되어야 하는지를 분석할 때 유용하게 사용된다. 이 원리는 기업가치를 극대화하기 위해 부채와 자기자본의 비율을 어떻게 정해야 하는지를 분석할 때도 중요한다.

예제 11 무위험이자율은 5%이며, 주식 C의 주가 및 주식 C, D의 1년 후 주가는 다음과 같다. 경쟁시장에서 D의 주가는 얼마가 되어야 하는가?

주식	현재의 주가(원)	1년 후의 주가(원)	
		호경기	불경기
C	75	80	70
D	?	70	90

해설 경쟁시장에서는 무차익원리가 적용된다. 무위험이자율을 이용하기 위해서는 먼저 1년 후 주가를 보고 무위험 포트폴리오를 구성해야 한다. 그런데 단순히 C와 D를 1주씩 매수하는 포트폴리오의 1년 후 가치는 호경기 때 150원, 불경기 때 160원이 되어 서로 다른 값이므로 무위험자산과의 직접적인 비교가 불가능하다. 이런 경우에는 C를 1주, D를 y주 매수한다고 보고 무위험 포트폴리오를 구성하기 위해 적절한 y값을 구해야 한다. 1년 후 포트폴리오의 가치는 호경기 때 $80+70y$, 불경기 때 $70+90y$가 된다. 이 두 값이 같아야 무위험 포트폴리오가 되므로 $80+70y=70+90y$로 놓고 y값을 계산한다. 1차방정식을 풀면 $y=0.5$가 되므로 C를 1주, D를 0.5주 매수하면 위험을 없앨 수 있다. 이 경우 1년 후의 포트폴리오 가치는 항상 115원이 된다.
그런데 1년 후 가치가 115원이 되는 무위험자산의 현재 가격은 $\frac{115}{1+0.05}=109.52$원이다. 무차익원리에 의해, C를 1주, D를 0.5주 매수하는 포트폴리오를 구성하는데 들어가는 비용 또한 109.52원이 되어야 한다. 식으로 나타내면 D의 가격을 X라 할 때 $75+0.5X=109.52$가 되어야 한다. 이 식을 풀면 D의 가격은 $X=69$원이라는 것을 알 수 있다.

키워드

- 시장가치

- 내재가치
- 효율적시장가설
- 화폐의 시간가치
- 현재가치
- 위험
- 위험회피성
- 무위험자산
- 재정증권
- 단리
- 복리
- 자본비용
- 연표시이자율
- 유효연이자율
- 연속복리이자율
- 할인요소
- 영구연금
- 영구성장연금
- 연금
- 순현가
- 차익거래
- 무차익원리

03 연습문제 Exercise

01 (★) 다음 용어를 설명하시오.

(1) 재정증권 (2) 자본비용 (3) 유효연이자율 (4) 무차익원리
(5) 연속복리이자율 (6) 차익거래 (7) 무위험자산 (8) 내재가치

02 (★) 다음 중에서 가장 높은 유효연이자율을 제공하는 은행은? (단, 세금은 고려하지 않는다.)

> A은행: 100만원을 예치하면 5년 후에 160만원 지급
> B은행: 10% 연표시이자율을 분기별로 복리 지급
> C은행: 11%의 유효연이자율 제공

① A은행 ② B은행
③ C은행 ④ 모두 동일하다.

03 (★) 다음은 만기에 모두 1억원을 지급하는 금융상품이다. 지금 가장 적은 금액으로 투자할 수 있는 금융상품은?

① 연 3% 복리 이자율, 만기 3년
② 연 5% 복리 이자율, 만기 3년
③ 연 5% 복리 이자율, 만기 5년
④ 연 3% 복리 이자율, 만기 5년

04 (★★) 김씨는 매년 1천만원씩 5년간 연금을 받는 대신 지금 창업을 위해 일시불로 받고 싶어한다. 향후 5년간 시중금리가 6%를 유지한다면 김씨가 일시불로 받을 금액에 가까운 것은?

① 2,673만원 ② 3,184만원
③ 4,212만원 ④ 5,637만원

05 (★★) 복권에 당첨되어 1백만원을 받게 되었다. 당첨금은 지금부터 5년 후에 지급된다. 적정할인율이 연 10%라면 이 당첨금의 현재가치는?

① 951,466원 ② 620,921원
③ 532,455원 ④ 401,878원

06 (★★) 한 운동선수가 3년간 25억원을 받는 계약을 체결하였다. 계약의 구체적인 내용을 살펴보면, 계약 즉시 2억원의 현금을 받고, 계약 후 첫해 말에 5억원, 그 다음 해 말에 8억원, 마지막 해 말에 10억원을 받는다. 15%의 할인율을 적용하면 이 계약의 현재가치는?

① 12.64억원 ② 15.73억원
③ 18.97억원 ④ 25억원

07 (★) 대학이 1억원의 장학금을 영구히 지급하려면 지금 얼마의 돈을 확보해야 하는가? 단, 할인율은 7%이다.

① 13.2656억원 ② 14.2857억원
③ 15.4367억원 ④ 16.7346억원

08 (★★) 복리상품인 적립식예금에 지금부터 3년간 매년 초에 1,000만원을 예금하고자 한다. 은행이 제시하는 이자율이 연 10%로 확정되어 있다면, 지금부터 3년 후에 은행계좌에 들어있는 금액은 얼마인가?

① 2,656억 ② 4,857억
③ 3,641억 ④ 6,346억

09 (★★★) 설악기업은 3년 동안 사용할 수 있는 새로운 전화시스템을 도입할 계획이다. 이 회사는 이 시스템을 일시불로 15억원을 지급하고 구매하거나, 또는 제조회사로부터 리스(lease)를 할 수 있다. 리스요금은 매년 말 7억원을 지급해야 한다. 자본비용은 5%이다.

(1) 이 시스템을 리스하는 것의 현재가치는?
(2) 이 시스템을 일시불로 구매할 것인지 아니면 리스할 것인지를 결정하고 그 이유를 설명하시오.

10 (★) 연표시이자율(APR)이 3%이고 이자를 1개월에 1회씩 지급할 때, 유효연이자율(EAR)은 얼마인가?

11 (★) 군입대 전에 아르바이트를 열심히 한 A씨는 1,000만원을 벌어 입대 전날에 B은행에 2년만기 예금을 가입하였다. 예금이자율은 년간 3%이며, 이자는 반기(6개월)에 1회씩 복리로 계산하여 만기시에 지급한다. 2년후에 만기 제대하였을 때, 원금과 이자를 합하여 총 얼마의 원리금을 수취하겠는가?

12 (★★) A씨는 학자금대출을 1,000만원 받았으며, 이 학자금대출의 이자율은 6%이다. A씨는 앞으로 5년동안 매년말에 동일한 금액을 상환하여 5년 후에는 대출금을 완전히 변제하려고 할 때 매년 말 상환할 금액을 계산하시오.

13 (★★★) 우리나라 세법에서는 자식이 부모의 부동산을 무상으로 사용하는 경우 탈세로 해석하여 증여세를 과세할 수 있다. 다만, 부동산 무상사용이익이 1억원에 미달하는 경우에는 과세를 하지 않는다. 세법에 따르면 무상사용이익을 계산하는 방법은 재무학의 현재가치 개념을 이용하며, 다음과 같다.

> 무상사용이익은 부동산 가격의 2%에 해당하는 가치가 1년 동안(연말시점)에 발생하는 것으로 본다. 그리고 무상사용은 5년간 지속될 것이라고 가정한다. 5년간의 총 무상사용 이익을 현재가치로 환산한 금액이 1억원을 초과하면 국세청에서는 증여세를 과세한다. 현재가치 계산에 사용할 할인율은 10%이다.

A씨는 결혼 후 주택구입자금이 없어서 현재 부모님 소유의 시가 15억원인 아파트에 무상으로 거주하고 있으며, 부모님은 A씨 부부를 위해 아파트를 내어주고 다른 집을 마련하여 살기로 했다. A씨의 부동산 무상사용이익을 계산하고 증여세 과세여부를 판단하시오.

14 (★★★) 은행에서는 오늘 첫 부금의 불입을 시작하여 연간 30만원씩 총 3회에 걸쳐 불입하면 지금부터 10년 뒤 시점에 250만원을 지급하는 적금 상품을 시판하려고 한다.

(1) 시장이자율이 15%일 경우 이 적금에 가입하는 것이 유리한가?

(2) 만일 시장이자율이 10%로 하락할 것으로 예상된다면, 이 적금에 가입하는 것이 유리하다고 할 수 있는가?

15 (★★★) 현재 51세인 김교수는 학회의 회원으로 활동하기 위해서 매년 연회비를 100,000원씩 납부하거나, 평생회비를 일시불로 1,000,000원을 납부하는 방법을 고려하고 있다. 이 학회에서는 교수의 정년인 65세까지를 학회 회원의 자격 요건으로 정하고 있으며, 정년까지만 학회 활동이 가능하다. 향후 이자율이 연 5% 수준에서 유지될 것으로 예상할 때 연회비 납부 또는 평생회비 납부 방법

중 어느 것이 김교수에게 적절한가?

16 (★★) 김재무씨는 4년 후 결혼을 목표로 결혼자금 10,000,000원을 확보하기 위해 매년말 2,000,000원씩 적립하여 복리투자하는 금융상품을 찾고 있다. 김대리에게 추천해 줄 수 있는 4년 만기 금융상품의 최저 연 이자율은 얼마인가?

17 (★★★) 경쟁시장에서 주식 A와 B의 1년 후 기대수익률은 다음과 같다. 무차익원리에 다르면 무위험이자율은 얼마가 되어야 하는가?

주식	현재의 주가(원)	1년 후 기대수익률(%)	
		호황	불황
A	5,000	80	20
B	10,000	−30	30

18 어떤 회사가 추진 중인 프로젝트는 성공할 경우 투자원금 대비 약정된 수익을 투자자에게 돌려주지만, 실패할 경우 투자자는 투자원금 전액을 회수할 수 없다. 이 사업의 성공 확률은 20%이며, 실패 확률은 80%로 투자자가 기대할 수 있는 수익률은 20%이다. 이 프로젝트가 성공할 경우 투자자는 투자원금의 몇 배의 수익을 예상하는지 계산하시오.

19 A회사는 향후 10년간 매년 말 60만원씩을 적립하면, 만기 다음해부터 정해진 기간까지 연금을 수령할 수 있는 금융상품을 설계하고 있다. 적립기간에 적용될 연평균 금리는 3%이며, 연금수령기간에는 연평균 금리가 2%가 지속된다고 가정할 때 (1) 연금수령기간을 10년으로 정할 경우 지급할 연금액과 (2) 연금액을 100만원으로 정할 경우 연금수령기간을 구하시오.

03 연습문제 정답 및 해설

Exercise

02 ③

A, B, C은행의 유효연이자율을 구하면 다음과 같다.

A은행: $100\times(1+r)^5=160 \quad \Rightarrow \quad r=\sqrt[5]{\frac{160}{100}}-1=0.0986(9.86\%)$

B은행: $\left(1+\frac{0.1}{4}\right)^4-1=0.1038(10.38\%)$

C은행: 11%

03 1억원의 현재가치를 계산하는 문제이다. 현재가치는 미래 시점까지 기간이 길고, 이자율이 높을수록 감소한다.

04 ③

5년간 매년 받을 연금의 현재가치(PVA)이므로

$PVA=10{,}000{,}000\times\frac{(1+0.06)^5-1}{0.06(1+0.06)^5}=10{,}000{,}000\times4.212=4{,}212$만원

05 ②

5년 후 1백만원의 할인율 10%을 적용한 현재가치이므로 $\frac{1{,}000{,}000}{(1+0.1)^5}=620{,}921$

06 ③

계약의 현재가치(억원)$=2+\frac{5}{1+0.15}+\frac{8}{(1+0.15)^2}+\frac{10}{(1+0.15)^3}=18.97$

07 ②

영구히 1억원을 지급하는 영구채권의 가치이므로 $\frac{1}{0.07}=14.2857$억원이다.

08 ③

지금 1,000만원 예금의 3년후 미래가치+1년후 1,000만원 예금의 2년후 미래가치+2년 후 1,000만원 예금의 1년후 미래가치=1,331+1,210+1,100=3,641억

09 (1) 리스의 현재가치(억원)$=\frac{7}{1+0.05}+\frac{7}{(1+0.05)^2}+\frac{7}{(1+0.05)^3}=19.06$(억원)

(2) 시스템 구매의 현재가치와 시스템 리스의 현재가치에서 낮은 것을 선택해야 하므로, 일시불로 지급하는 것이 합리적인 의사결정이다.

10 $EAR=\left(1+\frac{APR}{m}\right)^{m}-1=\left(1+\frac{0.03}{12}\right)^{12}-1=3.04\%$

11 10,000,000원×$(1+0.03/2)_4$=10,613,635원

12 매년 말 상환할 금액에 대해 할인율을 적용한 현재가치가 1,000만원이므로, 다음 식에 따라 상환할 금액(X)을 구하면 된다.

$$\sum_{k=1}^{5}\frac{X}{(1+0.06)^k}=1{,}000\text{만원}$$

$X=2{,}373{,}964$원

이 문제는 기간별 지급액을 산출하는 엑셀의 PMT함수를 이용해서 구할 수 있다. PMT(rate, nper, pv, fv)이며, pv는 연금의 현재가치이며 fv는 연금의 미래가치이다. pv와 fv의 부호와 PMT의 결과값의 부호는 반대임에 주의해야 한다. 즉, 1,000만원은 학자금 대출자의 입장에서 현재 현금 유출이므로 (−), 상환액은 매년 받아야 할 현금유입이므로 (+)로 간주한다. 엑셀의 PMT함수를 이용한 계산결과는 다음과 같다.

=PMT(0.06, 5, -10000000, 0)

D	E	F
₩2,373,964		

13 5년간 무상사용의 이익의 현재가치는 만기가 5년인 연금의 현재가치를 구하는 문제와 같다.

$$PVA=C\times\left[\frac{1}{r}-\frac{1}{r(1+r)^T}\right]=15\text{억}\times0.02\times\left[\frac{1}{0.1}-\frac{1}{0.1(1+0.1)^5}\right]=113{,}723{,}603\text{원}$$

연금의 현재가치는 엑셀의 PV함수를 이용해서 계산할 수 있다. PV(rate, nper, pmt, fv)이며 함수 요소인 rate는 이자율, nper는 기간, pmt는 기간별 지급액, fv는 미래가치이다. 무상사용의 현재가치는 1억원을 초과한다. 따라서 증여세가 과세된다.

=PV(0.1, 5, -1500000000*0.02, 0)

D	E	F
₩113,723,603		

14 (1) 불입금액의 현재가치와 지급받을 금액의 현재가치를 구해 비교하면 된다.

① 불입금액의 PV$=\frac{300{,}000}{(1+0.15)^0}+\frac{300{,}000}{(1+0.15)^1}+\frac{300.000}{(1+1.15)^2}=787{,}713$

② 지급받을 금액의 PV$=\frac{2{,}500{,}000}{(1+0.15)^{10}}=617{,}950^*=617{,}950$

즉 ①>②이므로 적금에 가입하지 않는 것이 유리하다.

(2) ① 불입금액의 PV$=\frac{300{,}000}{(1+0.10)^0}+\frac{300{,}000}{(1+0.10)^1}+\frac{300.000}{(1+1.10)^2}=820{,}661$

② 지급받을 금액의 PV$=\frac{2{,}500{,}000}{(1+0.10)^{10}}=963{,}850$

즉 ①<②이므로 적금에 가입하는 것이 유리하다.

15 유의할 점은 연회비는 기초에 납부한다는 사실이다. 김교수는 51세부터 64세까지 14회 연회비를 납부하므로 현재가치는 $\frac{100{,}000}{(1+0.05)^0}+\frac{100{,}000}{(1+0.05)^1}+\cdots+\frac{100{,}000}{(1+0.05)^{13}}=1{,}039{,}357$. 평생회비 100만원보다 크므로 평생회비를 납부하는 것이 유리하다.

16 $2{,}000{,}000(1+r)^3+2{,}000{,}000(1+r)^2+2{,}000{,}000(1+r)+2{,}000{,}000=10{,}000{,}000$인 이자율(r)을 찾는다. 엑셀에서 이자율을 계산하는 함수인 RATE(nper, pmt, pv, fv)을 이용하면, 15.09%이다.

=RATE(4, -2000000, 0, 10000000)

D	E	F
15.09%		

RATE(4, −2,000,000, 0, 10,000,000) = 15.1%

17 먼저 기대수익률의 정보를 이용하여 계산한 1년 후 주가는 다음과 같다.

주식	현재의 주가(원)	1년 후 주가(원)	
		호황	불황
A	5,000	9,000	6,000
B	10,000	7,000	13,000

1년 후 상황별 주가에 따라 무위험포트폴리오를 구성한다. 무위험포트폴리오는 A를 x주, B를 y주 매입할 때 호황의 포트폴리오 가치=불황의 포트폴리오 가치이어야 하므로, $9{,}000x+7{,}000y = 6{,}000x+13{,}000y$이다. 이 식으로부터 $x=2y$의 관계가 성립한다.
무위험포트폴리오의 현재가치 $=5{,}000x+10{,}000\mathrm{y}=20{,}000y$
1년 후의 무위험포트폴리오 가치 $=9{,}000\times 2y+7{,}000y=6{,}000\times 2y+13{,}000y=25{,}000y$이므로 무위험이자율은 $(25{,}000y/20{,}000y-1)=25\%$이다.

18 기대수익률=성공 확률×성공시 수익률+실패 확률×실패시 수익률
성공시 수익률: $(y\times$투자원금$-$투자원금$)/$투자원금$=(y-1)\times 100(\%)$
실패시 수익률: (0−투자원금)/투자원금 = −1(−100%)
기대수익률: $0.2\times(y-1)\times 100\%+0.8\times(-100\%)=20\% \Rightarrow y=6$, 즉 투자원금의 6배를 예상하며, 성공시 수익률은 500%이다.

19 (1) 향후 10년간 매년 말 60만원을 3%금리로 적립할 경우 적립기간 종료시 수취할 금액
$$A\times\frac{(1+r)^n-1}{r}=60\times\frac{(1+0.03)^{10}-1}{0.03}=60\times 11.464=687.84(\text{만원})$$
10년간 2%의 금리로 매년 말 지급되는 연금의 현재가치가 6,878,400원이므로,

$$6{,}878{,}400 = A \times \frac{(1+0.02)^{10}-1}{0.02 \times (1+0.02)^{10}} \Rightarrow A = 765{,}747\text{원}$$

(2) n년간 2%의 금리로 매년 말 100만원을 지급할 때의 현재가치가 6,878,400원이므로,

$$6{,}878{,}400 = 1{,}000{,}000 \times \frac{(1+0.02)^{n}-1}{0.02 \times (1+0.02)^{n}} \Rightarrow n = 7.47\text{년}$$

```
=NPER(0.02, -1000000, 6878400, 0)
```

G	H	I	J
7.47			

제4장

자본예산의 구조

1. 순현가법과 내부수익률법
2. 순현가법의 적용 예
3. 잉여현금흐름 계산

Financial Management

CHAPTER 04

자본예산의 구조

투자 의사결정은 기업의 가장 중요한 의사결정 중 하나이다. 경영자가 어떤 자산을 언제 어떻게 구입할지를 결정하기 위해서는 그 의사결정이 기업가치를 극대화하는지를 판단해야 한다. 투자 의사결정을 위해 기초자료를 모으고 프로젝트의 가치를 평가하는 과정을 자본예산(capital budgeting)이라고 한다. 이 단원에서는 중요한 자본예산 방법인 순현가법과 내부수익률법에 대해 소개하고 두 방법의 차이에 대해 살펴본다. 또 순현가법을 적용하기 위한 준비 작업인 잉여현금흐름을 계산하는 방법에 대해 설명한다.

1. 순현가법과 내부수익률법

자본예산에서 주로 사용하는 방법은 순현가법과 내부수익률법이다. 두 방법 중 어느 것을 사용하더라도 결과가 달라지는 경우는 드물다. 그러나 순현가법을 사용하면 투자 프로젝트가 기업가치를 얼마나 증가시키는지를 측정할 수 있다. 따라서 투자 프로젝트가 기업가치 극대화라는 목표에 부합되는 정도를 계량화할 수 있다. 이에 비해 내부수익률법에서는 일종의 투자수익률이 산출되어 투자프로젝트가 기업가치를 얼마나 증가시키는지를 알기 어렵다. 또한, 적용 과정에서 여러 함정들이 존재한다. 이외의 다른 방법들을 사용하는 경우도 있는데 화폐의 시간가치를 무시하거나 벤치마크의 설정이 자의적인 경우가 대부분이다.

1.1 순현가법

순현가(NPV, net present value)는 투자 프로젝트로부터 발생하는 모든 현금흐름을 자본의 기회비용(자본비용)으로 할인하여 현재가치 PV_0을 구하고 이 값에서 초기의 투자비용 C_0을 빼 주는 것으로 정의한다.

$$NPV = -C_0 + PV_0 \tag{4-1}$$

NPV는 투자 프로젝트와 관련하여 발생하는 미래 현금흐름을 현재가치로 환산한 프로젝트의 총가치(PV_0)에서 프로젝트를 실행하는데 들어가는 현금(C_0)을 차감한 프로젝트의 순가치(net value)를 나타낸다. 예를 들어 어떤 기업이 1,000억원을 들여 1,200억원의 가치가 있는 다른 기업을 인수하는 프로젝트를 생각해보자. 1,200억원의 가치가 있다는 것은 인수 대상 기업이 미래에 창출할 현금흐름을 적절히 할인하여 합한 값이 1,200억원이라는 의미이다. 따라서 이 프로젝트의 총가치는 1,200억원이다. 해당 기업 입장에서는 인수자금 1,000억원이 회사로부터 유출되고 대신 인수 대상 기업의 총가치 1,200억원이 들어오는 셈이다. 그러므로 이 프로젝트를 실행하면 기업가치가 200억원만큼 증가된다.

일반적으로 NPV가 0보다 큰 투자 프로젝트는 기업가치를 증가시키며, NPV가 0보다 작은 경우에는 기업가치를 감소시킨다. 그러므로 투자 의사결정을 할 때 NPV가 0보다 큰 경우에만 투자해야 기업가치 극대화라는 기업의 목표에 부합하게 된다. 이 의사결정 방법을 순현가법(NPV rule)이라고 한다.

순현가법은 기업가치를 극대화시키는 투자 의사결정방법으로 $NPV > 0$이면 투자하고 $NPV < 0$이면 투자하지 않아야 한다.

순현가법을 적용하는 방법을 간단한 예제를 통해 살펴본다.

예제 1 한국자동차는 현재 친환경 자동차 생산 여부에 대해 검토하고 있다. 이 기업의 재무부서에서는 친환경 자동차를 생산할 경우 기계장비 구입에 당장 1,000억원의 비용이 들어야 한다고 분석한 바 있다. 친환경 자동차를 생산할 경우 1년 후부터 총 5년 동안 현금흐름이 발생할 것으로 예상하고 있으며, 이 현금흐름은 각각 250억원, 280억원, 350억원, 400억원 및 370억원으로 추산된다. 한국자동차가 이 프로젝트를 채택해야 하는지 분석하시오. 자본의 기회비용은 10%이다.

해설 먼저 미래에 발생할 현금흐름을 자본의 기회비용으로 할인하여 현재가치를 산출한 후 현재 들어가야 하는 비용과 비교해야 한다. 미래 현금흐름의 현재가치는 다음과 같다.

$$\text{현금흐름의 현재가치} = \frac{250}{1.1^1} + \frac{280}{1.1^2} + \frac{350}{1.1^3} + \frac{400}{1.1^4} + \frac{370}{1.1^5} = 1{,}224.58\text{억원}$$

이렇게 계산한 현금흐름의 가치와 초기비용을 비교하여 NPV를 계산한다.

$$NPV = -1{,}000\text{억} + 1{,}224.58\text{억} = 224.58\text{억원}$$

친환경 자동차를 생산했을 때 224.58억원의 가치를 창출할 수 있으므로 이 프로젝트를 채택해야 한다.

1.2 내부수익률법

90원을 투자하면 1년 후 110원을 돌려받는 투자 프로젝트 A를 생각해 보자. 자본비용이 10%라면 NPV는 다음과 같이 계산된다.

$$NPV = -90 + \frac{110}{1+0.1} = 10 \tag{4-2}$$

NPV 10원은 양의 값이므로 가치가 있는 투자라고 볼 수 있다. 이렇게 하는 것이 투자 의사결정의 정석이다. 그런데 재무관리를 배우지 않았다면 NPV가 무엇을 의미하는지 제대로 이해하지 못할 수도 있다. 실제로 대부분의 사람들은 NPV보다 수익률을 심리적으로 훨씬 더 친숙하게 느낀다. 수익률을 이용하여 투자 의사결정을 하는 방법을 살펴보기로 한다.

수익률법

수익률은 투자수익을 투자원금으로 나눈 값으로 투자원금 1원이 벌어들인 돈을 의미한다. 투자 프로젝트 A의 예에서는 90원을 투자하여 110원을 돌려받기 때문에 투자수익률은 다음과 같다.

$$수익률 = \frac{110-90}{90} = 0.222 = 22.2\% \quad (4-3)$$

그런데 22.2%의 수익률이 과연 좋은 수익률인지를 어떻게 판단할까?

수익률에 대한 판단 기준은 증권시장에서 나올 수 있다. 어떤 투자 프로젝트로부터 나오는 수익률은 주주가 이 회사에 투자하지 않고 유사한 위험을 갖는 다른 대안인 증권에 투자했을 때 얻을 수 있는 기대수익률보다 커야 한다. 그렇지 않다면 주주가 다른 증권에 투자하지 해당 프로젝트에 투자할 이유가 없다.

주주가 요구하는 수익률이 10%라면 22.2%는 훌륭한 수익률이지만, 주주의 요구수익률이 30%라면 22.2%는 좋지 않은 수익률이다. 결국 수익률을 이용하여 투자 프로젝트를 평가할 때도 순현가법과 마찬가지로 자본의 기회비용(자본비용)이 벤치마크가 되어야 한다. 이러한 투자 의사결정기준을 수익률법(rate of return rule)이라고 한다.

내부수익률법

투자 프로젝트 A의 예를 약간 변형하여, 90원을 투자하면 1년 후 60원을, 2년 후에는 50원을 돌려받는 투자 프로젝트 B를 생각해 보자. 자본비용은 10%이다. 투자 프로젝트 A와 다르게 투자 프로젝트 B에서는 미래의 현금흐름이 1년 후와 2년 후로 나뉘어 두 번 발생한다. 그렇지만 NPV를 계산하는 방법은 동일하다.

$$NPV = -90 + \frac{50}{1+0.1} + \frac{60}{(1+0.1)^2} = 5.87 \quad (4-4)$$

순현가법을 적용하면, NPV가 양(+)의 값이므로 투자 프로젝트 A와 마찬가지로 투자할 가치가 있다는 결론을 쉽게 얻을 수 있다. 이처럼 순현가법은 현금흐름이 여러 기간에 걸쳐 발생하더라도 일관된 방법으로 투자 의사결정을 할 수 있다.

그러나 수익률법을 이용하려는 경우에는 식 (4−3)과 같은 계산방식을 단순 적용할 수는 없다. 110원(=50+60)에서 투자원금 90원을 차감하여 20원의 이익이 발생한 것으로 계산한다면 화폐의 시간가치가 무시된다. 상이한 시점에서 발생한 현금 50원과 60원을 동등하게 취급하는 셈이기 때문이다.

화폐의 시간가치 문제를 해결하기 위해 투자 프로젝트 A로 되돌아가 식 (4－3)의 숫자를 모두 기호로 바꿔 다시 써본다. 투자원금을 C_0, 1년 후 돌려받는 금액을 C_1이라 하면 수익률 r은 다음의 식으로 나타낼 수 있다.

$$r = \frac{C_1 - C_0}{C_0} \tag{4-5}$$

이 식은 다음과 같이 재정리할 수 있다.

$$r = \frac{C_1}{C_0} - 1 \;\Rightarrow\; 1 + r = \frac{C_1}{C_0} \;\Rightarrow\; C_0 = \frac{C_1}{1+r} \;\Rightarrow\; -C_0 + \frac{C_1}{1+r} = 0$$

편의상 최종적으로 정리된 식을 다시 쓰자.

$$-C_0 + \frac{C_1}{1+r} = 0 \tag{4-6}$$

식 (4－6)의 좌변은 NPV를 계산하는 식과 동일한 형태이다. 하지만 분모에 있는 r의 의미는 전혀 다르다. NPV를 측정할 때는 할인율로서 외부에서 가져온 자본비용을 의미하지만, 이 식의 r은 방정식의 해(solution)로서 식 내부에서 계산해야 한다. 식 (4－6)으로부터 수익률은 순현가를 0으로 만드는 할인율의 값이라고 정의할 수 있다. r은 외생적인 값이 아니라 식 내부에서 계산되어야 한다는 의미에서 이런 방식으로 계산하는 수익률을 내부수익률(IRR, internal rate of return)이라고 한다. 내부수익률을 이용하는 수익률법을 보통 내부수익률법(IRR rule)이라고 부른다.

내부수익률(IRR)은 NPV를 0으로 만드는 할인율이다.

IRR은 일반적인 수익률과 본질적으로 같은 개념이다. 투자 프로젝트 A의 경우를 예로 들면, 아래 방정식의 해인 IRR은 0.222로서 식 (4－3)을 이용해 계산하는 것과 똑같은 결과를 얻게 된다.

$$NPV = -90 + \frac{110}{1+R} = 0 \qquad (4\text{–}7)$$

그렇지만 내부수익률은 일반적인 수익률 계산에 비해 다음과 같은 장점이 있다.

- IRR식은 화폐의 시간가치를 반영한다.
- 여러 기간에 걸쳐 발생하는 현금흐름의 수익률을 일관성 있게 계산할 수 있다.
- IRR식은 NPV식과 같은 형태이므로 수익률법과 순현가법의 관계를 용이하게 이해할 수 있다.

식 (4−7)은 다기간(多期間)으로 쉽게 확장할 수 있기 때문에 투자 프로젝트 B의 수익률도 일관된 방법으로 계산할 수 있다. 예컨대, 식 (4−4)에서 할인율 0.1을 수익률 r로 대체한 방정식 (4−8)을 풀면 된다.

$$NPV = -90 + \frac{50}{1+r} + \frac{60}{(1+r)^2} = 0 \qquad (4\text{–}8)$$

식 (4−8)은 2차방정식이므로 두 개의 해가 나오는데 그 중 양의 값을 택하면 r=0.14로 계산된다.[1)] IRR이 자본비용 10%보다 크기 때문에, 내부수익률법에 따라 이 프로젝트에 투자할 가치가 있다고 판단할 수 있다.

내부수익률법은 IRR이 자본비용보다 크면 투자하고 작으면 투자하지 않는 의사결정방법이다.

기업이 투자를 할 때는 현금흐름이 여러 해에 걸쳐 발생하는 것이 일반적이다. 이를 반영하여 내부수익률 r을 계산하는 방정식을 다음과 같이 쓸 수 있다.

$$NPV = -C_0 + \frac{C_1}{(1+r)} + \frac{C_2}{(1+r)^2} + \frac{C_3}{(1+r)^3} + \cdots + \frac{C_T}{(1+r)^T} = 0 \qquad (4\text{–}9)$$

1) 이 문제는 '근의 공식(quadratic formula)'을 이용해 쉽게 풀 수 있지만 3기간 이상의 여러 기간에 걸쳐 현금흐름이 발생할 경우에는 손으로 계산하는 것이 어렵다. 엑셀과 같은 소프트웨어, 재무계산기 등을 사용하거나 울프럼알파(https://www.wolframalpha.com/)와 같은 온라인 사이트를 이용하면 편리하게 해를 구할 수 있다.

1.3 순현가법과 내부수익률법의 관계

투자 프로젝트 A와 B의 예에서는 순현가법과 내부수익률법 중 어느 방법을 따르더라도 동일한 결론을 얻게 된다. 그러나 순현가법과 내부수익률법이 다른 결론을 가져오는 경우도 있다. 먼저 어떤 경우에 두 방법이 동일한 결론에 도달하는지를 그래프를 이용해 살펴보기로 한다.

[그림 4-1]은 식 (4-7)의 NPV를 할인율 r의 함수로 보고 r을 X축에 NPV를 Y축에 표시하여 그래프로 나타낸 것이다. 할인율과 NPV는 음(-)의 관계이며 할인율에 따라 NPV의 부호가 달라질 수 있다. r축 상에서 자본비용을 나타내는 점(여기서는 10%)에서의 NPV곡선 높이가 바로 NPV이다. 이 그림처럼 NPV곡선이 할인율의 단조감소함수(monotonically decreasing function)인 경우에는, NPV가 양(+)이면 IRR이 자본비용보다 크다. 반대로 NPV가 음(-)이면 IRR이 자본비용보다 작다. 이때는 순현가법을 사용하든지 또는 내부수익률법을 사용하든지 관계없이 동일한 투자 의사결정에 도달하게 된다.

그림 4-1 할인율과 순현가의 관계

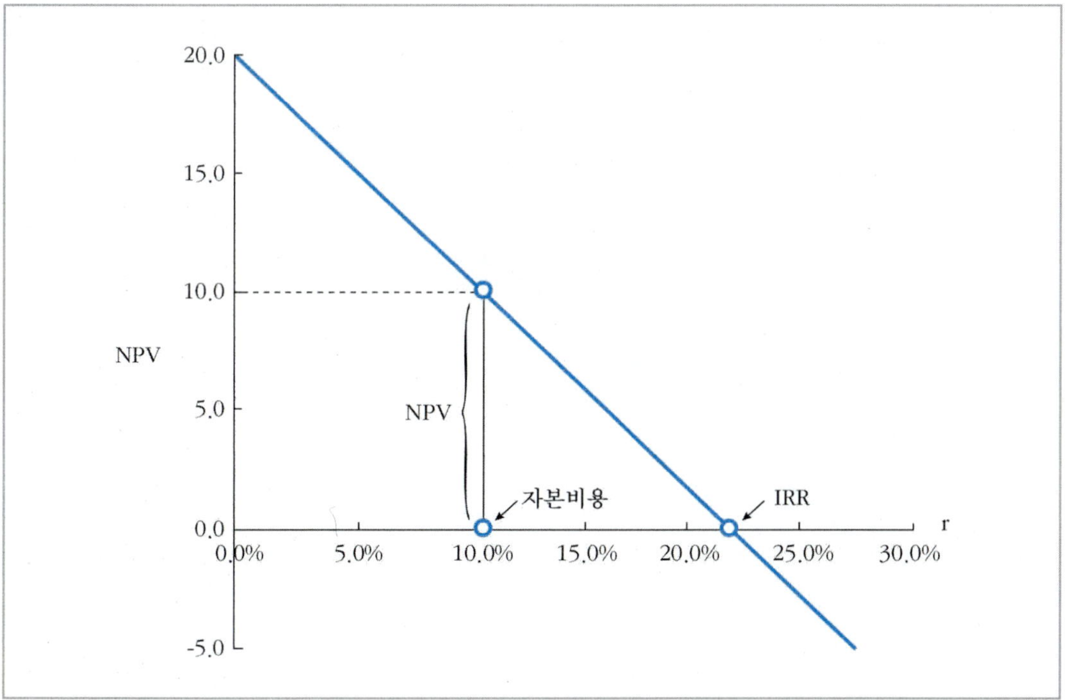

NPV가 할인율의 단조감소함수인 경우에는 순현가법에 의한 투자 의사결정과 내부수익률법에 의한 투자 의사결정은 동일하다.

1.4 내부수익률법의 단점

내부수익률법은 두 가지 단점을 가지고 있다. 첫째로, NPV곡선이 할인율의 단조감소함수인 경우에는 내부수익률법으로도 순현가법과 동일한 결과를 도출할 수 있으나, NPV곡선이 단조감소함수가 아닐 경우, 순현가법과 상이한 결과를 도출할 수 있다. 둘째로, 수익률 또는 IRR은 비율 개념이므로 이것만으로는 투자 프로젝트가 기업가치에 얼마만큼 기여하는지를 알 수 없다.

그림 4-2 순현가가 할인율의 증가함수인 경우

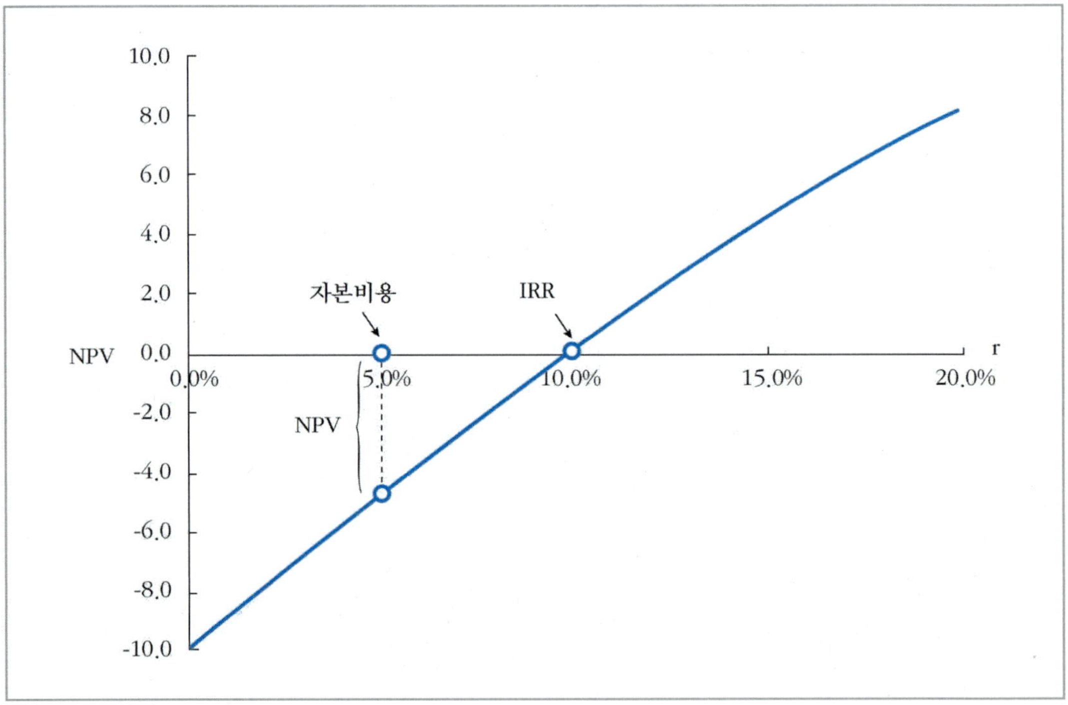

지연된 투자

일반적인 투자 프로젝트의 경우 초기에 비용 지출이 발생하고 그 후 해당 투자로부터 수익이 발생한다. 그렇지만 초기에 현금유입이 발생하고 나중에 현금유출이 발생하는 경우도 있을 수 있다. 출판사와 자서전 계약을 맺으면서 인세를 먼저 받거나 나중에 갚기로 하고 돈을 차입하는 경우 등이 그 예이다. 이처럼 일반적인 패턴에서 벗어난 현금흐름을 가진 프로젝트의 경우에는 IRR이 잘못된 의사결정을 유도할 수도 있다.

예를 들어 당장 100원이 유입되고 1년 후 110원이 유출되는 프로젝트를 생각해 보자. 자본비용은 5%라고 가정한다. 이 경우 NPV는 음(−)의 값으로 계산된다.

$$NPV = 100 - \frac{110}{1.05} = -4.76\text{원}$$

순현가법에 따르면 당연히 이 프로젝트를 채택하지 말아야 한다.

그런데 IRR은 방정식 $100 - \frac{110}{1+R} = 0$의 해이므로 R = 10%로 계산된다. 내부수익률법에 따르면 IRR이 자본비용 5%보다 크므로 이 프로젝트를 채택해야 한다. 순현가가 음(−)의 값이지만 내부수익률이 자본비용보다 크게 나타나는 이유는 NPV가 할인율의 단조감소함수가 아니기 때문이다. 이 경우에는 [그림 4−2]에서 보듯이 NPV가 할인율의 단조증가함수가 된다.

복수의 내부수익률

여러 기간에 걸쳐 현금흐름이 발생하는 경우에는 식 (4−9)와 같은 고차방정식을 풀어야 한다. 이때는 IRR이 두 개 이상 존재할 수도 있다. 예를 들어 다음의 현금흐름을 갖는 투자 프로젝트에 내부수익률법을 적용해 보기로 한다.

현금흐름			
C_0	C_1	C_2	C_3
−975	1,050	1,450	−1,550

이 경우에는 3차방정식의 해를 찾아야 한다. 3차방정식이므로 모두 3개의 해가 존재하지만, [그림 4−3]에서 알 수 있듯이 양(+)의 값을 갖는 해는 4.67%와 24.76% 두 개이다.

그림 4-3 복수의 IRR이 존재하는 경우

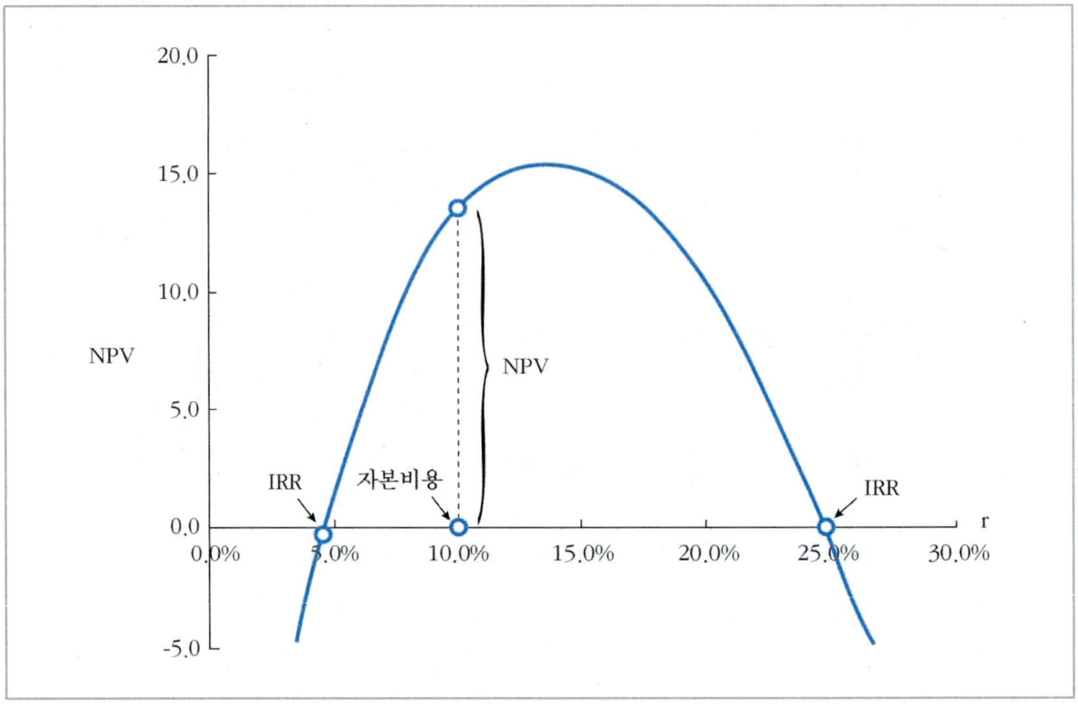

따라서 이 프로젝트는 두 개의 IRR을 갖게 된다. 만약 자본비용이 두 IRR 사이에 존재한다면 어느 IRR을 선택하는지에 따라 상반된 투자 의사결정이 이루어질 것이다. 순현가법을 적용하면 단 하나의 NPV가 계산되므로, IRR의 개수와 관계없이 일관성 있게 의사결정을 할 수 있다.

IRR이 존재하지 않는 경우

다음과 같은 현금흐름을 갖는 투자 프로젝트의 경우에는 IRR이 아예 존재하지 않을 수도 있다.

현금흐름		
C_0	C_1	C_2
−90	220	−150

그림 4-4 IRR이 존재하지 않는 경우

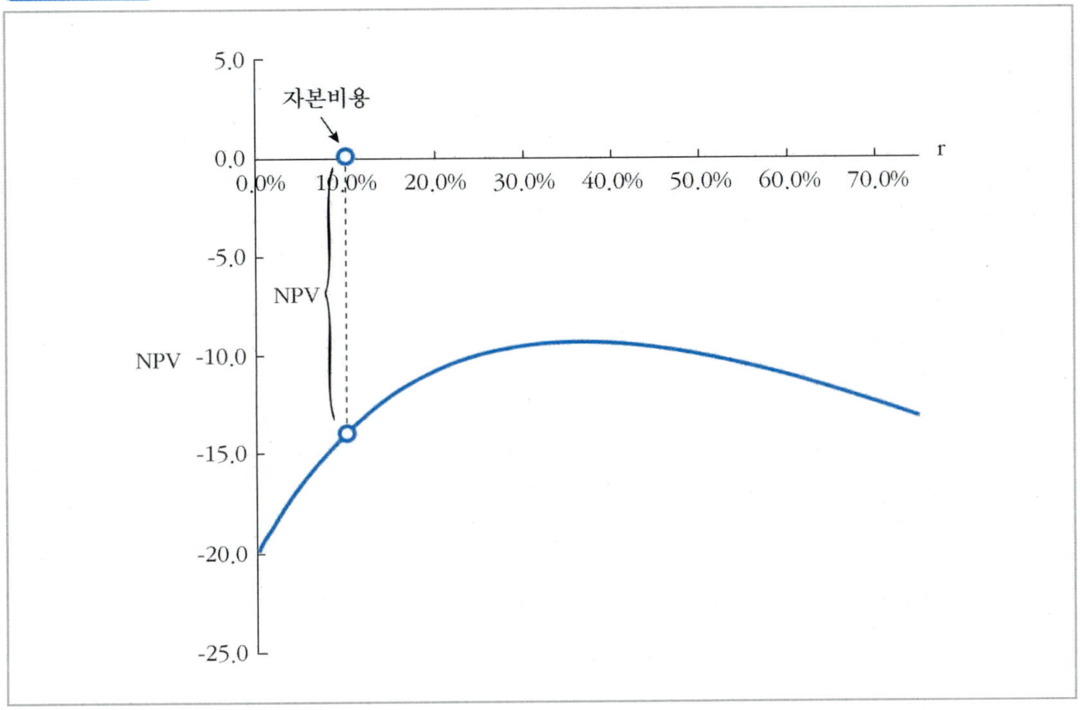

원자력발전소 건설 사업과 같이 사업종료 후 프로젝트를 마무리하는 비용(clean-up cost)이 발생할 때 이와 같은 현금흐름이 나타날 수 있다. [그림 4-4]에서 보듯이 NPV 곡선이 r축과 전혀 만나지 않는 경우에는 IRR이 존재하지 않는다.

여러 개의 IRR이 존재하거나 또는 IRR이 존재하지 않는 경우도 있다.

상호배타적 투자 프로젝트

상호배타적 투자 프로젝트(mutually exclusive projects)란 여러 개의 대안 중 하나를 선택하면 다른 것들에는 투자할 수 없는 프로젝트들을 말한다. 이런 문제는 예산, 공간, 시간 등의 제약으로 모든 대안 프로젝트들에 투자할 수 없을 때 흔히 발생한다.

예를 들어 강남에 유휴지를 갖고 있다면, 여기에 아파트를 건설해 분양하거나 또는 대형마트를 지어 운영할 수도 있다. 이 경우에는 아파트와 대형마트 중에서 하나만 선택할 수 밖에 없다. 따라서 상호배타적인 투자 프로젝트이다. 이 두 프로젝트가 다음과 같은 현금흐름을 갖고 있으며 자본비용은 5%라고 가정하자.

프로젝트	현금흐름(억원)				IRR(%)	NPV(억원)
	C_0	C_1	C_2	C_3		
아파트	−1,050	1,200			14.3	93
대형마트	−1,050	48	48	1,390	12.8	240

두 프로젝트의 초기 비용은 같다. 두 프로젝트 모두 순현가가 양(+)이므로 아무런 제약이 없다면 둘 다 선택해야 할 것이다. 그렇지만 여기서는 대지 공간의 제약으로 하나만 선택해야 한다. 순현가법에 의하면 대형마트 프로젝트를 선택해야 하지만 내부수익률법을 따른다면 아파트 프로젝트를 선택하게 될 것이다. 아파트 프로젝트는 기업가치를 93억원 증가시키지만 대형마트 프로젝트는 기업가치를 240억원 증가시키므로 대형마트 프로젝트에 투자하는 것이 기업가치를 극대화하는 의사결정이다.

그러나 내부수익률법을 적용하여 투자 의사결정을 한다면 아파트 프로젝트를 선택할

그림 4-5 상호배타적 투자 프로젝트

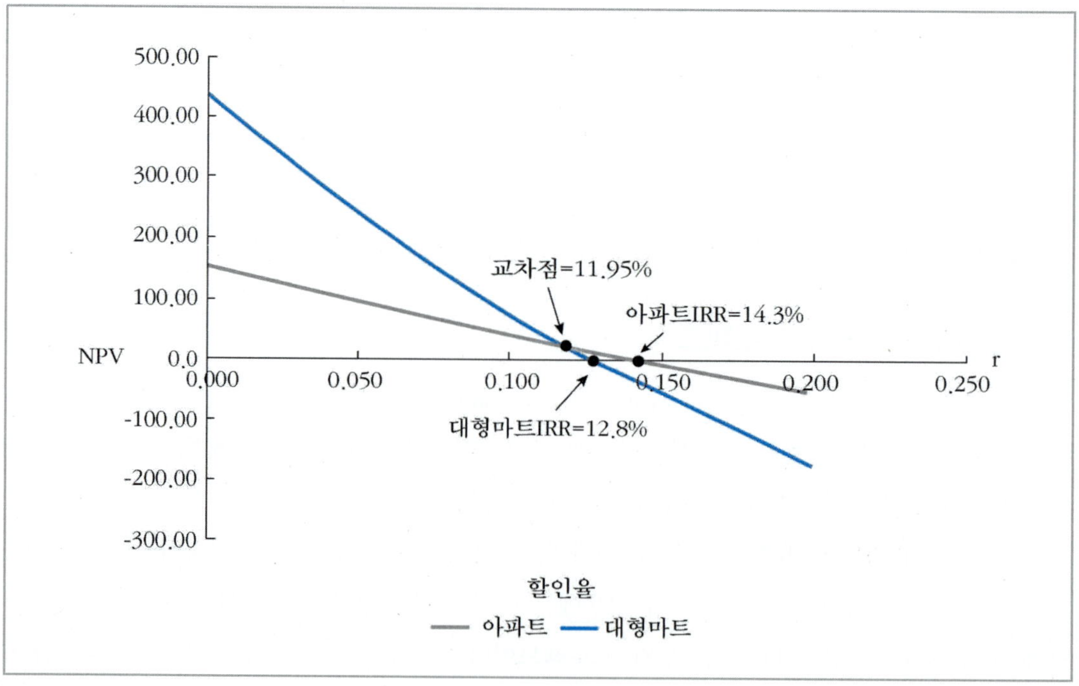

것이다. 이 예와 같이 상호배타적인 프로젝트의 경우에 내부수익률법을 적용하면 잘못된 의사결정을 할 수도 있다.

위의 예제를 [그림 4-5]로 설명할 수 있다. 만약 할인율이 교차점인 11.95% 보다 낮은 경우 대형마트의 순현재가치가 더 높고 반면에 할인율이 교차점보다 높지만 14.3%보다 낮은 경우에는 아파트의 순현재가치가 더 높다. 본 예제에서 볼 수 있듯이 투자 의사결정을 할 때 IRR을 기준으로 의사결정을 진행할 경우 열등한 투자를 선택하는 실수를 범할 수 있다. 따라서 이러한 상호배타적인 투자 프로젝트가 존재한다면 IRR방법보다는 NPV방법을 이용하여 의사결정하는 것이 올바르다.

1.5 회수기간법

회수기간법(payback periods)은 얼마나 걸려야 투자원금을 회수할 수 있는지를 계산해 투자 프로젝트를 채택할지 여부를 결정하는 단순한 의사결정방법이다. 예를 들어, 1억원을 투자해 매년 2천만원씩 수익이 발생한다면 투자원금의 회수기간은 5년이다.

자금조달에 아무런 제약이 없다면, 순현가가 양(+)의 값을 가지는 모든 프로젝트들에 투자해야 기업가치를 극대화할 수 있다. 그러나 자금조달에 어려움이 있어 유동성이 부족한 기업은 양(+)의 순현가를 갖는 프로젝트들 중 회수기간이 짧은 프로젝트를 선택하기도 한다. 그 이유는 한 프로젝트로부터 자금을 회수해야 후속 프로젝트에 투자할 수 있기 때문이다. 이런 경우에는 회수기간법이 순현가법을 보완하는 역할을 한다.

회수기간법을 투자 의사결정의 주된 방법으로 삼는 것은 몇 가지 문제점을 내포하고 있다.

- 회수기간법은 화폐의 시간가치를 무시하고 서로 다른 해에 발생하는 현금을 동등하게 취급한다.
- 계산된 회수기간이 충분히 짧은 것인지를 판단할 수 있는 과학적 기준이 없다.
- 회수기간법은 회수기간 이후의 현금흐름을 무시한다. 초기에는 현금흐름이 발생하지 않더라도 먼 미래에 큰 현금흐름이 발생하는 프로젝트들은 채택하지 않을 가능성이 높다.

2. 순현가법의 적용 예

2.1 투자 시점의 선택

기업이 어떤 프로젝트에 투자하기로 결정했더라도 투자 시점을 선택하는 문제가 남는다. 투자 시점을 선택할 때는 가능한 투자 시점 각각에 대해 순현가법을 적용해 NPV가 극대화되는 시점을 골라야 한다.

예를 들어 보자. 설악은행은 새로운 전산시스템을 도입하는 투자를 고려하고 있다. 새 전산시스템의 초기 비용은 1,800억원이며 구입 후 10년 동안 사용할 수 있다. 이것을 도입하면 고객관리비용은 매년 300억원이 절약된다. 자본의 기회비용은 10%이다.

고객관리비용이 절약되는 것은 그 만큼의 현금유입이 발생하는 것과 사실상 같다. 또한 절감되는 고객관리비용이 10년간 매년 똑같으므로 연금(annuity) 계산 공식을 적용해 현재가치를 계산할 수 있다. 현재 시점에서 계산한 절감비용의 현재가치는 다음과 같이 계산할 수 있다.

$$PV_0 = 300 \times \underbrace{\frac{1}{0.1}\left[1 - \frac{1}{(1+0.1)^{10}}\right]}_{AF_{0.1,10} = 6.1446} = 1,843\text{억원}$$

이 식의 묶음 부분은 할인율=10%, 기간=10인 연금요소 $AF_{0.1,10}=6.1446$이다. 초기투자 1,800억원을 고려하면 전산시스템 프로젝트의 NPV는 43억원(=1,843−1,800)이다.

NPV가 양(+)의 값이므로 설악은행 경영진은 이 프로젝트에 투자하기로 결정했다. 그런데 설악은행의 홍길동 경영연구소장이 다음과 같은 시장조사 결과를 제시했다.

구입시점(연도 말 t)	0	1	2	3	4	5	6
가격(억원)	1,800	1,600	1,200	1,100	1,060	1,030	1,000

홍소장은 6년 이후에는 시장이 안정화되어 가격이 1,000억원으로 유지될 것이라고 예상했다. 설악은행 경영진들이 경영연구소의 조사결과를 토대로 투자 시점을 정하기로 했다

면 언제 투자하는 것이 가장 좋을까?

언제 투자하든지 고객관리비용의 절감은 투자 다음 해부터 10년간 발생하므로 투자 시점에서 평가한 현재가치는 동일하게 1,843억원이다. 하지만 투자 시점에 따라 초기 투자금액이 다르므로 투자 시점에서 계산한 NPV는 연도마다 다르다. 예컨대 2년 말에 투자한다면 투자 시점에서 평가한 이 프로젝트의 NPV는 $NPV_2 = -1{,}200 + 1{,}843 = 643$억원이다. 그런데 이것은 2년 뒤의 가치이므로 643억원을 $(1+0.1)^2$으로 나누어 2년간 할인해야 현재 시점에서 측정한 NPV를 계산할 수 있다. 따라서 현재 시점의 NPV는 531억원($=643/1.1^2$)이 된다. 모든 연도에 대해 같은 방법을 적용하면 다음 표(단위는 억원)를 얻을 수 있다.

구입시점(연도 말, t)	초기투자	절감비용의 PV	NPV	
			구입시점	현재시점
0	1,800	1,843	43	43
1	1,600	1,843	243	221
2	1,200	1,843	643	531
3	1,100	1,843	743	558
4	1,060	1,843	783	535
5	1,030	1,843	813	505
6	1,000	1,843	843	476

이 표의 맨 오른쪽 열에 제시된 값들이 현재 시점에서 측정한 NPV이다. 7년부터는 가격이 고정되어 현재 시점에서 측정한 NPV가 지속적으로 하락할 것이므로 고려할 필요가 없다. 3년 뒤 시점에서의 NPV가 가장 크기 때문에 3년 뒤 투자가 최선이다.

2.2 투자기간이 다른 현금흐름

투자기간이 다른 투자 프로젝트들을 비교해야 하는 경우가 빈번하게 생긴다. 이때는 현재가치 또는 NPV를 계산해 프로젝트들을 비교하는 것은 적절하지 않다. 투자기간이 짧은 프로젝트의 종료시점과 투자기간이 긴 프로젝트의 종료시점에는 시간적 차이가 존재하는데, 현재가치 또는 NPV를 그대로 적용하면 이 기간 동안 발생할 수 있는 현금흐름을 무시하게 된다.

예를 들어 어떤 회사가 새 기계를 구입할 때 선택 가능한 기계가 A와 B 두 종류가 있다고 가정하자. 둘 다 같은 일을 할 수 있다. 기계 A는 구입비용이 4,000만원이고 3년 동안 사용 가능하다. 기계 B는 구입비용이 2,700만원이고 2년 동안 사용 가능하다. 기계 A와 B를 운용하기 위해서는 매년 각각 800만원과 1,300만원의 비용이 발생한다. 자본비용은 8%라고 하자.

여기 서술된 내용을 토대로 기계 A와 B의 현금흐름을 표로 나타내면 다음과 같다.

연도	기간별 현금유출(만원)				현금유출의 현재가치 (r = 8%)
	0	1	2	3	
기계 A	4,000	800	800	800	6,062
기계 B	2,700	1,300	1,300	–	5,018

두 기계로부터 발생하는 현금유출(음의 현금흐름)은 다음과 같이 계산할 수 있다.

$$\text{기계 A: } PV_0 = 4,000 + 800 \times \frac{1}{0.08}\left[1 - \frac{1}{(1+0.08)^3}\right] = 6,062$$

$$\text{기계 B: } PV_0 = 2,700 + 1,300 \times \frac{1}{0.08}\left[1 - \frac{1}{(1+0.08)^2}\right] = 5,018$$

위 두 계산식의 곱셈 기호 오른쪽 항은 연금요소(annuity factor)이며 각각 $AF_{0.08,3} = 2.5771$와 $AF_{0.08,2} = 1.7833$이다.

현금유출의 현재가치를 비교해보면 기계 A보다 기계 B가 비용이 덜 들어가는 것처럼 보인다. 이렇게 기계 B의 현재가치를 계산하는 것은 3년차의 비용을 0이라고 간주하는 것과 같다. 기계 B의 수명이 끝난 3년차에 발생할 새 기계의 구입비용과 운용비용을 간과하게 되어 기계 B의 비용이 과소평가된다.

이런 경우에는 모든 현금흐름을 연금(annuity)로 환산해 연간 비용을 계산하는 것이 편리하다. 연금으로 환산한 연간 비용을 연간균등비용(EAC, equivalent annual cost)이라고 한다.

1년 후에 시작하여 T년까지 매년 C의 현금을 주는 연금의 현재가치는 C에 연금요소를 곱해 계산한다. 역으로 현재가치를 알 수 있다면 현재가치를 연금요소로 나누어 C를 계산할 수 있다. 이 C가 바로 연간균등비용 EAC이다.

$$EAC = \frac{PV}{AF_{r,T}} \tag{4-10}$$

식 (4－10)을 이용해 기계 A와 기계 B의 연간균등비용을 계산하면 다음과 같다.

$$\text{기계 A: } EAC_A = \frac{PV}{AF_{0.08,3}} \frac{=6,062}{2.5771} = 2,352$$

$$\text{기계 B: } EAC_A = \frac{PV}{AF_{0.08,2}} = \frac{5,018}{1.7833} = 2,814$$

두 기계의 현금흐름을 연간균등비용으로 변환한 가상적 현금흐름은 아래 표에 제시한다.

연도	연간균등비용 (만원)			
	0	1	2	3
기계 A	0	2,352	2,352	2,352
기계 B	0	2,814	2,814	–

기계 A의 연간균등비용이 기계 B의 연간균등비용보다 적기 때문에 기계 A를 선택해야 한다. 기계 B를 선택하면 3년차에 기계 A 또는 기계 B 중 하나를 새로 구매해야 할 것이므로 기계 B의 3년차 연간균등비용은 기계 A의 3년차 연간균등비용과 같거나 더 크다.

예제 2 한국정밀은 현재 사용하는 낡은 기계를 새 기계로 교체하는 것을 고려하고 있다. 낡은 기계는 앞으로 2년 동안 더 사용할 수 있고 매년 2,000만원의 운용비용이 지출된다. 만약 새 기계로 교체한다면 구입비용은 2천만원이고 매년 90만원의 운용비용이 예상된다. 새 기계는 5년 동안 사용할 수 있다. 자본의 기회비용이 5%라고 한다면 지금 기계를 교체해야 하는가 또는 계속 사용하는 것이 좋을까?

해설 현재 사용하는 기계와 새 기계는 현금흐름 기간이 다르므로 연간균등비용을 계산하여 비교한다. 새 기계에 들어가는 총비용의 현재가치는 $2,000 + 90 \times AF_{0.05,5}$ $= 2,390$만원이므로 $EAC = \frac{2,390}{4.3295} = 552$만원으로 계산된다. 그런데 낡은 기계의 비용은 2년 동안 동일하기 때문에 연간균등비용은 2,000만원 그대로이다. 새 기계의 연간균등비용이 적으므로 새 기계를 계속 사용하는 것이 더 낫다.

3. 잉여현금흐름 계산

순현가법을 투자 프로젝트에 적용하려면 우선 현재와 미래에 발생하는 현금흐름을 추정해야 한다. 투자 프로젝트의 현금흐름은 크게 영업과 투자에서 발생한다.

3.1 영업에서 발생하는 현금흐름

투자 프로젝트에 착수하여 영업활동을 개시하면 매출이 발생하여 현금이 유입된다. 여기에서 생산비, 관리비, 법인세 등 현금유출을 차감하여 순현금유입, 즉 영업활동에서 발생할 것으로 예상되는 현금흐름을 추정할 수 있다. 영업활동에서 발생하는 현금흐름을 추정할 때는 기업 손익계산서의 형식을 따라 예상손익계산서를 작성하여 체계적으로 계산하는 것이 편리하다.

예상손익계산서

투자 프로젝트의 예상손익계산서는 [표 4-1]처럼 작성한다. 이 표에서는 기업의 손익계산서와 유사한 항목 명칭을 사용한다. 하지만 과거의 영업 성적을 기록하는 일반 손익계산서와 달리 예상손익계산서는 불확실한 미래의 영업 성적을 예상해 작성한다. 따라서 미리 예상할 수 없는 영업외손익 항목들은 일반적으로 고려 대상에서 제외한다. 예컨대 미래에 우연히 발생할 수 있는 이익이나 자연재해로 인한 손실 등은 고려하지 않는다.

예상손익계산서가 일반 손익계산서와 다른 점이 있다. 예상손익계산서에서는 영업이익을 계산할 때 이자비용을 차감하지 않는다. 이자비용은 자금조달을 어떻게 하느냐에 따라 달라진다. 은행으로부터 차입한다면 이자비용이 발생하겠지만 주식을 발행해 프로젝트 자금을 조달한다면 이자비용은 발생하지 않을 것이다. 그런데 재무학에서는 가치가 있는 투자 프로젝트는 어떤 방식으로든지 자금조달이 가능하기 때문에, 프로젝트의 가치가 자본조달의 사결정에 의해 좌우되지 않는다고 본다. 따라서 자본조달의사결정과 관계없이 독립적으로 프로젝트 자체의 가치를 평가해야 한다.

표 4-1 추가 이익 예측을 위한 예상손익계산서

	매출액
−	매출원가
	매출총이익
−	판매관리비
−	감가상각비
	영업이익
−	법인세
	무차입당기순이익

[표 4−1]에서의 영업이익은 법인세와 이자비용이 차감되지 않은 이익이기 때문에 영어로는 EBIT(earnings before interest and taxes)라고 부른다. 우리 말로는 '이자비용 및 법인세비용 차감 전 순이익'으로 번역해야 마땅하지만 보통 간단히 영업이익이라고 부른다. 이자비용을 차감해 계산하는 회계상의 영업이익과는 다르다. 그런데 이자비용을 차감하지 않는 것은 부채로 자금조달하지 않는다고 가정한 것과 같다. 이런 관점에서, 법인세를 차감한 후에 계산되는 당기순이익은 부채가 없다고 가정할 경우의 당기순이익으로 무차입당기순이익(unlevered net income)이다. 손익계산서 용어를 따라 무차입당기순이익 대신 당기순이익으로 표기하기도 한다.

이 표에서의 판매관리비는 매출원가라고 보기 어려운 비용들을 모두 포함한다. 프로젝트 실행을 위해 연구개발비가 필요하다면 이것도 판매관리비에 포함된다.

감가상각비

일반 손익계산서에서는 감가상각비(depreciation)를 성격에 따라 나누어 매출원가와 판매관리비 등 여러 항목에 포함시킨다. 예상손익계산서에서는 감가상각비를 모두 모아서 총액으로 한 곳에 표시한다.

유형자산의 감가상각 방법으로는 정액법과 정률법이 많이 사용된다.[2] 정액법은 매년 동일한 금액을 감가상각비로 계상하는 방법으로 계산이 간단하다. 예컨대 내용연수가 10년

2) 법인세법은 감가상각비를 계산할 때 건축물의 경우에는 정액법을, 건축물이 아닌 유형자산의 경우에는 정액법이나 정률법 중에서 선택하도록 하고 있다.

인 10억원짜리 자산을 취득하면 취득가액 10억원을 10년으로 나누어 매년 1억원씩 감가상각비로 인식하는 것이다.[3] 자산을 취득한 시점에서는 자산의 가치가 장부상 10억원이지만 1년 후에는 감가상각 때문에 9억원으로 줄어든다. 이렇게 매년 장부상 가치를 줄여가면, 10년 후에는 감가상각이 모두 끝나 장부상 가치는 0원이 된다. 정률법은 미상각잔액에 대해 내용연수에 따라 정해지는 상각률을 곱해 감가상각비를 계산한다. 시간이 흐를수록 미상각잔액이 줄어들기 때문에 감가상가비도 따라 줄어든다. 계산의 편의상 여기서는 정액법을 사용하자.

감가상각비는 현금 지출이 따르지 않는 장부상의 비용이므로 현금흐름에 포함시켜서는 안 된다. 그러나 세법상 감가상각비는 비용으로 인정되므로 법인세를 절감하는 효과가 있다. 감가상각비의 법인세 절감효과를 이해하기 위해 [표 4-2]의 예상손익계산서를 살펴보자. 비용으로 차감하는 항목의 값들은 괄호 안에 넣었다. 프로젝트 A와 프로젝트 B는 동일한 매출액, 매출원가, 판매관리비를 갖고 있으며 두 프로젝트의 유일한 차이점은 감가상각비뿐이다. 프로젝트 A의 감가상각비는 100억원이며 프로젝트 B의 감가상각비는 0원이다. 법인세율이 30%라고 가정하면, 무차입당기순이익은 각각 140억원과 210억원으로 추정된다.

표 4-2 두 투자 프로젝트의 예상손익계산서

(단위: 억원)

	프로젝트 A	프로젝트 B
매출액	1,000	1,000
매출원가	(650)	(650)
매출총이익	350	350
판매관리비	(50)	(50)
감가상각비	(100)	–
영업이익	200	300
법인세(30%)	(60)	(90)
무차입당기순이익	140	210

3) 잔존가액(감가상각이 끝난 후에도 남아있는 장부상 가치)을 미리 정하는 경우가 있는데 이때는 취득가액에서 잔존가액을 차감한 금액을 내용연수로 나누어 감가상각한다. 우리나라 법인세법에서는 정액법의 잔존가액을 0으로 정하고 있다.

비록 프로젝트 A의 무차입당기순이익이 프로젝트 B보다 더 적지만 현금흐름으로 보면 더 낫다. 프로젝트 A의 법인세가 30억원(=90−60)만큼 절감되어 현금유출이 줄어든다. 법인세가 절감되는 이유는 감가상각비 때문에 영업이익이 100억원 감소하고 영업이익의 감소분 100억원의 30%에 해당하는 30억원만큼 세금을 덜 납부하기 때문이다. 따라서 감가상각비에 법인세율을 곱하면 감가상각비로 인해 절감되는 법인세를 계산할 수 있다. 이처럼 감가상각비로 인해 절감되는 법인세를 감가상각세금방패(DTS, depreciation tax shield)라고 한다. 감가상각세금방패는 다음 식으로 계산할 수 있다.

$$\text{감가상각세금방패(DTS)} = \text{감가상각비} \times \text{법인세율}(\tau_C) \qquad (4\text{–}11)$$

감가상각비로 인한 세금 절감효과를 감가상각세금방패(DTS)라고 하며 감가상각비에 법인세율을 곱해 계산한다.

감가상각비를 예상손익계산서에 포함시키는 이유는 오직 법인세를 계산하기 위한 것이다. 따라서 무차입당기순이익에 감가상각비를 더해 주어야 영업으로부터 발생하는 현금흐름을 계산할 수 있다.

영업으로부터 발생하는 현금흐름 = 무차입당기순이익 + 감가상각비

3.2 투자에서 발생하는 현금흐름

투자에서 발생하는 현금흐름은 자본지출(capital expenditure)과 순운전자본의 증감(changes in net working capital)이 있다.

자본지출

자본지출은 투자 프로젝트를 위해 공장을 짓거나 상품 생산에 필요한 기계장비를 구매하는 등의 설비투자를 말한다. 대개 프로젝트 실행 초기에 발생한다. 자본지출은 현금의 유출이므로 음(−)의 현금흐름이라고 볼 수 있다.

순운전자본

순운전자본(NWC, net working capital)은 프로젝트 진행에 필요한 현금, 매출채권, 재고자산과 같은 유동자산으로부터 매입채무와 같은 유동부채를 차감한 것을 말한다. 기업의 재무상태표를 설명할 때 등장했던 순운전자본의 개념을 프로젝트 단위에 적용한 것이다. 프로젝트 진행 중에는 순운전자본의 발생과 해소가 순환적으로 반복된다. 프로젝트를 위해 준비해 둔 현금은 원자재 구입비나 노동자의 임금 등을 지불하면서 감소한다. 제품을 판매하면서 발생하는 매출채권은 약속한 기간이 지나 회수하면서 감소한다. 제품을 생산하며 제품 재고가 생기지만 판매를 통해 소진된다. 제품 생산을 위해 준비해 둔 원자재 재고는 생산 과정에서 감소한다. 원자재를 구입하면서 발생하는 매입채무는 약속한 기간이 지나 지불하면서 감소한다. 영업을 지속하기 위해서는 불가피하게 어느 정도의 순운전자본을 유지해야 한다. 그러므로 순운전자본은 일종의 투자라고 볼 수 있다.

순운전자본은 재무상태표 항목으로서 저량(stock) 개념이다. 금년도 말의 순운전자본은 전년도 말의 순운전자본에 순운전자본에 대한 올해의 투자를 더한 값이다. 따라서 어느 해에 프로젝트의 순운전자본이 증가한다면 순운전자본에 대한 투자로 인해 현금유출이 발생한 것이다. 반대로 순운전자본이 감소했다면 현금유입이 발생한 것이다. 따라서 순운전자본과 관련하여 발생하는 t기의 현금흐름은 순운전자본의 증감과 반대의 부호를 가진다.

$$t\text{기의 순운전자본 투자로 인한 현금흐름} = -\Delta NWC_t = -(NWC_t - NWC_{t-1})$$

3.3 잉여현금흐름

자본예산에서는 지금까지 설명한 현금흐름 계산 방법을 종합해 [표 4-3]과 같은 형식으로 연도별 현금흐름을 나타내는 표를 작성한다.

①과 ②를 더한 값이 영업으로부터 발생하는 현금흐름이며, ③과 ④를 더한 값이 투자로부터 발생하는 현금흐름이다. 최종적으로 계산되는 현금흐름 ⑤를 잉여현금흐름(FCF, free cash flow)라고 부른다. 이와 같은 방법으로 추정한 연도별 잉여현금흐름을 할인해 모두 합산하면 NPV가 계산된다. 순현가법을 사용해 NPV가 양의 값이면 해당 투자 프로젝트를 채

표 4-3 잉여현금흐름의 추정

	매출액	
−	매출원가	
	매출총이익	
−	판매관리비	
−	감가상각비	
	영업이익	
−	법인세	
	무차입당기순이익	①
+	감가상각비	②
−	자본지출	③
−	순운전자본의 증가	④
	잉여현금흐름	⑤

택하고 그렇지 않으면 포기하는 의사결정을 하게 된다. 연도별 잉여현금흐름을 이용해 내부수익률을 계산할 수도 있다. 잉여현금흐름을 추정하는 예제들은 다음 단원에서 실무적 고려사항들과 함께 설명한다.

키워드

- 자본예산
- 순현가법
- 내부수익률법
- 상호배타적 투자 프로젝트
- 회수기간법
- 연간균등비용
- 예상손익계산서
- 무차입당기순이익
- 감가상각비
- 감가상각세금방패

- 자본지출
- 순운전자본
- 잉여현금흐름

04 연습문제 Exercise

01 (★) 다음 용어를 설명하시오.

(1) 순현가법 (2) 내부수익률법 (3) 회수기간법 (4) 연간균등비용
(5) 무차입당기순이익 (6) 감가상각세금방패 (7) 순운전자본 (8) 잉여현금흐름

02 (★) 다음 중 투자안평가법을 선택할 때 고려해야 할 사항들만 모으면?

ㄱ. 현금흐름(cash flow)을 고려해야 한다.
ㄴ. 화폐의 시간가치를 고려해야 한다.
ㄷ. 위험과 수익률의 관계를 고려해야 한다.
ㄹ. 기업가치의 극대화의 원칙과 일맥상통해야 한다.

① ㄱ, ㄴ ② ㄱ, ㄴ, ㄷ
③ ㄴ, ㄷ, ㄹ ④ ㄱ, ㄴ, ㄷ, ㄹ

03 (★★) 내부수익률(IRR)법은 경우에 따라 순현가(NPV)법과 서로 다른 결론을 제공할 수도 있다. 다음 중 두 방법이 다른 결론을 제공할 수 있는 경우에 해당하는 것은?

ㄱ. 복수의 IRR이 존재하는 경우
ㄴ. 시간에 따라 투자로부터 얻어지는 현금흐름의 부호가 여러 번 교차하여 변동하는 경우
ㄷ. 상호 배타적인 두 투자의 규모가 크게 다른 경우

① ㄱ, ㄴ ② ㄱ, ㄷ
③ ㄴ, ㄷ ④ ㄱ, ㄴ, ㄷ

04 (★★) 다음 투자안의 가치평가방법에 대한 설명 중에서 옳지 않은 것은?

① IRR법에서는 IRR이 자본비용을 초과하는 투자기회를 선택해야 한다.
② 순현가법의 평가결과는 내부수익률의 평가결과와 항상 일치한다.

③ 회수기간법은 유동성을 강조하며 회수기간본문의 내용과 일관되게 수정 이후의 현금흐름을 무시하는 특성을 지닌다.
④ 순현가법의 장점은 가치가산의 원칙이 적용되지만 IRR법은 그렇지 않다.

05 (★★) 다음 순현가(NPV)법과 내부수익률(IRR)법에 대한 설명 중에서 옳지 않은 것은?
① 둘 다 화폐의 시간가치를 반영한다는 공통점을 지닌다.
② 양(+)의 현금흐름이 음(-)의 현금흐름에 앞서 나오는 투자안에서 두 평가방법의 결과는 일치한다.
③ IRR법은 IRR이 존재하지 않거나 복수로 존재할 경우 적용할 수 없다는 단점을 지닌다.
④ NPV법의 평가결과는 IRR법의 평가결과와 항상 일치하지는 않는다.

06 (★) 순현가법과 내부수익률법의 투자안 채택에 대한 의사결정 기준을 설명하시오.

07 (★) 순현가법과 비교하여 내부수익률법이 가진 단점을 사례를 들어 설명하시오.

08 (★★) 회수기간법이 유용한 경우와 단점을 설명하시오.

09 (★) 백두농약은 농약시장의 경쟁이 치열해짐에 따라 비료업 진출을 고려하고 있다. 현재 100억원을 비료업에 투자할 경우 1년 후부터 매년 15억원의 현금흐름을 영구히 창출할 것으로 예상된다. 이 사업에 대해 요구되는 적절한 할인율이 10%일 때, 순현금흐름의 현재가치(NPV)를 계산하시오.

10 (★★) 다음은 투자안 A와 B의 경제성 평가 분석 결과이다. 두 투자안이 상호배타적 투자안일 경우 내부수익률법과 순현가법에 따라 채택 여부를 설명하고, 최종적으로 어느 투자안을 선택하는 것이 합리적인지 설명하시오.

투자안	순현가(억원)	내부수익률(%)	요구수익률(%)
A	20	14	10
B	10	18	10

11 (★★★) 다음과 같은 상호배타적 투자안 A와 B가 있다. 자본비용은 10%이며, 현금흐름의 단위는 억원이다.

년	0	1	2	3	4
A	−1,000	200	500	300	700
B	−1,000	500	700	100	200

(1) 투자에 대한 목표회수기간이 3년으로 책정되었을 때 회수기간법으로 평가하여 투자안 채택 여부를 설명하시오.
(2) 순현가법으로 투자안을 평가하시오.
(3) 내부수익률법으로 투자안을 평가하시오.
(4) 회수기간법, 순현가법, 내부수익률법의 평가결과를 고려할 때 최종적으로 어떤 투자안을 선택해야 할지 설명하시오.

12 (★★★) 상호배타적인 투자안 A와 투자안 B은 1년 후에 종료된다. 투자안 A의 초기 투자비용은 500억원이며, 연말 현금흐름은 700억원이다. 투자안 B의 초기 투자비용은 750억원이며, 연말 현금흐름은 1,000억원이다.

(1) 두 투자안에 대해 자본비용과 NPV간의 관계를 나타내는 그래프를 그리고, 그래프에서 내부수익률을 표시하시오.
(2) 순현가법으로 투자안 A와 투자안 B에 대해 무차별적으로 채택할 수 있는 자본비용을 구하고, 투자안의 NPV를 구하시오.
(3) 순현가법으로 투자안을 평가할 때, 투자안 A가 채택되고 투자안 B는 기각되는 자본비용의 범위를 구하시오.
(4) 두 투자안에 적용되는 할인율이 10%일 때, 내부수익률법으로 투자안을 선택하는 결정이 타당한지에 대해 논하시오.

13 (★★★) 다음과 같은 상호배타적 투자안 A, B, C가 있다. 현금흐름 단위는 억원이다.

기간	0	1	2
A	−10,000	11,500	0
B	−10,000	6,151	6,151
C	−10,000	0	13,225

(1) 각 투자안의 할인율을 0~30%까지 1%씩 증가시킬 때, 할인율과 순현가 간의 관계를 그래프로 나타내시오.

(2) 각 투자안의 내부수익률을 구하고, 현금흐름을 내부수익률로 재투자할 경우 2년 후의 투자안의 가치를 구하시오.

(3) 할인율을 7%로 가정할 경우 어느 투자안을 선택할지 설명하시오.

14 (★★) 투자안 A의 운영 기간은 4년이며, 투자안 B의 운영 기간은 2년이다. 두 투자안에 요구되는 수익률은 20%이며, 기간별 현금흐름(단위: 억원)은 다음 자료와 같다. 두 투자안의 NPV를 연금균등비용(EAC)으로 계산한다면 어느 투자안을 선택할지 설명하시오.

기간	0	1	2	3	4
A	−20	11	10	12	5
B	−10	8	11	−	−

04 연습문제 정답 및 해설

Exercise

02 ④

투자안평가법을 선택할 때 고려해야 할 사항들을 모두 충족하는 방법은 순현가법이다. 회수기간법은 위험과 수익률의 관계를 고려하지 않고 화폐의 시간적 가치를 간과하며, 내부수익률법은 기업가치의 극대화 원칙에 부합하지 않는 결과를 가져올 수 있다.

03 ④

내부수익률의 단점들이다.

04 ②

상호 배타적인 두 투자의 규모가 다른 경우, 복수의 IRR이 존재하는 경우, 현금흐름 부호가 교차하여 변동하는 경우에는 순현가법의 평가결과는 내부수익률의 평가결과와 다를 수 있다.

05 ②

현금흐름 부호가 교차하여 변동하는 경우는 순현가법의 평가결과는 내부수익률의 평가결과와 다를 수 있는 사례이다.

09 순현재가치(NPV, net present value)란 현금유입(cash in)의 현재가치에서 현금유출(cash out)의 현재가치를 차감한 값이다. 현재시점에서 100억이 투자되므로 현금유출의 현재가치는 100억원이며, 현금유입의 현재가치는 영구연금(perpetuity)의 현재가치 공식 PV=C/r을 이용하면 15/0.1=150억원이다. 따라서 NPV=150억원−100억원=50억원이다.

10 순현가법으로는 NPV(A)>NPV(B)이므로 투자안 A를 채택한다. 내부수익률법으로는 투자안 A의 IRR이 요구수익률보다 높으며, 투자안 B의 IRR도 요구수익률보다 높으므로 투자안 B를 채택한다. 그러나 기업가치의 극대화를 고려하는 투자안 평가의 원칙에 따르면 순현가법이 내부수익률법보다 우위에 있으므로, 투자안 A를 선택하는 결정이 합리적이다.

11 (1) 투자안 A는 3년까지 현금유입의 합이 1,000억원이므로 투자액 1,000억원은 목표회수기간인 3년 내에 회수된다. 투자안 B의 회수기간은 1년차와 2년차의 500억/700억=0.714(약 9개월)이므로 1.714년(1년 9개월)이다. 따라서 투자안 A와 투자안 B 모두 실제 회수기간이 목표 회수기간이내이지만 투자안 B의 회수기간이 투자안 A보다 짧기 때문에 투자안 B가 우월하다.

(2) 엑셀에서 NPV함수를 이용한 결과를 보면 투자안 A의 NPV가 투자안 B보다 높다. 단, NPV함

수에서는 할인율이 적용되는 기간의 현금흐름만이 투입되므로, 현재의 지출액은 NPV함수 결과에 따로 반영시켜야 한다. 투자안 A의 4년차에 거액의 현금유입이 발생함에도 불구하고, 회수기간법에 따르면 회수기간 후에는 현금흐름을 반영하지 못한다. 이러한 회수기간법의 단점을 고려할 때 순현가법의 결과인 투자안 A를 채택해야 한다.

B4 =NPV(0.1, C2:F2)+B2

	A	B	C	D	E	F
1	년	0	1	2	3	4
2	A	-1,000	200	500	300	700
3	B	-1,000	500	700	100	200
4	NPV(A)	298.55				
5	NPV(B)	244.79				

(3) 엑셀에서 IRR함수를 이용한 결과를 보면 투자안 A와 투자안 B의 IRR은 각각 21%와 24%로 자본비용보다 높기 때문에 두 투자안 모두 채택가능하다. 그러나 상호배타적 투자안에서는 IRR이 높은 투자안 B를 채택한다.

B4 =IRR(B2:F2)

	A	B	C	D	E	F
1	년	0	1	2	3	4
2	A	-1,000	200	500	300	700
3	B	-1,000	500	700	100	200
4	IRR(A)	0.21				
5	IRR(B)	0.24				

(4) 기업가치의 극대화의 관점에서 가장 타당한 투자안평가방법은 순현가법이다. 따라서 투자안 A를 선택해야 한다.

12 (1)

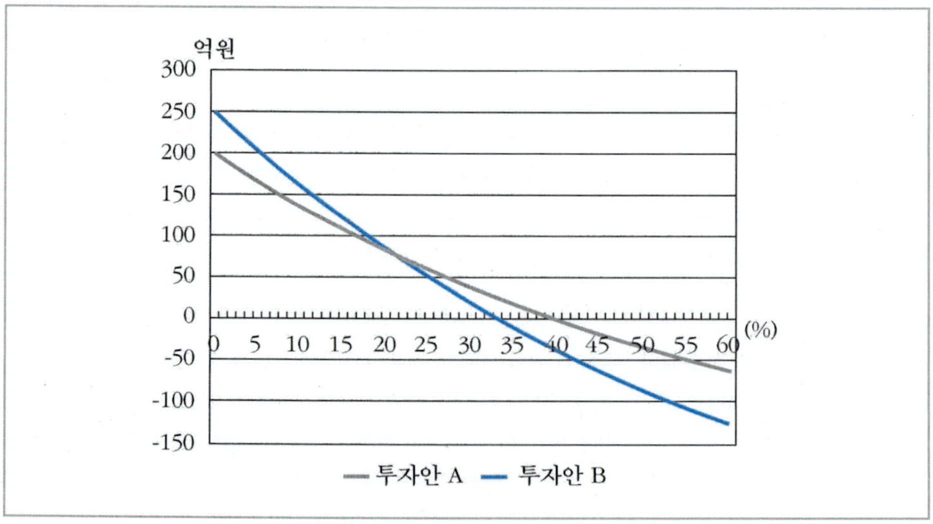

내부수익률은 NPV선이 횡축과 교차할 때의 자본비용이다.

투자안 A의 내부수익률

$\frac{700}{(1+r)}-500=0$ $\quad\quad\quad\quad \therefore r=0.4(40\%)$

투자안 B의 내부수익률

$\frac{1,000}{(1+r)}-750=0$ $\quad\quad\quad\quad \therefore r=0.33(33\%)$

(2) 두 투자안의 NPV가 동일할 때의 자본비용이므로

$\frac{700}{(1+r)}-500=\frac{1,000}{(1+\text{r})}-750$ $\quad\quad\quad\quad \therefore r=0.2(20\%)$

$\text{NPV}=\frac{700}{(1+0.2)}-500=\frac{1,000}{(1+0.2)}-750=83$

(3) NPV(A) > NPV(B)일 때의 자본비용의 범위는 $0.2<r<0.4$이다. $0.2<r<0.33$인 범위에서는 NPV(A) > NPV(B) > 0이다. $0.33<r<0.4$인 범위에서는 NPV(B) < 0 < NPV(A)이다. $r>0.4$인 범위에서는 NPV(B) < NPV(A) < 0이므로 두 투자안 모두 기각한다.

(4) 투자안 A의 내부수익률이 투자안 B보다 크지만, 자본비용이 20%보다 낮은 범위에서는 투자안 B의 NPV가 투자안 A보다 크다. 이렇게 내부수익률법의 평가결과와 순현가법의 평가결과가 상충할 경우에는 순현가법의 결과로 투자안을 선택해야 한다. 따라서 투자안 B를 선택한다.

13 (1)

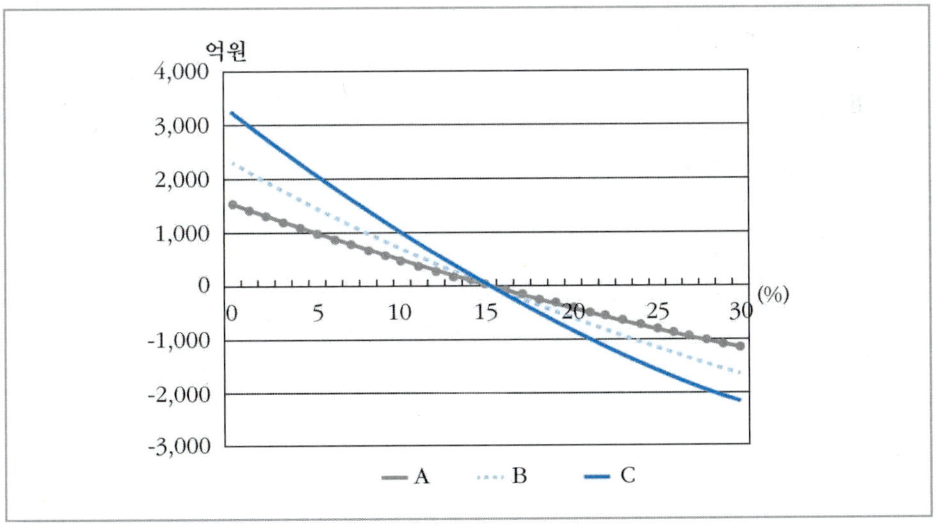

할인율이 15%미만인 범위에서는 0 < NPV(A) < NPV(B) < NPV(C)이며, 할인율이 15%를 초과하면 모든 투자안의 NPV < 0이므로 기각한다.

(2)

투자안 A: $\frac{11,500}{(1+r)} - 10,000 = 0$ $\quad \therefore r = 0.15(15\%)$

투자안 B: $\frac{6,151}{(1+r)} + \frac{6,151}{(1+r)^2} - 10,000 = 0$ $\quad \therefore r = 0.15(15\%)$

투자안 C: $\frac{13,225}{(1+r)^2} - 10,000 = 0$ $\quad \therefore r = 0.15(15\%)$

2년 후 투자안의 가치

투자안 A: $-10,000(1+0.15)^2 + 11,500(1+0.15) = 0$

투자안 B: $-10,000(1+0.15)^2 + 6,151(1+0.15) + 6,151 = 0$

투자안 C: $-10,000(1+0.15)^2 + 13,225 = 0$

세 투자안의 2년 후 가치는 0이다.

(3) IRR법에서는 세 투자안의 IRR이 모두 동일하므로 투자안을 선택할 수 없다. 따라서 순현가법으로 평가해야 하며 할인율이 15%미만인 범위에서는 NPV가 가장 큰 C를 선택한다.

14

투자안	NPV	AF	NPV/AF
A	5.467	2.589	2.11
B	4.306	1.528	2.82

투자안 A: $AF_{0.2,\,4} = \sum_{t=1}^{4} \frac{1}{(1+0.2)} = 2.589$

투자안 B: $AF_{0.2,\,2} = \sum_{t=1}^{2} \frac{1}{(1+0.2)} = 1.528$

단순한 순현가법으로는 NPV가 큰 투자안 A를 선택하지만, 연금균등비용으로 계산하면 투자안 B를 선택한다.

제5장

자본예산의 실행

Financial Management

CHAPTER 05

자본예산의 실행

자본예산의 틀은 어느 정도 표준화되어 있다. 그런데 자본예산을 실제 해보면 이런 틀에 넣기 어려운 다양한 문제들이 발생한다. 미래 현금흐름에 관한 기초 자료는 대부분 타 부서나 외부 조사기관 등으로부터 제공받는다. 기초 자료가 어떤 가정 하에서 작성된 것인지, 기존 프로젝트들과의 상호작용을 고려한 것인지 등이 우선적으로 살펴보아야 할 문제들이다. 따라서 이러한 모든 고려사항을 충분히 감안한 상황에서 가장 객관적이고 현실적인 예측치를 바탕으로 투자로부터의 미래 현금흐름을 추정한 후, 순현재가치(NPV) 등의 기법을 적용해야한다. 이 단원에서는 가상의 예제를 들어 현금흐름 예측과 관련하여 자주 등장하는 전형적인 문제들을 살펴본다. 먼저 추가현금흐름의 개념을 소개하고, 예제를 통해 매몰비용, 기회비용, 부수효과, 간접비 등을 고려한 상황에서 잉여현금흐름을 추정하는 과정을 설명한다. 뒷부분에서는 미래의 불확실성으로 인하여 NPV방법이 가지게 되는 한계를 보완해 줄 수 있는 손익분기점 분석, 민감도 분석, 시나리오 분석 등을 소개하고, 마지막으로 일반적인 NPV기법 외에 부채사용을 감안한 투자한 평가기법을 간단하게 소개한다.

1. 현금흐름 예측의 기본

1.1 추가현금흐름

투자 프로젝트의 순현재가치(NPV, net present value)는 해당 프로젝트로 인한 기업가치의 증가분이다. 따라서 현금흐름을 예측할 때는 항상 기업가치의 증감과 관계없는 현금흐름은 제외하고 추가현금흐름(incremental cash flow)만 계산해야 한다. 추가현금흐름이란 프로젝트를 실행하기 때문에 추가적으로 발생하는 현금흐름을 의미한다. 프로젝트를 실행하지 않더라도 발생하는 현금흐름은 프로젝트의 실행여부를 판단하는 문제와 아무 관련이 없으므로 추가현금흐름에서 제외되어야 한다.

해당 프로젝트 때문에 발생하는 추가현금흐름만 자본예산의 현금흐름에 포함시켜야 한다.

그런데 현금유출입이 실제로 발생했지만 현금흐름에 포함시키지 않아야 하는 경우가 있다. 반대로 표면적으로는 현금흐름이 발생한 것처럼 보이지 않으나 현금흐름으로 간주해야 하는 경우도 있다. 이에 해당하는 것이 매몰비용, 기회비용, 부수효과, 간접비 등이다.

매몰비용

매몰비용(sunk cost)은 과거에 발생한 비용으로 회복할 수 없는 것을 말한다. '엎질러진 우유(spilt milk)'같은 것이다. 매몰비용은 투자 프로젝트의 채택 여부와 관계없이 이미 지출된 비용이므로 추가현금흐름이 아니다. 따라서 매몰비용은 자본예산에서 제외해야 한다. 예를 들어 신규제품을 개발하기 위한 시장조사를 이미 수행했다면 시장조사비용은 신규제품 개발 여부와 관계없이 지출된 비용이다. 이미 지출된 시장조사비용은 프로젝트를 채택하지 않더라도 회수할 수 없다. 이러한 매몰비용은 투자 프로젝트의 현금흐름에 포함시키지 않아야 한다.

매몰비용과 투자를 혼동하는 경우가 가끔 있다. 석유 개발 회사가 유정을 찾기 위해 대륙붕에 몇 차례 시추를 했는데 실패했다고 하자. 기술담당 임원은 확률적으로 보아 더 이상의 시추는 무의미하다는 분석결과를 제시했다. 이때 최고경영자가 "지금까지 이 대륙붕에 투자한 비용이 얼마인데 여기서 멈춥니까"라며 한 번 더 시추하자고 주장한다면 이 최고경영자는 매몰비용을 투자라고 착각하고 있는 것이다.

기회비용

기회비용(opportunity cost)은 자본의 기회비용을 설명할 때 이미 설명했던 개념이다. 여러 대안 중 한 대안을 선택하면 다른 대안으로부터 얻을 수 있는 이득(benefit)을 얻지 못하게 되는데 이 잃어버린 이득을 기회비용이라고 한다. 대안이 여럿 있을 경우에는 그 중에서 가장 큰 이득을 기회비용으로 간주한다. 기회비용은 현금흐름이 실제로 발생하는 것은 아니지만 현금의 유출로 간주해야 한다.

예를 들어 어떤 회사가 회사 소유 빈터에 빌딩을 건설하는 프로젝트를 고려하고 있다고 하자. 그런데 빌딩을 짓게 되면 그 대지는 다른 용도로 사용할 수 없다. 이 대지에 빌딩을 짓는 대신 대지 자체를 매각할 수도 있는 것이므로 대지의 가격이 기회비용이 된다. 따라서 실제로 발생하는 현금 유출은 아니지만 대지의 가격을 추가현금흐름으로 간주해야 한다. 기회비용은 실제로 비용이 지출되는 것이 아니므로 주의를 기울이지 않으면 간과하기 쉽다.

부수효과

투자 프로젝트를 평가할 때는 해당 프로젝트에만 모든 관심을 집중하기 쉽다. 그렇지만 프로젝트가 기존 사업에 영향을 주는 경우가 많다. 이것을 부수효과(side effect)라고 한다. 예컨대 휴대폰 제조 회사가 신형 휴대폰 출시 여부를 결정을 할 때는 이 제품의 수익과 비용만 고려해 현금흐름을 추정해서는 안 된다. 신형 휴대폰을 출시하게 되면 구형 제품에 대한 수요가 신제품으로 이전되어 기존 제품의 매출이 감소하게 된다. 따라서 신제품 출시에 따라 발생하는 기존 제품에 대한 매출 감소분을 추정하여 현금유출로 간주해야 한다. 부수효과는 휴대폰, 노트북 컴퓨터, 소프트웨어, 여성 핸드백과 같이 지속적으로 버전이 업그레이드되는 산업에서 흔히 발생한다. 이처럼 신제품의 출시가 기존 제품의 매출을 잠식하는 부수효과를 자기잠식효과(cannibalization)라고 한다.

그런데 기존 제품의 매출액 감소분을 현금 유출로 계산하는 것만으로는 충분하지 않다.

매출의 감소는 매출원가의 감소를 수반한다는 점에 유의해야 한다. 기존 제품의 매출 감소에 따른 매출원가의 감소분은 현금유입으로 간주해야 한다.

자기잠식효과와 반대 방향의 효과도 있다. 대형 항공회사들이 대도시와 소도시를 연결하는 항공노선을 개척하는 경우가 많다. 이런 단거리 항공노선이 있기 때문에 소도시의 시민들이 연결편을 이용하여 편리하게 세계 각국의 대도시를 방문할 수 있다. 결과적으로 단거리 항공노선의 존재가 기존의 장거리 항공노선의 승객을 증가시키는 효과를 가져올 수 있다. 그러므로 단거리 항공노선을 개발하는 의사결정을 할 때는 이로 인해 증가되는 장거리 항공노선 매출액을 현금유입으로 간주해야 한다. 물론 이에 수반되는 매출원가의 증가분은 현금유출에 포함시켜야 한다.

간접비의 배분

대부분의 기업에는 여러 프로젝트에 걸쳐 공통적으로 발생하는 간접비(overhead)가 있다. CEO의 보수, 전산시스템 유지비용, 회사가 지출하는 보험료 등이 그 예이다. 이런 간접비는 프로젝트들을 실행하는데 필요한 비용이지만 본질적으로 어느 특정 프로젝트에 귀속시키기는 어렵다.

부서별 실적 평가를 위해 회계부서에서는 간접비를 나름대로의 기준에 따라 여러 부서에 배분하여 부서들의 비용에 포함시키는 경우가 많다. 그러나 투자 프로젝트의 자본예산을 작성할 때는 회계부서에서 할당하는 간접비가 추가적인 현금유출에 해당되는지를 꼼꼼히 살펴야 한다. 회계부서에서 할당한 비용에는 해당 프로젝트 때문에 발생하는 것이 아닌 비용을 포함할 가능성이 높다. 프로젝트를 실행하지 않더라도 어차피 발생할 간접비는 미래에 발생할 '매몰비용'이라고 생각할 수 있다.프로젝트 때문에 발생하는 추가현금흐름이 아니라면 프로젝트에 대한 투자 의사결정에 영향을 주지 말아야 한다. 예컨대 신규 프로젝트로 인해 CEO의 보수가 증가하는 것이 아니라면 CEO 보수는 프로젝트의 현금흐름으로 보지 말아야 한다. 물론 해당 프로젝트 때문에 회사 전체의 간접비가 증가한다면 그 증가분은 현금유출로 보아야 한다.

1.2 인플레이션

자본예산에서는 대개의 경우 명목현금흐름(nominal cash flow)을 예측한 후 명목할인율(real discount rate)로 할인하여 NPV를 계산한다. 명목현금이란 현실 세계에서 발생하는 현금으로 인플레이션의 영향을 받는 금액이다. 명목할인율 역시 인플레이션의 영향을 받는 현실 세계의 자본비용을 말한다. 그러므로 현금흐름이나 할인율이라고 표현할 때는 보통 명목현금흐름과 명목할인율을 의미한다.

인플레이션의 영향이 제거된 현금흐름, 즉 실질현금흐름(real cash flow)을 이용하여 투자 의사결정을 할 수도 있다. 실질현금흐름을 이용하여 NPV를 계산할 때는 반드시 실질할인율을 이용해야 한다. 1년 후 현금흐름 C_1의 현재가치는 다음 식으로 계산한다.

$$PV_0 = \frac{C_1}{1+r} = C_1 \div (1+r)$$

인플레이션율을 i라 표시한다면 분자와 분모를 모두 실질가치로 환산하여 다음과 같이 된다.

$$PV_0 = \frac{C_1}{1+i} \div \frac{1+r}{1+i}$$

이 식에서의 $(1+i)$는 상쇄되어 위 두 식은 같은 식이라는 것을 쉽게 알 수 있다.

명목현금흐름과 명목할인율 대신에 실질현금흐름과 실질할인율을 이용해도 동일한 결과를 가져오기 때문에 어떤 방식을 쓰던지 차이가 없다. 그러나 명목현금흐름에 실질할인율을 적용하거나 실질현금흐름에 명목할인율을 쓰는 것처럼 섞어서 쓰지는 말아야 한다. 실질가치로 환산하는 과정이 번거롭고 불필요하기 때문에 명목현금흐름과 명목할인율을 이용하는 것이 일반적이다.

자본예산에서는 명목현금흐름과 명목할인율을 사용하는 것이 편리하다.

2. 투자 프로젝트의 가치 계산

2.1 스마트1 프로젝트

이제 예제를 통해 자본예산의 실제를 살펴보자. 한국전자는 로봇 청소기 등 다양한 가정용 로봇을 생산하고 있다. 이 회사는 지난해에 100억원을 투자해 바닥은 물론 벽면과 천장까지 청소할 수 있는 로봇 기술에 대한 특허권을 매수했다. 신규로 매수한 특허권을 이용하여 신형 로봇청소기 '스마트1'을 출시할 계획을 갖고 있다. 지난 9개월 동안 사내 기술개발부서에서 50억원을 들여 특허기술을 활용, 상용화가 가능하도록 시제품 개발을 완료했으며, 동시에 15억원의 비용을 들여서 신제품에 대한 시장조사를 마쳤다.

신제품에 대한 시장조사 결과와 산업 동향에 대한 분석을 바탕으로 한국전자는 스마트1의 시장성은 향후 6년은 유지될 것으로 예상하며, 그 이후에는 미래 신기술을 적용한 신제품이 스마트1을 대체할 것으로 내다보았다. 스마트1의 향후 6년간 연도별 매출 예상액은 [표 5-1]에 제시되어 있다.

스마트1의 개당 가격은 130만원이 적절한 것으로 판단되며, 개당 매출원가는 110만원으로 예상된다.

한국전자는 별도의 생산공장을 갖고 있지 않으며 외주(outsourcing)로 제품을 생산한다. 개당 매출원가 110만원은 외주업체 설악정밀공업에 지불하는 금액이다. 한편, 외주업체에서 생산한 스마트1 제품은 출품 전에 한국전자 내에서 디지털 계측기기를 통한 테스트를 거치게 되는데, 계측기기의 구매비용은 120억원으로 예상된다. 계측기기는 정액법으로 6년 동안 감가상각하며 6년 후에는 장부상 가치가 0원이 된다. 디지털 계측기기는 내구성이 뛰어나 6년 이후에도 장기간 사용이 가능하지만, 스마트1 사업 종료 후에는 계측기기가 더 이상 필요 없을 것으로 판단되기에 한국전자는 해당 기기를 중고로 판매할 예정이다. 디지털 계측

표 5-1 스마트1의 연도별 판매 예상치

연도	1	2	3	4	5	6
판매량(개)	70,000	100,000	120,000	120,000	100,000	60,000

기기의 6년 후 판매가는 20억원으로 예상된다. 한편, 마케팅 비용과 일반관리비는 매년 30억원이 발생할 것으로 예상된다. 법인세율은 25%이며 자본비용은 10%이다.

2.2 예상손익계산서의 작성

앞에 주어진 정보를 토대로 스마트1 프로젝트의 예상손익계산서 [표 5-2]를 작성할 수 있다. [표 5-1]에 제시된 예상 판매량에 단가 130만원을 곱하면 매출액을, 개당 매출원가 110만원을 곱하면 매출원가를 계산할 수 있다.예를 들어, 스마트1의 첫 해 매출액과 매출원가는 각각 910억원(=70,000개×130만원)과 770억원(=70,000개×110만원)이다. 판매관리비에는 매년 발생하는 마케팅비용 및 일반관리비 30억원을 포함시킨다. 계측기기에 대한 감가상각비는 정액법에 따라 매년 20억원(=120억/6년)을 1년차부터 6년차까지 계상한다. 영업이익(EBIT, earnings before interest and taxes)에 법인세율 25%를 곱하면 법인세를 계산할 수 있다. 영업이익에서 법인세를 차감하면 당기순이익(net income)이 계산되어 스마트1 프로젝트의 예상손익계산서가 완성된다.

표 5-2 스마트1사업의 예상손익계산서

(단위: 100만원)

연도	1	2	3	4	5	6
매출액	91,000	130,000	156,000	156,000	130,000	78,000
매출원가	(77,000)	(110,000)	(132,000)	(132,000)	(110,000)	(66,000)
매출총이익	14,000	20,000	24,000	24,000	20,000	12,000
판매관리비	(3,000)	(3,000)	(3,000)	(3,000)	(3,000)	(3,000)
감가상각비	(2,000)	(2,000)	(2,000)	(2,000)	(2,000)	(2,000)
영업이익	9,000	15,000	19,000	19,000	15,000	7,000
법인세(25%)	(2,250)	(3,750)	(4,750)	(4,750)	(3,750)	(1,750)
당기순이익	**6,750**	**11,250**	**14,250**	**14,250**	**11,250**	**5,250**

예제 1 [표 5-1]을 보고 1년차의 감가상각세금방패와 영업에서의 현금흐름을 계산하면 각각 얼마인가?

해설 감가상각세금방패는 5억원(= 20억×25%)이며, 영업에서의 현금흐름은 87.5억원(= 67.5억 + 20억)이다.

[표 5-2]와 관련하여 특기할만한 사항 두 가지를 설명한다.

기존 투자와 매몰비용

특허권 100억원은 기업 차원에서는 재무상태표상의 무형자산이지만 이미 지출한 금액이므로 스마트1 프로젝트로 인해 추가적으로 발생하는 현금흐름은 아니다. 따라서 프로젝트 예상손익계산서의 비용이나 자본지출에 포함되지 않는다. 또한 시제품 개발비 50억원과 시장조사비용 15억원은 스마트1 프로젝트를 포기하더라도 회복시킬 수 없는 매몰비용이다. 그러므로 특허권 금액과 시제품 개발비, 시장조사비용은 스마트1 프로젝트의 예상손익계산서에 포함시키지 않는다.

법인세

법인세법에서는 과세표준금액의 구간을 몇 단계로 나누고 각 단계별로 다른 세율을 적용한다. 우리나라처럼 누진세율을 채택하는 나라에서는 세전이익(여기서는 영업이익)이 큰 구간일수록 더 높은 법인세율을 적용한다.

세전이익이 200억원 이하이면 20%, 2,000억원 이하이면 25%, 2,000억원을 초과하면 30%라고 가정하자. 어떤 회사의 세전이익이 2,600억원이라면, 이 회사가 납부해야 하는 법인세는 670억원(= 200×20% + (2,000 − 200)×25% + (2,600 − 2,000)×30%)이다. 세전이익이 각 구간의 한계 금액을 초과할 때마다 더 높은 법인세율을 적용한다. 그런데 법인세는 개별 프로젝트의 세전이익이 아니라 회사 전체의 세전이익에 대해 과세한다. 만약 기존 프로젝트들의 세전이익이 2,000억원을 상회한다면, 금액이 아무리 적더라도 신규 프로젝트의 추가적인 세전이익은 모두 30%의 법인세율이 적용된다. 이처럼 추가적인 이익에 적용되는 세율을 한계세율(marginal tax rate)이라고 한다. 스마트1 사례에서의 법인세율 25%역시 한계세율로 해석해야 한다.

2.3 예상손익계산서의 수정

상식적으로 볼 때, 앞서 제시한 스마트1 프로젝트에 대한 설명에는 충분하지 않은 부분이 있다. 이 프로젝트를 위해 필요한 공간은 어떻게 마련할 것인지, 신제품 출시가 기존의 로봇청소기 판매에 어떤 영향을 줄 것인지 등이 누락되어 있다.

기회비용

한국전자는 회사 소유 건물 한 층을 비워 스마트1 완제품 재고를 보관할 공간으로 사용할 예정이며 새로 구입하는 계측기기도 이곳에 설치할 예정이다. 한국전자가 이 공간을 임대하면 연 8억원의 수입을 얻을 수 있다. 그러나 스마트1 프로젝트를 채택한다면 이 임대료 수입을 포기해야 한다. 스마트1 프로젝트로 인해 잃게 되는 임대료 수입은 기회비용으로서 현금유출로 보아야 한다. 그러므로 예상손익계산서에서 1년차부터 6년차까지의 연간 판매관리비는 30억원에 8억원의 기회비용을 더한 값인 38억원으로 수정해야 한다.

여기서 주의할 점은 비용에 대한 25%의 법인세 절감 효과를 감안하면 실제 기회비용은 8억원이 아니라 6억원(=8억×(1−0.25))이라는 것이다. 판매관리비가 8억원 증가한 만큼 세전이익이 감소하기 때문에 2억원(=8억×0.25)의 법인세가 줄어들게 된다.

부수효과

한편, 스마트1을 출시하면 기존 로봇청소기의 판매가 약 20,000개 줄어들 것으로 예상된다. 기존 로봇청소기의 가격은 개당 20만원이며 매출원가는 개당 15만원이다.

신제품의 출시로 구제품의 판매가 줄어드는 자기잠식효과(또는 음(−)의 부수효과)가 발생한다. 앞서 설명한 것처럼 자기잠식효과가 있는 경우에는 기존 제품의 매출 감소분을 현금유출로, 매출원가 감소분을 현금유입으로 보아야 한다. 자기잠식효과로 인해 매출액은 40억원(=2만×200,000원) 감소하고 매출원가는 30억원(=2만×150,000원) 감소할 것으로 예상된다. 그러므로 예상손익계산서의 매출액을 870억원(=910억−40억)으로, 매출원가를 600억원(=630억−30억)으로 수정해야 한다.

표 5-3 기회비용과 부수효과를 반영한 스마트1사업의 예상손익계산서

(단위: 100만원)

연도	1	2	3	4	5	6
매출액	87,000	126,000	152,000	152,000	126,000	74,000
매출원가	(74,000)	(107,000)	(129,000)	(129,000)	(107,000)	(63,000)
매출총이익	13,000	19,000	23,000	23,000	19,000	11,000
판매관리비	(3,800)	(3,800)	(3,800)	(3,800)	(3,800)	(3,800)
감가상각비	(2,000)	(2,000)	(2,000)	(2,000)	(2,000)	(2,000)
영업이익	7,200	13,200	17,200	17,200	13,200	5,200
법인세(25%)	(1,800)	(3,300)	(4,300)	(4,300)	(3,300)	(1,300)
당기순이익	**5,400**	**9,900**	**12,900**	**12,900**	**9,900**	**3,900**

간접비

한국전자는 장부 가치가 현재 200억원이며 연간 운영비가 10억원인 수퍼컴퓨터를 갖추고 있다. 장부 가치 200억원은 향후 5년간 정액법으로 감가상각할 예정이다. 현재 기존 사업들이 컴퓨터 계산 용량의 절반을 사용하고 있으며 미래에도 그 이상 사용하지는 않을 것으로 예상하고 있다. 보안상 외부인이 컴퓨터에 접근하는 것은 엄격히 금지하고 있다. 스마트1 프로젝트가 컴퓨터 계산 용량의 나머지 절반을 사용한다면 예상손익계산서의 비용 항목은 어떻게 수정해야 할까?

이 경우에는 스마트1 프로젝트로 인한 추가 현금흐름이 없으므로 예상손익계산서에 간접비를 반영할 이유가 없다. 스마트1 프로젝트를 하지 않기로 결정하더라도 수퍼컴퓨터 관련 비용은 변하지 않을 것이기 때문이다.

간접비를 제외하고 기회비용과 부수효과만 반영한 예상손익계산서가 [표 5-3]에 나와 있다.

2.4 고정자산의 매각이익

스마트1사업에는 디지털 계측기기의 구입이 필요하다. 앞서 기술한 바와 같이 디지털 계측기기의 구입비용은 120억원이며, 사업 종료 후 매각하면 20억원을 받을 것으로 예측된

다. 이 기기를 6년차에 매각할 때는 이미 감가상각이 끝나 장부상의 가치, 즉 잔존가치는 0원이다. 예상 매각금액 20억원은 모두 매각이익이 된다. 매각이익은 과세대상이므로 세금을 제외하면 실제의 현금흐름은 15억원(=20억−20억×25%)이 된다.

2.5 순운전자본

앞 장에서 소개한 바와 같이 순운전자본(NWC, net working capital)은 프로젝트 진행에 필요한 현금, 매출채권, 재고자산과 같은 유동자산으로부터 매입채무와 같은 유동부채를 차감한 것을 말한다. 한국전자는 로봇청소기 시장 관행상 매출액의 20%에 해당하는 매출채권과 매출원가의 20%에 해당하는 매입채무가 발생할 것으로 예상하고 있다. 이 회사는 외주로 제품들을 생산하므로 원자재 재고는 갖고 있을 필요가 없다. 그러나 제품에 대한 수요 변동에 대비해 판매량의 10%에 해당하는 완제품 재고를 보유해야 한다. 스마트1사업으로 인해 추가로 현금을 보유할 필요는 없다.

위 정보로부터 첫해의 매출채권은 174억원(=870억×20%), 매입채무는 148억원(=740억×20%)인 것을 알 수 있다. 재고자산은 74억원(=740억×10%)이다. 그러므로 순운전자본(NWC)은 [표 5−4]와 같이 예측된다. 이 표의 마지막 행은 전년도 대비 순운전자본의 증가(ΔNWC)를 나타낸다.

표 5-4 순운전자본의 예측

(단위: 100만원)

연도	1	2	3	4	5	6
매출채권(매출액의 20%)	17,400	25,200	30,400	30,400	25,200	14,800
매입채무(매출원가의 20%)	(14,800)	(21,400)	(25,800)	(25,800)	(21,400)	(12,600)
재고자산(매출원가의 10%)	7,400	10,700	12,900	12,900	10,700	6,300
순운전자본	10,000	14,500	17,500	17,500	14,500	8,500
순운전자본의 증가	10,000	4,500	3,000	0	(3,000)	(6,000)

2.6 잉여현금흐름과 순현가법

이미 설명한 바와 같이 잉여현금흐름(FCF, free cash flow)은 다음과 같이 계산된다.

$$FCF = \text{당기순이익} + \text{감가상각비} - \text{자본지출} - \triangle NWC \quad (5\text{–}1)$$

식 (5−1)에서 당기순이익에 감가상각비를 더한 부분은 영업에서 발생하는 현금흐름에 해당한다. 투자에서 발생하는 현금흐름은 자본지출 관련 현금흐름과 순운전자본의 증감에 따른 현금흐름이 있다. 이 중 자본지출 관련 현금흐름은 사업 0년차(현재)에 계측기기 구입으로 발생하는 120억원의 현금유출과 사업종료 시점인 6년차에 계측기기의 매각으로부터 발생하는 15억원의 세후 현금유입을 포함한다. 순운전자본 증감에 따른 현금흐름은 연도별로 순운전자본이 증가하는 경우는 현금유출로, 감소하는 경우는 현금유입으로 처리한다. 한 가지 유의할 점은, 사업이 종료된 후에는 더 이상 순운전자본을 유지할 필요가 없으므로 6년말 순운전자본 잔액에 해당하는 85억원의 현금유입이 추가적으로 발생한다. 따라서 6년차에는 순운전자본 감소분에 잔액을 더한 총 145억원(=60억+85억)의 순운전자본 투자관련 현금유입이 발생한다. 이상을 고려하여 스마트1사업으로부터 발생하는 연도별 잉여현금흐름을 계산하면 [표 5−5]와 같다.

[표 5−5]의 잉여현금흐름을 주어진 자본비용 10%로 할인하여 합산하면 스마트1 프로젝트의 NPV를 계산할 수 있다.

$$NPV = -12,000 - \frac{2,600}{1+0.1} + \frac{7,400}{(1+0.1)^2} + \frac{11,900}{(1+0.1)^3} + \frac{14,900}{(1+0.1)^4}$$

표 5-5 잉여현금흐름의 예측

(단위: 100만원)

연도	0	1	2	3	4	5	6
당기순이익	0	5,400	9,900	12,900	12,900	9,900	3,900
감가상각비	0	2,000	2,000	2,000	2,000	2,000	2,000
자본지출	(12,000)						1,500
순운전자본 현금흐름	0	(10,000)	(4,500)	(3,000)	0	3,000	14,500
잉여현금흐름	(12,000)	(2,600)	7,400	11,900	14,900	14,900	21,900

$$+\frac{14,900}{(1+0.1)^5}+\frac{21,900}{(1+0.1)^6}\approx 324.83\text{억 원}$$

스마트1 프로젝트의 NPV 324.83억원은 양(+)의 값이므로 순현가법에 따라 이 프로젝트는 투자할 가치가 있는 것으로 판단된다.

2.7 대안의 가치평가

외주업체 설악정밀공업의 경쟁사인 한강정밀공업이 제안서를 보내왔다. 이 제안서에 따르면 1년차의 납품단가는 115만원으로 높지만 나머지 5년 동안 매년 2만원씩 점진적으로 낮아진다. 두 외주업체 각각에 대해 NPV를 계산해 비교하면 외주업체를 교체하는 것이 유리한지를 판단할 수 있다. 설악정밀공업에 외주를 줄 경우의 NPV는 이미 계산했기 때문에 제안서의 납품단가를 이용해 위 계산과정을 반복하는 것은 어렵지 않다. 특히 엑셀과 같은 스프레드시트 프로그램을 이용하면 투입변수(여기서는 매출원가)를 수정해 계산하면 된다.

여기서는 또 다른 방법을 소개한다. 전체 계산을 반복하지 않고 외주업체를 한강정밀공업으로 교체할 경우에 발생하는 추가현금흐름만 계산할 수 있다. 이 방법은 외주업체의 교

표 5-6A 무차입당기순이익 비교

(단위: 100만원)

연도	1	2	3	4	5	6
설악정밀공업의 경우:						
매출원가	(74,000)	(107,000)	(129,000)	(129,000)	(107,000)	(63,000)
법인세(25%)	18,500	26,750	32,250	32,250	26,750	15,750
당기순이익(①)	(55,500)	(80,250)	(96,750)	(96,750)	(80,250)	(47,250)
한강정밀공업의 경우:						
매출원가	(77,500)	(110,000)	(130,200)	(127,800)	(104,000)	(60,000)
법인세(25%)	19,375	27,500	32,550	31,950	26,000	15,000
당기순이익(②)	(58,125)	(82,500)	(97,650)	(95,850)	(78,000)	(45,000)
당기순이익의 차이 (③=②−①)	(2,625)	(2,250)	(900)	900	2,250	2,250

체 자체를 하나의 프로젝트처럼 취급하는 것과 동일하다. 따라서 추가현금흐름에 대해 순현가법을 그대로 적용해 추가현금흐름의 NPV가 0보다 크다면 교체하는 것이 유리하고 그렇지 않다면 교체하지 않는 것이 낫다고 판단한다. 외주업체 교체와 관계없는 부분을 모두 제외하고 외주업체에 따라 달라지는 부분만 포함시켜 계산한 무차입당기순이익의 차이는 [표 5-6A]와 같이 계산된다.

그런데 매출원가가 달라지면 순운전자본도 달라진다는 점에 유의해야 한다. 매출원가와 관련이 있는 순운전자본 항목은 재고자산과 매입채무이다. 두 대안의 순운전자본은 [표 5-6B]의 항목 ④ 및 ⑤와 같이 계산된다. 이 표에서 순운전자본의 차이(⑦)는 순운전자본의 차이(⑥)가 전 해에 비해 증가한 금액을 나타낸다. 편의상 [표 5-6A]의 마지막 행인 무차입당기순이익의 차이(③)를 옮겨 적었다.

[표 5-6B]의 잉여현금흐름을 자본비용 10%로 할인하여 합산하면 외주업체 교체의 NPV를 계산할 수 있다.

표 5-6B 순운전자본 비교 및 잉여현금흐름의 계산

(단위: 100만원)

연도	1	2	3	4	5	6
설악정밀공업의 경우:						
재고자산(매출원가의 10%)	7,400	10,700	12,900	12,900	10,700	6,300
매입채무(매출원가의 20%)	(14,800)	(21,400)	(25,800)	(25,800)	(21,400)	(12,600)
순운전자본(④)	(7,400)	(10,700)	(12,900)	(12,900)	(10,700)	(6,300)
한강정밀공업의 경우:						
재고자산(매출원가의 10%)	7,750	11,000	13,020	12,780	10,400	6,000
매입채무(매출원가의 20%)	(15,500)	(22,000)	(26,040)	(25,560)	(20,800)	(12,000)
순운전자본(⑤)	(7,750)	(11,000)	(13,020)	(12,780)	(10,400)	(6,000)
순운전자본의 차이(⑥=⑤-④)	(350)	(300)	(120)	120	300	300
순운전자본의 차이(⑦)	(350)	50	180	240	180	0
당기순이익의 차이(③)	(2,625)	(2,250)	(900)	900	2,250	2,250
잉여현금흐름(⑧=③-⑦)	(2,275)	(2,300)	(1,080)	660	2,070	2,250

$$NPV = 0 - \frac{2,275}{(1+0.1)} - \frac{2,300}{(1+0.1)^2} - \frac{1,080}{(1+0.1)^3} + \frac{660}{(1+0.1)^4} + \frac{2,070}{(1+0.1)^5} + \frac{2,250}{(1+0.1)^6} \approx -17.74\text{억 원}$$

NPV가 음(−)의 값이므로, 순현가법에 따라 외주업체를 교체하지 않는 것이 더 낫다.

예제 1 한국전자의 경영진은 미세먼지 제거 기술을 갖고 있는 벤처기업인 한라테크를300억원에 인수 · 합병하는 문제를 논의 중이다.미세먼지 제거 모듈을 판매해 매출액이 1년차에는 50억원, 2년차부터는 매년 5%씩 무기한 성장할 것으로 예상된다. 매출원가는 매출액의 50%,판매관리비는 매출액의 10%로 추정된다. 한라테크는 방금 50억원을 들여 장비를 구입했는데 향후 5년 동안 매년 10억원씩 감가상각할 예정이다. 한라테크는 매년 매출원가의 12%를 재고자산으로 유지해야 한다. 한라테크는 부채가 없으며 자본비용은 한국전자와 동일하게 10%인 것으로 추정된다. 한국전자의 법인세율은 30%이다. 한국전자는 한라테크를 인수해야 하는가?

해설 감가상각비를 제외하고는 예상손익계산서의 모든 항목들이 매출액에 비례한다. 또한 매출액은 매년 일정한 비율로 성장하므로 예상손익계산서를 작성할 필요가 없다. 다만 다른 항목들과 달리 감가상각비는 5년 동안 정액으로 발생하므로 감가상각비를 비용에 포함시키지 않고 무차입당기순이익을 계산한다. 이렇게 계산한 무차입당기순이익의 현재가치에 별도로 계산한 5년 동안의 감가상각세금방패의 현재가치를 더하면 영업에서 발생하는 현금흐름의 현재가치를 쉽게 계산할 수 있다.

1년차에는 매출액에서 매출원가와 판매관리비를 차감하여 감가상각차감 전 영업이익(EBITDA, earnings before interest, taxes, depreciation, and amortization)을 계산한다. 1년차의 EBITDA는 20억원(=50억×(1−0.5−0.1))이다. 여기에서 법인세를 차감하면 무차입당기순이익(감가상각 차감 전)은 14억원(=20억×(1−0.3))으로 계산된다. 이 금액이 매년 5% 성장하고 자 본 비용은 10%이므로 영구성장연금의 계산공식을 이용할 수 있다. 미래에 발생하는 무차입당기순이익(감가상각 차감 전)의 총 현재가치는 280억원(=14억/(0.1−0.05))이다. 감가상각세금방패는 3억원(=10억×0.3)씩 5년간 발생하므로 연금의 계산공식을 이용하면 감가상각세금방패의 총 현재가치는 11.4억원($=3억\times\left[\frac{1}{0.1}-\frac{1}{0.1(1+0.1)^5}\right]$)으로 계산된다. 따라서 영업에서 발생하는 현금흐름의 총 현재가치는 291.4억원(=280억+11.4억)이다.

1년차의 매출원가 25억원의 12%에 해당하는 재고자산이 필요하다. 따라서 1년차에는 3억원(=25억×0.12)을 재고자산에 투자해야 한다. 2년차에는 3.15억원(=25억×0.05×0.12)의 재고자산이 필요하므로 2년차 재고자산은 0.15억원만큼 증가해야 한다. 따라서 2년차 재고자산에 대한 순투자는 0.15억원이다. 재고자산은 매출원가에 비례하고 매출원가는 매년 5% 성장하므로 재고자산에 대한 순투자도 매년 5%씩 증가한다. 영구성장연금의 현재가치 계산공식을 이용하면 재고자산 순투자의 총 현재가치는 3억원(=0.15억/(0.1−0.05))이 된다. 그런데 이 금액은 2년차의 순투자 0.15억원을 영구연금의 시작으로 보고 계산한 값이므로 1년 후 시점에서 측정한 현재가치이다. 이 금액과 앞서 설명한 1년차의 순투자 3억원을 합산한 6억원을 10%의 할인율을 적용해 할인하면 현재 시점에서 측정한 현재가치는 5.45억원(=6억/1.1)으로 계산된다.

이상의 설명을 종합하면 한라테크를 인수하는 프로젝트의 NPV는 다음과 같이 계산된다.

$$NPV = 291.4억 - 300억 - 5.45억 = -14.05억원$$

NPV가 음(−)의 값이므로 순현가법에 따라 인수하지 말아야 한다.

예제 2 한국전자의 CFO는 한라테크의 미세먼지 제거 기술을 움직이는 로봇청소기에 결합하면 스마트1 프로젝트로부터 연간 10억원의 잉여현금흐름이 추가로 발생할 수 있다고 판단했다. 한라테크 인수 프로젝트와 스마트1 프로젝트의 자본예산을 어떻게 수정해야 하는가?

해설 스마트1 프로젝트는 6년 동안 가동되므로 '기술결합'의 NPV는 약 43.55억원($=10억\times\left[\frac{1}{0.1}-\frac{1}{0.1(1+0.1)^6}\right]$)으로 계산된다. 그런데 두 프로젝트를 모두 채택할 경우에만 이 NPV가 의미를 갖는다. 이런 경우에는 스마트1 프로젝트 단독 채택, 한라테크 인수 프로젝트 단독 채택, 둘 다 채택하고 '기술결합', 이렇게 세 대안으로 나누어 가장 NPV가 큰 대안을 채택해야 한다. 다행히 스마트1 프로젝트의 NPV가 양(+)의 값이므로 '기술결합'과 관계없이 스마트1 프로젝트의 채택은 기정사실로 받아들일 수 있다. 따라서 '기술결합'은 한라테크 인수 프로젝트의 부수효과라고 볼 수 있다. 여기서의 부수효과는 자기잠식효과와 반대되는 양(+)의 효과이다. '기술결합'으로 인한 부수효과를 반영하면 한라테크 인수 프로젝트의 NPV는 양(+)의 값인 29.50억원이 되어 순현가법에 따라 채택하면 된다.

3. 불확실성과 NPV

투자 프로젝트의 NPV를 계산하기 위해서는 판매량, 제품단가, 자본비용 등 투입변수들에 대한 가정이 필요하다. 현재 얻을 수 있는 정보를 최대한 이용하여 가장 현실적인 가정을 하더라도 투입변수들의 실제 값이 가정한 값과 똑같을 가능성은 거의 없다. 미래는 본질적으로 불확실하기 때문이다.

이론적으로는 순현가법이 기업의 목표와 일치하는 최선의 투자 의사결정 방법이다. 그러나 현실 세계의 시장은 완전하지 않기 때문에 자금조달의 제약이 존재하는 경우가 많다. 이런 경우에는 NPV가 양(+)의 값이더라도 맹목적으로 투자 프로젝트를 채택하는 것은 위험하다. 투자 의사결정에 있어서 순현가법이 중요한 가이드라인을 제공하지만, 투입변수의 변화에 따라 NPV가 어떻게 변화하는지를 면밀히 살피고 기업의 재정 상태가 NPV의 불확실성을 감당할 수 있는지를 판단해야 한다. 이를 위해 민감도분석, 시나리오분석, 손익분기점분석을 사용한다.

3.1 민감도 분석

미래가 불확실하기 때문에 자본예산 투입변수들의 예측치에는 오차가 존재한다. 따라서 자본예산 결과의 신뢰성은 갖고 있는 정보를 최대한 활용하여 주요 투입변수들의 값을 얼마나 객관적으로 가정하는지에 달려있다. 민감도 분석(sensitivity analysis)은 다른 변수는 고정시키고 한 변수에 대한 가정을 변동시킬 때 NPV가 어떻게 변하는지를 보여주는 의사결정 도구이다. 각 투입변수에 대해 기본(base), 최악(worst), 최선(best)의 세 가지 상황을 가

표 5-7 스마트1 프로젝트의 민감도 분석을 위한 가정

스마트1 프로젝트의 민감도 분석을 위한 가정투입변수	최악	기본	최선
판매량(첫해)	63,000개	70,000개	77,000개
외주단가(개당 매출원가)	1,210,000원	1,100,000원	990,000원
자본비용	11%	10%	9%

정하고 각 상황에서의 NPV값을 표 또는 그림을 이용해 일목요연하게 나타내는 것이 일반적이다.

예를 들어 스마트1 프로젝트에서 판매량, 외주단가, 자본비용의 세 변수 각각이 사업의 NPV에 미치는 영향에 대해 파악하기 위해 민감도 분석을 실시하는 경우를 생각해보자. 각 투입변수별로 최선의 경우는 매년 기본보다 10% 더 낙관적이고, 최악의 경우에는 매년 10% 더 비관적인 수치가 예상된다고 가정하자. 첫 해 예측치를 기준으로, 각각의 가정 하에서의 변수별 예상치는 [표 5-7]에 표시되어 있다.

[표 5-8]은 민감도 분석의 결과를 보여준다. 표에 의하면 외주단가가 최악인 상황을 제외하고는 모든 상황에서 NPV가 양(+)의 값을 가짐을 알 수 있다. 투입변수 모두에 대해 대부분의 상황에서 양(+)의 NPV가 나옴을 감안하면, 한국전자의 경영진은 좀 더 확신을 가지고 의사결정을 할 수 있다. 추가적으로, [표 5-8]을 보면 NPV의 값이 세 투입변수 중 외주단가에 가장 민감하게 반응하는 것을 알 수 있다. 이는 세 변수 중 외주단가가 NPV에 가장 큰 영향을 미침을 의미하며, 외주단가에 좀 더 많은 관심을 기울일 필요가 있다는 점을 시사한다.

표 5-8 스마트1 프로젝트의 변수별 가정에 따른 NPV

(단위: 100만원)

투입변수	최악	기본	최선
판매량	26,787	32,483	38,180
외주단가(개당 매출원가)	(1,321)	32,483	66,288
자본비용	30,731	32,483	34,330

표 5-9 스마트1 프로젝트의 시나리오별 가정에 따른 NPV

(단위: 100만원)

시나리오	최악	기본	최선
NPV	(4,723)	32,483	78,592

3.2 시나리오 분석

어떤 투입변수에 대해 손익분기점 분석이나 민감도 분석을 할 때는 다른 투입변수들은 변동하지 않는 것으로 가정한다. 그런데 투입변수들 사이에 상관관계가 높은데 다른 투입변수들을 모두 고정된 값으로 가정하는 것은 비현실적이다. 이와 같이 주요 투입변수가 동시에 변동하였을 때 NPV에 어떤 영향을 미치는지를 분석하는 것이 시나리오분석이다. [표 5-9]는 [표 5-7]에 제시된 대로 판매량, 외주단가, 자본비용의 세 변수가 모두 동시에 최악, 기본, 최선의 값을 가지는 경우에 대한 시나리오 분석의 결과를 보여준다.

3.3 손익분기점 분석

손익분기점 분석(break-even analysis)은 NPV가 0이 되는 투입변수의 값을 찾는 방법이다. NPV가 0인 상태는 투자를 하든지 하지 않든지 상관없는 일종의 분기점이라고 할 수 있다. 따라서 손익분기점을 통해 개별 변수가 어디까지 변화해도 해당 프로젝트가 기업가치에 손실을 가져오지 않는지를 판단할 수 있다. 손익분기점은 엑셀 스프레드시트 프로그램(데이터 → 해찾기)을 이용하면 찾을 수 있다.

[표 5-10]은 스마트1 프로젝트 자본예산의 투입변수 중 중요한 몇 개를 골라 계산한 손익분기점을 원래 가정했던 값과 대비해 보여준다. 이 표를 보면 판매량이나 자본비용이 예상에서 크게 벗어나더라도 NPV가 음(-)의 값으로 잘 내려가지 않는 것을 알 수 있다. 예컨대 판매량이 예측치의 43% 아래로 낮아질 때까지는 NPV가 양(+)의 값을 갖는다. 이에 반해 판매단가는 예측치의 9% 정도만($\frac{1,183,095}{1,300,000}-1=-8.22\%$) 낮아져도 NPV가 음(-)의 값이 된다. 마찬가지로 외주단가 역시 예측치의 10% 정도만($\frac{1,205,702}{1,100,000}-1=9.61\%$) 높아

표 5-10 스마트1 프로젝트의 손익분기점 분석

투입변수	기본 가정	손익분기점
판매량(첫해 기준)	70,000개	30,084개(57% 감소)
판매단가	1,300,000원	1,193,095원
외주단가(개당 매출원가)	1,100,000원	1,205,702원
자본비용	10.00%	49.72%

※ 표에 제시된 손익분기점 수치들은 근사치임

져도 NPV가 음(−)으로 변한다. 따라서 판매단가 및 외주단가의 예측치에 내재하는 오류에 대해 면밀히 살펴볼 필요가 있다.

특정 투입변수의 손익분기점을 계산할 때는 다른 투입변수들의 값이 변하지 않는 것으로 가정한다. 실무에서는 손익분기점을 영업이익(EBIT) 또는 당기순이익의 현재가치를 0으로 만드는 투입변수의 값으로 정의하기도 한다. 그러나 기업가치 극대화라는 순현가법의 정신에 비추어 볼 때 NPV를 0으로 만드는 투입변수의 값을 손익분기점으로 보는 것이 적절하다.

손익분기점은 NPV가 0인 투입변수의 값이다. 다른 변수들은 기본 가정을 유지한다.

키워드

- 추가현금흐름
- 매몰비용
- 기회비용
- 부수효과
- 자기잠식효과
- 간접비
- 인플레이션
- 잉여현금흐름
- 불확실성

- NPV
- 민감도 분석
- 시나리오 분석
- 손익분기점 분석

05 연습문제
Exercise

01 다음 용어를 설명하시오.(★)

(1) 추가현금흐름 (2) 매몰비용 (3) 기회비용 (4) 부수효과
(5) 자기잠식효과 (6) 간접비 (7) 민감도 분석 (8) 시나리오 분석

02 (★) 관악기업은 현재 도입을 고려하고 있는 신사업의 타당성을 알아보기 위해 작년 8억원의 비용을 들여 시장조사를 하였다. 시장조사에 들어간 비용을 투자관련 현금흐름에 포함시켜야 하는가?

① 이 비용은 현금유출이므로 포함시킨다.
② 이 비용은 비현금항목이기 때문에 포함시키지 않는다.
③ 이 비용은 기회비용이기 때문에 포함시킨다.
④ 이 비용은 매몰비용이기 때문에 포함시키지 않는다.

03 (★) 다음의 항목 중 증분현금흐름(Incremental Cash Flow)의 항목으로 포함시켜야 할 것들만 고르면?

ㄱ. 신사업으로 인한 기존사업 매출액의 감소 ㄴ. 순운전자본 감소분 ㄷ. 향후 제품개발을 위해 들어갈 것으로 예측되는 연구개발비 ㄹ. 신제품을 생산할 공장 진입로의 확장에 소요될 것으로 예상되는 비용

① ㄱ, ㄴ, ㄷ ② ㄱ, ㄷ, ㄹ
③ ㄴ, ㄷ, ㄹ ④ ㄱ, ㄴ, ㄷ, ㄹ

04 (★) 다음 투자안의 현금흐름 추정 시 옳지 않은 것은?

① 감가상각비 등 비현금비용은 현금유출에 포함시키지 말아야 한다.
② 운전자본의 변동과 자본적 지출은 현금흐름 추정시 고려해야 한다.
③ 현금흐름 추정시 매몰원가는 제외시키지만 기회비용 또는 잠식비용 등과 같은 부수적 효과는

고려해야 한다.

④ 투자안의 미래 현금흐름이란 투자의 직접적인 결과로 발생하는 세금 지출 전의 증분현금흐름을 의미한다.

05 (★) 2022년 초에 100만원에 구입한 기계의 내용연수는 4년이고 잔존가치는 20만원이다. 정액법에 따라서 감가상각한다고 한다면, 2023년의 감가상각비의 법인세 절감효과는 얼마인가? 단, 이 기업의 법인세율은 40%이다.

① 6만원 ② 7만원
③ 8만원 ④ 9만원

06 (★) 어떤 투자안의 추정매출액이 1,650억원이며, 현금비용은 매출액의 60%이다. 투자안의 감가상각비는 100억원이고, 세율이 35%이다. 이 투자안의 영업현금흐름은 얼마인가?

① 196억원 ② 364억원
③ 464억원 ④ 560억원

07 (★★) 추정손익계산서에서 매출액은 1,000,000원, 매출원가는 500,000원, 세율은 40%이다. 추정현금흐름이 340,000원일 때 감가상각비의 법인세절감효과는?

① 20,000원 ② 40,000원
③ 60,000원 ④ 80,000원

08 (★) 백두기업의 시장가치는 10억원이고 한라기업의 시장가치는 5억원이다. 백두기업은 7억원을 현금으로 지급하고 한라기업을 인수할 예정이며, 백두기업이 한라기업을 인수한 후에 예상되는 시장가치는 20억원이다. 백두기업의 한라기업 인수프로젝트의 순현재가치를 계산하면?

① 2억원 ② 3억원
③ 8억원 ④ 13억원

09 (★★★) 설악기업은 신제품 생산공정의 설치를 검토하고 있다. 이 공정을 운영하기 위한 기계장치의 취득원가는 150억원이며, 5년간 정액감가상각된다. 이 기계의 5년 후 잔존가액은 50억원이며, 처분가액은 60억원으로 예상된다. 이 공정을 설치할 경우 앞으로 5년간 매년 120억원의 매출액 증가가 예상되며 매년 60억원의 현금지출 운영비용이 소요될 것으로 추정하고 있다. 법인세율은 20%이며 기계장치 취득원가의 10%에 해당하는 금액은 그 해에 법인세에서 공제된다. 자본비용이 15%일 때 이 투자안의 NPV를 구하고 의사결정을 내리시오.

10 (★★★) 백두기업은 내용년수가 4년인 새로운 설비를 도입하려 한다. 설비의 취득원가는 2억원이고, 4년간에 걸쳐 정액법으로 상각할 예정이며 4년 후의 잔존가치는 없다. 이 설비의 도입으로 백두기업의 영업이익은 매년 1억원씩 증가할 수 있을 것으로 예상된다. 법인세율은 20%이며, 예상 인플레이션은 매년 8%이다. 이 투자안에 대해 요구되는 실질 수익률은 10%이다. 설비 도입에 대한 실질 현금흐름과 명목현금흐름으로 NPV를 구하고 의사결정을 내리시오.

11 (★★★) 한라기업은 내용년수가 2년인 새로운 설비 도입을 검토하고 있다. 새로운 설비 구입에는 총 8억원의 자금이 소요되며 2년 후의 잔존가치는 없다. 감가상각은 정액법을 따른다. 새로운 설비도입으로 예상되는 1차년도의 증분 매출액은 20억원이며, 2차년도의 증분 매출액은 25억원이다. 1차년도와 2차년도의 증분 영업비용은 증분 매출액의 60%이다. 한라기업의 투자안에 적용되는 할인율은 30%이며, 법인세율은 20%이다.

(1) 이 투자안의 NPV를 구하시오.

(2) 이 투자안의 자본비용의 손익분기점을 구하시오.

(3) 다른 요인은 일정하고, 각 년도의 증분영업비용이증분 매출액의 70%로 증가할 경우 NPV와 자본비용의 손익분기점이 어떻게 변동하는지를 분석하시오.

12 (★) 소백기업의 신규프로젝트는 2018년에 착수되어 2020년에 종료된다. 2019년부터 2020년까지 순운전자본 변동(ΔNWC)의 현금흐름을 계산하시오.

(단위: 억원)	2018	2019	2020
유동자산	0	1,000	1,500
유동부채	0	800	700

13 (★) 관악상사에서 신제품을 출시하는데 따른 기존 제품과 신제품의 예상 매출액과 매출원가는 다음과 같다. 신제품 출시에 따른 예상 현금흐름은?

	기존제품		신제품 출시 후 전체 제품군
	신제품 출시 전	신제품 출시 후	
매출액	1,000	800	2,000
매출원가	800	400	1,000

05 연습문제 정답 및 해설

Exercise

02 ④

시장조사 비용은 투자안의 채택기각 여부와 관계없이 이미 발생한 매몰비용이다.

03 ④

04 ④

증분현금흐름을 계산할 때 법인세 지출을 현금유출로 간주해야 한다.

05 ③

연간 감가상각비 = (100만원 − 20만원)/4년 = 20만원

감가상각비의 법인세 절감효과 = 20만원 × 40% = 8만원

06 ③

$(1{,}650 - 1{,}650 \times 0.6 - 100) \times (1 - 0.35) + 100 = 464$

07 ②

$(1{,}000{,}000 - 500{,}000 - D) \times (1 - 0.4) + D = 340{,}000$

$= (1{,}000{,}000 - 500{,}000) \times (1 - 0.4) + 0.4 \times D = 340{,}000$

$0.4 \times D = 40{,}000$

08 ②

인수프로젝트 증분 현금흐름 = 합병 후 시장가치 − A기업 시장가치

= 20억 − 10억 = 10억

인수프로젝트의 순현재가치 = 인수프로젝트증분 현금흐름 − 인수지급액

= 10억 − 7억 = 3억

09

계정과목	0	1	2	3	4	5
매출액		120	120	120	120	120
영업비용		−60	−60	−60	−60	−60
감가상각비		−20	−20	−20	−20	−20

영업이익		40	40	40	40	40
법인세(20%)		−8	−8	−8	−8	−8
당기순이익		32	32	32	32	32
영업현금흐름		52	52	52	52	52
기계매각처분이익						58
최초투자액	−150					
법인세공제액	15					
총현금흐름	−135	52	52	52	52	110

연간 감가상각비: (취득원가 − 잔존가액)/내용년수 = (150 − 50)/5 = 20

연간 영업현금흐름: 영업이익 × (1 − 법인세율) + 감가상각비

= 40 × (1 − 0.2) + 20 = 52

= (매출액 − 영업비용) × (1 − 법인세율) + 법인세율 × 감가상각비

= (120 − 60) × (1 − 0.2) + 0.2 × 20 = 52

기계매각처분이익 = 처분가액 − (처분가액 − 장부가액) × 법인세율

= 60 − (60 − 50) × 0.2 = 58

법인세공제액: 취득원가 × 0.1 = 15

$$NPV = -135 + \frac{52}{(1+0.15)} + \frac{52}{(1+0.15)^2} + \frac{52}{(1+0.15)^3} + \frac{52}{(1+0.15)^4} + \frac{110}{(1+0.15)^5} = 68.15(\text{억원})$$

10

항 목	0	1	2	3	4
감가상각비		−0.5	−0.5	−0.5	−0.5
영업이익		1	1	1	1
법인세(20%)		−0.2	−0.2	−0.2	−0.2
당기순이익		0.8	0.8	0.8	0.8
영업현금흐름		1.3	1.3	1.3	1.3
최초투자액	−2				
실질영업현금흐름	−2	1.20	1.11	1.03	0.96

실질영업현금흐름으로 계산한 NPV

$$\text{실질영업현금흐름}_t = \frac{\text{명목영업현금흐름}_t}{(1+\text{인플레이션율})_t} = \frac{1.3}{(1+.08)^t}$$

$$NPV = -2 + \frac{1.2}{(1+0.1)} + \frac{1.11}{(1+0.1)^2} + \frac{1.03}{(1+0.1)^3} + \frac{0.96}{(1+0.1)^4} = 1.44(\text{억원})$$

명목영업현금흐름으로 계산한 NPV

$(1+\text{명목수익률})^t = [(1+\text{실질수익률})(1+\text{인플레이션율})]^t$

$$NPV = -2 + \frac{1.3}{(1.1)(1.08)} + \frac{1.3}{[(1.1)(1.08)]^2} + \frac{1.3}{[(1.1)(1.08)]^3} + \frac{1.3}{[(1.1)(1.08)]^4} = 1.44(\text{억원})$$

11 (1)

	0	1	2
매출액		20	25
영업비용		−12	−15
감가상각비		−4	−4
영업이익		4	6
법인세(20%)		−0.8	−1.2
당기순이익		3.2	4.8
영업현금흐름		7.2	8.8
최초투자액	−8		

$$NPV = -8 + \frac{7.2}{(1+0.3)} + \frac{8.81}{(1+0.3)^2} = 2.75(\text{억원})$$

(2) 자본비용의 손익분기점은 내부수익률과 같다. 자본비용이 손익분기점보다 크면 이 투자안은 기각하며, 손익분기점보다 낮으면 채택한다.

$$\text{자본비용의 손익분기점: } 8 = \frac{7.2}{(1+r)} + \frac{8.8}{(1+r)^2} \qquad r = 59.13\%$$

(3)

	0	1	2
매출액		20	25
영업비용		−14	−17.5
감가상각비		−4	−4
영업이익		2	3.5
법인세(20%)		−0.4	−0.7
당기순이익		1.6	2.8
영업현금흐름		5.6	6.8
최초투자액	−8		

$$NPV = -8 + \frac{5.6}{(1+0.3)} + \frac{6.8}{(1+0.3)^2} = 0.33(\text{억원})$$

$$\text{자본비용의 손익분기점: } 8 = \frac{5.6}{(1+r)} + \frac{6.8}{(1+r)^2} \qquad r = 33.62\%$$

NPV는 2.42억원 감소하며, 손익분기점은 25.51%포인트 감소한다.

12 2019년 순운전자본=1,000−800=200
2020년 순운전자본=1,500−700=800
2019년 순운전자본 변동=200(현금유출)
2020년 순운전자본 변동=800−200=600(현금유출)
프로젝트가 종료되는 2020년에는 순운전자본 잔액 800은 현금유입된다.

13

항목	기존제품		부수효과 (a)−(b)	신제품 (n)	현금흐름 (a)−(b)+(n)
	신제품 출시 전 (b)	신제품 출시 후 (a)			
매출액	1,000	800	−200	2,000	1,800
매출원가	800	400	−400	1,000	600
매출총이익	200	400	200	1,000	1,200

신제품 출시에 따른 현금흐름은 신제품 현금흐름인 증분현금흐름과, 신제품 출시로 인한 기존제품의 잠식효과인 부수효과를 모두 고려해야 한다. 매출액은 현금유입이며 매출원가는 현금유출이므로 매출액−매출원가인 매출총이익이 현금흐름이다. 시장잠식에 따른 매출액 감소액보다 매출원가 감소액이 더 크므로 부수효과의 현금유입은 200원이며, 신제품 매출총이익인 증분현금흐름은 1,000원이므로 총현금흐름은 1,200원이다.

제6장

채권의 가치평가

1. 채권이란?
2. 채권 유형별 가치평가
3. 시장이자율과 채권가격의 관계
4. 무이표채 만기수익률의 확장 – 이자율의 기간구조
5. 회사채의 가치평가
6. 이자율위험과 듀레이션

Financial Management

CHAPTER 06

채권의 가치평가

채권은 정부나 기업이 투자자로부터 자금을 차입하면서 미리 정한 일자에 원금과 이자 지급을 약속하는 증권이다. 채무불이행이 일어나지 않는다면 미래의 기대현금흐름이 확정되어 있어 비교적 가치평가가 쉬운 증권이다. 이 단원에서는 채권 유형별 특징과 채권의 가치평가방법을 알아본다. 시장이자율과 채권가격과의 관계에 대해 살펴보며, 이자율의 기간구조에 대해서도 알아본다. 뒷부분에서는 채무불이행위험이 존재하는 회사채의 가치평가에 대해서 학습한 후, 이자율위험과 듀레이션에 대하여 간단하게 살펴본다.

1. 채권이란?

채권이란 구매자에게 이자와 원금이라는 두 가지 형태의 현금흐름에 대한 청구권을 부여하는 금융자산이다. 채권은 주로 정부와 기업이 발행하며, 채권을 발행하여 조달한 자금은 이들의 부채가 된다. 채권증서(bond certificate)에는 원금에 해당하는 액면가(또는 액면가액, 액면금액)와 이자의 크기, 만기, 이자지급 횟수 등이 구체적으로 기록되어 구매자와 발행자 사이의 채무관계를 명확히 한다.

액면가(principal 또는 face value, par value)는 발행자가 구매자로부터 빌린 자금의 크기를 나타내며, 만기에 발행자가 구매자에게 지급을 약속한 금액이다. 만기(maturity date)는 액면가를 지급하는 시점인 동시에 채권계약이 만료되는 시점을 나타낸다. 연간 지급되는 이자(coupon)를 액면가의 비율로 표시한 것을 표면이자율(coupon rate, 또는 액면이자율)이라고 한다. 채권의 이자는 1년에 1회 지급하는 것이 일반적이지만, 1년에 2회 또는 4회의 이자를 지급하기도 한다. 따라서 구매자가 실제로 받는 이자는 액면가에 표면이자율을 곱하여 구한 이자금액을 이자지급횟수로 나누어 계산해야 한다.

$$\text{이자} = \frac{\text{액면가} \times \text{표면이자율}}{\text{연간 이자지급횟수}}$$

예를 들어, 액면가가 10,000원이며 표면이자율이 5%이고, 1년에 2회 이자를 지급하는 채권을 보유한 투자자는 만기가 될 때까지 매 6개월 마다 10,000원×5%/2=250원 만큼의 이자를 지급받는다.

2. 채권 유형별 가치평가

2.1 무이표채

가장 간단한 형태의 채권은 이자를 지급하지 않고 만기에 원금만을 지급하는 무이표채(zero-coupon bond)이다. 미국 재무부가 발행한 1년 이하의 만기를 가진 재정증권(Treasury bill)이 대표적인 예이다. 미래 현금흐름의 현재가치는 미래 현금흐름보다 작아야 하므로 무이표채는 액면가보다 낮은 금액에 거래되며, 그러한 의미에서 순수할인채권(pure discount bond)이라 부르기도 한다.

예를 들어, 채무불이행위험이 없는 액면가 10,000원, 1년 만기, 무이표채가 9,524원에 거래되고 있다고 가정하자. 이 채권을 구매하여 만기까지 보유하는 상황은 다음과 같이 나타낼 수 있다.

시점	0	1
현금흐름	−9,524원	10,000원

채권구매자는 이자 형태의 직접적인 보상은 없지만, 액면가보다 할인된 금액(−9,524원)에 채권을 구매함으로써 '화폐의 시간가치(time value of money)' 형태로 보상을 받는다.

미래의 확정된 현금흐름인 채권 액면금액(F)에 대해 만기까지의 기간(T)의 시장이자율(r)을 적용한 무이표채의 현재가치는 다음 식 (6−1)로 정리할 수 있다.

$$P = \frac{F}{(1+r)^T} \tag{6-1}$$

무이표채의 만기수익률

4장에서 내부수익률(IRR, internal rate of return)이란 어떤 투자안의 순현가를 '0'으로 만드는 할인율로 정의하였다. 이 개념을 무이표채 투자에 적용해 보자. 무이표채 투자에서의 내부수익률은 채권투자로부터 기대되는 미래 현금흐름의 현재가치를 채권의 현재 시장가격과 같게 만드는 할인율이다. 또는 채권 투자자가 현재의 가격에 무이표채를 구매하여 만기까지 보유하였을 때 기대할 수 있는 유효연수익률(EAR, effective annual return)이다. 채권투자에서의 내부수익률은 만기수익률(YTM, yield to maturity)이라 부른다. 일반적으로 채권투자에서 시장이자율(market interest rate) 또는 수익률(yield)은 만기수익률을 나타낸다.

채권의 만기수익률(YTM)은 채권투자로부터 기대되는 미래 현금흐름의 현재가치를 채권의 현재 시장가격과 같게 만드는 할인율이다.

이제 앞의 예제를 만기수익률 관점에서 표현해 보자. 만기수익률을 투자안의 내부수익률을 계산하는 방식으로 표현하면 다음과 같다.

$$P = \frac{F}{1 + YTM_1}$$

$$9{,}524 = \frac{10{,}000}{1 + YTM_1}$$

$$1 + YTM_1 = \frac{10,000}{9,524} = 1.05$$

이상과 같이 이 무이표채의 만기수익률(또는 시장이자율)은 5%임을 알 수 있다.

2.2 이표채

이제 만기에 액면금액을 지급하고 만기까지의 투자기간 중 정기적으로 이자를 지급하는 이표채(coupon bond)의 가치평가에 대해 알아보자.

이표채의 현금흐름

액면가 10,000원, 만기 5년, 표면이자율 5%, 1년에 2회 이자를 지급하는 채권을 예로 들어 보자. 이 채권은 5년 동안 매 6개월마다 250원의 이자를 지급하며, 만기에 액면가 10,000원을 지급하므로, 250원의 현금흐름이 10회 발생하며, 10,000원의 현금흐름이 1회 발생한다.

기간(단위: 년)	0	0.5	1	···	4.5	5
지급횟수	0	1	2	···	9	10
이자(coupon)		250원	250원		250원	250원
액면가(face value)						10,000원

이표채의 만기수익률과 가치평가

이표채의 만기수익률 계산에 내부수익률 개념을 다시 적용해 보자. 이표채의 만기수익률은 이표채를 구매하여 만기까지 보유하는 경우의 내부수익률이다. 이표채의 만기수익률은 다시 말해 현재의 채권가격을 만기까지 발생하는 모든 현금흐름의 현재가치와 같게 만드는 할인율을 의미한다. 이표채의 현금흐름과 만기수익률 계산과정을 일반화시켜 보자.

[그림 6-1]에 의하면 이표채의 이자에 해당하는 현금흐름은 연금(annuity)의 현금흐름과 같다. 따라서 이표채의 만기수익률은 다음 식을 만족시키는 할인율(이자율, r)이 된다.

그림 6-1 이표채의 현금흐름

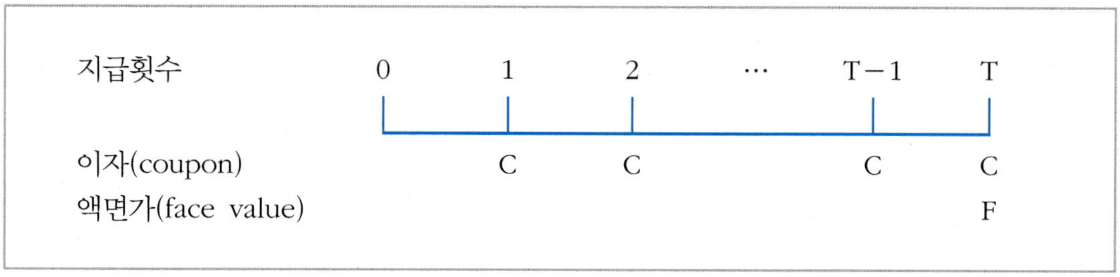

$$P = \sum_{t=1}^{T} \frac{C_t}{(1+r)^t} + \frac{F}{(1+r)^T} = C \times \frac{1}{r}\left[1 - \frac{1}{(1+r)^T}\right] + \frac{F}{(1+r)^T} \quad (6\text{–}2)$$

수식이 복잡해 보이나, 전자계산기 또는 스프레드시트의 함수(예: Excel의 yield 함수)를 통해 쉽게 계산이 가능하다. 시행착오(trial−and−error) 방식으로 계산할 수도 있다.

만기수익률은 연단위로 표시한다. 그러나 위에서 계산한 할인율 r은 1년에 두 번 이자를 지급하는 상황에서 계산된 값(유효반년수익률)이므로, 이를 연 단위로 환산해 주어야 한다. 연단위로 환산할 때는 연표시수익률(APR, annual percentage rate) 개념을 이용하는 것이 관행이다. 위의 예에서 제시한 이표채가 현재 시장에서 9,168원에 거래되고 있다면, 할인율 r은 반년 3.5%의 값을 가지며, 만기수익률은 3.5%에 2를 곱해서 연 7%가 된다.

$$9{,}168 = 250 \times \frac{1}{r}\left[1 - \frac{1}{(1+r)^{10}}\right] + \frac{10{,}000}{(1+r)^{10}}$$

위의 예제에서 만기수익률이 6%로 하락하였을 때, 이 이표채의 가격을 계산해 보자. 이표채의 가격을 계산하는 과정에서 다시 한번 주의할 점은 주어진 만기수익률은 연표시수익률 개념이므로, 이자지급 기간(또는 횟수)에 맞춰 조정해 주어야 한다. 따라서 위의 채권가격을 계산하기 위해서는 반기에 대한 할인율 3%를 사용해야 하며, 이때 채권의 가격은 9,573원이 된다.

$$P = 250 \times \frac{1}{0.03}\left[1 - \frac{1}{(1+0.03)^{10}}\right] + \frac{10{,}000}{(1+0.03)^{10}} = 9{,}573\text{원}$$

만기수익률과 투자수익률

채권의 만기수익률은 일종의 기대 투자수익률이다. 그렇지만, 실제 투자수익률은 아니다. 무이표채와 이표채의 실제 투자수익률이 만기수익률과 어떤 관계를 가지고 있는지를 예를 통해 확인해보자.

액면가 10,000원, 만기 2년인 무이표채의 만기수익률이 10%이라고 하자. 이 경우, 이 채권의 가격은 $P=\dfrac{10,000}{(1+0.1)^2}$=8,264원이다. 이 무이표채를 만기까지 보유했다면, 액면 10,000원을 받게 된다. 이때의 보유기간수익률(HPR, holding period return)은 21.0%($=\dfrac{10,000-8,264}{8,264}$)이며, 유효연수익률(EAR, effective annual return)은 10.0%($=(1+0.21)^{1/2}-1$)로 만기수익률 10%와 같다. 이로부터 만기수익률은 무이표채를 만기까지 보유할 경우의 투자수익률이며, 투자하는 시점에 확정되어 불확실성이 없음을 알 수 있다.

만기 이전에 매도한다면 투자수익률은 어떻게 될까? 1년 후에 매도했고 이때의 만기수익률도 10%이라고 하자. 이 경우, 매도 시점의 가격은 $P=\dfrac{10,000}{(1+0.1)^1}$=9,091원이 된다. 보유기간수익률은 10.0%($=\dfrac{9,091-8,264}{8,264}$)이며, 보유기간이 1년이어서 유효연수익률도 10%로 만기수익률 10%와 같다.

만약, 매도 시점의 만기수익률이 10%가 아니고 9%이었다면 투자수익률은 어떻게 될까? 이 경우, 매도 시점의 가격은 $P=\dfrac{10,000}{(1+0.09)^1}$=9,174원이 된다. 보유기간수익률과 유효연수익률은 11.0%($=\dfrac{9,174-8,264}{8,264}$)로 만기수익률 10%와 다르다. 이로부터 무이표채를 만기 이전에 매도하는 경우, 만기수익률이 변하지 않는다면 투자수익률은 만기수익률과 같지만, 만기수익률이 변한다면 투자수익률은 만기수익률과 달라짐을 알 수 있다. 무이표채를 만기 이전에 매도한다면, 이자율변동위험이 존재한다. 만기수익률은 무이표채를 만기까지 보유할 경우의 투자수익률이며, 만기 이전에 매도할 경우에는 만기수익률이 변하지 않는다는 가정 하의 기대 투자수익률이다.

이제 이표채를 살펴보자. 액면가 10,000원, 만기 2년, 연 1회 1,000원의 이자를 지급하는 무이표채의 만기수익률이 10%라고 하자. 이 경우, 이 채권의 가격은 $P=\dfrac{1,000}{(1+0.1)^1}+\dfrac{11,000}{(1+0.1)^2}$=10,000원이다. 이 이표채를 만기까지 보유했다면, 1년 후에 이자 1,000원, 2년 후에 이자 1,000원과 액면가 10,000원을 받게 된다. 이때 보유기간수익률을 20%($=\dfrac{1,000+1,000+10,000-10,000}{10,000}$)로 계산한다면 이는 잘못되었다. 1년 후의 현금흐름과 2년 후의 현금흐름의 시점이 다름에 대한 화폐의 시간가치(time value of money)를 고려하지 않았기 때문이다. 화폐의 시간가치를 고려하기 위해서는 1년 후 현금흐름의 1년간 재투자를 고려해야 한다. 여기에서 재투자 이자율에 대한 가정이 필요하다. 만약, 1년 후의 이자율이 10%이었다고 한다면, 1년 후 이자 1,000원은 2년 후에 1,100원(=1,000+(1+0.1))이 되었을 것이다. 따라서, 제대로 계산한 보유기간수익률은 21%($=\frac{1,100+1,000+10,000-10,000}{10,000}$)이고 유효연수익률은 10%($=(1+0.21)^{1/2}-1$)로 만기수익률 10%와 같다.

만약, 1년 후의 이자율이 9%이었다면, 1년 후 이자 1,000원은 2년 후에 1,090원(=1,000(1+0.09))이 되었을 것이다. 보유기간수익률은 20.9%($=\frac{1,090+1,000+10,000-10,000}{10,000}$)이고 유효연수익률은 9.95%($=(1+0.209)^{1/2}-1$)로 만기수익률 10%와 다르다. 이로부터 이표채의 투자수익률은 만기까지 보유하는 경우조차도 만기수익률과 달라질 수 있음을 알 수 있다. 그 이유는 만기 이전에 받는 이자의 재투자이자율 변동위험에 있다. 따라서, 만기수익률은 이표채를 만기까지 보유할 경우 이자를 만기수익률로 재투자할 수 있다는 가정 하의 기대 투자수익률이다.

만기 이전에 매도한다면 이표채의 투자수익률은 어떻게 될까? 1년 후에 매도했고 이때의 만기수익률도 10%이라고 하자. 이 경우, 매도 시점의 가격은 $P=\frac{11,000}{(1+0.1)^1}=10,000$원이 된다. 보유기간수익률은 10.0%($=\frac{1,000+10,000-10,000}{10,000}$)이며, 보유기간이 1년이어서 유효연수익률도 10%로 만기수익률 10%와 같다.

만약, 매도 시점의 만기수익률이 10%가 아니고 9%이었다면 이표채의 투자수익률은 어떻게 될까? 이 경우, 매도 시점의 가격은 $P=\frac{11,000}{(1+0.09)^1}=10,092$원이 된다. 보유기간수익률과 유효연수익률은 10.9%($=\frac{1,000+10,092-10,000}{10,000}$)로 만기수익률 10%와 다르다. 이로부터 이표채를 만기 이전에 매도한다면 투자수익률이 만기수익률과 달라질 수 있음을 알 수 있다. 논의의 단순화를 위해 2년 만기의 이표채를 예로 들었기 때문에 만기 이전에 매도하더라도 만기수익률이 변하지 않는다면, 만기수익률이 투자수익률과 같아졌지만, 이는 모든 만기의 이표채에 적용되는 사실은 아니다. 만기까지 보유하는 경우에서 알 수 있듯이 투자시점과 매도시점의 만기수익률이 동일하더라도 그 중간에 발생하는 재투자 이자율변동위험이 있기 때문이다.

만기수익률은 무이표채를 만기까지 보유하는 경우의 투자수익률이며, 무이표채를 만기 이전에 매도하거나, 이표채의 경우에는 이자를 만기수익률로 재투자하고, 매도시점의 만기수익률이 투자시점과 동일하다는 가정 하의 기대 투자수익률이다.

이표채의 특성

무이표채는 만기 이전까지 액면가보다 할인된 가격에 거래된다. 이와 달리 이표채의 가격은 액면가보다 낮을 수도, 높을 수도, 같을 수도 있다.

채권의 만기수익률이 표면이자율보다 높을 경우, 채권의 현재가치는 액면가보다 낮아지는데 이러한 채권을 할인채권(discount bond)이라 부른다. 역으로 생각하면, 할인채권의 경우, 채권의 투자자에게는 만기 이전까지 표면이자율에 따른 이자수입이 발생하며, 동시에 만기에 현재의 채권가격보다 높은 액면가만큼의 수입이 발생할 것을 예상할 수 있다. 따라서 이 투자자는 표면이자율보다 높은 만기수익률을 채권투자로부터 기대할 수 있다.

반대로 채권의 만기수익률이 표면이자율보다 낮을 경우, 채권의 현재가치가 액면가보다 높아지는데 이러한 채권을 할증채권(premium bond)이라 부른다. 할증채권의 경우, 만기 이전까지 표면이자율에 따른 이자수입이 발생하며, 동시에 만기에 현재의 채권가격보다 낮은 액면가만큼의 수입이 발생할 것을 예상할 수 있다. 따라서 채권 투자자는 표면이자율보다 낮은 만기수익률을 기대할 수 있다.

이표채의 표면이자율과 만기수익률이 같은 경우에는 이표채의 가격이 액면가와 같은 액면채권(par bond)으로 거래된다. 이상의 관계는 [표 6−1]에 정리되어 있다.

표 6-1 표면이자율과 만기수익률의 관계

구분	할증채권(premium bond)	액면채권(par bond)	할인채권(discount bond)
	채권가격 > 액면가	채권가격 = 액면가	채권가격 < 액면가
표면이자율과 만기수익률의 관계	표면이자율 > 만기수익률	표면이자율 = 만기수익률	표면이자율 < 만기수익률

3. 시장이자율과 채권가격의 관계

대부분의 채권은 채권가격이 액면가 또는 액면가에 가깝도록 발행시점의 시장이자율을 표면이자율로 사용하여 발행된다. 채권발행 이후의 채권가격은 거래되는 시점의 시장이자율(만기수익률)에 의해 결정된다.[1] 이 절에서는 시장이자율의 변화가 채권가격에 미치는 영향에 대하여 살펴보자.

예를 들어, 채무불이행위험이 없는 액면가 10,000원, 5년 만기, 무이표채의 시장이자율이 5%라면, 이 무이표채의 거래가격은 다음과 같다.

$$P=\frac{10,000}{1.05^5}=7,835\text{원}$$

이제 시장이자율이 6%로 상승하면, 이 무이표채의 가격은 다음과 같이 변한다.

$$P=\frac{10,000}{1.06^5}=7,473\text{원}$$

시장이자율이 1% 상승할 때, 채권가격은 (7,473−7,835)/7,835=−4.63% 하락하여, 채권가격과 시장이자율이 서로 반대 방향으로 움직이는 것을 볼 수 있다. 일반적으로 높은 시장이자율(만기수익률)은 높은 할인율(discount rate)을 의미하므로 시장이자율이 상승하면 채권가격은 하락한다. 반대로 시장이자율이 하락하면 채권가격은 상승하게 된다.

시장이자율과 채권가격은 반비례한다.

다음으로 만기가 시장이자율과 채권가격 사이의 관계에 미치는 영향에 대해 살펴보자. 앞의 예에서 만기가 5년이 아닌 10년이라 가정하고 시장이자율이 5%에서 6%로 상승하는 경우 가격변화율을 구해보면 다음과 같다.

$$P=\frac{10,000}{1.05^{10}}=6,139.13$$

$$P=\frac{10,000}{1.06^{10}}=5,583.95$$

시장이자율이 5%에서 6%로 1% 상승할 때, 채권가격은 (5,583.95−6,139.13)/6,139.13

1) 채권가격에 영향을 미치는 요인으로 만기가 가까워질수록 잔존기간이 짧아짐으로 인해 채권에서 발생하는 현금흐름의 현재가치가 변하는 시간효과도 있다.

=−9.04% 하락한다. 만기가 5년인 무이표채의 결과와 비교하여, 만기가 10년인 무이표채의 가격변화율이 더 큰 것을 볼 수 있다.

만기가 길수록 시장이자율 변화에 대한 채권가격의 변화는 민감해진다.

다음으로 표면이자율이 시장이자율과 채권가격 사이의 관계에 미치는 영향을 살펴보자. 액면가 ₩10,000, 표면이자율 5%, 연 1회 이자지급, 만기 10년인 이표채가 있다. 시장이자율이 5%에서 6%로 상승할 때 가격은 얼마나 변할까?

$$500 \times \frac{1}{0.05}\left[1-\frac{1}{(1+0.05)^{10}}\right]+\frac{10,000}{(1+0.05)^{10}}=10,000$$
$$500 \times \frac{1}{0.06}\left[1-\frac{1}{(1+0.06)^{10}}\right]+\frac{10,000}{(1+0.06)^{10}}=9,264$$

위 계산과 같이 이 이표채의 가격은 (9,264−10,000)/10,000=−7.36%만큼 하락하는 것을 볼 수 있다. 만기가 10년인 무이표채의 결과와 비교해 이표채의 가격변화율이 작은 것을 볼 수 있다.

만기가 같고 표면이자율이 높은 이표채의 예를 추가해 보자. 액면가 10,000, 표면이자율 10%, 연 1회 이자지급, 만기 10년인 이표채가 있다. 시장이자율이 5%에서 6%로 상승할 때 가격변화율은 어떻게 될까?

$$1,000 \times \frac{1}{0.05}\left[1-\frac{1}{(1+0.05)^{10}}\right]+\frac{10,000}{(1+0.05)^{10}}=13,860.9$$
$$1,000 \times \frac{1}{0.06}\left[1-\frac{1}{(1+0.06)^{10}}\right]+\frac{10,000}{(1+0.06)^{10}}=12,944.0$$

위와 같이 이 이표채의 가격은 (12,944.0−13,860.9)/13,860.9=−6.61%만큼 하락하는 것을 볼 수 있다. 앞에서 다뤘던 표면이자율 5%인 이표채에 비해 가격변화율이 더 작은 것을 볼 수 있다.

표면이자율이 높을수록 시장이자율 변화에 대한 채권가격의 변화는 덜 민감해진다.

4. 무이표채 만기수익률의 확장 – 이자율의 기간구조

4.1 수익률곡선

이제 만기가 1년보다 긴 무이표채의 가격과 만기수익률 사이의 관계를 살펴보자. 만기가 T년이고 액면가가 F인 무이표채의 가격은 다음과 같이 정의할 수 있다.

$$P = \frac{F}{(1+YTM_T)^T} \tag{6-3}$$

이 식을 만기수익률에 대해 정리하면 다음과 같다.

$$YTM_T = \left(\frac{F}{P}\right)^{1/T} - 1 \tag{6-4}$$

T 기간 동안의 만기수익률이란 오늘 매입한 채권을 만기인 T시점까지 보유하는 동안의 단위기간(통상적으로 1년)에 대한 평균수익률을 나타낸다.

[표 6-2]에는 만기가 각각 1년부터 4년으로 각기 다른 무이표채 4개의 현금흐름과 가격이 표시되어 있다.

표 6-2 만기가 서로 다른 무이표채 4개의 현금흐름

	채권가격 (t=0)	만기(T년) 및 원금(액면가)			
		1	2	3	4
무이표채 1	9,662	10,000			
무이표채 2	9,245		10,000		
무이표채 3	8,763			10,000	
무이표채 4	8,306				10,000

위 표에 나온 정보를 토대로 각 채권의 만기수익률을 계산하면 다음과 같다.

$$YTM_1 = (10,000/9,662)^{1/1} - 1 = 3.50\%$$
$$YTM_2 = (10,000/9,245)^{1/2} - 1 = 4.00\%$$
$$YTM_3 = (10,000/8,763)^{1/3} - 1 = 4.50\%$$
$$YTM_4 = (10,000/8,306)^{1/4} - 1 = 4.75\%$$

만약 각 무이표채에 대해 액면가의 지급이 확실하게 보장된다면, 즉 채무불이행위험이 없다면, 앞서 계산한 만기수익률은 해당 만기까지의 무위험이자율이 된다. 채권시장에서는 이처럼 위험이 없는 무이표채의 만기수익률을 현물이자율(spot interest rate)이라고 부른다.

채무불이행위험이 없는 무이표채의 만기수익률이 무위험이자율이다.

앞서 계산한 네 무이표채의 만기수익률을 만기를 X축에 수익률을 Y축에 표시한 그래프로 나타내면 다음과 같다.

이렇게 서로 다른 만기에 대한 무위험이자율을 연결하는 곡선을 수익률곡선이라고 한다.

그림 6-2 수익률곡선

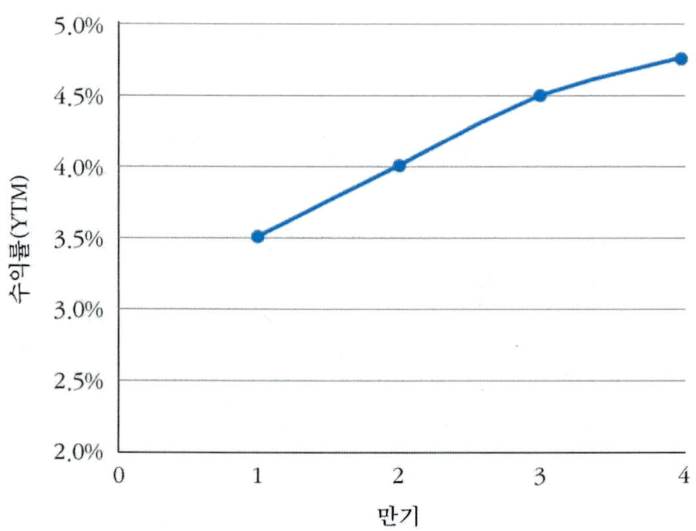

위의 그래프에 나타낸 만기수익률을 살펴보면, 만기가 길어질수록 만기수익률이 상승하는 모습을 알 수 있다. 이와 같이 만기가 길어질수록 만기수익률이 상승하는 형태의 수익률곡선을 우상향(upward sloping)한다고 표현한다. 그와 반대로 무이표채의 수익률곡선이 만기가 길어질수록 낮아진다면, 우하향(downward sloping)한다고 부른다. 또한, 무이표채의 수익률곡선이 모든 만기에 같은 값을 갖게 되면, 수익률곡선이 평행(flat)하다고 한다.

4.2 무이표채 수익률곡선을 이용한 이표채의 가치평가

이제 위험이 없는 무이표채의 만기수익률을 이용하여 이표채의 가격을 평가하는데 응용해 보자. 예를 들어, 표면이자율 10%, 만기 3년인 무위험 이표채를 10개 매입했다고 가정하자. 이 이표채에 대한 투자로부터 발생하는 현금흐름은 [표 6-3]과 같을 것이다.

표 6-3 만기가 3년인 이표채 1의 현금흐름

	매입 수량	총 투자금액 (t=0)	시점별 현금흐름(t년)		
			1	2	3
이표채 1	10개	10× P	10×1,000	10×1000	10×11,000

그런데 위의 현금흐름은 다음과 같이 3개의 무이표채를 대상으로 한 투자를 결합함으로써 복제할 수 있다. 예를 들어, 무이표채 1, 무이표채 2를 각각 1개 매입하고, 무이표채 3을 11개 매입하는 거래를 가정해 보자. 이 거래로부터 기대되는 현금흐름은 [표 6-4]와 같다.

표 6-4 만기가 각기 다른 무이표채 1, 2, 3의 현금흐름

	매입 수량	총 투자금액 (t=0)	만기(T년) 및 원금(액면가)		
			1	2	3
무이표채 1	1개	1×9,662	10,000		
무이표채 2	1개	1×9,245		10,000	
무이표채 3	11개	11×8,763			110,000
현금흐름(총 투자금액)	115,300		10,000	10,000	110,000

$$10\times P=1\times 9{,}662+1\times 9{,}245+11\times 8{,}763=115{,}300$$

$$P=\frac{115{,}300}{10}=11{,}530$$

[표 6－3]과 [표 6－4]에 표시된 투자로부터의 연도별 현금흐름을 비교하면 동일함을 알 수 있다. 즉, 우리는 이표채 1의 현금흐름을 3개의 무이표채를 사용하여 동일하게 복제하였다. 두 투자로부터의 미래 현금흐름이 같으므로, 앞서 3장에서 배운 무차익의 원리를 적용하면 두 투자의 금액도 동일해야 한다. 이를 통해, 이표채 1의 가격이 11,530원으로 결정되어야 함을 알 수 있다.

위의 예제에서 도출한 결과를 일반화하면 다음과 같다. 무이표채의 만기수익률 정보를 이용하여 이표채의 가치를 평가하는 일반화된 식을 도출할 수 있는데, 채권의 가격은 채권으로부터 발생하는 모든 현금흐름의 현재가치로 정의할 수 있으므로 수식으로 표현하면 다음과 같다.

$$P=\frac{C}{(1+YTM_1)^1}+\frac{C}{(1+YTM_2)^2}+\cdots+\frac{C+F}{(1+YTM_T)^T} \tag{6-5}$$

이 식을 다시 위의 이표채에 적용해 보자. 표면이자율 10%, 만기 3년인 무위험 이표채 1개의 가격은 다음과 같다.

$$P=\frac{1{,}000}{(1.035)^1}+\frac{1{,}000}{(1.040)^2}+\frac{1{,}000+10{,}000}{(1.045)^3}=11{,}530$$

이표채 1개의 가격은 11,530원이며, 이 채권을 10개 매입하였으므로, 이 거래를 위해 115,300원의 자금이 필요한 것을 알 수 있다. 이 금액은 동일한 현금흐름을 가지도록 무이표채를 구매하는 데 소요된 총 금액과 일치한다.

이표채의 만기수익률

이표채의 만기수익률을 산출하는 과정은 다음 식의 할인율(또는 내부수익률, y)을 도출하는 과정과 같다.

$$P=\frac{1{,}000}{(1+y)^1}+\frac{1{,}000}{(1+y)^2}+\frac{1{,}000+10{,}000}{(1+y)^3}=11{,}530$$

$$y = 4.44\%$$

그렇다면 표면이자율 5%, 만기 3년인 무위험 이표채의 만기수익률은 얼마일까? 만기수익률을 계산하기에 앞서 먼저 이 채권의 가격을 계산해야 한다. 위에 주어진 무이표채의 수익률곡선 정보를 이용하면, 이 이표채의 가격은 다음과 같다.

$$P = \frac{500}{(1.035)^1} + \frac{500}{(1.040)^2} + \frac{500 + 10,000}{(1.045)^3} = 10,146.5$$

이렇게 계산된 채권가격을 토대로 만기수익률을 도출하는 식을 적용하면 다음과 같다.

$$P = \frac{500}{(1+y)^1} + \frac{500}{(1+y)^2} + \frac{500 + 10,000}{(1+y)^3} = 10,146.5$$

$$y = 4.467\%$$

지금까지의 예제를 이표채의 표면이자율과 만기수익률 관점에서 정리하면 다음과 같다.

표면이자율	0%	5%	10%
YTM	4.50%	4.467%	4.44%

다른 조건이 모두 동일한 상태에서 표면이자율이 증가함에 따라 이표채의 만기수익률이 낮아지는 것을 볼 수 있다. 다만, 이상의 결과는 우상향하는 수익률곡선을 가정한 상황에서 도출된 결과라는 데 주의할 필요가 있다.

일반적으로 무위험 무이표채의 수익률곡선이 우상향할 경우, 표면이자율의 크기와 만기수익률은 반비례하는 관계를 갖는다. 수익률곡선이 우하향할 경우, 표면이자율의 크기와 만기수익률은 비례의 관계를 갖는다. 수익률곡선이 평행할 경우, 무이표채와 이표채 모두 같은 만기수익률을 갖는다.

앞서 무위험 이표채의 가격과 이표채의 만기수익률을 계산하는 과정에서 무위험 무이표채의 수익률곡선를 사용하였다. 일반적으로 실무에서 무위험 채권의 수익률곡선이라 함은 가장 최근에 발행된(on-the-run) 무위험 국채(통상적으로 이표채)의 수익률곡선을 말한다. 또한, 무차익원리를 이용하면, 이표채의 수익률곡선 정보를 이용하여 역으로 무이표채의 수익률곡선을 도출해 낼 수도 있다.

[표 6-5]는 한국과 미국의 국채 종류를 나타낸다. 만기가 1년 이내인 국채만이 무이

표 6-5 한국과 미국의 국채 비교

<table>
<tr><th colspan="4">미국</th><th colspan="3">한국</th></tr>
<tr><th>명칭</th><th>약자</th><th>만기</th><th>이자지급</th><th>명칭</th><th>만기</th><th>이자지급</th></tr>
<tr><td rowspan="2">Treasury bill</td><td rowspan="2">T-Bills</td><td>4주
8주
13주</td><td>무이표채
(할인채)</td><td rowspan="2">재정증권</td><td rowspan="2">1년 이내</td><td rowspan="2">무이표채
(할인채)</td></tr>
<tr><td>26주
52주</td><td>매 6개월</td></tr>
<tr><td>Treasury note</td><td>T-Notes</td><td>2~10년</td><td>매 6개월</td><td rowspan="2">국고채권</td><td rowspan="2">3년
5년
10년
20년
30년
50년</td><td rowspan="2">매6개월</td></tr>
<tr><td>Treasury bond</td><td>T-Bonds</td><td>20~30년</td><td>매 6개월</td></tr>
<tr><td>Treasury Separate Trading of Registered Interest and Principal of Securities</td><td>Treasury STRIPS</td><td>만기 10년 이상인 T-Bonds</td><td>무이표채
(할인채)</td><td>원금이자분리 국고채</td><td>모든 국고채 만기에서 가능</td><td>무이표채
(할인채)</td></tr>
</table>

표채로 할인 발행되며, 1년 이상의 만기를 가진 국채는 모두 6개월 마다 이자를 지급하는 이표채로 발행된다. 따라서 국채의 수익률곡선은 이표채의 수익률곡선이라고 할 수 있다.

원금이자분리국고채권(Treasury STRIPS)은 현실 세계에서 만기 1년 이상의 무이표채를 만들어내는 방법을 보여준다. 국채로 직접 발행되는 장기 무이표채는 존재하지 않으나, 정부는 장기 국채의 표면이자와 원금을 분리하여 장기 무이표채를 만드는 것을 허용한다. 장기 국채를 매입한 채권 딜러들은 해당 국채의 이자와 원금에 대한 현금흐름을 독립적인 증권으로 분할하여 발행(stripping)할 수 있도록 정부에 요구할 수 있다. 10년 만기 국채의 경우 20개의 반기별 이자와 1개의 원금에 해당하는 21개의 현금흐름으로 분할할 수 있다. 이들 각각의 6개월 단위 21개의 현금흐름은 무이표채권으로 등록되어 채권시장에서 거래된다.

5. 회사채의 가치평가

지금까지 다룬 채권은 암묵적(또는 명시적)으로 채무불이행위험이 없는, 즉 해당 채권에서 발생하는 현금흐름이 확실하게 채권을 매입한 투자자에게 전달되는 채권이었다. 국가가 발행하고 그 이행을 보증하는 국채는 일반적으로 무위험채권으로 여겨진다. 한편, 기업이 발행하는 회사채(corporate bond)는 해당 채권증서에서 약속한 현금흐름이 채권을 매입한 투자자에게 전달되지 않는 상황이 발생할 수 있다. 발행주체인 기업의 경영실적이 악화되거나 파산하게 되면 기업은 채권증서에 명시된 약속의 일부 또는 전부를 이행하지 못하게 된다. 이러한 위험을 신용위험(credit risk) 또는 채무불이행위험(default risk)이라고 한다. 따라서 회사채에 투자하는 투자자는 항상 채무불이행 가능성을 염두에 두어야 한다.

5.1 회사채의 만기수익률

회사채가 가진 채무불이행위험이 회사채 가격과 만기수익률에 어떻게 영향을 주는지 살펴보자. 먼저 회사채를 매입한 투자자가 기대하는 현금흐름부터 살펴보자. 채무불이행위험이 있다는 것을 알고 있는 회사채 구매자는 회사채 증서에서 약속한 현금흐름보다 실제 자신이 받을 것으로 기대하는 현금흐름이 더 작을 수 있다는 것을 안다. 따라서 다른 조건이 같다면, 채무불이행위험이 있는 회사채를 구매하는 투자자는 무위험 채권에 지급할 수 있는 가격보다 더 낮은 가격을 지불하게 된다. 또한, 회사채의 가격이 무위험 채권보다 낮으므로, 회사채의 만기수익률은 같은 조건의 무위험 채권보다 높게 형성된다. 회사채와 관련된 위험의 상황별 시나리오를 통해 회사채의 만기수익률과 실제 투자자들이 기대하는 투자수익률의 관계를 살펴보자.

[상황 1] 채무불이행위험이 없는 경우

회사채 중에는 단기간 동안 채무불이행위험이 거의 없어서 무위험 채권으로 분류하여도 무방한 경우가 있다. 이 경우, 무차익원리를 적용하면, 회사채 가격이 무위험 채권의 가격과 같아져야 한다. 예를 들어, 어떤 기업이 발행한 위험이 없는 만기 1년인 무이표 회사채의 만기수익률이 5%라고 하자. 만약 채무불이행위험이 없다면 이 회사채의 만기수익률도 5%가 되어야 한다. 따라서 다음과 같이 이 회사채의 가격은 9,523.8원으로 결정된다.

$$P=\frac{10,000}{1+YTM_1}=\frac{10,000}{1.05}=9,523.8$$

[상황 2] 채무불이행 가능성이 확실한 경우

만약, 이 회사가 1년 후 확실하게 파산할 것이며, 이 기업은 약속한 원금의 90%만 지급(만기 1년 무이표채를 가정하고 있으므로 원금에 대한 의무만 있음)할 수 있다고 하자. 즉, 채권증서에는 액면가 10,000원을 지급하기로 되어 있으나, 기업이 파산하여 9,000원만 지급할 수 있는 상황이 발생한 것이다. 만약, 채권 투자자들이 이러한 상황을 완벽하게 예측할 수 있다면, 이제 이 기업이 발행한 채권은 전혀 다른 성격의 채권이 된다. 즉, 1년 후 원금 10,000원짜리 채권이 아니라 1년 후 원금이 9,000원인 채권으로 바뀌게 된다. 채무불이행의 가능성이 확실하며, 만기에 받게 되는 금액이 약속한 금액보다 낮아졌으므로, 이 채권의 가격도 채무불이행이 없는 경우보다 낮은 8,571.4원에 거래되어야 한다.

$$P=\frac{9,000}{1+YTM_1}=\frac{9,000}{1.05}=8,571.4$$

이제 이 회사채의 만기수익률을 계산해 보자.

$$YTM=\frac{F}{P}-1=\frac{10,000}{8,571.4}-1=16.67\%$$

계산 결과, 이 회사채의 만기수익률은 16.67%로 무위험 무이표채의 만기수익률 5%보다 훨씬 높다. 하지만, 이처럼 높은 만기수익률이 실제 채권 투자자가 얻을 수 있는 수익률을 의미하지는 않는다. 앞서 이 기업은 1년 후 확실히 파산이 예상되며, 이 경우 채권 투자자들은 액면가의 90%만 확실하게 받을 수 있을 것으로 기대하기 때문이다. 따라서 이 채권으로부터 기대되는 수익률은 5%가 된다.

$$\frac{9,000}{8,571.4}-1=5\%$$

요약하면, 채무불이행 가능성이 있는 회사채의 만기수익률은 해당 회사채 투자로부터 기대되는 투자수익률과 다르다. 이는 만기수익률이 채권증서에 약속된 현금흐름을 이용하여 도출되는데, 채무불이행 가능성이 있는 기업의 경우, 약속된 현금흐름은 실제 투자자들이 기대하는 현금흐름보다 항상 높기 때문이다.

[상황 3] 채무불이행 가능성을 확률적으로만 파악할 수 있는 경우

기업의 미래 상황을 정확하게 예측하는 것은 매우 어렵다. 따라서 이 경우 확률적 접근법이 보다 합리적이다. 위의 예제를 다음과 같이 변형해 보자. 이 기업이 파산하지 않을 가능성은 50%이며, 파산할 확률은 나머지 50%이다. 파산할 경우, 투자자들은 액면의 90%를 돌려받을 수 있다고 가정하자. 이 경우, 채권 투자자들이 받을 것으로 기대하는 현금흐름은 9,500원이 될 것이다. 다만, 이때의 현금흐름 9,500원은 확률적으로 도출된 값이므로 무위험 채권의 만기수익률을 할인율로 사용하여 가격을 계산할 수 없다. 이 경우, 우리는 새롭게 계산한 확률적 현금흐름의 위험을 정확하게 측정하는 추가적인 절차가 필요하다.

채무불이행 가능성을 확률적으로만 파악할 수 있는 상황에서는 확률적으로 계산된 현금흐름과 비슷한 위험수준을 가진 다른 기업의 자본비용(또는 할인율)을 알아야 해당 채권의 가격을 계산할 수 있다. 새롭게 계산한 현금흐름에 불확실성이 있으므로, 이 채권에 투자하는 투자자들은 무위험 무이표채의 만기수익률보다 더 높은 보상(자본비용 또는 할인율)을 요구하게 될 것이 분명하다.

이러한 현금흐름에 대해 투자자들이 0.7%의 위험프리미엄(risk premium)을 요구한다고 가정하자. 이제 이 채권의 가격은 다음과 같이 8,987.7원으로 계산할 수 있다.

$$P = \frac{9,500}{1.057} = 8,987.7$$

또한 이 채권의 만기수익률은 11.26%가 된다.

$$YTM = \frac{F}{P} - 1 = \frac{10,000}{8,987.7} - 1 = 11.26\%$$

이제 8,978.7원에 이 채권을 구입한 투자자의 파산 시 투자수익률을 계산해 보자.

$$\frac{9,000}{8,987.7} - 1 = 0.14\%$$

표 6-6 채무불이행 가능성에 따른 채권가격과 수익률

구분	채권가격	만기수익률	기대수익률
채무불이행 가능성이 없는 경우	9,523.81	5.00%	5.00%
채무불이행 가능성이 50%인 경우	8,987.70	11.26%	5.70%
채무불이행 가능성이 확실한 경우	8,571.43	16.67%	5.00%

채무불이행 확률로 가중평균하면, 이 채권에 투자한 투자자들이 기대하는 투자수익률을 알 수 있는데, $0.5 \times 11.26\% + 0.5 \times 0.14\% = 5.70\%$로서 앞서 무이표채의 만기수익률에 위험프리미엄을 더한 값과 같아지는 것을 확인할 수 있다.

지금까지 회사채에 투자하는 투자자 관점에서 다양한 채무불이행 상황을 가정하고, 회사채의 가격, 만기수익률, 투자자의 기대수익률을 살펴보았다. 채무불이행위험이 높아지면, 채권의 가격은 낮아지고 만기수익률은 상승한다. 채권 투자자의 기대수익률 관점에서 보면, 채무불이행위험이 있을 경우, 채권 투자자의 기대수익률은 채권의 만기수익률보다 낮아진다. 나아가, 회사채의 경우 높은 만기수익률이 채권 투자자들에게는 더 높은 기대수익률을 의미하지도 않는다는 점에 주의할 필요가 있다.

5.2 채권 신용등급

모든 시장참가자들이 개별적으로 수많은 종류의 회사채 각각에 대해 채무불이행위험을 평가하는 것은 어렵기도 하지만 경제 전체적으로도 비효율적이다. 신용평가회사(credit rating company)는 독자적으로 각 기업이 발행한 회사채의 채무불이행 정도를 몇 단계의 등급으로 구분하여 발표하는데 이를 신용등급(credit rating)이라고 한다. 공신력을 생명으로 하는 신용평가회사들이 발표하는 정보가 이용 가능해짐으로써 투자자 참여와 시장 유동성 측면에서 채권시장이 발전하는 계기가 되었다. 국제적으로 대표적인 신용평가사로는 Standard & Poor's, Moody's, Fitch Ratings가 있다. 국내에서는 한국기업평가, 한국신용평가, NICE신용평가 등이 있다. [표 6-7]에는 한국신용평가가 발표한 채권의 신용등급별 정의가 수록되어 있다.

표 6-7 회사채 신용등급의 정의

등급	내용
AAA	원리금 상환가능성이 최고 수준이다.
AA	원리금 상환가능성이 매우 높지만, 상위등급(AAA)에 비해 다소 열위한 측면이 있다.
A	원리금 상환가능성이 높지만, 상위등급(AA)에 비해 경제여건 및 환경변화에 따른 영향을 받기 쉬운 면이 있다.
BBB	원리금 상환가능성이 일정수준 인정되지만 상위등급(A)에 비해 경제여건 및 환경변화에 따라 저하될 가능성이 있다.
BB	원리금 상환가능성에 불확실성이 내포되어 있어 투기적 요소를 가지고 있다.
B	원리금 상환가능성에 대한 불확실성이 상당하여 상위등급(BB)에 비해 투기적 요소가 크다.
CCC	채무불이행의 위험수준이 높고 원리금 상환가능성이 의문시된다.
CC	채무불이행의 위험수준이 매우 높고 원리금 상환가능성이 희박하다.
C	채무불이행의 위험수준이 극히 높고 원리금 상환가능성이 없다.
D	상환불능상태이다.

주: 상기 등급 중 AA부터 B등급까지는 동일 등급내에서의 우열을 나타내기 위해 +, − 부호를 부가함.
* 출처: 한국신용평가.

AAA 등급부터 BBB 등급까지를 투자적격등급(investment grade) 채권으로 분류하며, BB 이하 등급의 채권을 투기등급(speculative grade) 채권, 정크본드(junk bond), 또는 하이일드(high-yield) 채권 등으로 분류한다. 채권의 등급은 기업의 파산 가능성뿐만 아니라 파산시 채권 투자자들이 기업의 자산에 대해 자신의 청구권을 얼마나 강하게 요구할 수 있는지의 정도에 따라서도 결정된다. 즉, 같은 기업이 발행한 채권이라도 청구권이 후순위인 채권의 등급은 낮아질 수밖에 없으며, 기업이 소유한 자산에 의해 지급이 보장되는 정도가 높은 채권의 등급은 높게 책정된다.

회사채의 수익률곡선

앞서 무위험 채권에 대한 수익률곡선을 도출하였듯이 회사채에 대한 수익률곡선의 도출도 생각해 볼 수 있다. 회사채의 특성상 채무불이행위험이 높은 등급일수록 만기수익률이 높아지는 현상이 나타난다. 이를 채무불이행 스프레드(default spread) 또는 신용 스프레드(credit spread)라고 한다. 신용 스프레드는 경제환경이 변하고 파산 위험도가 변함에 따라 커지거나 작아진다. [그림 6-3]에는 국채의 수익률곡선(treasury yield curve)과 비교하여 회사채의 수익률곡선이 위쪽에 위치하는데, 이는 회사채의 채무불이행 위험이 높고 따라서 신용 스프레드가 높다는 것을 나타낸다.

그림 6-3 회사채와 국채의 수익률곡선

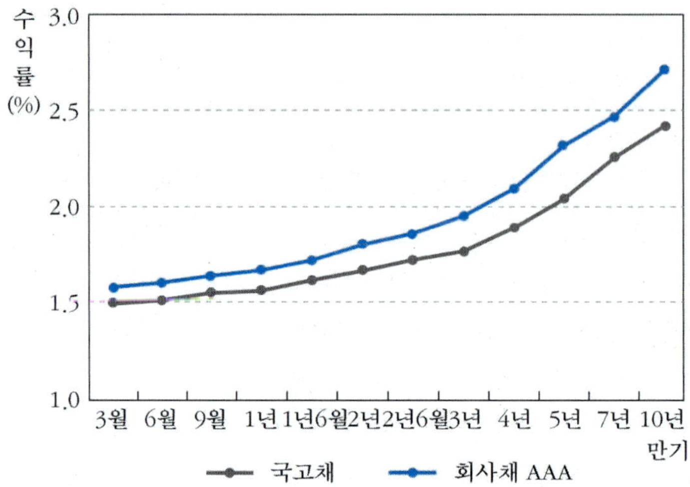

6. 이자율위험과 듀레이션

시장이자율이 변동하면 채권의 가격은 이와 반대방향으로 움직인다. 회사채의 신용 스프레드는 경제환경 변화에 따라 커지거나 작아진다. 시장이자율의 변동성이 커지는 상황은 채권 투자자와 채권 발행자 모두의 투자 의사결정을 어렵게 만든다. 시장이자율이 상승하면, 채권 투자자가 보유하고 있는 채권의 가치는 하락한다. 채권을 발행하여 자금을 조달해야 하는 기업 입장에서는 신규자금에 대한 조달비용이 상승한다. 반대로, 시장이자율이 하락하면, 채권 투자자의 입장에서 볼 때 신규 투자자금의 수익성이 하락한다. 채권을 발행한 기업에게는 자신이 과거에 발행한 부채의 평가액이 커지는 효과가 발생한다. 따라서 이자율 변동성이 확대되는 기간에는 채권 투자자와 채권 발행자 모두 우려하는 시기라고 할 수 있다. 요약하면, 시장이자율이 변함에 따라 채권과 관련한 위험은 두 가지로 요약할 수 있다. 첫째, 이자율변동에 따라 채권가격이 변하는 가격위험(price risk)이다. 둘째, 이자율변동에 따른 이자의 재투자수익이 변하는 재투자위험(reinvestment risk)이다.

채권투자에서 이자율위험(interest rate risk)은 가격위험과 재투자위험을 모두 포함하는 개념이다.

앞서 간략하게 시장이자율이 변할 때, 채권가격의 민감도를 살펴보았는데, 채권의 듀레이션(duration)은 채권의 이자율위험을 측정하는 대표적인 지표이다.

듀레이션은 채권 투자자가 투자한 자금을 회수하는데 걸리는 시간을 화폐의 시간가치를 고려하여 측정한 실질적인 만기이다.

듀레이션[2]은 현금흐름이 발생하는 시점(t)에 대해 현재의 채권가격(P) 대비 각 시점에서 발생하는 현금흐름의 현재가치($PV(C_t)$) 비중으로 가중평균하여 정의한다.

$$\text{Duration} \equiv \sum_t \frac{PV(C_t)}{P} \times t \tag{6-6}$$

표면이자율이 10%이고, 만기 5년인 이표채를 예로 들어 보자. 이 이표채의 만기수익률이 5%인 경우, 이 채권의 듀레이션을 구하는 과정은 다음과 같이 나타낼 수 있다.

t	C_t	$PV(C_t)$	$PV(C_t)/P$	$[PV(C_t)/P]\times t$
1	1,000.0	952.38	0.08	0.08
2	1,000.0	907.03	0.07	0.15
3	1,000.0	863.84	0.07	0.21
4	1,000.0	822.70	0.07	0.27
5	11,000.0	8,618.79	0.71	3.54
		P=12,164.74	1.00	D=4.25년

3절에서 이자율 변화에 대한 민감도가 만기에 비례하는 것을 확인하였는데, 정확히는 만기가 아니라 듀레이션에 비례한다. 듀레이션과 이자율 변화에 대한 민감도는 다음과 같이 나타낼 수 있다.

2) 여기에서 소개한 듀레이션은 제안한 사람의 이름을 붙여 매컬레이 듀레이션(Macaulay duration)이라고도 부른다.

$$\frac{\Delta P}{P} \approx -\text{Duration} \times \frac{\Delta y}{1+y} \tag{6-7}$$

위 식에서 알 수 있듯이 채권가격의 변화율($\Delta P/P$)은 듀레이션과 반대 방향으로 움직인다. 한편 식에는 등호가 아닌 근사기호(≈)가 사용되는데, 이는 듀레이션을 이용하여 계산한 가격변화분이 실제 값에 가까운 근사치임을 의미한다.[3)]

위의 예에서 시장이자율이 5%에서 5.20%로 변한 경우, 듀레이션을 이용하여 가격변화율을 살펴보자.

$$\frac{\Delta P}{P} \approx -4.25 \times \frac{0.20\%}{1.05} = -0.8096\%$$

새로운 시장이자율 5.2%를 이용하여, 채권가격을 계산해 보자. 또한, 새로운 채권가격은 기존의 채권가격 대비 −0.8059% 변한 것으로 나타난다.

$$10,000 \times \frac{1}{0.05}\left[1-\frac{1}{(1+0.05)^5}\right]+\frac{10,000}{(1+0.05)^5}=12,066.71$$

듀레이션의 특성을 몇 가지로 정리하면 다음과 같다. 아래의 내용은 다른 조건이 모두 같은 경우 비교가 가능하다는 점에 주의하자.

① 무이표채의 듀레이션은 액면가에 관계없이 채권의 만기와 같다.

② (다른 모든 조건이 같다면) 만기가 짧은 채권에 비해 만기가 긴 채권의 듀레이션은 길어진다.

③ (다른 모든 조건이 같다면) 표면이자율이 높은 채권의 듀레이션은 표면이자율이 낮은 채권의 듀레이션보다 짧아진다.

④ (다른 모든 조건이 같다면) 시장이자율(만기수익률)이 높아질수록 채권의 듀레이션은 짧아진다.

⑤ 이표채의 듀레이션은 이표채의 현금흐름을 무이표채로 분해하고, 이렇게 분해한 무이표채의 듀레이션을 각 무이표채의 가격으로 가중평균하여 산출할 수 있다.

---

3) 식 (6−7)이 근사식인 이유는 이자율과 채권가격의 관계가 직선의 형태가 아니고 곡선의 형태인데, 식 (6−7)은 선형으로 근사하였기 때문이다.

키워드

- 채권증서
- 액면가(액면가액, 액면금액)
- 만기
- 이자
- 표면이자율(액면이자율)
- 무이표채
- 순수할인채권
- 유효연수익률
- 만기수익률
- 이표채
- 할인채권
- 액면채권
- 할증채권
- 이자율의 기간구조
- 현물이자율
- 시장이자율
- 수익률곡선
- 회사채
- 신용위험
- 채무불이행위험
- 위험프리미엄
- 신용등급
- 정크본드
- 하이일드채권
- 이자율위험
- 재투자위험
- 듀레이션

06 연습문제

Exercise

01 다음 용어를 설명하시오.(★)

(1) 수익률곡선 (2) 듀레이션 (3) 하이일드채권 (4) 만기수익률
(5) 신용스프레드 (6) 순수할인채권

02 (★) 지금부터 15년 후 만기가 되는 할인채의 시장가격은 2,500원이다. 이 채권의 액면가격은 10,000원이다. 만기수익률을 계산하시오.

03 (★) 잔존만기 3년, 표면이자율 8%, 액면가액 10,000원인 채권의 현재가치는? 이자는 연 1회 연말에 지급이며 이 채권에 대한 요구수익률은 10%이다.

04 (★★) 잔존만기 3년, 표면이자율 8%, 액면가액 10,000원, 이자는 연 2회 반기마다 지급하는 채권의 가격이 9,700원일 때 이 채권의 연간 만기수익률을 구하시오.

05 (★) 채권의 이자율위험은 가격위험과 재투자위험으로 구분된다. 이자율 상승이 채권가격과 재투자수익에 미치는 영향은?

① 채권가격은 하락하고 재투자수익은 상승한다.
② 채권가격은 상승하고 재투자수익은 하락한다.
③ 채권가격은 상승하고 재투자수익은 상승한다.
④ 채권가격은 하락하고 재투자수익은 하락한다.

06 (★) 백두기업은 만기 1년이며, 액면가 100,000원, 이자는 표면이자율 12%로 6개월마다 지급하는 회사채를 발행하였다. 현재 채권시장에서 백두기업과 동등한 위험을 가진 회사채가 8%의 만기수익률로 거래되고 있다면, 백두기업의 회사채의 현재가격은 얼마인가?

07 (★★) 한라기업이 발행한 3년 만기 무이표채의 액면가액은 10,000원이며 현재 가격은 7,000원에 거래되고 있다. 한라기업의 3년 후 파산할 확률과 파산하지 않고 존속할 확률은 각각 50%이며, 파산할 경우 투자자들은 무이표채 액면가액의 80%를 상환 받을 수 있다. 이 채권에 대해 투자자들이 요구하는 기대수익률은?

① 4.55% ② 8.74%
③ 12.62% ④ 14.39%

08 (★) 다음 회사채 A와 B의 시장이자율에 대한 가격의 관계가 적절한 것은?

채권	만기	액면가	액면 이자율	이자 지급	시장이자율에 대한 가격		
					5%	10%	15%
A	10년	1,000원	10%	1년 1회	ⓐ	ⓑ	ⓒ
B	2년	1,000원	10%	1년 1회	ⓓ	ⓔ	ⓕ

① ⓓ 〈 ⓐ ② ⓑ 〈 ⓔ
③ ⓕ 〈 ⓒ ④ ⓑ 〈 ⓕ

09 (★) 표면이자율이 10%이고 만기수익률이 8%인 5년 만기 채권을 발행하였다. 표면이자율과 만기수익률이 변동하지 않는다면 1년 후 이 채권의 가격은?

① 액면가격을 초과하여 상승한다.
② 현재 채권가격보다 하락하지만 액면가격보다는 높다.
③ 현재 채권가격보다 상승하지만 액면가격보다는 낮다.
④ 액면가격 미만으로 하락한다.

10 (★) 다음은 A기업과 B기업이 발행한 회사채의 조건이다. A기업과 B기업의 듀레이션의 관계에 대한 다음 설명 중 옳은 것은?

기업	만기	표면이자율	만기수익률	액면금액	이자지급
A	5년	10%	12%	10,000원	1년 1회
B	5년	10%	14%	10,000원	1년 1회

① A기업과 B기업의 듀레이션은 모두 5년이다.
② A기업과 B기업의 듀레이션은 모두 5년 미만이며 동일하다.
③ A기업의 듀레이션은 B기업의 듀레이션보다 짧다.
④ A기업의 듀레이션은 B기업의 듀레이션보다 길다.

11 (★★) 회사채의 가치를 결정하는 요인들을 근거로 다음 회사채들 중에서 듀레이션이 가장 긴 회사채가 무엇인지 설명하시오.

회사채	만기	액면이자율	만기수익률	액면금액	이자지급
A	5년	10%	12%	10,000원	1년 1회
B	3년	10%	14%	20,000원	1년 1회
C	5년	8%	12%	10,000원	1년 1회
D	3년	8%	14%	20,000원	1년 1회

12 (★★) 무이표채의 수익률곡선이 다음과 같다. 무이표채의 가격은 10,000원이다.

만기(년)	1	2	3	4
만기수익률(%)	3	3.3	3.5	3.7

(1) 표면이자율이 5%인 2년 만기 이표채의 가격을 계산하시오.
(2) 5년 만기 무이표채의 가격을 계산하시오.
(3) 표면이자율이 3%인 3년만기 이표채의 가격을 구하고, 이 이표채의 만기 수익률을 계산하시오.

13 (★★) 4년 전에 표면이자율이 7%이며, 매년 말 1회 이자를 지급하는 5년 만기 회사채가 액면채(par bond)로 발행되었다. 발행 시점부터 4년말까지 이자 지급 후 채권가격은 다음과 같다.

	0(발행시점)	1	2	3	4
채권가격	10,000	9,800	9,900	10,100	9,700

(1) 2년말 시점의 만기수익률은 발행 시점의 만기수익률과 비교하여 얼마만큼 변동했는가?
(2) 발행시점에서 이 회사채에 투자하여 3년 말 시점에서 이 채권을 매각할 경우 내부수익률은 얼마인가?

14 (★★) 채권 A, B, C에 대한 정보는 다음의 표와 같다.

	채권 A	채권 B	채권 C
채권유형	이표채	이표채	무이표채
액면금액	10억원	10억원	10억원
액면이자율	연 3%	연 3%	0%

만기	5년	5년	5년
액면이자 지급시기	매년 12월 31일	매년 12월 31일	–
만기수익률	7%	9%	8%

(1) 채권 A와 채권 C가 시장에서 공정한 가격으로 거래되고 있다면, 두 채권의 가격 중 어느 채권의 가격이 높은지 채권의 특성에 근거하여 설명하시오.

(2) 시중금리가 1%포인트 하락할 것으로 전망된다. 금리변동에 따른 단기적 채권가격변동의 차익을 고려한다면 채권 A와 채권 B중 어느 채권에 투자하는 것이 유리할지 듀레이션의 특성에 근거하여 설명하시오.

15 (★★) 다음 무이표채 5종류의 액면가격이 10,000원으로 동일할 때, 무이표채 만기수익률의 정보를 이용하여 수익률곡선(yield curve)을 그래프로 나타내고 특징을 설명하시오.

무이표채	A	B	C	D	E
만기(년)	1	2	3	4	5
시장가격	9,524	8,900	7,938	6,587	4,972

16 (★★) 액면금액 10,000원, 표면이자율 10%, 만기수익률 12%, 3년 만기인 회사채의 듀레이션과 동일한 듀레이션을 가진 무이표채의 포트폴리오를 구성하시오.

17 (★★) 3년 만기이며 액면이자율 8%, 이자는 연 1회 지급, 만기수익률 9%, 액면금액이 10,000원인 채권이 있다. 다음 물음에 대해 답하시오.

(1) 만기수익률이 10%로 상승할 때 듀레이션을 이용하여 채권가격을 예측하시오.

(2) 실제 만기수익률이 10%일 때 채권가격을 구하고 (1)에서 예측한 채권가격과 차이가 발생한 이유를 설명하시오.

06 연습문제 정답 및 해설

Exercise

02

$$2{,}500 = \frac{10{,}000}{(1+y)^{15}} \Rightarrow y = \left(\frac{10{,}000}{2{,}500}\right)^{\frac{1}{15}} - 1 \text{ 따라서 } y = 0.0968(9.68\%)$$

03

$$P = \sum_{t=1}^{3} \frac{(10{,}000 \times 0.08)}{(1+0.1)^t} + \frac{10{,}000}{(1+0.1)^3} = 9{,}503.$$

엑셀의 PV함수에 직접 변수를 입력하여 계산할 수도 있다. PV(Rate, Nper, Pmt, FV)에서 요구수익률(Rate) = 0.1, 지급횟수(Nper) = 3, 연간이자지급액(Pmt) = 10,000 × 0.08, 만기액면금액(FV) = 10,000을 입력한다.

=PV(0.1,3,10000*0.08,10000)

D	E	F
-9,503		

또는 엑셀의 NPV함수로도 계산할 수 있다. PV함수와 달리 함수에 직접 연도별 금액을 입력해야 한다.

=NPV(0.1,10000*0.08, 10000*0.08, 10000*0.08+10000)

D	E	F	G	H
₩9,503				

=NPV(0.1,D1:F1)

D	E	F
800	800	10800
₩9,503		

채권가치의 계산은 엑셀의 PRICE 함수로도 계산이 가능하다. PRICE(결산일, 만기일, 액면이자율, 만기수익률, 액면가, 연간이자지급회수)의 형태로 사용하며, 결산일과 만기일은 반드시 날짜의 형태로 입력하고, 액면가는 100을 기본으로 한다. 예를 들어, 채권의 거래일을 2022년 1월 1일로 가정하면, 액면가 100을 기준으로 이 문제는 다음과 같이 계산할 수 있다.

=PRICE(DATE(2022,1,1),DATE(2025,1,1),0.08,0.1,100,1)

D	E	F	G	H
95.0263				

계산된 답은 액면가 100을 기준으로 하고 있으므로 100을 곱해주어 ₩95.03×100=₩9,503을 얻는다.

04 연 이자지급이 2회이므로, 반기별 만기수익률을 구한 다음 연간 만기수익률로 환산한다.

$$P=\sum_{t=1}^{6}\frac{(10{,}000\times 0.08/2)}{(1+y/2)^t}+\frac{10{,}000}{(1+y/2)^6}=9{,}700$$

엑셀에서 IRR함수로 6개월 단위 현금흐름에 대한 IRR에 2를 곱하면 연간 만기수익률이다.

=2*IRR(D1:J1)

D	E	F	G	H	I	J
-9700	400	400	400	400	400	10400
9.17%						

만기수익률의 계산은 엑셀의 YIELD 함수를 사용하여 구할 수도 있는데 함수의 형태는 YIELD(결산일, 만기일, 액면이자, 채권가격, 액면가, 연간이자지급회수)이며 반드시 결산일과 만기일은 날짜의 형태로 기입하여 주고, 액면가는 100으로 한다. 이 문제를 풀기 위해 결산일을 2022년 1월 1일로 가정하면, 아래와 같이 9.17%의 만기수익률이 구해진다.

=YIELD(DATE(2022,1,1),DATE(2025,1,1),0.08,97,100,2)

D	E	F	G	H
9.17%				

05 ①

채권의 이자율과 채권가격은 역의 관계를 가진다. 즉 이자율이 상승하면 채권가격은 하락한다. 반면에 이자를 지급받은 투자자가 이자를 재투자할 경우 이자율이 상승하면 재투자수익이 상승하게 된다.

06

$$P=\sum_{t=1}^{2}\frac{(100{,}000\times 0.12/2)}{(1+0.08/2)^t}+\frac{100{,}000}{(1+0.08/2)^2}=103{,}772$$

엑셀 PV함수를 사용하면,

=PV(0.08/2,2,100000*0.12/2,100000)

D	E	F	G
-103,772			

07

②

채권의 만기시 기대현금흐름=존속확률×액면금액+파산확률×회수금액

$$=0.5\times 10{,}000+0.5\times 8{,}000=9{,}000$$

채권의 기대수익률 $=7{,}000=\dfrac{9{,}000}{(1+r)^3} \Rightarrow r=\sqrt[3]{\dfrac{9{,}000}{7{,}000}}-1=0.0874(8.74\%)$

08

①

시장이자율이 액면이자율과 동일하다면 채권가격은 액면가격과 동일하다. 또한 장기채권이 단기채권보다 이자율 변동에 따른 채권가격 변동이 크다. 또한 시장이자율이 하락하면 채권가격은 상승하며 시장이자율이 상승하면 채권가격은 하락한다. 따라서 ⓐ>ⓑ>ⓒ이며, ⓓ>ⓔ>ⓕ이다. 또한 ⓓ<ⓐ, ⓒ<ⓕ, ⓑ=ⓔ이다.

09

②

표면이자율보다 만기수익률이 낮으므로, 이 채권가격은 액면가격보다 높게 발행된 할증채권(premium bond)이다. 할증채권의 가격은 만기에 가까워질수록 낮아지며, 만기에는 액면가격과 같아진다. 이와 반대로 만기수익률보다 표면이자율이 낮은 할인채권(discount bond)은 만기에 가까워질수록 가격이 높아져 액면가에 수렴한다.

10

④

듀레이션(duration)은 투자원금의 평균적인 회수기간을 의미한다. 다른 조건이 일정하다면, 이표채의 듀레이션은 만기수익률이 낮을수록 길다. 또한 이표채의 듀레이션은 만기보다는 짧기 때문에, A기업과 B기업의 회사채의 듀레이션은 모두 5년 미만이다. 따라서 이표채인 A기업과 B기업의 듀레이션은 5년보다 짧지만, B기업이 A기업의 듀레이션보다 짧다.

11

C

듀레이션은 가중평균 만기이므로 만기보다 조금 짧아진다. 따라서 채권 A, C의 듀레이션은 5년보다 조금 짧을 것이며, 채권 B, D의 듀레이션은 3년 보다 조금 짧을 것이다. 채권 A, C를 비교하면 액면이자율에서 A가 C보다 높다. 따라서 채권 A에서 만기 이전의 현금흐름의 현재가치 비중이 더 클 것이므로 그 결과 듀레이션은 더 짧아질 것이다.

12

(1) $P=\dfrac{500}{(1+0.03)}+\dfrac{500+10{,}000}{(1+0.033)^2}=10{,}325.29$

(2) $P=\dfrac{10{,}000}{(1+0.038)^5}=8{,}298.76$

(3) $P=\frac{300}{(1+0.03)}+\frac{300}{(1+0.033)^2}+\frac{300}{(1+0.035)^3}=9,862$

=IRR(D1:G1)

D	E	F	G
-9862.41	300	300	10300
3.49%			

13 (1) 발생시점에서 채권가격이 액면상태로 발행되었으므로 만기수익률과 액면이자율은 동일하다. 즉, 발행시점에서 만기수익률을 7%이다. 2년 말 시점의 만기수익률은 2년 말 당시의 채권가격으로 투자했을 때 3~5년의 현금흐름에 대한 수익률이므로 다음과 같이 7.38%이다. 채권가격 하락으로 인해 내부수익률은 0.38%포인트 증가했다.

=IRR(D2:G2)

D	E	F	G
2	3	4	5
-9,900	700	700	10,700
7.38%			

(2) 3년 말까지 년 말에 700원의 이자를 지급받으며, 3년 말에 10,100원에 채권을 매각했으므로 3년 말의 현금흐름은 10,800원이다. 내부수익률은 7.31%로 발행시점의 만기수익률보다 0.31%포인트 높다.

=IRR(D2:G2)

D	E	F	G
0	1	2	3
-10,000	700	700	10,800
7.31%			

14 (1) 채권 A의 가격은 액면금액과 이자를 만기수익률로 할인한 현재가치이며 채권 C의 가격은 액면금액을 만기수익률로 할인한 현재가치이다. 채권 A와 채권 C는 만기와 액면금액이 동일하므로 액면금액의 현재가치만을 본다면 채권 A의 만기수익률이 채권 C보다 낮기 때문에 채권 A의 현재가치가 높다. 또한 채권 A에는 이자의 현재가치가 가산되므로 채권 C보다 가격이 높다.

(2) 채권 A와 채권 B의 만기수익률을 제외한 다른 조건은 모두 동일하다. 채권 B의 만기수익률이 채권 A보다 높으므로 가격은 채권 A가 채권 B보다 높고, 듀레이션도 채권 A가 채권 B보다 길다. 시중금리 변동에 따른 채권가격 변동은 $dP=-(P\times D\times dy)/(1+y)$이므로 시중금리가 하락한다면 채권가격은 상승한다. 따라서 채권 A의 가격 상승은 채권 B의 가격 상승보다 크므로 채권 A에 투자하는 것이 유리하다.

15

$$YTM_A = \frac{10,000}{9,524} - 1 = 0.05(5\%)$$

$$YTM_B = \sqrt{\frac{10,000}{8,900}} - 1 = 0.06(6\%)$$

$$YTM_C = \sqrt{\frac{10,000}{7,938}} - 1 = 0.08(8\%)$$

$$YTM_D = \sqrt{\frac{10,000}{6,587}} - 1 = 0.11(11\%)$$

$$YTM_E = \sqrt{\frac{10,000}{4,972}} - 1 = 0.15(15\%)$$

무이표채 5종류의 만기수익률로 구성한 수익률곡선은 다음과 같다. 수익률곡선은 우상향하며, 체증적으로 증가하는(increasingly increase) 패턴을 나타낸다.

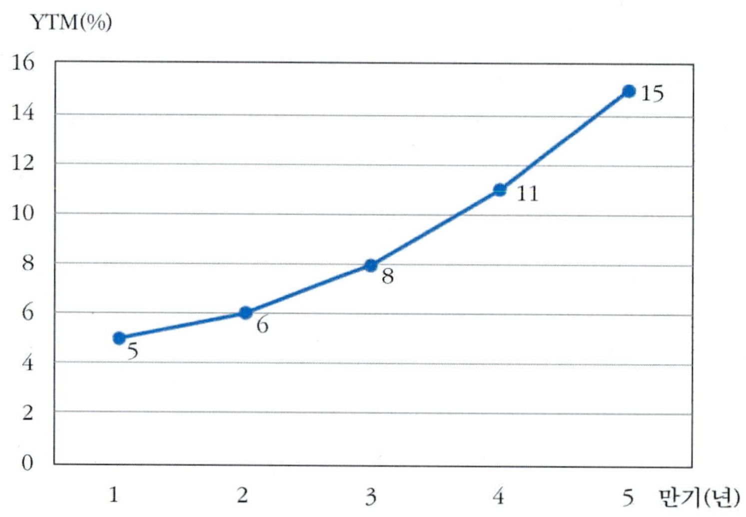

16 이표채의 현금흐름은 매년 말 지급되는 이자와 만기에 지급되는 액면금액이므로, 이표채는 매년 말의 현금흐름을 제공하는 무이표채의 포트폴리오와 같다. 채권 포트폴리오의 듀레이션은 포트폴리오를 구성하는 각 채권의 듀레이션에 대해 투자비중을 가중치로 한 평균이며, 무이표채의 듀레이션은 만기와 동일하므로 회사채의 듀레이션은 다음과 같은 무이표채 포트폴리오의 듀레이션과 같다.

무이표채 포트폴리오의 듀레이션

만기	무이표채 액면금액	투자금액 (현재가치)	투자비중	만기×투자비중
1	1,000	893	0.094	0.094
2	1,000	797	0.084	0.167
3	1,000	712	0.075	0.224
3	10,000	7,118	0.748	2.243
		9,520	1.000	2.729

회사채의 듀레이션을 엑셀의 듀레이션 함수를 이용하여 계산하면 다음과 같다(발행일은 2022년 1월 1일이라 가정하여 계산).

=DURATION(D1,D2,D3,D4,D5)

C	D
발행일	2022-01-01
만기일	2025-01-01
액면이자율	10%
만기수익률	12%
연간이자지급횟수	1
듀레이션	2.729

17 (1)

만기수익률 9%에서 듀레이션

기간	현금흐름	현재가치	비중	기간×비중
1	800	734	0.0753	0.075
2	800	673	0.0691	0.138
3	10,800	8,340	0.8556	2.567
합계		9,747	1	2.780

먼저 엑셀을 이용하여 듀레이션을 계산하면 다음과 같다(발행일은 2022년 1월 1일로 가정).

=DURATION(E1,E2,E3,E4,E5)

D	E
발행일	2022-01-01
만기일	2025-01-01
액면이자율	8%
만기수익률	9%
연간이자지급횟수	1
듀레이션	2.780

만기수익률 10%로 상승시 채권가격:

$$\Delta P = -P \times D \times \frac{\Delta y}{(1+y)} = -9{,}747 \times 2.780 \times \frac{0.01}{1+0.09} = -248.6$$

$$P^* = P + \Delta P = 9{,}747 - 248.6 = 9{,}498$$

(2)

=PV(0.1, 3, -10000*0.08, -10000)

D	E	F	G
₩9,503			

듀레이션을 이용한 채권가격과 차이는 5원이며, 이는 이자율과 채권가격의 관계가 곡선의 형태인데 비해 듀레이션을 이용한 채권가격 변동은 선형으로 근사하기 때문이다.

제7장

주식의 가치평가

1. 배당할인모형
2. 총현금지급모형
3. 잉여현금흐름할인모형
4. 상대가치평가모형

Financial Management

CHAPTER 07

주식의 가치평가

주식의 가치평가는 적정주가 산출, 최초공모(IPO, initial public offerings) 발행가격의 산정, 기업 인수합병시 피인수기업의 인수가격결정, 자산 또는 자회사 매각 판매가격의 산정 등 다양한 목적을 위해 사용된다. 또한 평가된 가치를 통해 경영자는 기업의 목표인 기업가치 극대화가 제대로 달성되고 있는지 판단한다. 주식의 가치평가는 여러 가지 모형을 통해 이뤄지고 있지만, 공통된 사항은 해당 기업의 미래가치를 구성하는 요소들을 자본환원율로 할인하여 합산하는 방식을 사용하고 있다는 점이다. 이 단원에서는 널리 활용되는 있는 주식의 가치평가방법들을 살펴보도록 한다. 먼저 가장 대표적인 방법인 배당할인모형에 대해 소개하고, 다음으로 총현금지급모형, 잉여현금흐름할인모형, 상대가치평가모형 등에 대해 알아본다.

1. 배당할인모형

주식의 가치를 평가하기 위해서는 주식을 보유함으로써 받게 될 것으로 기대되는 현금흐름을 추정할 수 있어야 한다. 주식을 보유한 투자자가 얻을 수 있는 현금흐름의 원천은 두 가지이다. 첫째는 배당의 형태로 지급받는 현금흐름이고, 둘째는 미래 어느 시점에 주식을 매도하여 얻게 되는 현금흐름이다. 어떤 투자자가 현재 어떤 주식을 P_0의 가격에 사서 그 주식을 1년간 보유하고 1년 후에는 P_1의 가격에 판다고 하면, 이 투자의 현금흐름은 다음과 같다. 단순화를 위해 배당 D_1은 연말에 지급된다고 가정하자.

3장의 현재가치 계산에서 다룬 바와 같이 이 주식의 현재가치 P_0는 1년 뒤 받게 될 현금흐름 D_1+P_1을 할인율 r로 할인하여 구할 수 있다.

$$P_0 = \frac{D_1 + P_1}{1 + r} \tag{7–1}$$

주식의 현재가치는 미래 배당의 현재가치와 1년 후의 주식 매도대금의 현재가치의 합이다. 물론 1년 뒤 받게 될 현금흐름 D_1+P_1은 확정된 금액이 아니고, 0시점에서는 투자자의 기대에 기초한다. 이 현금흐름은 불확실성이 존재하기 때문에 할인율 r은 무위험이자율이 아닌, 위험 프리미엄이 더해진 자기자본비용(cost of equity)이 되어야 한다. 이렇게 계산된 주식의 현재가치 P_0는 이 주식의 내재가치가 될 것이고, 효율적 시장에서는 이 주식의 가치가 무차익원리에 의해서 이 내재가치에 수렴될 것이다.

투자수익률

식 (7-1)을 변형하면 수익률의 관점에서 해석해 볼 수 있다. 투자자가 1년간 주식을 보유한 후 매도할 경우 예상되는 수익률은 다음과 같다.

$$r = \frac{D_1 + (P_1 - P_0)}{P_0} \tag{7–2}$$

현재가치 계산시 할인율인 r은 투자자 관점에서 투자수익률이 되고, 이는 배당수익률(dividend yield)인 $\dfrac{D_1}{P_0}$과 자본이득률(capital gain rate)인 $\dfrac{(P_1 - P_0)}{P_0}$로 구성되어 있으며, 자본환원율(market capitalization rate)이라고도 부른다.

예제 1 한국전자는 연간 500원의 주당 배당을 지급하고 있고, 1년 동안 제품을 생산하고 판매하는 영업 활동의 결과로 1년 후의 주가가 11,000원이 될 것으로 기대된다. 한국전자 주식과 동일한 위험을 가진 투자의 기대수익률은 15%이다. 한국전자 주식의 가치는 얼마인가? 또한 배당수익률과 자본이득률은 얼마인가?

해설 식 (7-1)을 이용하여 현재 주식가격을 구하면 10,000원이 된다.

$$P_0 = \frac{D_1 + P_1}{1+r} = \frac{500 + 11,000}{1+0.15} = 10,000$$

배당수익률은 $\frac{D_1}{P_0} = \frac{500}{10,000} = 5\%$,

자본이득률은 $\frac{(P_1 - P_0)}{P_0} = \frac{(11,000 - 10,000)}{10,000} = 10\%$로 둘의 합 15%가 곧 투자수익률이고, 그것은 이 주식의 할인율, 즉 자기자본비용과 같다.

식 (7−1)에서 주식의 현재가치는 1년 뒤 예상 주가인 P_1에 의존한다. 일반적으로 기업은 배당을 안정적으로 지급하려는 경향이 있으므로 1년 뒤 배당 D_1은 어느 정도 예측이 가능하지만 1년 뒤 주가를 예측하기란 매우 어렵다. 하지만 1년 뒤 예상 주가인 P_1 또한 투자자가 그로부터 1년간 투자하고 1년 뒤 P_2의 가격으로 판다고 하면, 식 (7−1)과 같은 방식으로 다음과 같이 계산할 수 있다.

$$P_1 = \frac{D_2 + P_2}{1+r} \tag{7-3}$$

식 (7−3)을 식 (7−1)에 대입하여 정리해 보자.

$$P_0 = \frac{D_1}{(1+r)} + \frac{\frac{D_2 + P_2}{1+r}}{1+r} = \frac{D_1}{1+r} + \frac{D_2 + P_2}{(1+r)^2} \tag{7-4}$$

무차익원리에 의해 식 (7−1)로 구한 현재가치와 식 (7−4)로 구한 현재가치는 같아야 하며, 이는 1년간 주식을 보유하고 파는 투자자와 2년간 보유하고 파는 투자자가 기대하는 주식의 현재가치 P_0를 동일하게 평가한다는 것을 의미한다. 같은 논리로 기간을 확장하면 다음과 같은 일반화된 배당할인모형(DDM, dividend discount model)을 도출할 수 있다.

$$P_0 = \frac{D_1}{1+r} + \frac{D_2}{(1+r)^2} + \cdots + \frac{D_n}{(1+r)^n} + \frac{P_n}{(1+r)^n} \qquad (7\text{–}5)$$

즉, 주식의 현재가치는 매년 지급하는 배당을 현재가치로 환산하고, 여기에 마지막 시점의 주가를 현재가치로 환산한 가치까지 합한 가격이다.

만약 기업이 영구적으로 존속하고, 투자자가 주식을 팔지 않고 영원히 보유한다면 식 (7－5)에서 n이 무한대가 되어 다음 식으로 표현할 수 있다.

$$P_0 = \frac{D_1}{1+r} + \frac{D_2}{(1+r)^2} + \cdots = \sum_{n=1}^{\infty} \frac{D_n}{(1+r)^n} \qquad (7\text{–}6)$$

이와 같이 배당할인모형은 주식 투자자들이 단기의 투자수익을 위하여 주식을 보유한다고 해도 주식 매도 시점의 주식가격은 그 이후의 배당을 할인한 가격과 동일하기 때문에 미래의 배당만을 고려하여 가치를 평가할 수 있다는 것을 보여준다.

배당할인모형에 따르면 적정 주가는 미래 배당을 자본환원율로 할인하여 현재가치를 산출하고, 이들을 합산한 값이다.

식 (7－6)은 가장 일반적인 배당할인모형으로 미래에 기대되는 배당의 현금흐름 형태에 관계없이 적용할 수 있다. 그러나 실무에서는 미래의 배당에 대해 일정한 가정을 한 단순한 모형이 널리 사용된다.

고정배당모형

만일 식 (7－6)에서 배당이 매년 D로 일정하다면, 3장에서 다룬 영구연금의 현재가치를 구하는 식과 동일하게 주식의 현재가치는 다음 식 (7－7)과 같이 나타낼 수 있다.

$$P_0 = \frac{D}{r} \qquad (7\text{–}7)$$

이는 배당의 변동 없이 매년 일정한 배당을 지급한다는 가정 하에 주식 가치평가를 하는 것으로 고정배당모형 또는 제로성장배당모형이라고 한다. 주식을 발행한 기업이 성장이 전혀 없어서 이익이 매년 일정하며, 이 이익을 모두 배당해야 가능한 매우 예외적인 경우이다.

정률성장배당할인모형

보다 현실적인 가정으로는 배당이 매년 일정비율로 성장하는 경우를 생각해 볼 수 있다. 정률성장배당할인모형(constant-growth dividend discount model)은 기업이 지속적이고, 안정적으로 성장하면서 주주들에게 지급하는 배당도 일정한 비율로 성장한다는 것을 가정한 모형이다. 1년 뒤 배당을 D_1, 이후 배당의 증가율을 g라 하면, 주식가격 P_0는 다음과 같다.

$$\begin{aligned}P_0 &= \frac{D_1}{1+r}+\frac{D_2}{(1+r)^2}+\frac{D_3}{(1+r)^3}+\cdots \\ &= \frac{D_1}{1+r}+\frac{D_1(1+g)}{(1+r)^2}+\frac{D_1(1+g)^2}{(1+r)^3}+\cdots \\ &= \frac{D_1}{r-g} \qquad (7\text{-}8)\end{aligned}$$

식 (7-8)에 따르면 적정 주가는 일정한 비율로 증가하는 배당을 자본환원율로 할인하여 현재가치를 산출하고, 이들을 합산한 값이다. 간단히, 무한등비급수의 합 공식을 활용하면 적정 주가는 배당을 할인율과 배당성장률의 차이로 나누어 산출할 수 있다. 다만, 자본환원율이 배당성장률 보다 커야 한다는 조건을 충족해야 한다.

예제 2 백두건설은 내년에 주당 1,000원의 배당을 지급할 계획이며, 이후에 배당은 매년 5%로 성장할 전망이다. 주주들의 요구수익률은 10%이다. 백두건설 주식의 가치는 얼마인가?

해설 배당성장률은 5%이므로 일정성장배당모형 식 (7-8)을 이용하면 다음과 같이 20,000원이다.

$$P_0 = \frac{D_1}{r-g} = \frac{1,000}{0.1-0.05} = 20,000\text{원}$$

정률성장배당할인모형의 특성은 다음과 같다. 첫째, 주가는 배당성장률이 증가함에 따라 높아진다. $t+1$시점의 주가 P_1도 식 (7−8)을 적용할 수 있고, 식 (7−9)처럼 P_1은 t기의 주가 P_0에 배당성장률(g)을 곱한 값이 된다.

$$P_1 = \frac{D_2}{r-g} = \frac{D_1(1+g)}{(r-g)} = P_0(1+g) \tag{7-9}$$

또한 식 (7−9)를 배당성장률 g에 대해 정리하면 배당성장률은 자본이득률과 같다.

$$g = \frac{P_1 - P_0}{P_0} \tag{7-10}$$

둘째, 자본환원율은 기대수익률 또는 요구수익률과 같다. 전술한 자본환원율은 식 (7−2)와 같이 t기의 주가에 대한 배당의 비율과 t기의 주가에 대한 $t+1$기의 주가에 대한 비율로 구분된다. 전자는 배당수익률이며, 후자는 자본이득율이 된다. 결국, 자본환원율은 배당수익률과 배당성장률의 합과 같다.

$$r = \frac{D_1 + P_1 - P_0}{P_0} = \frac{D_1}{P_0} + \frac{P_1 - P_0}{P_0} = \frac{D_1}{P_0} + g \tag{7-11}$$

정률성장배당할인모형 가치평가의 결과는 비록 배당수익률이 낮은 주식이라 하더라도 향후 배당 성장이 큰 주식인 성장주를 매력적인 투자대상으로 고려할 수 있음을 설명한다.

따라서 식 (7−11)에서 배당성장률 g가 주식 가치에 매우 중요한 영향을 미치고 있음을 알 수 있다. 배당성장률 g는 기업의 내부유보율과 미래 투자기회의 수익성에 의존하며 다음 식으로 계산된다.

$$g = b \times ROE \tag{7-12}$$

이 성장률 g를 때로는 기업의 지속가능성장률(sustainable growth rate)이라 한다. 식 (7−12)에서 b는 내부유보율(plowback ratio 또는 earnings retention ratio)로 당기순이익 중에서 배당을 제외하고 자기자본에 적립된 유보액의 비율이다. 배당성향(dividend payout ratio)을 당기순이익 중에서 배당을 지급한 비율로 정의한다면 $b=(1-\text{배당성향})$이 된다. ROE (return on equity)는 자기자본 대비 순이익의 비율로 유보이익이 재투자될 경우 창출된 수익률이다. 예를 들어 올해 순이익 2억원 중에서 80%가 내부유보액이며, ROE가 20%라면 이 기업의 배당성장률은 16%이다. 만일 기업이 이익의 많은 부분을 내부 유보해서 재투자하고,

재투자된 내부유보액이 높은 수익성을 갖는 사업기회에 투자된다면, 이익 및 배당의 성장률은 더욱 증가할 것이다.

예제 3 타인자본이 없이 주식만으로 자본을 조달한 한국전자는 매년 주당 500원의 이익을 얻을 것으로 기대한다. 또한, 당기순이익 모두를 배당으로 지급하는 배당정책으로 100%의 배당성향을 가지고 있다. 투자자들의 요구수익률은 12.5%이다.

(1) 한국전자의 주가는 얼마인가?

(2) 한국전자가 15%의 자기자본이익률을 얻을 수 있는 프로젝트를 준비 중일 때, 배당성향을 100%에서 40%로 낮춘다면 주가는 얼마나 하락할까?

해설 (1) 주당 배당이 매년 500원이며, 배당성향이 100%로 배당성장률은 0이므로, 식 (7-7)의 고정배당모형을 이용하면 적정 주가는 $P_0 = \dfrac{500}{0.125} = 4{,}000$원이 된다.

(2) 배당성향을 100%에서 40%로 낮춘다면 내부유보율이 0%에서 60%로 증가하고, 그만큼 15%의 ROE로 재투자되므로 성장률은 9%(= 0.6×0.15)이다. 배당성향이 40%이기에 배당은 500원의 40%인 200원이 된다. 따라서 현재주가는 정률성장배당할인모형 식 (7-8)을 이용하면 $\dfrac{200}{0.125-0.09} = 5{,}174$원이다.

예제 3에서 한국전자의 배당성향이 0%인 경우 주가가 4,000원이었으나, 배당성향을 40%로 낮추고 내부유보율을 0%에서 60%로 증가시킨 결과로 주가가 5,714원으로 상승하였다. 동 기업의 주가상승은 어떻게 설명할 수 있을까? 5,714원의 주가는 배당성향이 100%이기에 내부유보가 전혀 없어 성장기회가 없는 경우의 주가인 4,000원과 추가적인 1,714원으로 나눌 수 있다. 후자인 1,714원은 배당성향을 40%로 낮추고, 내부유보를 60%로 높임에 따라 발생한 9%의 배당성장률에 의해 발생한 것이다. 이를 성장기회의 현재가치(PVGO, present value of growth opportunity)라고 한다.

배당할인모형은 다음 절에서 설명할 여러 가지 주식 평가모형의 배경 이론을 제시했다는 점에서 의미를 가진다. 그러나 주식회사의 주인인 주주의 몫은 배당과 내부유보금이지만 배당만을 이용하여 주식가치를 평가했다는 점과 배당을 지급하지 않는 경우에는 적용할 수 없다는 한계가 있다.

2. 총현금지급모형

배당할인모형은 기업이 지급하는 배당을 이용하여 기업의 가치를 평가한 모형이다. 주주는 배당을 통해 이익을 얻기도 하지만, 기업이 자사주를 매입할 때도 이익을 얻게 된다. 자사주 매입(share repurchase)이란 자기 회사의 주가가 지나치게 낮게 평가되었다고 판단되거나 적대적 M&A에 대비해 경영권을 보호하고 주가를 안정시키기 위해 기업의 자기 자금으로 자기 회사 주식을 매수하는 행위이다.

우리나라 상법은 원칙적으로 자사주 취득을 금지하고 있으나, 매입한 주식을 소각하거나 합병 등 예외적인 경우에 한정하여 허용하고 있다. 자본시장법은 상장법인에게 경영권 안정과 주가 안정을 목적으로 한 자사주 매입을 허용하고 있다.

자사주 매입에 현금을 많이 사용할수록 배당으로 지급할 현금은 줄어드나, 발행주식수를 줄여서 주당 순이익과 주당 배당을 높이는 효과를 가져온다. 기업이 자사주 매입을 하는 경우 주주 입장에서는 배당을 받는 것과 유사한 효과를 갖게 됨에도 불구하고, 이를 감안하지 않고 배당만으로 주식가치를 평가하는 배당할인모형은 주가를 과소평가하게 된다.

총현금지급모형(total payout model)은 향후 지급될 배당과 자사주 매입금액의 합을 현재가치로 할인한 다음, 발행주식수로 나누어 주식가치를 평가한다.

$$P_0 = \frac{\left(\dfrac{\text{총배당금} + \text{자사주매입금액}}{r - \text{순이익성장률}}\right)}{\text{발행주식수}} \qquad (7\text{–}13)$$

총현금지급모형은 기업이 자사주 매입을 하는 경우 배당할인모형보다 유용한 모형이다. 이 모형이 가지는 특징은 다음과 같다. 첫째, 1 주당 주가 접근방식이 아닌 전체 주식을 대상으로 주가를 평가하는 모형이다. 둘째, 총현금지급액은 회사 주식을 100% 가지고 있을 경우에 받게 되는 금액으로 생각하면 된다. 셋째, 회사가 주주에게 제공하는 모든 현금지급액, 예를 들어 현금배당, 자사주 매입액 등을 할인하여 산출한 가격이다. 넷째, 배당 성장률이 아닌 이익 성장률의 개념을 활용한다.

총현금지급모형에 따르면 적정 주가는 향후 지급될 배당과 자사주 매입금액의 합을 현재가치로 산출하고, 이를 발행주식수로 나눈 값이다.

예제 4 한국전자의 발행주식수는 100만주이며, 올해 10억원의 이익을 예상하고 있다. 동 기업은 총이익의 30%를 배당으로 지급할 것이며, 20%를 자사주 매입에 활용할 계획이다. 동 기업의 이익은 연간 7.5% 증가할 것으로 예상되고, 자기자본비용은 10%라고 한다면 한국전자의 주가는 얼마가 될 것인가?

해설 한국전자의 총현금지급액은 10억원 중 배당 30%와 자사주매입금 20%를 반영하면 5억원(= 10억원×0.5)이다. 10%의 자본비용과 7.5%의 이익증가율을 적용하면 총지급액의 현재가치는 200억원(= $\frac{5\text{억}}{0.1-0.075}$)이다. 이를 100만주인 발행주식수로 나누어 한국전자의 주가를 산출하면 20,000원(= $\frac{200\text{억}}{100\text{만주}}$)이 된다. 여기서 주당 배당은 10억원의 이익 중 30%인 3억원을 발행주식수로 나누면 300원이 된다. 따라서 주가 대비 배당의 비율인 배당수익률은 1.5%(= $\frac{300\text{원}}{20{,}000\text{원}}$)가 된다. 배당 성장률 g는 8.5%(= $r-\frac{D_1}{P_0}$ = 10% − 1.5%)로 이익 성장률인 7.5%보다 높다. 이는 자사주 매입에 의한 발행주식수의 감소에 따른 결과이다.

3. 잉여현금흐름할인모형

잉여현금흐름할인모형(discounted free cash flow model)은 기업의 영업활동으로부터 창출되는 잉여현금흐름을 이용하여 주주가치와 채권자가치를 합한 기업 전체의 가치를 평가하는 모형이다.

잉여현금흐름(FCF, free cash flow)은 기업이 사업을 통해 벌어들인 금액에서 세금과 영업비용 및 설비투자액 등을 제외하고 남은 현금으로, 자본예산에서와 같이 무차입당기순이익과 감가상각비의 합에서 자본지출과 순운전자본증가액(ΔNWC)을 차감하여 계산한다.

FCF = 무차입당기순이익 + 감가상각비 − 자본지출 − ΔNWC

잉여현금흐름은 기업의 자본을 구성하는 자기자본의 소유주인 주주와 타인자본의 소유주인 채권자에게 귀속될 수 있는 현금흐름을 의미한다. 따라서 기업은 잉여현금흐름으로 채권자들에게 이자를 지급하고 주주에게 배당을 지급한다. 배당할인모형은 주주에 대한 부분만을 대상으로 주식의 가치를 평가하기 때문에 할인율로 자기자본비용(cost of equity capital)을 사용하는 반면, 잉여현금흐름할인모형은 자기자본과 타인자본에 의해 결합된 전체 위험을 반영하기 때문에 가중평균자본비용(WACC, weighted average cost of capital) r_{wacc}을 할인율로 사용한다.

잉여현금흐름을 이용한 기업가치 V_0는 다음 식과 같이 미래 시점의 잉여현금흐름들을 가중평균자본비용으로 할인한 현재가치의 합으로 계산한다.

$$V_0 = \frac{FCF_1}{1+r_{wacc}} + \frac{FCF_2}{(1+r_{wacc})^2} + \cdots + \frac{FCF_T}{(1+r_{wacc})^T} + \frac{V_T}{(1+r_{wacc})^T} \quad (7\text{–}14)$$

식 (7−14)에 따라 산출된 기업가치에서 순부채(=부채−현금)를 차감하면 주주가치가 되고, 이를 발행주식수로 나누어 주식의 가격을 추정할 수 있다.

$$P_0 = \frac{V_0 - \text{순부채}}{\text{발행주식수}} \quad (7\text{–}15)$$

잉여현금흐름할인모형에 따르면 적정 주가는 기업이 창출한 잉여현금흐름을 가중평균자본비용으로 할인하여 산출한 기업가치에서 순부채를 차감한 후 이를 발행주식수로 나눈 값이다.

잉여현금흐름할인모형은 배당을 지급하지 않는 기업에도 적용 가능하다는 장점이 있다. 또한 주주뿐만 아니라 채권자에게 배분가능한 현금흐름을 대상으로 평가하므로, 전체 기업가치를 평가하는 데 유용하다. 잉여현금흐름은 영업활동과 투자로부터 창출되므로, 잉여현금흐름 계산 과정을 통해 기업 가치의 원천을 파악하기 용이하다.

예제 5 한국전자는 올해 100억원의 매출이 발생하였다. 동 기업의 매출은 내년에는 10% 증가할 것으로 기대되나, 이후에는 매년 1%씩 줄어들다가 6년 이후에는 5% 증가를 유지할 것으로 기대된다. 한국전자의 과거 수익성과 투자수요를 근거로 추정한 결과에 의하면, 세전영업이익(EBIT, earnings before interest and taxes)은 매출액의 9%, 순운전자본(NWC, net working capital)은 매출액 증가의 10%, 자본지출(CAPEX, capital expenditure)은 매출액 증가의 8%로 기대된다. 만약 한국전자에 100억원의 현금과, 12억원의 부채, 1천만주의 상장주식이 있으며, 세율은 30%, 가중평균자본비용(WACC)이 11%라면, 동 기업의 주가는 얼마인가?

해설 EBIT는 매출액의 9%, 세금은 EBIT의 30%, CAPEX, NWC는 매출액증가에 각 8%, 10%인 조건 하에서 1) FCF(잉여현금흐름)은, 매년도의 EBIT, TAX, CAPEX, NWC를 이용하여 산출하면, 1년 뒤 5.1억원에서 6년 뒤 8.4억원이 된다. 6년 이후에 지속적으로 5%의 성장을 보이는 부분에 대한 6년 시점의 가치를 산출하면 147[= (8.4×1.05)/(0.11 - 0.05)]억원이 된다. 2) 현재가치는 매년의FCF를 WACC인 11%로 할인한 현재 시점의 값이다. 6년 이후의 FCF는 6년 시점의 현재가치를 산출했기에 다시 현재 시점으로 환산한다. 3) 기업가치는 현재가치의 합계인 106.4억원이 된다. 4) 현재주가는 기업가치에서 현금 100억원을 가산하고, 부채 12억원을 차감한 후 발행주식수로 나눈 1,944원이 된다.

연도	0	1	2	3	4	5	6	6~
매출액	100.0	110.0	119.9	129.5	138.6	146.9	154.2	161.9
성장율		10%	9%	8%	7%	6%	5%	5%
EBIT		9.9	10.8	11.7	12.5	13.2	13.9	
TAX		3.0	3.2	3.5	3.7	4.0	4.2	
CAPEX		0.8	0.8	0.8	0.7	0.7	0.6	
NWC		1.0	1.0	1.0	0.9	0.8	0.7	
1) FCF		5.1	5.8	6.4	7.1	7.8	8.4	147.0
WACC		11%	11%	11%	11%	11%	11%	11%
2) 현재가치		4.6	4.7	4.7	4.7	4.6	4.5	78.6
3) 기업가치		106.4						
현금		100						
부채		12						

발행주식수	0.1							
4) 주가(원)	1,944							

4. 상대가치평가모형

지금까지의 가치평가모형들을 적용하기 위해서는 미래의 배당 또는 현금흐름과 적절한 할인율을 알아야 하는데 현실적으로는 미래의 배당 또는 현금흐름을 정확하게 예측하기가 쉽지 않고, 할인율을 적절하게 추정하는 일 또한 힘들기 때문에 경우에 따라서는 시장가격과 상당히 괴리된 주가가 산출되기도 한다. 이의 대안으로 실무에서 자주 사용하는 모형이 상대가치평가모형이다. 상대가치평가모형은 시장에서 형성된 가치에 의존하는 간접적인 평가방법이다. 평가대상기업과 영업 및 경제적 특성이 유사하다고 판단되는 다른 기업의 주가배수(price multiple)나 평가대상기업의 과거 주가배수에 근거한 적정 주가배수를 평가대상기업에 적용하여 간접적으로 기업가치를 평가하는 것이다.

상대가치평가모형이 의미를 가지기 위해서는 동일산업 내에 평가대상기업과 비교될 수 있는 다른 기업들이 존재하고, 시장은 이런 기업들의 가치를 평균적으로 올바르게 평가한다는 가정이 필요하다. 즉 평가대상기업과 영업특성이 유사한 기업의 가치가 시장에서 평가되고 있으며, 평가대상기업과 유사한 기업의 미래 수익성을 전망하고 가치평가를 한 결과가 주가에 효율적으로 반영되는 시장에서 상대가치평가모형을 이용할 수 있다.

상대가치평가법에서 주로 활용되는 주가배수에는 주가수익비율(PER, price to earnings ratio), 주가순자산비율(PBR, price to book ratio), 주가매출액비율(PSR, price to sales ratio)이 있으며, 이 외에도 사업가치/영업현금흐름비율(EV/EBITDA ratio) 등도 사용할 수 있다.

상대가치평가모형에 의한 평가대상기업의 적정가치는 평가대상기업의 성과측정치(EPS, BPS, SPS 등)와 적정 주가배수를 곱하여 산출된다.

주가수익비율

주가수익비율(PER, price to earnings ratio)은 주가(P, price)를 주당 순이익(EPS, earnings per share)으로 나눈 값으로 기업의 주당 순이익 1원에 대하여 투자자들이 지불하는 금액을 의미한다. 또는 주가가 주당 순이익의 몇 배로 형성되는가를 보여준다.

$$PER = \frac{\text{주가}}{\text{주당순자산}} = \frac{P_0}{EPS} \tag{7-16}$$

PER의 분모인 주당 순이익은 주식을 평가할 때 가장 기본이 되는 자료로, 발행주식 1주당 순이익이 얼마인가를 보여주는 수치이다. 분모의 EPS는 최근 재무제표의 주당 순이익을 사용하지만, 주당 순이익 예측치를 사용하여 계산할 수도 있다. 전자를 후행 PER(trailing PER), 후자를 선행 PER(forward PER)이라고 부른다. 주가가 기업의 미래 실적을 반영한다는 점에서는 선행 PER로 가치 평가를 하는 것이 이론적으로 타당하지만 정확한 주당 순이익 예측치를 구하는 것이 어렵다는 단점이 있다.

식 (7－16)으로 구한 비교기업의 평균 PER에 주당 순이익을 곱하여 대상기업의 주가를 추정할 수 있다. PER 가치평가법은 현금흐름할인모형처럼 이론적이지는 못하지만 이익의 크기가 다른 비슷한 기업들의 주가 수준을 비교할 수 있으며 배당을 하지 않은 기업들의 경우에도 사용될 수 있다. 실무에서는 개별 종목의 PER을 시장이나 동종 산업의 평균 PER과 직접적으로 비교하여 주가의 수준을 판단한다.

이제 PER에 영향을 미치는 요인에 대해 알아보자. 정률성장배당할인모형을 나타내는 식 (7－8)에서 다음 기의 배당은 주당이익에 배당성향을 곱하여 $D_1 = (1-b) \times EPS_1$과 같이 결정되므로 다음 식이 성립한다.

$$PER = \frac{P_0}{EPS} = \frac{(1-b)EPS}{r-g} \times \frac{1}{EPS_1} = \frac{1-b}{r-g} \tag{7-17}$$

따라서 PER은 성장률 g, 내부유보율 b, 그리고 요구수익률 r의 함수임을 알 수 있다. 다른 모든 조건이 동일하다면, 배당성향이 높고 성장률이 높은 기업일수록 PER은 높지만, 반대로 요구수익률이 높은 기업들의 PER은 낮다. 결국 PER이 낮은 특성을 가진 가치주를 투자대상으로 선택한다는 것은 위험－수익 간의 관계에서 볼 때 요구수익률에 반영된 높은 위험에 대한 보상을 요구하는 행위로 해석할 수 있다.

예제 6 태백기업의 요구수익률이 15%이며, 내부유보율이 50%, 그리고 이익과 배당의 성장률이 10%로 일정하게 유지된다고 하자. 예상 주당 순이익이 1,000원이라면 이 기업의 주가는 얼마인가?

해설 이 기업의 주가를 평가하기 위한 PER은 다음과 같다.

$$PER = \frac{1-b}{r-g} = \frac{1-0.5}{0.15-0.1} = 10$$

이 기업의 예상되는 주당 순이익이 1,000원이라면, 주가는 식 (7-16)를 이용하면 $10 \times 1{,}000 = 10{,}000$원이 된다. 이는 정률성장배당할인모형을 나타내는 식 (7-8)을 이용해 구한 값 $\frac{D_1}{r-g} = \frac{1{,}000 \times 0.5}{0.15-0.1} = 10{,}000$원과 일치한다.

주가순자산비율

주가순자산비율(PBR, price to book ratio)은 주가를 주당 자기자본의 장부가치(주당 순자산)로 나눈 수치로, 주가 대 장부가치비율이라고도 한다. PBR은 주가가 자본금, 자본잉여금 및 이익잉여금의 합계에 비해 1주당 몇 배로 거래되고 있는지를 보여준다.

$$PER = \frac{\text{주가}}{\text{주당순자산}} \tag{7-18}$$

주당 순자산(BPS, book per share)은 재무상태표의 자기자본을 발행주식수로 나누면 된다.

PER과 같은 방식으로 식 (7－18)로 구한 비교기업의 평균 PBR에 주당 순자산을 곱하여 대상기업의 주가를 추정할 수 있다. PBR은 회사가 청산될 경우 주주가 받을 수 있는 자산가치를 의미한다. PBR의 산출에 필요한 순자산가치의 평가 시 일부 항목은 과거를 기준으로 하기 때문에 시의 적절한 평가를 할 수 없다는 한계가 있다. 또한, 유동성 부족으로 현금화나 자산평가가 어려운 경우도 정확한 PBR의 산출이라고 할 수 없다.

사업가치비율

사업가치/영업현금흐름비율(EV/EBITDA ratio)은 사업가치(enterprise value)를 EBITDA (earnings before interest, tax, depreciation and amortization)로 나눈 것이다.

$$\frac{EV}{EBITDA} = \frac{\text{자기자본의 시장가치} + \text{순부채}}{\text{영업이익} + \text{감가상각비} + \text{무형자산상각비}} \qquad (7-19)$$

사업가치 EV는 주식의 시가총액에 순부채를 더한 값으로 계산한다. 순부채는 총부채에서 현금 및 현금성자산을 차감한 금액이다. EV는 어떤 기업을 매수할 때 소유주지분의 취득과 아울러 그 기업의 부채를 상환하기 위해 지불해야 할 금액을 의미한다. EBITDA는 일반적으로 영업이익(EBIT)에 비현금성 비용항목인 감가상각비와 무형자산상각비를 가산한 것으로 영업현금흐름(cash flow from operation)을 측정한다. 이 비율은 현금흐름의 크기를 감안할 때 기업가치가 상대적으로 얼마나 높은지를 측정하는 지표로 활용된다. 즉 기업가치가 순수한 영업활동을 통한 이익의 몇 배인가를 알려주는 지표로, EV/EBITDA는 해당 기업을 매수할 경우 영업현금흐름으로 매수금액을 회수하는데 소요되는 기간을 의미하기도 한다.

PER과 같은 방식으로 식 (7－19)로 구한 비교기업의 평균 EV/EBITDA에 대상기업의 EBITDA를 곱하여 사업가치를 추정할 수 있다. EV/EBITDA는 기업의 현금흐름의 중요성이 높아지면서 기업가치평가나 주식투자의 지표로 PER과 같이 실무적으로 많이 활용되고 있다.

키워드

- 투자수익률
- 배당수익률
- 자본이득률
- 자본환원율
- 자기자본비용
- 배당할인모형
- 고정배당보형
- 정률성장 배당할인 모형

- 배당성장률
- 지속가능성장률
- 배당성향
- 내부유보율
- 성장기회의 현재가치
- 총현금지급모형
- 잉여현금흐름할인모형
- 무차입당기순이익
- 감가상각비
- 자본지출
- 순운전자본
- 가중평균자본비용
- 주가수익비율
- 주가순자산비율
- 사업가치/영업현금흐름비율

07 연습문제 Exercise

01 (★) 다음 용어를 설명하시오.

(1) 자본환원율 (2) 배당할인모형 (3) 배당성향 (4) 총현금지급모형
(5) 주가수익비율 (6) 주가순자산비율 (7) 상대가치평가모형

02 (★) 백두기업의 PER은 10, PBR은 2이다. 백두기업의 ROE는?

① 2% ② 5%
③ 10% ④ 20%

03 (★★) 설악상사의 PBR은 1.2이며 소백상사 의 PBR은 1이다. 또한 설악상사의 PER은 10배이며 소백상사의 ROE는 20%이다. 두 기업의 PER과 ROE에 대한 옳은 비교는?

	PER	ROE
①	설악 〉 소백	설악 〉 소백
②	설악 〈 소백	설악 〉 소백
③	설악 〉 소백	설악 〈 소백
④	설악 〈 소백	설악 〈 소백

04 (★) 올해 초 태백산업의 주가는 10,000원이며, 연말에 예상되는 주당 배당금은 500원이다. 배당금은 매년 평균 8%씩 성장하였으며 이러한 성장세는 앞으로도 지속될 것으로 예상된다. 배당평가모형에 의하면 태백산업의 자기자본비용은 얼마인가?

① 10% ② 11%
③ 12% ④ 13%

05 (★) 한라기업은 매년 영구적으로 주당 1,000원의 배당을 지급할 것으로 예상된다. 한라기업의 연말 당기순이익 예상액이 2,000원이고 요구수익률이 10%라면 한라기업의 PER은?

① 3배 ② 4배

③ 5배 ④ 6배

06 (★) 무등산업의 EV(enterprise value)는 1,000억원, 총부채는 400억원, 현금 및 현금성자산은 100억원이다. 무등산업의 발행주식수가 100만주일 때 무등산업의 주가는?

① 30,000원 ② 50,000원
③ 70,000원 ④ 90,000원

07 (★) EBITDA계산 공식은?

① 당기순이익 + 감가상각비 + 무형자산상각비
② 영업이익 + 감가상각비 + 무형자산상각비
③ 영업이익 + 감가상각비 + 무형자산상각비 + 이자비용 + 법인세
④ 당기순이익 + 이자비용 + 법인세

08 (★★) 다음 중 나머지 셋과 성격이 다른 가치평가모형은?

① 배당할인모형 ② 총현금지급모형
③ 잉여현금흐름할인모형 ④ 상대가치평가모형

09 (★★) 총현금지급모형에 대한 설명으로 옳지 않은 것은?

① 다른 요인이 일정할 때 자사주매입금액이 증가하면 주가도 상승한다.
② 다른 요인이 일정할 때 총배당금이 증가하면 주가도 상승한다.
③ 다른 요인이 일정할 때 자기자본비용이 감소하면 주가는 상승한다.
④ 다른 요인이 일정할 때 순이익성장률이 감소하면 주가는 하락한다.

10 (★★) 다음 가치평가모형에서 가중평균자본비용을 고려해야 하는 모형은?

① 배당할인모형 ② 총현금지급모형
③ 잉여현금흐름할인모형 ④ 상대가치평가모형

11 (★) 속리산업은 이익의 40%를 배당으로 지급하며, 매년 평균 ROE는 15%이다. 속리산업 주식의 요구수익률은 12%이다.

(1) 속리산업의 배당성장률은?

① 3% ② 6%

③ 9% ④ 12%

(2) (★★) 속리산업 주식의 적정 PER은?

① 11.3 ② 12.3%

③ 13.3 ④ 14.3%

(3) (★★) 속리산업 주식의 자본이득률은?

① 3% ② 6%

③ 9% ④ 12%

12 도봉기업은 올해 초에 주당 350원의 배당을 지급했다.

(1) (★) 도봉기업의 배당성장률은 매년 일정하게 5%로 유지될 것으로 기대된다. 이 기업의 주식에 대해 투자자들은 매년 12%의 수익률을 요구한다면, 이 기업의 현재 주가는?

(2) (★★) 이 기업의 주식의 배당성장률은 3년간 매년 5%성장하며 그 이후로는 매년 3%성장한다. 투자자들은 앞으로 3년 동안은 매년 12%의 수익률을 요구하며, 그 이후로는 10%의 수익률을 요구한다면, 이 기업의 현재 주가는?

13 (★) 삼악기업은 내부자금이 풍부하여 외부로부터 별도로 자금을 조달하지 않았다. 삼악기업은 매년 주당 500원의 이익을 얻을 것으로 기대하며 당기순이익 전액을 배당으로 지급하는 배당정책을 운영하고 있다. 투자자들의 요구수익률은 12.5%이라면 삼악기업의 주가는 얼마인가?

14 (★★) 백운기업은 매년 주당 500원의 이익을 얻을 것으로 기대하며 15%의 자기자본이익률(ROE)을 얻을 수 있는 프로젝트를 준비하고 있다. 백운기업이 당기순이익의 40%만을 배당하며 투자자들의 요구수익률은 12.5%일 때 주가는 얼마인가?

15 (★★★) 백암기업은 업종경기의 호전으로 10억원의 매출액을 예상하고 있다. 이 기업은 이중 40%를 배당금으로 주주들에게 지급하고, 10%를 저평가된 주식을 매수하는데 활용할 계획이다. 백암기업이 속한 업종 내 경쟁 약화로 인해 수익은 연간 7.5% 증가할 것으로 예상된다. 백암기업의 상장주식수가 100만주이고, 자본비용이 10%라면 백암의 주가는?

16 (★★★) 한라기업은 2020년에 1억원의 매출이 발생하였다. 이 기업의 매출은 2021년에는 7% 증가할 것으로 예상되지만, 이후에는 매년 1%씩 감소하다 2025년 이후에는 4% 성장률을 유지할 것으로 기대된다. 이 기업의 과거 수익성과 투자수요를 근거로 연간 세전영업이익은 매출액의 15%, 순운전자본은 매출액 증가의 13%, 자본적지출은 매출액 증가의 12%로 추정된다. 한라기업은 현금

1,000만원과 부채 2,000만원을 보유하고 있으며, 세율은 45%, 가중평균자본비용(WACC)은 11%, 상장주식수는 10만주이다. 한라기업의 주가를 추정하면?

17 (★★) 비상장기업인 오봉기업은 내년에 주식시장에 상장하기 위해 상대가치평가법을 이용하여 공모가를 산출하려 한다. 오봉기업과 동일 업종에 속하고 자산 규모가 유사한 구봉기업은 이미 주식시장에 상장되어 있다. 다음 자료를 이용하여 물음에 답하시오.

	자기자본순이익률(ROE)	자기자본(원)	발행주식수(주)	주가(원)
오봉기업	25%	4,000,000,000	100,000	?
구봉기업	30%	2,000,000,000	200,000	9,000

(1) 상대가치평가법이 올바르게 적용되기 위한 기본 전제를 설명하시오.

(2) 구봉기업의 PER과 PBR을 이용하여 오봉기업의 공모가를 계산하고, 공모주 청약 수요 측면에서 두 방법 중 어느 방법이 투자자에게 유리할지 설명하시오.

18 (★★) PER의 공식을 정률성장배당모형을 이용하여 성장률, 내부유보율, 요구수익률의 3가지 요인의 식으로 표현하고, 요인의 변동에 따라 PER가 어떻게 변동하는지 설명하시오.

07 연습문제 정답 및 해설

Exercise

02
④

$$PBR=\frac{\text{주가}}{\text{주당순이익}}\times\frac{\text{주당순이익}}{\text{주당장부가치}}=PER\times ROE \Rightarrow ROE=\frac{PBR}{PER}=\frac{2}{10}=20\%$$

03
③

$PER=\frac{PBR}{ROE}$이므로 소백의 $PER=1/0.2=5$배이다. 또한 설악의 $ROE=1.2/10=12\%$

04
④

$$10{,}000=\frac{500}{k-0.08} \quad \Rightarrow \quad k=13\%$$

05
③

계속기업의 주주지분가치 = 배당금/요구수익률 = 1,000/0.1 = 10,000원

$PER=10{,}000/2{,}000=5$배

06
③

EV = 자기자본 시장가치 + 순부채 = 주가 × 발행주식수 + 총부채 − 현금 및 현금성자산

⇒ 주가 = (EV − 총부채 + 현금 및 현금성자산)/발행주식수

= (1,000억원 − 400억원 + 100억원)/100만주 = 70,000원

07
②

EBITDA는 Earnings Before Interest, Tax, Depreciation and Amortization이므로 이자비용, 법인세, 감가상각비, 무형자산상각비가 차감되기 전 이익이다.

영업이익은 감가상각비와 무형자산상각비를 반영하여 산출하므로, 이미 공제된 감가상각비와 무형자산상각비를 영업이익에 환원시키면 EBITDA가 된다. 이자비용과 법인세는 영업이익이 산출된 다음 공제되므로 고려할 필요가 없다.

08
④

①~③은 현금흐름할인을 이용한 가치평가법인 반면, 주가배수평가모형은 시장가치평가법에 속한다.

09 ④

순이익성장률이 증가할수록 주주에게 지급되는 현금의 현재가치도 증가하며 주가도 상승한다.

10 ③

배당할인모형과 총현금지급모형은 할인율로 자기자본비용을 적용하며, 상대가치평가모형은 할인율을 적용하지 않는다.

11 (1) ③

$g=b\cdot ROE$를 이용하면, 성장률$=(1-0.4)\times 0.15=0.09(9\%)$

(2) ③

$PER^{*}=\dfrac{1-b}{k-g}$를 이용하면, 적정주가수익비율$=\dfrac{(1-0.6)}{(0.12-0.09)}=13.3$

(3) ③

배당수익률$=\dfrac{E(D_{[1]})}{P_0}$이므로, 배당수익률$=\dfrac{(EPS_{[1]}\times 0.4)}{(13.3\times EPS_{[1]})}=0.03$

매매차익률＝보유기간수익률(요구수익률)－배당수익률 → 매매차익률$=0.12-0.03=0.09$

12 (1) $P_0=\dfrac{350(1+0.05)}{0.12-0.05}=5{,}250$

(2) 3년 말의 주가를 구하고, 이를 현재가치로 할인한다.

3년말 주가 $P_3=\dfrac{350(1+0.05)^3\times(1+0.03)}{0.10-0.03}=5{,}962$

현재 주가: $P_0=\dfrac{350(1+0.05)}{(1+0.12)}+\dfrac{350(1+0.05)^2}{(1+0.12)^2}+\dfrac{350(1+0.05)^3}{(1+0.12)^3}+\dfrac{5{,}962}{(1+0.12)^3}=5{,}168$

13 삼악기업은 당기순이익 모두를 배당하는 정책을 운영하고 있기 때문에 배당성향은 100%이며, 주당 배당금은 500원이며, 배당성장률은 0이다. 요구수익률이 12.5%이므로 현재 주가는 배당금을 요구수익률로 나눈 4,000원(＝500원/0.125)이다.

14 당기순이익의 40%만을 배당한다는 것은 내부유보율이 0%에서 60%로 증가하고, ROE가 15%이기 때문에 성장률은 9%(＝0.60×0.15)가 된다. 배당성향이 40%로 변경되면서 배당은 기존의 500원에서 40%인 200원이 된다. 현재 주가는 $T+1$기의 배당금인 200원(＝500원×0.4)을 요구수익률과 배당성장률의 차이로 나눈 $\dfrac{200}{0.125-0.09}=5{,}714$원이 된다.

15 백암기업이 얻은 수익 10억원 중 배당금 40%와 자사주 매입금 10%를 합하면 총현금지급액은 5억원(＝10억원×0.5)이다. 10%의 자본비용과 7.5%의 이익증가율을 적용하면 총지급액의 현재가치는 200억원(＝5억/(0.10－0.075))이다. 상장주식수가 100만주인 이 기업의 1주당가치는 20,000원(＝200억원/100만주)이다.

16 EBIT는 매출액의 15%, 세금은 EBIT의 45%, CAPEX, NWC는 매출액증가에 각 12%, 13%인 조건하에서 1) FCF(잉여현금흐름)은 매년도의 EBIT, TAX, CAPEX, NWC를 이용하여 산출하면 2021년 7,077,500원에서 2024년은 9,027,098원이 된다. 2025년 이후에 지속적으로 4%의 성장을 보이는 부분에 대한 2025년 시점의 가치를 산출하면 131,537,711원(=9,027,098×1.04/(0.11−0.04))이다. 2) 현재가치는 매년의 FCF를 WACC인 11%로 할인한 2020년 시점의 값이다. 2025년 이후의 FCF는 2025년 시점의 현재가치를 산출했기에 다시 2020년 시점으로 환산한다. 3) 기업가치는 현재가치의 합계인 86,647,964원이다. 4) 주가는 기업가치에서 현금 1,000만원을 가산하고 부채 2,000만원을 차감한 후 상장주식수(10만주)로 나눈 1,014.10원이다.

연도	2021	2022	2023	2024	2025
매출액	107,000,000	113,420,000	119,091,000	123,854,640	128,808,826
성장율	7%	6%	5%	4%	4%
EBIT	16,050,000	17,013,000	17,863,650	18,578,196	19,321,324
TAX	7,222,500	7,655,850	8,038,643	8,360,188	8,694,596
CAPEX	840,000	770,400	680,520	571,637	594,502
NWC	910,000	834,600	737,230	619,273	644,044
1) FCF	7,077,500	7,752,150	8,407,258	9,027,098	131,537,711
WACC	11%	11%	11%	11%	11%
2) 현재가치	6,376,126	6,291,819	6,147,314	5,946,429	86,647,964
3) 기업가치	111,409,652				
현금	10,000,000				
부채	20,000,000				
상장주식수	100,000				
4) 주가	1,014.10				

17 (1) 구봉기업에 적용된 주가배수가 오봉기업에도 적용될 수 있다는 전제

(2) 구봉기업 $BPS=\dfrac{2,000,000,000}{200,000}=10,000$, $PBR=\dfrac{9,000}{10,000}=0.9$

구봉기업 $PER=\dfrac{PBR}{ROE}=\dfrac{0.9}{0.3}=3$

오봉기업 $BPS=\dfrac{4,000,000,000}{100,000}=40,000$,

오봉기업 $EPS=\dfrac{0.25\times 4,000,000,000}{100,000}=10,000$

PBR을 이용한 오봉기업의 공모가: 오봉$BPS\times$구봉$PBR=40,000\times 0.9=36,000$

PER을 이용한 오봉기업의 공모가: 오봉$BPS\times$구봉$PBR=10,000\times 3=30,000$

구봉기업의 PER을 이용한 방법이 예상공모가가 낮아 청약 수요 측면에서 유리하다.

제8장

포트폴리오 선택 이론

1. 개요: 포트폴리오 선택
2. 투자자의 효용
3. 투자기회집합
4. 효용 극대화: 최적 포트폴리오
5. 종합: 포트폴리오 선택

Financial Management

CHAPTER 08

포트폴리오 선택 이론

투자자금을 하나의 자산에 전부 투자할 수도 있지만, 여러 자산에 나누어 투자할 수도 있다. 이렇게 투자한 여러 자산들의 집합을 포트폴리오(portfolio)라고 부른다. 포트폴리오를 구성하였다는 것은 여러 투자 대안 중 일부를 선택한 것이므로 포트폴리오 선택(portfolio selection)이라 부르기도 한다. 포트폴리오 선택은 현실 세계에 존재하는 수많은 투자 대상들에 대한 투자 비중을 결정하는 과정이다. 포트폴리오선택이론은 해리 마코위츠(Harry Markowitz)에 의해 개발되었다. 이 단원에서는 포트폴리오를 합리적으로 선택하는 의사결정에 대해 다루고자 한다. 먼저 효용극대화의 개념을 통해 위험회피형 투자자의 투자의사결정 기준을 설명하고, 위험자산만으로 최적의 포트폴리오를 구성하게 되는 경우 해당 포트폴리오의 특징을 살펴본 후, 여기에 무위험자산까지 고려했을 때 만들어지는 최적위험포트폴리오의 선택 과정에 대해서 알아본다.

1. 개요: 포트폴리오 선택

합리적 투자자라면 선택 가능한 대안들 중에서 자신의 효용(utility)을 극대화하는 선택을 하게 된다. 포트폴리오 선택은 2가지의 의사결정으로 나뉜다.

첫째는 투자 가능한 자산들의 집합, 즉 투자기회집합(investment opportunity set)을 확정해야 한다. 자신이 투자할 수 있는 대상이 무엇인지를 명확히 정의해야 그 중에 자신이 원하는 포트폴리오를 선택할 수 있다. 세상에는 투자가능한 자산들이 무수히 많다. 크게는 부동산과 같은 실물자산도 있고, 예금이나 주식, 채권 같은 금융자산도 있다. 금융자산에도 많은 종류가 있다. 앞에서 언급한 것처럼 예금, 주식, 채권 같은 다양한 금융자산이 존재하며, 주식만 하더라도 한국거래소에 2,000개가 넘는 종목들이 존재한다. 이런 투자 가능 자산을 어떻게 구분하고 분석할 지에 대해서는 뒤에서 더 언급하기로 한다.

둘째는 투자기회집합 중에서 투자자의 효용을 극대화할 수 있는 포트폴리오를 선택해야 한다. 이를 위해 투자자의 효용에 대해 이해할 필요가 있다. 효용은 투자함으로써 얻는 만족이라고 생각하면 된다. 자신이 선택할 수 있는 투자 가능 자산 중에서 가장 만족할 만한 포트폴리오를 선택하는 것이 합리적일 것이다. 그렇다면, 투자자의 효용 또는 만족은 어떤 특징을 가지고 있을까?

2. 투자자의 효용

포트폴리오선택이론에서는 자산 수익률의 여러 특성들 중에서도 기대수익률(expected return)과 위험(risk)에 초점을 맞추는 것이 일반적이다. 투자한 자산의 기대수익률이 클수록 투자자에게 더 높은 만족을 주는 것은 자명하다. 예를 들면, 1%의 수익률보다는 5%의 수익률이 더 큰 만족을 준다.

반면 위험에 대해서는 다양한 태도가 존재할 수 있다. 위험에 대한 태도는 크게 위험회피형(risk averse), 위험중립형(risk neutral), 위험선호형(risk loving)의 세 가지로 구분할 수 있다. 위험을 싫어하는 경우를 위험 회피형이라 하고, 반대로 도박과 같이 오히려 위험을 추구하는 경우를 위험선호형이라고 한다. 위험을 싫어하지도 좋아하지도 않는 무관심한 경우를 위험중립형이라 한다. 우리가 주변에 볼 수 있는 일반적인 투자자는 위험회피형이라고 할 수 있으며, 경제학에서도 위험회피형 인간을 가정하고 주요 문제를 다루고 있다. 우리가 다루고자 하는 포트폴리오 선택 문제에 있어서도 투자자는 위험회피형이라고 간주한다.

위험회피형 투자자는 자산의 기대수익률과 위험 사이에서 효용의 극대화를 추구하게 된다. 자산 수익률의 확률분포의 형태에 따라 다양한 방식으로 기대수익률과 위험을 나타낼 수 있다. 보통 포트폴리오이론에서는 자산 수익률이 정규분포(normal distribution)를 따른다고 가정하여, 정규분포의 모수(parameter)인 평균(mean)과 분산(variance)을 각각 기대수익률과 위험의 척도로 본다.[1]

이제 평균과 분산의 제곱근인 표준편차의 평면에서 투자자들의 선호를 판별할 수 있는 2가지 원리를 제시하고자 한다.[2] 첫째, 같은 기대수익률을 주는 자산들 중에서는 위험이 작은 자산이 더 큰 효용을 주게 된다. 예를 들어, [그림 8-1]의 점 A와 점 B를 비교해 보자. 둘은 같은 기대수익률을 제공하고 있어서 기대수익률 측면에서는 어떤 자산이 더 선호된다고 판단할 수 없다. 하지만, 위험을 나타내 주는 표준편차는 B가 더 작다. 따라서 B는 A보다 선호되는 자산이다. 둘째, 같은 위험을 제공하는 자산들 중에서는 기대수익률이 큰 자산이 더 큰 효용을 주게 된다. 예를 들어, [그림 8-1]에서 점 A와 점 C를 비교해 보자. 둘은 표준편차가 같지만, A가 C보다 더 큰 기대수익률을 제공한다. 따라서 A가 C보다 더 선호되는 자산이다. 이렇게 투자자의 선호를 판별하는 원리를 평균-분산 기준(mean-variance criterion)이라고 한다.

평균-분산 기준: 위험회피형 투자자는 더 큰 기대수익률, 더 작은 위험을 선호한다.

위에서 언급한 기준을 기억하며, 점 A를 중심으로 생각해 보자. 점 A를 기준으로, II사분면은 A보다 절대적으로 선호되는 자산들의 집합이다. II사분면에 있는 점들은 A보다 기대수익률은 크고 표준편차는 작기 때문이다. 반면에 IV사분면은 A보다 열등한 자산들의 집합이다. IV사분면에 있는 점들은 A보다 기대수익률은 작고 표준편차는 크기 때문이다. 한편, A와 동일한 효용을 주는 자산은 I사분면이나 III사분면에 위치하게 된다. I사분면에 있는 점 D가 점 A와 같은 효용을 준다고 생각해보자. 점 D는 점 A에 비해서 더 큰 표준편차를 가지고 있지만 기대수익률도 더 크다. 즉, 더 큰 위험을 감수하는 대신에 더 큰 기대수익률을 제공함으로써 점 D가 주는 효용은 점 A와 동일할 수 있다. 점 D보다 더 큰 위험을 감수하

1) 자산의 확률분포에 대한 가정 대신 식 (8-1)과 같은 특수한 효용함수를 가정해도 동일한 결론에 도달할 수 있다. 평균은 확률분포의 대표값을, 분산은 확률분포가 퍼진 정도를 나타내는 통계량이다. 이처럼 위험을 수익률의 분산으로 측정할 경우에는 가격의 상승과 하락 여부에 대해서는 고려하지 않으므로, 가격이 하락하는 경우만 위험이라고 보는 일반 상식과는 다르다는 점에 유의해야 한다.

2) 제곱근은 단조증가함수이어서 위험을 표준편차로 측정하든 분산으로 측정하든 의사결정은 달라지지 않는다.

그림 8-1 투자자의 효용과 무차별곡선

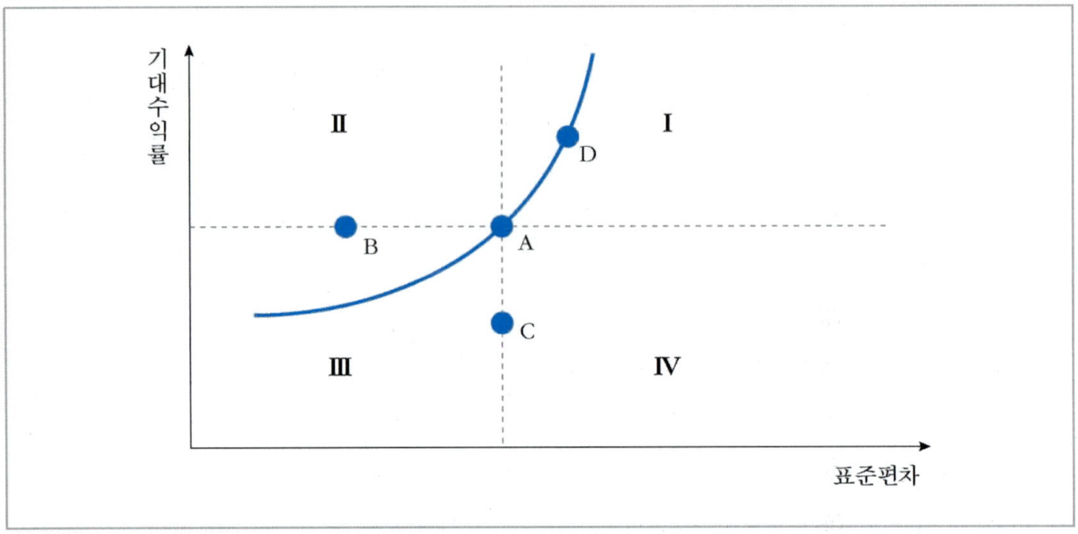

면서도 더 큰 기대수익률을 제공하면서 결과적으로 점 A와 동일한 효용을 주는 다른 점들도 존재할 것이다. 반대로 III사분면에는 A보다 더 작은 위험과 함께 동시에 더 작은 기대수익률을 제공하면서 동일한 효용을 주는 점들이 존재할 것이다. 이렇게 점 A와 동일한 효용을 주는 점들을 연결한 선을 무차별곡선(indifference curve)이라고 한다.

무차별곡선은 몇 가지 특징을 가진다. 첫째, 개별 투자자의 다양한 효용 수준에 따라 여러 개의 무차별곡선이 존재하는데 그림에서 좌상향으로 갈수록 더 큰 효용을 제공한다. 둘째, 투자자의 무차별곡선은 그 투자자의 다른 효용 수준의 무차별곡선과 교차하지 않는다. 셋째, 더 위험회피적인 성향을 가진 투자자일수록 무차별곡선의 기울기가 더 가파르다.

무차별곡선의 성질을 계량적으로 이해하기 위해 다음과 같은 가상의 효용함수를 상정해 보자.

$$U = E(r) - \frac{1}{2}A\sigma^2 \tag{8-1}$$

여기서 U는 투자자의 효용이며, E(r)은 투자 자산이 제공하는 기대수익률, σ는 투자 자산의 표준편차, A는 투자자의 위험회피 정도를 나타내는 계수이다. 첫째 항 E(r)은 투자 자산의 기대수익률이 높을수록 더 큰 만족을 준다는 사실을 표현하고 있다. 두 번째 항 $-\frac{1}{2}A\sigma^2$에는 마이너스가 붙어있는데 이는 위험회피형 투자자임을 의미한다. 즉, 위험이 클수록 투

그림 8-2 무차별곡선의 특성

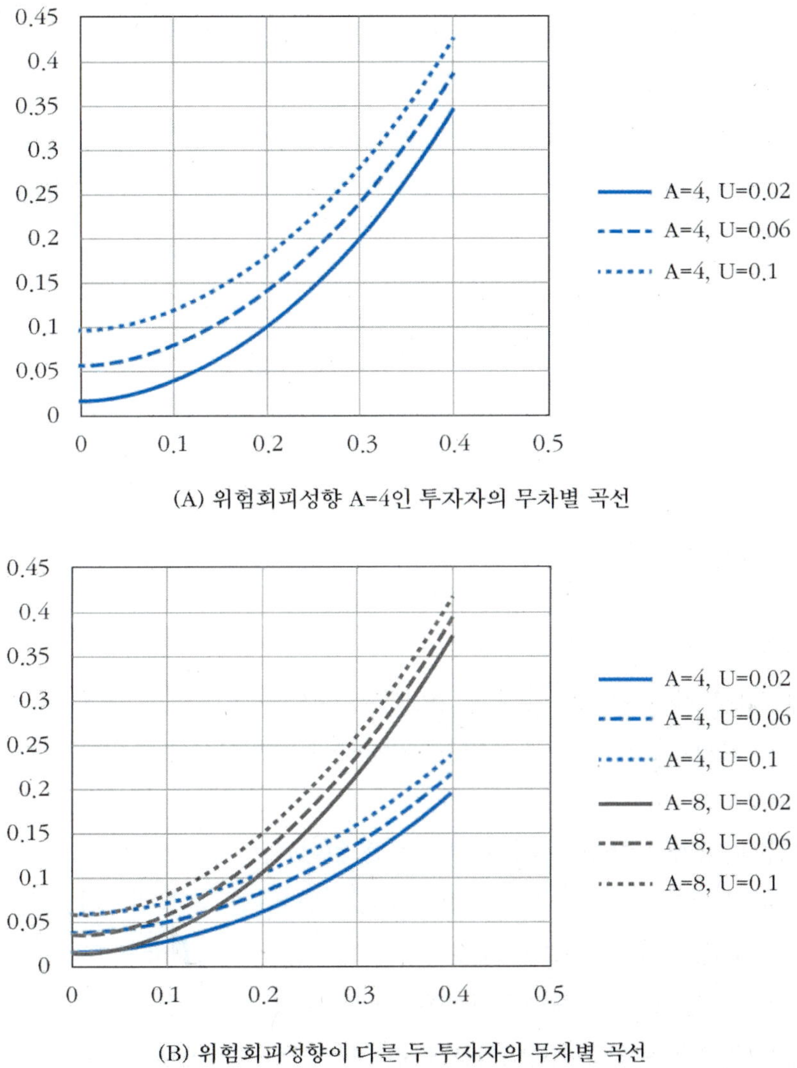

자자의 효용은 작아진다. 위험을 회피하는 정도는 투자자마다 차이가 있을 수 있는데, 이를 반영하는 것이 위험회피계수 A이다. A의 값이 더 클수록 동일한 위험에 대해 효용이 더 많이 줄어들어 더 위험회피적임을 의미한다.

[그림 8−2]는 A가 4인 투자자와 A가 8인 투자자의 무차별 곡선을 보여주고 있다. 먼

저 [그림 8-2(A)]에 A=4인 투자자의 무차별곡선이 여러 효용 수준에서 그려져 있다. U의 값이 U=0.02에서 U=0.06, U=0.1로 증가할수록 좌상향하는 방향으로 무차별곡선이 움직이며, 더 높은 수준의 효용을 나타내어 준다.

위험회피성향이 더 큰 투자자의 무차별곡선은 어떻게 될까? [그림 8-2(B)]에서는 위험회피성향이 더 큰 투자자(A=8)의 무차별곡선은 기울기가 더 가파름을 보여주고 있다. 위험회피성향이 큰 투자자는 동일한 크기의 위험을 감수하더라도 더 큰 기대수익률을 보상으로 요구하기 때문이다.

투자자의 위험회피성향에 따라 무차별곡선의 형태는 다르다.

3. 투자기회집합

이 절에서는 투자 가능한 자산들의 집합, 즉 투자기회집합에 대해서 알아보고자 한다. 시장에는 많은 자산들이 존재하지만, 일단은 단순하게 무위험자산과 위험자산 2가지로 구분하자. 무위험자산(risk-free asset)은 정해진 투자 기간에 대해 확실한 수익률을 제공하는 자산이다. 대부분의 국가는 채무불이행위험이 거의 없이 빌린 돈을 만기까지 변제할 것이 거의 확실하다. 만약 투자기간이 1년 단위로 이루어진다면 1년 후에 만기가 되는 국고채의 수익률은 무위험이자율로 볼 수 있다. 세계 여러 나라 중에서도 미국 정부의 채무불이행위험이 가장 낮으므로, 대부분의 학술연구에서는 미국 재무부가 발행한 1년 이하 만기의 재정증권(Treasury bill)의 수익률을 무위험이자율로 간주한다. 반면 위험자산(risky asset)은 투자 기간 후에 어떤 금액을 받을 지가 불확실한 자산이다. 주식이나 회사채와 같은 대부분의 투자자산은 위험자산이다.

실제적인 투자기회집합을 생각할 때, 문제는 간단하지 않다. 특정 자산에 전부 투자하는 것뿐만 아니라 자산들을 섞어서 투자할 수도 있기 때문이다. 이를 앞에서 이야기한 것처럼 포트폴리오라고 부른다. 예를 들어, 1억원을 가지고 있고, 시장에 설악전자 주식과 한라자동차 주식 2개만 있다고 하자. 투자기회집합은 설악전자 주식에 전부 투자하는 방법과 한라자동차 주식에 전부 투자하는 방법 2가지만 있는 것이 아니다. 자산 1억원을 쪼개서 2개의 주식에 나누어 투자함으로써 포트폴리오를 구성할 수도 있다. 비중도 다양하다. 50%씩 투자할 수도 있지만, 40%, 60%도 가능하고, 반대로 60%, 40%도 가능하다. 이렇게 투자기회집합이 무한하다면, 이를 어떻게 표시할 것인가? 이 문제를 먼저 다루어 보자.

자산을 무위험자산과 위험자산으로 구분하였을 때, 크게 두 종류의 포트폴리오가 가능하다. 하나는 무위험자산과 위험자산을 결합한 경우이며, 또 하나는 위험자산 2개를 결합한 경우이다. 각각의 경우에 대해 알아보자.

3.1 무위험자산과 위험자산의 결합

1억원을 투자한다고 가정하자. 또한 시장에는 연 5%의 수익률을 제공하는 무위험자산과 연 14%의 기대수익률과 20%의 표준편차를 제공하는 위험자산이 존재한다고 하자. 투자가능한 포트폴리오들은 어떠한 기대수익률과 위험을 제공할까?

[표 8-1]은 무위험자산과 위험자산의 비중을 달리 했을 때의 기대수익률과 위험을 보

표 8-1 무위험자산과 위험자산을 결합한 포트폴리오의 기대수익률과 표준편차

포트폴리오	위험자산 비중	무위험자산 비중	기대수익률	표준편차
A	0%	100%	0.05	0.00
B	10%	90%	0.06	0.02
C	20%	80%	0.07	0.04
D	30%	70%	0.08	0.06
E	40%	60%	0.09	0.08
F	50%	50%	0.1	0.10
G	60%	40%	0.11	0.12
H	70%	30%	0.12	0.14
I	80%	20%	0.13	0.16
G	90%	10%	0.14	0.18
K	100%	0%	0.15	0.20

여주고 있다. 표에서 두 번째 열은 포트폴리오에서 위험자산에 투자된 비중을 나타내며, 세 번째 열은 무위험자산에 투자된 비중을 나타낸다. 이 둘의 합은 항상 100%가 된다. 만약 가지고 있는 자산 1억원을 모두 무위험자산에 투자한다고 하면, 표에서 포트폴리오 A에 해당한다. 이렇게 자산 1억원을 전부 무위험자신에 투자하면 포트폴리오의 기대수익률과 위험은 무위험자산의 그것들과 같아진다. 네 번째와 다섯 번째 열에서 포트폴리오 A의 기대수익률은 5%, 위험은 0%로 무위험자산의 기대수익률, 위험과 같음을 확인할 수 있다.

만약 정반대로 자산 1억원을 모두 위험자산에 투자한다면 어떻게 될까? 포트폴리오의 기대수익률과 위험은 위험자산과 같아질 것이며, 포트폴리오 K가 이를 보여주고 있다. 포트폴리오의 기대수익률은 15%, 위험은 20%이다.

무위험자산과 위험자산에 각각 50%씩 5천만원을 투자한다면 포트폴리오의 기대수익률과 위험은 어떻게 될까? 기대수익률은 무위험수익률 5%와 위험자산의 수익률 15%의 중간에 해당하는 10%일 것이며, 위험 역시 중간에 해당하는 10%일 것이다. 이와 비슷하게 각 자산의 투자비중을 10%씩 변화시켰을 때의 포트폴리오의 기대수익률과 위험을 [표 8-1]에서 보여주고 있다.

[그림 8-3]은 포트폴리오의 기대수익률과 위험과의 관계를 그래프로 보여주고 있다.

그림 8-3 포트폴리오의 위험과 기대수익률 간의 교환관계

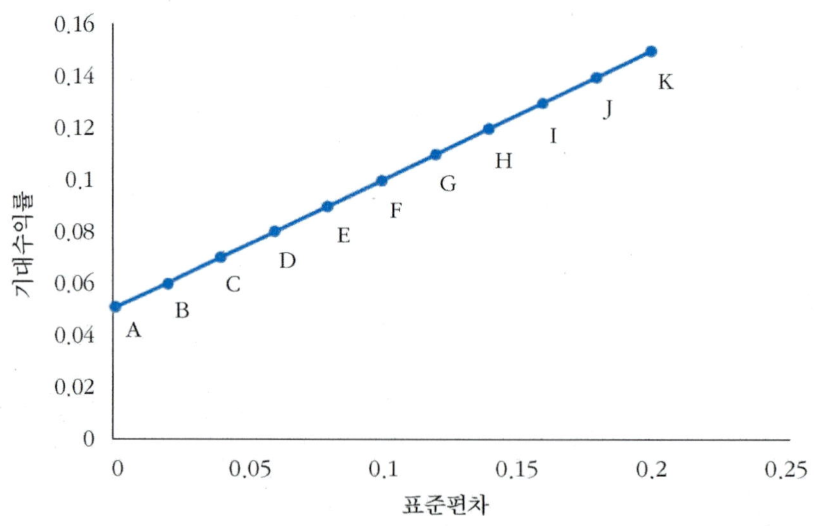

그림에서 A부터 K를 연결하는 선은 무위험자산과 위험자산의 각기 다른 조합을 선택함으로써 구성할 수 있는 투자가능 포트폴리오를 나타낸다. 무위험자산에 모두 투자하는 경우의 포트폴리오는 점 A로 표시된다. 이 때 포트폴리오 역시 무위험자산이 되며, 기대수익률은 연 5%이다. 무위험자산에서 위험자산으로 투자비중이 점차 높아져 감에 따라 포트폴리오는 직선상에서 오른쪽으로 이동하게 되면서 더 큰 위험과 더 큰 기대수익률을 가지게 된다. 모든 자산을 위험자산에 투자하는 점 K에 도달하면, 포트폴리오의 기대수익률은 15%, 위험은 20%로 위험자산과 동일하게 된다. 이 그림은 위험과 기대수익률 간의 교환관계를 잘 보여주고 있다. 더 많은 수익률을 얻기 위해서는 더 많은 위험을 감내해야 한다.

[표 8-1] 또는 [그림 8-3]의 직선 상 어느 점에서의 포트폴리오 구성을 알아내기 위해서는 포트폴리오의 기대수익률과 위험을 계산하는 일반적인 공식을 알 필요가 있다. 지금부터 이를 도출해보자.

투자자가 선택하는 포트폴리오를 P라고 하자. 무위험자산의 수익률을 r_f로 표시하고, 위험자산의 기대수익률을 $E(r_S)$, 위험을 나타내는 표준편차는 σ_S로 표시하자. 위험자산에의 투자비중을 w라고 하자. 그러면 무위험자산에의 투자비중은 1−w가 된다. 구성한 포트폴리오의 기대수익률은 $E(r_p)$, 포트폴리오의 위험을 나타내는 표준편차는 σ_p로 표시하자.

우선 위험자산의 투자비중에 따른 포트폴리오의 기대수익률은 다음과 같다. 포트폴리오의 기대수익률은 개별 자산 기대수익률의 가중 평균이다.

$$E(r_p) = wE(r_S) + (1-w)r_f = r_f + w[E(r_S) - r_f] \quad (8\text{–}2)$$

앞의 예에서 무위험자산의 기대수익률은 5%, 위험자산의 기대수익률은 15%였다. 자산의 50%씩을 각각의 자산에 투자한다면, 다음과 같이 10%의 기대수익률을 얻을 수 있다.

$$E(r_p) = 0.5 \times 0.15 + 0.5 \times 0.05 = 0.1$$

다음으로 위험자산의 투자비중에 따른 포트폴리오의 표준편차를 구해보자. 포트폴리오의 위험은 위험자산의 표준편차에 위험자산의 투자비중을 곱한 값이다.

$$\sigma_P = w\sigma_S \quad (8\text{–}3)$$

앞의 예에서 위험자산의 표준편차는 20%였다. 자산의 50%씩을 각각의 자산에 투자한다면, 포트폴리오는 다음과 같이 10%의 표준편차를 갖는다.

$$\sigma_P = 0.5 \times 0.2 = 0.1$$

마지막으로 포트폴리오의 기대수익률과 표준편차와의 관계를 구하자. 그림에 표시된 직선의 방정식을 유도하기 위해서 식 (8−3)을 $w = \sigma_P / \sigma_S$로 정리하고, 이를 식 (2)에 대입하여 다음과 같은 식을 얻게 된다.

$$E(r_P) = r_f + \frac{E(r_S) - r_f}{\sigma_S}\sigma_P \tag{8–4}$$

식 (8−4)를 예에 적용하면, 다음과 같다.

$$E(r_p) = 0.05 + 0.5\sigma_p$$

즉, 그림에서의 직선은 절편이 $R_f = 0.05$이며, 0.5의 기울기를 가진 직선이 된다. 이 직선의 기울기는 투자자들이 감수하는 추가적인 위험 한 단위에 대해 투자자들이 얻을 수 있는 기대수익률 보상을 의미한다.

무위험자산과 위험자산의 투자비중을 결정하는 것을 자본배본(capital allocation)이라고 한다. 식 (8−4)는 자본배분에 따른 위험과 기대수익률의 관계를 표현하고 있어, 자본배분선(CAL, capital allocation line)이라고 한다.

무위험자산과 위험자산으로 구성한 포트폴리오는 평균, 표준편차 평면에서 무위험자산과 위험자산을 연결하는 직선의 형태를 가진다.

예제 1 위험자산 P와 무위험자산 F로 구성되는 포트폴리오 C를 선택하려고 한다. 각 자산의 기대수익률과 수익률의 표준편차는 아래와 같다.

	기대수익률	표준편차
위험자산 P	14%	24%
무위험자산 F	8%	0%

다음의 질문에 답하라.

(1) 만약 자본 중 25%를 P에 투자하고, 나머지를 F에 투자한다면, 포트폴리오의 기대수익률과 수익률의 표준편차는 얼마인가?
(2) 최종적으로 선택한 포트폴리오의 기대수익률이 10%라면, 이 포트폴리오의 수익률 표준편차는 얼마인가?
(3) 기대수익률 15.5%를 얻기 원한다면, 어떻게 투자해야 하는가?

해설 (1) 식 (8-2)를 사용하여 답을 계산하면, $E(r_C)=8+0.25(14-8)=9.5\%$, $\sigma_C=0.25\times24=6\%$.
(2) 식 (8-3)에 의하면, $10=8+0.25\sigma_C$. 따라서 $\sigma_C=8\%$.
(3) $E(r_C)=8+x(14-8)=15.5\%$. 따라서 $x=1.25$, $1-x=-0.25$. 자본의 25%에 해당하는 금액을 빌린 후에, 빌린 돈과 자본과 합한 모든 금액을 위험자산 P에 투자한다.

3.2 두 위험자산의 결합

두 개의 위험자산을 결합하는 포트폴리오는 표준편차의 계산에 있어서 앞의 경우보다 복잡하다. 위험자산 1과 2가 존재하며, 위험자산 1에 투자하는 비중을 w라고 하자. 포트폴리오의 기대수익률은 무위험자산과 위험자산으로 구성한 포트폴리오와 유사하게 다음과 같이 구할 수 있다.

$$E(r_p)=wE(r_1)+(1-w)E(r_2) \tag{8–5}$$

위 식을 식 (8−2)와 비교하면, 무위험이자율을 두 번째 위험자산의 기대수익률 $E(r_2)$로 바꾼 것에 불과하다.

포트폴리오의 분산은 다음과 같다.

$$\sigma_P^2=w^2\sigma_1^2+(1-w)^2\sigma_2^2+2w(1-w)\rho_{1,2}\sigma_1\sigma_2 \tag{8–6}$$

위 식에 의하면 포트폴리오의 표준편차는 두 자산의 상관계수($\rho_{1,2}$)에 의해서 영향을 받는다. 상관계수는 두 변수가 함께 움직이는 경향을 나타내는 측정치이다. 상관계수는 −1부터 1까지 범위에서 움직이는데, 1이면 두 변수가 완전히 동일하게 움직이는 것을 의미하며, −1이면 두 변수가 완전히 정반대로 움직이는 것을 의미한다. 0이면 두 변수의 움직임은 서로 무관함을 의미한다. 식 (8−6)은 식 (8−3)보다 일반적인 형태라고 할 수 있다. 두 번째 자산이 무위험자산이어서 $\sigma_2 = 0$이고 $\rho_{1,2} = 0$이라면, 위 식은 식 (8−3)과 동일하게 된다.

구체적인 예를 들어서 살펴보도록 하자. [표 8−2]는 두 위험자산 1과 2의 기대수익률과 위험에 대한 정보를 제공해 주고 있다.

표 8-2 위험자산의 기대수익률과 표준편차

	위험자산 1	위험자산 2
기대수익률	0.15	0.10
표준편차	0.20	0.12

[표 8−3]은 두 위험자산의 결합으로 구성된 포트폴리오의 기대수익률과 표준편차를 식 (8−5)와 (8−6)에 따라서 계산한 결과를 보여주고 있다. 상관계수를 −1, 0, 1 세 가지로 가정하여, 상관계수별로 결과를 도출하였다.

표 8-3 상관계수별 포트폴리오의 기대수익률과 표준편차

위험자산 1의 비중	위험자산 2의 비중	상관계수=−1		상관계수=0		상관계수=1	
		기대수익률	표준편차	기대수익률	표준편차	기대수익률	표준편차
0%	100%	0.100	0.120	0.100	0.120	0.100	0.120
10%	90%	0.105	0.088	0.105	0.110	0.105	0.128
20%	80%	0.110	0.056	0.110	0.104	0.110	0.136
30%	70%	0.115	0.024	0.115	0.103	0.115	0.144
40%	60%	0.120	0.008	0.120	0.108	0.120	0.152
50%	50%	0.125	0.040	0.125	0.117	0.125	0.160
60%	40%	0.130	0.072	0.130	0.129	0.130	0.168
70%	30%	0.135	0.104	0.135	0.145	0.135	0.176
80%	20%	0.140	0.136	0.140	0.162	0.140	0.184
90%	10%	0.145	0.168	0.145	0.180	0.145	0.192
100%	0%	0.150	0.200	0.150	0.200	0.150	0.200

[그림 8-4]는 표에 나오는 포트폴리오들을 표준편차를 x축, 기대수익률을 y축으로 하여 표시하였다. 위험자산 간의 상관계수가 1이거나 −1인 경우는 포트폴리오의 위험과 수익률 간의 관계가 직선으로 나타난다. 상관계수가 1과 −1이 아닌 경우에는 위험과 수익 간의 관계가 곡선으로 나타난다. 상관계수가 0인 경우를 살펴보자. 모든 수준의 기대수익률에 대해 상관계수가 0인 포트폴리오가 상관계수가 1인 포트폴리오 보다 더 작은 위험을 가지게 된다. 이로부터 상관계수가 0인 경우의 포트폴리오가 상관계수가 1인 경우의 포트폴리오보다 어떤 기대수익률 수준에서도 더 높은 효용을 제공함을 알 수 있다. 상관계수가 1보다 작은 경우에는 위험 분산의 혜택을 누릴 수 있다.

상관계수가 −1인 경우는 상관계수가 0인 경우보다 더 큰 위험 분산효과를 누릴 수 있다. 심지어 표준편차가 0인 포트폴리오도 만들 수 있다. 위험자산의 결합에서 최소한의 위험을 얻을 수 있는 조합을 최소분산 포트폴리오(minimum−variance portfolio)라 부른다. 예에서 상관계수가 −1이라면 위험자산 1에 37.5%를 투자할 때가 최소분산 포트폴리오가 된다.

요약하면, 무위험자산과 위험자산의 포트폴리오는 두 자산을 연결하는 직선으로 표시된다. 위험자산 2개를 결합하는 경우에는 두 자산 간의 상관계수에 따라 달라지는데, 상관계수가 1 또는 −1이 아닌 한 두 자산을 잇는 곡선으로 표시된다. 상관계수가 1보다 작은 경

그림 8-4 위험자산 간의 포트폴리오의 위험과 기대수익률 간의 관계

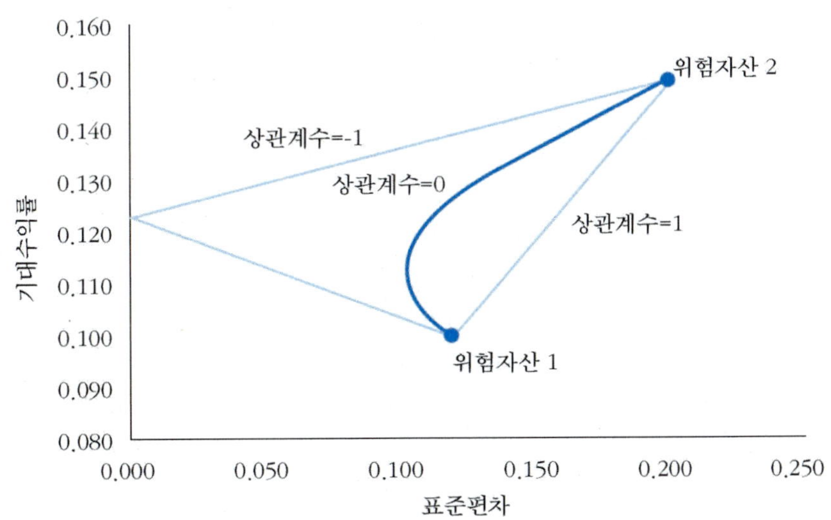

우 위험 분산효과(risk diversification effect)를 누릴 수 있으며, 상관계수가 작을수록 위험 분산효과는 더 커진다.

예제 2 2억원을 주식 1 또는 주식 2에 투자하는 것을 고려하고 있다. 과거 수익률 자료를 분석하여 주식 1과 2의 기대수익률은 각각 0.10과 0.20, 표준편차는 각각 0.10과 0.15라고 판단하였다. 주식 1에 6천만원을, 주식 2에 나머지를 투자할 것을 결정하였다면, 이 포트폴리오의 기대수익률은 얼마인가?

해설 방법1: 금액으로 계산

1: $0.6 \times (1 + 0.10) = 0.66$억원

2: $1.4 \times (1 + 0.20) = 1.68$억원

계 = 2.34억원

기대수익률 = $(2.34 - 2) / 2 = 0.17$ 또는 17%

방법2: 수익률로 계산

기대수익률의 가중평균 = $0.1 \times 0.3 + 0.2 \times 0.7 = 0.7$ 또는 17%

예제 3 앞의 예제 2를 계속해서 적용해보자. 포트폴리오의 표준편차를 다음 3가지 경우에 대해 각각 계산하라: [A] 상관계수가 0.1, [B] 상관계수가 1, [C] 상관계수가 −1.

해설 $\sigma_P^2 = 0.3^2 \times 0.1^2 + 0.7^2 \times 0.15^2 + 2 \times 0.3 \times 0.7 \times \rho_{1,2} \times 0.1 \times 0.15$

$= 0.011925 + 0.0063\rho_{1,2}$

위 식에 상관계수를 대입하면,

[A] $\sigma_P^2 = 0.012555$ $\sigma_P = 0.11205$

[B] $\sigma_P^2 = 0.018225$ $\sigma_P = 0.135$

[C] $\sigma_P^2 = 0.005625$ $\sigma_P^2 = 0.005625$

아래는 상관계수가 1이나 -1일 때, 완전제곱꼴로 표현하여 포트폴리오의 표준편차를 쉽게 계산할 수 있는 방법이다.

[B] $\sigma_P^2 = (0.3 \times 0.1 + 0.7 \times 0.15)^2 = 0.135^2$

[C] $\sigma_P^2 = (0.3 \times 0.1 - 0.7 \times 0.15)^2 = 0.075^2$

3.3 여러 위험자산들의 결합

실제 세상에는 여러 위험자산들이 존재한다. 이들에 투자하는 포트폴리오의 기대수익률과 분산에 대해 알아보자. 투자기회집합으로 n개의 위험자산이 존재하며, 각 위험자산은 1, 2, …, n으로 표시한다. 각 위험자산의 투자비중은 w_1, w_2, …, w_n이다. 모든 위험자산의 투자비중을 합하면 1이 된다: $\sum_{i=1}^{n} w_i = 1$. 포트폴리오의 기대수익률과 표준편차는 아래와 같이 구할 수 있다.

기대수익률: $E(r_P) = \sum_{i=1}^{n} w_i E(r_i)$

분산: 아래 행렬 내 모든 값의 합에 해당한다.

$$\begin{pmatrix} w_1^2\sigma_1^2 & w_1w_2\sigma_{1,2} & \dots & w_1w_k\sigma_{1,k} & \dots & w_1w_n\sigma_{1,n} \\ w_2w_1\sigma_{2,1} & w_2^2\sigma_2^2 & \dots & w_2w_k\sigma_{2,k} & \dots & w_2w_n\sigma_{2,n} \\ & & \dots & & & \\ w_kw_1\sigma_{k,1} & w_kw_2\sigma_{k,2} & \dots & w_k^2\sigma_k^2 & \dots & w_kw_n\sigma_{k,n} \\ & & \dots & & & \\ w_nw_1\sigma_{n,1} & w_nw_2\sigma_{n,2} & \dots & w_nw_k\sigma_{n,k} & \dots & w_n^2\sigma_n^2 \end{pmatrix}$$

편의상, 포트폴리오를 구성하는 모든 위험자산의 투자비중이 1/n로 동일하다고 가정해보자. 행렬 내 모든 값들의 합은 ① 모든 분산들의 평균값에 분산의 개수인 n을 곱한 값과 ② 모든 공분산들의 평균값에 공분산의 개수인 n^2-n을 곱한 값을 합산한 후, 가중치의 제곱인 $1/n^2$을 곱한 값으로 계산할 수 있다.

포트폴리오의 분산: $\sigma_P^2 = \frac{1}{n^2}\left[n\overline{\sigma^2} + (n^2-n)\overline{Cov}\right]$

$$= \left[\frac{1}{n}\overline{\sigma^2} + (1-\frac{1}{n})\overline{Cov}\right]$$

여기에서, $\overline{\sigma^2}$는 모든 위험자산 분산들의 평균이며, $\overline{Cov}$는 모든 위험자산간 공분산들의 평균이다.

그런데, 위험자산의 수를 무한대로 늘리면, 포트폴리오의 분산은 어떻게 될까? 첫 번째 항에 포함되어 있는 위험자산의 분산 평균 $\overline{\sigma^2}$은 거의 비슷한 값을 가지는데, 1/n은 0으로 수렴하기 때문에 첫 번째 항 $\frac{1}{n}\overline{\sigma^2}$은 0으로 수렴한다. 두 번째 항에 포함되어 있는 위험자산

간 공분산 평균 $\overline{Cov}$은 거의 비슷한 값을 가지는데, $(1-\frac{1}{n})$은 1로 수렴하기 때문에 두 번째 항 $(1-\frac{1}{n})\overline{Cov}$는 $\overline{Cov}$로 수렴한다.

결국 포트폴리오에 포함되는 위험자산의 개수를 무한대로 늘리면, 포트폴리오의 분산은 위험자산 간 공분산의 평균에 수렴하게 된다. 이를 통해 우리는 위험 분산효과에 관한 몇 가지 사실을 알 수 있다. 첫째, 포트폴리오에 포함되는 자산의 수를 늘림으로써 위험 분산효과, 즉 변동성이 줄어드는 효과를 누릴 수 있다. 포트폴리오의 위험을 표준편차로 측정한다면 포트폴리오에 포함된 자산들이 완전한 양(+)의 상관관계를 갖지 않는 한, 개별자산 표준편차의 가중평균보다 작기 때문이다. 만약 포트폴리오에 포함된 자산들이 완전한 양(+)의 상관관계를 갖는다면, 포트폴리오의 표준편차는 개별 자산 표준편차의 가중평균이 되기 때문에, 위험 분산효과는 없다. 둘째, 포트폴리오에 포함되는 위험자산의 수를 늘림으로 위험 분산효과를 누릴 수는 있지만, 위험을 완전히 없앨 수는 없다. 위의 식에서 포트폴리오의 분산은 0으로 수렴하는 것이 아니라 위험자산 간 공분산의 평균으로 수렴하고 있다.

여기서 위험에 두 종류가 있음을 알 수 있다. 첫째, 포트폴리오를 구성하면 서로 상쇄되어 분산가능한 위험이다. 특정 산업이나 특정 기업에 국한되어 발생하는 요인에 의한 기업고유위험(firm-specific risk, unique risk, 또는 idiosyncratic risk)이 여기에 해당된다. 예를 들어, 개별 기업을 상대로 한 소송이나 종업원의 파업으로 발생하는 주가 충격을 생각해보자. 이러한 충격은 개별 기업에만 영향을 주는데, 양(+)의 충격을 받는 기업도 있고 음(-)의 충격을 받는 기업도 있어 포트폴리오를 구성하면 상쇄된다.

둘째, 포트폴리오를 구성해도 상쇄되지 않아 분산불가능한 위험으로 모든 기업에 공통적으로 영향을 주는 요인에 의한 시장위험(market risk)이 여기에 해당된다. 예를 들어, 예상치 못한 이자율의 변동으로 발생하는 주가 충격을 생각해보자. 이러한 충격은 시장의 모든 자산에 영향을 주며, 충격의 방향도 동일하여 포트폴리오를 구성하더라도 상쇄되지 않는다. 시장위험은 시스템 전체에 대한 위험이어서 체계적 위험(systematic risk)이라고도 부른다. 그리고 이에 대비하여 기업고유위험을 비체계적 위험(unsystematic risk)이라고도 부른다.

이상 두 종류의 위험에 대한 특성을 고려하면 다음과 같은 결론을 얻을 수 있다. 포트폴리오에 많은 위험자산을 포함시켜 포트폴리오를 구성하면, 기업고유위험은 위험 분산효과를 통해 상쇄시킬 수 있지만, 시장위험은 그렇지 않다. 따라서 잘 분산된 포트폴리오의 위험은 시장위험이 된다.

잘 분산된 포트폴리오에서는 분산 가능한 기업고유위험은 제거되고, 분산 불가능한 시장위험만 남게 된다.

4. 효용 극대화: 최적 포트폴리오

앞에서 투자자의 효용을 어떻게 계산할 수 있는지, 그리고 투자 가능한 자산들의 집합을 어떻게 표시할 수 있는지 배웠다. 여기에서는 투자자가 효용을 극대화하는 선택을 했을 때, 결과적으로 어떤 포트폴리오를 선택하게 되는지를 다루고자 한다. 앞에서 언급했듯이 투자자의 효용과 투자기회집합 모두 기대수익률과 수익률의 표준편차로 측정한 위험의 두 가지 요소로 구성되어 있다. 따라서 최적 포트폴리오의 선택은 기대수익률과 표준편차라는 두 축으로 이루어진 평면 안에서 이루어진다.

실제 시장에는 수많은 위험자산이 존재한다. 이를 투자대상으로 한꺼번에 다 고려하는 것은 쉽지 않다. 따라서 단순화된 세상을 가정하여 최적 포트폴리오의 선택에 대해서 알아보자. 먼저 세상에 무위험자산과 위험자산 1개만 존재한다고 했을 때, 최적 포트폴리오의 선택은 어떻게 이루어지는지 살펴본다. 그 후에 무위험자산과 위험자산이 2개 있는 경우로 확장하고, 마지막으로, 무위험자산과 수많은 위험자산이 존재하는 경우로 일반화한다.

4.1 무위험자산과 하나의 위험자산이 존재하는 경우

이는 보통 우리가 직면하는 자본배분(capital allocation)의 문제이다. 가장 단순한 예는 예금과 위험자산 사이의 선택이다. 대부분의 사람들은 월급이 들어오는 계좌를 가지고 있다. 그 중에서 얼마를 남겨놓고 얼마를 빼내어 주식이나 채권 등의 위험자산에 투자할 것인지 그 비중을 결정해야 한다. 보다 일반적인 자본배분은 예금, 주식, 채권과 같이 자산군을 설정하고, 자산군 내에서 특정 자산을 선택하는 것이 아니라, 자산군의 배분비중을 정하는 것이다. 무위험자산과 위험자산 간의 배분을 자본배분, 여러 자산군 간은 배분을 자산배분

(asset allocation)이라고 구분하기도 한다. 뱅가드펀드의 창시자인 존 보글(John Bogle)은 자산배분 결정이 연기금의 총 수익률 차이의 94%를 결정한다고 하였다.[3] 따라서 지금 살펴볼 자본배분의 문제는 가장 기본적이면서도 가장 중요한 투자 의사결정이라 할 수 있다.

먼저 투자기회집합이 어떻게 구성되는지 확인할 필요가 있다. 일단 투자기회집합이 정해지면 그 중 가장 큰 효용을 주는 포트폴리오를 선택하면 된다. 3절에서의 예를 그대로 가져와 보자. 시장에 연 5%의 기대수익률을 주는 무위험자산과 15%의 기대수익률과 20%의 표준편차를 주는 위험자산 하나만 존재한다고 가정하자. 그렇다면 선택할 수 있는 투자가능 포트폴리오의 집합은 두 자산을 잇는 직선이 된다. 이를 [그림 8-5]에서 보여주고 있다.

투자자는 직선상에 있는 포트폴리오 중에서 효용을 극대화시켜 줄 수 있는 포트폴리오을 선택해야 한다. 투자자의 위험회피계수가 A=4라고 할 때, 다양한 효용 수준의 무차별곡선을 [그림 8-5]에서 보여주고 있다. 앞에서 무차별곡선의 특징에 대해 언급하였듯이 좌상향으로 이동할수록 효용은 더 높아진다. [그림 8-5]에서 직선상에서 가장 큰 효용을 주는 포트폴리오는 무차별곡선과 접하는 포트폴리오임을 알 수 있다. 미분을 이용하여 이를 풀면 다음과 같은 접점에서 위험자산에 투자하는 비중(w)의 해를 구할 수 있다.

$$w = \frac{E(r_S) - r_f}{A\sigma_S^2} \tag{8-7}$$

직선상의 점은 다양한 위험회피성향을 가진 투자자들이 무위험자산과 위험자산으로 자본배분을 할 때 선택할 수 있는 포트폴리오이므로, 이 직선을 자본배분선(CAL, capital allocation line)이라고 부른다. 그리고 직선의 기울기를 위험보상비율(reward to variability ratio)이라 한다. 또는 이 비율을 개발한 윌리엄 샤프(William Sharpe)의 이름을 따서 샤프비율(Sharpe ratio)이라 부른다. 위험보상비율은 위험 한 단위 당 얼마만큼의 기대수익률을 보상하는 지를 의미한다.

자본배분은 효용이 극대화되도록 무위험자산과 위험자산의 투자비중을 결정하는 것이다.

3) John Bogle, Bogle on Mutual Funds (Irwin Professional Publishing, 1994).

그림 8-5 투자자의 최적 포트폴리오 선택: 무위험자산과 위험자산 간 배분

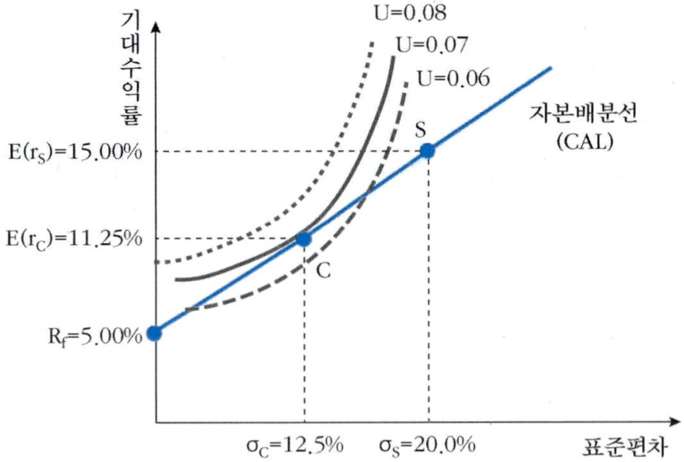

예제 4 투자가능한 위험자산의 기대수익률이 15%, 표준편차가 20%이며 무위험이자율은 5%이다. 위험회피계수가 4(A = 4)인 투자자의 최적 포트폴리오 선택은 어떻게 되는가? 최적 포트폴리오의 기대수익률과 표준편차는?

해설 식 (8-7)을 이용하여 위험자산에 투자하는 비중을 다음과 같이 구할 수 있다.

$$w = \frac{0.15 - 0.05}{4 \times 0.2}$$

위험자산에 62.5%, 무위험자산에 37.5% 투자하는 것이 투자자의 효용을 극대화시키는 최적 포트폴리오이다. 이때 이 투자자가 최종적으로 선택한 포트폴리오의 기대수익률과 표준편차는 다음과 같다.

$$E(r_C) = 0.625 \times 0.15 + 0.375 \times 0.05 = 0.1125$$

$$\sigma_C = 0.625 \times 0.2 = 0.125$$

따라서, 위험회피계수가 A = 4인 투자자의 최적 포트폴리오 선택은 위험자산에 62.5%와, 무위험자산에 37.5%를 투자하는 것이며, 이 때 포트폴리오의 기대수익률은 11.25%, 표준편차는 12.5%이다. 결과적으로 투자자는 U = 0.8125의 효용을 얻게 된다.

4.2 무위험자산과 2개의 위험자산이 존재하는 경우

여기서는 무위험자산과 2개의 위험자산이 존재하는 경우에 투자자가 어떻게 효용을 극대화하는 선택을 할 수 있는지에 대해 살펴본다. 먼저 투자기회집합에 대해 다음의 두 단계로 접근해 보자. 첫 번째 단계로 먼저 위험자산들 간의 포트폴리오를 찾아본다. 두 번째 단계로 무위험자산을 포함시켰을 때 무위험자산과 위험자산 포트폴리오로 구성된 포트폴리오가 어떤 성질을 가지는지 생각해 보자.

첫째, 두 위험자산 간의 결합은 상관계수가 1이 아닌 한 곡선으로 나타남을 앞에서 살펴보았다. 일반적인 경우 선택할 수 있는 위험자산은 [그림 8-6]에서와 같이 두 위험자산을 잇는 곡선이 된다.

둘째, 위험자산과 무위험자산을 결합하는 것을 생각해 보자. 무위험자산과 결합할 수 있는 위험자산은 두 위험자산을 잇는 곡선 상의 점들이다. 이 중에서 어떤 점을 선택할 것인가? 앞에서 위험자산과 무위험자산을 결합하는 포트폴리오는 직선으로 표시됨을 기억하자. [그림 8-6]은 무위험자산과 다양한 위험자산 포트폴리오 간의 결합을 보여주고 있다. 결과물로 산출된 직선 중에서 기울기가 클수록 더 큰 효용을 주는 선택이 된다. 평균-분산 선택 기준을 적용하면, 기울기가 클수록 동일한 수준의 위험에서 더 큰 기대수익률을 제공하기 때문에 더 선호되는 선택이 된다. [그림 8-6]에서는 무위험자산과 A를 잇는 선보다 무위험자산과 B를 잇는 선이 더 선호된다.

결과적으로 이들 직선 중에서 기울기가 가장 큰 직선이 효용을 극대화하는 최적선택이 된다. 왜냐하면, 기울기가 가장 큰 직선이 동일한 수준의 위험에서 가장 큰 기대수익률을 제공해줄 수 있기 때문이다. 이 때 기울기가 가장 큰 직선은 무위험자산에서 직선을 그렸을 때 두 위험자산을 잇는 곡선과의 접점 T에서 접한다. 이 접점 T를 접점 포트폴리오(tangent portfolio)라고 부르는데, 투자자들이 선택하는 최적 위험포트폴리오(optimal risky portfolio)가 된다.

접점 T에 투자하는 위험자산들의 비중은 다음과 같이 구할 수 있다. 무위험자산과 두 위험자산을 투자하는 투자기회집합에 대한 제약조건 하에서 자본배분선 CAL의 기울기를 최대화하여 해를 구한다.

$$w_1 = \frac{[E(r_1)-r_f]\sigma_2^2-[E(r_2)-r_f]\rho_{1,2}\sigma_1\sigma_2}{[E(r_1)-r_f]\sigma_2^2+[E(r_2)-r_f]\sigma_1^2-[E(r_1)+E(r_2)-2r_f]\rho_{1,2}\sigma_1\sigma_2} \quad (8-8)$$

$$w_2 = 1 - w_1$$

정리하면, 투자자가 선택하는 위험자산의 최적 조합은 무위험자산으로부터 시작하는 직선과 위험자산 간의 곡선의 접점이 된다. 이 접선이 최적의 위험－보상 간 교환관계를 나타내게 된다. 이것이 투자자들이 최종적으로 선택할 수 있는 포트폴리오들을 모아 놓은 투자기회집합이다.

지금까지는 투자기회집합에 대해서 정의하였다. 다음으로, 투자자가 투자기회집합 중에서 최종 선택하는 포트폴리오는 무엇인가? 직선과 투자자의 효용을 나타내는 무차별곡선이 접하는 점이 될 것이다. 즉, 무위험자산과 접점 포트폴리오를 잇는 직선상의 점 중에서 효용을 극대화하는 포트폴리오를 선택하면 된다. 효용을 극대화하는 투자비중은 앞 절의 식 (8－7)을 이용하면 된다. [그림 8－6]에서 이를 보여주고 있다. 무위험자산과 접점 포트폴리오를 잇는 직선과 무차별곡선이 접하는 점 C가 투자자의 최종 선택이 된다. 이를 완전 포트폴리오(complete portfolio)라고 부른다.

그림 8-6 투자자의 최적 포트폴리오 선택: 무위험자산과 두 개의 위험자산 간 배분

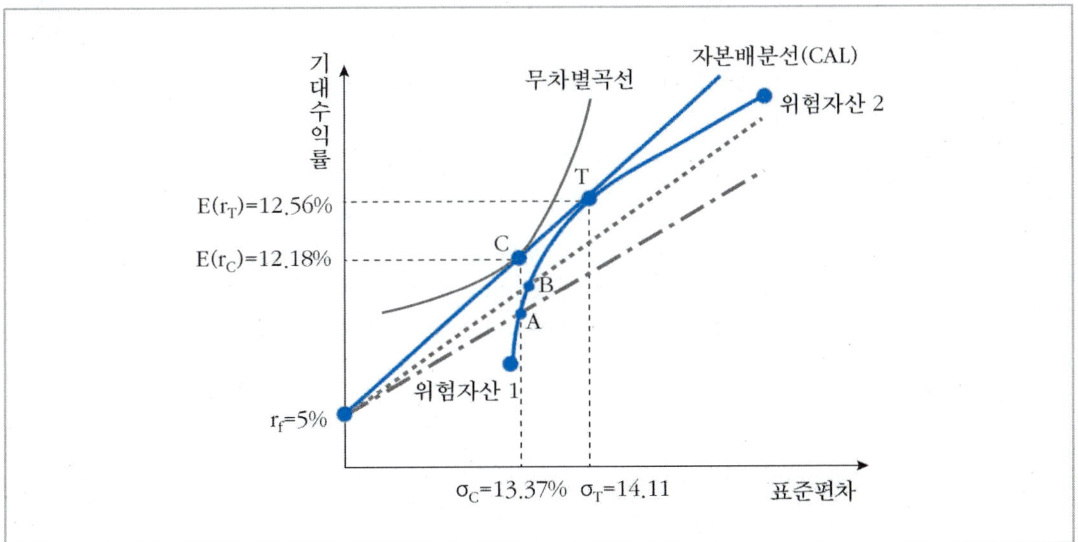

예제 5 앞의 예제 4를 계속해서 적용해보자. 무위험이자율은 5%이다. 기존에 존재하는 기대수익률이 15%, 표준편차가 20%인 위험자산에 하나의 위험자산이 추가되었다. 추가된 위험자산의 기대수익률은 10%, 표준편차는 12%이다. 위험회피계수가 A=4라면 최적 포트폴리오 선택은 어떻게 되는가? 최적 포트폴리오의 기대수익률과 표준편차를 구하라.

해설 위험자산의 최적조합인 접점 포트폴리오 T는 식(8)을 이용해 다음과 같이 구할 수 있다.

$$w_1 = \frac{[0.1-0.05]0.2^2 - [0.15-0.05]0.5\times0.12\times0.2}{[0.1-0.05]0.2^2+[0.15-0.05]0.12^2-[0.1+0.15-2\times0.05]0.5\times0.12\times0.2}$$
$$=0.4878$$

$$w_2 = 1 - w_1 = 0.5122$$

이때 접점 포트폴리오의 기대수익률과 표준편차는 다음과 같이 계산할 수 있다.

$$E(r_T) = 0.4878\times0.1 + 0.5122\times0.15 = 0.1256$$

$$\sigma_T = 0.1411$$

최종적으로 무위험자산과 접점 포트폴리오(T)를 연결하는 자본배분선이 투자기회집합이 된다. 이때 자본배분선 CAL의 기울기는 (0.1256 - 0.05)/0.1411 = 0.54이다.

위험회피계수가 A = 4인 투자자의 최적 선택은 식 (7)을 이용해 구할 수 있다. 투자자는 무위험자산과 접점 포트폴리오 사이에서의 효용을 극대화하는 선택을 하게 된다. 이때 위험자산인 접점 포트폴리오에 투자하는 비중을 다음과 같이 구할 수 있다.

$$w = \frac{0.1256-0.05}{4\times0.1411}$$

정리하면, 위험자산에 94.9%, 무위험자산에 5.1% 투자하는 것이 투자자의 효용을 극대화시키는 최적 포트폴리오이다. 이때 투자자가 최종적으로 선택한 포트폴리오의 기대수익률과 표준편차는 다음과 같이 계산할 수 있다.

$$E(R_P) = 0.949\times0.1256 + 0.051\times0.05 = 0.1217$$
$$\sigma_P = 0.949\times0.1411 = 0.1339$$

종합하면, 위험회피계수가 A = 4인 투자자의 최적 포트폴리오 선택은 위험자산인 접점 포트폴리오에 94.9%를, 무위험자산에 5.1%를 투자하는 것이며, 이 때 포트폴리오의 기대수익률은 12.17%, 표준편차는 13.39%이다. 접점 포트폴리오는 위험자산 1이 48.78%, 위험자산 2가 51.22%로 구성되므로, 전체 포트폴리오의 최종 구성은 위험자산 1이 0.949×0.4878=46.29%, 위험자산 2가 0.949×0.5122=48.61%, 무위험자산이 5.1%로 구성된다. 결과적으로 투자자는 U=0.08594의 효용수준을 가지게 된다. 이는 앞 절에서 투자자의 효용 U=0.08125보다 더 크다. 위험자산이 하나 더 추가됨으로써 투자기회집합이 커지고, 결과적으로 투자자 효용이 증대됨을 알 수 있다.

4.3 무위험자산과 많은 위험자산이 존재하는 경우

여기서는 보다 일반화해서 현실 상황을 생각해 보자. 세상에는 무수히 많은 위험자산들이 존재한다. 이런 경우 투자기회집합은 어떻게 표시되고, 이들 중에서 투자자는 어떤 포트폴리오를 선택할 것인가? 앞 절과 마찬가지로 두 단계로 접근해 보자. 첫 번째 단계로 먼저 위험자산들 간의 최적 조합을 찾아보고 나서, 두 번째 단계로 무위험자산을 포함시켰을 때의 최적 조합을 구하는 것이다. 이를 [그림 8-7]이 보여주고 있다.

첫째, 수많은 위험자산들 간의 결합은 어떻게 될 것인가? 앞서 두 위험자산 간의 결합은 곡선으로 나타남을 보았다. [그림 8-7]은 수많은 위험자산들을 결합했을 때 형성되는 선택 가능한 위험자산들의 집합을 보여주고 있다. 그러나 모든 위험자산들이 선택 대상이 되는 것은 아니다. 앞에서 이야기한 평균-분산 평면상의 포트폴리오 선택기준 2가지를 적용해 보자. 먼저 동일 수준의 기대수익률 하에서 표준편차가 제일 작은 포트폴리오가 가장 선호될 것이다. 이와 같이 어떤 수준의 기대수익률 하에서도 가장 작은 표준편차를 제공하는 위험자산의 집합을 최소분산 포트폴리오(minimum-variance portfolio)라 한다. 이 중에서도 가장 작은 분산을 가진 포트폴리오를 글로벌 최소분산 포트폴리오(global minimum-variance portfolio)라 한다. 이제 두 번째 선택기준인 동일 수준의 위험 하에서는 더 높은 기대수익률을 주는 자산이 더 선호된다는 원리를 적용해 보자. 최소분산 포트폴리오 중에서도 글로벌 최소분산 포트폴리오 위쪽에 있는 포트폴리오들이 아래쪽에 위치한 포트포리오들 보다 선호될 것이다. 이는 위쪽의 포트폴리오들이 아래쪽에 있는 포트폴리오들 보다 동일 수준의 위험 하에서도 더 높은 기대수익률을 제공하기 때문이다. 이렇게 어떤 수준의 표준편차에서도 가장 높은 기대수익률을 제공하는 위험자산들의 집합을 효율적 경계선(efficient frontier)이라 한다.

요약하면, 위험자산들 만을 고려했을 때 투자자가 선택할 수 있는 투자기회집합은 효율적 경계선이 된다. 하지만, 여기서 끝이 아니다. 무위험자산이 존재하기 때문이다.

둘째, 위험자산과 무위험자산을 결합하는 것을 생각해 보자. 이 후의 이야기는 앞 절에서 내린 결론과 동일하다. 무위험자산과 결합할 수 있는 위험자산은 앞에서 언급한 효율적 경계선 상의 점들이다. 투자자는 무위험자산과 효율적 경계선 상의 점을 결합하는 직선 중에서 기울기가 가장 큰 직선을 선택할 것이다. 그리고 접점 T가 접점 포트폴리오 또는 최적 위험포트폴리오가 된다. 요약하면, 투자기회집합은 무위험자산과 접점 포트폴리오를 연결하는 직선이 된다.

투자자의 최종 선택은 이 직선 상의 점들 중에서 효용을 극대화시키는 포트폴리오이다. 직선상의 어느 점을 선택하는가는 투자자의 위험회피성향에 따라 달라진다. 위험회피계수가 커서 무차별곡선의 기울기가 큰 투자자는 무위험자산의 비중이 클 것이다. 반면 위험회피계수가 작아 무차별곡선의 기울기가 작은 투자자는 접점 포트폴리오의 비중이 클 것이다.

최적 위험포트폴리오는 무위험자산과 위험자산을 연결하는 직선이 효율적 경계선과 접하는 점이다.

그림 8-7 투자자의 최적 포트폴리오 선택: 무위험자산과 많은 위험자산 간 배분

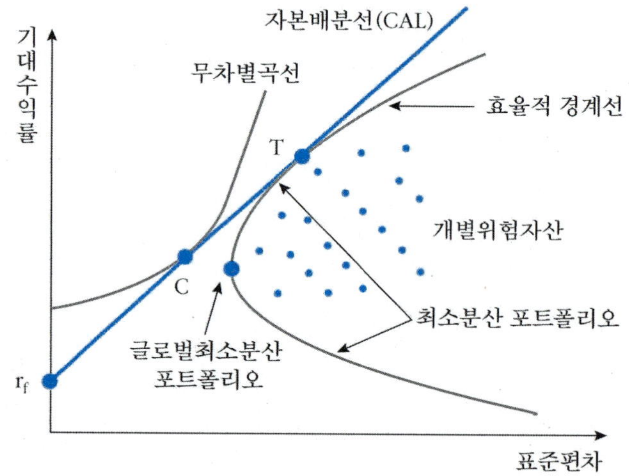

5. 종합: 포트폴리오 선택

포트폴리오 선택의 중요한 결론은 투자자의 위험에 대한 태도, 즉 위험회피성향에 따라 최종 선택하는 포트폴리오는 다를 수 있지만, 선택하는 위험자산은 접점 포트폴리오로 유일하다는 것이다. 투자자들이 최종 선택하는 포트폴리오가 다른 이유는 무위험자산과 접점 포트폴리오의 배분비중이 다르기 때문이다. 즉, 투자자의 위험에 대한 태도는 둘 간의 배분비중에 반영이 되고, 최적 위험자산에는 영향을 주지 않는다. 투자자들의 위험회피도가 서로 다르더라도 그들이 선택하는 유일한 위험자산은 접점 포트폴리오가 된다.

이는 중요한 의미를 가진다. 수많은 위험자산들이 존재하지만 결론적으로 투자자가 선택하는 최적 위험자산은 접점 포트폴리오 한 가지이다. 따라서 누군가가 접점 포트폴리오를 제공해준다면, 투자자는 접점 포트폴리오와 무위험자산 사이에서 배분비중만 결정하면 최대의 효용을 얻을 수 있다. 이를 분리속성(separation property)이라고 부른다. 즉, 포트폴리오 선택 문제는 2개의 독립된 과정으로 분리할 수 있다. 첫 번째 과정은 접점 포트폴리오를 결정하는 것이며, 두 번째 작업은 접점 포트폴리오와 무위험자산 사이에서 배분비중을 결정하는 것이다.

첫 번째 과정인 접점 포트폴리오를 어떻게 알아내고, 어떻게 투자할 수 있을 것인가? 모든 투자자들이 시장에 존재하는 모든 위험자산을 분석해서 접점 포트폴리오를 찾아낼 필요는 없다. 이 작업은 정교한 기술이 필요한 문제로 전문적인 펀드매니저(fund manager)에게 맡기면 된다. 그러므로 포트폴리오 선택 이론은 펀드를 운용하는 자산운용업이 왜 존재하는가를 뒷받침하는 이론이 된다. 두 번째 과정인 무위험자산과 접점 포트폴리오의 자본배분은 어떻게 할 것인가? 자신의 위험회피계수를 알 수 있고 무차별곡선을 그려서 무위험자산과 접점 포트폴리오 간의 자본배분선과 접점을 찾을 수 있다면, 직접 결정해도 될 것이다. 그러나 대부분의 투자자들에게 이런 작업을 어려울 것이다. 이 문제는 금융설계자(financial planner)에게 자문하게 된다. 그러므로 포트폴리오 선택 이론은 금융상품을 판매하는 금융상품판매업의 존재를 뒷받침하는 이론이 된다.

세상에는 수많은 펀드가 존재한다. 그 중 어떤 펀드가 접점 포트폴리오일까? 이를 판단하는 것도 쉬운 문제는 아니다. 이 역시 금융설계자의 자문이 필요한 작업이다.

키워드

- 포트폴리오
- 포트폴리오 선택
- 효용
- 투자기회집합
- 위험회피성향
- 평균-분산 모형
- 평균-분산 기준
- 무차별곡선
- 효용함수
- 무위험자산
- 위험자산
- 최소분산 포트폴리오
- 위험 분산효과
- 공분산
- 상관계수
- 기업고유위험
- 시장위험
- 체계적위험
- 비체계적위험
- 자본배분선
- 위험보상비율
- 샤프비율
- 위험회피계수
- 접점 포트폴리오
- 최적 위험포트폴리오
- 완전 포트폴리오
- 글로벌 최소분산 포트폴리오
- 효율적 경계선
- 분리속성

08 연습문제 Exercise

01 (★) 다음 용어를 설명하시오.

(1) 평균-분산 기준 (2) 무차별곡선 (3) 자본배분선 (4) 완전포트폴리오
(5) 효율적 경계선 (6) 분리속성 (7) 위험 분산효과 (8) 샤프비율

02 다음 네 가지 주식의 기대수익률과 표준편차를 보고 물음에 답하시오.

주식	A	B	C	D
기대수익률	12%	14%	12%	10%
표준편차	6%	8%	10%	12%

(1) (★) 평균-분산기준(지배원리)에 따라 위험 회피적인 투자자가 선호하는 주식으로만 구성된 것은?

① A, B ② B, C
③ C, D ④ A, D

(2) (★) 100만원을 가진 위험중립형 투자자가 가장 선호하는 포트폴리오는?

① A에 100만원 투자한 포트폴리오
② A에 50만원, B에 50만원 투자한 포트폴리오
③ C에 50만원, D에 50만원 투자한 포트폴리오
④ B에 100만원 투자한 포트폴리오

(3) (★★) 주식 A와 주식 D의 상관계수가 1이라면 주식 A와 주식 D로 구성된 동일가중포트폴리오의 표준편차의 크기는?

① A의 표준편차보다 크고 B의 표준편차보다 작다.
② B의 표준편차보다 크고 C의 표준편차보다 작다.
③ C의 표준편차보다 크고 D의 표준편차보다 작다.
④ D의 표준편차보다 크다.

(4) (★★) 효용함수가 $U = E(r) - 0.5 \times 4\sigma^2$인 투자자가 주식 A와 주식 B에 대해 무차별하게 선택할 경우 위험회피계수(A)는?

03 (★★) 투자자 A의 효용함수는 $U = E(r) - \frac{1}{2}A\sigma^2$이며, 위험회피계수는 4이다. 투자자 A가 선택한 금융상품 X의 기대수익률은 10%이며, 표준편차는 10%이다. 투자자 A와 효용함수가 동일한 투자자 B가 선택한 금융상품 Y의 기대수익률이 16%일 때 이 금융상품 Y의 표준편차는 얼마인가?

① 15%　　② 20%
③ 25%　　④ 30%

04 (★) X와 Y 두 주식으로 구성된 포트폴리오의 위험감소효과가 가장 클 때 두 주식의 수익률간의 상관계수($\rho_{(XY)}$)의 값은?

① 0　　② 0.5
③ 1　　④ −1

05 (★) A주식과 B주식간 수익률의 상관계수는 0.5이며, B주식과 C주식간 수익률의 상관계수는 −0.5이다. 다음 중 B주식의 주가가 향후에 하락할 것으로 예상할 때 A주식과 C주식의 주가의 변동으로 예상되는 것은?

① A주식은 상승하고, C주식은 하락한다.
② A주식은 하락하고, C주식도 하락한다.
③ A주식은 상승하고, C주식도 상승한다.
④ A주식은 하락하고, C주식은 상승한다.

06 (★) 포트폴리오의 위험분산효과에 대한 대화 중에서 틀린 설명을 하는 투자자들을 모두 고르면?

> 철수: "많은 주식에 분산투자를 하면 위험이 감소하는 이유는 주식들이 같은 방향으로 움직이는 경향이 있기 때문이야."
> 영희: "분산투자를 하게 되면 사라지는 위험은 시장위험 또는 체계적 위험이라고 하지."
> 정수: "아무리 많은 주식에 분산투자를 하더라도 위험을 완전히 없앨 수는 없어."

① 정수, 영희　　② 철수, 영희
③ 철수, 정수　　④ 철수, 영희, 정수

07 (★) 다음 중 포트폴리오를 구성하는 자산의 수가 증가함에 따라 제거할 수 있는 위험에 해당하는 것은?

① 환율의 하락　　② 이자율의 상승

③ 최고경영자의 해임 ④ 원유가격의 하락

08 (★★) 다음은 주식시장에 상장된 X, Y, Z 주식에 관한 정보이다. 1억원의 자금으로 2개 주식을 매입하여 미래에 확실한 수익률을 보장하는 무위험포트폴리오를 구성하려 한다. 이 무위험포트폴리오를 구성하기 위한 방법을 설명하고 기대수익률을 구하시오.

종목	기대수익률	표준편차	주식 수익률간 상관계수		
			X	Y	Z
X	10	30	1	1	−1
Y	12	40		1	0
Z	9	10			1

09 (★) 다음은 주식 A와 주식 B의 현재 주가와 발행주식수이다. 100만원을 보유한 김씨가 주식 A와 주식 B의 시장가치에 비례하여 포트폴리오를 구성하기 위해 매입해야 할 주식 A, B의 수량과 포트폴리오의 기대수익률을 계산하시오.

주식	주가(원)	발행주식수(주)	기대수익률(%)
A	2,000	2,000	12
B	5,000	1,200	20

10 아래 표는 포트폴리오를 구성하고 있는 두 주식에 대한 정보이다. 다음 물음에 답하시오.

주식	A	B
기대수익률(%)	ⓐ	10
표준편차(%)	10	20
투자비중(%)	50	50

(1) (★) 주식 A와 주식 B의 상관계수가 −1이며, 주식 A와 주식 B에 동일한 금액을 투자하여 구성한 포트폴리오의 표준편차는?

① 5% ② 10%
③ 15% ④ 20%

(2) (★★★) 주식 A와 주식 B의 상관계수가 1이며 두 주식에 대해 공매도가 허용된다. 무위험이자율이 4%라면 주식 A의 적정한 기대수익률은?

① 5% ② 6%

③ 7% ④ 8%

(3) (★) 평균-분산기준에 따라 주식 A가 주식 B를 지배한다면 ⓐ가 될 수 없는 경우는?

① 5% ② 10%

③ 15% ④ 20%

11

K주식과 무위험자산에 대한 내년도의 기대수익률은 다음과 같다. 다음 물음에 답하시오.

	K주식	무위험자산
기대수익률(%)	10	6
표준편차(%)	12	0

(1) (★) K주식과 무위험자산으로 구성된 포트폴리오의 집합인 자본배분선의 식을 구하고, 그래프에 나타내시오.

(2) (★★) 갑 씨는 현재 보유한 K주식과 무위험자산으로 구성된 포트폴리오로부터 8.4%의 기대수익률을 예상하고 있다. 이 포트폴리오의 표준편차를 구하시오.

(3) (★★) 효용함수가 $U = E(r) - 0.5 \times 4\sigma^2$인 이씨는 자신이 가진 여유자금 1,000만원과 금융회사로부터 무위험이자율로 400만원을 차입한 총액 1,400만원을 모두 주식 K에 투자해야 효용을 극대화할 수 있다. 이씨의 위험회피계수(A)와 투자전략으로부터 예상하는 수익률과 표준편차를 구하시오.

(4) (★★★) 투자금 1억원을 보유한 박씨의 효용함수가 $U = E(r) - 0.5 \times 4\sigma^2$일 때, 효용을 극대화하는 최적 포트폴리오의 기대수익률과 표준편차를 계산하시오.

12

다음은 주식 A, 회사채 B, 무위험자산에 대한 투자 정보이다.

	주식 A	회사채 B	무위험자산
기대수익률(%)	15	8	5
표준편차(%)	30	10	0
A와 B의 상관계수	−0.3		

(1) (★★) 주식 A와 회사채 B에 투자해서 가장 위험이 적은 최소분산포트폴리오를 구성하기 위해서는 주식 A와 회사채 B에 어떤 비율로 투자해야 하는가? 이때 최소분산포트폴리오의 기대수익률과 표준편차를 구하시오.

(2) (★★★) 1억원의 자금을 가진 투자자가 자신의 효용함수인 $U = E(r) - 0.5 \times 4\sigma^2$를 극대화하도록 주식 A, 회사채 B, 무위험자산으로 포트폴리오를 구성하시오.

13 (★★) 투자자 갑과 투자자 을이 자본시장선(CML)상에 있는 포트폴리오 중에서 선택한 최적 포트폴리오의 기대수익률과 표준편차는 다음과 같다. 단, 시장포트폴리오의 기대수익률은 18%이며, 무위험이자율은 6%이다.

투자자	기대수익률	표준편차
갑	21%	15%
을	15%	9%

위험회피(risk aversion) 성향이 갑보다는 높지만 을보다 낮은 투자자가 투자원금 1,000만원을 보유할 경우, 효용을 극대화하기 위한 투자전략 중 타당한 것은?

① 500만원을 무위험자산에 투자하고 나머지 금액을 시장포트폴리오에 투자한다.

② 670만원을 무위험자산에 투자하고 나머지 금액을 시장포트폴리오에 투자한다.

③ 80만원을 무위험이자율로 차입해서 원금과 함께 총액인 1,080만원을 모두 시장포트폴리오에 투자한다.

④ 500만원을 무위험이자율로 차입해서 원금과 함께 총액인 1,500만원을 모두 시장포트폴리오에 투자한다.

08 연습문제 정답 및 해설

Exercise

02 (1) ①

A와 B만을 볼 때 평균－분산기준에 의해서 선호관계를 판단할 수 없다. A와 C만을 볼 때 평균－분산기준에 의해서 A가 C를 지배한다. A와 D를 볼 때 평균－분산기준에 의해서 A가 D를 지배한다. B와 C만을 볼 때 평균－분산기준에 의해서 B가 C를 지배한다. B와 D만을 볼 때 평균－분산기준에 의해서 B가 D를 지배한다. C와 D만을 볼 때 평균－분산기준에 의해서 C가 D를 지배한다. 따라서 평균－분산기준에 의해서 A, B는 C, D를 지배한다.

(2) ④

위험중립형 투자자는 위험의 크기와 관계없이 기대수익률이 가장 높은 포트폴리오를 선호한다. ② 포트폴리오의 기대수익률은 13% ③ 포트폴리오의 기대수익률은 11%이다.

(3) ②

두 자산간의 상관계수가 1이라면 두 자산으로 구성된 동일가중포트폴리오의 표준편차는 두 자산의 표준편차의 평균이므로 A와 D로 구성된 동일가중포트폴리오의 표준편차는 9%이다.

(4) A＝14.29

주식 A의 효용과 주식 B의 효용을 동일하게 하는 위험회피계수를 구한다,

$0.12-0.5\times A\times 0.062=0.14-0.5\times A\times 0.082$

A＝14.29이며, 이때의 주식 A의 효용과 주식 B의 효용은 0.0943이다.

03 ②

무차별곡선에서 금융상품 X와 Y의 선택으로 인한 효용은 동일해야 한다.

금융상품 X에 대한 투자자 A의 효용: $U_A=0.1-\frac{1}{2}\times 4\times 0.1^2=0.08$

금융상품 Y에 대한 투자자 B의 효용: $U_B=0.16-\frac{1}{2}\times 4\times \sigma^2=0.08 \qquad \therefore \sigma=0.2$

04 ④

상관계수가 －1이면 포트폴리오의 표준편차가 0이 될 수 있다.

05 ④

상관계수가 양이면 동일한 방향으로 변동하며, 음이면 반대 방향으로 변동한다.

06 ②

철수: "… 주식들이 다른 방향으로 움직이는 경향이 있기 때문(위험분산효과)…",

영희: "분산투자를 하게 되면 사라지는 위험은 고유위험 또는 비체계적 위험…"

07 ③

기업고유위험에 해당한다.

08 $\sigma_p = w_X\sigma_X - w_Z\sigma_Z = w_X 30 - (1-w_X)10 = 0$

$w_X = \frac{10}{40} = 0.25(25\%)$, $w_Z = \frac{30}{40} = 0.75(75\%)$

$E(r_P) = w_X E(r_X) + w_Z E(r_Z) = 0.25 \times 10 + 0.75 \times 8 = 8.5\%$

09 주식 A 200주와 주식 B 120주 매입, 기대수익률 16.8%

주식 A의 시가총액=2,000원×2,000주=4,000,000원, 주식 B의 시가총액=5,000원×1,200주=6,000,000원이므로 주식 A에 40%, 주식 B에 60%를 투자한다. 따라서 김씨는 투자자금 중 100만원×40%=40만원을 주식 A에 배분하여 200주(=40만원/2,000원)를 매입하며, 나머지 60만원을 주식 B에 배분하여 120주(60만원/5,000원)을 매입한다. 기대수익률은 0.4×12+0.6×20=16.8%이다.

10 (1) ①

두 자산 간에 완전한 음의 상관관계(−1)가 성립한다면 두 자산으로 구성된 포트폴리오의 표준편차는 다음과 같이 계산할 수 있다. 각 주식의 투자비중은 0.5(50%)이다.

$$\sigma_p = |\sigma_A w_A - \sigma_B w_B| = |10 \times 0.5 - 20 \times 0.5| = 5\%$$

(2) ③

두 자산 간에 완전한 양의 상관관계(1)이 성립한다면 두 자산으로 구성된 포트폴리오의 표준편차는 두 자산의 표준편차를 각 자산의 투자비중으로 가중평균한 값이다. 두 자산으로 구성한 포트폴리오의 위험이 0이라면, 이 포트폴리오의 기대수익률은 무위험이자율과 같아야 한다.

$$\sigma_p = \sigma_A w_A + \sigma_B w_B = 10w_A + 20(1-w_A) = 0 \Rightarrow w_A = 2,\ w_B = 1 - w_A = -1$$

즉, 투자자는 주식 B를 자신의 투자금액만큼 공매도한 다음, 이 금액과 자신의 투자금액을 모두 합하여 주식 A에 투자한다. 예를 들어, 1억원을 보유한 투자자는 주식 B를 1억원 공매한 다음, 2억원을 주식 A에 투자하면 된다. 이 포트폴리오의 기대수익률=2×주식 A 기대수익률−주식 B 기대수익률=2×주식 A 기대수익률−10%=4%이어야 한다.

따라서 주식 A 기대수익률=7%이다.

(3) ①

주식 A가 주식 B를 평균−분산기준에서 지배하기 위한 조건은 $E(r_A) \geq E(r_B)$, $\sigma_A \leq \sigma_B$이어야 한다. 따라서 A의 표준편차는 B보다 작기 때문에 $E(r_A) \geq E(r_B)$이어야 A가 B를 지배한다.

11 (1) 자본배분선(CAL) $E(r_P)(\%) = r_f + \frac{[E(r_K) - r_f]}{\sigma_K}\sigma_P = 6 + \frac{[10-6]}{12}\sigma_P = 6 + \frac{1}{3}\sigma_P$

(2) $E(r_P) = w_K E(r_K) + w_f E(r_f) = w_K \times 10\% + (1-w_K) \times 6\% = 8.4\%$

$w_K = 0.6(60\%)$, $w_f = 0.4(40\%)$

$\sigma_P = w_K \sigma_K = 0.6 \times 12\% = 7.2\%$

(3) 효용 극대화시 K주식에 대한 투자비중: $w_K = \dfrac{(0.1-0.06)}{A \times 0.12^2} = 1.4(140\%)$

위험회피계수(A) = 1.98

무위험자산 투자비중: $1 - w_K = 1 - 1.4 = -0.4(-40\%)$

포트폴리오의 기대수익률: $0.1 \times 1.4 + 0.06 \times (-0.4) = 0.116(11.6\%)$

포트폴리오의 표준편차: $0.12 \times 1.4 = 0.168(16.8\%)$

(4) 효용 극대화시 K주식에 대한 투자비중: $w_K = \dfrac{(0.1-0.06)}{4 \times 0.12^2} = 0.694(69.4\%)$

무위험자산 투자비중: $1 - w_K = 1 - 0.694 = 0.306(30.6\%)$

따라서 박씨는 K주식에 69,400,000원을 투자하고, 나머지 30,600,000원은 무위험자산에 투자한다.

포트폴리오의 기대수익률: $0.1 \times 0.694 + 0.06 \times 0.306 = 0.0878(8.78\%)$

포트폴리오의 표준편차: $0.12 \times 0.694 = 0.0833(8.33\%)$

12 (1) 주식 A에 대한 투자비중을 w_A, 회사채 B에 대한 투자비중을 $w_B(=1-w_A)$라 할 때 주식 A와 회사채 B로 구성된 포트폴리오의 분산은 다음과 같다.

$$\sigma_p^2 = w_A^2 \sigma_A^2 + (1-w_A)^2 \sigma_B^2 + 2w_A(1-w_A)\rho_{A,B}\sigma_A\sigma_B$$

미분을 이용하여 포트폴리오의 분산이 최소화할 때 w_A^*와 w_B^*는 다음과 같다.

$$w_A = \frac{\sigma_B^2 - \rho_{A,B}\sigma_A\sigma_B}{\sigma_A^2 + \sigma_B^2 - 2\rho_{A,B}\sigma_A\sigma_B}, \quad w_B^* = 1 - w_A^*$$

$$w_A^* = \frac{0.1^2 - (-0.3) \times 0.3 \times 0.1}{0.3^2 + 0.1^2 - 2 \times (-0.3) \times 0.3 \times 0.1} = 0.161, \quad w_B^* = 1 - w_A^* = 0.839$$

따라서 $E(r_P) = w_A E(r_A) + w_B E(r_B) = 0.161 \times 0.15 + 0.839 \times 0.08 = 0.091(9.1\%)$

$$\sigma_P^2 = 0.161^2 \times 0.3^2 + 0.839^2 \times 0.1^2 + 2 \times 0.161 \times 0.839 \times (-0.3) \times 0.3 \times 0.1 = 0.006941$$

$$\sigma_P = \sqrt{0.006941} = 0.083(8.3\%)$$

(2) 접점포트폴리오의 위험자산 주식 A와 회사채 B의 비중은 다음과 같다.

$$w_A = \frac{[E(r_A) - r_f]\sigma_B^2 - [E(r_B) - r_f]\rho_{A,B}\sigma_A\sigma_B}{[E(r_A) - r_f]\sigma_B^2 + [E(r_B) - r_f]\sigma_A^2 - [E(r_A) + E(r_B) - 2r_f]\rho_{A,B}\sigma_A\sigma_B}$$

$$= \frac{[0.15-0.05] \times 0.1^2 - [0.08-0.05] \times (-0.3) \times 0.1 \times 0.3}{[0.15-0.05] \times 0.1^2 + [0.08-0.05] \times 0.3^3 - [0.15+0.08-2 \times 0.05] \times (-0.3) \times 0.1 \times 0.3}$$

$= 0.287$

$w_B = 1 - 0.287 = 0.713$

접점포트폴리오의 기대수익률과 표준편차는 다음과 같다.

$E(r_T) = w_A E(r_A) + w_B E(r_B) = 0.287 \times 0.15 + 0.713 \times 0.08 = 0.10(10\%)$

$\sigma_T^2 = w_A^2 \sigma_A^2 + w_B^2 \sigma_B^2 + 2w_A w_B \rho_{AB} \sigma_A \sigma_B$

$\sigma_T = \sqrt{0.287^2 \times 0.3^2 + 0.713^2 \times 0.1^2 + 2 \times (-0.3) \times 0.287 \times 0.713} = 0.0939(9.39\%)$

접점포트폴리오와 무위험자산이 결합된 자본배분선(CAL)의 기울기: $\dfrac{(0.1-0.05)}{0.0939} = 0.5335$

완전포트폴리오에서 접점포트폴리오 투자비중: $w_T = \frac{(0.1-0.05)}{(8\times 0.0939^2} = 0.708(70.8\%)$

따라서 완전포트폴리오의 구성내역은 다음과 같다:

주식 A 투자액: 1억×0.708×0.287=2,035만원

회사채 B 투자액: 1억×0.708×0.713=5,048만원

무위험자산 투자액: 1억×(1−0.708)=2,917만원

13 ③

투자자 갑의 포트폴리오 구성내역: $18w_M+6(1-w_M)=21 \rightarrow w_M=1.25(125\%)$

즉, 투자원금의 25%를 무위험이자율로 차입하여 투자원금과 함께 시장포트폴리오에 모두 투자했다.

투자자 을의 포트폴리오 구성내역: $18w_M+6(1-w_M)=15 \rightarrow w_M=0.75(75\%)$

즉, 투자원금의 25%를 무위험자산에 투자하고 75%를 시장포트폴리오에 모두 투자했다.

위험회피(risk aversion) 성향이 갑보다는 높지만 을보다 낮은 투자자의 시장포트폴리오에 대한 투자비중은 $0.75 < w_M < 1.25$에 있어야 한다.

① $w_M=0.5(50\%)$ ② $w_M=0.33(33\%)$ ③ $w_M=1.08(108\%)$ ④ $w_M=1.5(150\%)$

제9장

자본자산가격결정모형 (CAPM)과 자본비용

1. 자본자산가격결정모형의 개요
2. 시장포트폴리오의 위험프리미엄
3. 개별 위험자산의 위험프리미엄
4. 자본자산가격결정모형의 활용

Financial Management

CHAPTER 09

자본자산가격결정모형(CAPM)과 자본비용

제8장에서는 개인 차원에서의 포트폴리오선택이론을 살펴보았다. 이 장에서는 개인 차원에서의 포트폴리오선택이론을 확장하여 자본시장 전체 차원에서 자산의 균형가격이 어떻게 결정되는지를 알아본다. 구체적으로 자본자산가격결정모형(CAPM, capital asset pricing model)에 대해 학습한다. CAPM은 재무금융에서 가장 중요한 이론 중 하나이다. 이 모형은 자산의 가격이 자본시장에서 수요와 공급의 균형에 의해서 결정될 때 위험과 기대수익률이 서로 어떤 관계를 가지는지를 설명한다. 학습 내용을 살펴보면, 먼저 모형의 전개에 필요한 시장과 투자자에 대한 기본적인 가정을 소개하고, 다음으로 해당 가정 하에 시장에 균형이 성립할 때 시장포트폴리오의 위험프리미엄과 개별 위험자산의 위험프리미엄이 어떻게 결정되는지에 대해 설명한다. 마지막으로 자본자산결정모형을 활용하여 기업의 자본비용을 추정하는 과정을 예제를 통해 살펴본다.

1. 자본자산가격결정모형의 개요

자본자산가격결정모형(CAPM)은 제8장에서 공부한 포트폴리오선택이론에 근거하여 도출된 위험자산 가격에 대한 균형이론이다. 1960년대 초반에 잭 트레이너(Jack Treynor), 윌리엄 샤프(William Sharpe), 존 린트너(John Lintner), 젠 모신(Jan Mossin)에 의해서 독립적으로 개발되었으며, 샤프는 그 공헌을 인정받아 포트폴리오선택이론을 개발한 해리 마코위츠(Harry Markowitz)와 함께 1990년에 노벨경제학상을 수상했다.

여기서는 샤프와 린트너가 개발한 모형을 중심으로 설명한다. 먼저 샤프－린트너 모형의 가정들에 대해서 살펴보기로 한다. 샤프－린트너 모형에서는 포트폴리오선택이론에서 이용한 세 가지 가정, 즉 완전경쟁시장, 자산수익률의 정규분포성, 투자자들의 위험회피성에 더해 무위험자산이 존재한다는 가정을 추가한다. 무위험자산에 투자하는 것은 무위험이자율로 대여하는 것과 같고, 무위험자산을 공매도하는 것은 무위험이자율로 차입하는 것과 같다. 따라서 무위험자산이 존재한다는 것은 투자자들이 얼마든지 무위험이자율로 대여하고 차입할 수 있다는 표현과 다를 바 없다. 무위험자산과 그 역할에 대해서는 8장에서 이미 설명한 바 있다. 투자의 효용은 포트폴리오의 기대 수익률, 표준편차에 의해서 결정되며 개인은 이를 극대화하는 합리적인 선택을 한다. 하지만 여기에서는 시장 전체 수준에 대해 다루어야하기 때문에, 시장에 참여하는 수많은 개인들의 의사결정에 대해서 가정을 설정해 주어야 한다. CAPM에서는 시장 참여자들이 모두 동질적이라고 가정한다.

- 가정 1: 자본시장 참여자는 자산의 기대수익률, 표준편차, 그리고 자산 간의 상관관계에 대해서 모두 동일한 예상을 한다.

이를 동질적 기대(homogeneous expectation)라고 부른다. 이런 가정으로 인해서 결과적으로 모든 투자자들은 동일한 위험자산 포트폴리오(무위험자산과 위험자산을 연결하는 직선이 효율적 경계선과 접하는 접점 포트폴리오)를 보유하게 될 것이다.

한편 자본시장의 특성에 대해서도 가정이 필요하다. 모형은 완전경쟁시장(perfect competitive market)을 가정한다. 완전경쟁시장에서 가격은 특정 수요자나 공급자에 의해서 좌우되지 않으며, 시장 참여자들의 수요와 공급이 일치되는 점에서 결정된다. 또한, 거래비용이나 세금이 존재하지 않으며, 무위험이자율로 무한정 자유롭게 차입과 대출을 할 수 있다. 투자자들 간의 정보비대칭도 존재하지 않는다.

- 가정 2: 자본시장의 균형가격은 모든 시장 참여자들이 최적 포트폴리오를 소유하는 상태에서 개별 자산에 대한 수요와 공급이 일치되는 점에서 결정된다.

위의 두 가지 가정에 대해 좀 더 생각해보면, 첫 번째 가정으로부터 모든 개인들이 선택하는 위험자산 포트폴리오는 접점 포트폴리오로 동일하다는 결론이 도출된다. 또한, 두 번째 가정에 의해서 균형가격은 수요와 공급이 일치한 곳에서 결정되어야 한다. 위험자산에 대한 시장 수요는 투자자들이 선택하는 위험자산 포트폴리오의 합이다. 개별 위험자산은 시장가치만큼 공급된다. 따라서 이 둘이 일치하는 균형상태는 모든 투자자들은 시장에 존재하는 모든 위험자산들을 각 자산의 시장가치의 비중에 따라 구성되어 있는 시장포트폴리오(market portfolio)를 보유하는 것이다. 이렇게 되어야 시장에 존재하는 모든 위험자산들의 공급이 투자자들의 수요에 의해서 소진되는 균형이 달성된다.

시장포트폴리오에 대해서 구체적으로 알아보자. 시장포트폴리오는 시장에 존재하는 모든 위험자산을 포함하되, 자산 i의 비중이 시장의 모든 위험자산의 시장가치 합에 대한 자산 i의 시장가치 비율인 포트폴리오이다. 예를 들어, 시장에 백두전자, 한라자동차, 그리고 무위험자산만 존재한다고 가정하자. 백두전자의 시장가치는 660조원, 한라자동차는 220조원, 무위험자산은 120조원이라고 하자. 위험자산의 총 가치는 880조이므로, 시장포트폴리오는 백두전자 660/880=75%, 한라자동차 220/880=25%로 구성된다.

CAPM은 개인의 포트폴리오선택이론의 확장판이다. 개인이 선택하는 위험자산 최적 포트폴리오(접점포트폴리오)가 시장포트폴리오로 바뀌게 된다. 즉, 균형상태에서 모든 투자자는 시장포트폴리오를 위험자산으로 보유하게 되며, 시장포트폴리오와 무위험자산 사이에서 시장 전체의 자본배분이 이루어진다. 투자자들의 위험회피성향에 따라서 투자자들이 보유하는 무위험자산과 시장포트폴리오의 비중은 각기 다르지만, 모든 투자자들이 위험자산으로 시장포트폴리오만을 보유하여 위험자산 간의 비중은 동일하다.

자본자산가격결정모형의 균형상태에서 최적 위험포트폴리오는 시장포트폴리오가 된다.

예제 1 시장에 두 명의 투자자가 있고 동일하게 100만원을 투자한다고 하자. 첫 번째 투자자는 위험회피적이며 백두전자에 66만원, 한라자동차에 22만원, 무위험자산에 12만원을 투자한다고 하자. 두 번째 투자자는 동일하게 100만원을 투자하지만, 첫 번째 투자자보다 더 위험회피적이어서 무위험자산에 24만원을 투자한다고 하자. 자본자산가격결정모형이 성립하는 세상이라면, 이 투자자는 백두전자, 한라자동차에 각각 얼마나 투자할까?

해설 위험자산 투자액 = 100만원 - 무위험자산 투자액(24만원) = 76만원

두 번째 투자자도 위험자산 포트폴리오로 시장포트폴리오를 보유할 것이므로
백두전자 투자액: 76×75% = 57만원
한라자동차 투자액: 76×25% = 19만원을 투자할 것이다.

[그림 9-1]은 시장 균형상태에서 각 투자자가 직면하는 위험과 이에 대한 보상인 기대수익률 간의 교환관계를 나타내 주고 있다. 그림의 직선은 무위험자산과 시장포트폴리오(M)를 연결하는 직선이며, 자본시장선(CML, capital market line)이라 불린다. 이를 수식으로 표현하면 다음과 같다.

$$E(r_p) = r_f + \frac{E(r_M) - r_f}{\sigma_M} \sigma_p \tag{9-1}$$

여기서, $E(r_M)$는 시장포트폴리오의 기대수익률, σ_M은 시장포트폴리오의 표준편차를 의미한다. 이 직선은 모든 투자자들이 투자가능한 최적의 위험-보상 간의 조합을 보여준다. 모든 투자자들이 이 직선이 제공하는 것보다 더 높은 수익률을 얻기를 기대하겠지만 시장의 경쟁은 가격을 이 직선상으로 되돌리게 된다.

CAPM은 소극적 투자(passive investment) 전략을 지지한다. 균형상태에서 모든 투자자는

그림 9-1 자본시장선

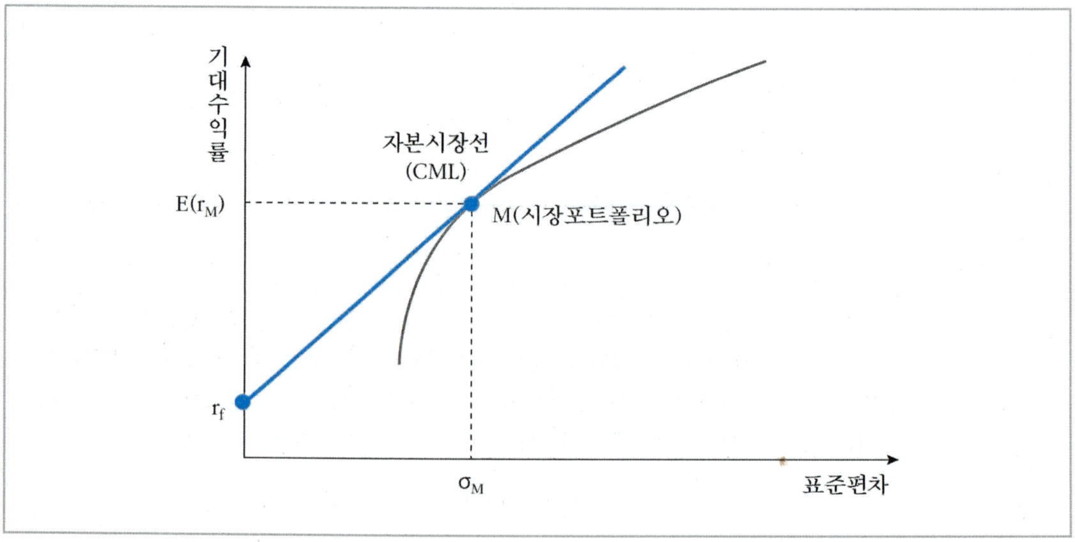

위험자산으로 시장포트폴리오를 선택하는 것이 최적이므로 시장포트폴리오를 추적하는 인덱스펀드에 투자하면 된다. 균형상태에서는 적극적 투자(active investment) 전략으로 초과수익을 올릴 수 없다. 특정 개인이 의사결정해야 할 것은 자신의 위험 선호에 따라 무위험자산과 시장포트폴리오 간의 투자비중을 결정하는 자본배분(capital allocation)이다.

자본자산가격결정모형의 균형상태에서 자본배분은 무위험자산과 시장포트폴리오의 투자비중을 결정하는 것이 된다.

2. 시장포트폴리오의 위험프리미엄

8장의 식 (8−7)을 가져오면 투자자가 시장포트폴리오(M)에 할당하는 비중 w는 다음과 같이 정해진다. 포트폴리오선택이론과 자본자산가격결정모형에 의하면 모든 투자자가 최종적으로 선택하는 유일한 위험자산은 시장포트폴리오이며, 특정 개인은 자신의 위험회피도에 따라 시장포트폴리오와 무위험자산 간의 투자비중을 결정하는 자본배분만을 결정하면 됨을 기억하자.

$$w = \frac{E(r_M) - r_f}{A\sigma_M^2} \tag{9–2}$$

완전경쟁시장의 시장균형 하에서 차입은 그에 대응하는 대출이 반드시 존재한다. 즉, 시장 전체로 볼 때, 모든 투자자의 대출과 차입의 총합은 0이 되어야 시장균형이다. 따라서 시장균형상태에서 무위험자산 보유에 대한 총합은 0이고, 위험자산인 시장포트폴리오에 대한 보유비중은 1이 된다. 이를 평균적으로 보면, 식 (9−2)에서 평균 보유비중 $\overline{w}=1$일 때, A는 투자자들의 위험회피계수 평균 $\overline{A}$로 변환된다. 결과적으로 시장포트폴리오의 위험프리미엄(risk premium)은 다음과 같이 분산과 투자자들의 위험회피계수 평균에 비례하게 된다.

$$E(r_M) - r_f = \overline{A}\sigma_M^2 \tag{9–3}$$

예제 2 예제 1의 상황은 자본자산가격결정모형에서 이야기하는 균형상태인가? 그 이유는?

해설 첫 번째 투자자는 무위험자산에 12만원을 투자하며, 두 번째 투자자는 24만원을 투자하고 있다. 무위험자산에 대한 시장 수요는 36만원인데, 이를 공급해주는 사람은 존재하지 않는다. 따라서 균형상태가 아니다. 균형상태이라면, 한 투자자가 무위험자산을 수요한다면, 다른 사람은 무위험자산을 공급해서 수요와 공급이 일치해야 한다.

첫 번째 투자자가 12만원을 빌려주고 싶어 한다면, 두 번째 투자자는 12만원을 빌리고 싶어 해야 균형이다. 두 번째 투자자는 투자원금 100만원에 빌린 돈 12만원을 더하여 112만원을 시장포트폴리오에 투자하게 된다. 백두전자 투자액: 112×75% = 84만원, 한라자동차 투자액: 112×25% = 28만원을 투자할 것이다.

3. 개별 위험자산의 위험프리미엄

자본자산가격결정모형의 결론은 모든 투자자들이 선택하는 위험자산은 시장포트폴리오라는 것이다. 그러면 개별 위험자산의 가격은 어떻게 결정될까? 이에 답하기 위해서는 먼저 개별 자산의 위험에 대해 다시 생각할 필요가 있다. 지금까지 우리는 개별 자산의 총위험을 표준편차로 측정하였다. 이를 변동성(volatility)이라고 부르기도 한다.

제8장에 소개된 바와 같이 총위험은 기업고유위험과 시장위험으로 나누어진다. 기업고유위험은 포트폴리오 종목 수를 증가시키는 분산투자를 통해서 제거할 수 있다. 투자자는 분산가능 위험을 부담하는 대가로 보상, 즉 위험프리미엄을 얻을 수 없다. 누구나 분산투자를 통해서 이 위험을 제거할 수 있기 때문이다. 결과적으로 균형상태에서 보상받는 위험은 분산불가능 위험, 즉 시장위험이다. 시장위험은 종목 수를 증가시키는 분산투자를 통해서도 제거할 수 없다. 균형상태에서 모든 투자자들이 선택하는 시장포트폴리오는 분산불가능 위험으로만 구성된 포트폴리오라고 할 수 있다. 즉, 시장에 존재하는 모든 위험자산을 포함시켜 분산가능 위험들은 모두 제거된 상태이다.

정리하면, 개별 자산의 위험 중에 보상받을 수 있는 위험은 분산불가능 위험, 즉 체계적 위험이다. 개별 자산의 체계적 위험은 시장포트폴리오의 위험에서 그 개별 자산이 공헌하는 비율로 계산할 수 있으며, 다음의 베타(beta)로 정의된다.

$$\beta_i = \frac{\sigma_{iM}}{\sigma_M^2} \tag{9-4}$$

여기서 σ_{iM}는 개별 위험자산 i의 수익률과 시장포트폴리오 수익률 사이의 공분산이며, σ_M^2는 시장포트폴리오 수익률의 분산이다. 따라서 베타는 시장포트폴리오 수익률 분산에 대한 개별 위험자산 수익률의 기여 비율을 의미한다. 시장포트폴리오의 베타는 시장포트폴리오의 그 자체의 수익률 분산에 대한 기여 비율로 정의되므로 1이 된다.

베타는 또한 시장포트폴리오의 수익률 변화에 대한 개별 자산 수익률의 변화 정도, 즉 민감도로 해석할 수도 있다. 개별 자산의 수익률을 y축에, 시장포트폴리오의 수익률을 x축에 둔 산점도에서 점을 대표하는 회귀직선을 추정한다면, 이 회귀직선의 기울기가 베타이다. 그리고 회귀직선의 기울기는 x변수와 y변수의 공분산을 x변수의 분산으로 나누어 추정된다. 예를 들어, 베타가 2인 자산은 시장포트폴리오 수익률이 1%p 증가할 때 평균적으로 2%p 증가하고, 시장포트폴리오 수익률이 1%p 감소할 때는 평균적으로 2%p 감소한다. 베타가 1보다 커서 수익률의 변동폭이 시장보다 큰 자산을 공격적 자산(aggressive asset)이라고 한다. 반대로 베타가 1보다 작아 수익률의 변동폭이 시장보다 작은 자산을 방어적 자산(defensive asset)이라고 한다. 베타는 경기순환과 연관성이 크다. 일반적으로 경기에 민감한 사치품이나 내구재를 생산하는 업종의 종목들은 베타가 1보다 크며, 경기에 둔감한 필수품을 생산하는 업종의 종목은 베타가 1보다 작다.

베타는 다음과 같은 특성을 지닌다.

1. 시장포트폴리오의 베타는 1이다.
2. 무위험자산의 베타는 0이다.
3. 포트폴리오의 베타는 포트폴리오에 포함된 개별 자산의 베타의 가중평균이다. 예를 들어, 자산 A와 B로 포트폴리오를 구성하는 경우, 포트폴리오의 베타는 아래와 같이 두 자산 베타의 가중 평균이 된다.

$$\begin{aligned}\beta_P &= \frac{Cov(r_P, r_M)}{\sigma_M^2} \\ &= \frac{Cov(w_A r_A + w_B r_B, r_M)}{\sigma_M^2} \\ &= \frac{w_A Cov(r_A, r_M) + w_B Cov(r_B, r_M)}{\sigma_M^2} \\ &= w_A \beta_A + w_B \beta_B\end{aligned}$$

개별 위험자산의 체계적 위험은 시장포트폴리오의 분산 중 개별 위험자산과 시장포트폴리오의 공분산이 차지하는 비중이다.

예제 3 어느 투자자가 투자금의 50%를 무위험자산인 국채에 투자하고, 나머지는 시장포트폴리오를 추적하는 펀드에 투자하였다. 시장포트폴리오의 기대수익률은 10%이고, 국채 수익률은 4%이다. 포트폴리오의 기대수익률과 베타는?

해설 $E(r_P) = 0.5 \times 0.04 + 0.5 \times 0.1 = 0.07(7\%)$

$\beta_p = 0.5 \times 0 + 0.5 \times 1 = 0.5$

포트폴리오의 기대수익률과 베타는 개별 자산 기대수익률과 베타의 가중평균임을 기억하자.

한편, 개별 자산의 위험프리미엄은 개별 자산의 체계적 위험, 즉 베타에 비례해서 다음과 같이 결정된다.[1)]

$$E(r_i) - r_f = \beta_i [E(r_M) - r_f] \tag{9-5}$$

위 식의 좌변은 개별 자산 i의 위험프리미엄이다. 우변은 개별자산 i의 베타와 시장포트폴리오의 위험 프리미엄의 곱이다. 결과적으로 개별 자산의 위험프리미엄은 개별 자산의

1) 균형상태에서 모든 위험자산의 베타 1단위당 위험프리미엄은 동일하다. 그리고 이 관계는 개별 위험자산 i와 시장포트폴리오 M에 대해서도 성립한다($\frac{E(r_i) - r_f}{\beta_i} = \frac{E(r_M) - r_f}{\beta_M}$). $\beta_M = 1$을 대입하고 정리하면 식 (9-5)가 도출된다.

그림 9-2 증권시장선

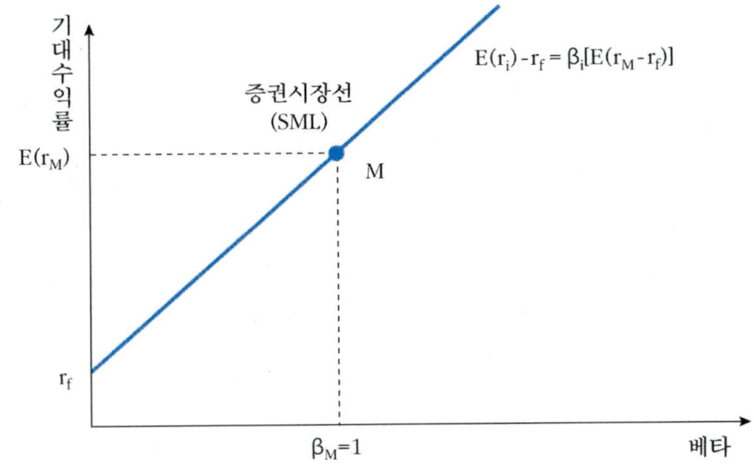

총 위험(표준편차)이나 비체계적 위험이 아닌 체계적 위험, 베타에만 영향을 받는다. 그리고 그 크기는 시장포트폴리오의 위험프리미엄에 비례해서 최종적으로 결정된다. 식 (9－5)가 바로 CAPM이다. 여러 버전의 CAPM이 개발되어 있기 때문에, 무위험자산의 존재를 가정하여 개발한 위 모형을 특히 샤프－린트너 CAPM(Sharpe－Lintner CAPM)이라고 부르기도 한다.

식 (9－5)를 [그림 9－2]와 같이 나타낼 수 있으며, 이를 증권시장선(SML, security market line)이라 부른다. 시장균형 하에서 개별 자산 i의 기대수익률은 무위험이자율에 개별 자산 i의 위험프리미엄을 더한 값이며, 개별자산의 위험프리미엄은 베타와 시장포트폴리오의 위험프리미엄의 곱으로 정의된다. 따라서 개별 자산의 체계적 위험이 클수록 개별 자산의 기대수익률도 커지게 된다.

자본자산가격결정모형의 균형상태에서 개별 위험자산의 위험프리미엄은 베타와 시장포트폴리오의 위험프리미엄의 곱으로 결정된다.

4. 자본자산가격결정모형의 활용

4.1 포트폴리오 선택

자본자산가격결정모형은 균형상태에서 자산의 위험에 상응하는 기대수익률을 제시해 줌으로써 개별 자산이나 포트폴리오의 가치를 평가할 수 있게 해준다. 증권시장선은 어떤 자산이나 포트폴리오가 위험에 상응하는 적절한 수익률을 제공하고 있는지에 대한 답을 준다.

[그림 9-3]에서는 증권시장선과 위험자산의 저평가 또는 고평가 여부를 보여주고 있다. 그림에서 자산 A는 저평가된 상태이다. 예상수익률이 균형상태에서의 기대수익률보다 높은 상태인데, 이는 시장가격이 균형가격보다 더 낮다는 것을 의미한다. (수익률은 현재 가격과 역의 관계를 가지고 있음을 기억하자.) 반대로 자산 B는 증권시장선 아래에 위치하며, 이는 고평가된 자산을 의미한다. 따라서 자본자산가격결정모형이 성립한다면, 저평가된 자산 A를 매입하고, 고평가된 자산 B를 매도 또는 공매도함으로써 이익을 얻을 수 있다.

그림 9-3 증권시장선과 자산평가

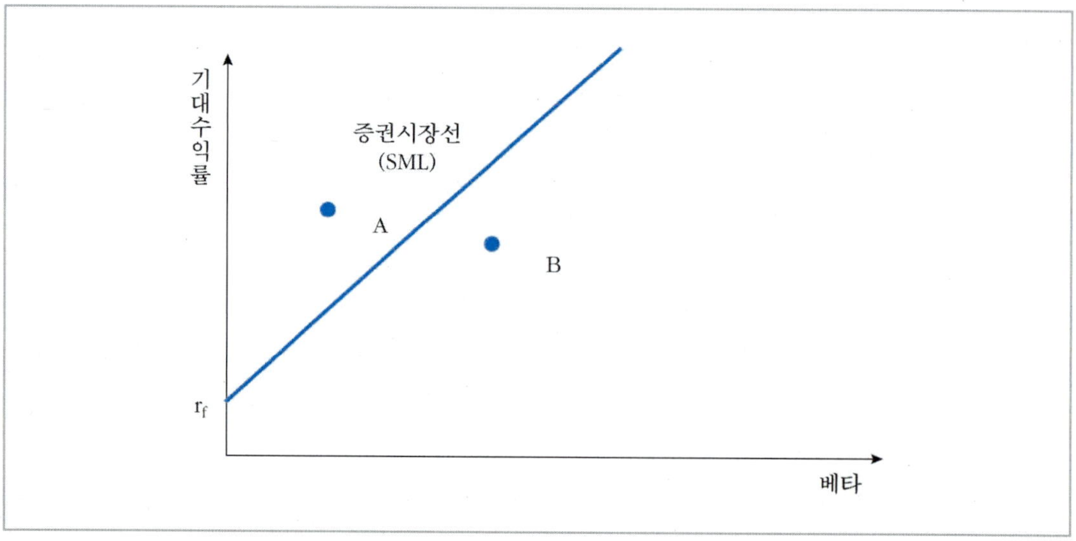

예제 4 어떤 자산의 현재 가격이 100원이고, 1년 후 가격은 120원으로 예상된다. 그리고 이 자산의 베타는 0.8이고, 시장 위험프리미엄과 무위험이자율은 각각 10%와 2%이다. 자본자산가격결정모형이 성립한다면 이 자산의 균형 가격은 얼마가 되어야 하는가? 이 자산을 매수해야 하는가? 매도해야 하는가?

해설 (해법 1)

증권시장선에 의하면,

기대수익률 = 무위험이자율 + 베타 × 시장 위험프리미엄 = 2% + 0.8 × 10% = 10%

1년 후 가격이 120원이므로, 이를 현재가치로 할인하면,

$$120/(1 + 0.1) = 109.1\text{원}$$

현재 가격이 100원이고, 균형 가격이 109.1원이므로 저평가되어 있어 매수해야 한다.

(해법 2)

예상수익률 = 120/100 - 1 = 20%

이 자산의 베타를 고려한 기대수익률 10%보다 높은 20%의 수익률이 예상되므로 매수해야 한다.

4.2 자본비용

자본자산가격결정모형은 기업의 자본예산에서 투자안의 선택 여부에 대한 기준을 제시해 줄 수 있다. 어떤 투자안이 증권시장선보다 높게 위치하고 있다면 매력적인 투자안이므로 선택해야 함을 의미하며, 반대로 증권시장선보다 낮게 위치하고 있다면 좋은 투자안이 아님을 보여준다.

CAPM은 균형상태에서 위험에 상응하는 기대수익률을 측정할 수 있게 해주기 때문에 자본예산에서 적절한 할인율, 즉 자본비용을 구할 때 사용할 수 있다. 기업이 자본을 조달하는 방법을 크게 자기자본 조달과 타인자본 조달로 구분할 수 있다. 자기자본 조달은 자본시장에서 기업의 주식을 발행함으로써 이루어지며, 타인자본 조달은 채권 발행을 통해 가능하다. 이들 증권 수익률로부터 자기자본의 체계적 위험(β_E)과 타인자본의 체계적 위험(β_D)을 각각 구할 수 있다. 자기자본비용(equity cost of capital, r_E)과 타인자본비용(debt cost of capital, r_D)은 식 (9-5)의 SML을 사용하여 자기자본과 타인자본의 기대수익률로 각각 구할 수 있다. 해당 기업의 자본비용(cost of capital)은 이 둘을 조달한 자기자본과 타인자본의 비중으로 가중평균하여 다음 식과 같이 얻을 수 있다.

$$r_U = \frac{E}{E+D}r_E + \frac{D}{E+D}r_D \tag{9-6}$$

여기서 r_E는 자기자본비용, r_D는 타인자본비용, E와 D는 자기자본과 타인자본의 시가총액을 의미한다. 이를 자본을 공급하는 투자자들의 입장에서 살펴보자. 투자자들이 해당 기업의 위험에 상응하는 수익률을 기대한다는 것은 그만큼의 수익률을 요구한다는 의미이다. 반대로 자본을 소비하는 기업의 입장에서는 투자자들이 요구하는 수익률을 만족시켜 주어야 자본을 조달할 수 있으며, 이는 기업이 자본을 조달하는 대가, 즉 자본비용이 되는 것이다.

예제 5 과거의 자료를 사용하여 추정한 태백상사의 베타는1.6이며, 95% 신뢰구간은 1.3~1.9이다. 무위험이자율은 3%이며, 시장위험프리미엄은 5%이다. 95% 신뢰구간 베타에 대응되는 태백상사의 자기자본비용의 범위는 어떻게 되는가?

해설 SML 식을 사용하면, 베타 1.6에 대한 자기자본비용은 3% + 1.6×5% = 11%이다. 하지만 추정은 불확실성을 동반하기 때문에, 95% 신뢰구간의 베타 1.3~1.9를 사용하면, 자기자본비용의 범위는 3% + 1.3×5% = 9.5% ~ 3% + 1.9×5% = 12.5%이다.

기업의 자본비용을 구하는 또 다른 방법으로 기업의 체계적 위험을 먼저 계산한 후에 SML을 적용할 수도 있다. 기업 전체의 체계적 위험은 이 둘을 조달한 자기자본과 타인자본의 비중으로 가중평균하여 다음 식과 같이 얻을 수 있다. 이를 자산베타(asset beta)라 부른다.

$$\beta_U = \frac{E}{E+D}\beta_E + \frac{D}{E+D}\beta_D \tag{9-7}$$

여기서 β_E는 자기자본의 베타, β_D는 타인자본의 베타, E와 D는 자기자본과 타인자본의 시가총액을 의미한다. 이와 같이 해당 기업의 자산의 베타(β_U)가 주어지면, 식 (9−5)의 증권시장선을 사용하여 그 자산의 기대수익률을 구할 수 있는데, 이것이 곧 해당 기업의 자본비용이 된다.

예제 6 속리산업의 자기자본의 시장가치는 1,440억원이며, 주식의 베타는 0.57이다. 동사 타인자본의 시장가치는 170억원이며, 채권의 만기수익률은 3.1%이다. 시장의 무위험이자율은 3%이며, 시장위험프리미엄은 5%이다. 속리산업의 채권 등급은 AAA등급으로 부도위험이 거의 없기 때문에 채권의 베타는 0이라고 가정하자. 속리산업의 자산 베타와 자본비용을 구하시오.

해설 주식의 베타 0.57과 채권의 베타 0을 사용하여, 자산베타

$\beta_U = \dfrac{1,440}{1,440+170}0.57 + \dfrac{170}{1,440+170}0 = 0.453$이다.

SML 식을 사용하면, 베타 0.453에 대응하는 자본비용은 3% + 0.453×5% = 5.27%이다.

실제 투자안의 자본비용을 구할 때는 자산베타를 조정해야 할 필요가 있다. 투자안의 자본조달을 전부 자기자본으로 할 경우는 앞의 예제와 같이 구하면 된다. 하지만 타인자본을 조달하는 경우는 추가적으로 고려해야 할 사항이 있다. 대표적인 것이 세금이다. 타인자본의 사용은 그 이자에 대해서 손익계산서 상에서 세금절감 효과(tax shield effect)를 발생시킨다. 따라서 세후 타인자본 비용은 본래 자본비용에서 세금절감 효과를 조정해 주어야 하며, 투자안 전체의 자본비용은 다음과 같다.

$$r_{WACC} = \frac{E}{E+D}r_E + \frac{D}{E+D}r_D(1-\tau_C) \qquad (9\text{–}8)$$

여기서 r_E는 자기자본비용, r_D는 타인자본비용, τ_C는 회사의 법인세율, E와 D는 자기자본과 타인자본의 시가총액이다. 이와 같이 세금을 고려한 자본비용을 가중평균 자본비용(WACC, weighted average cost of capital)이라 부른다.

키워드

- 자본자산가격결정모형(CAPM)
- 동질적 기대
- 완전경쟁시장
- 최적 위험포트폴리오
- 시장포트폴리오
- 자본시장선
- 소극적 투자
- 적극적 투자
- 자본배분
- 위험프리미엄
- 변동성
- 기업고유위험
- 분산가능 위험
- 비체계적 위험
- 시장위험
- 분산불가능 위험
- 체계적 위험
- 베타
- 공격적자산
- 방어적자산
- 증권시장선
- 자기자본비용
- 자산베타
- 가중평균자본비용
- 타인자본비용
- 자본비용

09 연습문제

Exercise

01 다음 용어를 설명하시오.(★)

(1) 자본자산가격결정모형(CAPM) (2) 완전경쟁시장 (3) 자본시장선 (4) 베타
(5) 증권시장선 (6) 자기자본비용 (7) 가중평균자본비용 (8) 위험프리미엄

02 (★) 자본자산가격결정모형(CAPM)의 베타(β)에 관한 설명 중 틀린 것은?

① 시장포트폴리오의 베타는 1이다.
② 무위험자산의 베타는 0이다.
③ 베타는 체계적 위험과 비체계적 위험을 모두 고려한 측정치이다.
④ 베타가 1보다 큰 주식의 기대수익률은 시장포트폴리오의 기대수익률보다 높다.

03 (★) 다음 중 베타와 관련 있는 위험은?

① A회사는 환율 인상에 따라 수출에 차질이 생길 것으로 예상된다.
② B회사는 경영실적이 부진한 CEO를 해고할 전망이다.
③ C회사에서는 노조파업이 장기화될 전망이다.
④ D회사는 신규투자를 발표했다가 철회했다.

04 (★) 증권시장선과 베타(β)에 대한 틀린 설명은?

① 어떤 주식의 베타가 0.5라면 시장포트폴리오의 분산은 주식과 시장포트폴리오간 공분산의 2배이다.
② 증권시장선에 존재하는 모든 자산의 위험보상비율은 동일하다.
③ 증권시장선에 존재하는 모든 자산의 베타 1단위당 위험프리미엄은 동일하다.
④ 어떤 주식의 베타가 0.5라면 시장포트폴리오 수익률이 1%p 감소할 때 이 주식의 수익률은 평균적으로 0.5%p 감소한다.

05

(★★) 무위험이자율은 5%이며, 시장포트폴리오의 기대수익률은 7%이다. 또한 A주식의 베타는 1.2이고 B주식의 베타는 0.8이다. CAPM이 성립할 때 A주식과 B주식에 대한 설명으로 옳지 않은 것은?

① A주식의 체계적 위험은 B주식보다 크다.
② B주식의 기대수익률은 시장포트폴리오보다 낮다.
③ A주식의 기대수익률은 B주식보다 높다.
④ B주식의 베타는 시장포트폴리오보다 크다.

06

(★) 주식 A의 기대수익률이 10.5%, 무위험이자율이 4.5%, 그리고 시장위험프리미엄이 8%라고 하자. 이 주식의 베타는 얼마인가?

07

CAPM이 성립하는 주식시장에서 주식 A와 주식 B, 인덱스펀드, 무위험자산에 대한 투자정보는 다음과 같다. 인덱스펀드는 시장지수의 변동을 완전하게 추종한다.

	기대수익률(%)	표준편차(%)	상관계수		
			주식 A	주식 B	인덱스펀드
주식 A	?	20	1	0.7	0.6
주식 B	?	12	0.7	1	0.5
인덱스펀드	9	10	0.6	0.5	1
무위험자산	3	0	0	0	0

(1) (★★) 주식 A와 B의 기대수익률을 계산하시오.
(2) (★★) 주식 A와 B로 무위험포트폴리오를 구성하기 위한 방법을 설명하시오.
(3) (★★) 투자자금 1억원을 보유한 김씨의 효용함수가 $U = E(r) - 0.5 \times 10\sigma^2$일 때, 효용을 극대화할 수 있는 무위험자산과 인덱스펀드로 구성한 포트폴리오의 기대수익률과 베타를 계산하고, 증권시장선에 표시하시오.

08

CAPM이 성립하는 주식시장에서 무위험이자율은 2%, 시장포트폴리오의 기대수익률과 표준편차는 각각 6%와 8%이다. 다음 물음에 답하시오.

포트폴리오	베타	예상 수익률
A	0.5	5
B	1.5	7

(1) (★★) 이 시장에서 투자자들의 평균적인 위험회피계수($\bar{A}$)를 구하시오.

(2) (★★) 위의 자료를 이용하여 증권시장선에 두 포트폴리오를 표시하고 베타와 기대수익률의 관계로 볼 때 포트폴리오 A와 B의 가격이 시장에서 적정하게 평가되었는지, 아니면 매수 또는 매도를 해야 하는지를 구체적으로 설명하시오.

(3) (★★) 자본시장선에서 두 포트폴리오의 수익률의 표준편차를 구하시오.

(4) (★★) 1억원으로 두 포트폴리오를 이용하여 시장포트폴리오의 수익률을 추종하는 펀드를 구성하려 할 때, 각 포트폴리오에 대한 투자금액을 배분하시오.

09 CAPM이 성립하는 세계에 A주식과 B주식 두 주식만 상장되어 있다. 무위험이자율은 6%이며, 두 주식의 특성은 다음과 같다. 다음 물음에 답하시오.

주식	기대수익률	베타(β)	총 시장가치
A	?	2	10억원
B	9%	?	20억원

(1) (★★) B주식의 베타는 얼마인가?

① 0.5 ② 1
③ 1.5 ④ 2

(2) (★★) 시장포트폴리오의 위험프리미엄은 얼마인가?

① 3% ② 4%
③ 5% ④ 6%

(3) (★★) A주식의 기대수익률은 얼마인가?

① 12% ② 14%
③ 16% ④ 18%

(4) (★★) 김재무 씨가 무위험자산에 40%, 시장포트폴리오에 60%에 투자한 포트폴리오의 기대수익률은 14%이다. 이 포트폴리오는 현재 고평가, 저평가, 적정평가 중 어떤 상태에 있으며, 균형상태에서 베타는 얼마인가?

① 고평가, 0.6 ② 저평가, 0.6
③ 고평가, 1.3 ④ 저평가, 1.3

10 (★★) 현재 무위험이자율은 6%이고 시장의 기대수익률은 10%이다. 베타가 1.5인 주식의 현재 가격은 20,000이며, 연말에는 500원의 배당금과 주가가 21,500원으로 상승할 것으로 예상된다. CAPM으로 이 주식의 균형상태에서의 기대수익률을 구하고 현재 주가가 적정한지를 설명하시오.

11 (★★) 한라기업 자기자본의 시장가치는 2,144억원이며, 주식의 베타는 1.25이다. 타인자본의 시장가치는 817억원이며, 채권의 베타는 0.35이다. 시장의 무위험이자율은 2%이며, 시장위험프리미엄은 6%이다.

(1) 자기자본비용과 타인자본비용을 구하시오.

(2) 자산베타를 구하시오.

(3) 가중평균자본비용을 구하시오.

12 (★) 태백산업은 타인자본으로 영구채권을 발행했으며, 채권자에게 매년 지급할 총이자금액은 80억원이다. 현재 영구채권의 시장가치는 1,000억원이다. 또한 태백산업은 매년 총배당금 150억원을 영구히 주주에게 지급할 계획이며, 주주들이 요구하는 자본비용은 15%이다. 부담하는 법인세율이 25%일 때, 태백산업의 가중평균자본비용을 계산하시오.

정답: 10.5%

13 (★) 소백기계의 부채는 1억원이며, 이자율은 10%이다. 법인세율이 30%일 때 타인자본 사용으로 절감되는 법인세 금액은?

14 (★★) 법인세율이 20%라 할 때 다음 자료를 이용하여 가중평균비용(WACC)을 구하면?

구분	시장가치(억원)	장부가치(억원)	자본비용(%)
타인자본	10	10	10
자기자본	10	8	20

① 10% ② 14%

③ 18% ④ 20%

09 연습문제 정답 및 해설

Exercise

02 ③

베타는 체계적 위험을 고려한 측정치이다.

03 ①

시장베타와 관련 있는 위험은 체계적위험(시장위험, 분산불가능위험)이다. ②, ③, ④는 개별 기업에만 고유한 비체계적위험에 속한다.

04 ②

자본시장에 존재하는 모든 위험보상비율이 동일하다.

05 ④

시장포트폴리오의 베타는 1이므로 B주식의 베타보다 크다.

06 $\beta_i = 0.75$

CAPM은 $E(r_i) = r_f + [E(r_M) - r_f]\beta_i$이므로, $10.2 = 4.5 + 8.5 \times \beta_i \Rightarrow \beta_i = 0.75$

07 (1) 인덱스펀드는 시장포트폴리오의 대용치이다.

주식 A의 베타

$$\beta_A = \frac{\sigma_{AM}}{\sigma_M^2} = \frac{\rho_{AM}\sigma_A\sigma_M}{\sigma_M^2} = \frac{0.6 \times 0.2 \times 0.1}{0.1^2} = 1.2$$

$$E(r_A) = r_f + [E(r_M) - r_f]\beta_A = 3 + 6 \times 1.2 = 10.2\%$$

주식 B의 베타

$$\beta_B = \frac{\sigma_{BM}}{\sigma_M^2} = \frac{\rho_{BM}\sigma_B\sigma_M}{\sigma_M^2} = \frac{0.5 \times 0.12 \times 0.1}{0.1^2} = 0.6$$

$$E(r_B) = r_f + [E(r_M) - r_f]\beta_B = 3 + 6 \times 0.6 = 6.6\%$$

(2) 포트폴리오의 베타=0 또는 무위험자산과 동일한 기대수익률을 제공하는 포트폴리오를 구성한다.

$$\beta_P = w_A\beta_A + (1 - w_A)\beta_B = w_A 1.2 + (1 - w_A)0.6 = 0$$

$$\Rightarrow w_A = -1,\ w_B = 1 - w_A = 2$$

따라서 투자자는 주식 A를 공매한 금액과 원래 자신이 보유한 투자자금 전액을 주식 B에 투자하면 된다.

이 포트폴리오 기대수익률 $E(r_P)=w_AE(r_A)+w_BE(r_B)=-1\times10.2+2\times6.6=3\%$로 무위험 자산의 기대수익률과 일치한다.

(3) 8장에서 위험자산과 무위험자산으로 최적포트폴리오를 구성할 때 위험자산의 투자비중을 이용한다.

인덱스펀드에 대한 투자비중

$w_M=\dfrac{(0.09-0.03)}{10\times0.1^2}=0.6(60\%)$, $w_f=1-w_M=0.4(40\%)$

즉, 1억원 중 6,000만원은 인덱스펀드에 투자하고 나머지 4,000만원은 무위험자산에 투자한다.

포트폴리오의 기대수익률 $E(r_P)=w_ME(r_M)+w_fE(r_f)=0.6\times9\%+0.4\times3\%=6.6\%$

포트폴리오의 베타 $\beta_P=w_M\beta_M+w_f\beta_f=0.6\times1+0.4\times0=0.6$

08

(1) $E(r_M)-r_f=\overline{A}\sigma_M^2$이므로 $\overline{A}=(0.06-0.02)/0.082=6.25$

(2) CAPM은 $E(r_i)=r_f+[e(r_M)-r_f]\beta_i$이므로,

$E(r_A)=2+[6-2]\times0.5=4\%$, $E(r_B)=2+[6-2]\times1.5=8\%$,

균형상태 기대수익률보다 높은 A는 저평가되었으며, 균형상태의 기대수익률보다 낮은 B는 고평가되었다. 따라서 저평가된 A는 매수해야 하고, 고평가된 B는 공매도한다.

(3) CML은 $E(r_p)=r_f+[E(r_M)-r_f]\dfrac{\sigma_p}{\sigma_M}$이므로,

각 포트폴리오의 균형상태의 기대수익률에서 표준편차를 계산한다.

$E(r_A)=2+[6-2]\dfrac{\sigma_A}{8}=4 \rightarrow \sigma_A=4\%$

$E(r_B)=2+[6-2]\dfrac{\sigma_B}{8}=8 \rightarrow \sigma_B=12\%$

(4) $E(r_M)=w_AE(r_A)+(1-w_A)E(r_B)=w_A\times4+(1-w_A)\times8=6$

$w_A=0.5$, $1-w_A=w_B=0.5$

각 포트폴리오에 전체 투자금액의 50%씩, 즉 5,000만원을 투자한다.

09

(1) ①

시장포트폴리오의 베타는 개별 자산의 베타를 개별 자산의 시장가치 비중으로 가중평균한 값으로 항상 1이다.

- A주식 시장가치 비중=10억/(10억+20억)=1/3
- B주식 시장가치 비중=20억/(10억+10억)=2/3
- 시장포트폴리오 베타=A주식 베타×A주식 시장가치 비중+B주식 베타×B주식 시장가치 비중=2×1/3+B주식 베타×2/3=1

→ 따라서, B주식 베타=0.5이다.

(2) ④

B주식 기대수익률=6%+[시장포트폴리오 기대수익률−6%]×0.5=9%

→ 따라서, 시장포트폴리오 기대수익률=12%

→ 시장포트폴리오의 위험 프리미엄=시장포트폴리오 기대수익률−무위험자산수익률 =12%−6%=6%

(3) ④

문제 2의 결과를 이용해서 자본자산가격결정모형에 대입한다.

A주식의 기대수익률=6%+[12%−6%]×2=18%

(4) ②

무위험자산에 40%에 시장포트폴리오에 60%에 투자한 포트폴리오의 베타

=무위험자산 베타×무위험자산 투자비중+시장포트폴리오 베타×시장포트폴리오 투자비중

=0×0.4+1×0.6=0.6

따라서, 이 포트폴리오의 균형상태의 기대수익률=6%+[12%−6%]×0.6=9.6%

현재 시장에서 이 포트폴리오의 기대수익률인 14%가 균형상태의 기대수익률인 9.6%에 비해 높다는 것은 가격측면에서는 저평가(underpriced)되어 있다는 것을 의미한다. 저평가된 주식은 초과수요가 발생하고 매수압력에 의해 가격이 상승해서 균형가격으로 복귀한다.

10 연말 배당금과 예상 주가의 수익률=(21,500+500)/20,000−1=10%

CAPM의 기대수익률=6+[10−6]×1.5=12%

균형상태의 주가=(21,500+500)/(1+0.12)=19,643원

이 주식의 예상 수익률은 균형상태의 기대수익률보다 낮으며, 현재 가격이 균형상태의 주가보다 고평가되어 있다.

11 (1) 자기자본비용 $= E(r_{(E)}) = r_f + [E(r_{(M)}) - r_f]\beta_E = 2 + 6 \times 1.25 = 9.5$

타인자본비용 $= E(r_{(D)}) = r_f + [E(r_{(M)}) - r_f]\beta_D = 2 + 6 \times 0.35 = 4.1$

(2) $\beta_U = \frac{E}{E+D}\beta_E + \frac{D}{E+D}\beta_D \Rightarrow \frac{2,144}{2,144+817} \times 1.25 + \frac{2,144}{2,144+817} \times 0.35 = 1$

(3) $E(r_{(A)}) = r_f + [E(r_{(M)}) - r_f]\beta_A = 2 + 6 \times 1 = 8$

또는 $r_{WACC} = \frac{E}{E+D} r_E + \frac{D}{E+D} r_D \Rightarrow \frac{2,144}{2,144+817} \times 9.5 + \frac{2,144}{2,144+817} \times 4.1 = 8\%$

12 영구채권의 타인자본비용=80억/1,000억=8%

고정배당모형으로 평가한 자기자본의 시장가치=150억/0.15=1,000억

$$r_{WACC} = \frac{1,000}{1,000+1,000} \times 15\% + \frac{1,000}{1,000+1,000} \times 8\% \times (1-0.25) = 10.5\%$$

13 세금절감효과(tax shield effect) 금액=1억원×10%×30%=300만원

14 ②

가중평균자본비용에서 타인자본과 자기자본은 시장가치를 적용해야 한다.

$$r_{WACC} = \frac{E}{E+D} r_E + \frac{D}{E+D} r_D (1-\tau_C)$$

$$= \frac{10}{10+10} \times 20 + \frac{10}{10+10} \times (1-0.2) = 14\%$$

제10장

시장의 효율성

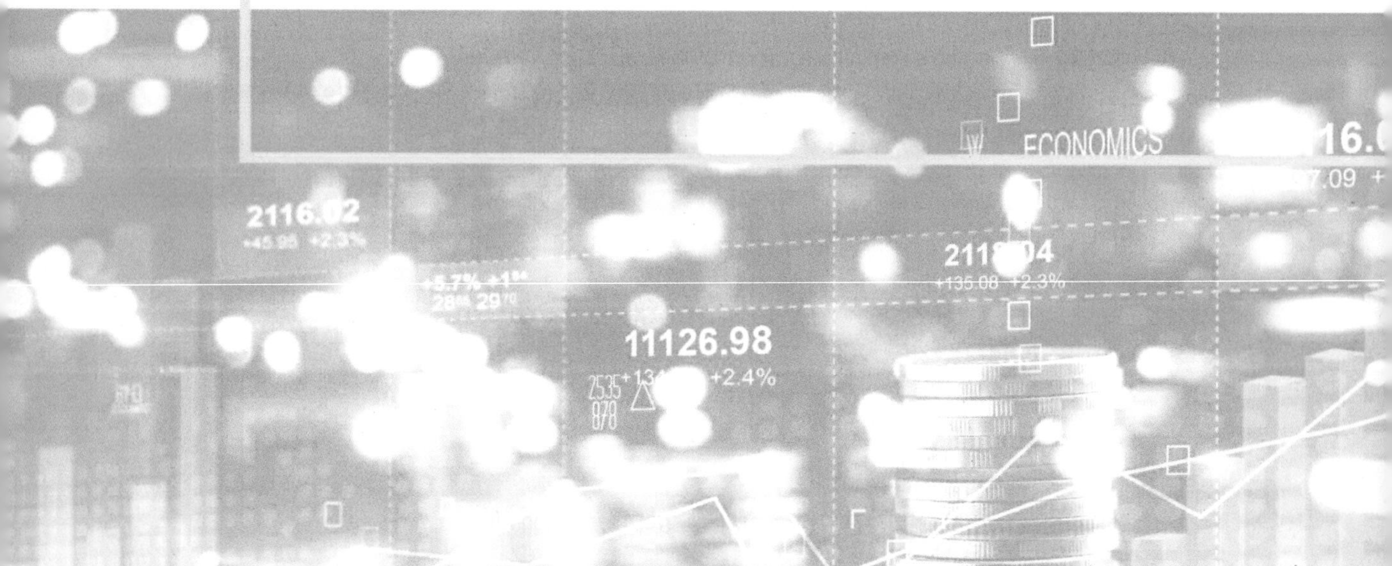

1. 효율적시장가설
2. 시장의 효율성에 관한 실증연구와 함의
3. 시장의 이례현상
4. 다요인모형
5. 행동재무학

Financial Management

CHAPTER 10

시장의 효율성

효율적시장가설(EMH, efficient market hypothesis)은 경쟁시장에서 정보가 효율적으로 모이고 처리되어 자산 가격에 반영된다는 이론으로 현대 재무학의 기본 철학이다. 효율적시장에서는 자산이 공정한 가격에 거래되므로, 자산 가격을 기준으로 투자자나 기업이 각종 의사결정을 할 수 있다. 결과적으로 효율적시장에서 결정되는 자산 가격은 경제 전체의 자원을 효율적으로 배분하는 신호등의 역할을 한다. 만약 시장이 비효율적이라면 시장가격을 기준으로 삼는 모든 의사결정이 신뢰성을 잃게 된다. 예컨대, 비효율적인 증권시장에서 결정되는 자본비용을 기준으로 투자의사결정을 한다면 과대 또는 과소 투자를 할 수 있으며 경제 전체의 자원배분이 왜곡된다. 그러므로 효율적시장은 자본주의 경제가 제대로 작동하기 위한 전제 조건이라고 할 수 있다. 효율적시장의 개념은 여러 시장에 적용될 수 있지만 유동성이 높은 증권시장에 초점을 맞추는 것이 일반적이다. 많은 실증 연구들은 증권시장이 대체로 효율적임을 시사하고 있지만 증권시장이 비효율적이라고 주장하는 학자들도 존재한다. 본 장에서는 효율적시장가설의 개념을 설명하고, 효율적시장가설과 관련하여 누적된 경험적 증거들을 살펴본다. 이 과정에서 효율적시장가설을 둘러싸고 진행되어온 논쟁에 대해서도 살펴본다.

1. 효율적시장가설

1.1 효율적시장의 개념

효율적시장이란 증권시장에서 이용가능한 모든 정보(all available information)가 즉시 그리고 완전히 증권 가격에 반영되는 시장을 말한다. 따라서 효율적시장에서의 효율성은 시장이 정보를 효율적으로 가격에 반영시키는 것을 의미한다. 노벨경제학상 수상자인 유진 파마(Eugene F. Fama)가 1960년대에 효율적시장의 개념을 정립하고 실증 분석의 틀을 개발했다. 효율적시장가설은 현대 재무학의 기본 철학이다.

증권시장을 효율적으로 만드는 동력은 투자자들 간의 경쟁으로부터 나온다. 주가가 이용가능한 모든 정보를 제대로 반영하지 못해 내재가치에 비해 저평가되어 있다고 하자. 합리적 투자자들(rational investors)은 이익을 얻기 위해 해당 주식을 매수하기 시작할 것이다. 합리적 투자자들 사이의 경쟁으로 매수주문은 급증할 것이며 이에 따라 주가는 상승한다. 주가 상승은 공정한 가격 수준, 즉 시장가격이 내재가치와 일치할 때 멈추게 된다. 경쟁적인 증권시장에서는 이 과정이 매우 빠르게 진행되기 때문에 이미 시장에 알려진 정보를 이용하여 높은 수익률을 얻는 것은 불가능하다. 예컨대 어떤 건설회사가 중동에서 엄청난 규모의 수주를 했다고 공시한다면 즉시 주가가 오른다. 1시간 후 이 소식을 들은 투자자에게는 초과이익을 창출할 투자 기회가 존재하지 않는다.

주가가 '모든 이용가능한 정보'를 반영할 것으로 기대할 수 있는 이유는 투자자들 간의 경쟁에 있다. 합리적 투자자들, 특히 거대한 펀드를 운용하는 자산운용회사들은 더 높은 투자수익을 얻기 위해 적극적으로 정보를 수집하고 실시간 유입되는 정보를 분석하여 내재가치를 산출한 후, 현재 시장가치가 내재가치와 괴리될 경우 적극적으로 매수 또는 매도하는 투자전략을 수행한다. 이 같은 활동에는 상당한 시간과 비용이 소요되지만, 대규모 포트폴리오를 운용하는 자산운용회사들의 입장에서는 약간의 투자수익률 증가도 큰 보상을 얻을 수 있기 때문에 유능한 증권분석가들을 고용하여 정보를 수집하고 분석하는 활동을 적극적으로 수행하게 된다. 이익을 추구하는 합리적 투자자들 사이의 경쟁에 의해 증권시장은 매우 효율적으로 정보를 처리하게 되고, 증권의 시장가격은 이용가능한 모든 정보를 반영하게 되는 것이다.

효율적시장가설을 설명할 때, 흔히 시장을 의인화하여 '시장이 합리적이다'와 같은 표현을 사용한다. 그런데 이 표현은 모든 투자자들이 합리적이라는 의미는 아니다. 몇 명의 합리적 투자자들만 존재해도 그들 사이의 경쟁에 의해 시장의 효율성이 달성될 수 있다. 따라서 효율적시장가설은 모든 투자자가 합리적이라는 전제를 두고 있지 않다. 그러므로 시장이 합리적이라는 표현은 비록 비합리적 투자자들이 존재하더라도 마치 모든 투자자들이 합리적인 것처럼 주가가 결정된다는 의미로 받아들여야 한다.[1)]

1.2 효율적시장가설과 자산가격결정모형의 관계

효율적시장가설과 이미 배운 CAPM과 같은 자산가격결정모형(asset pricing model)은 어떤 관계가 있을까? 재무학자들이 생각하는 가격 형성 과정은 [그림 10-1]과 같이 나타낼 수 있다. 첫째로, 시장은 이미 시장에 알려진 정보를 토대로 각 자산으로부터 발생할 미래 현금흐름의 확률분포를 파악한다. 이때 시장에서 얻을 수 있는 모든 정보를 이용한다는 이론이 효율적시장가설이다. 미래 현금흐름의 확률분포가 주어지면 미래 현금흐름의 기대값은 쉽게 계산할 수 있다.

둘째로, 시장은 미래 현금흐름의 기대값을 특정한 기대수익률로 할인하여 현재의 가격을 결정한다. 이때 시장은 미래 현금흐름에 내재하는 위험을 반영하여 해당 자산의 기대수

그림 10-1 자산가격의 결정 과정

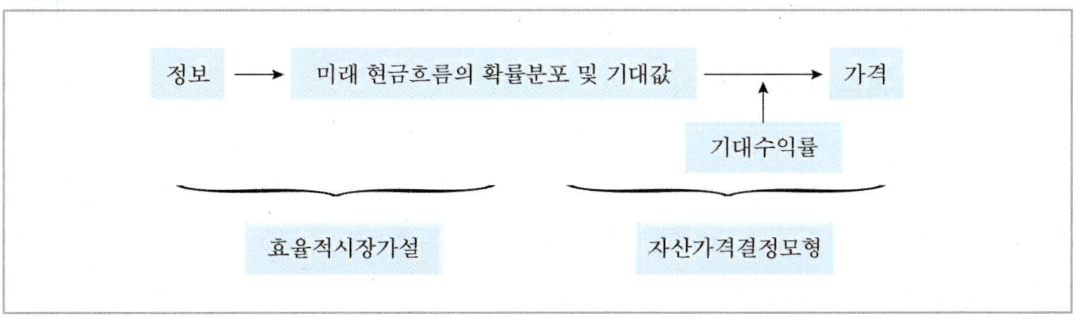

1) Rubinstein, M., 2001, Rational Markets: Yes or No? The affirmative case, Financial Analysts Journal, 57(3), 15-29.

익률을 결정한다. 시장이 위험을 평가해 기대수익률을 결정하는 과정이 자산가격결정모형이다.

예를 들어, 시장이 그동안 유입된 정보를 모두 이용하여 어떤 주식의 가치가 1년 후 120만원이 될 확률이 0.5, 100만원이 될 확률이 0.5라고 미래 현금흐름의 확률분포를 파악했다고 하자. 당연히 미래 현금흐름의 기대값은 110만원(=120×0.5+100×0.5)으로 계산된다. 이 부분까지는 효율적시장가설의 영역이다. 시장이 '진정한' 자산가격결정모형을 사용하여 결정한 기대수익률이 10%라면, 현재의 시장가격은 100만원(=110/1.1)으로 결정된다.

[그림 10-1]의 가격 형성 과정에서 연구자가 관찰할 수 있는 값은 시장가격(위 예에서의 100만원) 밖에 없다는 점에 유의해야 한다. 정보, 미래 현금흐름의 확률분포와 기대값, 기대수익률 모두 직접적인 관찰이 불가능하다. 관찰되는 시장가격은 시장의 효율성과 시장이 사용하는 '진정한' 자산가격결정모형이 모두 적용되어 결정된 값이다. 연구자들은 (1) 시장이 효율적으로 정보를 처리하여 미래 현금흐름의 확률분포와 기대값을 측정한다는 효율적시장가설을 세우고, (2) 연구자가 사용하는 자산가격결정모형이 시장이 사용하는 '진정한' 자산가격결정모형과 같다는 가설을 세워 증권시장을 분석한다.

연구자가 시장이 얼마나 효율적인지, 시장이 어떤 자산가격결정모형을 사용하는지를 직접 관찰하는 것은 불가능하다. 학자들은 시장이 사용하는 '진정한' 자산가격결정모형을 이해하기 위해 나름대로 가정을 설정하고 이를 토대로 다양한 자산가격결정모형을 개발해왔다. 이미 배운 CAPM도 이러한 자산가격결정모형의 하나이다. 그러므로 시장이 얼마나 효율적인지, 학자들이 개발한 자산가격결정모형과 시장이 사용하는 '진정한' 자산가격결정모형이 얼마나 가까운지 통계학적으로 검정하는 것은 재무학의 중요한 주제이다.

1.3 증권투자의 순현가

일반적으로 투자자들은 현재의 주가와 스스로 평가한 내재가치를 비교해 주식이 저평가 또는 고평가되어 있다고 말한다. 그런데 효율적시장에서의 주가는 시장에 알려진 모든 정보를 반영해 계산된 내재가치와 일치한다. 시장 전체로 보면 주식은 저평가 또는 고평가 될 수 없으며 항상 공정한 가격이라고 말할 수 있다. 투자자가 주식을 매수하는 행위는 내재가치를 얻기 위해 시장가치만큼 현금을 유출시키는 것이므로 증권투자의 순현가는 내재가치에서 시장가치를 차감한 값이다. 효율적시장에서는 시장이 계산한 내재가치와 시장가격이 같기 때문에 증권거래의 순현가(=내재가치−시장가치)는 0일 수밖에 없다.

효율적시장에서 증권거래의 순현가(NPV)는 0이다.

1.4 효율적시장과 무차익원리

효율적시장과 무차익원리는 어떤 관계가 있을까?

이미 설명한 바와 같이, 효율적시장에서의 시장가격은 시장에서 얻을 수 있는 모든 정보를 반영해 계산된 내재가치와 일치한다. 예를 들어, 시장에서 얻을 수 있는 모든 정보를 토대로 계산한 내재가치가 100만원인 증권을 상정해 보자. 효율적시장에서는 이 증권의 시장가격은 내재가치인 100만원이어야 한다. 알려진 정보가 시장에 따라 다르지 않는 한, 이 증권이 다른 시장에서도 거래된다고 하더라도 시장가격은 동일하게 100만원이어야 한다. 따라서 차익거래가 불가능하다. 일반적으로, 효율적시장에서는 시장가격이 모든 공개된 정보를 반영하여 공정하게 형성되므로 차익거래가 가능하지 않다. 따라서 효율적시장에서는 무차익원리가 성립한다.

그러나 무차익원리가 성립한다고 하여 시장이 효율적이라는 논리는 성립하지 않는다. 두 시장에서 거래되는 어떤 증권의 경우, 시장에서 얻을 수 있는 모든 정보를 토대로 계산한 내재가치가 100만원임에도 불구하고 시장가격이 두 시장 모두 50만원으로 형성되어 있다고 하자. 시장가격이 내재가치와 다르므로 효율적시장가설이 성립하지 않는 것은 당연하다. 그렇지만 두 시장에서 형성된 가격이 같으므로 차익거래의 기회는 없다. 두 시장 모두 시장가격이 150만원이라 가정해도, 차익거래의 기회는 생기지 않는다. 따라서 무차익원리가 성립한다고 하여 시장이 효율적이라고 말할 수 없다. 효율적시장가설은 증권의 시장가치가 내재가치와 절대적으로 같아야 한다는 이론이지만, 무차익원리는 내재가치와 관계없이 동일한 증권은 동일한 시장가치를 가져야 한다는 상대적 원리이다.

효율적시장에서는 무차익원리가 성립하지만, 무차익원리가 성립하더라도 시장이 효율적이라고 말할 수 없다.

2. 시장의 효율성에 관한 실증연구와 함의

2.1 세 가지 유형의 효율적시장

1970년도 논문에서 파마는 이용가능한 정보의 범위에 따라 효율적시장을 약형, 준강형, 강형의 세 유형으로 분류해 효율적시장가설과 관련된 실증연구 결과들을 정리했다.[2] 그 후 대부분의 교과서는 파마의 분류를 따라 효율적시장을 설명하고 있다.

[그림 10-2]는 각 유형의 효율적시장가설에 대응하는 정보의 범위를 나타낸다. 이 그림에서 바깥쪽 사각형은 안쪽 사각형을 포함한다.

그림 10-2 정보의 범위

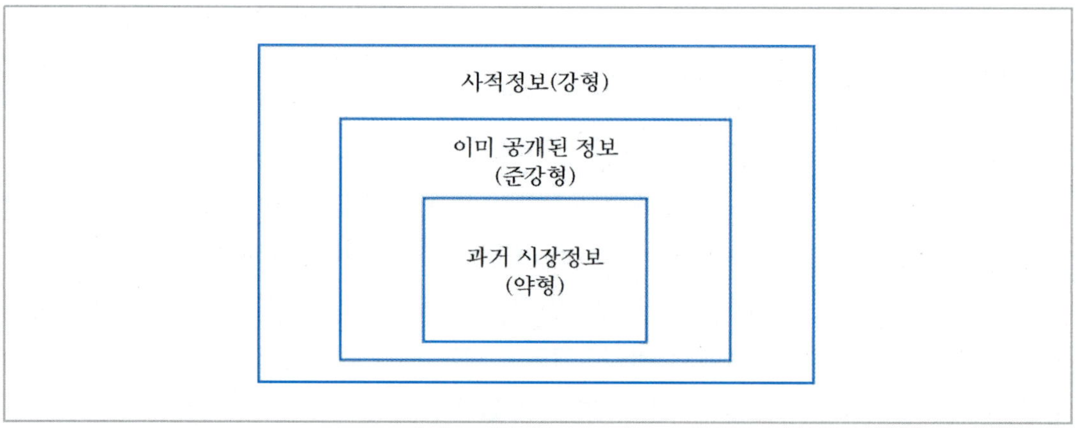

2) Fama, E. F., 1970, Efficient Capital Markets: A Review of Theory and Empirical Work, Journal of Finance 25, 383-417.

약형 효율적시장가설

약형 효율적시장(weak-form efficient market)이란 정보의 범위를 과거에 이미 공개된 시장정보에 한정하여 시장의 효율성을 정의한 것이다. 약형 효율적시장에서는 과거의 증권 가격이나 거래량 등과 같은 이미 과거에 공개된 시장정보가 모두 현재의 가격에 반영된 시장을 말한다.

과거의 증권 가격이나 거래량 등을 분석하여 미래 가격을 예측하는 방법을 기술적 분석(technical analysis)이라고 한다. 이 중 주가나 거래량 등의 시계열 차트를 이용해 거래 시점을 결정하는 투자자들은 차티스트(chartist)라고도 부른다.

약형 효율적시장에서는 현재의 주가가 과거에 공개된 시장정보를 이미 반영하고 있으므로 기술적 분석을 통해 초과수익을 얻는 것은 불가능하다.

준강형 효율적시장가설

준강형 효율적시장(semistrong-form efficient market)이란 정보의 범위를 이미 공개된 정보(publicly available information)에 한정하여 시장의 효율성을 정의한 것이다. 경제 상황이나 기업에 관한 중요한 정보가 공시된 후에는 해당 정보가 가격에 완전히 반영되므로 이 정보를 이용하여 초과수익을 얻는 것은 불가능하다. 그 이유는 정보가 공시된 후에는 이 정보를 이용하여 미래 수익률을 예측하는 것이 불가능하기 때문이다. 과거의 거래자료 역시 이미 공개된 정보이므로 준강형 효율적시장이라면 당연히 약형 효율적시장이기도 하다.

시장의 수요 및 공급 요인을 분석하거나 기업의 재무제표 자료를 분석하여 미래 가격을 예측하는 방법을 기본적 분석(fundamental analysis)이라고 한다. 그런데 시장의 수요 및 공급 요인, 기업의 재무제표 자료는 이미 공개된 정보이다. 그러므로 준강형 효율적시장에서는 기본적 분석만으로 초과수익을 얻을 수 없다.

강형 효율적시장가설

강형 효율적시장(strong-form efficient market)이란 공개된 정보는 물론 시장참가자들 중 일부만 갖고 있는 정보, 즉 사적정보(私的情報, private information)까지도 모두 현재의 가격에 반영된 시장을 말한다. 경영자와 같은 기업의 내부자들은 알고 있으나 외부에 알려지지 않은 내부정보가 사적정보의 하나의 예이다. 기업의 내부자 이외에도 회계감사인, 컨설턴트,

정부 관료, 정치가들도 사적 정보를 갖고 있다. 강형 효율적시장에서는 어떤 투자자가 내부정보를 이용하여 이익을 얻고자 주문을 내면 이 주문에 대해 증권가격이 즉각 반응한다. 그러므로 비록 사적정보를 갖고 있더라도 초과수익을 얻을 수 없다.

사적정보를 가진 투자자는 시장 정보, 공적 정보도 갖고 있다. 따라서 강형 효율적시장에서는 준강형 효율적시장가설과 약형 효율적시장가설도 당연히 성립한다.

2.2 약형 효율적시장가설의 검정

현재의 주가가 P_t일 때 시장에서는 내일의 주가 P_{t+1}을 얼마로 예측하고 있을까? 만약 투자자들이 내일의 주가가 현재의 주가보다 충분히 상승할 것을 예상한다면 현재의 주가는 내일 주가의 예상가격까지 즉시 오르게 된다. 그렇지 않다면 지금 매수하고 내일 매도해 차익을 얻을 수 있기 때문이다. 주가가 하락할 것을 예상하는 경우에는 그 반대로 생각하면 된다. 따라서 내일의 주가 P_{t+1}에 대한 최선의 예측은 현재의 가격 P_t일 수 밖에 없다.[3] 그런데 효율적시장에서의 주가는 시장에 유입된 정보를 바탕으로 계산한 내재가치이기 때문에 주가는 오직 새로운 정보의 유입에 의해서만 변동한다. 따라서 내일의 실제 주가는 현재 시점부터 내일까지 시장에 유입되는 정보가 반영되어 결정된다. 그 정보가 내일의 주가에 미치는 영향을 e_{t+1}라고 하면 내일의 주가 P_{t+1}는 현재의 주가 P_t에 e_{t+1}을 더한 식으로 나타낼 수 있다.

$$P_{t+1} = P_t + e_{t+1}, \qquad E(e_{t+1}) = 0 \tag{10-1}$$

예측 가능한 뉴스는 모두 오늘의 가격에 반영되어 있을 것이기 때문에 e_{t+1}의 기대값은 0이다. e_{t+1}은 현재 시점에서 예측이 불가능하므로 예측오차(prediction error)라고 할 수 있다. 식 (10－1)은 통계학에서 무작위행보(random walk)라고 부르는 모형이며 무작위행보를 따르는 변수는 특별한 패턴 없이 움직인다.

3) 하루 정도로 짧은 기간의 기대수익률은 0이며 거래비용은 없다고 가정한다. 여기서의 주가는 모두 주가에 자연로그를 취해 변환한 값을 의미한다. 그렇지 않으면 음의 가격이 나올 수도 있다.

그림 10-3 무작위행보 가상 주가

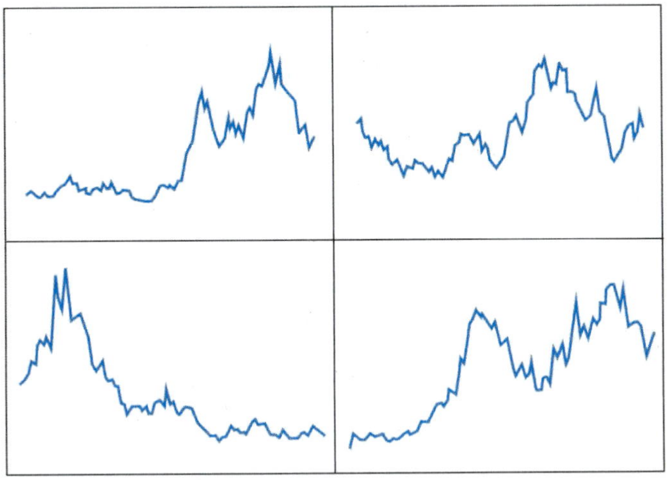

주가가 무작위행보모형을 따른다면 미래의 주가는 오직 현재의 주가와 미래의 예측오차에 의해 결정되므로 과거 주가를 이용해 미래 수익률을 예측하는 것이 불가능하다. 이것은 과거의 시장정보가 이미 현재의 주가에 반영되어 있다는 약형 효율적시장가설이 의미하는 바와 동일하다. 그러므로 약형 효율적시장가설이 현실과 부합되는지를 검증하는 연구들은 대부분 주가가 무작위적으로 움직이는지 여부를 통계적으로 검정하는데 중점을 두고 있다.

[그림 10-3]에 제시된 4개의 시계열 그림들은 모두 무작위행보모형을 이용해 시뮬레이션한 가상 주가의 시계열을 그린 것에 불과하지만, 실제 주가의 시계열과 흡사하다.[4] 이 그림들과 실제 주가의 시계열 그림을 구분하는 것은 매우 어렵다. 통계 분석을 이용한 대부분의 실증연구들도 주가의 움직임이 무작위행보모형과 유사하다는 결론을 내리고 있다.[5] 정교한 통계학 기법으로 검정하면 주가 시계열이 엄밀한 의미에서의 무작위행보모형과 똑같지는 않다는 연구 결과도 존재하지만,[6] 이를 이용해 초과수익을 얻는 방법은 알려져 있지 않다.

4) 초기의 주가를 1로 정하고 식 (10-1)에 따라 순차적으로 가상의 주가 시계열을 생성한 것이다.
5) Fama, E. F., 1965, Random Walks in Stock Market Prices, Financial Analysts Journal 21, 55-59.
6) Lo, A. W., and A. C. MacKinley, 1988, Stock Market Prices Do Not Follow Random Walks: Evidence from Simple Specification Test, Review of Financial Studies 1, 41-66.

예제 1 투자자 홍길동이 여러 주식의 일별 가격 시계열그림을 그리다가 두 산봉우리 모양이 나타난 후 주가가 하락한 경우를 100건 찾아냈다. 홍길동은 앞으로 연속된 두 산봉우리 모양이 나타나면 주식을 매도 또는 공매도해 초과수익을 얻을 수 있다고 확신했다. 홍길동의 생각이 옳은지 판단하시오.

해설 홍길동이 찾아낸 것은 연속된 두 산봉우리 모양이 나타난 후 주가가 하락한 경우이지 주가가 상승한 경우는 찾아보지 않았다. 만약 주가가 하락한 경우가 100건인데 주가가 상승한 경우도 100건 존재한다면 홍길동이 찾은 기술적 분석 기법은 아무런 의미가 없다. 연속된 두 산봉우리 모양이 나타난 후 주가가 하락할 확률과 상승할 확률이 동일하게 1/2이기 때문이다. 이 경우에는 홍길동이 주식을 매도 또는 공매도할 때 초과수익을 얻을 확률과 초과손실을 얻을 확률은 같다.

2.3 준강형 효율적시장가설의 검정

준강형 효율적시장에서는 어떤 뉴스가 시장에 새로이 유입되면 그 정보가 즉시 그리고 완전히 주식가격에 반영된다. 그러므로 뉴스에 대해 주식가격이 어떻게 반응하는지를 분석해 시장의 효율성을 평가할 수 있다. 파마, 피셔, 젠센과 롤(보통 FFJR로 불림)은 뉴스에 대한 주가 반응을 통계적으로 분석하는 사건연구(event study) 방법론을 개발했다.[7] 사건연구는 재무학이나 회계학 연구에서 가장 많이 사용되는 방법론이다. 최근에는 법원에서 분식회계나 주가조작으로 인한 손해배상금액을 산정할 때도 사용된다.

사건연구 방법론

사건연구에서는 뉴스가 처음 알려진 날을 사건일 0이라고 정의한다. 사건일 0 전의 거래일들을 날짜 역순으로 사건일 −1, −2, −3, … 으로, 사건일 0 후의 거래일들은 날짜순으로 사건일 1, 2, 3, … 으로 정의한다. 따라서 토요일, 일요일, 법정공휴일 등과 같이 증권거래소가 휴장하는 날은 사건일 정의에서 제외된다.

7) Fama, E. F., L. Fisher, M. C. Jensen, and R. Roll, 1969, The Adjustment of Stock Prices to New Information, International Economic Review 10, 1−21.

표 10-1 사건연구의 예시

사건일	주식 A		주가지수		AR(%)	CAR(%)
	주가(원)	수익률(%)	지수	수익률(%)		
−5	1,000	−0.5	3,000	−0.5	0.0	0.0
−4	1,020	2.0	3,054	1.8	0.2	0.2
−3	990	−2.9	2,972	−2.7	−0.2	0.0
−2	1,010	2.0	3,034	2.1	−0.1	−0.1
−1	1,200	18.8	3,598	18.6	0.2	0.1
0	1,560	30.0	4,318	20.0	10.0	10.1
1	1,490	−4.5	4,132	−4.3	−0.2	9.9
2	1,400	−6.0	3,876	−6.2	0.2	10.1
3	1,250	−10.7	3,438	−11.3	0.6	10.7
4	1,260	0.8	3,479	1.2	−0.4	10.3
5	1,050	−16.7	2,888	−17.0	0.3	10.6

사건연구 방법론을 이해하기 위해 가상의 예를 들기로 한다. 오랫동안 현금배당을 지급하지 않던 A 주식회사가 현금배당 지급을 공시했는데 주가가 현금배당 공시일(사건일 0) 전후로 [표 10−1]과 같이 변동했다고 가정하자. 사건일 0에 주가가 1,200원에서 1,560원으로 급상승했지만 그 후 5거래일 동안 주가가 1,050원까지 하락하는 패턴을 보인다. 그런데 주가 변동만 가지고는 현금배당을 예상하지 못했던 주주들이 이 공시를 호재(good news)로 받아들이고 주가가 상승했다고 보아야 하는지, 아니면 악재(bad news)로 받아들여 주가가 떨어진 것으로 보아야 하는지 파악하기 어렵다.

[표 10−1]에서는 사건일 0을 제외하면 주식 A의 가격과 주가지수가 같은 방향으로 변동하고 있다. 일반적으로 특정 주식의 가격은 해당 기업에 대한 정보뿐만 아니라 전체 시장 또는 기업이 속한 산업에 대한 정보의 영향을 받아 변동한다. 따라서 현금배당 공시가 주가에 미치는 영향을 측정하기 위해서는 시장 전체의 움직임이 주식 A의 가격에 미치는 영향을 제거해야 한다. 그런데 이 예에서는 사건일 0을 제외하고는 주식 A와 주가지수의 수익률이 거의 같다. 그러므로 주가지수 수익률 자체를 A 주식회사에 관한 정보와 무관하게 전체 시장 상황에 따라 결정되는 수익률, 즉 정상수익률(normal return)로 볼 수 있다.[8] 따라서 주

8) 이 예에서는 주식 A와 주가지수의 수익률이 거의 같으므로 주식 A의 시장베타가 1에 가깝다는 것을 쉽게 유

식 A의 수익률로부터 정상수익률을 차감해 비정상수익률(AR, abnormal return)을 계산할 수 있다. 이렇게 계산된 비정상수익률로부터 A주식회사의 현금배당이 주식 A의 가격에 미치는 영향을 파악할 수 있다.

[표 10－1]을 보면 사건일 0의 AR은 10%이지만 다른 거래일들의 AR은 매우 작다. 그런데 AR은 어느 한 거래일의 비정상수익률일 뿐이며 시장이 비효율적인 경우에는 정보가 오랜 기간에 걸쳐 반영될 수도 있다. 그러므로 시장이 효율적인지 여부를 판단하기 위해서는 비정상수익률을 누적한 누적비정상수익률(CAR, cumulative abnormal return)의 패턴을 살펴보아야 한다.

[표 10－1]의 마지막 열에 제시된 CAR은 AR을 사건일 －5부터 누적한 값들을 나타내며 이 CAR의 시계열을 그래프로 나타낸 것이 [그림 10－4]이다. CAR은 사건일 0에 약 0%로부터 약 10%로 급등하고 그 이후에는 비슷한 수준으로 유지되고 있다. 사건일 0 이후 CAR이 거의 수평이라는 것은 현금배당 공시에 관한 정보가 공시 당일에 모두 반영되었음을

그림 10-4 누적비정상수익률의 시계열

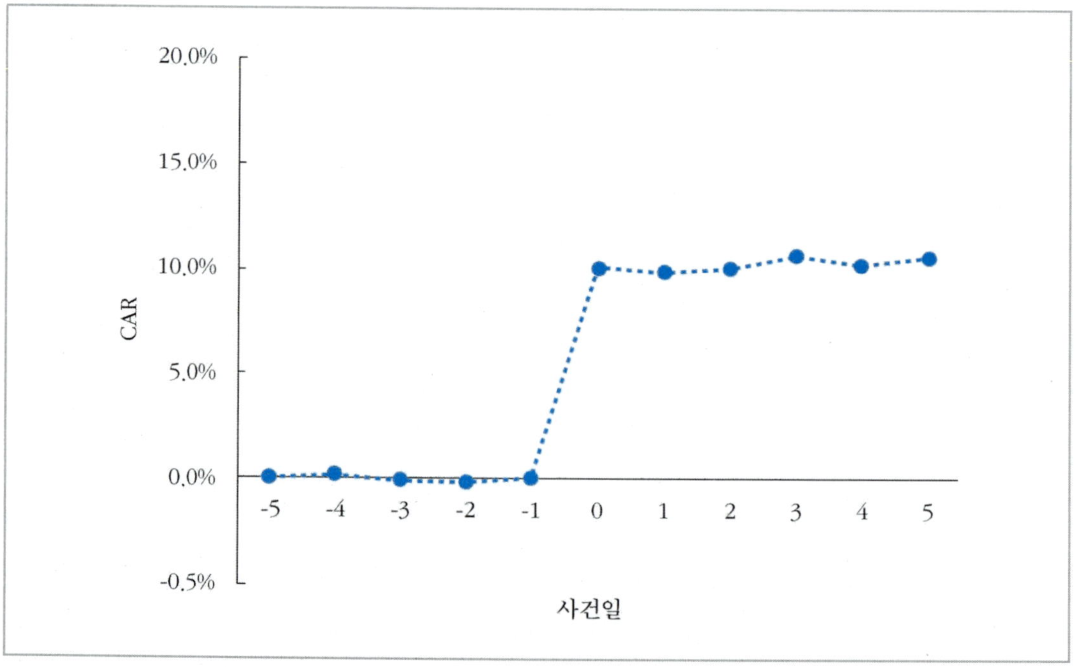

추할 수 있다. 따라서 주가지수의 수익률을 정상수익률로 보아도 무방하다. 시장모형이나 CAPM 등 다른 정교한 모형을 사용해 정상수익률을 계산할 수도 있다.

의미하므로 시장이 효율적이라는 증거로 볼 수 있다.

일반적인 학술연구에서는 이 예에서와 같이 한 개의 표본이 아니라, 많은 표본을 대상으로 계산한 CAR들의 평균값의 시계열 패턴을 분석한다. 연구 대상인 사건(여기서는 현금배당의 공시) 이외에도 개별 회사에 관한 다른 정보들이 시시각각 시장에 유입되어 AR에 영향을 미치는데, 표본이 많으면 그 영향이 표본 간에 서로 상쇄되어 무시할 수 있기 때문이다.

준강형 효율적시장이 아닌 경우

그림 10-5A 지연반응의 예시

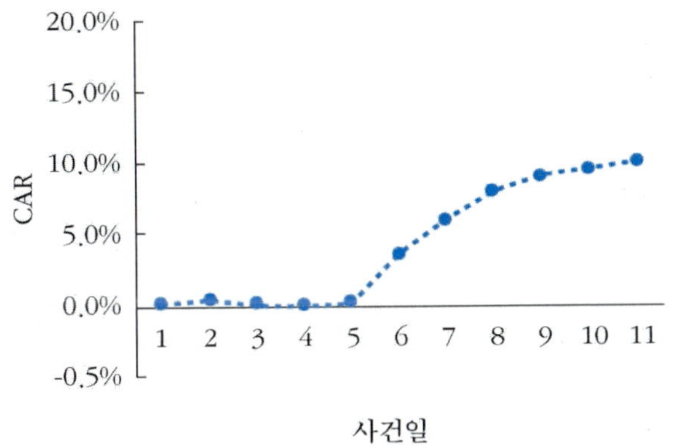

그림 10-5B 과민반응의 예시

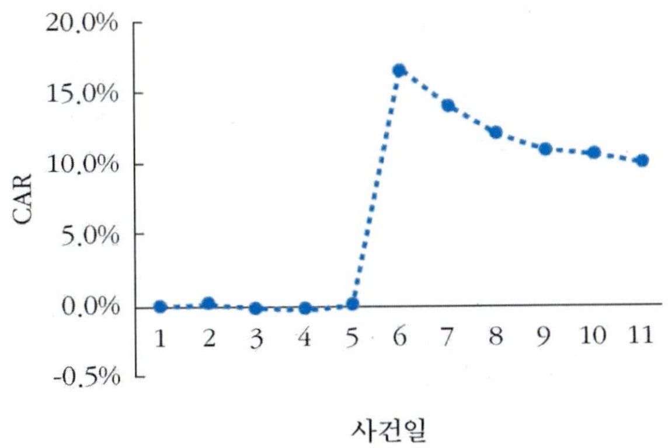

CAR이 어떤 시계열 패턴을 보이면 시장이 비효율적이라고 말할 수 있을까? 흔히 지연반응(underreaction)과 과민반응(overreaction) 두 경우를 예로 든다. 지연반응은 [그림 10-5A]와 같이 정보가 주가에 천천히 반영되는 현상을 말하며, 과민반응은 [그림 10-5B]와 같이 정보가 의미하는 값을 초과해 주가가 과도하게 반응한 후 천천히 조정되는 현상을 말한다.

사건연구를 사용한 수많은 실증연구에서는 대부분 [그림 10-4]와 같이 사건일 0 또는 사건일 1 이후 CAR이 수평인 패턴이 나타난다. 따라서 대부분의 사건연구 결과들은 대체로 준강형 효율적시장가설의 예측과 일치한다. 그렇지만 [그림 10-5A] 또는 [그림 10-5B]와 유사한 패턴이 나타나는 경우도 가끔 있다. 대표적인 예로는 기업이익의 공시에 대해 주가가 지연반응을 보인다는 연구 결과를 들 수 있다.[9] 그런데 이러한 현상이 나타나더라도 시장이 비효율적이라고 속단하지 말아야 한다. 그 이유는 정상수익률 계산에 사용한 모형의 오류, 표본에 내재하는 편의(bias) 또는 해당 사건과 관련된 제도적 이유 등에 의해서도 유사한 패턴이 발생할 수 있기 때문이다. 또한 효율적시장가설이 참이라 하더라도 많은 종류의 사건들을 분석하면 효율적시장가설이 기각되는 경우가 우연히(통계학적으로) 발생할 수도 있다. 이러한 현상이 사실이라면 이를 이용하여 지속적으로 초과수익을 얻을 수 있을 것이다. 예컨대 어떤 사건에 대해 [그림 10-5A]의 패턴이 실제로 존재한다면 뉴스 발표 즉시 매수하고 가격이 안정될 때 매도하는 투자전략을 사용해 초과수익을 얻을 수 있을 것이다. 하지만 그러한 투자전략이 가능하다는 증거는 아직 존재하지 않는다.

2.4 강형 효율적시장가설의 검정

강형 효율적시장은 공개된 정보뿐만 아니라 시장참여자들의 일부만이 가지고 있는 사적 정보까지도 증권 가격에 완전히 반영되는 시장이다. 강형 효율적시장에서는 비록 사적 정보를 갖고 있다 할지라도 이미 그 정보가 주가에 반영되어 있으므로 이를 이용하여 이익을 취할 수 없다. 그러므로 강형 효율적시장을 검정하는 좋은 방법은 외부 투자자에 비해 우월한 정보를 갖고 있을 것으로 추정되는 내부자들이 주식거래를 통해 초과이익을 얻는지를 살펴보는 것이다.

---

9) Bernard, V. L., and J. K. Thomas, 1989, Post-Earnings-Announcement Drift: Delayed Price Response or Risk Premium? Journal of Accounting Research 27, 1-36.

대부분의 선진국에서는 미공개정보를 이용하여 초과수익률을 얻는 행위를 공정한 거래를 저해하는 범죄로 간주하여 법률로 금지하고 있다. 그렇다고 하여 모든 내부자거래를 금지하고 있는 것은 아니며, 미공개정보를 이용하지 않는 내부자의 주식거래는 감독당국에 보고하도록 되어있다. 미국에서는 오래전부터 내부자거래 자료를 공개하고 있다. 이 자료를 이용한 실증 연구에 의하면 내부자들은 주식거래로부터 초과이익을 얻을 수 있다는 것이 알려져 있다.[10] 이러한 연구결과는 강형 효율적시장가설에 배치되는 증거로 볼 수 있다. 특히 감독당국에 보고하는 합법적 주식거래임에도 불구하고 초과이익이 관찰된다는 것은 증권시장이 강형 효율적시장이 아니라는 것을 강하게 시사하고 있다.

대부분의 재무학자들은 약형, 준강형 효율적시장가설은 진실에 가깝다고 보지만 강형 효율적시장가설은 현실과 부합되지 않는다고 본다. 그러므로 현대 재무학에서 시장이 효율적이라고 주장할 때는 강형 효율적시장이 아니라 약형 또는 준강형 효율적시장만을 의미하는 것이 일반적이다. 이 단원에서도 지금부터는 약형 또는 준강형 효율적시장을 묶어 효율적시장이라고 표현한다.

약형, 준강형 효율적시장가설은 진실에 가깝다고 보지만 강형 효율적시장가설은 현실과 부합되지 않는다.

2.5 효율적시장에서의 증권투자

효율적 증권시장에서의 가격은 시장에 알려진 정보가 모두 반영된 것이므로 공정한 가격이며, 과거의 자료나 정보 공시를 분석해 초과수익률을 얻을 수 있는 사전적(事前的, ex ante) 방법은 존재하지 않는다. 초과수익률은 위험에 상응하는 기대수익률을 초과하는 비정상수익률을 말한다. 따라서 증권시장이 효율적이라면 이미 알려진 정보를 이용하는 증권투자기법들은 모두 무의미하다. 이처럼 효율적시장가설은 증권투자에 대해 중요한 함의를 갖는다.

10) Seyhun, H. J., 1986, Insiders' Profit, Costs of Trading and Market Efficiency, Journal of Financial Economics 16, 189–212.; Jaffe, J. F., 1974, Special Information and Insider Trading, Journal of Business 47, 410–428.

투자비법의 존재 가능성

소위 '주식 전문가'가 투자비법에 대한 유료 강좌를 오프라인 또는 온라인으로 개설하고, 여기에 많은 일반인들이 몰려드는 경우를 흔히 볼 수 있다. 그런데 상식적으로 생각해 보면, 이러한 강좌에서 투자비법을 배울 가능성은 거의 없다는 것을 알 수 있다. 주식 전문가가 투자비법을 실제로 알고 있다면 다른 사람들에게 가르쳐줄 이유가 없다. 주식전문가가 강좌로부터 얻을 수 있는 수입이 직접적인 주식투자로부터 얻을 수 있는 수익보다 크기 때문에 유료 강좌를 개설한다고 보는 것이 합리적이다. 설혹 투자비법이 존재하고 주식 전문가가 이를 가르쳐준다 하더라도, 강좌에 참여한 많은 투자자들에게 알려지는 순간 투자비법은 가치를 잃게 된다. 많은 투자자들이 투자비법에 따라 경쟁적으로 주문을 내면서 주가가 즉각 조정되어 초과수익의 기회가 곧바로 사라질 것이기 때문이다.

고수익을 올리는 투자자들이 현실 세계에 분명히 존재한다. 워렌 버핏(Warren Buffett)과 같이 투자를 통해 막대한 부를 축적한 투자자들도 있다. 그런데 일부 성공한 투자자들이 존재한다는 사실이 시장의 비효율성을 증명한다고 착각하는 사람들도 가끔 본다. 효율적시장가설은 사전적으로 계획하여 초과수익률을 얻는 방법이 존재하지 않는다는 것이지 사후적으로 고수익을 얻을 수 없다는 이론이 아니다. 아무렇게나 투자하더라도 확률 법칙에 따라 사후적으로 수익률이 높은 투자자들과 수익률이 낮은 투자자들이 나오기 마련이기 때문에 성공한 투자자들과 실패한 투자자들이 모두 존재할 수 있다. 그러므로 성공한 투자자가 존재한다는 사실을 들어 시장이 비효율적이라고 보아서는 안 된다.

워렌 버핏은 사후적 수익률의 분포에서 오른쪽 꼬리 부분에 속하는 성공적인 투자자임에 틀림없지만 그가 성공한 이유가 투자비법이나 천부적 능력 때문인지 운(확률)이 따라준 것인지는 알기 쉽지 않다. 예를 들어, 투자자 홍길동이 지난 10년 동안 매년 시장포트폴리오의 수익률을 초과하는 수익률을 올렸다고 하자. 얼핏 보면 홍길동이 대단한 투자 능력을 가진 것으로 생각하기 쉽다. 그런데 매년 초 임의로 주식을 선택해 1년간 보유했을 때 얻을 수 있는 수익률은 평균적으로 시장포트폴리오의 수익률과 같다. 따라서 어떤 해의 수익률이 시장포트폴리오의 수익률보다 높거나 낮을 확률은 각각 1/2이라고 볼 수 있다. 10년 간 연속해서 시장포트폴리오의 수익률보다 높은 수익률을 올릴 확률은 1/1024($=\left(\frac{1}{2}\right)^{10}$)이다. 이 확률은 투자자들이 아무런 능력을 갖고 있지 않더라도 약 1,000명 중 1명 꼴로 홍길동과 같은 성적을 올릴 수 있다는 것을 말해준다. 그러므로 홍길동의 성적이 홍길동의 투자 능력 때문인지 아니면 확률에 의한 것인지를 구분하기 쉽지 않다.

자신의 투자 능력을 과신하면서 미래의 워렌 버핏을 꿈꾸는 투자자들이 많다. 이들 중 성공한 소수의 투자자들만 매스미디어의 주목을 받게 되며 실패한 많은 투자자들은 시장을 떠나 잊혀진다. 사후적으로 성공한 투자자들만 사람들의 뇌리에 각인되어 마치 누구나 성공할 것 같은 과신(overconfidence)을 갖게 될 가능성이 높다.

적극적 펀드와 소극적 펀드

펀드는 다수의 투자자들로부터 자금을 모아 주식, 채권 등에 투자하고 그 결과를 투자자들에게 배분하는 금융상품을 말한다. 펀드는 소액투자자들이 적은 금액으로는 개별적으로 접근하기 어려운 큰 투자 대상에 투자할 수 있는 기회를 제공한다. 펀드는 펀드매니저의 투자 방식에 따라 적극적 펀드(active fund)와 소극적 펀드(passive fund)로 나눌 수 있다. 적극적 펀드는 펀드매니저가 나름대로의 판단에 따라 종목과 시점을 선택하여 증권 등을 거래하여 구성하는 펀드를 말하며 대개 고수익을 추구한다. 소극적 펀드는 포트폴리오의 구성과 수익률이 사전에 선정한 주식시장지수나 채권시장지수를 복제할 수 있도록 설계된 펀드를 말하며 보통 인덱스펀드(index fund)와 동의어로 사용된다. 소극적 펀드는 펀드매니저의 능력이나 노력이 특별히 필요하지 않지만 적극적 펀드는 펀드매니저의 능력과 노력이 크게 필요하다. 따라서 펀드매니저에 대한 보상이 큰 적극적 펀드의 수수료가 소극적펀드의 수수료에 비해 훨씬 높은 것이 일반적이다.

원래 펀드는 대부분 적극적 펀드였지만 1970년대 이후 소극적 펀드의 비중이 지속적으로 커져왔다. 최근에는 증권거래소에서 주식처럼 시시각각 거래할 수 있도록 설계된 소극적 펀드인 상장지수펀드, 즉 ETF(Exchange-traded fund)가 전세계적으로 큰 인기를 끌고 있다.

소극적 펀드의 이론적 기반은 분산투자이론과 효율적시장가설이다. 효율적시장에서는 미공개정보를 이용하지 않고 사전적으로 계획하여 초과수익을 얻을 수 있는 특별한 능력이나 투자기법은 존재할 수 없다. 그러므로 미공개정보를 이용하지 않는 한 적극적 펀드의 매니저들이 소극적 펀드를 초과하는 수익률을 얻게 하는 체계적인 투자 기법은 존재할 수 없다. 그러므로 효율적시장에서는 과소평가 또는 과대평가된 종목을 찾아내어 시장보다 높은 수익을 추구하는 적극적 포트폴리오관리가 초과수익을 얻는 데 아무런 도움을 주지 못한다. 과소평가 또는 과대평가된 종목을 찾아내려 하기 보다는 잘 분산된 포트폴리오를 구축하여 시장위험을 줄이는 것이 현명한 의사결정이다.

실제로, 위험을 고려한 적극적 펀드의 초과수익률이 평균적으로 0에 가깝다는 실증 연구가 여럿 존재한다.[11] 펀드의 수수료까지 감안하면 적극적 펀드의 평균 초과수익률은 음(−)의 값이 된다. 설혹 뛰어난 종목선택 능력을 갖고 있는 펀드매니저들이 존재할지라도 일반 투자자가 이런 펀드매니저들을 식별해 투자하는 것은 거의 불가능하다. 또한 과거에 높은 초과수익을 보였던 적극적 펀드를 매입하면 미래에도 높은 초과수익을 얻을 수 있다는 증거도 거의 없다.[12]

3. 시장의 이례현상

1980년대 이후, 기존의 이론으로는 설명하기 어려운 현상들이 발견되기 시작했다. 이러한 현상들을 통틀어 시장의 이례현상(market anomaly)이라고 부른다. 뒤에 설명할 파마–프렌치(Fama–French)의 논문이 발표된 1993년 이후에는 시장 이례현상의 원인에 관한 중요한 논쟁이 벌어졌다. 이후 재무학은 새로운 방향으로 발전하게 된다. 재무학계에서는 전통적인 CAPM 대신 다요인모형을 채택하기 시작했으며, 행동재무학(behavioral finance)에 대한 연구도 활발해졌다.

3.1 시장의 이례현상

지금까지 발견된 이례현상들은 일일이 열거하기 어려울 정도로 종류가 많다. 그런데 후속 연구들에 의해, 서로 다르게 보이는 이례현상들이 실제로는 몇 개의 이례현상들을 다른 각도에서 본 것에 불과하다는 것이 밝혀져 대부분 더 이상 언급되지 않는다. 여기서는 후속 연구들의 초석이 된 중요한 이례현상 두 가지만 살펴보기로 한다.

---

11) Fama, E. F., and K. R. French, 2010, Luck versus Skill in the Cross–section of Mutual Fund Performance, Journal of Finance 65, 1915–1947.

12) Carhart, M. M., 1997, On Persistence in Mutual Fund Performance, Journal of Finance 52, 57–82.

소규모기업효과

롤프 반즈(Rolf W. Banz)는 주가와 발행주식총수를 곱하여 계산한 주식의 총시장가치를 기준으로 구성한 10개 포트폴리오의 수익률을 분석한 결과, 소형주에서 대형주로 갈수록 평균수익률이 낮아지는 경향을 발견했다.[13] 그런데 CAPM에 의하면 시장베타가 큰 주식들의 기대수익률이 시장베타가 작은 주식들의 기대수익률보다 커야 한다. 만약 소형주가 대형주보다 더 큰 시장베타를 갖고 있다면 시장위험이 큰 소형주가 대형주보다 기대수익률이 더 클 것이기 때문에, 반즈의 결과는 이상한 일이 아닐 수도 있다. 그런데 CAPM을 적용해 시장위험을 통제한 후 계산한 소형주의 비정상수익률도 양(+)의 값으로 나타났다. 이 현상을 소규모기업효과(small firm effect) 또는 규모효과(size effect)라고 한다.

[그림 10-6]은 미국 증권시장에서 자기자본의 시장가치 기준 하위 10%에 속하는 종

그림 10-6 시가총액 기준 하위 10% 포트폴리오와 상위 10% 포트폴리오 연수익률 차이

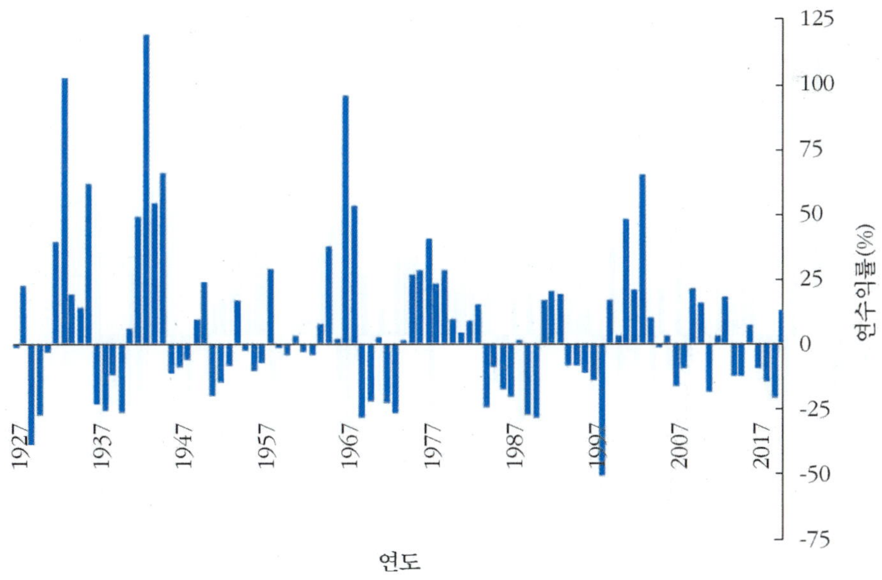

13) Banz, R., 1981, The Relationship between Return and Market Value of Common Stocks, Journal of Financial Economics 9, 3-18.; Fama, E. F., and K. R. French, 1992, The Cross Section of Expected Stock Returns, Journal of Finance 47, 427-465.

목 포트폴리오의 연수익률로부터 상위 10%에 속하는 종목 포트폴리오의 연수익률을 차감한 값의 시계열을 그린 것이다.[14] 반즈의 연구결과와 마찬가지로 소형주가 대형주보다 평균적으로 높은 수익률을 보인다. 그러나 시계열을 살펴보면 대형주가 소형주보다 높은 수익률을 보이는 연도도 많으며, 소규모기업효과가 발생하는 경우, 또는 역전현상이 발생하는 경우에는 동일한 현상이 수년간 연속하여 발생한다. 따라서 소규모효과를 이용하여 초과수익을 얻는 투자전략이 상당히 위험하다는 것을 알 수 있다.

장부가 대 시장가비율효과

장부가 대 시장가비율(book-to-market ratio)이 높은 기업들이 양의 비정상수익률을 얻는 경향을 장부가 대 시장가비율효과(book-to-market effect) 또는 가치주효과(value effect)라고 한다.[15] 여기서 장부가란 재무상태표 상 자기자본, 시장가란 자기자본의 시장가치 즉,

그림 10-7 장부가 대 시장가비율 기준 상위 10% 포트폴리오와 하위 10% 포트폴리오 연수익률의 차이

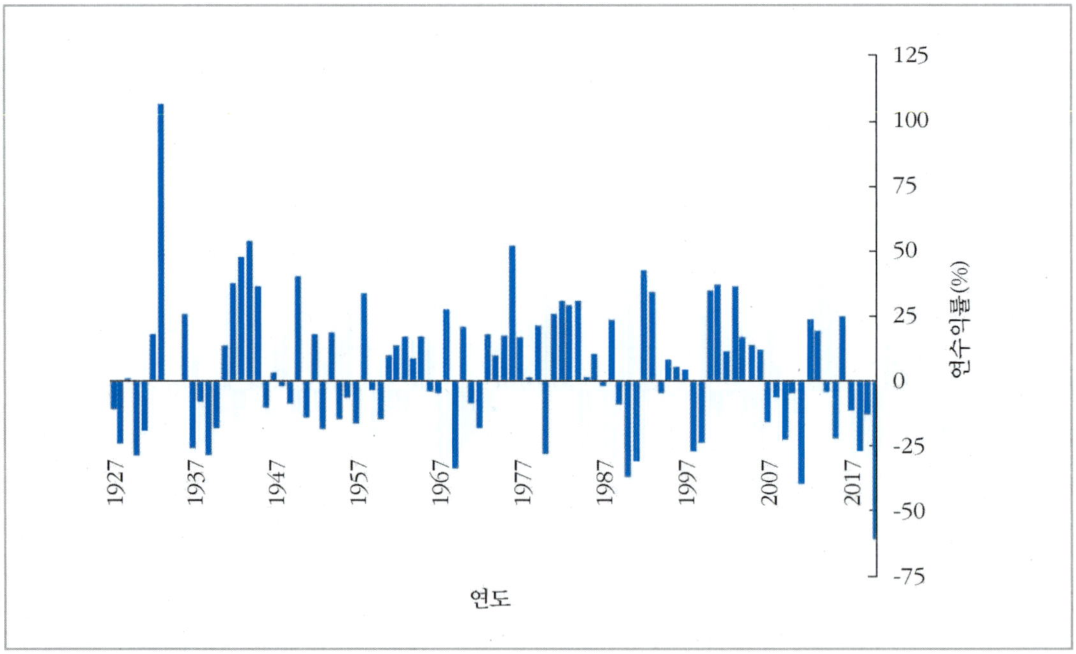

14) 자료 출처: https://mba.tuck.dartmouth.edu/pages/faculty/ken.french/data_library.html

15) Rosenberg, B., K. Reid, and R. Lanstein, 1985, Persuasive Evidence of Market Inefficiency, Journal of Portfolio Management 11, 9–16.; Fama, E. F., and K. R. French, 1992, The Cross Section of Expected Stock Returns, Journal of Finance 47, 427–465.

시가총액을 말한다. [그림 10-7]은 미국 증권시장에서 장부가 대 시장가비율 기준 상위 10%에 속하는 종목 포트폴리오의 연수익률로부터 하위 10%에 속하는 종목 포트폴리오의 연수익률을 차감한 값의 시계열을 그린 것이다. 소규모기업효과와 마찬가지로, 장부가 대 시장가비율효과도 연도에 따라 변동하며 효과가 역전되는 현상도 빈번히 나타난다.

기타 이례현상들

소규모기업효과와 장부가 대 시장가비율효과 외에 빈번히 인용되는 이례현상을 몇 개 열거한다.

- 1월효과(January effect): 소규모기업 효과가 실제로는 1월 초에 집중되어 나타나는 현상을 말한다.[16]
- 과민반응(Overreaction): 과거 3~5년 동안 수익률이 좋지 않았던 패자포트폴리오의 수익률이 승자포트폴리오의 수익률보다 높게 나타나는 현상을 말한다.[17] 주식시장이 정보에 과잉반응하기 때문에 주식수익률이 장기적 관점에서 반전되는 경향이 있다는 것을 의미한다.
- 관성효과(Momentum effect): 과거 3개월~12개월 동안 수익률이 좋았던 승자포트폴리오의 수익률이 패자포트폴리오의 수익률보다 높게 나타나는 현상을 말한다.[18] 주식시장이 정보에 과소반응하기 때문에 주가의 상승 혹은 하락 추세가 중기적으로 지속되는 관성이 있음을 의미한다. 지연반응과 같은 의미이다.

3.2 시장 이례현상의 해석

앞서 효율적시장가설과 자산가격결정모형의 관계를 설명하면서, 가격 형성 과정에서 연

---

16) Keim, D., 1983, Size-related Anomalies and Stock Return Seasonality: Further Empirical Evidence, Journal of Financial Economics 12, 13-32.; Reinganum, M., 1983, The Anomalous Stock Market Behavior of Small Firms in January: Empirical Tests for Tax-Loss Effects, Journal of Financial Economics 12, 89-104.

17) De Bondt, W. F., and R. H. Thaler, 1985, Does the Stock Market Overreact?, Journal of Finance 40, 793-805.

18) Jegadeesh, N., and S. Titman, 1993, Returns to Buying Winners and Selling Losers: Implications for Stock Market Efficiency, Journal of Finance 48, 65-91.

구자가 관찰할 수 있는 것은 오직 시장가격 밖에 없으며 관찰되는 시장가격은 시장의 효율성과 시장이 사용하는 '진정한' 자산가격결정모형이 모두 적용되어 결정된 값이라는 점을 지적한 바 있다. 그러므로 자산의 가격을 이용하여 시장의 효율성을 검정하는 문제와 연구자가 사용하는 자산가격결정모형이 '진정한' 자산가격결정모형과 같은지 검정하는 문제를 분리할 수 없다. 효율적시장가설의 검정은 시장이 효율적이라는 가설과 연구자가 사용하는 자산가격결정모형이 참이라는 가설을 함께 검정하는 셈이다. 그러므로 효율적시장가설에 어긋나는 것처럼 보이는 통계분석 결과를 얻었다 하더라도 그것이 시장이 비효율적이기 때문인지, 아니면 연구자가 사용하는 자산가격결정모형이 거짓이기 때문인지 분간할 수 없다. 이 원리를 복합가설의 문제(joint hypothesis problem)라고 한다.[19]

시장의 이례현상을 해석하는데도 복합가설의 문제가 중요한 역할을 한다. 효율적시장에서는 매 시점에서의 증권 가격이 시장에 주어진 정보를 이미 반영하고 있으므로, 이미 주어진 정보를 이용하여 초과수익, 즉 비정상수익률(abnormal return) 또는 초과수익률을 얻을 수 있는 체계적인 방법이 없어야 한다. 효율적시장가설을 검정하는 대부분의 연구들은 이미 알려진 정보를 이용하여 비정상수익률을 얻을 수 있는 방법이 있는가 하는 문제에 초점을 맞추고 있다. 시장의 이례현상 역시 특정 유형의 기업이나 특정 기간에 비정상수익률을 얻을 수 있는지에 대한 것이다. 비정상수익률을 측정하기 위해서는 먼저 정상수익률(normal return) 또는 기대수익률을 정의하여야 한다. 정상수익률을 정의하기 위해서는 증권 가격이 어떻게 결정되는지를 말해 주는 자산가격결정모형이 필요한데 이를 시장균형모형(market equilibrium model)이라고도 한다. 그러나 효율적시장가설은 어떤 자산가격결정모형을 사용해야 하는지를 제시하고 있지 않다. 연구자는 시장균형의 특성에 관한 가정을 달리함에 따라 시장모형, CAPM, APT(Arbitrage Pricing Theory) 등 다양한 모형들 중 선택하여 사용할 수 있다. 이 이례현상들이 시장이 비효율적이기 때문에 발생하는 것인지 아니면 연구자가 사용한 자산가격결정모형이 '참'이 아니어서 발생하는 것인지 구분하기 어렵다. 결국 시장 이례현상을 해석하는데 있어서 복합가설의 문제가 발생하는 것이다.

예를 들어 소규모 기업들의 주식이 대규모 기업들의 주식에 비하여 양(+)의 비정상수익률을 얻는 소규모기업효과를 생각해보자. 이 현상을 보고 시장이 비효율적이라는 결론짓는 학자들도 있지만, 복합가설의 문제를 고려해 보면 이러한 결론이 잘못된 것임을 알 수

19) Fama, E. F., 1976, "Foundations of Finance," Basic Books.

있다. 소규모기업효과와 같이 1980년대에 발견된 시장의 이례현상들은 대부분 CAPM을 사용하여 정상수익률을 측정하고 있다. 그런데 비록 시장이 효율적이라 하더라도, 연구자가 사용하는 자산가격결정모형인 CAPM이 유효하지 않다면 소규모기업효과와 같은 이례현상이 얼마든지 발생할 수 있다.

이례현상의 존재가 시장이 비효율적이라는 것을 의미하지 않는다.

4. 다요인모형

1992년, 파마와 프렌치(Fama and French)는 그동안 학계나 실무에서 오랫동안 사용되어 온 CAPM(Capital Asset Pricing Model)이 현실과 부합되지 않는다는 증거를 찾아냈다.[20] 정교한 통계학 기법을 방대한 데이터에 적용하여 CAPM을 검정한 결과, 시장 베타가 수익률의 횡단면 변동을 설명하지 못하며, 그동안 단순한 이례현상으로 치부되어왔던 기업규모(자기자본의 시가총액)와 장부가 대 시장가비율이 수익률의 횡단면 변동(cross－sectional variation)을 설명하는데 유용하다는 결론을 얻었다.

이 논문은 재무학 발전과정에 있어서 중요한 이정표가 된다. 파마와 프렌치를 비롯한 주류 재무학자들은 사실상 단일요인모형(single－factor model)인 CAPM이 아니라 다요인모형(multi－factor model)이 자산가격결정모형으로 적절하다고 본다. CAPM에서는 시장베타가 유일한 위험의 척도라고 보지만 다요인모형에서는 두 개 이상의 요인베타(factor beta)들이 존재한다고 보는 것이다. 다요인모형 맥락에서 볼 때 시장베타는 시장 전체의 움직임, 즉 시장요인(market factor)에 대한 개별 종목 수익률의 민감도를 나타낸다. 이 다요인모형 접근법에 따르면, 그동안 연구자들이 사용했던 CAPM은 시장요인 외의 다른 요인들을 무시하기 때문에 시장의 이례현상들이 나타난다는 것이다. 시장의 이례현상들은 시장이 비효율적이어서가 아니라 연구자들이 잘못된 자산가격결정모형을 사용해왔기 때문에 나타나는 것뿐이며,

20) Fama, E. F., and K. R. French, 1992, The Cross Section of Expected Stock Returns," Journal of Finance 47, 427－465.

이례현상을 이용하여 초과수익을 얻을 수 있는 체계적 방법은 없다는 것이다.

4.1 파마-프렌치의 3요인모형

파마와 프렌치(1993)는 자산가격결정모형으로 CAPM 대신 다음과 같은 3요인모형을 사용할 것을 제안하였다.[21)]

$$r_i - r_F = b_i(r_M - r_F) + s_i SMB + h_i HML + e_{i,t} \tag{10-2}$$

이 식에서의 r_M과 r_F는 각각 CAPM식에 포함된 시장포트폴리오의 수익률과 무위험수익률을 나타낸다.[22)] 그러므로 $r_i - r_F = b_i(r_M - r_F) + e_{i,t}$ 부분만 떼어 놓고 보면 사후적 데이터에 적용한 CAPM식과 동일하다. 그러므로 b_i는 시장포트폴리오의 움직임에 대한 주식(또는 포트폴리오) i의 수익률의 민감도를 나타내며 시장요인에 대한 베타이다. 식 (10－2)가 CAPM과 다른 점은 시장요인 외에 두개의 요인이 추가되었다는 점이다. 추가된 두 개의 요인은 규모요인(size factor)을 나타내는 SMB와 가치요인(value factor)을 나타내는 HML이며, s_i와 h_i는 각 요인에 대한 민감도, 즉 요인베타를 말한다.[23)] SMB는 소규모기업으로 구성한 포트폴리오의 수익률에서 대규모기업으로 구성한 포트폴리오의 수익률을 차감한 값이며, HML는 장부가 대 시장가비율이 높은 기업으로 구성한 포트폴리오의 수익률로부터 장부가 대 시장가비율이 낮은 기업으로 구성한 포트폴리오의 수익률을 차감하여 계산한 값이다.

CAPM은 증권시장 전체를 움직이는 요인이 시장요인 하나뿐이라고 보았지만, 파마－프렌치 3요인모형은 증권시장을 움직이는 요인이 세 개, 즉 시장요인, 규모요인, 가치요인이 있다고 보는 것이다. 많은 실증연구에 따르면 파마－프렌치 3요인모형은 주식수익률의 변동을 매우 잘 설명하고 있다. 특히, 파마와 프렌치(1996)는 또 다른 논문에서 CAPM 대신 파마－프렌치의 3요인모형을 사용하여 정상수익률을 계산하는 경우에는 대부분의 이례현상이 사라진다는 실증 분석 결과를 보고하고 있다.[24)] 이들은 이례현상들이 시장이 비효율적이기

21) Fama, E. F., and K. R. French, 1993, Common Risk Factors in the Returns on Stocks and Bonds, Journal of Financial Economics 33, 3－56.

22) 실제 데이터를 이용해 파마－프렌치의 3요인모형을 검정할 때는 상수항 a_i를 식 (10－2)의 등호 오른쪽에 추가하여 세 요인베타들과 함께 추정해야 한다. 상수항 a_i의 값이 통계학적으로 0과 다르면 모형이 참이라는 가설을 기각하게 된다.

23) SMB과 HML은 각각 Small Minus Big과 High Minus Low의 약자를 나타낸다.

때문에 발생하는 것이 아니라 CAPM이 옳지 않기 때문에 발생하는 일종의 통계학적 착각이라고 주장한다. 파마－프렌치 3요인모형은 발표된 이후 많은 검증을 거쳐 20년 이상 학계와 실무의 표준 자산가격결정모형으로 자리매김해왔다.

파마－프렌치의 3요인모형은 일정한 가정 하에서 이론적으로 유도된 모형이 아니라 데이터에 근거하여 개발된 모형이다. 따라서 규모요인이나 가치요인과 같은 체계적 위험요인이 존재하는 이유가 분명하지 않다. 파마와 프렌치는 소형주는 경기변동 민감도가 높은 경향이 있고, 장부가 대 시장가비율요인이 높은 기업은 재무적곤경위험(financial distress risk)이 높은 경향이 있기 때문에, SMB와 HML이 각각 경기변동과 관련된 위험 요인과 재무적곤경 위험 요인의 대리변수(proxy) 역할을 한다고 해석한다.

4.2 파마-프렌치의 5요인모형

파마－프렌치의 3요인모형이 발표된 이래 이 모형으로도 설명할 수 없는 수익률 패턴들이 여럿 발견되었다. 파마와 프렌치(2015)는 이러한 발견들을 종합하여 다음과 같은 5요인 모형을 제안하였다.[25)]

$$r_i - r_F = b_i(r_M - r_F) + s_i SMB + h_i HML + r_i RMW + c_i CMA + e_{i,t} \qquad (10\text{–}3)$$

파마－프렌치 5요인모형은 식 (10－2)의 3요인모형에 수익성요인(profitability factor)과 투자요인(investment factor)을 추가한 것이다.[26)] 수익성요인을 나타내는 RMW는 영업이익률이 높은 기업으로 구성한 포트폴리오의 수익률에서 영업이익률이 낮은 기업으로 구성한 포트폴리오의 수익률을 차감한 값이다. RMW를 식 (10－3)에 넣은 이유는 수익성(profitability)이 높은 기업이 수익성이 낮은 기업에 비해 더 높은 수익률을 얻는다는 기존의 실증분석 결과 때문이다.[27)] 투자요인을 나타내는 CMA는 총자산증가율이 적은 포트폴리오

24) Fama, E. F., and K. R. French, 1996, Multifactor Explanations of Asset Pricing Anomalies, Journal of Finance 51, 55－84.

25) Fama, E. F., and K. R. French, 2015, A Five－factor Asset Pricing Model, Journal of Financial Economics 116, 1－22.

26) RMW와 CMA는 각각 Robust Minus Weak과 Conservative Minus Weak의 약자를 나타낸다.

27) Novy－Marx, R., 2013, The Other Side of Value: The Gross Profitability Premium, Journal of Financial Economics 108, 1－28.

의 수익률에서 총자산증가율이 큰 포트폴리오의 수익률을 차감한 값이다. *CMA*를 추가한 것은 자본지출을 늘린 기업들이 그렇지 않은 기업들에 비해 미래 수익률이 낮아진다는 실증분석 결과를 반영한 것이다.[28)]

실증적으로 볼 때, 파마-프렌치 5요인 모형은 주식수익률 횡단면 변동의 대부분을 매우 잘 설명하고 있다. 그러나 5요인모형 역시 3요인모형과 마찬가지로 수익성요인과 투자요인이 주식수익률 변동의 주요 요인이 되는 이유가 분명하지 않다.

5. 행동재무학

5.1 행동재무학

심리학에서는 인간이 심리적, 사회적 영향을 받기 때문에 항상 합리적인 의사결정을 하지는 않는다는 것이 잘 알려져 있다. 행동재무학은 이러한 심리학 연구 결과들을 투자자에게 적용하여 시장에서 관찰되는 다양한 이례현상들을 설명하려는 분야이다. 이 분야를 연구하는 학자들은 대부분 효율적시장가설을 부인한다.

이 분야는 원래 소수의 학자들이 연구해왔으나 재무학계에서 주목을 크게 받지는 못했다. 그러나 2008년 글로벌 금융위기 발발의 원인이 시장이 제대로 작동하지 못하는 데 있다는 일부 학자, 정치가, 관료들의 주장이 어느 정도 사회적 동조를 얻게 되면서 행동재무학에 대한 연구도 활발해지기 시작했다.

투자자들이 때때로 비합리적인 의사결정을 한다는 사실 자체는 놀라운 일이 아니다. 그 이유는 인간의 비합리성 자체는 심리학에서 널리 알려진 사실이기 때문이다. 재무학 입장에서 중요한 문제는 투자자들의 비합리적 행동이 집단적으로 증권 가격에 영향을 주느냐는 것이다. 앞서 설명한 것처럼 효율적시장가설은 모든 투자자가 합리적이라고 주장하지 않는다. 대부분의 투자자들이 비합리적이라 하더라도, 소수의 합리적 투자자들이 존재한다면 시장가

28) Titman, S., K. C. Wei, and F. Xie, 2004, Capital Investments and Stock Returns, Journal of Financial and Quantitative Analysis 39, 677-700.

격은 마치 모든 투자자들이 합리적일 때 형성되는 가격과 같아진다고 본다. 투자자들의 비합리성에 의해 시장가격이 적정 가격에서 이탈하는 순간, 저평가(고평가)된 종목을 찾는 합리적 차익거래자(arbitrageur)들이 집중적으로 매수(공매도)하여 해당 주식의 가격이 적정한 가격으로 복귀할 것이기 때문이다.

이 논리에 대해, 행동재무학자들은 비합리적인 잡음투자자(noise trader)가 체계적인 투자패턴을 보이고, 차익거래자의 활동이 제한된다는 두 가지 조건이 충족되면 시장가격과 내재가치 사이에 괴리가 생길 수 있다고 본다.[29] 일시적인 투자심리에 의해 투자자들이 집단적으로 과도한 낙관주의(비관주의)에 사로잡혀 자산가격을 잘못 추정하면서 과대평가(과소평가)가 발생하고, 기본적 위험(fundamental risk)이나 거래비용 등에 의해 차익거래가 제한되면서 이 같은 가격 오류가 상당 기간 지속된다는 것이다.

5.2 다양한 심리적 오류

행동재무학 연구에서 자주 인용되는 심리학적 현상 몇 가지를 살펴보기로 한다.

자기과신

자기과신(overconfidence)이란 자신의 능력을 과대평가하거나 자신의 신념이나 예측의 부정확성을 과소평가하는 경향을 의미한다.

심리학 연구에 의하면 대부분의 사람은 자신의 능력을 과신하는 경향이 있는데, 운전자의 90%가 자신의 운전능력이 평균 이상이라고 답하는 현상이 대표적인 예이다. 남성과 여성의 투자행태를 비교해 보면 여성 투자자에 비해 남성 투자자의 거래회전율이 높고, 투자성과가 나쁘다는 연구 결과가 있다.[30] 이러한 현상은 남성이 여성보다 자기과신 경향이 높다는 심리학 결과에 부합하는 것으로 해석된다. 바버와 오딘(Barber and Odean, 2000)은 개인

29) De Long, J. B., A. Shleifer, L. H. Summers, and R. J. Waldmann, 1990, Noise Trader Risk in Financial Markets, The Journal of Political Economy 98, 703-738; Shleifer, A., and L. H. Summers, 1990, The Noise Trader Approach to Finance, Journal of Economic Perspective 4, 19-33; Lee, C., A. Shleifer, and R. H. Thaler, 1991, Investor Sentiment and the Closed-end Fund Puzzle, The Journal of Finance 46, 75-109.

30) Barber, B. M., and T. Odean, 2001, Boys Will Be Boys: Gender, Overconfidence, and Common Stock Investment, The Quarterly Journal of Economics 116, 261-292.

투자자들의 증권계좌 정보를 분석하여 빈번히 거래하는 투자자들일수록 순수익률(거래비용을 차감한 수익률)이 낮아진다는 것을 발견했다.[31] 이 결과는 자기과신이 강한 투자자일수록 거래를 빈번히 하지만 결과적으로 낮은 수익률을 얻는 것으로 해석된다.

후회기피

후회기피(regret avoidance)란 어떠한 의사결정으로 나쁜 결과가 나왔을 경우, 그 결정이 일반적인 방법과 상이할 때 의사결정자가 더 많이 후회한다는 것이다. 예컨대 투자자들은 우량주 포트폴리오를 매입한 후 손해를 볼 때, 신생기업 주식에 투자하여 동일한 손해를 볼 때보다 덜 고통스럽게 느낀다. 그 이유는 우량주에 투자하여 입은 손실을 자신의 잘못된 의사결정의 탓보다는 외부환경이나 나쁜 운 탓으로 돌릴 수 있어 후회가 덜하기 때문이다. 행동재무학자들은 후회기피에 의해 소규모기업효과와 장부가 대 시장가비율 효과가 나타난다고 주장하기도 한다. 투자자들이 후회기피로 인해 대규모 성장주를 선호하고 소규모의 잘 알려지지 않은 가치주들을 기피하기 때문에 이들 주식이 저평가되어 있고 따라서 수익률이 높아진다는 것이다.

심적회계

심적회계(mental accounting)란 사람들이 마음 속에 사용 목적에 따른 계좌를 구분해 놓고 서로 다른 심리적 계좌에 들어있는 자산은 섞어서 관리하지 않는 경향을 의미한다. 만약 어떤 도박꾼이 운이 좋아 카지노에서 돈을 땄다면, 심적 회계로 인해 도박을 하려고 가져온 돈과 카지노에서 번 돈(하우스머니)을 분리하여 생각하게 된다. 도박꾼들은 자기의 돈이 아니라 하우스머니로 내기를 하는 것으로 생각하여 기꺼이 더 많은 위험을 추구하며 하우스머니를 다시 도박에 사용한다. 행동재무학자들은 심적 회계 효과로 주식시장에서 관찰되는 관성효과를 설명할 수 있다고 본다. 주식시장이 한 동안 상승세를 지속하면, 투자자들은 원금이 아니라 주식투자로 번 자본이득으로 투자자금을 조달한 것이라고 합리화하며 점점 더 높은 리스크를 감수하고 이에 따라 주가가 지속적으로 상승하게 된다는 것이다.

31) Barber, B. M., and T. Odean, 2000, Trading Is Hazardous to Your Wealth: The Common Stock Investment Performance of Individual Investors, journal of Finance 55, 773−806.

전망이론

대니얼 카네만(Daniel Kahneman)과 아모스 트버스키(Amos Tversky)는 사람들이 불확실성 또는 위험을 수반하는 의사결정에 직면할 때 특이한 행태를 보인다는 것을 발견하고 주류 경제학의 기대효용이론(expected utility theory)과 구분하기 위해 '전망이론(prospect theory)'이라고 이름을 붙였다.[32] 전망이론에서는 사람들이 어떤 준거점(reference point)을 기준으로 계산된 이익과 손실에 따라 가치를 느끼게 되며, 이것에 따라 의사결정을 내리게 된다고 설명한다. 이 이론에 따르면, 투자자는 절대적인 금액이 아니라 특정한 준거점에 대한 상대적인 잠재적 이득과 손실을 바탕으로 투자의사결정을 하는 경향이 있다.

투자자의 가치함수는 [그림 10-8]과 같이 비대칭적인 S자 형태를 갖는데, 전통적 효용함수와 다른 몇 가지 특징이 있다. 먼저, 손실이 발생할 때 느끼는 가치감소분의 크기가 이득이 발생했을 때 느끼는 가치상승분보다 크다. 일반적으로 이득과 손실에 대한 사람들의 태도를 비교하면, 사람들이 심리적으로 이득보다 손실에 더 민감하게 반응하는 경향, 즉 손실회피(loss aversion) 성향이 있다는 점을 반영한 것이다. 다음으로 곡선의 형태가 이득 영역(오른쪽)에서는 원점에 대해 볼록하고, 손실 영역(왼쪽)에서는 원점에 대해 오목한 형태를 보

그림 10-8 전망이론에 따른 투자자의 가치함수

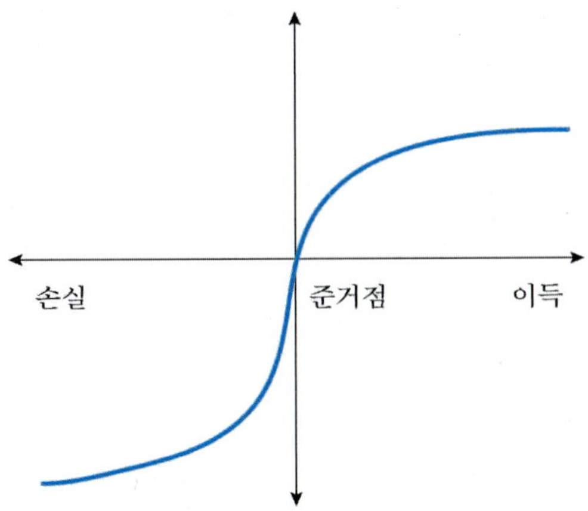

32) Kahneman, D., and A. Tversky, 1979, Prospect Theory: An Analysis of Decisions under Risk, Econometrica 47, 263−291.

이고 있다. 이득 영역에서는 특정한 지점에서 동일한 크기의 이익증가와 이익감소가 발생했을 때, 이익증가에 따른 가치의 증가보다 이익감소에 따른 가치의 감소가 더 크다. 따라서 투자자는 이득이 발생했을 때, 위험을 추구하기보다 현재 발생한 이득에 만족하고 그것을 확정지으려는 위험회피적인 태도를 보이게 된다. 반면, 손실영역에서는 손실증가에 따른 가치의 감소보다 손실감소에 따른 가치의 증가가 더 크다. 따라서 투자자는 손실이 발생했을 때 위험을 감수하더라도 현재 포지션을 유지하며 손실이 줄어들기를 기다리는 위험선호적인 태도를 보이게 된다.

투자자들의 위험에 대한 비대칭적인 태도의 예로 증권시장에서의 처분효과(disposition effect)를 들 수 있다. 처분효과는 투자자들이 이익을 본 종목은 빨리 처분하고 손실을 본 종목은 지나치게 오래 보유하는 성향을 말한다.

키워드

- 효율적시장
- 약형 효율적시장가설
- 준강형 효율적시장가설
- 강형 효율적시장가설
- 무작위행보
- 기술적 분석
- 사건연구
- 과민반응
- 지연반응
- 적극적 펀드
- 소극적 펀드
- 인덱스펀드
- ETF
- 소규모기업효과
- 장부가 대 시장가비율효과
- 복합가설의 문제
- 파마-프렌치의 3요인모형

- 파마-프렌치의 5요인모형
- 행동재무학
- 자기과신
- 후회기피
- 심적회계
- 전망이론
- 처분효과

10 연습문제

Exercise

01 다음 용어를 설명하시오.(★)

(1) 심적회계 (2) 과민반응 (3) 행동재무학 (4) 처분효과
(5) 무작위행보 (6) 효율적시장 (7) 복합가설 (8) 사건연구
(9) 소규모기업효과 (10) 기술적 분석

02 (★★) 복합가설(joint hypotheses)에 관한 다음 설명 중 옳지 않은 것은?

① 모든 효율적 시장의 검정은 시장의 효율성에 대한 검정임과 동시에 특정한 시장균형모형에 대한 검정이다.

② 자료를 분석한 결과 복합가설을 기각하지 못했다면, 시장의 효율성을 기각하지 못한 것일 뿐만 아니라 가설 검정을 위해 사용한 특정한 시장균형모형의 유효성도 기각하지 못한 것이다.

③ 만일 복합가설을 기각했다면, 그 기각의 이유는 시장이 비효율적이기 때문이다.

④ 효율적 시장가설이 특정한 시장균형모형을 가정하고 있지 않으며 시장균형에 관한 가정을 달리함에 따라 다양한 시장균형모형을 얻을 수 있으므로, 복합가설의 문제가 발생하게 된다.

03 (★★) CAPM을 이용하여 시장의 효율성을 검정한 결과 소규모기업의 주식이 대규모기업의 주식에 비해 높은 양의 비정상수익률을 얻었을 경우 가능하지 않은 설명은?

① CAPM은 현실적으로 유효하나 시장은 비효율적이다.

② 시장은 효율적이지만 CAPM이 현실적으로 유효하지 않다.

③ CAPM은 현실적으로 유효하지 않고 시장도 비효율적이다.

④ 시장은 효율적이고 CAPM도 현실적으로 유효하다.

04 (★★★) 다음 설명 중 옳은 것은?

① 효율적 시장가설에 의하면, 시장이 효율적이라면 모든 투자자들은 수익을 얻을 수 없다.

② 주가가 10% 오르면 사고 10% 하락하면 파는 전략으로 높은 수익률을 올렸다면 이는 약형 효율적 시장가설을 부인하는 증거이다.

③ 기업내부자 거래의 공시를 보고 그 주식에 투자하여 높은 수익을 얻었다면, 이는 강형 효율적 시장 가설에 어긋난다.
④ 어떤 회사가 영업이익이 전년도에 비해 50%가 증가했다고 공시한 순간 주가가 하락했다면 시장이 준강형 비효율적이라고 말할 수 있다.

05 (★★★) 효율적 시장가설에 대한 다음 설명 중 옳지 않은 것은?

① 효율적 시장에서도 높은 수익을 얻은 투자자는 존재한다.
② 준강형 효율적 시장에서는 과거의 증권수익률이나 거래량 등을 분석하여 초과수익을 얻는 것은 불가능하다.
③ 소규모기업효과란 재무상태표의 총자산의 규모가 작은 기업들이 양의 비정상수익률을 얻는 경향을 말한다.
④ 효율적 시장가설을 검증하기 위해 사용하는 시장균형모형은 특정한 것이 아니며, 여러 모형이 존재한다.

06 (★★) 다음 현상들이 모두 나타난 주식시장은 시장 효율성 가설 중에서 어떠한 유형에 해당하는가?

> ㉠ 주가가 5% 오르면 사고, 5% 하락하면 매도하는 전략으로 단순한 매수-보유전략 보다 우월한 수익률을 올릴 수 없었다.
> ㉡ 방송기업이 통신기업을 합병한다는 공시를 보고 다음날 방송기업 주식을 매입했으나 초과이익을 얻지 못했다.
> ㉢ 방송기업의 최고경영자는 시장에 발표되지 않은 기업 내부의 정보를 이용하여 10%의 비정상수익률을 올렸다.

① 약형 효율적 시장에만 해당한다.
② 준강형 효율적 시장에 해당한다.
③ 강형 효율적 시장에 해당한다.
④ 약형, 준강형, 강형 효율적 시장 모두 해당하지 않는다.

07 (★) 손실을 실현한 종목보다 이익을 실현한 종목에 대해 매도 거래량이 많은 현상과 연관된 행동재무학의 개념은?

① 자기과신 ② 후회기피
③ 심적회계 ④ 전망이론

08 (★★★) 파마-프렌치의 5요인 모형에서 요인에 대한 설명으로 옳지 않은 것은?

① RMW: 영업이익률이 높은 포트폴리오 수익률 - 영업이익률이 낮은 포트폴리오 수익률
② CMW: 총자산증가율이 낮은 포트폴리오 수익률 - 총자산증가율이 높은 포트폴리오 수익률
③ SMB: 대규모기업 포트폴리오 수익률 - 소규모기업 포트폴리오 수익률
④ HML: 장부가/시장가비율이 높은 포트폴리오 수익률 - 장부가/시장가비율이 낮은 포트폴리오 수익률

09 (★★) 효율적시장에 대한 다음 설명 중 옳지 않은 것은?

① 효율적시장은 모든 투자자들이 합리적이지는 않더라도 소수의 투자자들이 합리적이라면 성립할 수 있다.
② 효율적시장에서 증권거래의 순현가(NPV)는 0이다.
③ 무차익원리가 성립하는 시장은 효율적이다.
④ 이례현상이 존재하는 시장이더라도 그 시장은 비효율적이라는 것을 의미하지는 않는다.

10 (★★) 시장의 이례현상(anomalies)에 대한 다음 설명 중 괄호 안에 들어갈 옳은 내용으로 구성된 것은?

(㉠) 규모기업들의 주가는 양의 비정상수익률을 얻는 경향이 있으며, 주식의 (㉡)를 (㉢)로 나눈 비율이 큰 기업일수록 양의 비정상수익률을 얻는 경향이 있다.

	①	②	③	④
㉠	소	대	소	대
㉡	시장가치	시장가치	장부가치	장부가치
㉢	장부가치	장부가치	시장가치	시장가치

11 (★★) 다음 중 준강형 효율성을 부인하는 증거는 무엇인가?

① 주가가 10% 오르면 사고 10% 하락하면 파는 전략으로 매수-보유 전략보다 우월한 수익률을 올렸다.
② 설악기업의 영업이익이 전년도에 비해 10% 증가했다고 공시한 순간 주가가 전일보다 10% 하락하였다.
③ 설악기업이 통신기업을 합병한다는 소식이 시장에 알려지자 10일 연속 방송기업의 주가가 올랐다.

④ 설악기업의 최고경영자는 시장에 발표되지 않은 기업 내부의 정보를 이용하여 10%의 비정상수익률을 올렸다.

12 (★) 사건연구(event study)의 누적평균비정상수익률(CAAR)로 볼 때 과민반응(overreaction)에 해당하는 경우는?

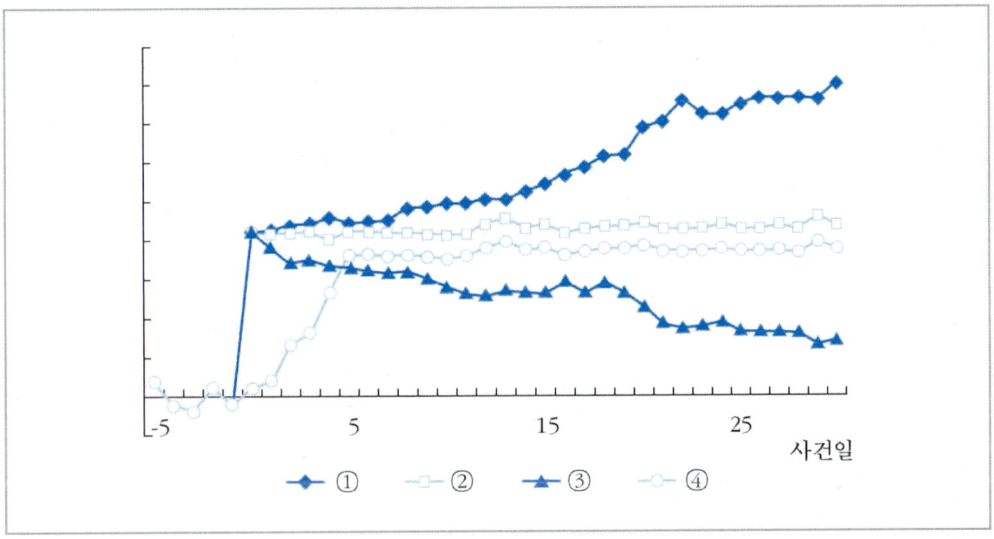

13 다음 중 옳은 설명을 모두 고르면?

ㄱ. 효율적시장에서 내일 주가에 대한 최선의 예측치는 현재의 주가이다.
ㄴ. 많은 비합리적 투자자들이 시장에 존재한다면 시장은 비효율적일 수밖에 없다.
ㄷ. 효율적시장에서는 재무제표 자료를 이용해 계산한 내재가치가 시장가치와 반드시 일치할 필요는 없다.
ㄹ. 행동재무학의 연구에 따르면 여성 투자자에 비해 남성 투자자의 거래회전율이 높은 경향이 있다.
ㅁ. 기존 실증 연구는 대부분 강형 효율적시장가설을 지지하고 있다.

① ㄴ, ㅁ
② ㄱ, ㄷ, ㄹ
③ ㄴ, ㄷ. ㄹ
④ ㄱ, ㄴ, ㄹ, ㅁ

14 다음 사례들 중 비효율적시장을 의미하는 것은?

① A 주식회사의 올해 당기순이익이 작년보다 두 배 증가했다고 공시하자마자 A 회사의 주가가 10% 하락하였다.
② 주식투자자 김씨는 지난 10년 동안 한 해도 빠짐없이 시장수익률보다 높은 수익률을 올렸다.
③ 주가가 바닥에서 5% 상승할 때 매수하고 꼭대기에서 5% 하락할 때 매도하는 전략을 취하면 시장수익률보다 연 10% 높은 수익률을 얻을 수 있다.
④ 빈번히 거래하는 투자자들일수록 거래비용을 차감한 순수익률은 낮아진다.

15 다음 중 파마-프렌치의 5요인모형에 포함되는 요인들을 모두 고르면?

ㄱ. 장부가-시가 비율 요인	ㄴ. 수익성요인	ㄷ. 규모요인	
ㄹ. 유동성요인	ㅁ. 시장요인	ㅂ. 모멘텀요인	ㅅ. 투자요인

① ㄱ, ㄴ, ㄹ, ㅁ, ㅂ ② ㄱ, ㄴ, ㄷ, ㅁ, ㅅ
③ ㄷ, ㄹ, ㅁ, ㅂ, ㅅ ④ ㄴ, ㄷ, ㄹ, ㅁ, ㅅ

16 (★★) 어느 학자는 "한국주식시장에서 개별 종목 주가의 기술적 분석을 이용한 투자전략의 성과는 시장 평균을 유의적으로 초과하는 성과를 보였지만, 동일한 기간 동안 애널리스트가 발표하는 개별 기업 분석정보를 이용한 투자전략의 수익률은 시장 평균보다 통계적으로 낮았다"고 주장했다. 이 문장이 "효율적 시장 가설"의 관점에서 성립할 수 있는지에 대해 논리적으로 설명하시오.

17 (★) 영업이익이나 순이익이 전년도에 비해 증가했다는 호재성 뉴스가 공시된 날에 오히려 주가가 하락하는 종목도 있다. 언론보도에서 이러한 사례를 찾아보고, 이 현상에 대해 "시장이 비효율적"인지를 설명하시오.

18 (★) 주식투자의 고수로 알려진 투자전문가가 자신만이 알고 있던 투자 기법을 발간한 책이 스테디셀러가 되거나, 증권방송 프로그램을 운영하여 유료회원수가 폭증한 현상을 "시장이 효율적이라고 믿고 있는 투자자의 관점"에서 설명하시오.

19 (★★★) 다음 한라기업 주가와 주가지수 자료를 이용하여 공시일 전·후 5일간 누적비정상수익률(CAR)을 그래프로 나타내고 그 패턴을 시장 효율성과 관련하여 설명하시오.

거래일	-6	-5	-4	-3	-2	-1	0	1	2	3	4	5
한라 기업 주가(원)	18,300	18,800	18,500	18,100	18,900	19,000	21,400	22,000	22,000	21,800	21,900	21,500
주가 지수	1,990	2,042	2,006	1,961	2,050	2,059	2,088	2,130	2,110	2,090	2,095	2,080

20 (★) 시장의 이례 현상으로 소개되는 과민반응(overreaction)과 관성효과(momentum effect)의 차이점을 설명하시오.

21 (★) 소극적 펀드(passive fund)의 기반이 되는 이론 두 가지는 무엇인가?

22 (★★★) 투자자 김철수는 1억원을 투자해 설악기업의 주식을 1,000주(주당 100,000원)를 매입했으나 주가 하락으로 천만원의 손실을 보게 되어, 설악 주식의 매도 여부를 고민하는 중이다. 인터넷에서 투자전문가로 알려진 홍길동은 김철수에게 다음과 같이 조언했다. "매도보다는 9천만원을 더 투자해 A주식 1,000주를 추가 매입하면 손실을 줄일 수 있습니다. 평균매입단가가 100,000원에서 95,000원으로 내려가게 되어 손실이 주당 10,000원이 아니라 주당 5,000원으로 줄어듭니다. 게다가 나중 주가가 올라가면 두 배로 이익을 올릴 수 있습니다." 홍길동의 조언을 논리적으로 평가하시오.

23 (★★) "투자자들은 이익을 본 주식은 빨리 처분하고 손실을 본 종목은 지나치게 오래 보유하는 경향이 있다." 이 현상을 무엇이라고 부르는가? Kahneman-Tversky의 전망이론(prospect theory)으로 어떻게 이 현상을 설명할 수 있는가?

10 연습문제 정답 및 해설

Exercise

02 ③

복합가설을 기각했다면 그 기각의 이유는 시장이 비효율적일 수도 있고, 가설 검정을 위해 사용한 특정한 시장균형모형의 오류에 기인할 수도 있다.

03 ④

복합가설(joint hypothesis)의 문제의 성격을 갖는 효율적 시장의 검증은 시장의 효율성에 대한 검증임과 동시에 특정한 시장균형모형에 대한 검증이다. 따라서 소규모기업 주식이 대규모기업 주식에 비해 높은 양의 비정상수익률이 나타난 결과는 시장이 실제로 비효율적이거나, CAPM은 현실적으로 유효하지 않기 때문에 발생할 수 있다. 즉 비정상수익률을 계산하는데 필요한 정상수익률은 CAPM으로 산출하는데, 만일 CAPM이 오류를 가진 모형이라면 비록 증권시장은 효율적이라 하더라도 소규모기업효과와 같은 현상이 발생할 수 있기 때문이다.

04 ②

① 투자자들은 운에 따라 사후적으로 수익을 얻을 수도 있고, 손실을 볼 수 있다. 투자자들이 사후적으로 높은 수익을 얻는 것은 시장효율성과는 관련이 없다.

③ 기업내부자 거래의 공시를 보고 그 주식에 투자하여 높은 수익을 얻은 것은 준강형 효율적시장 가설에 어긋난다. 기업내부정보를 이용해서 높은 수익을 얻었다면, 강형 효율적 시장 가설에 어긋난다.

④ 시장이 준강형 의미에서 비효율적이라고 말할 수 없다. 영업이익 증가에 따라 주가가 하락한 것은 시장이 비효율적이 아니라, 투자자의 기대에 못미친 영업이익 실적에 기인해서 주가가 하락한 것으로 볼 수도 있다.

05 ③

소규모기업효과란 시장가치(발행주식수×주가)의 규모가 작은 기업들이 양의 비정상수익률을 얻는 경향을 말한다.

06 ②

㉠ 최소한 약형 효율적 시장은 성립한다. ㉡ 최소한 준강형 효율적 시장은 성립한다. ㉢ 강형 효율적 시장은 성립한다고 볼 수 없다. 따라서 준강형 효율적 시장에 해당한다.

07 ④

전망이론에 따르면 투자자는 이익영역에서는 위험회피적인 태도를 보이고, 손실영역에서는 위험 선호적인 태도를 보인다. 이에 따라 이익을 실현한 종목에서 불확실성을 회피하기 위해 익을 확정하는(매도하는) 경향이 나타난다.

08 ③

SMB요인은 소규모기업 포트폴리오 수익률에서 대규모기업 포트폴리오 수익률을 뺀 것을 의미한다.

09 ③

무차익원리가 성립한다고 하여 시장이 효율적이라고 말할 수 없다.

10 ③

기업규모 효과는 소규모기업들의 주가는 양의 비정상수익률을 얻는 현상이며, 장부가 대 시장가치 비율 효과는 주식의 장부가치를 시장가치로 나눈 비율이 큰 기업일수록 양의 비정상수익률을 얻는 경향을 의미한다.

11 ③

준강형 효율성 검증은 사건연구(event study)로 검증한다.

①의 필터 규칙(filter rule)은 약형 효율성 검증과 관련된 내용이며, 이 같은 경우에는 약형 효율성을 부인한다.

②는 공시 정보에 대해 주가가 즉각적으로 반응하므로 준강형 효율적이다. 영업이익 증가에 따라 주가가 하락한 것은 시장이 비효율적이 아니라, 투자자의 기대에 못미친 영업이익 실적에 기인해서 주가가 하락한 것으로 보아야 한다.

③공시 정보에 대해 주가가 지속적으로 반응하는 것은 준강형 효율성에 위배된다.

④는 내부자 거래의 검증으로 강형 효율성 검증에 해당한다. ④의 예는 강형 효율성을 부인하는 것이다. 하지만, 준강형 효율성은 성립될 수 있다.

12 ③

호재공시에 대한 과민반응은 공시 시점 이후에 누적평균비정상수익률(CAAR)이 감소하는 패턴을 보인다. ①과 ④는 지연반응에 해당한다.

13 ②

ㄱ. 내일 주가에 대한 정보는 즉시 반영되어야 한다. (○)

ㄴ. 효율적시장은 소수의 투자자들이 합리적이라도 성립할 수 있다. (×)

ㄷ. 재무제표는 인위적인 회계기준에 의해 작성되므로 재무제표를 토대로 계산한 내재가치가 시장이 판단하는 내재가치와 반드시 일치할 필요가 없다. (○)

ㄹ. Barber－Odean이 2001에 발표한 "Boys will be Boys: Gender, Overconfidence, and Common Stock Investment"의 핵심 연구결과이다. (○)

ㅁ. 약형과 준강형 효율적시장가설은 대부분 지지하지만, 강형 효율적시장가설은 지지하지 않는

다. 즉, 현실의 자본시장의 효율성은 준강형까지 성립한다고 실증 연구들은 보고한다. (×)

14 ③

① 비효율적시장을 의미하지 않는다. 공시 전에 투자자들이 더 높은 당기순이익을 기대하고 있었다면 주가가 하락할 수 있다.

② 비효율적시장을 의미하지 않는다. 임의로 투자를 하는 경우, $\left(\frac{1}{2}\right)^{10} = \frac{1}{1024}$ 의 확률로 이런 투자자가 존재할 수도 있다. 수백만 명이 증권투자를 한다면 수천 명이 여기 해당될 것이다.

③ 비효율적시장을 의미한다. 기술적 분석에 의한 투자로 수익을 얻는 상황에 해당하므로 약형 효율적시장에 반한다.

④ 비효율적시장을 의미하지 않는다. 이는 투자행위의 결과일 뿐이다. 투자자들의 행동이 비합리적이라 하더라도, 증권가격에 영향을 주지 않는다면 시장이 비효율적이라고 말할 수 없다. 시장의 비효율성을 논하려면 증권가격에 영향을 미친다는 근거가 필요하다.

15 ②

5요인모형은 시장요인, 장부가－시가 비율 요인, 규모요인, 수익성요인, 투자요인이다. 모멘텀요인과 유동성요인은 다른 연구에서 제기된 공통위험요인이다.

16 개별종목 주가의 기술적 분석을 이용한 투자전략으로 초과수익률을 얻었다면 약형 비효율적인 시장이 되고, 기본적 분석을 이용한 투자전략으로 초과수익률을 얻지 못했다면 준강형 효율적인 시장이 된다. 준강형 효율성이 성립하는 시장은 반드시 약형 효율성도 성립해야 하기 때문에, 위의 진술은 효율적 시장가설의 관점에서 성립할 수 없다.

17 영업이익이나 순이익이 전년도에 비해 증가하더라도, 투자자들의 예상치(컨센서스)에 못 미칠 경우 악재성 뉴스로 받아들여지기 때문에 주가가 하락할 수 있다. 따라서 이 현상을 바탕으로 시장이 비효율적이라고 할 수 없다.

18 시장이 효율적이라면, 공개된 정보는 물론이고, 투자전문가나 기업내부자가 갖고 있는 사적정보도 주가에 반영되어 있다. 즉, 투자전문가의 투자 기법 또는 증권방송 프로그램이 공표되는 순간 그 정보가 주가에 반영되기 때문에, 뒤늦게 책을 사거나 유료회원으로 가입한다고 해서 돈을 벌 수 있는 정보를 얻을 수 없다.

19 AR(%)와 CAR(%)를 계산한 결과는 다음과 같다.

사건일	한라기업 주식		주가지수		AR(%)	CAR(%)
	주가(원)	수익률(%)	지수	수익률(%)		
－6	18,300		1,990			
－5	18,800	2.73	2,042	2.63	0.10	0.10
－4	18,500	－1.60	2,006	－1.80	0.20	0.30

−3	18,100	−2.16	1,961	−2.21	0.05	0.35
−2	18,900	4.42	2,050	4.52	−0.10	0.25
−1	19,000	0.53	2,059	0.43	0.10	0.35
0	21,400	12.63	2,088	1.43	11.20	11.55
1	22,000	2.80	2,130	2.00	0.80	12.35
2	22,000	0.00	2,110	−0.94	0.94	13.29
3	21,800	−0.91	2,090	−0.95	0.04	13.33
4	21,900	0.46	2,095	0.24	0.22	13.55
5	21,500	−1.83	2,080	−0.72	−1.11	12.44

누적비정상수익률(CAR)의 패턴으로 본다면 공시 이후 비정상수익률의 유의적인 변동이 관찰되지 않으므로 준강형 효율적 시장에 부합한다.

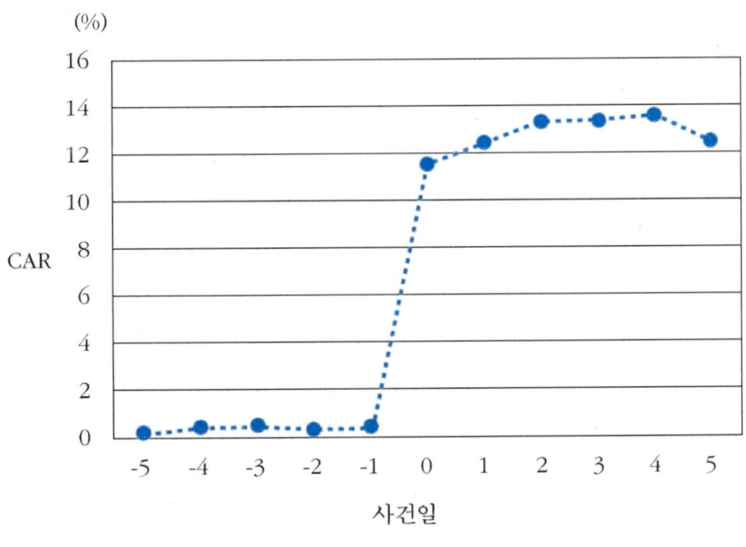

20 과민반응(overreaction)은 호재공시 직후 주가가 지나치게 상승했다가, 이후 하락 반전하는 현상을 의미하고, 관성효과(momentum effect)는 일정한 기간 동안 주가가 상승한 종목이 이후 일정 기간동안 다른 종목보다 주가가 상승하는 현상을 의미한다.

21 분산투자이론(또는 포트폴리오이론)과 효율적시장가설

22 홍길동의 조언은 소위 '물타기'라고 불리는 투자전략으로 명백히 비합리적이다. 평균매입단가를 낮췄다고 해도 천만원의 손실을 보았다는 사실은 변하지 않는다. 평균매입단가는 아무런 의미가

없다. 어느 시점에서나 주가는 그 시점에서 시장이 판단하는 주식의 공정한 가치를 의미한다. 따라서 과거 매입가격이 얼마인지는 현재, 또는 미래의 공정한 가치와 아무런 관계가 없다. 또한 미래에 주가가 올라가면 주가 상승분의 두 배만큼 이익을 보는 것은 맞지만, 주가가 하락하면 주가 하락분의 두 배만큼 손실을 본다. 미래의 주가는 아무도 예측할 수 없다. 도박장에서 잃었다고 베팅을 두 배로 하는 행동과 같다.

23 처분효과(disposition effect). 전망이론으로 설명할 수 있다. 특정 금액을 투자한 경우, 이익 증가에 따른 가치의 증가보다 이익 감소(동일 금액)에 따른 가치의 감소가 더 크다. 반면에, 손실 증가에 따른 가치의 감소보다 손실 감소(동일 금액)에 따른 가치의 증가가 더 크다. 따라서 이익이 발생한 경우에는 빨리 처분해 이익 감소를 피하려는 경향이 있고, 손실이 발생한 경우에는 계속 보유해 손실 감소를 추구하는 경향이 있다.

제11장

자본구조와 기업가치

1. 재무레버리지
2. 완전자본시장에서의 자본구조
3. 법인세
4. 재무곤경비용
5. 자본조달순서 이론

Financial Management

CHAPTER 11

자본구조와 기업가치

자본구조(capital structure)는 기업이 조달하는 자본의 구성을 의미한다. 자본은 크게 타인자본과 자기자본으로 나누어진다. 타인자본은 단기부채를 제외한 장기부채인 장기차입금과 채권으로 구성되며, 자기자본은 보통주와 우선주로 구성된다. 자본구조정책은 기업가치 극대화를 위해 자본을 구성하는 과정이다. 자본구조와 관련하여 이 단원에서 다루는 내용은 다음과 같다. 먼저 재무레버리지의 개념과 재무레버리지가 주주의 이익에 미치는 영향에 대해 설명한다. 다음으로 모딜리아니와 밀러가 소개한 MM이론을 토대로 완전자본시장에서 자본구조가 기업가치와 자본비용에 미치는 영향에 대해 살펴본다. 이후 법인세의 효과를 고려한 상황에서 MM이론을 전개하여 자본구조의 영향을 다시 살펴보고, 마지막으로 기업이 부채를 과도하게 사용하는 경우 발생할 수 있는 재무곤경비용의 영향까지 고려한 상황에서 자본구조가 기업의 가치 및 자본비용에 미치는 영향에 대해 생각해본다.

1. 재무레버리지

자본구조와 기업가치의 관계를 살펴보기에 앞서 재무레버리지(financial leverage)가 이익의 기대치와 변동성에 미치는 영향에 대해 먼저 살펴보자. 재무레버리지란 기업이 부채를 사용함으로써 발생하는 이자 부담 정도를 일컫는다. 기업이 채권자에게 지급하여야 하는 이

표 11-1 경기 상황에 따른 한국산업의 주당순이익과 자기자본수익률: 부채를 사용하지 않는 경우

	경기 상황				
	매우 저조	저조	보통	양호	매우 양호
영업이익(원)	5억	10억	15억	20억	25억
순이익(원)	5억	10억	15억	20억	25억
주당순이익(원)	500	1,000	1,500	2,000	2,500
자기자본수익률	5%	10%	15%	20%	25%

자는 영업성과와 무관하며 고정비의 성격을 띤다. 때문에 부채를 사용하게 되면 부채를 사용하지 않는 경우보다 주주에게 귀속되는 이익의 기대치와 변동성이 동시에 증가한다. 간단한 예를 통해 왜 그런지 이유를 알아보자.

자본이 자기자본만으로 구성된 한국산업의 자본 현황은 다음과 같다. 설명의 편의를 위해 세금은 없다고 가정하자.

- 자기자본 시장가치 100억원
- 보통주 100만주

한국산업 보통주의 주가는 10,000원(자기자본 100억원÷보통주 100만주)이다. 한편, 한국산업의 영업이익은 [표 11－1]에 제시된 바와 같이 미래의 경기 전망에 따라 '매우 양호'부터 '매우 저조'까지 다섯 가지 상황이 예상되며, 각 경기 상황의 발생 확률은 동일하다. [표 11－1]은 각 경기 상황에서 예상되는 순이익, 주당순이익(EPS, earnings per share), 순이익을 자기자본 가치로 나눈 값인 자기자본수익률(ROE, return on equity)을 보여준다.

각 경기상황이 발생할 확률이 동일하기에 주당순이익과 자기자본수익률의 기대치는 각각 1,500원과 15%가 된다.

만약 한국산업이 10% 이자율에 50억원의 부채를 조달하여 주주들로부터 자기자본의 절반인 보통주 50만주를 매수한 후 소각시키는 경우를 생각해보자. 자기자본과 부채의 맞교환 이후 한국산업의 자본구성은 다음과 같게 된다.

- 자기자본 시장가치 50억원
- 부채 시장가치 50억원
- 보통주 50만주

표 11-2 경기 상황에 따른 한국산업의 주당순이익과 자기자본수익률: 부채를 사용하는 경우

	경기 상황				
	매우 저조	저조	보통	양호	매우 양호
영업이익(원)	5억	10억	15억	20억	25억
이자비용(원)	5억	5억	5억	5억	5억
순이익(원)	0	5억	10억	15억	20억
주당순이익(원)	0	1,000	2,000	3,000	4,000
자기자본수익률	0%	10%	20%	30%	40%

보통주 주가는 여전히 10,000원$\left(=\dfrac{(\text{자기자본 50억원})}{(\text{보통주 50만주})}\right)$으로 이전 수준과 동일하다. 자본맞교환 이후 각 경기 상황에서의 주당순이익과 자기자본수익률은 [표 11-2]와 같아진다.

[표 11-2]에 제시된 결과를 보면, 부채 사용은 이익의 기대치와 변동성에 모두 영향을 준다는 것을 알 수 있다. 부채를 사용하는 경우, 주당순이익과 자기자본수익률의 기대치는 2,000원과 20%로 모두 부채를 사용하지 않는 경우보다 크다. 뿐만 아니라, 주당순이익과 자기자본수익률이 경기 변화에 훨씬 더 민감하게 반응함을 알 수 있다. 부채를 사용할 경우

그림 11-1 재무레버리지와 주당순이익

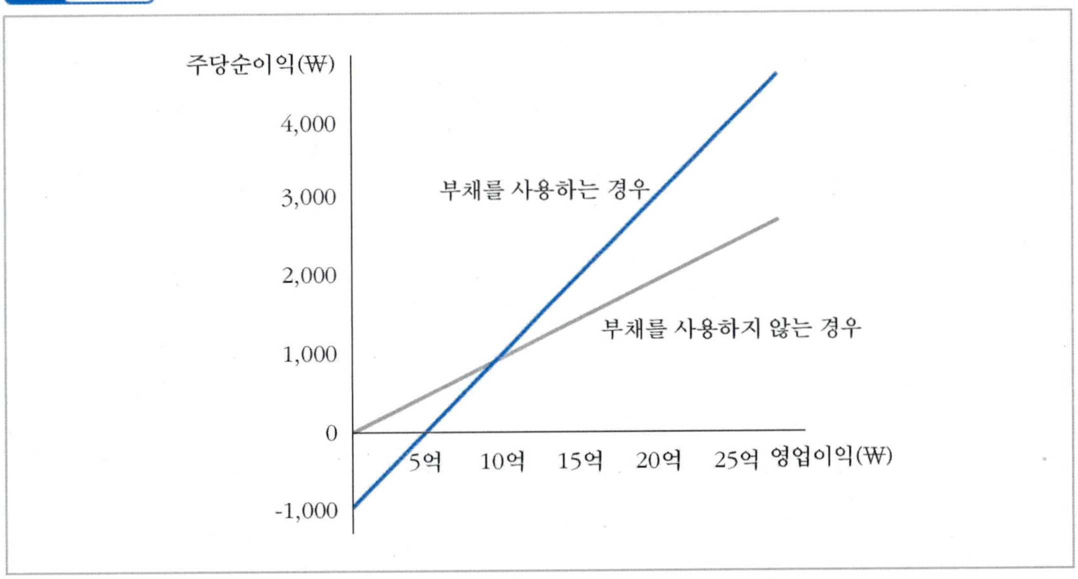

주당순이익이 경기변화에 더 민감하게 반응하는 이유는 이자의 고정비적 성격으로 인해 주당순이익의 변화율이 영업이익의 변화율보다 확대되기 때문이다. 이러한 관계는 [그림 11−1]에 잘 나타난다.

지금까지의 내용을 정리하면, 부채 사용은 주주에게 귀속되는 이익 및 변동성에 영향을 주는데, 이익의 기대치가 상승하는 동시에 이익의 변동성 역시 증가하게 된다. 즉, 부채의 사용 또는 재무레버리지는 기대수익률과 위험을 동시에 증가시키는 역할을 한다. 여기서 말하는 위험의 증가는 이익의 변동성 증가를 의미하며 이 단원의 후반부에 기술하는, 부채를 과도하게 사용함으로써 발생하는 재무적 곤경비용과는 구분된다.

부채를 사용하면 주주에게 귀속되는 이익의 기대치와 변동성이 커진다.

2. 완전자본시장에서의 자본구조

2.1 자본구조와 기업가치

프랑코 모딜리아니와 머튼 밀러(Franco Modigliani and Merton Miller, 이하 MM)는 완전자본시장에서 기업의 가치는 자본구조에 영향을 받지 않음을 보였다.[1] 이 MM의 결론을 MM 명제 I(MM Proposition I)이라고 부른다. MM 명제 I에 따르면 기업의 가치는 오로지 투자 의사결정의 영향만을 받으며, 투자에 소요되는 자금을 어떻게 조달하는지는 기업가치에 영향을 미치지 않는다. 즉, 채권(타인자본)을 발행하여 자본을 조달하든, 주식(자기자본)을 발행하여 자본을 조달하든 기업가치에는 영향을 미치지 않는다. 비유하자면 피자의 크기(기업가치)는 피자를 어떻게 자르느냐(자본구조)와는 무관하다는 것이다. 두 조각으로 자르든, 열 조각으로 자르든지 전체 피자의 크기는 변하지 않는 것과 유사하다.

기업가치는 그 기업이 어떠한 자산에 투자했는지에 따라 결정되는 것이지 그 기업이

1) Modigliani, F., and M. H. Miller, 1958, "The Cost of Capital, Corporation Finance and the Theory of Investment," American Economic Review 48(3), 261−297.

발행한 증권의 종류와는 무관하다. 기업이 투자한 실물자산에서 창출되는 미래 현금흐름의 현재가치가 기업가치이다. 완전자본시장에서는 기업이 채권을 발행해 자본조달을 하는 것이나 주식을 발행해 자본조달하는 것이 다르지 않다. 만약 차이가 발생한다면 투자자들은 차익거래를 통해 차익을 획득할 수 있으며, 차익거래를 통해 그 차이가 해소되기 때문이다.

MM 명제 I: 완전자본시장에서 기업의 가치는 기업의 자본구조와 무관하다.

모딜리아니와 밀러는 제3장에서 설명한 무차익원리(no arbitrage principle)를 이용해 MM 명제 I을 증명했다. 완전자본시장에서는 무차익원리가 성립한다. 무차익원리는 차익거래이익이 존재하지 않는다는 것을 의미한다. 내 주머니에서 돈이 나가지 않고 위험을 부담하지 않으면서, 수익을 창출하는 것이 불가능한 경우 무차익원리가 성립한다. 이는 미래의 수익이 동일한 두 투자 프로젝트(또는 증권)의 투자 비용이 동일해야 한다는 것을 의미한다. 무차익원리는 일물일가의 법칙(law of one price)의 또 다른 표현이다.

MM 명제 I의 증명에 무차익원리가 어떻게 이용되는지를 이해하기 위해 다음과 같은 사례를 들어보자. 영업현금흐름이 동일한 두 회사는 오직 자본구조만 차이가 있다. 기업 U(무부채기업)의 자본은 부채가 없이 자기자본만 구성되어 있고(unlevered), 기업 L(부채기업)의 자본은 부채와 자기자본으로 구성되어 있다(levered). 두 기업의 기업가치(V)와 부채(D), 그리고 자기자본(E)의 관계는 아래의 [그림 11-2]와 식 (11-1)과 (11-2)로 표시할 수 있다.

$$E_U = V_U \tag{11-1}$$

$$E_L = V_L - D_L \tag{11-2}$$

MM 명제 I은 기업 U의 기업가치와 기업 L의 기업가치와 동일해야 한다는 것이다

그림 11-2 무부채기업(U)과 부채기업(L)의 자본구조

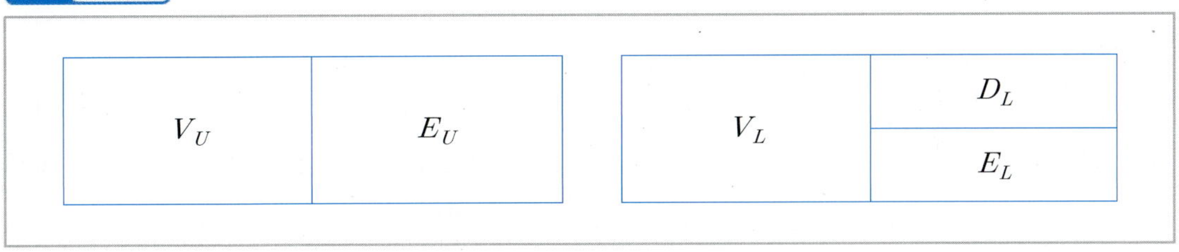

($V_U = V_L$). 만약 명제 I이 성립하지 않을 경우 어떻게 되는지 다음의 두 경우를 통해 이해해보자.

경우 1: $V_L < V_U$

만약 기업 L의 기업가치가 기업 U의 기업가치보다 작다고 가정해보자. 이런 경우 차익거래자는 부채기업의 주식과 채권을 적절한 비율로 매입함으로써 레버리지를 없앨 수 있다. 부채기업이 지급하는 이자와 채권에서 받게 되는 이자가 정확하게 상쇄되어, 차익거래자는 마치 부채가 없는 무부채기업을 소유한 것과 동일한 상태가 된다.

다음 두 투자전략을 고려해보자.

- 투자전략 A: 기업 U의 주식을 1% 매입
- 투자전략 B: 기업 L의 주식과 부채를 각각 1% 매입

표 11-3 투자전략 A와 투자전략 B의 투자금액과 수익

투자전략		투자금액	수익
A:	기업 U의 주식을 1% 매입	$0.01 \times V_U$	0.01×영업이익
B:	기업 L의 주식을 1% 매입	$0.01 \times E_L$	0.01×(영업이익 − 이자)
	기업 L의 채권을 1% 매입	$0.01 \times D_L$	0.01×이자
	투자전략 B의 총합	$0.01 \times V_L$	0.01×영업이익

투자전략 A와 B가 동일한 수익을 제공하기 때문에 무차익원리에 의해 A와 B의 비용도 동일해야 한다. 만약 $V_L < V_U$이라면, 차익거래자는 투자전략 B를 매입하고, 투자전략 A를 공매도하면 차익거래이익을 누릴 수 있다. 자본시장이 효율적으로 작동하면 이러한 차익거래 기회는 존재하지 않는다. 즉, 기업 L의 기업가치와 기업 U의 기업가치는 동일해야 한다 ($V_U = V_L$).

경우 2: $V_L > V_U$

만약 기업 U의 기업가치가 기업 L의 기업가치보다 작다고 가정해보자. 이런 경우 차익거래자는 차입을 통해 무부채기업의 주식으로부터 발생하는 현금흐름을 부채기업에서 발생하는 현금흐름과 동일하게 만들 수 있다. 이와 같이 기업의 부채를 대체하여 투자자가 직접

부채를 창출하는 것을 자가레버리지(homemade leverage)라고 한다. 투자자가 기업과 동일한 이자율로 차입하거나 대출이 가능할 경우, 회사의 자본구조 변경으로 발생하는 효과를 언제든지 무력화시킬 수 있다.

다음과 같은 두개의 투자전략을 고려해보자.

- 투자전략 C: 기업 L의 주식을 1% 매입
- 투자전략 D: 기업 U의 주식을 1% 매입하고 L의 부채 1%를 차입

표 11-4 투자전략 C와 투자전략 D의 투자금액과 수익

투자전략		투자금액	수익
C:	기업 L의 주식을 1% 매입	$0.01\times E_L = 0.01\times(V_L - D_L)$	0.01×(영업이익 − 이자)
D:	$0.01\times D_L$를 차입	$-0.01\times D_L$	−0.01×이자
	기업 U의 주식을 1% 매입	$0.01\times V_U$	0.01×영업이익
	투자전략 D의 총합	$0.01\times(V_U - D_L)$	0.01×(영업이익 − 이자)

투자전략 C와 D가 동일한 수익을 제공하기 때문에 무차익원리에 의해 C와 D의 비용도 동일해야 한다. 만약 $V_L > V_U$이라면, 차익거래자는 투자전략 D를 매입하고, 투자전략 C를 공매하면 차익거래이익을 누릴 수 있다. 자본시장이 효율적으로 작동하면 이러한 차익거래 기회는 존재하지 않는다. 즉, 기업 L의 기업가치와 기업 U의 기업가치는 동일해야 한다($V_U = V_L$).

모딜리아니−밀러의 핵심 아이디어는 투자자가 기업의 주식과 부채 및 자가레버리지를 조합하여 마치 다른 재무구조를 가진 기업에 투자하는 것과 같은 투자전략을 세울 수 있다는 데 있다. 경우 1에서는 부채기업 L의 주식과 채권을 같은 비율만큼 매입함으로써 사실상 무부채기업 U의 주식을 매입한 것과 같은 효과를 얻게 된다. 경우 2에서는 무부채기업 U의 주식을 매입하고 투자자 스스로 부채를 얻음으로써 사실상 부채기업 L의 주식을 매입한 것과 같은 효과를 얻는다. 결론적으로 무부채기업의 가치와 부채기업의 가치는 동일해야 한다.

$$V_U = V_L \tag{11-3}$$

2.2 레버리지와 기대수익률(자본비용)[2)]

MM 명제 II는 MM 명제 I이 성립하는 경우 자기자본의 기대수익률이 자산 및 부채의 기대수익률과 어떤 관계가 있는지를 보여준다. 포트폴리오의 기대수익률은 각 자산의 기대수익률을 각 자산에 투자한 비율로 가중평균한 값이다. 따라서 자산의 기대수익률은 자기자본의 기대수익률과 부채의 기대수익률의 가중평균 즉, 가중평균자본비용(WACC, weighted average cost of capital)으로 다음과 같이 표현할 수 있다.

$$r_A = \frac{D}{D+E} r_D + \frac{E}{D+E} r_E \tag{11-4}$$

식 (11－4)를 r_E에 대한 식으로 정리하면 다음과 같다.

$$r_E = r_A + \frac{D}{E}(r_A - r_D) \tag{11-5}$$

MM 명제 I에 의하면 기업가치는 자본구조와 무관하기 때문에 자산의 기대수익률도 차입의사결정에 영향을 받지 않는다. 즉, 부채비율 D/E가 바뀌어도 자산의 기대수익률은 항상 일정하다($r_A = r_U = WACC$). 그러므로 자기자본의 기대수익률은 부채비율 D/E에 비례해서 증가한다. 자기자본의 기대수익률이 증가하는 비율은 자산의 기대수익률과 부채의 기대수익률의 차이($r_A - r_D$)에 따라 결정된다. 영업위험은 기업이 행하는 사업 또는 영업의 특성에서 오는 위험이기 때문에 부채비율은 기업의 영업위험에는 영향을 미치지 못한다. 반면, 재무위험은 기업의 부채 사용으로 인해 발생하는 위험으로 부채비율이 증가하면 재무위험이 증가한다. 따라서 주주들은 부채비율이 높을수록 더 높은 수익률을 요구하게 된다는 것이 MM 명제 II이다.

MM 명제 II: MM 명제 I이 성립하면, 자기자본의 기대수익률은 기업의 부채비율에 비례해서 증가한다.

---

2) 기대수익률은 자본비용(cost of capital)과 동일한 의미로 사용된다. 자본공급자인 투자자 입장에서 기대하는 수익률이 기대수익률이고, 자본 수요자인 기업 입장에서 자본 공급자에게 지불해야 하는 비용이 자본비용이다. 그러므로 자기자본의 기대수익률은 자기자본비용으로, 부채의 기대수익률은 부채의 자본비용으로, 자산의 기대수익률은 가중평균자본비용(WACC, weighted average cost of capital)으로 대체될 수 있다.

다음의 사례를 이용하여 MM 명제 II를 정리해보자.

경우 1: 무위험부채일 경우

- 자산 기대수익률(r_A)은 MM 명제 I에 의해 부채비율에 상관없이 일정하다.
- 부채 기대수익률(r_D)은 무위험부채이기 때문에 부채비율에 상관없이 일정하다.
- 자기자본 기대수익률(r_E)은 부채비율이 올라갈수록 상승한다.

경우 2: 위험부채일 경우

- 자산 기대수익률(r_A)은 MM 명제 I에 의해 부채비율에 상관없이 일정하다.
- 부채 기대수익률(r_D)은 위험부채이기 때문에 부채비율이 일정수준을 넘어서면 증가한다.
- 자기자본 기대수익률(r_E)은 부채비율이 올라갈수록 상승하다가 부채비율이 일정수준을 넘어서면 상승률이 감소한다.

[그림 11－3]와 [그림 11－4]은 MM 명제 II가 의미하는 바를 표현하고 있다. 자산의 기대수익률은 부채비율에 상관없이 일정하다. 또한 자기자본의 기대수익률은 부채비율이 증가할수록 상승한다. 무위험 부채의 경우 부채비율이 증가하더라도 부채의 기대수익률이 일

그림 11-3 무위험부채일 경우 자산, 자기자본, 부채의 기대수익률

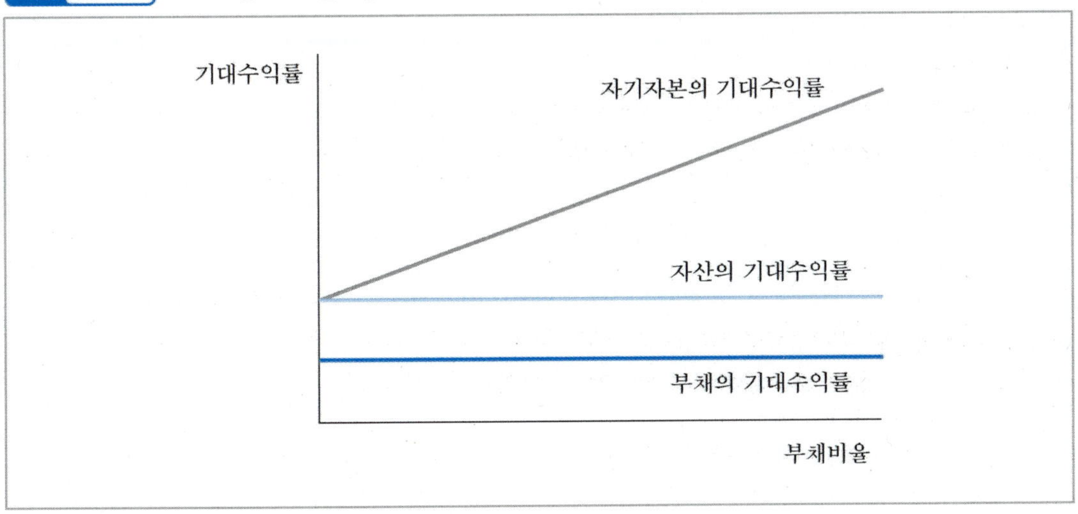

그림 11-4 위험부채일 경우 자산, 자기자본, 부채의 기대수익률

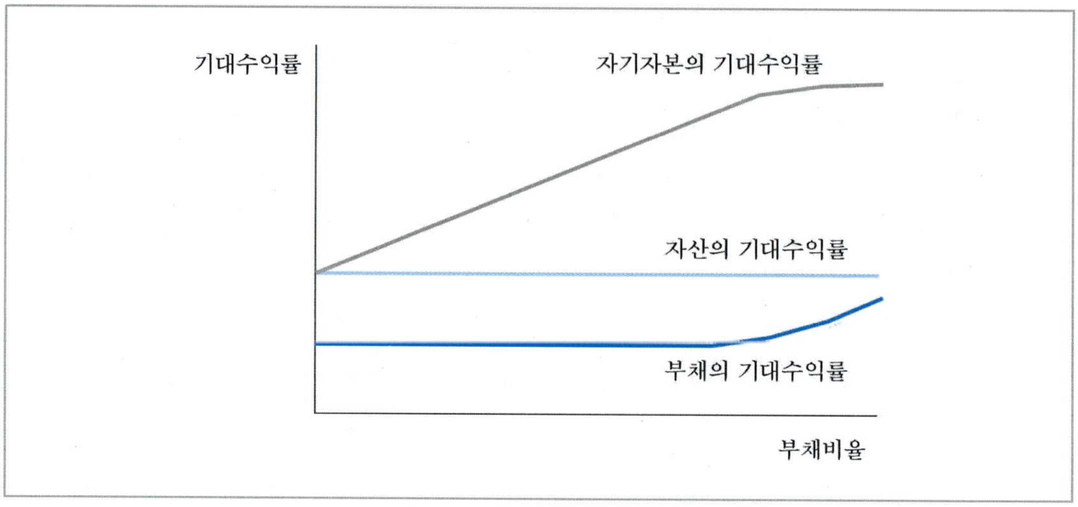

정하다. 반면, 위험을 지닌 부채인 경우 일정수준의 부채비율 아래에서는 파산위험이 거의 없기 때문에 부채의 기대수익률은 일정하지만, 일정수준의 부채비율을 넘어서면 파산위험으로 인해 부채의 기대수익률도 동반 상승한다. 따라서 식 (11-5)의 비례상수 $(r_A - r_D)$가 줄어들기 때문에 자기자본의 기대수익률이 이전보다 완만하게 상승한다. 이는 부채비율이 일정수준 이상을 넘어서면 기업위험이 주주로부터 채권자에게로 넘어가기 때문이다. 결론적으로 부채의 위험 여부와 상관없이 MM 명제 I과 II는 성립한다.

예제 1 완전자본시장에서 한국기업은 올해 영업이익이 15억원으로 예상된다. 모든 자금을 자기자본으로 조달한 한국기업 주식의 시장가치는 100억원이다. 한국기업이 부채 20억원으로 자본 조달하여 동일한 금액의 자기자본과 교환하면, 자산의 기대수익률과 자기자본의 기대수익률은 어떻게 변하는가? 부채의 기대수익률은 9%이다.

해설 자본구조를 변경하기 전의 자산의 기대수익률과 자기자본의 기대수익률은 다음과 같다.

$$r_A = r_E = \frac{15}{100} = 0.15$$

r_A는 자본구조에 영향을 받지 않는다(MM I). 따라서 자산의 기대수익률은 15%

이다.

자본구조 변경 후의 자기자본 수익률은 다음과 같다.

$$r_E = r_A + \frac{D}{E}(r_A - r_D) = 0.15 + \frac{20}{80}(0.15 - 0.09) = 0.165$$

따라서 자기자본의 기대수익률은 16.5%이다.

예제 2 완전자본시장에서 설악기업의 부채비율 D/E는 2이다. 부채의 자본비용은 6%, 자기자본의 자본비용은 12%이다. 만약 설악기업이 신주를 발행해서 조달된 자금으로 부채를 갚아 D/E 비율을 1로 줄이면, 부채의 자본비용은 5.5%로 줄어든다. 설악기업의 자본구조 변경 의사 결정으로 인해 자기자본의 자본비용과 WACC는 어떻게 변하는가? 만약 설악기업이 신주를 더 발행해서 부채를 모두 갚는다면 어떻게 되는가? 이러한 자본구조 변경은 설악기업의 가치에 어떠한 영향을 미치는가?

해설 설악기업의 WACC와 무부채 자본비용은 다음과 같다.

$$r_{WACC} = r_U = \frac{D}{D+E} r_D + \frac{E}{D+E} r_E = \frac{2}{2+1}(6\%) + \frac{1}{2+1}(12\%) = 8\%$$

설악기업의 무부채 자본비용은 8%이다. 따라서 설악기업이 부채를 줄인 이후의 자기자본비용은 다음과 같다.

$$r_E = r_U + \frac{D}{E}(r_U - r_D) = 8\% + \frac{1}{1}(8\% - 5.5\%) = 10.5\%$$

설악기업이 부채비율을 줄이고 나면 자기자본비용은 10.5%로 줄어든다. 그러나 완전자본시장에서 자본구조 변경은 WACC에 영향을 미치지 못하므로, 자본구조 변경으로 인한 기업가치 상승은 없다.

$$r_{WACC} = \frac{1}{1+1}(5.5\%) + \frac{1}{1+1}(10.5\%) = 8\%$$

만약 설악기업이 부채를 모두 갚으면, 부무채 기업이 된다. 따라서 자기자본비용은 WACC와 무부채자본비용과 동일하게 8%가 된다. 자본구조를 어떻게 변경하더라도 영업현금흐름은 변하지 않는다. 여기서 우리는 완전자본시장에서 자본구조 변경은 기업가치에 영향을 미치지 못한다는 MM 명제 I을 다시 확인할 수 있다.

MM 명제 II에 따르면 부채비율이 상승할수록 자기자본의 기대수익률도 상승한다. 그러나 주주들은 부채비율이 변하는 것에 상관하지 않는다. 왜 그럴까? 부채비율 상승으로 인해 자기자본의 기대수익률이 올라가는 만큼 자기자본의 위험도 증가하기 때문이다. 즉, 자기자본의 기대수익률 상승은 자기자본의 위험 증가로 인한 주주의 요구수익률 상승과 정확히 상쇄된다.

우리는 제8장에서 배운 내용을 통해 기업 자산의 베타는 각 증권 베타의 가중평균이라는 사실을 알고 있다. 따라서 다음과 같은 식이 성립한다.

$$\beta_A = \frac{D}{D+E}\beta_D + \frac{E}{D+E}\beta_E \tag{11-6}$$

식 (11－6)를 β_E에 대한 식으로 정리하면 다음과 같다.

$$\beta_E = \beta_A + \frac{D}{E}(\beta_A - \beta_D) \tag{11-7}$$

기업 자산의 위험 β_A는 MM 명제 I에서 암시하는 것처럼 자본구조에 영향을 받지 않는다. 따라서 자기자본의 베타 β_E는 부채비율이 증가함에 따라 비례적으로 증가한다. 부채비율이 증가함에 따라 자본의 기대수익률이 증가하는 것은 자기자본의 베타가 상승하는 것에 대한 보상인 것을 확인할 수 있다.

예제 3 예제 1에서 부채로 자금을 조달하기 이전에 한국기업의 베타는 2.0이었다. 만약 부채로 자금을 조달할 경우 자기자본의 베타는 어떻게 되는가? 한국기업 부채의 베타는 0.8이다.

해설 $\beta_E = 2.0 + \frac{20}{80}(2.0 - 0.8) = 2.3$

모든 자금을 자기자본으로 조달한 한국기업의 자기자본 베타는 2.0이다. 부채로 자금조달을 하여 자본구조를 변경한 이후의 한국기업의 자기자본 베타는 2.3으로 상승한다.

[그림 11－5]에서 증권시장선(SML, security market line)은 기대수익률과 베타의 관계를 나타낸다. 그림에서 보는 것처럼 부채의 위험은 자기자본의 위험보다 낮고, 기대수익률도

그림 11-5 자산, 자기자본, 부채의 베타와 기대수익률

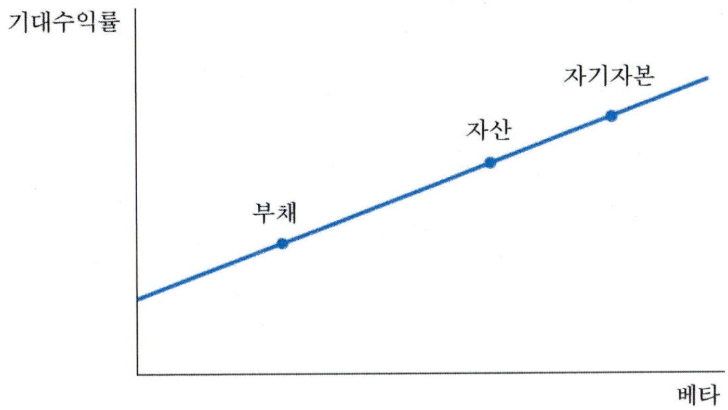

상대적으로 낮다. 자산의 위험은 부채와 자기자본 위험의 가중평균이다.

2.3 현금과 레버리지

기업의 재무상태표에서 자산은 현금 혹은 무위험자산을 포함할 수 있다. 무위험자산은 표현 그대로 위험이 없기 때문에 기업자산의 위험을 줄여준다. 따라서 현금등가물의 보유가 위험과 수익률에 미치는 영향은 레버리지와는 반대이다. 이러한 관점에서 현금은 음(−)의 부채라고 볼 수 있기 때문에 기업의 자산을 측정할 때 현금등가물을 제외한 자산으로 측정한다. 이와 같은 이유로 레버리지를 측정할 때 총부채에서 현금등가물을 뺀 기업의 순부채를 이용하는 것이 보다 정확한 방법일 것이다. 다음의 예제를 통해 이를 이해해보자.

예제 4 백두기업의 시가총액은 100억원이다. 백두기업은 현금등가물로 48억원을 보유하고 있고, 부채가 16억원이다. 자산의 베타는 1.2이고 부채의 배타는 0이다. 백두기업의 자산가치는 얼마인가? 무위험 이자율이 2%이고 시장위험프리미엄이 5%일 때 백두기업의 무부채 자본비용은 얼마인가?

해설 백두기업의 순부채 = 16억원 - 48억원 = -32억원
백두기업의 자산가치 = 100억원 - 32억원 = 68억원
백두기업의 무부채 베타는 다음과 같다.

$$\beta_U = \frac{D}{D+E}\beta_D + \frac{E}{D+E}\beta_E = \frac{-32}{68}(0) + \frac{100}{68}(1.2) = 1.76$$

백두기업의 무부채 자본비용은 다음과 같다.

$$r_U = 2\% + 5\% \times 1.76 = 10.8\%$$

3. 법인세

MM 명제 I과 II는 시장이 완전하다는 가정 하에서 도출된 것이다. 그러나 법인세가 존재하는 시장에서는 원래의 MM 이론이 성립하지 않는다.[3] 부채에 대한 이자는 법인세 계산 시 비용으로 처리되어 과세대상에서 제외된다. 그러나 주주에게 지급되는 배당은 법인세 납부 후의 순이익을 기준으로 지급된다. 따라서 법인세가 존재할 경우 부채로 자본을 조달하

표 11-5 부채의 사용으로 인한 세금감면 효과 예시

(단위: 억원)

	기업 U	기업 L
영업이익	1,000	1,000
지급이자(이자율 10%)	0	100
세전이익	1,000	900
법인세(세율 20%)	200	180
세후순이익	800	720
채권자와 주주의 총수익	0+800=800	100+720=820
이자세금방패	0	1,000×0.1×0.2=20

3) Modigliani, F., and M. H. Miller, 1963, "Corporate Income Tax and the Cost of Capital: A Correction," American Economic Review 53(3), 433–442.

는 것이 자기자본으로 조달하는 경우보다 세금 측면에서 유리하다. 이처럼 부채를 사용할 때 발생하는 세금감면효과를 이자세금방패(ITS, interest tax shield)라고 한다. 이자세금방패로 인한 세금 절약(tax savings) 덕분에 부채비율이 높을수록 기업가치는 상승한다. 따라서 법인세가 존재하면, 부채비율이 기업가치에 영향을 미치지 않는다는 MM 명제 I이 성립하지 않는다. 또한 채권자는 고정청구권자로서 원금과 이자만 받기 때문에 이자세금방패는 모두 주주의 몫이 된다.

부채를 D라 하고, 부채에 대한 이자율을 r_D, 법인세율을 τ_C라 할 때, 매년 지급해야 할 이자는 $r_D \cdot D$이다. 따라서 이자세금방패는 이자에 법인세를 곱한 값으로 다음과 같다.

$$\text{이자세금방패(ITS)} = \tau_C \times (r_D \cdot D) \tag{11-8}$$

만약 부채가 영구적(permanent debt)이라면, 영구연금의 현재가치 계산 공식을 적용해 미래 이자세금방패의 현재가치들의 총합을 식 (11−9)와 같이 간단히 계산할 수 있다.

$$PV(ITS) = \frac{\tau_C(r_D \cdot D)}{r_D} = \tau_C D \tag{11-9}$$

따라서 기업이 부채를 사용하면 이자세금방패의 현재가치만큼 기업가치가 증가한다. 법인세가 존재할 경우 부채기업의 가치는 100% 부채로 자본을 조달할 경우 기업가치가 극대화된다.

수정된 MM 명제 I: 법인세가 존재할 경우 부채기업의 가치는 무부채기업의 가치보다 이자세금방패의 현재가치만큼 크다.

$V_L = V_U + PV(ITS)$

법인세의 존재는 자본비용에도 영향을 미친다. 특히 이자의 감세효과는 부채의 자본비용을 낮추는 역할을 한다. 결국 가중평균자본비용(WACC)은 다음과 같다.

$$WACC = \frac{D}{D+E}(1-\tau_C)r_D + \frac{E}{D+E}r_E \tag{11-10}$$

식 (11−10)은 다음과 같이 다시 정리할 수 있다.

$$WACC = \frac{D}{D+E} r_D + \frac{E}{D+E} r_E - \frac{D}{D+E} \tau_C r_D \qquad (11-11)$$

식 (11－11)에서 부채기업의 가중평균자본비용은 이자의 감세효과로 인해 부채를 사용하지 않았을 때보다 낮아진다. 부채를 많이 사용할수록, 법인세율이 높을수록 그 감소폭이 커짐을 알 수 있다.

수정된 MM 명제 II: 법인세가 존재할 경우 영구부채를 가진 기업의 자기자본 기대수익률은 다음과 같다.[4)]

$$r_E = r_A + \frac{D}{E}(r_A - r_D)(1-\tau_C)$$

4. 재무곤경비용

재무곤경비용(cost of financial distress)은 기업이 파산(bankruptcy)이나 파산 직전의 비정상적 상태로 인해 발생하는 비용을 말한다. 파산은 재무적 곤경의 극단적 경우이며, 법적으로 기업자산의 소유권이 주주로부터 채권자에게 넘어간다. 파산비용은 직접비용과 간접비용으로 구분된다. 직접비용은 법적 비용과 관리비용이 대표적이다. 예를 들어 변호사와 회계사 수수료, 전문가 고용 비용, 파산대리인 등의 관리자 비용을 들 수 있다. 간접비용은 파산하는 동안 기업의 운용 제약으로 발생하는 비용이 대표적이다. 길고도 복잡한 파산과정에서 발생하는 자본의 기회비용 손실, 강제적 재무구조 재조정으로 인한 자산가치의 손실, 파산의 예상이나 구조조정으로 인한 생산감소 및 매출감소와 이로 인한 이익손실 등이 있다. 고객 이탈, 공급자 이탈, 근로자 이탈, 받을 채권 손실, 자산 강제매각 손실, 유동성 회수지연, 채권자 비용 등도 파산으로 인한 간접비용에 속한다.

이자의 세금방패효과로 인해 부채를 많이 사용하면 할수록 기업가치는 상승한다. 그러나 현실에서 왜 많은 기업들이 부채를 최대한 사용하지 않는가? 그 이유를 재무곤경비용에

4) 이 식에 대한 구체적 설명은 제13장 각주 3) 참조.

서 찾을 수 있다. 부채는 원금과 이자를 상환해야 할 의무가 있고, 기업이 이 의무를 지키지 못할 경우 재무적 곤경에 처하게 된다. 즉, 부채를 많이 사용하면 할수록 기업의 재무곤경 비용이 증가한다.

부채를 사용할수록 재무곤경비용은 증가한다.

MM 명제는 위험부채에서도 성립한다. 그러나 재무곤경비용이 존재하면, 재무적 곤경에 처해진 기업의 가치는 그렇지 않은 기업보다 낮을 것이다. 왜냐하면 기업의 현금흐름이 채권자와 주주뿐만 아니라 제3자에게 지급되어야 하기 때문이다. 따라서 재무곤경비용이 존재한다면 기업가치는 다음과 같이 표현할 수 있다.

$$\text{기업가치} = \text{무부채기업의 가치} + PV(\text{이자세금방패}) - PV(\text{재무곤경비용}) \quad (11\text{–}12)$$

최적자본구조의 상충이론(trade–off theory):

• 적정수준의 부채비율에서는 재무곤경확률이 무시할 정도로 작기 때문에 부채의 세금

그림 11–6 이자세금비용과 재무곤경비용을 고려한 기업가치

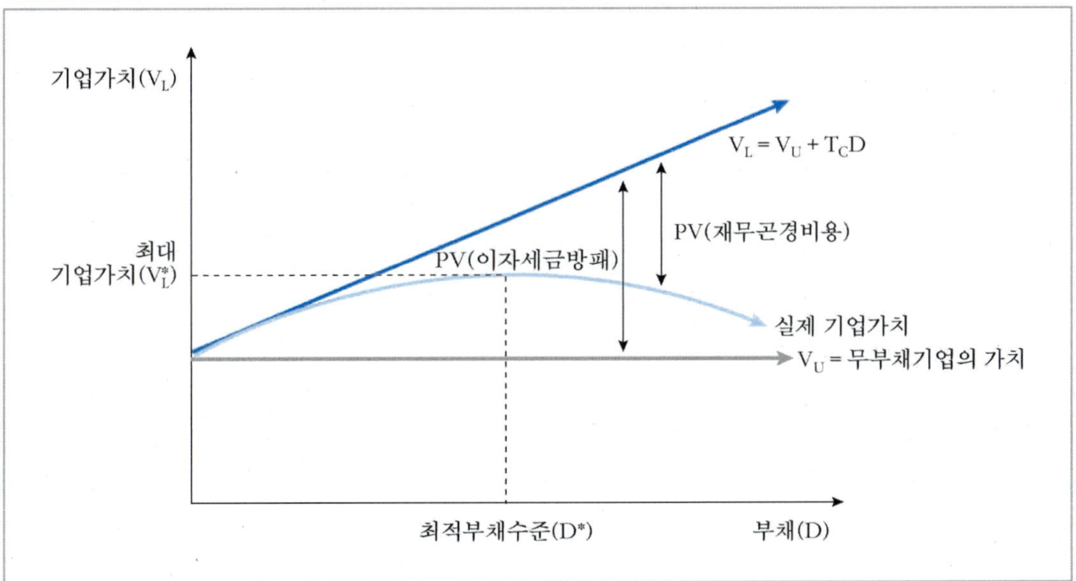

방패효과가 더 중요하다.

- 부채비율이 일정수준을 넘어서면 추가적 차입으로 인한 재무곤경확률이 급격하게 상승한다.
- 이론적으로 최적자본구조는 추가적 차입으로 인한 세금방패효과의 현재가치가 재무곤경비용의 현재가치와 정확하게 상쇄되는 지점에서 결정된다.

[그림 11-6]는 최적자본구조의 상충이론을 설명하고 있다. 최적부채수준은 기업가치가 극대화(V_L^*)되는 D^*에서 결정된다.

5. 자본조달순서 이론

자본조달순서 이론(pecking order theory)은 정보비대칭에 기초한다. 기업 내부자인 경영자와 기업 외부자인 주주와 채권자 사이에는 정보비대칭이 존재한다. 경영자는 기업 외부자보다 회사의 이익 전망에 대해 더 많은 정보를 가지고 있다. 기업 내용에 대해 우월한 정보를 가진 경영자는 외부 투자자들에게 정보전달의 수단으로 자본조달방법을 사용한다.

스튜어트 마이어스(Stewart C. Myers)는 정보비대칭이 존재할 경우 경영자는 내부유보자금, 부채발행, 주식발행의 순서로 자본조달은 선호한다고 주장한다.[5] 기업은 내부자금조달을 가장 선호한다. 내부자금조달은 주가에 부정적 영향을 미치는 신호(signal)를 발생시키지 않는다. 또한 내부자금조달은 발행비용도 들지 않는다. 만약 외부자금조달이 필요할 경우라면 부채발행을 우선적으로 한다. 주식발행은 최후의 수단으로 필요할 경우에만 시행한다. 왜냐하면 부채발행이 주식발행보다 외부 투자자들에게 덜 부정적인 신호를 전달하기 때문이다. 또한 발행비용 측면에서도 부채발행이 주식발행보다 더 유리하다.

정보비대칭이 존재할 경우 경영자는 내부유보자금, 부채발행, 주식발행의 순서로 자본조달은 선

5) Myers, S.C., 1984, "The Capital Structure Puzzle," Journal of Finance 39(3), 574-592.

호한다.

자본조달순서이론은 기업이 여유자금(financial slack)을 보유하려는 동기를 설명한다. 여유자금이란 당장 현금화 가능하거나 부채로 자본조달이 가능한 자금을 말한다. 여유자금은 미래 투자를 위해 자금조달을 더욱 쉽게 하거나 재무적 곤란 상황에 빠질 가능성을 줄여 주기 때문에 중요하다. 경영자는 유동성이 높은 자산을 많이 보유하거나 추가적으로 부채를 발행할 수 있는 가능성을 열어 둠으로써 여유자금을 조성할 수 있다. 한편, 여유자금이 너무 많은 경우에도 문제가 발생한다. 경영자는 여유자금을 본인의 이익을 위해 사용하거나 화려한 건물을 짓고 사무실을 치장하는 데 사용하는 등의 문제가 발생할 수 있다. 이러한 문제를 잉여현금흐름의 대리인비용(agency cost)이라고 한다.[6] 잉여현금흐름이 많은 경영자는 수익성이 떨어지는 투자나 비효율적으로 조직을 키우는데 현금을 낭비할 가능성이 존재한다. 부채는 경영자로 하여금 미래의 현금흐름에 대해 강제적으로 이자를 지급하도록 구속하기 때문에 경영자의 대리인비용을 줄여주는 역할을 한다.

자본조달순서이론은 다음과 같은 실무적 시사점을 갖는다. 첫째, 수익성이 높은 기업일수록 부채비율이 낮다. 수익성이 높은 기업은 목표부채비율이 낮기 때문에 덜 빌리는 것이 아니라, 내부에 여유자금이 충분하기 때문에 외부자본 중에 1순위인 부채 조달이 많지 않다. 따라서 수익성이 높은 기업의 부채비율이 낮은 현상은 상충이론보다는 자본조달순서이론에 의해 잘 설명된다. 둘째, 자본조달순서이론에 따르면 이자세금방패의 효과는 2차적이다. 부채비율 변화는 내부현금흐름, 배당, 투자기회의 크기에 영향을 받는다. 수익성이 높은 회사라도 투자기회가 제한적이면 낮은 부채비율을 유지한다는 것이다. 투자기회가 내부 여유자금을 초과하는 상황에서 기업은 부채를 이용한 자본조달을 선호한다고 설명한다. 셋째, 자본조달순서이론은 동종산업에서 수익성과 부채비율의 역의 관계를 잘 설명한다. 동일산업에서는 기업의 투자기회가 거의 비슷하기 때문에, 주어진 배당정책 하에서 수익성이 낮은 기업이 더 많이 차입한다. 그러나 자본조달순서이론은 산업별로 부채비율이 다른 현상을 잘 설명하지는 못한다. IT기업 혹은 고성장 산업에 속한 기업은 외부자금의 필요성이 높음에도 불구하고 낮은 부채비율을 유지하는 현상은 자본조달순서이론으로는 잘 설명되지 않는다. 반면 IT기업이 낮은 부채비율을 유지하는 현상은 상충이론으로 잘 설명된다.

6) Jensen, M.C., 1986, "Agency Costs of Free Cash Flow, Corporate Finance, and Takeovers," American Economic Review 76(2), 323−329.

키워드

- 재무레버리지
- 주당순이익
- 자본구조
- 기업가치
- 최적자본구조
- 완전자본시장
- 무차익거래 원칙
- 일물일가의 법칙
- 레버리지
- 기대수익률
- 자가레버리지
- 자기자본
- 타인자본
- 자본비용
- 가중평균자본비용
- 증권시장선
- 순부채
- 법인세
- 이자세금방패
- MM이론
- 파산비용
- 재무곤경비용
- 정보비대칭
- 자본조달순서이론
- 희석화
- 여유자금
- 대리인비용

11 연습문제 Exercise

01 (★) 다음 용어를 설명하시오.

(1) 자본구조 (2) 최적자본구조 (3) 홈메이드 레버리지 (4) 이자세금방패
(5) 자본조달순서이론 (6) 레버리지 (7) 가중평균자본비용 (8) 무차익거래 원칙

02 (★★) MM의 자본구조이론에서 자본시장이 완전하고 세금이 없는 경우 부채를 사용하는 기업과 부채를 사용하지 않는 기업에 대한 설명 중 적절하지 않은 것은? (단, 두 기업의 영업이익은 매년 동일하다.)

① 부채를 사용하는 기업과 부채를 사용하지 않는 기업의 가치는 동일하다.
② 부채를 사용하는 기업의 가치는 부채를 사용하지 않는 기업의 가치보다 크다.
③ 부채를 사용하는 기업의 가중평균자본비용은 부채비율과 무관하게 일정하다.
④ 부채를 사용하는 기업의 자기자본비용은 부채비율에 비례하여 증가한다.

03 (★★) MM의 자본구조이론에서 법인세가 존재하는 경우 부채를 사용하는 기업과 부채를 사용하지 않는 기업에 대한 설명 중 적절하지 않은 것은? (단, 두 기업의 영업이익은 매년 동일하다.)

① 부채를 사용하는 기업의 타인자본비용은 부채비율과 무관하게 일정하다.
② 부채를 사용하는 기업의 가치는 부채를 사용하지 않는 기업의 가치보다 크다.
③ 부채비율이 높을수록 가중평균자본비용은 감소한다.
④ 부채비율에 무관하게 자기자본비용은 일정하다.

04 (★) 기업가치가 200억원인 무부채기업과 동일한 영업이익을 가진 기업이 부채를 조달하려 한다. 기대파산비용의 현재가치가 아래와 같이 주어질 경우, 기업가치를 최대화할 수 있는 부채조달 규모를 고르면? 법인세율은 40%이다.

	부채조달액	기대파산비용의 현재가치
①	40억원	10억원
②	60억원	13억원

③	70억원	30억원
④	80억원	60억원

05 (★★★) 경영자와 투자자간 정보비대칭이 존재하는 경우 경영자는 자본조달수단에서 (㉠)을(를) (㉡)보다 선호한다. (   )안에 들어갈 내용으로 옳은 것은?

	㉠	㉡
①	부채	신주발행
②	신주발행	유보이익
③	부채	유보이익
④	신주발행	부채

06 (★) MM이론에 관한 설명으로 옳지 않은 것은?

① 부채비율이 높은 기업은 높은 영업위험을 부담한다.
② 법인세가 있는 세계에서 부채비율이 100%일 때가 최적자본구조가 달성된다.
③ 부채비율이 낮은 기업은 재무레버리지효과가 낮다.
④ 법인세가 없는 세계에서 부채비율과 기업가치는 무관하다.

07 (★★) 북악기업의 부채는 1,000만 원, 이자율은 10%, 법인세율은 20%이다. 북악기업의 이자비용이 가져오는 이자세금방패(interest tax shield)의 현재가치는?

① 20만 원　　② 80만 원
③ 100만 원　　④ 200만 원

08 MM의 모든 가정이 충족되고 CAPM이 성립하는 세계에서 기업 U와 L은 자본구조를 제외하고 매년 동일한 영업이익을 영구히 창출한다. 기업 U는 부채를 사용하지 않고 자기자본만으로 운영하는 기업으로 자산의 총시장가치는 20억 원, 자본비용은 20%, 베타는 1.5이다. 기업 L은 10억 원의 부채를 사용하며, 이자율은 10%, 부채의 베타는 0.5이다.

(1) (★★) 기업 L의 자기자본은 얼마인가?

① 10억 원　　② 20억 원
③ 30억 원　　④ 40억 원

(2) (★) 기업 U의 영업이익은?

① 1억　　② 4억

③ 5억 ④ 10억

(3) (★★) 기업 L의 자기자본비용은?

① 10% ② 20%

③ 30% ④ 40%

(4) (★) 기업 L의 가중평균자본비용(WACC)은?

① 10% ② 20%

③ 30% ④ 40%

(5) (★★) 기업 L의 자기자본의 베타는?

① 1 ② 1.5

③ 2 ④ 2.5

(6) (★★) 기업 U의 주식의 위험프리미엄은?

① 5% ② 10%

③ 15% ④ 20%

09 (★★) 다음은 금년도의 백두산업과 한라산업에 대한 정보이다. 내년도 영업이익은 경기가 호황이면 금년 대비 각각 10% 증가하며, 불황이면 금년 대비 10% 감소한다. 호황과 불황이 발생할 확률이 각각 50%일 때 각 상황에서 두 기업의 주당순이익과 자기자본이익률을 계산하고, 어느 기업의 이익의 변동성이 높은지 설명하시오.

기업	백두	한라
영업이익(원)	600억	600억
부채(원)	2,000억	4,000억
자기자본(원)	4,000억	2,000억
발행주식수(주)	8,000만	4,000만
타인자본비용(%)	10	10

10 MM의 자본구조이론이 성립하고, 법인세가 존재하는 자본시장에서 기업 U과 기업 L이 있다. 무부채 기업으로 자기자본으로만 자금을 조달하는 기업 U의 영업이익(EBIT)은 1,000억원이며, 주주가 요구하는 수익률은 20%이다. 부채와 자기자본으로 자금을 조달하는 기업 L의 영업이익은 1,000억원으로 기업 U와 동일하며, 연 15%의 이자율로 2,500억원의 부채를 영구히 사용할 예정이다. 법인세율은 20%이고 두 기업의 영업이익은 이후에도 매년 영구히 지속한다.

(1) (★★) 기업 U와 L의 가치를 구하시오.

(2) (★★) 기업 L의 자기자본비용을 구하시오.

(3) (★★) 기업 L의 가중평균자본비용을 구하시오.

11 MM의 자본구조이론이 성립하고, 법인세가 존재하지 않는 자본시장에 기업 U와 기업 L이 있다. 무부채기업으로 자기자본으로만 자금을 조달하는 기업 U의 영업이익(EBIT)은 500억원이며, 자기자본비용은 10%, 베타는 1.5이다. 자기자본과 타인자본으로 자금을 조달하려는 기업 L의 영업이익 역시 500억원으로 기업 U와 동일하며. 두 기업의 영업이익은 매년 영구히 동일하게 지속될 것으로 예측된다.

(1) (★) 기업 U의 가치를 구하시오.

(2) (★★★) 기업 L이 3,000억원의 타인자본을 5% 이자율의 무위험부채로 조달할 때 기업 L의 가치와 가중평균자본비용, 자기자본의 베타를 구하시오.

12 MM의 자본구조이론이 성립하고, 법인세가 존재하는 자본시장을 가정하자. 기업 L의 부채비율(=타인자본/자기자본)은 3이며 가중평균자본비용은 20%, 그리고 세전 타인자본비용은 15%이다. 법인세율이 20%일 때 다음 물음에 답하시오.

(1) (★★) 기업 L의 자기자본비용을 구하시오.

(2) (★★) 기업 L과 영업이익이 동일하지만 부채를 사용하지 않는 기업 U의 자기자본비용을 구하시오.

(3) (★★) 기업 L의 영업이익이 500억원일 때, 기업 L과 영업이익이 동일하며 부채를 사용하지 않는 기업 U의 가치를 구하시오.

13 (★★) MM의 자본구조이론에서 법인세가 존재하지 않는 경우, 위험부채를 사용하는 기업에 대한 설명 중 적절한 것은? (단, 영업이익은 매년 동일하다.)

① 자산의 기대수익률은 부채비율에 비례하여 증가한다.

② 부채의 기대수익률은 부채비율이 일정수준을 넘어서면 증가한다.

③ 자기자본 기대수익률은 부채비율 증가에 따라 선형적으로 상승하다 일정수준을 넘어서면 그 상승률이 증가한다.

④ 기업가치는 부채비율에 비례하여 증가한다.

14 (★) 부채비율(= 타인자본/자기자본)이 0인 기업 U와 부채비율이 100%인 기업 L의 영업이익은 동일하다. 어떤 투자자가 기업 L주식을 10% 매입했을 때, 이 투자자와 동일한 투자수익을 창출하는 홈메이드 레버리지 전략을 수립하시오.

11 연습문제 정답 및 해설

Exercise

02 ②

모딜리아니와 밀러는 완전시장에서의 어떤 자본구조를 선택하더라도 기업가치에는 영향을 주지 않음을 보였다. 완전자본시장에서 MM이론에서는 기업의 가중평균자본비용은 부채비율과 관계없이 일정하고, 제2명제에 의해 자기자본비용은 부채비율의 증가함수이다.

03 ④

제2명제에 따르면 부채비율의 상승은 자기자본비용의 증가로 이어진다.

04 ②

파산비용을 고려한 기업가치

=무부채기업 가치+이자세금방패의 현가−기대파산비용의 현가

이 기업가치를 극대화하는 부채조달액과 기대파산비용 현가의 조합은 60억원과 13억원이다.

05 ①

정보비대칭이 존재할 경우 경영자는 내부유보자금, 부채발행, 주식발행의 순서로 자본조달은 선호한다.

06 ①

MM이론에서 두 기업의 부채비율이 다르더라도 영업위험은 동일하다고 가정한다.

07 ④

$$PV(ITS) = \frac{T_C \times (r_D \times D)}{r_D} = T_C \times D = 0.2 \times 1{,}000\text{만원} = 200\text{만원}$$

08 (1) ①

완전자본시장에서 기업 U와 기업 L의 가치는 동일하므로 기업 L의 가치는 20억원이며 자기자본=자산가치−타인자본=10억원

(2) ②

기업 U의 가치=영업이익/0.2=20억 ⇒ 영업이익=4억

(3) ③

$$k_e = 20\% + (20\% - 10\%) \times \frac{10}{10} = 30\%$$

(4) ②

기업 L의 자본비용은 기업 U와 같아야 한다.

(5) ④

$$\beta_E = \beta_A + \frac{D}{E}(\beta_A - \beta_D) = 1.5 + \frac{10}{10}(1.5 - 0.5) = 2.5$$

(6) ③

CAPM이 성립하므로 $r_U = r_f + (r_m - r_f)1.5 = 0.2$, $r_D = r_f + (r_m - r_f)0.5 = 0.1$

$\Rightarrow$ $r_f = 0.05(5\%)$, $r_m = 0.15(15\%)$

09

기업	백두		한라	
	호황	불황	호황	불황
영업이익(원)	660억	540억	660억	540억
이자비용(원)	200억	200억	400억	400억
순이익(원)	460억	340억	260억	140억
주당순이익(원) (순이익/발행주식수)	575	425	650	350
자기자본이익률 (순이익/자기자본)	11.5	8.5	13	7

백두산업의 주당순이익의 변동성: 575－425＝150

한라산업의 주당순이익의 변동성: 650－350＝300

백두산업의 ROE의 변동성: 11.5－8.5＝3

한라산업의 ROE의 변동성: 13－7＝6

주당순이익의 변동성과 ROE의 변동성으로 볼 때 한라산업이 백두산업의 2배이다. 백두산업과 한라산업의 총자본의 크기는 6,000억으로 동일하지만, 한라산업의 부채비율(4,000억/2,000억＝2)이 백두산업의 부채비율(2,000억/4,000억＝0.5)의 4배로 레버리지가 높기 때문이다.

10

(1) 기업 U의 가치: 영업이익(EBIT)(1－법인세율)/자기자본비용

＝1,000억(1－0.2)/0.2＝4,000억

기업 L의 가치: 기업 U의 가치＋이자세금방패효과

＝4,000억＋2,500억×0.2＝4,500억

기업 L의 자기자본가치＝기업 전체가치－타인자본 시장가치

＝4,500억－2,500억＝2,000억

(2) $r_E = r_U + (r_U - r_D)\frac{D}{E}(1-T)$

$$= 0.2 + (0.2 - 0.15) \times \frac{2,500}{2,000} \times (1 - 0.2) = 0.25 \text{ 또는 } 25\%$$

(3) $r_A = \frac{D}{D+E} r_D (1-T) + \frac{E}{D+E} r_E$

$$= \frac{2,500}{4,500} \times 0.15 \times (1-0.2) + \frac{2,000}{4,500} \times 0.25 = 0.178 \text{ 또는 } 17.8\%$$

11 (1) 기업 U의 가치: 영업이익(EBIT)/자기자본비용 = 500억/0.1 = 5,000억

(2) 기업 L의 가치 = 기업 U의 가치 = 5,000억원

자기자본비용: $r_E = 0.1 + (0.1 - 0.05) \times \frac{3,000}{(5,000-3,000)} = 17.50\%$

가중평균자본비용: $r_A = \frac{D}{D+E} r_D + \frac{E}{D+E} r_E$

$$= \frac{3,000}{5,000} \times 0.05 + \frac{2,000}{5,000} \times 0.175 = 0.1 \text{ 또는 } 10\%$$

자기자본 베타: $\beta_E = \beta_U + \frac{D}{E}(\beta_U - \beta_D) = 1.5 + \frac{3,000}{2,000}(1.5-0) = 3.75$

12 (1) $r_A = \frac{D}{(D+E)} r_D (1-T) + \frac{E}{(D+E)} r_E \Rightarrow 0.2 = \frac{3}{4} \times 0.15 \times (1-0.2) + \frac{1}{4} r_E$

$\therefore$ $r_E = 0.44$ 또는 44%

(2) $r_E = r_U + (r_U - r_D)\frac{D}{E}(1-T) \Rightarrow 0.44 = r_U + (r_U - 0.15) \times 3 \times (1-0.2)$

$\therefore$ $r_U = 0.2352$ 또는 23.52%

(3) $V_U = \frac{500}{r_U} = \frac{500}{0.2352} = 2,126$

13 ②

14 기업 L의 주식을 10% 매입하는 것과 동일한 투자수익을 창출하는 홈메이드 레버리지 전략은 기업 U의 주식을 10% 매입하고 L의 부채 10%를 차입하는 것이다. 두 전략을 비교하면 다음 표와 같다.

투자전략		투자금액	수익
①	기업 L의 주식을 10% 매입	$0.1 \times E_L = 0.1 \times (V_L - D_L)$	0.1×(영업이익 − 이자)
	$0.1 \times D_L$를 차입	$-0.1 \times D_L$	−0.1×이자
	기업 U의 주식을 10% 매입	$0.1 \times V_U$	0.1×영업이익
②	합계	$0.1 \times (V_U - D_L)$	0.1×(영업이익 − 이자)

제12장

배당정책과 기업가치

1. 주주환원정책에 대한 이해
2. 배당정책의 특징
3. 완전자본시장에서의 배당정책
4. MM의 배당무관련 명제와 관련된 몇 가지 이슈
5. 세금과 배당정책
6. 신호로서 배당

Financial Management

CHAPTER 12

배당정책과 기업가치

기업이 이익의 일부 또는 전부를 주주들에게 지급하는 정책을 주주환원정책 또는 대표적인 주주환원 방법인 배당을 지칭하여 배당정책이라 한다. 여기에는 배당, 자사주 재매입 등 다양한 방식이 존재한다. 이 단원에서는 다양한 주주환원 방식에 대해 살펴보고, 기업가치와의 관계를 살펴본다. 이 단원에서의 질문들은 다음과 같다. 기업 이익을 주주에게 환원하지 않고 사내 보유하는 것과 주주에게 환원하는 것 중 어떤 것이 기업가치에 더 도움이 되나? 주주에게 환원을 한다면 배당을 지급하는 방식과 자사주를 재매입하는 방식 중에서는 어떤 것이 더 선호되는가? 배당을 한다면 얼마나 해야 하는가? 이러한 질문들에 대한 해답을 찾기 위해 먼저 배당의 종류와 지급절차에 대해 살펴보고, 이어 완전자본시장에서 배당정책과 기업가치의 관계에 대해 설명하는 모딜리아니와 밀러의 이론에 대해 공부한다. 뒷부분에서는 세금이 배당정책에 미치는 영향에 대해 생각해본다.

1. 주주환원정책에 대한 이해

주주환원은 기업이 주주에게 이익의 일부 또는 전부를 환원하는 것을 말하며, 주주의 투자수익 뿐만 아니라 기업의 자기자본비용을 결정하는 중요한 요소이다. 주주환원 방식으로 배당과 자사주 재매입으로 구분할 수 있고, 배당은 현금 배당, 주식 배당, 주식 분할로 구분할 수 있다.

기업은 주주의 몫인 순이익을 전액 혹은 일부 환원한 후 사내에 유보하여 재투자해야 하기 때문에 주주환원을 어떠한 형태로, 언제, 얼마나 지급해야 할지에 대한 의사결정을 해야 한다. 이를 통칭하여 주주환원정책이라 하기도 하고, 배당이 주주환원의 가장 대표적 형태이어서 배당정책(dividend policy)이라 하기도 한다.

배당은 채권자의 부를 주주에게 전이할 수 있다는 점에서 채권자에게는 불리한 회사정책이다. 극단적으로 경영자가 기업의 모든 자산을 매각하여 현금 배당을 지급하는 경우 채권자의 부 전부가 주주에게 이전된다. 이러한 이유 때문에 채권자는 본인들의 부를 지키기 위해 채권약관서(bond covenants)에 배당 지급 제한을 넣기도 한다. 상법에서는 기업이 배당으로 인해 지급불능 상태에 빠지지 않도록 배당가능이익 한도 내에서 배당이 지급되도록 규정하고 있다.

1.1 배당의 유형

현금 배당

현금 배당(cash dividend)은 기업이 주주에게 이익의 일부 또는 전부를 현금으로 지급하는 것을 말한다. 보통 현금 배당은 월별, 분기별, 반기별, 연별과 같은 정기 배당의 형태로 지급된다. 그러나 일시적 이익 증가분을 주주에게 배당할 경우 특별배당 혹은 추가배당의 형태로 지급되기도 한다.

주식 배당

주식 배당(stock dividend)은 배당을 주식으로 지급하는 것을 말한다. 현금 배당과 달리 기업 내부의 현금이 유출되는 것이 아니고 주주에게 보유 주식에 비례해 추가로 주식을 발행하는 것이기 때문에 주주의 부에는 영향을 미치지 않는다.

주식 분할

주식 분할(stock split)은 주식의 수를 나누는 것으로 액면 분할이라고도 한다. 주식 분할은 주식 배당과 유사하다. 예를 들어 2대 1의 주식 분할은 100%의 주식 배당과 동일하다. 두 방식 모두 실행 시 결과적으로 발행주식수가 두 배로 증가하지만, 주식 가격은 절반으로 떨어져서 주주의 부에는 영향을 미치지 못한다.

원칙적으로 주식 배당 혹은 주식 분할로 기업의 가치가 변경되지 않기 때문에 서류상의 거래행위 혹은 외형상의 변화를 뜻하는 코즈메틱 체인지(cosmetic change)라고 불린다. 따라서 2대 1 주식 분할의 경우 주식 가격은 정확하게 절반으로 떨어질 것으로 예상할 수 있다. 그러나 주식 분할 공시 이후 몇 가지 이유로 회사의 가치가 올라가는 경향이 있다. 예를 들어, 투자자들은 주식 분할 공시를 회사의 미래 성장의 긍정적 전망에 대한 신호(signal)로 해석한다. 또한 주식 분할로 주가가 낮아져 유동성이 증가하는 것도 주가에 긍정적 요인으로 작용한다.

1.2 자사주 재매입

자사주 재매입(stock repurchase)은 기업이 주주로부터 회사 주식을 다시 매입하는 것으로 발행주식수를 줄이고 유통 주식의 가격을 높이는 효과를 가진다. 자사주 재매입은 회사가 가진 여유자금을 현금의 형태로 주주에게 지급하는 것이 아니라 주주에게 매각한 주식을 다시 매입하는 것이다. 기업이 현금 배당에 지급할 자금으로 자사주를 매입하면 지급의 방식만 다를 뿐 결국 기업이 지급하는 현금의 총량은 동일하다. 따라서 자사주 재매입은 현금 배당의 또 다른 형태로 주주들에게 배당 지급과 동일한 효과를 제공한다.

자사주 재매입의 방식은 크게 다음과 같이 구분된다. 첫째, 공개매수 재매입(tender offer repurchase)은 기업이 일정 금액의 주식을 모든 주주로부터 매입하겠다고 공시하거나 혹은 일부주주에게 일정 가격으로 특정 기간까지 매입하겠다고 공시하여 희망자로부터 청약을 받아 매입한다. 둘째, 공개시장 재매입(open market repurchase)은 공개시장에서 일정 수량의 주식을 일정 기간 동안 점차적으로 매입하는 방식이다. 마지막으로, 직접 혹은 사적 재매입(direct or private repurchase)은 기업이 개별 대주주와의 직접 협상을 통해 블록딜(block deal)의 형태로 자사주를 매입하는 방식이다.

1.3 배당 지급절차

우리나라에서 배당은 매 사업연도의 결산 후 주주총회의 의결을 거쳐 지급되는 결산 배당이 있고, 정관의 규정과 이사회의 의결이 있는 경우 사업연도 중에 지급하는 중간 배당이 있다. 배당금의 지급은 주주총회의 의결이나 이사회의 의결이 있은 후 1개월(분기 배당의 경우 20일) 이내에 지급하도록 상법에 규정되어 있다. 일반적으로 주주총회는 사업연도 경과 후 적어도 2개월이 지나야 개최되기 때문에 배당을 받을 수 있는 주주의 자격을 결정하는 배당기준일과 실제로 배당이 지급되는 배당 지급일과는 상당한 시간적 격차가 존재한다.

- 배당기준일(record date): 사업연도 마지막 날로 배당을 받을 권리를 갖는 주주를 확정하기 위한 기준일로 주주명부 폐쇄일을 의미한다. 12월 말 결산법인의 경우 당해 사업연도의 마지막 날인 12월 31일이 배당기준일이다.

표 12-1 배당기준일과 배당락일 예시

	일	월	화	수	목	금	토
12월	25	26	27	28	29	30	31
사례 1) 12월 결산배당			배당금을 받을 수 있는 마지막 거래일	배당락일	증시 마지막거래일	증시휴장일	배당기준일 (증시휴장일)
12월	23	24	25	26	27	28	29
사례 2) 12월 결산배당				배당금을 받을 수 있는 마지막 거래일	배당락일	증시 마지막 거래일	증시휴장일 (증시휴장일)
	30	31					
	증시휴장일	배당기준일 (증시휴장일)					
6월	25	27	28	29	30		
사례 3) 6월 중간배당			배당금을 받을 수 있는 마지막 거래일	배당락일	배당기준일		

- 배당락일(ex-dividend date): 배당금을 지급받을 권리가 상실되는 첫 거래일이다. 주식 거래일과 결제일 사이에는 2영업일이 소요되기 때문에 배당기준일에 주주로 등재되기 위해서는 배당기준일 이전에 결제가 이루어져야 한다. 보통 12월 30일과 31일은 휴장을 하기 때문에 12월 29일이 마지막 거래일이라고 하면 배당을 받기 위해서는 12월 27일까지 매수를 해야 29일에 결제가 이루어져야 주주명부에 등재될 수 있다. 따라서 12월 28일에 매수하면 배당을 받을 권리가 없어지기 때문에 배당락일이 된다. 배당락일에 주식을 매수하면 배당금을 받을 권리를 상실하기 때문에 통상적으로 배당락일에는 주가가 배당금액만큼 하락한다.
- 배당발표일(announcement date): 배당에 관한 구체적인 내용이 공시되는 날이다. 배당공시는 이사회 결의일이나 주주총회일에 이루어진다.
- 배당 지급일(payment date): 주주에게 실제 배당이 지급되는 날이다. 배당 지급일은 배당공시일로부터 1개월 이내이다.

2. 배당정책의 특징

기업의 배당정책은 순이익을 배당금과 내부유보금으로 배분하는 의사결정이다. 주주의 몫인 순이익은 전액 혹은 일부 배당 후 사내에 유보할 수 있다. 채권자에 대한 이자지급은 채무계약시 지급액과 지급시기가 미리 결정된다. 만약 이자지급을 하지 못할 경우에는 법적으로 지급불능(default)에 빠진다. 그러나 배당은 주주에게 지급하지 않아도 되고, 지급하더라도 배당률이 정해져 있는 게 아니기 때문에 경영자의 의사결정이 필요하다.

린트너 모형[1)]

기업은 순이익의 규모에 따라 배당 지급 규모를 변경할 수 있다. 그러나 대부분의 기업들은 이익이 급격하게 변동하더라도 배당의 규모는 일정한 수준을 유지하는 경향을 가지고

1) Lintner, J., 1956, "Distribution of Incomes of Corporations among Dividends, Retained Earnings, and Taxes," American Economic Review 46(2), 97-113.

있다. 존 린트너(John Linter)는 배당정책에 관한 실증연구를 통해 다음과 같은 사실을 발견하였다.

첫째, 기업은 장기적으로 목표 배당성향을 설정하여 이익의 일정 부분을 배당으로 지급하는 경향이 있다. t 시점에서 한 주당 목표배당 D_t^*는 당해년도 주당 순이익(EPS)에 목표배당성향 γ를 곱한 값으로 식 (12−1)과 같다.

$$D_t^* = \gamma EPS_t \tag{12-1}$$

둘째, 경영자는 배당의 절대 수준보다는 배당의 변화에 더 관심을 가진다. $\triangle D_t$는 경영자가 관심을 가지는 배당의 변화분이다.

$$\triangle D_t = \alpha + \beta(D_t^* - D_{t-1}) \tag{12-2}$$

셋째, 당해년도 배당은 올해의 이익과 과거의 배당에 민감하게 영향을 받는다. 식 (12−2)에서 당해년도 배당을 결정짓는 배당의 변화는 올해의 이익 수준과 작년의 배당 수준에 영향을 받는다.

표 12-2 린트너 모형에 따른 주당 순이익과 배당 변화

연도	EPS	D*	$\beta(D_t^* - D_{t-1})$	D
0				3,000원
1	10,000원	5,000원	600원	3,600원
2	20,000원	10,000원	1,920원	5,520원
3	10,000원	5,000원	−126원	5,364원
…	…	…	…	…

그림 12-1 린트너 모형에 따른 주당 순이익과 배당 변화 시계열

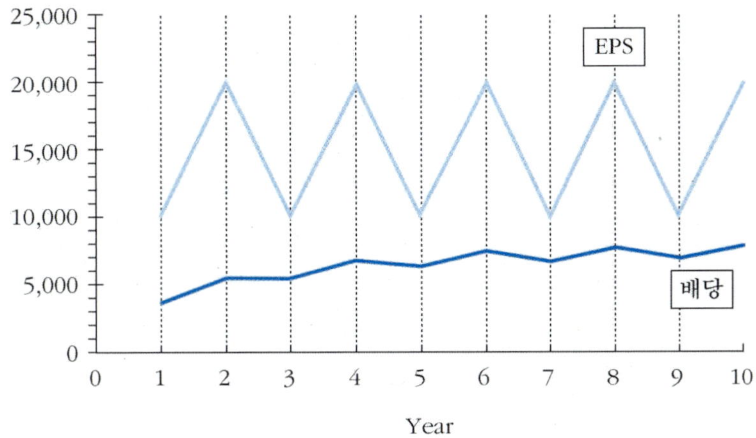

마지막으로, 경영자는 배당을 줄이는 것을 싫어한다. 경영자는 기업 이익의 변화에도 불구하고 되도록이면 배당 안정화(dividend smoothing)를 하고자 한다. 식 (12-2)에서 β는 배당의 안정화를 위한 조정계수이다.

예를 들어 $\alpha=0$, $\beta=0.3$, $\gamma=0.5$이고 0년도 주당배당이 3,000원일 경우, 린트너 모형에 따라 주당 순이익의 변화에 따른 배당은 [표 12-2]와 [그림 12-1]과 같다.

3. 완전자본시장에서의 배당정책[2)]

프랑코 모딜리아니와 머튼 밀러(Franco Modigliani and Merton Miller, 이하 MM)는 기업의 가치는 이익에 의해 결정되며 기업의 이익을 분배하는 배당정책과는 관련이 없다는 배당무관련 이론을 주장하였다. 주어진 투자정책과 자본구조 하에서 배당액의 크기는 기업가치에 영향을 미치지 못한다는 것이다.

2) Miller, M. H., and F. Modigliani, 1961, "Dividend Policy, Growth, and the Valuation of Shares," Journal of Business 34(4), 411-433.

부채가 없는 기업이 투자 의사결정이나 차입 의사결정을 변경하지 않으면서 배당을 증대시키려 한다고 가정해보자. 배당 증가를 위해서는 추가적인 배당을 위한 현금이 어디에선가 와야 한다. 투자 의사결정과 차입 의사결정이 주어진 상황에서 추가 현금 조달방법으로 기업의 자산 일부를 매각하여 현금 배당을 지급하는 방법을 생각해 볼 수 있다. 이러한 상황에서 신규 주주는 기업의 주식 가격이 본질가치보다 낮아야 주식을 매입하려고 할 것이다. 즉, 주식 가격이 기존 주주에게 지급된 배당금만큼 하락하여야 한다.

주식의 할인 발행으로 기존 주주에게는 자본손실이 발생하지만 이러한 자본손실은 지급받는 배당에 의해 정확하게 상쇄되기 때문에 기존 주주는 실질적으로 이전과 동일한 부를 유지한다. 기업이 배당을 지급하지 않더라도 기존 주주는 일부 주식을 매각하여 현금화함으로써 배당을 지급받는 것과 동일한 효과를 창출할 수 있다.

따라서 기업의 배당 지급액과 상관없이 주주들은 원하는 만큼의 배당을 주식매각과 매입을 통해 스스로 만들 수 있는데 이를 자가배당(homemade dividend)이라고 한다. 자가배당이 가능하면 주주들은 주식을 현금으로 바꾸기 위한 수단으로 배당이 필요하지 않기 때문에 고배당 기업에 대해 더 높은 가격을 지불하려고 하지 않는다. 따라서 투자 의사결정과 자본구조가 주어진 상황에서 배당정책은 기업가치에 영향을 미치지 못한다.

위의 논리에 따르면 배당과 같은 주주환원정책을 펼치든 현금을 사내에 유보하든 기업가치에는 영향을 미치지 못한다. 주주는 환원받은 금액으로 주식을 매수하거나 환원받지 못했지만, 주식을 매도하는 방법을 통해 자신이 원하는 배당정책을 행하는 기업의 가치와 동일한 가치를 얻을 수 있기 때문이다. 이는 배당을 할 것이지 자사주 재매입을 할 것인지에 대해서도 동일하게 적용된다. 기업이 배당 대신 자사주 재매입을 했다고 하더라도 주식 가격이 올라가기 때문에 투자자는 배당만큼의 주식을 매도하여 배당받은 것과 동일한 포트폴리오를 스스로 창출할 수 있다.

배당이 기업가치에 미치는 영향을 식으로 정리하면 다음과 같다. d는 주당 배당금, N은 발행주식수이다. 배당을 증대하기 위해 기업은 신규 주식을 m주 추가 발행하였다.

$$P_{before} = d + P_{after} \tag{12–3}$$

식 (12－3)에 발행주식수 N을 양변에 곱하면 다음과 같다.

$$N \times P_{before} = N \times d + N * P_{after} \tag{12–4}$$

신규 주식 발행 후의 기업가치(V_{after})는 $(N+m) * P_{after}$이므로, 식 (12−4)를 다시 정리하면 다음과 같다.

$$V_{before} = D + V_{after} - mP_{after} \qquad (12\text{–}5)$$

자본의 원천은 자본의 사용과 같아야 하기 때문에 다음과 같이 쓸 수 있다.

$$Earnings + mP_{after} = D + Investments \qquad (12\text{–}6)$$

식 (12−6)을 이용해 식 (12−5)를 다시 정리하면 다음과 같다.

$$V_{before} = D + V_{after} - (D + Investments - Earnings) \qquad (12\text{–}7)$$

식 (12−7)을 다시 정리하면 다음과 같다.

$$V_{after} = V_{before} + Investments - Earnings \qquad (12\text{–}8)$$

만약 투자 의사결정이 주어진 상황에서 기업이 배당을 증가시키려면 식 (12−6)에서 보는 것처럼 배당 증가액과 동일한 금액만큼 주식을 발행해야 한다. 식 (12−5)에서 증가된 배당 D은 mP_{after}와 정확하게 상쇄되기 때문에 배당 이후 기업의 가치(V_{after})는 배당에 영향을 받지 않는다.

따라서 기업의 가치는 주어진 투자 의사결정에서 배당정책과 무관하다. 기업의 가치는 오로지 투자 의사결정에 의해 결정되며, 기업의 이익은 과거 투자 의사결정의 결과물이다.

MM의 배당무관련 명제: 완전자본시장에서 기업가치는 투자 의사결정이 주어진 상황에서는 배당 의사결정과는 무관하다.

예제 1 완전자본시장에서 자기자본만으로 자본을 조달한 소백기업은 현재 순현재가치(NPV, net present value)가 200만원인 투자기회를 가지고 있으며, 발행주식수는 1,000주이다. 시장가치로 환산한 재무상태표는 다음과 같다.

현금(100만원은 투자를 위해 보유 중)	₩1,000,000	부채	₩0
고정자산	₩9,000,000	자본	₩12,000,000
투자기회의 순현재가치(100만원을 투자하여 함)	₩2,000,000		
총자산가치	₩12,000,000	총 기업가치	₩12,000,000

소백기업은 현금을 사용하여 주당 1,000원의 배당을 지급하기로 결정하였다. 보유현금 100만원은 투자를 위한 재원으로 사용해야 하기 때문에 기업은 주식발행을 통해 배당 재원을 조달하였다.

(1) 배당 지급, 신주 발행, 그리고 투자 실행 이후의 재무상태표를 구성해보라. 기존 주주의 주식가치는 어떻게 되었는가?

(2) 만약 신주가 적정 가격에 팔린다면 신주의 가격은 얼마인가? 또한 몇 주가 발행되어야 하나?

해설 (1) 소백기업의 투자 의사결정과 차입 의사결정은 배당 지급과 무관하기 때문에 기업의 가치는 1,200만원으로 변하지 않는다. 배당 지급으로 인해 자본의 시장가치는 1,100만원으로 줄어들지만 신규 발행을 통해 100만원을 추가로 조달할 수 있다.

현금	₩0	부채	₩0
고정자산	₩9,000,000	자본	₩12,000,000
투자안	₩3,000,000		
총자산가치	₩12,000,000	총 기업가치	₩12,000,000

기존 주주의 주식가치 = 12,000,000 - 1,000,000 = 11,000,000원

그렇지만 기존 주주는 1,000,000원의 배당을 받기 때문에 기존주주의 자산가치는 총 12,000,000원이다.

(2) 배당 이전 주식 가격: 12,000,000원/1,000주 = 12,000원

배당 이후 기존 주식의 가치는 11,000,000원이므로, 한주당 11,000원

신주 가격도 11,000원이어야 한다. 기업은 91주의 신규를 발행할 수 있다. (1,000,000원/11,000원). 신규 발행 이후 기업가치는 11,000원 * 1,091주 = 12,000,000원

위의 예제는 기업의 현금 보유 여부가 배당 결정에 따른 기업가치에 전혀 영향을 주지 않음을 보여준다. 현금 보유량이 부족하여 주식을 발행하여 재원을 마련한 후에 배당을 하는 것이나 현금 보유량이 충분하여 그 중에 일부를 배당하는 것이나 기업가치가 변하지 않

는 것은 동일하게 성립한다.

4. MM의 배당무관련 명제와 관련된 몇 가지 이슈

MM의 배당무관련 명제는 현금흐름할인모형(DCF model, discount cash flow model)과 일치한다.

다음의 두 주장이 서로 상반되는가?

- 배당정책은 기업가치와 무관하다.
- DCF모형에 의해 주식 가격은 미래 기대 배당의 현재가치이다.

다음의 예제 2는 두 주장이 서로 상반되지 않고 완벽하게 일관성을 가진다는 것을 보여준다.

예제 2 치악물산의 올해 말 주당 순이익과 주당 배당금은 각각 4,000원, 2,000원으로 예상된다. 투자자들은 치악물산이 매년 8%의 성장률로 영구히 성장할 것으로 예상한다. 투자자들이 요구하는 기대수익률은 12%이다. 향후 치악물산은 배당성향을 100%로 변경하고, 투자에 소요되는 자금은 주식발행을 통해 조달할 예정이라고 공시했다. 영구성장모형을 이용하여 배당정책 변경 공시 이후에도 주가가 변하지 않음을 보여라. 치악물산은 자기자본만으로 자본조달을 하는 기업이다.

해설

- 원래 배당정책에서의 주식 가격:

현재 주가:

$$P_0 = \frac{2,000}{0.12 - 0.08} = 50,000$$

1년 후의 주가: $P_1 = 50,000(1+0.08) = 54,000$

1년 후 기업 B의 총가치: 54,000×N

(N은 총발행주식수)

- 변경된 배당정책 하에서의 주식 가격:

  P_0^*: 현재 주식 가격, P_1^*: 1년 후 주식 가격, g^*: 예상 성장률

  올해 말 배당은 4,000원으로 상승할 것이다.

  t = 1

  유보이익의 손실을 보충하기 위해 기업은 m주의 신주를 발행해 주당 2,000원 (총 2,000원×N)을 추가 조달해야 한다. ⇒ $2{,}000 \times N = m \times P_1^*$

  기업의 총가치는 변하기 않기 때문에 다음과 같다.

  $$54{,}000 \times N = (N + m) \times P_1^*$$

  두 식을 풀면 1년 후의 주식 가격은 다음과 같다.

  $$P_1^* = 52{,}000$$

  t = 0

  $$52{,}000 = P_0^*(1 + g^*)$$

  $$P_0^* = \frac{4{,}000}{0.12 - g^*}$$

  두 식을 풀면 다음과 같다.

  P_0^*: 50,000, g^*: 4%

  주식 가격은 배당정책을 변경하더라도 변하지 않는다!

MM의 주장은 기업의 위험을 무시하지 않는다.

수중에 확보한 배당이 미래의 자본차익보다 더 가치가 있는가? 어떤 이들은 오늘 받은 배당은 확실하고, 미래에 받게 될 자본차익은 불확실하다고 주장한다. 그러나 이러한 주장은 틀렸다. 투자와 자본구조 의사결정이 일정하다면, 기업의 현금흐름은 배당 의사결정과 무관하게 일정하다. 기업의 위험은 투자와 자본구조 의사결정에 영향을 받기 때문에 주주들이 부담하는 위험 역시 동일하다. 기업의 위험은 배당 의사결정에 영향을 받지 않기 때문이다.

만약 기존 주주가 위험자산을 현금으로 교환함으로 인해 더 부유해진다면, 신규 주주는 더 가난해져야 할 것이다. 그러나 이러한 주장 역시 틀렸다. 신규 주주들은 위험에 상당하는 기대수익률이 없다면 새로 발행되는 주식을 사려고 하지 않을 것이기 때문이다.

MM의 주장은 확실성의 세계를 가정하지 않는다.

- MM은 확실성의 세계뿐만 아니라 불확실성의 세계에서도 성립한다.
- MM은 시장효율성을 가정한다.

5. 세금과 배당정책

배당소득세율이 자본이득세율보다 높다면 배당을 받는 것보다 자사주 재매입을 통한 주가가 상승할 때 투자자 순수입은 더 커진다. 기업은 배당을 하지 말아야 한다. 가용 현금을 내부에 유보해서 재투자하거나 혹은 자사주 재매입에 사용해야 한다. 우리나라는 현재 배당소득세율이 15.4%인 반면 소액주주의 주식양도차익에 대한 자본이득세는 없다. 그리고 앞으로 모든 주주에 대해 자본이득세가 신설될 예정이다. 따라서 현재까지는 배당보다 자사주 재매입이 주주친화적인 주주환원정책이다.

한편 자본이득은 세금 측면에서 또 다른 유리한 점이 있다. 배당에 대한 세금은 즉시 납부하여야 하지만 자본이득세는 이익이 실현될 때까지 이연시킬 수 있다. 즉, 예상되는 자본이득의 실현 시점을 고려한 자본이득세의 현재가치와 배당소득세를 비교해 주주환원정책이 결정되어야 한다.

투자자별 세금 동기

금융기관의 경우 세금 동기는 그렇게 중요하지 않다. 왜냐하면 대부분의 금융기관은 세금을 납부하지 않기 때문이다. 예를 들어 국민연금은 세금 문제로부터 자유롭게 운용할 수 있다. 그러나 기업이 배당을 더 선호할 만한 이유로 세금을 들 수 있다. 한국의 경우 기업의 배당소득세율은 15.4%이지만, 대주주의 상장주식 양도차익에 대한 자본이득세율은 20%로 배당소득세율보다 더 높다.[3)]

결론적으로 배당소득세율이 자본이득세율보다 높다면 자사주 재매입은 현금 배당보다 주주들에게 유리하다. 기업은 자사주 재매입을 통해 주주의 배당 소득을 자본 이득으로 전환하여 투자자에게 세금 부담을 줄이면서 소득을 얻게 만들어 준다.

배당소득세율이 자본이득세율보다 높다면 자사주 재매입은 배당보다 주주들에게 유리하다.

3) 소액주주에게는 자사주 매입이, 대주주에게는 배당이 유리한데, 자사주 재매입보다 배당이 더 많이 선택된다는 것은 우리나라에서는 소액주주보다 대주주가 우선시된다는 증거이다.

6. 신호로서 배당

경영자와 외부 주주 사이에 기업의 이익 전망에 대한 정보비대칭이 존재할 경우 배당은 신호로서 유용한 역할을 한다는 것이 배당신호이론(dividend signaling theory)이다.[4] 배당이 증가할 경우 외부 주주는 경영자가 미래 이익과 현금흐름에 대한 확신을 가지고 있다고 유추할 수 있다. 높은 배당은 경영자의 미래 현금흐름에 대한 신호(signal) 역할을 할 수 있다.

그러나 회사의 내부 현금흐름이 충분하지 못한 기업에게는 높은 배당은 비용이 많이 든다. 왜냐하면 배당을 많이 지급하기 위해 투자를 줄이든지 아니면 부채 발행을 통해 조달된 자금으로 배당을 지급해야 하기 때문이다. 따라서 높은 배당은 미래 현금흐름 전망이 좋은 기업과 그렇지 못한 기업을 구분하는 유용한 신호가 될 수 있다.

배당신호이론은 안정적인 배당을 유지하려는 기업의 성향을 잘 설명할 수 있다. 기업의 배당 수준은 경영자의 미래 이익에 대한 예측에 근거하기 때문에, 지속가능한 성장이 아니라면 배당을 크게 확대하지 않으며 또한 매우 비관적인 경우가 아니라면 배당을 크게 축소하지 않는다. 미국시장을 연구한 한 실증연구에 따르면 배당을 처음으로 지급하기 시작한 기업과 배당을 중단한 기업의 주식수익률 반응은 각각 평균 +3.4%, −7%로 관측되었다.[5]

그러나 배당의 증가는 기업가치에 부정적인 신호 역할을 할 수도 있다. 배당의 증가가 기업의 투자기회가 없다는 것을 외부투자자에게 알려주는 신호일 수도 있다. 즉, 배당의 증가가 시장참여자들에게 부정적인 신호일 수도 있다는 것이다.

기업은 안정적인 배당을 유지하려는 성향이 있기 때문에 배당의 변화는 기업에 대한 중요한 정보를 알려주는 신호로 작용할 수 있다.

4) Bhattacharya, S., 1979, "Imperfect Information, Dividend Policy and the 'Bird in the Hand' Fallacy," Bell Journal of Economics 10(1), 259−270.
Miller, M. H., and K. Rock, 1985, "Dividend Policy under Asymmetric Information," Journal of Finance 40(4), 1031-1051.

5) Michaely, R., R. H. Thaler, and K. L. Womack, 1995, "Price Reactions to Dividend Initiations and Omissions: Overreaction or Drift?" Journal of Finance 50(2), 573−608.

키워드

- 배당정책
- 주주환원정책
- 현금 배당
- 주식 배당
- 주식 분할
- 코즈메틱 체인지
- 자사주 재매입
- 공개시장 재매입
- 공개매수 재매입
- 배당기준일
- 배당락일
- 배당발표일
- 배당 지급일
- 배당무관련 이론
- 완전자본시장
- 자가배당
- 린트너모형
- 배당 안정화
- 목표배당성향
- 배당소득세율
- 자본이득세율
- 배당신호이론

12 연습문제 Exercise

01 (★) 다음 용어를 설명하시오.

(1) 배당정책 (2) 주식배당 (3) 주식분할 (4) 자사주재매입
(5) 배당무관련이론 (6) 배당안정화 (7) 홈메이드배당 (8) 목표 배당성향

02 (★★) 소백산업의 2021년도 주당순이익은 4,000원이며 2022년의 주당순이익은 2021년 대비 25% 상승할 전망이다. 이 기업의 과거 주당순이익과 주당배당금의 자료로부터 린트너 모형을 추정한 결과가 α=500, β=0.2, γ=0.5일 때 소백산업의 2022년의 배당액을 예측하면?

① 600원 ② 1,600원
③ 2,600원 ④ 3,600원

03 (★) 다음 설명 중 옳지 않은 것은?

① 배당소득세율이 자본이득세율보다 높다면 자사주 매입은 현금배당보다 주주들에게 유리하다.
② 배당신호이론에 따르면 배당의 증가는 시장참여자들에게 부정적인 신호 역할을 할 수도 있다.
③ 주식 배당은 주주에게 보유 주식에 비례해서 추가적으로 주식을 발행하므로 주주의 부는 증가한다.
④ 주식 분할은 주식 거래의 유동성을 증가시키는 효과로 주주의 부에 영향을 미칠 수도 있다.

04 (★★) 현금배당과 주식배당의 결과에 대한 공통점이 아닌 것은?

① 주주 부에는 변동이 없다.
② 기존 주주의 지분율의 변동은 없다.
③ 주당 액면금액에 변동이 없다.
④ 발행주식수가 증가한다.

05 태백산업의 주식은 총 100만주가 상장되어 있으며 주당 10,000원에 거래되고 있다. MM의 배당무관련이론에 기초하여 다음 물음에 답하시오.

(1) (★) 만약 연말에 주당 500원의 배당을 지급하려 하고 있다. 배당이 지급되면 주가는 얼마가 될 것인가?

(2) (★★) 올해 순이익이 10억원이고 내년에 20억원의 신규 투자를 계획하고 있다. 투자를 위해 연말에 주당 500원의 배당을 지급한 후 신규로 발행할 주식수는 얼마인가?

06 무등산업은 부채를 사용하지 않는 기업으로 매년 10억원의 현금흐름을 영구히 창출하며, 재투자 금액으로 매년 5억원을 지출할 계획이다. 무등산업의 자본비용은 10%이며 발행주식수는 1억주이다. MM의 배당무관련이론이 성립할 때 다음 물음에 답하시오.

(1) (★★) 무등산업이 재투자에 필요한 자금을 제외한 현금흐름 전액을 내부유보로 적립할 때 연말의 주가와 주식 1주당 주주의 부의 가치를 구하시오.

(2) (★★) 무등산업이 재투자에 필요한 자금을 제외한 현금흐름 전액을 연말에 배당금으로 지급할 예정이다. 연말 시점의 무등산업의 주가, 주당배당금, 주식 1주당 주주의 부의 가치를 구하시오.

07 (★★★) 관악산업의 올해 말 주당순이익 예상치는 10,000원이며 배당성향은 40%이다. 관악산업의 주주가 요구하는 수익률은 10%이며, 배당금은 매년 6%씩 영구히 성장할 것으로 예상된다. 관악산업은 배당정책을 변경하여 배당성향을 60%로 증가시키고, 배당금의 증가로 인한 유보이익의 부족분은 신주발행을 통해 조달할 계획이다. 변경된 배당정책에 따른 배당성장률을 구하시오.

08 (★★) 설악산업은 내년도 순이익을 1억 5,000만원으로 예상하고 있으며, 내년도 투자액을 1억 2,000만원으로 책정하고 있다. 설악산업의 투자에 소요되는 자본의 부채비율은 40%이며, 신주발행은 계획하고 있지 않다. 투자액을 제외한 나머지 금액은 배당으로 지급한다고 할 때 설악산업의 내년도 배당금을 구하시오.

09 (★★★) 매봉상사의 보통주 발행주식총수는 10,000주이고, 자본금총액은 50억원(주당 액면가격은 5,000원)이다. 매봉상사 보통주의 배당 지급일 직전의 주가는 10,000원이다. 매봉상사의 재무담당자가 배당을 지급하는 방안으로 배당률 20%인 방안과 배당수익률 20%인 방안이 주주의 부에 미치는 영향을 설명하시오.

10 (★) 완전자본시장에서 주식배당과 주식분할의 공통점은?

① 주식배당과 주식분할 후 주식의 액면가는 동일하다.

② 주식배당과 주식분할 후에 주당순이익이 증가한다.
③ 주식배당과 주식분할 후에도 주주의 부는 변동하지 않는다.
④ 주식배당과 주식분할 후에 기존 주주의 소유비율이 변동한다.

11 (★★) A기업의 발행한 주식수는 100,000주이며 총 시장가치는 10억원이다. A기업은 2억원으로 주당 2,000원의 배당을 지급하거나 현재 시장가격으로 주식을 재매입할 계획이다. 배당지급과 자사주매입에 따른 주주에게 귀속되는 부의 가치를 비교하시오.

12 (★★) 배당신호이론(dividend signaling theory)을 설명하시오.

13 (★★) 주식시장에 상장된 기업을 임의로 하나 선택하여 그 기업의 최근연도의 배당기준일, 배당락일, 배당발표일, 배당지급일을 확인하시오.(기업의 공시 자료는 금융감독원 전자공시시스템(dart)을 이용할 것)

14 (★) 자사주를 재매입하는 3가지의 방식을 설명하시오.

15 (★★) MM의 배당무관련 명제에 대해 옳지 않은 설명은?
① 현금흐름할인모형과 일치한다.
② 자본구조의사결정은 배당의사결정과 무관하다.
③ 투자의사결정은 배당의사결정과 무관하다.
④ 불확실성이 없고 효율적인 시장을 전제로 한다.

16 (★★) 주주의 부의 관점에서 현금배당과 가장 유사한 효과를 가져오는 것은?
① 주식분할 ② 주식배당
③ 주식병합 ④ 자사주매입

12 연습문제 정답 및 해설

Exercise

02 ③

2021년도 주당배당금=0.5×4,000=2,000원

2022년도 주당배당금=0.5×4,000×(1+0.25)=2,500원

$\Delta D_{2022} = 500 + 0.2 \times (2{,}500 - 2{,}000) = 600$

$D_{2022} = D_{2021} + \Delta D_{2022} = 2{,}000 + 600 = 2{,}600$

03 ③

주식 배당은 주주의 부에 영향을 미치지 않는다.

04 ④

주식배당은 주주에게 보유 주식에 비례해 추가로 주식을 발행하는 것이기 발행주식수가 증가한다.

05 (1) P=10,000−500=9,500원

(2) 배당금으로 필요한 자금이 5억원(=500원×100만주)이고, 신규투자에 20억원이 필요하다. 반면에 순이익은 10억원이므로 필요한 자금은 15억원(=5+20−10)이 된다. 따라서 (1)번에서 구한 배당락 주가가 9,500원이므로 신규로 발행해야 할 주식 수는 157,895주(=1,500,000,000원/9,500원)이다.

06 (1) 기업가치=(현금흐름−재투자금액)/자본비용=(10억−5억)/0.1=50억원

주가=50억원/1억주=50원

주주들의 부의 가치=기업가치+현금=50억+5억=55억

주식 1주당 주주의 부의 가치=55억/1억주=55원

(2) 기업가치=(현금흐름−재투자금액)/자본비용=(10억−5억)/0.1=50억원

주가=50억원/1억주=50원

주당배당금=5억원/1억주=5원

주식 1주당 주주의 부의 가치=주가+주당배당금=55원

07 ○ 배당성향 40%

현재 주가=(10,000×0.4)/(0.1−0.06)=100,000원

1년 후 기업가치: 100,000×(1+0.06)×기존주식수

○ 배당성향을 60%로 변경

배당금은 주당 6,000원으로 4,000원에서 2,000원이 증가하므로, 기업은 신주를 발행해서 주당 2,000원을 조달해야 한다.

즉, 2,000×기존주식수=신주발행주식수×1년 후 주가

기업의 1년 후 총가치는 변동하지 않으므로,

100,000×(1+0.06)×기존주식수=(기존주식수+신주발행주식수)×1년 후 주가

따라서 1년 후 주가=104,000원

104,000=현재 주가×(1+배당성장률)

현재 주가=6,000/(0.1−배당성장률)

배당성장률=4%, 현재주가=100,000원

08 투자액에 대한 부채조달액은 4,800만원(=1억2,000만×0.4)이다. 순이익+부채조달액−투자액=배당금이므로 1억5,000만+4,800만−1억2,000만=7,800만원

09 ① 배당률 20%인 방안

배당률=주당배당금/액면가격

해설 주당배당금=배당률×액면가격=20%×5,000=1,000

배당락주가=10,000−1,000=9,000

주주의 부=(배당락주가+주당배당금)×발행주식수=10,000×10,000=1억원

② 배당수익률 20%인 방안

배당수익률=주당배당금/주가

해설 주당배당금=배당수익률×주가=20%×10,000=2,000

배당락주가=10,000−2,000=8,000

주주의 부=(배당락주가+주당배당금)×발행주식수=10,000×10,000=1억원

10 ③

주식의 액면가는 주식분할 후에 감소하지만 주식배당은 변동하지 않는다.

주식배당과 주식분할 후 주식수가 증가하므로 주당순이익은 감소한다.

주식배당과 주식분할 후에도 기존 주주의 소유비율이 변동하지 않는다.

11 ○ 배당 지급

배당 후 주식의 총 시장가격=10억원−2억원=8억

배당 후 1주당 시장가격=8억/100,000주=8,000원

배당 후 총 주주의 부의 가치=8,000원×100,000주+2억원=10억원

○ 자사주 매입

A기업의 주당 시장가격=10억/100,000주=10,000원

재매입 주식수=2억/10,000원=20,000주

재매입 후 주식의 시장가격=(10억−2억)/(100,000주−20,000주)=10,000원

재매입후 총 주주의 부의 가치 = 2억 + 10,000원 × 8,000주 = 10억원

15 ④

MM의 배당무관련 명제는 시장효율성을 가정하지만, 확실성의 세계뿐만 아니라 불확실성의 세계에서도 성립한다.

16 ④

제13장

부채와 자본예산

1. ‘수정된’ MM 명제와 자본비용

2. 투자프로젝트의 가치평가

3. 부채규모 조정 시점

Financial Management

CHAPTER 13

부채와 자본예산

제4장과 제5장에서 투자프로젝트의 가치를 평가할 때, 투자를 위한 자금은 자기자본만으로 조달한다고 가정하였다. 투자에 필요한 자금의 일부를 부채로 조달하는 경우 투자프로젝트의 가치를 어떻게 평가할 수 있을까? MM 명제를 적용하면 완전시장에서는 기업 또는 투자프로젝트의 가치가 자본구조(자기자본 또는 부채)의 영향을 받지 않는다. 그러므로 비록 투자자금의 일부 또는 전부를 부채로 조달하더라도 마치 모든 투자자금을 자기자본으로 조달하는 것처럼 기업이나 투자프로젝트의 가치를 평가할 수 있다. 그러나 법인세가 존재하는 불완전시장에서는 부채의 사용이 기업이나 투자프로젝트의 가치에 영향을 미치게 된다. 이 단원에서는 법인세를 고려하여 투자프로젝트의 가치를 평가하는 세 가지 방법들, 즉 가중평균자본비용법, 조정현가법, 주주현금흐름법에 대해 설명한다.

1. '수정된' MM 명제와 자본비용

법인세가 존재하는 세계에서 부채를 사용하는 기업(또는 투자프로젝트)의 가치평가는 11장의 '수정된' MM 명제 또는 이를 확장한 상충이론에서 출발한다. 상충이론에서 보듯이, 부채비율의 증가에 따라 기업가치를 증가시키는 법인세와 기업가치를 감소시키는 재무곤경비용 등이 함께 존재하는 경우에는 최적자본구조가 존재할 수 있다. 그러나 이 단원에서는 시장의 불완전성을 초래하는 여러 요소 중 현실적으로 계량화가 가능한 법인세만 고려한다. 시장 불완전성의 요소들 중 법인세만 존재하는 경우에는 투자자금의 100%를 부채로 조달해야 기업(또는 투자프로젝트)의 가치가 극대화된다. 여기서는 기업이 최적자본구조를 선택하는지 여부는 고려하지 않고, 부채정책(debt policy)이 외생적으로 주어진다고 가정한다. 먼저 가치평가의 기초가 되는 '수정된' MM 명제가 의미하는 바를 다시 한 번 정리하자.

1.1 '수정된' MM 명제 I

부채가 없는 기업을 '무부채기업'(unlevered firm), 부채를 사용하는 기업을 '부채기업'(levered firm)이라고 부르기로 한다. 자본구조는 다르지만 영업현금흐름이 동일한 무부채기업 U와 부채기업 L의 시장가치 V_U와 V_L은 다음과 같이 나타낼 수 있다.

$$무부채기업(U):\ V_U = E_U \quad (13-1)$$

$$부채기업(L):\ V_L = E_L + D_L \quad (13-2)$$

E와 D는 각각 자기자본과 부채의 시장가치를 나타낸다.

부채에 대한 이자는 법인세를 계산할 때 비용으로 처리되기 때문에, 법인세가 낮아지는 세금절감효과(이자세금방패)가 발생한다. 따라서 부채로 자금조달을 하면, 자기자본만을 이용한 경우에 비해 이자세금방패의 현재가치만큼 기업가치가 높아진다. 따라서 부채기업의 가치(levered value)는 무부채기업의 가치(unlevered value)에 이자세금방패의 현재가치 S를 더한 값이 된다. 이것이 11장에서 설명한 '수정된' MM 명제 I의 핵심이다.

$$V_L = V_U + S \quad (13-3)$$

1.2 자기자본비용과 무부채자본비용

식 (13－1)과 (13－2)를 이용해 식 (13－3)을 다시 쓰면 다음과 같다.

$$E_L = E_U - D_L + S \quad (13-4)$$

이 식을 포트폴리오 관점에서 해석하면, 부채를 사용하는 기업의 자기자본은 ① 무부채기업 자산(=자기자본)의 매수, ② 부채의 공매도, ③ 이자세금방패의 매수로 구성한 포트폴리오라고 볼 수 있다. 일반적으로, 포트폴리오의 기대수익률은 각 구성 자산의 시장가치가 포트폴리오에서 차지하는 비중을 가중치로 하여 구성 자산들의 기대수익률을 가중평균한 값이다. 따라서 부채기업 자기자본의 기대수익률(r_E)은 무부채기업의 기대수익률(r_U), 부채의 기대수익률(r_D)과 이자세금방패의 기대수익률(r_S)의 가중평균값으로 나타낼 수 있다.

$$r_E = \frac{E_U}{E_L} r_U - \frac{D_L}{E_L} r_D + \frac{S}{E_L} r_S$$

식 (13−4)에서 $E_U = E_L + D_L - S$이므로 위 식의 E_U를 $E_L + D_L - S$로 대체하면 다음 식을 얻게 된다.

$$r_E = r_U + \frac{D_L}{E_L}(r_U - r_D) - \frac{S}{E_L}(r_U - r_S) \qquad (13\text{–}5)$$

포트폴리오의 기대수익률과 마찬가지로, 포트폴리오의 베타(시장위험) 역시 각 구성 자산의 시장가치가 포트폴리오에서 차지하는 비중을 가중치로 하여 구성 자산들의 베타들을 가중평균한 값이다.[1] 따라서 자기자본의 위험(β_E)을 식 (13−5)와 동일한 모양의 식으로 표현할 수 있다.

$$\beta_E = \beta_U \frac{+D_L}{E_L}(\beta_U - \beta_D) - \frac{S}{E_L}(\beta_U - \beta_S)$$

이자세금방패와 기업의 위험이 동일한 경우

부채기업의 가치는 무부채기업의 가치와 이자세금방패의 가치를 합한 값($V_L = V_U + S$)이므로, 부채기업을 무부채기업과 이자세금방패로 구성된 포트폴리오로 볼 수 있다. 일반적으로, 위험(시장위험)이 동일한 두 자산의 포트폴리오는 구성 자산들과 동일한 위험을 가진다.[2] 따라서 부채기업, 무부채기업, 이자세금방패 중 어느 둘이 동일하면 나머지 하나도 동일한 위험을 갖는다. 두 자산의 위험이 동일하면 두 자산의 기대수익률도 동일하므로, 이

1) 이 원리는 베타의 정의로부터 기계적으로 유도되는 베타의 성질로서, CAPM의 성립을 전제하 지는 않다. 9장 참조.

2) 포트폴리오에 포트폴리오와 동일한 위험을 가진 자산을 추가해도 포트폴리오의 위험은 변하지 않는다.

경우에는 부채기업, 무부채기업, 이자세금방패가 모두 동일한 위험, 동일한 기대수익률을 갖게 된다.

따라서 이자세금방패와 기업(부채기업) 전체의 위험이 동일하다는 조건이 충족되면, 이자세금방패와 무부채기업의 위험도 동일하고 이자세금방패의 기대수익률(r_S)과 무부채기업의 기대수익률(r_U)도 동일하다. 이때는 식 (13−5)가 식 (13−6) 또는 식 (13−7)로 간략하게 정리된다.

이자세금방패와 기업의 위험이 동일한 경우:

$$r_E = r_U + \frac{D_L}{E_L}(r_U - r_D) \qquad (13\text{–}6)$$

또는 $$r_U = \frac{E_L}{E_L + D_L} r_E + \frac{D_L}{E_L + D_L} r_D \qquad (13\text{–}7)$$

법인세가 없는 완전시장에서는 $S = 0$이므로 식 (13−6)이 성립한다. 이 경우에는 완전시장에서의 MM 명제 II로 회귀한다. 비록 법인세가 존재하더라도, 이자세금방패와 기업의 위험이 동일하다는 조건이 충족된다면 $r_S = r_U$가 되어 식 (13−6)이 성립한다.

식 (13−6)이 성립하는 대표적인 예로, 기업이 목표부채비율(target leverage ratio)을 갖고 있는 경우를 들 수 있다. 부채비율(debt−equity ratio) 또는 자산 대비 부채비율(debt−to−asset ratio)을 일정하게 유지한다면, 기업가치의 변동에 비례하여 부채규모가 변동한다. 또한 부채의 일정 비율인 이자세금방패 역시 기업가치에 비례하여 변동하므로 이자세금방패와 기업은 동일한 위험을 가진다. 따라서 위에 설명한 바와 같이 이자세금방패와 무부채기업은 동일한 위험, 동일한 기대수익률을 가진다.

기업이 목표부채비율을 유지하는 부채정책을 채택하는 경우, 이자세금방패는 무부채기업과동일한 위험, 동일한 기대수익률을 가진다. 따라서 이자세금방패의 할인율로 무부채기업의 기대수익률(r_U)을 사용한다.

부채규모를 사전에 확실히 아는 경우

미래 현금흐름의 변동과 관계없이 미래의 부채규모(debt capacity)를 가치평가 시점에서 확실히 알 수 있는 경우에는 식 (13−6)이 성립하지 않는다. 예를 들어, 기업이 동일한 금액의 부채를 계속 유지하거나 또는 미리 정한 일정에 따라 부채를 감소시키는 등의 부채정책을 채택하는 경우에는 미래의 부채규모가 미래 현금흐름 또는 기업가치의 변동과 관계없이 확정된다. 그런데 이자세금방패는 부채규모에 비례한다. 부채규모에 불확실성이 없으므로, 이자세금방패는 부채와 동일한 위험을 가진다. 따라서 이자세금방패의 기대수익률(r_S) 역시 부채의 기대수익률(r_D)과 동일하다. 식 (13−5)의 r_S를 r_D로 대체하면, 부채기업 자기자본의 기대수익률과 무부채기업의 기대수익률을 각각 식 (13−8)과 식 (13−9)로 나타낼 수 있다($D_L^{'} \equiv D_L - S$).

미래 부채규모를 사전에 아는 경우:

$$r_E = r_U + \frac{D_L^{'}}{E_L}(r_U - r_D) \tag{13–8}$$

또는 $$r_U = \frac{E_L}{E_L + D_L^{'}} r_E + \frac{D_L^{'}}{E_L + D_L^{'}} r_D \tag{13–9}$$

($D_L^{'} \equiv D_L - S$로 정의)

식 (13−8), 식 (13−9)는 각각 식 (13−6), 식 (13−7)과 형태는 동일하지만, 부채 D_L이 부채에서 이자세금방패의 현재가치 S를 차감한 $D_L^{'}$로 대체되어 있다.

동일한 금액의 부채를 영구적으로 유지하는 영구부채(permanent debt)는 위 예의 특수케이스다. 한계법인세율(marginal corporate tax rate)을 τ_C로 표기하면, 매년 $(D_L r_D)\tau_C$의 이자세금방패가 발생한다. 영구연금의 현재가치 공식에 의해 이자세금방패의 현재가치는 $S = \tau_C D_L$이다. 따라서 $D_L^{'} = D_L - S = D_L(1 - \tau_C)$로 쓸 수 있다.[3)]

---

3) 이 경우, 식 (13−8)은 $r_E = r_U + \frac{D_L}{E_L}(r_U - r_D)(1 - \tau_C)$와 같이 나타낼 수 있다. 이 식은 영구부채(permanent debt)를 가정했을 때 얻게 되는 '수정된' MM 명제 II의 식과 같다.

미래 부채규모를 사전에 아는 경우, 이자세금방패와 부채는 동일한 위험, 동일한 기대수익률을 가진다.

가치평가에서는 부채기업 자기자본의 기대수익률(r_E)과 부채의 기대수익률(r_D)을 각각 자기자본비용(cost of equity 또는 equity cost of capital)과 부채비용(cost of debt 또는 debt cost of capital)이라 부른다. 마찬가지로, 무부채기업의 기대수익률(r_U)은 무부채자본비용(unlevered cost of capital) 또는 무차입자본비용이라 한다.

1.3 부채기업의 가중평균자본비용

세전 가중평균자본비용

세전 가중평균자본비용(세전 WACC, pre-tax weighted average cost of capital)은 기업의 자기자본과 부채를 모두 보유한 투자자들의 요구수익률 또는 기대수익률이다.

$$\text{세전 WACC:} \quad \frac{E_L}{E_L + D_L} r_E + \frac{D_L}{E_L + D_L} r_D \qquad (13\text{–}10)$$

투자자들의 요구수익률은 오직 기업 전체의 위험에 따라 결정된다. 따라서 부채비율이 기업 전체의 위험에 영향을 미치지 않는 한, 부채의 유무가 투자자들의 요구수익률에 영향을 주지 않는다. 그러므로 부채비율이 기업 전체의 위험에 영향을 미치지 않는다면, 세전 WACC과 무부채자본비용(r_U)는 동일하다.[4] 완전시장에서는 부채비율이 기업의 위험에 영향을 미치지 않는다는 조건이 당연히 충족된다. 비록 법인세가 존재하더라도, 목표부채비율을 유지하는 부채정책을 채택할 경우에도 이 조건이 충족된다. 그 이유는 이자세금방패의 위험이 기업 전체의 위험과 같아 이자세금방패의 크기가 기업 전체의 위험에 영향을 미치지 않기 때문이다.[5]

4) 이 경우에는 식 (13−10)이 식 (13−7)과 같다.
5) 식 (13−7)에 대한 설명 참조. 이자세금방패와 무부채기업의 위험이 서로 다른 경우에는 부채비율이 기업 전체의 위험에 영향을 미치게 된다. 이때는 무부채자본비용이 세전 WACC과 다를 수 있다.

세후 가중평균자본비용

세후 가중평균자본비용(세후 WACC, after-tax weighted average cost of capital)은 기업이 체감하는 유효이자율을 반영한 가중평균자본비용을 말한다. 세전, 세후를 구분하지 않고 WACC이라고 할 때는 일반적으로 세후 WACC을 말한다.

세금절감효과를 감안한 유효이자율은 $r_D(1-\tau_C)$이므로 세후 WACC은 다음과 같다.

$$\text{세후 WACC: } r_{WACC} = \frac{E_L}{E_L + D_L} r_E + \frac{D_L}{E_L + D_L} r_D (1 - \tau_C) \tag{13-11}$$

식(13−10)과 식(13−11)을 비교해 보면, 이자의 세금절감효과를 반영한 세후 WACC이 세전 WACC보다 낮다는 것을 알 수 있다. 자산 대비 부채비율($\frac{D_L}{E_L+D_L}$)을 d라고 정의하면 세후 WACC(r_{WACC})과 세전 WACC의 관계는 다음과 같이 표현할 수 있다.

$$\text{세전 WACC} = r_{WACC} + \frac{D_L}{E_L + D_L} r_D \tau_C = r_{WACC} + d r_D \tau_C$$

따라서 이자세금방패와 기업의 위험이 동일하면 세후 WACC과 무부채자본비용의 관계식을 다음과 같이 쓸 수 있다.

이자세금방패와 기업의 위험이 동일한 경우:

$$r_{WACC} = r_U - d r_D \tau_C \tag{13-12}$$

---

2. 투자프로젝트의 가치평가

투자프로젝트는 별도의 기업으로 볼 수 있기 때문에 투자프로젝트의 가치를 평가할 때도 지금까지 설명한 기본 이론을 그대로 적용할 수 있다. 다만, 기업의 위험과 프로젝트의 위험이 같지 않을 수 있다는 점에 유의해야 한다. 부채를 사용하는 프로젝트의 가치를 평가할 때는 일반적으로 다음 세 가지 방법으로 이자세금방패를 가치평가에 반영시킨다.

- 가중평균자본비용법(WACC법, weighted average cost of capital method) – 마치 부채가 없는 것처럼 기대 잉여현금흐름을 계산하고, 그 대신 할인율을 조정해 이자세금방패를 가치평가에 반영시켜 V_L을 계산한다. 할인율로는 무부채자본비용(V_U) 대신 세후 WACC을 사용한다.
- 조정현가법(APV법, adjusted present value method) – V_U에 별도로 계산한 이자세금방패의 현재가치(S)를 직접 더하는 방식으로 V_L을 계산한다. 이렇게 계산된 V_L를 APV라고 한다.
- 주주현금흐름법(FTE법, flow–to–equity method) – 전형적인 잉여현금흐름 대신 주주에게 귀속되는 잉여현금흐름, 즉 주주잉여현금흐름(free cash flow to equity)을 계산하고 이를 자기자본비용(r_E)으로 할인하여 프로젝트의 순현가를 계산한다. 주주잉여현금흐름을 계산하는 과정에서 이자비용이 차감되므로 이자세금방패가 자동적으로 반영된다.

적절히 적용할 수만 있다면 위 세 방법은 동일한 결과를 얻을 수 있다. 사용의 편의에 따라 세 방법 중 하나를 선택하면 된다. WACC법은 실무에서 가장 빈번하게 사용된다. 특히 목표부채비율을 설정하고 유지하는 정책을 채택하는 경우에는 WACC법을 사용하는 것이 편리하다. APV법은 '수정된' MM 명제 I 또는 상충이론을 직접 가치평가에 적용하는 방법으로 직관적이며 유연하다.[6] 이자세금방패를 별도로 계산하므로 이자세금방패의 위험이 잉여현금흐름의 위험과 다른 경우에도 쉽게 계산할 수 있다. 이자세금방패뿐만 아니라 재무곤경비용의 현재가치를 별도로 계산해 APV에 반영할 수 있다.[7] 그러므로 APV법은 프로젝트 가치의 크기뿐만 아니라 가치의 원천의 원천에 관한 정보도 알려준다. FTE법은 일반 손익계산서처럼 이자비용을 미리 차감하여 당기순이익을 계산하므로 비전문가들이 이해하기 쉽다. 그러나 WACC과 마찬가지로 프로젝트 가치의 원천별 정보를 제공하지는 않으며 APV법에 비해 나은 점을 찾기 어렵다. 실무에서는 이자세금방패를 계산하기 어려운 경우 등 특별한 상황을 제외하고는 거의 사용하지 않는다.

6) APV법은 스튜어트 마이어스가 제안한 방법이다. Myers, S. C., 1974, Interactions of Corporate Financing and Investment Decisions–Implications for Capital Budgeting, Journal of Finance 29, 1–25.

7) WACC법이나 FTE법은 가치의 원천에 관계없이 동일한 할인율을 적용하기 때문에 재무곤경비용 등을 가치평가에 반영하기 어렵다.

2.1 기본 사례 – 부채비율이 일정한 경우

이제부터 다음 두 사례를 중심으로, 부채를 사용하는 프로젝트에 대한 세 방법을 어떻게 적용하는지 설명한다.

[사례 1]	설악기업은 당장 100억원의 투자비용이 필요한 투자프로젝트 X를 구상하고 있다. 이 프로젝트는 첫 해에 10억원, 둘째 해부터는 매년 2.8% 증가하는 잉여현금흐름을 창출할 것으로 예상된다.
[사례 2]	반도체 장비 제조업체인 (주)백두는 새로운 자동화 생산라인인 CCSS 도입을 고려하고 있다. 이 기술은 4년 후에는 더 이상 쓸모가 없는 구식 기술이 될 것으로 예상된다. 그러나 마케팅 그룹은 향후 4년 동안 이 제품군에 대해 연간 120억원의 매출을 올릴 것으로 예상하고 있으며, 제작비와 운영비는 각각 연간 38억원과 21억원으로 예상하고 있다. 제품을 개발하려면 초기 연구개발비와 마케팅비 8억원, 장비 투자비 68억원이 필요하다. 이 장비는 4년 후에는 폐기될 것이며, 그 기간 동안 정액법으로 감가상각될 것이다. 순운전자본은 필요하지 않다.
공통 정보:	① 시장가치로 표시한 회사의 부채와 자기자본은 현재 각각 1,200억원과 800억원이며, 프로젝트 착수 후에는 부채비율을 유지하기 위해 자본구조를 조정할 계획이다. 현금자산은 없으며,[8] ② 자기자본비용과 부채비용은 각각 $r_E=15\%$, $r_D=8\%$이다. 한계법인세율은 $\tau_C=25\%$이다. ③ 이 프로젝트의 위험은 회사의 다른 사업부문과 유사한 시장위험을 가질 것으로 판단된다.

WACC법이나 APV법을 사용하기 위해서는 잉여현금흐름이 필요하다. [사례 1]의 경우에는 단순하게 잉여현금흐름을 계산할 수 있다. 그러나 [사례 2]의 경우에는 먼저 예상손익계산서를 작성해 잉여현금흐름을 계산해야 한다.[9]

표 13-1 예상손익계산서 및 잉여현금흐름 예측

(단위: 억원)

연도	0	1	2	3	4
예상손익계산서:					
매출액		120	120	120	120
매출원가		(38)	(38)	(38)	(38)
매출총이익		82	82	82	82

8) 만약 현금자산(현금 또는 현금화할 수 있는 자산)이 있는 경우에는 순부채(부채에서 현금자산을 차감한 값)를 이용해 부채비율이나 자산 대비 부채비율을 계산해야 한다. 현금자산은 음(−)의 부채로 볼 수 있다.

9) 제5장 참조.

판매관리비	(8)	(21)	(21)	(21)	(21)
감가상각비		(17)	(17)	(17)	(17)
영업이익	(8)	44	44	44	44
법인세(25%)	2	(11)	(11)	(11)	(11)
당기순이익	(6)	33	33	33	33
잉여현금흐름 예측:					
당기순이익	(6)	33	33	33	33
감가상각비		17	17	17	17
자본지출	(68)				
잉여현금흐름	(74)	50	50	50	50

2.2 WACC법에 의한 가치평가

가중평균자본비용법의 원리

여기서는 부채비율이 일정하다는 가정 하에서 WACC법에 대해 설명한다. 실제로 WACC법을 사용할 때는 부채비율이 시간에 따라 변하지 않는다는 가정을 두는 경우가 대부분이다. 기존 연구에 따르면, 약 80%의 기업들이 일종의 목표부채비율을 갖고 있으며 대기업일수록 더 엄격하게 목표부채비율을 지키는 경향이 있다.[10] 부채비율이 일정하지 않은 상황에서는 WACC법보다는 APV법을 적용하는 것이 더 편리한 경우가 많다.

WACC법은 식 (13-11)을 이용하여 부채를 사용하는 투자프로젝트의 WACC을 구하고, 기대 잉여현금흐름을 이 WACC으로 할인한 후 이를 합산하여 프로젝트의 가치(V_L)를 계산하는 방법이다.

$$V_L = \frac{FCF_1}{1+r_{WACC}} + \frac{FCF_2}{(1+r_{WACC})^2} + \frac{FCF_3}{(1+r_{WACC})^3} + \cdots \quad (13\text{–}13)$$

어떻게 이자지급을 무시하고 계산한 잉여현금흐름을 그대로 두고 할인율만 조정함으로

10) Graham, J. R., and C. Harvey, 2001, The Theory and Practice of Corporate Finance: Evidence from the Field, Journal of Financial Economics 60, 187–244.

그림 13-1 부채를 사용하는 투자프로젝트의 가치와 현금흐름

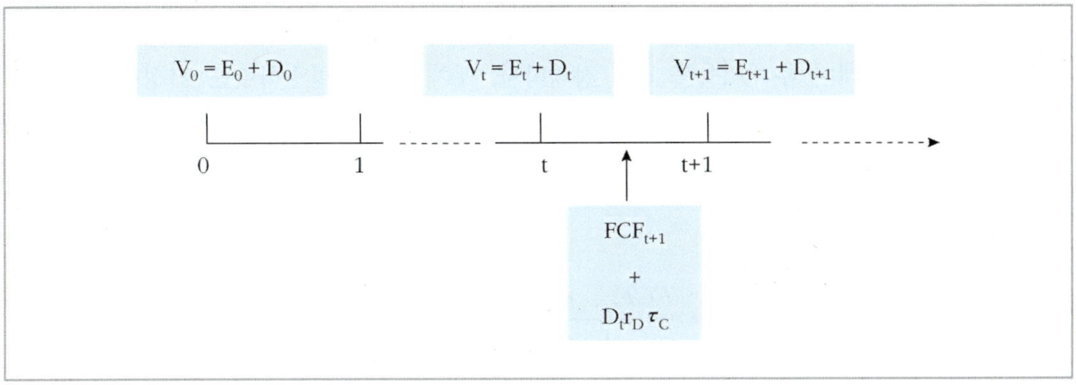

써 프로젝트의 가치를 계산할 수 있을까?

[그림 13−1]은 프로젝트 가치와 현금흐름을 시간적으로 나타내고 있다. 편의상 V_L, E_L, D_L의 아래 첨자 L을 생략하고 대신에 연도를 나타내는 첨자 t를 추가해 측정 시점을 표시하기로 한다.

시점 t, 즉 t년도 말, 어떤 투자자가 1년 후 처분할 예정으로 이 프로젝트의 자기자본과 부채를 모두 매입한다고 하자. 이 투자자는 자기자본 시장가치와 부채 시장가치의 합인 $E_t + D_t$, 즉 V_t만큼 투자해야 한다. 자기자본과 채권을 모두 소유하려는 투자자가 투자의 대가로 요구하는 수익률은 세전 WACC이다.

$$\text{투자자의 요구수익률} = \text{세전 WACC} = \frac{E_t}{E_t + D_t} r_E + \frac{D_t}{E_t + D_t} r_D \tag{13-14}$$

그런데 이 프로젝트로부터 향후 1년 동안 창출되는 잉여현금흐름 FCF_{t+1}와 이자세금방패 $D_t r_D \tau_C$은 프로젝트 전체를 소유하는 투자자의 몫이다. 처분 시점의 시장가치 V_{t+1} 역시 이 투자자의 몫이다.

$$\text{투자자에게 귀속되는 현금흐름} = FCF_{t+1} + D_t r_D \tau_C + V_{t+1} \tag{13-15}$$

V_t만큼 투자하는 대신 1년 후 식 (13−15)를 받을 것으로 기대하는 거래가 '공정한' 거래가 되기 위해서는, 식 (13−15)의 현금흐름을 식 (13−14)의 요구수익률로 할인한 현재가치가 V_t와 같아야 한다.

$$V_t = \frac{FCF_{t+1} + D_t r_D \tau_C + V_{t+1}}{1 + \text{세전 } WACC} \qquad (13-16)$$

편의상 자산 대비 부채비율을 d로 정의하자. 부채비율이 일정하다는 가정하에서는 자산 대비 부채비율도 관찰 시점 t와 무관하게 $d \equiv \dfrac{D_t}{E_t + D_t}$로 일정하다. $D_t = d(E_t + D_t) = dV_t$이므로 D_t를 dV_t로, 세전 WACC을 $r_{WACC} + dr_D\tau_C$로 대체하면, 식 (13−16)은 다음 식과 같이 쓸 수 있다.

$$V_t = \frac{FCF_{t+1} + (dV_t)r_D\tau_C + V_{t+1}}{1 + r_{WACC} + dr_D\tau_C}$$

이 식의 양변에 $1 + r_{WACC} + dr_D\tau_C$를 곱해 정리하면 $dr_D\tau_C$가 상쇄되어 제거된다.

$$V_t = \frac{FCF_{t+1} + V_{t+1}}{1 + r_{WACC}} \qquad (13-17)$$

향후 1년 간의 기대잉여현금흐름과 시점 $t+1$에서의 계속가치(continuation value)를 합산한 후, 이를 WACC으로 할인한 값으로 V_t를 계산할 수 있다. 계속가치 V_{t+1}은 시점 $t+1$에서 측정한 프로젝트의 가치, 즉 모든 후속 현금흐름의 가치를 말한다.

배당할인모형을 유도할 때와 같은 방법으로, 식 (13−17) 오른쪽에 있는 V_{t+1}를 V_{t+2}의 식으로 대체하는 작업을 $t = 0, 1, 2, \cdots$에 대해 순차적으로 진행하면 프로젝트 시작 시점(0연도 말)에서의 가치 V_0를 식 (13−13)으로 나타낼 수 있다.

참고로, 만약 부채비율이 일정하지 않다면 매년 WACC이 변한다. 이 경우에는 식 (13−17) 분모에 있는 할인율을 $r_{WACC,t}$(t연도에 적용되는 WACC)로 대체해야 한다. 식 (13−13)은 각 FCF_t($t = 0, 1, 2, \cdots$)를 $(1 + r_{WACC,1})(1 + r_{WACC,2}) \cdots (1 + r_{WACC,t})$로 할인해 합산하는 식으로 확장해야 한다.

여기서 유의해야 할 것은 식 (13−17)의 분자나 식 (13−13) 각 항의 분자에 이자세금 방패가 존재하지 않는다는 점이다. 따라서 '마치 부채가 없는 것처럼' 계산한 잉여현금흐름을 WACC으로 할인하면 부채를 사용하는 투자프로젝트의 가치를 평가할 수 있다. 이자세금 방패는 WACC에 반영된다. 이것이 WACC법의 본질이다.

투자프로젝트의 가치 계산

먼저 식 (13−11)을 이용해 두 사례에 모두 적용되는 WACC을 계산한다.

$$r_{WACC} = \frac{800}{800+1200} \cdot 15\% + \frac{1200}{800+1200} \cdot 8\% \cdot (1-0.25) = 9.6\%$$

사례 1 잉여현금흐름이 직접 주어져 있는 셈이므로 식 (13−19)를 그대로 적용할 수 있다.

$$V_0 = \frac{10}{1+0.096} + \frac{10(1+0.028)}{(1+0.096)^2} + \frac{10(1+0.028)^2}{(1+0.096)^3} + \cdots$$

이 식은 내년 10억원부터 시작해 매년 2.8%씩 성장하는 영구성장연금(growing perpetuity)의 현재가치를 계산하는 것과 같으므로 V_0는 다음과 같이 계산할 수 있다.

$$V_0 = \frac{FCF_1}{r_{WACC}-g} = \frac{10}{0.096-0.028} = \text{약 } 147\text{억원}$$

V_0에서 초기 지출액 100억원을 차감하면 순현가를 계산할 수 있다.

$$NPV = 147\text{억} - 100\text{억} - 47\text{억원}$$

사례 2 [표 13−1]의 마지막 행에 나와 있는 잉여현금흐름을 WACC으로 할인하여 투자프로젝트의 가치 V_0를 구하면 된다. V_0에서 초기 투자자금 74억원을 차감하면 순현가를 계산할 수 있다.

$$V_0 = \frac{50}{1+0.096} + \frac{50}{(1+0.096)^2} + \frac{50}{(1+0.096)^3} + \frac{50}{(1+0.096)^4} = \text{약 } 160\text{억원}$$

$$NPV = 160\text{억} - 174\text{억} - 86\text{억원}$$

투자프로젝트 착수에 따른 부채와 자기자본의 변화

위 사례의 두 회사가 현재의 자산 대비 부채비율을 60%로 유지하려면 어떻게 자금조달을 해야 할까? 이 비율을 유지하려면 회사의 새로운 투자는 프로젝트 시장가치의 60%에 해당하는 부채로 자금을 조달해야 한다. 여기서 주의할 것은 필요한 초기 자금의 60%가 아니라, 추가된 새로운 자산의 60%만큼 부채로 추가 계상된다는 점이다.

사례 1 설악기업이 프로젝트 X에 착수한다면 기업 자산의 시장가치는 147억원(V_0) 만큼 증가한다. 자산 대비 부채비율 60%를 유지하기 위해서는 147억원의 60%인 88.2억원의 부채를 얻어야 한다. 그런데 이 프로젝트를 위해 필요한 투자자금 100억원을 충당하기에는 11.8억원(=100억−88.2억)이 부족하다. 따라서 부족한 금액을 충당하기 위해 11.8억원의 주식을 발행해야 한다.

자산은 부채와 자기자본을 합한 값과 같아야 하므로, 프로젝트 X에 착수하면 자기자본의 시장가치는 147억원의 40%인 58.8억원만큼 증가해야 한다. 그런데 증가한 주식의 시장가치에는 주식 발행을 통해 들어온 새 주주의 납입금 11.8억원이 포함되어 있으므로, 기존 주주의 몫은 47억원(=58.8−11.8)이다. 이 47억원은 바로 앞서 계산한 이 프로젝트의 NPV와 정확히 일치한다. 따라서 프로젝트의 순현가는 모두 기존 주주에게 귀속된다는 것을 알 수 있다. 기업가치가 증가하더라도, 고정청구권자인 채권자는 미리 약정한 금액을 초과하여 추가적인 몫을 요구할 수 없다.

프로젝트 X가 자산, 부채, 자기자본에 미치는 영향을 다음과 같이 요약할 수 있다.

사례 2 프로젝트의 가치가 160억원이므로, 자산 대비 부채비율 60%를 유지하기 위해

표 13-2 프로젝트 X가 설악기업의 자산, 부채, 자기자본에 미치는 영향

프로젝트의 가치	147.0억원	부채	88.2억원
		자기자본	
		주식발행	11.8억원
		순현가	47.0억원
자산의 증가	147.0억원	부채와 자기자본의 증가	147.0억원

서는 160억원의 60%인 96억원의 부채를 얻어야 한다. 프로젝트의 자금 조달에 필요한 금액은 74억원이므로 현금 22억원(=96−74)이 남는다. (주)백두는 불필요한 현금을 보유하지 않으므로 남는 현금 22억원을 현금배당이나 자사주매입의 방법으로 주주들에게 지급하게 된다. 한편 프로젝트의 가치 160억원의 40%인 64억원이 (주)백두의 자기자본으로 추가 계상되고, 이는 곧 주식의 시장가치가 64억원 증가하는 것을 의미한다. 여기에 22억원의 배당금을 합치면 주주의 몫은 총 86억원이다. 이 86억원은 이 프로젝트의 NPV와 일치한다.

표 13-3 프로젝트 CCSS가 (주)백두의 자산, 부채, 자기자본에 미치는 영향

프로젝트의 가치	160억원	부채	96억원
		자기자본	
		현금배당	(22)억원
		순현가	86억원
자산의 증가	160억원	부채와 자기자본의 증가	160억원

프로젝트의 순현가는 모두 기존 주주에게 귀속된다.

연도별 부채규모

투자프로젝트로 인해 부채규모(debt capacity)는 연도별로 어떻게 변동하는지 살펴본다.

사례 1 잉여현금흐름이 매년 일정한 비율로 성장한다면, 프로젝트 가치 V_t는 $t+1$년도 이후의 잉여현금흐름들을 WACC으로 할인하여 합산한 값인 $\frac{FCF_{t+1}}{r_{WACC}-g}$로 계산되어 V_t는 $t+1$ 년도의 잉여현금흐름에 비례한다. 따라서 잉여현금흐름이 일정한 성장률 g로 증가한다면 V_t 또한 동일한 성장률로 증가한다. 잉여현금흐름이 매년 2.8%의 성장률로 증가하

표 13-4 프로젝트 X를 위한 부채규모의 계산

연도(t)	0	1	2	3	4	…
잉여현금흐름(FCF_t)		10.00	10.28	10.57	10.86	…
프로젝트 가치(V_t)	147.06	151.18	155.41	159.76	164.23	…
부채규모(D_t)	88.24	90.71	93.25	95.86	98.54	…

기 때문에 V_t 또한 2.8%의 성장률로 증가한다. 그런데, $D_t = dV_t$이므로, 자산 대비 부채비율 d를 60%로 유지한다면 시점 t에서의 부채규모는 프로젝트 가치 V_t의 60%로 일정하다. 결국 부채규모 역시 2.8%의 성장률로 증가한다. WACC값 9.6%를 적용하면 다음과 같이 부채규모를 계산할 수 있다.

사례 2 잉여현금흐름이 유한하므로, 마지막 시점으로부터 역산하여 각 시점에서의 프로젝트 가치를 계산하는 것이 더 간단하다. 역산에는 식 (13－17)의 공식을 이용한다.

$$V_t = \frac{FCF_{t+1} + V_{t+1}}{1 + r_{WACC}}$$

아래 표의 첫 행에 잉여현금흐름 값들을 기입한다. 프로젝트가 종료된 4년차 말에는 프로젝트 가치 V_4와 부채규모 D_4 모두 0이어야 한다. 위 식을 이용하면 3년차 말의 프로젝트 가치와 부채규모는 다음과 같이 계산된다.

$$V_3 = \frac{50 + 0}{1 + 0.096} = 45.62$$

$$D_3 = 0.6 \times 45.62 = 27.37$$

동일한 방법을 시간 역순으로 반복 적용하면 2년차, 1년차, 0년차(현재)의 프로젝트 가치와 부채규모를 쉽게 계산할 수 있다.

표 13-5 프로젝트 CCSS를 위한 부채규모의 계산

연도(t)	0	1	2	3	4
잉여현금흐름(FCF_t)	−74	50	50	50	50
프로젝트 가치(V_t)	159.88	125.22	87.24	45.62	0
부채규모(D_t)	95.93	75.13	52.35	27.37	0

2.3 조정현가법(APV법)

조정현가법(APV법)은 '수정된' MM 명제 I을 직접 이용해 부채를 사용하는 투자프로젝트의 가치를 계산하는 방법이다. 조정현가법은 신규 투자프로젝트로부터 발생하는 현금흐름을 원천별로 분리하여 현재가치를 구한 후 이를 모두 더하여 프로젝트의 가치를 평가한다. 부채를 사용하는 프로젝트의 경우 먼저 자기자본만으로 자금을 조달한 경우의 현가를 계산한 다음, 부채사용으로 인한 여러 효과(이자세금방패와 재무곤경비용 등)에 대한 현재가치를 각각 계산하여 모두 합산하면 된다. 이렇게 계산된 V_L을 조정현가(APV, adjusted present value)라고 부른다. 무부채프로젝트의 가치와 구분하기 위해, WACC법에서 사용한 기호 V_0 대신 V_L로 표기한다.[11)]

이자세금방패만 고려할 경우에는, 먼저 무부채프로젝트의 가치 V_U를 계산하고 여기에 별도로 계산한 이자세금방패의 현재가치(S)를 직접 더해 APV를 계산한다.[12)]

$$V_L = APV = V_U + S \tag{13–18}$$

WACC법이 부채사용에 따른 효과를 할인율에서 조정하여 프로젝트의 가치를 계산하는 데 비해, APV법은 이자의 세금절감액의 가치를 직접 더해 계산한다.

무부채 투자프로젝트의 가치

무부채 투자프로젝트의 가치 V_U는 프로젝트로부터 발생할 미래의 잉여현금흐름($FCF_1, FCF_2, \cdots$)을 무부채자본비용(unlevered cost of capital) r_U로 할인한 후 합산한 값이다.

$$V_U = \frac{FCF_1}{1+r_U} + \frac{FCF_2}{(1+r_U)^2} + \frac{FCF_3}{(1+r_U)^3} \cdots \tag{13–19}$$

식 (13－19)를 시점 t에서의 무부채프로젝트 가치 $V_{U,t}$과 그 다음 시점의 $V_{U,t+1}$의 관계식으로 표현할 수도 있다.[13)]

11) WACC법에서 사용한 기호 V_t는 시점 t에서의 부채 사용 프로젝트 가치 $V_{L,t}$의 축약형으로 생각하면 된다.
12) 재무곤경비용을 APV에 반영시키려면 식 (13－18)에서 재무곤경비용의 현재가치를 차감한다.
13) 식 (13－13)과 식 (13－17)이 동등한 식인 것과 마찬가지다.

$$V_{U,t} = \frac{FCF_{t+1} + V_{U,t+1}}{1+r_U} \tag{13-20}$$

이 식은 부채를 사용하는 프로젝트의 가치에 대한 식 (13－19)와 동일한 형태이다.

V_U를 계산하기 위해서는 먼저 무부채자본비용 r_U를 알아야 한다. 두 회사 모두 부채비율을 일정하게 유지하는 부채정책을 채택하고 있다. 따라서 식 (13－7)을 이용해 무부채자본비용을 계산한다.

$$r_U = \frac{E_L}{E_L + D_L} r_E + \frac{D_L}{E_L + D_L} r_D = \frac{1}{1+1.5} \cdot 15\% + \frac{1.5}{1+1.5} \cdot 8\% = 10.8\%$$

사례 1 설악기업의 무부채프로젝트의 가치 V_U는 매년 2.8%의 성장률로 증가하는 영구성장연금의 현재가치이므로 다음과 같이 계산할 수 있다.

$$V_U = \frac{FCF_1}{r_U - g} = \frac{10}{10.8\% - 2.8\%} = 125\text{억 원}$$

사례 2 ㈜백두의 V_U는 식 (13－19)를 직접 계산해 구할 수 있다.

$$V_U = \frac{50}{1+0.108} + \frac{50}{(1+0.108)^2} + \frac{50}{1+0.108)^3} + \frac{50}{(1+0.108)^3} = 155.79\text{억 원}$$

식 (13－20)을 이용해 계산할 수도 있다. 특히 여러 시점에서의 V_U를 구할 때에는 마지막 시점으로부터 역산하는 것이 편리하다. 프로젝트가 종료된 4년차 말의 무부채프로젝트 가치는 0이므로, 3년차 말의 무부채프로젝트 가치는 다음과 같이 계산된다.

$$\frac{50+0}{1+0.108} = 45.13$$

동일한 방법을 반복 적용하면 2년차, 1년차, 0년차(현재)의 무부채프로젝트의 가치를 아래 표와 같이 계산할 수 있다.

표 13-6 무부채프로젝트의 가치–프로젝트 CCSS의 경우

연도(t)	0	1	2	3	4
잉여현금흐름(FCF_t)	−74	50	50	50	50
무부채프로젝트 가치($V_{U,t}$)	155.79	122.61	85.85	45.13	0

APV의 계산

$t(t=0,1,2,\cdots)$년도 말의 부채규모가 D_t일 때, $t+1$년도에 발생하는 이자세금방패(ITS_{t+1})는 이자비용($D_t r_D$)에 한계법인세율(τ_C)을 곱한 $D_t r_D \tau_C$이다. 이자세금방패의 할인율을 r_S라고 하면 모든 이자세금방패의 현재가치 S를 다음과 같이 계산할 수 있다.

$$S=\frac{D_0 r_D \tau_C}{1+r_S}+\frac{D_1 r_D \tau_C}{(1+r_S)^2}+\frac{D_2 r_D \tau_C}{(1+r_S)^3}\cdots \qquad (13\text{–}21)$$

시점 t에서 측정한 '$t+1$년 이후에 발생하는 모든 이자세금방패의 현재가치'를 S_t라 표기하면 식 (13−21) 대신 식 (13−22)와 같이 표현할 수도 있다. 당연히 S는 S_0와 같다.

$$S_t=\frac{D_t r_D \tau_C+S_{t+1}}{1+r_S} \qquad (13\text{–}22)$$

1.2절에서 설명한 바와 같이, 목표부채비율에 따라 자본구조를 조정하는 경우에는 무부채자본비용(r_U)을 이자세금방패의 할인율(r_S)로 사용한다.

부채규모가 프로젝트의 가치에 연동되지 않고 외생적으로 주어지는 경우에는 이자세금방패의 현재가치를 쉽게 계산할 수 있다. 예를 들어, 동일한 금액의 부채를 영구적으로 유지하는 부채정책을 사용한다면 미래의 이자세금방패를 아무런 불확실성 없이 알 수 있다. 이자세금방패가 프로젝트 가치의 변동과 무관하며 오직 부채규모에 따라 결정되므로, 이자세금방패와 부채는 동일한 위험, 동일한 기대수익률을 가진다. 따라서 부채의 기대수익률을 이자세금방패의 할인율로 사용한다.

그러나 부채규모가 프로젝트의 가치에 따라 변동하는 경우에는 이자세금방패의 현재가치를 계산하는 것이 단순하지 않다. 예를 들어, 부채비율이 일정하다는 가정하에서는, 식 (13−18)을 적용해 프로젝트 가치를 계산하려면 미래에 발생할 이자세금방패의 크기를 미

리 알 수 있어야 한다.14) 미래 이자세금방패의 크기는 그 시점에서의 부채규모(debt capacity)에 달려있다. 그런데 부채규모는 동일 시점에서의 프로젝트 가치에 따라 결정된다. 부채규모를 알아야 프로젝트 가치를 계산할 수 있으며 프로젝트 가치를 알아야 부채규모를 알 수 있기 때문에, V_U와 S를 따로 구해 합산하는 방식으로는 계산이 어려울 수도 있다. 이때는 프로젝트 가치와 부채규모를 동시에 계산해야 하는 문제가 생기는데, 이것을 APV법의 단점으로 지적하기도 한다. 그러나 지금은 엑셀(Excel)과 같은 프로그램을 이용해 쉽게 이러한 계산을 할 수 있다.

사례 1 잉여현금흐름이 2.8%의 성장률로 증가한다면 이자세금방패의 현재가치 또한 2.8%의 성장률로 증가한다. 1년차에 발생할 이자세금방패는 $D_L r_D \tau_C$이므로 이자세금방패의 현재가치는 $S = \frac{D_L r_D \tau_C}{r_U - g}$로 계산된다. 프로젝트의 가치 V_L는 앞서 계산한 V_U에 이자세금방패의 현재가치 S를 합산한 값, 즉 $V_U + \frac{D_L r_D \tau_C}{r_U - g}$이다. D_L을 dV_L로 대체하면 $V_L = V_U + \frac{(dV_L) r_D \tau_C}{r_U - g}$이 되므로, 이 식 양변의 V_L들을 모아 풀면 $V_L = V_U \left(\frac{r_U - g}{r_U - g - d r_D \tau_C} \right)$로 계산할 수 있다.

$$V_L = 125 \times \frac{0.108 - 0.028}{0.108 - 0.028 - (0.6)(0.08)(0.25)} = \text{약}147\text{억 원}$$

이 APV의 값은 WACC법에 의해 계산한 예제 1의 V_0와 동일하다. 순현가는 APV에서 초기 지출액 100억원을 차감한 47억원이다. 이 값들은 WACC법으로 계산한 결과와 동일하다.

이 사례에서는 잉여현금흐름이 일정한 비율로 성장하므로 쉽게 V_L을 계산하는 식을 구할 수 있었다. 그러나 현실적으로는 이런 방식을 적용하기 어려운 경우가 많다. 앞서 설명했듯이, 이러한 경우에는 프로젝트 가치와 부채규모를 동시에 계산해야 한다.

사례 2 [사례 1]의 경우와 달리, V_L을 식으로 나타내기 어렵기 때문에 프로젝트 가치와 부채규모를 동시에 계산해야 한다. [그림 13-2A]에는 입력값 또는 입력식을, [그림 13-2B]에는 출력값을 제시한다. [그림 13-2A]에 입력하는 구체적인 절차는 다음과 같다.

① 앞서 계산한 V_U값들을 행2에 입력한다.

14) 이때는 $r_S = r_U$이다. 1.2절을 참조할 것.

② 가상의 부채규모를 임의로 정해 행4에 입력한다.

③ 이자세금방패 계산식($D_L r_D T_C$)을 행5에 입력한다.

④ 이자세금방패의 현재가치 계산식을 행6에 E6부터 역순으로 입력한다.

⑤ APV 계산식($APV = V_U + S$)을 행7에 입력한다.

⑥ ②에서 임의로 입력했던 행4의 값들을 무시하고 부채규모 계산식($D_L = dV_L$)을 입력한다.

이렇게 하면 APV는 약 160억원, 부채규모는 96억원으로 동시에 계산된다. 이 값들은 WACC법에 의해 계산한 결과와 동일하다.

그림 13-2A 부채와 APV의 동시 계산을 위한 엑셀 입력–[사례 2]

	A	B	C	D	E	F
1	[사례 2]					
2	연도	0	1	2	3	4
3	무부채 프로젝트 가치	155.787	122.612	85.854	45.126	0
4	부채규모	=B7*0.6	=C7*0.6	=D7*0.6	=E7*0.6	0
5	이자세금방패(연도별)		=B4*8%*0.25	=C4*8%*0.25	=D4*8%*0.25	=E4*8%*0.25
6	이자세금방패의 현재가치(연도별)	=(C5+C6)/1.108	=(D5+D6)/1.108	=(E5+E6)/1.108	=(F5+F6)/1.108	0
7	APV	=B3+B6	=C3+C6	=D3+D6	=E3+E6	=F3+F6

그림 13-2B 부채와 APV의 동시 계산을 위한 엑셀 출력–[사례 2]

	A	B	C	D	E	F
1	[사례 2]					
2	연도	0	1	2	3	4
3	무부채 프로젝트 가치	155.79	122.61	85.85	45.13	0.00
4	부채규모	95.93	75.13	52.35	27.37	0.00
5	이자세금방패(연도별)		1.92	1.50	1.05	0.55
6	이자세금방패의 현재가치(연도별)	4.09	2.61	1.39	0.49	0.00
7	APV	159.88	125.22	87.24	45.62	0.00

2.4 주주현금흐름법(FTE법)

WACC법이나 APV법은 모든 투자자(주주와 채권자)에게 귀속되는 프로젝트 가치를 평가한 후, 프로젝트 가치에서 초기비용을 차감해 주주의 몫인 순현가를 계산한다. FTE(flow-to-equity method)법은 주주의 입장에서 직접 순현가를 계산하는 방법이다. WACC법이나 APV법에서는 '마치 부채가 없는 것처럼' 이자비용을 무시하고 당기순이익과 잉여현금흐름을 계산한 후, 할인율을 조정하거나 이자세금방패를 단순 합산하는 방식으로 이자비용의 절세효과를 반영한다. FTE법은 채권자에게 주고받는 모든 지급액을 고려하여 주주 지분 소유자에게 귀속되는 잉여현금흐름을 명시적으로 계산하고 이를 자기자본비용으로 할인하여 프로젝트의 가치를 평가하는 방법이다. 주주 지분 소유자에게 귀속되는 잉여현금흐름을 주주잉여현금흐름(FCFE, free cash flow to equity)이라고 한다.

- 이자비용은 채권자에게 유출되는 음(−)의 현금흐름이다. 이자비용의 절세효과를 고려한 t연도의 세후 이자비용은 $(1-\tau_C)\times(t$연도의 이자비용$)=(1-\tau_C)D_{t-1}r_D$이다. 이 세후 이자비용이 t연도의 현금유출에 해당한다.
- 주주 입장에서 볼 때 차입은 현금유입이고 부채상환은 현금유출이므로, 차입액에서 상환액을 차감한 순차입(net borrowing)은 채권자로부터 유입되는 양(+)의 현금흐름이다. t연도의 순차입은 부채의 변동분과 같으므로, 순차입으로 인한 t연도의 현금유입은 $D_t - D_{t-1}$이다.

그러므로 주주잉여현금흐름 FCFE는 다음과 같이 계산된다.

$$FCFE_t = FCF_t - (1-\tau_C)\times(t\text{연도의 이자비용}) + (t\text{연도의 순차입}) \tag{13-23}$$

이렇게 계산한 FCFE들을 적절히 할인하여 합산하면 프로젝트의 순현가를 계산할 수 있다. FCFE는 주주 입장에서 본 현금흐름이므로, 할인율로는 해당 프로젝트의 자기자본비용을 사용해야 한다. 프로젝트의 위험이 회사 전체의 위험과 같은 경우에는 회사 전체의 자기자본비용(r_E)을 사용한다.

FCFE를 계산하기 위해서는 미래의 이자비용과 순차입을 알아야 하는데, 이 값들은 미래의 부채규모에 의존한다. 미래의 부채규모가 외생적으로 주어져 있다면 아무런 문제가 없지만, 목표부채비율이 있는 경우에는 APV법의 경우와 동일한 문제가 발생한다. 부채규모를 알아야 프로젝트의 순현가를 계산할 수 있으며 순현가를 알아야 부채규모를 알 수 있다. 따라서, 프로젝트 순현가와 부채규모를 동시에 계산해야 하는 문제가 발생한다.

아래 사례분석에서는 WACC법을 예시할 때 계산한 부채규모와 이자비용을 그대로 이용하기로 한다.15)

사례 1 WACC법이나 APV법에 의하면, 설악기업이 프로젝트 X를 착수하면서 바로 88.2억원만큼 부채를 증가시켜야 한다. 편의상, 이 초기 부채규모 값을 그대로 이용하기로 한다. 초기 투자자금이 100억원이므로, 프로젝트 착수 직후(시점 0)의 주주잉여현금흐름은 다음과 같다.

$$FCFE_0 = FCF_0 + (\text{순차입}) = -100 + 88.2 = -11.8\text{억원}$$

이 값은 초기 투자자금 중 부족분 11.8억원을 주주로부터 조달해야 한다는 의미로 해석할 수 있다.

초기 이자비용은 없으나 1년 후부터는 이자비용이 발생한다. 1년 후의 이자비용은 7.056억원(=88.2×8%)이다. 설악기업은 부채비율을 일정하게 유지하므로, 잉여현금흐름이 2년차부터 매년 2.8%씩 증가한다면 프로젝트의 가치도 같은 비율로 증가한다. 부채규모는 자산가치의 60%로 일정하므로 부채규모 역시 매년 2.8%씩 증가한다. 따라서 1년 후의 부채규모는 90.67억원(=88.2×1.028)으로 증가하여 순차입액은 2.47억원(=90.67−88.2)이다. 첫 해의 잉여현금흐름은 10억원으로 주어져 있다. 따라서 향후 1년 동안 발생하는 주주잉여현금흐름은 식 (13−22)에 의해 다음과 같이 계산된다.

$$FCFE_1 = 10 - (1 - 0.25)(7.056) + 2.47 = 7.18\text{억원}$$

식 (13−23)의 모든 항들이 매년 2.8%씩 증가하므로, 둘째 해부터는 주주잉여현금흐름이 매년 2.8%씩 증가한다. 자기자본비용 15%를 적용하면 주주잉여현금흐름의 현재가치가 다음과 같이 계산된다.

$$PV(FCFE) = -11.8 + \frac{7.18}{0.15 - 0.028} = \text{약 } 47\text{억원}$$

15) 엑셀 프로그램을 이용하여 동시 계산하는 방법을 두 차례 예시한 바 있다. FTE법에서도 유사한 방법으로 계산하면 된다.

이렇게 계산한 47억원이 프로젝트 X의 순현가이다. 이 값은 WACC법이나 APV법에 의해 계산한 순현가와 일치한다.

사례 2 WACC법이나 APV법에 의해 계산된 부채규모를 그대로 이용하기로 한다. 전년도 말의 부채에 부채 자본비용 8%를 곱해서 이자비용을 계산할 수 있다. 여기에 $1-\tau_C=1-0.25$를 곱해 세후 이자비용을 계산할 수 있다.

표 13-7 세후 이자비용의 계산-프로젝트 CCSS의 경우

연도(t)	0	1	2	3	4
부채규모(D_t)	95.93	75.13	52.35	27.37	0
이자비용($D_{t-1}r_D$)	0	7.67	6.01	4.19	2.19
세후 이자비용($(1-\tau_C)D_{t-1}r_D$)	0	5.76	4.51	3.14	1.64

잉여현금흐름에서 세후 이자비용을 차감하고 순차입(부채 변동분)은 합산하여 주주잉여현금흐름을 계산한다.[16] 아래 표에서 세후 이자비용은 음(−)의 값으로 나타냈다.

표 13-8 잉여현금흐름의 계산-프로젝트 CCSS의 경우

연도(t)	0	1	2	3	4
잉여현금흐름(FCF_t)	−74	50	50	50	50
−세후 이자비용	0	−5.76	−4.51	−3.14	−1.64
+순차입(D_t-D_{t-1})	95.93	−20.79	−22.79	−24.97	−27.37
주주잉여현금흐름($FCFE_t$)	21.93	23.45	22.70	21.88	20.99

위 표에서는 [표 13−1]에서 이미 계산한 잉여현금흐름에 식 (13−22)를 직접 적용하여 주주잉여현금흐름을 계산했다. 만약 [표 13−1]을 미리 작성하지 않았다면, 다음과 같이 주주잉여현금흐름을 계산하는 표를 만드는 것이 편리할 수도 있다.

[표 13−1]과 비교해 추가된 항목들(이자비용과 순차입)을 음영으로 표시했다. 여기서의 이자비용은 세전 이자비용이다. 법인세 차감 전에 이자비용을 계상했기 때문에 이자비용의

16) 이 표에서 숫자가 0.01씩 차이가 나는 경우는 반올림 오류(rounding error) 때문이다.

세금절감효과는 당기순이익에 자동적으로 반영된다. 이 표에서 계산한 주주잉여현금흐름은 앞서 계산한 주주잉여현금흐름과 완전히 일치한다.

표 13-9 예상손익계산서와 주주잉여현금흐름-프로젝트 CCSS의 경우

연도	0	1	2	3	4
예상손익계산서:					
매출액		120	120	120	120
매출원가		(38)	(38)	(38)	(38)
매출총이익		82	82	82	82
판매관리비	(8)	(21)	(21)	(21)	(21)
감가상각비		(17)	(17)	(17)	(17)
영업이익	(8)	44	44	44	44
이자비용		(7.67)	(6.01)	(4.19)	(2.19)
법인세(25%)	2	(11)	(11)	(11)	(11)
당기순이익	(6)	**33**	**33**	**33**	**33**
잉여현금흐름 예측:					
당기순이익	(6)	33	33	33	33
감가상각비		17	17	17	17
자본지출	(68)				
순차입	95.93	(20.79)	(22.79)	(24.97)	(27.37)
주주잉여현금흐름	21.93	23.45	22.70	21.88	20.99

자기자본비용 10.8%를 적용하여 주주잉여현금흐름의 현재가치, 즉 프로젝트의 순현가를 계산한다.

$$PV(FCFE) = 21.93 + \frac{23.45}{1+0.108} + \frac{22.70}{(1+0.108)^2} + \frac{21.88}{(1+0.108)^3} + \frac{20.99}{(1+0.108)^3}$$

$$= \text{약 } 86\text{억원}$$

당연히, 여기서 계산한 순현가 역시 앞서 계산한 순현가와 일치한다.

2.5 미래 부채규모를 확실히 아는 경우의 가치평가

지금까지, 기업이 일정한 부채비율을 유지하는 경우 어떻게 투자프로젝트의 가치를 평가하는지에 대해 기본 사례를 중심으로 설명했다. 이 경우에는 이자세금방패의 할인율(r_S)로 무부채자본비용(r_U)을 사용할 수 있었다. 그러나 미래의 부채규모가 프로젝트 착수 시점에서 결정되는 경우에는 부채규모가 프로젝트의 가치와 무관하다. 이자세금방패 역시 프로젝트 가치와 무관하며 오직 부채규모에 따라 결정된다. 따라서 이자세금방패의 위험은 부채의 위험과 같다고 볼 수 있다.[17] 이자세금방패의 할인율(r_S)로 부채비용(r_D)을 사용하는 것이 적절하다.[18] 이처럼 이자세금방패의 할인율이 부채비용과 동일한 경우에는 WACC법이나 FTE법을 사용하는 것이 어렵지만, APV법을 사용해 쉽게 프로젝트의 가치를 계산할 수 있는 경우가 많다.

[사례 1]과 [사례 2]의 부채정책에 대한 가정을 변경해 프로젝트의 가치를 계산해 보기로 한다.

사례 1 설악기업이 부채비율을 일정하게 유지하는 부채정책을 채택하지 않고 영구부채(permanent debt)로 120억원의 자금을 조달한다고 가정하자.

부채가 고정되어 있으므로 이자세금방패가 프로젝트 가치의 변동과 무관하게 일정하다. 따라서 이자세금방패의 할인율(r_S)로 부채비용(r_D) 8%를 사용하는 것이 적절하며, APV법으로 간단하게 프로젝트 가치를 구할 수 있다. 1년 후부터 $Dr_D\tau_C = 120\times 8\%\times 0.25 = 2.4$억원의 이자세금방패가 매년 발생한다. 영구연금 계산 공식을 이용해 이자세금방패의 현재가치 S를 쉽게 계산할 수 있다.

$$S = \frac{2.4}{8\%} = 30\text{억원}$$

무부채프로젝트 가치는 125억원이다.

---

17) 물론 부채비율이 일정한 경우에도 이자세금방패의 크기는 부채규모에 따라 결정된다. 그러나 부채규모는 프로젝트 가치의 변동에 따라 함께 변동한다. 따라서 이자세금방패는 프로젝트와 동일한 위험을 갖는다.

18) 이 설명은 식 (13-8)에 대한 논의를 축약한 것이다. 엄밀히 말하면, 이자세금방패의 위험이 부채의위험과 완전히 동일하지는 않다. 그 이유로는 이자세금방패의 위험이 부채의 위험 중 이자 부분의 위험에 의해서만 결정된다는 점, 기업의 성장에 따라 한계법인세율도 변동할 수 있다는 점 등을 들 수 있다.

$$V_U = \frac{FCF_1}{r_U - g} = \frac{10}{10.8\% - 2.8\%} = 125\text{억원}$$

무부채프로젝트 가치와 이자세금방패의 현재가치를 합산해 APV를 계산한다.

$$V_L = V_U + S = 125 + 30 = 155\text{억원}$$

이 값은 일정한 부채비율의 가정 하에 계산한 프로젝트 가치 147억원보다 크다.

사례 2 ㈜백두가 부채비율을 일정하게 유지하는 부채정책을 채택하지 않고 아래 [표 13-10]의 일정표에 따라 매년 프로젝트 CCSS를 위한 부채규모를 조정하기로 결정했다고 가정하자. 이자율 8%로 계산한 예상 이자비용과 한계법인세율 25%를 적용한 이자세금방패를 함께 제시한다.

표 13-10 사전에 결정한 부채일정표-프로젝트 CCSS의 경우

(단위 1억원)

연도(t)	0	1	2	3	4
부채규모(D_t)	160	120	80	40	0
이자비용($D_{t-1}r_D$)	0	12.8	9.6	6.4	3.2
이자세금방패($D_{t-1}r_D\tau_C$)	0	3.2	2.4	1.6	0.8

(주)백두가 채택한 부채정책은 프로젝트 착수 시점에서 160억원의 부채를 발행하고 프로젝트 운용 기간 동안 매년 40억원씩 줄여가는 부채정책이다.

식 (13-21)에 부채비용 r_D =8%를 적용해 이자세금방패의 현재가치 S를 계산한다.

$$S = \frac{3.2}{1+0.08} + \frac{2.4}{(1+0.08)^2} + \frac{1.6}{(1+0.08)^3} + \frac{0.8}{(1+0.08)^3} = 6.88\text{억원}$$

[표 13-6]에서 이미 계산했던 무부채프로젝트 가치(V_U)는 155.79억원이다.

무부채프로젝트 가치와 이자세금방패의 현재가치를 합산해 APV를 계산한다.

$$V_L = V_U + S = 155.79 + 6.88 = 162.67\text{억원}$$

이 값은 일정한 부채비율의 가정 하에 계산한 프로젝트 가치 160억원과 같지 않다. 일반적으로, 투자프로젝트의 가치는 기업이 채택하는 부채정책에 따라 달라진다. 그러므로 가치평가에서는 최고경영자의 부채정책을 먼저 파악하는 것이 필수적이다.

위 두 사례에서는 부채규모가 미리 정해져 있으므로 현금이 남거나 부족한 경우에는 주주가 해결해야 한다. 매년 현금이 남으면 현금배당이나 자사주매입의 방법으로 주주들에게 지급하며, 현금이 부족하면 주식을 발행해 부족분을 충당한다.

3. 부채규모 조정 시점

3.1 매년 1회 부채규모를 조정하는 경우의 APV

지금까지, t연도 이자세금방패의 현재가치는 $t-1$연도 말의 부채가 1년 동안 발생시키는 이자세금방패($ITS_t = D_{t-1} r_D \tau_C$)를 하나의 할인율($r_S$)로 할인한 값으로 계산해왔다.[19] 특히, 사전에 설정한 목표부채비율을 유지하는 경우에는 $r_S = r_U$를 적용하여 ITS_t의 현재가치를 다음과 같이 계산했다.

$$PV(ITS_t) = \frac{ITS_t}{(1+r_U)^t} \qquad (13-24)$$

그러나 1년에 한 번씩 부채를 조정한다면, 식 (13-24)는 더 이상 적절한 $PV(ITS_t)$의 계산식이 아니다. 시점 $t-1$($t-1$연도 말 시점)의 부채가 향후 1년 동안 발생할 ITS_t를 결정하기 때문에 시점 $t-1$에서 ITS_t의 크기를 미리 알 수 있다. 시점 $t-1$에서 보면, ITS_t가 프로젝트 가치의 변동에 영향을 받지 않는 셈이다. 따라서 시점 $t-1$에서 ITS_t의 현재가치를 측정할 때는 할인율로 r_D를 사용해야 한다.[20] 그런데 현재 시점(시점 0)에서 ITS_t의 현재가치를 계산하는 것은 시점 $t-1$에서 측정한 ITS_t의 현재가치를 다시 $t-1$년

19) ITS_t의 현재가치를 모든 t에 대해 합산하면 S가 된다. 식 (13-21) 참조.
20) 프로젝트 착수 시점에서 미래의 부채규모가 확정되는 경우 $r_S = r_D$를 사용해야 하는 것과 동일한 논리이다.

동안 할인하는 것과 같다. 따라서 현재 시점에서 계산한 ITS_t의 현재가치는 다음과 같다.

$$PV(ITS_t) = \frac{ITS_t}{(1+r_U)^{t-1}(1+r_D)} = \frac{ITS_t}{(1+r_U)^t}\left[\frac{1+r_U}{1+r_D}\right] \quad (13-25)$$

식 (13−25)를 모든 t에 대해 합산하면 식 (13−26)이 된다. 이 식은 이자세금방패 현재가치를 계산하는 식 (13−21)을 수정한 것이다.

$$S = \left(\frac{D_0 r_D \tau_C}{1+r_U} + \frac{D_1 r_D \tau_C}{(1+r_U)^2} + \frac{D_2 r_D \tau_C}{(1+r_U)^3} \cdots\right)\left[\frac{1+r_U}{1+r_D}\right] \quad (13-26)$$

프로젝트 착수 시점에서 미래의 부채규모를 확실히 아는 경우에는 $r_S = r_D$이므로 아무런 조정 없이 기존의 식 (13−21)을 그대로 사용할 수 있다. 그렇지만 사전에 설정한 목표부채비율을 유지하는 경우에는 부채규모를 조정하는 주기에 따라 이자세금방패의 현재가치가 달라지므로 수정된 식 (13−26)을 사용하는 것이 더 적절하다. APV는 V_U에 식 (13−26)을 이용한 S를 더한 값이다.

3.2 매년 1회 부채규모를 조정하는 경우의 WACC[21)]

기업이 목표부채비율을 지키고 매년 한 번씩 부채규모를 조정한다고 가정하자. 이 경우에는 지금까지 사용해온 WACC도 조정해야 한다.

시점 t에서 기대하는 현금흐름은 $t+1$연도에 발생할 FCF_{t+1}와 $D_t r_D \tau_C$에 시점 $t+1$에서 측정한 계속가치 V_{t+1}를 합한 값이다.[22)] 그런데 매년 1회 부채규모를 조정하는 경우, 시점 t에서 향후 1년 동안 발생할 이자세금방패를 확실히 알 수 있다. 따라서 $D_t r_D \tau_C$의 기대수익률은 r_U가 아니라 r_D이어야 한다. 시점 t에서 계산한 V_t는 다음과 같이 쓸 수 있다.

21) 여기서는 다음 논문의 방식을 따라 설명한다. Stanton, R. and M. S. Seasholes, 2005, The Assumptions and Math behind WACC and APV Calculations, working paper.

22) 이제부터는 모두 부채가 있는 프로젝트에 대한 설명이므로, V_L, D_L에서 첨자 L을 생략한다. 그 대신 시점을 나타내는 첨자 t를 추가한다.

$$V_t = \frac{FCF_{t+1} + V_{t+1}}{1 + r_U} + \frac{D_t r_D \tau_C}{1 + r_D}$$

자산 대비 부채비율 d라 하면 $D_t = dV_t$이 식을 다음과 같이 정리할 수 있다.

$$V_t = \frac{FCF_{t+1} + V_{t+1}}{1 + r_U} + \frac{(dV_t) r_D \tau_C}{1 + r_D}$$

V_t가 양변에 존재하므로 V_t를 모아 풀면

$$V_t = \frac{FCF_{t+1} + V_{t+1}}{(1 + r_U)\left[1 - \dfrac{d r_D \tau_C}{1 + r_D}\right]}$$

식 (13－17)과 비교하면 이 식의 분모가 $1 + r_{WACC}$와 같아야 한다.

$$1 + r_{WACC} = (1 + r_U)\left[1 - \frac{d r_D \tau_C}{1 + r_D}\right]$$

따라서 WACC은 다음과 같이 계산된다.

마일즈－이젤 공식: $$r_{WACC} = r_U - d r_D \tau_C \left[\frac{1 + r_U}{1 + r_D}\right] \qquad (13-27)$$

식 (13－27)이 유명한 마일즈－이젤 공식(Miles－Ezzell formula)이다.[23] 식 (13－12)와 비교하면 마지막 항이 조정되어 있음을 알 수 있다. 기업이 목표부채비율을 지키고 매년 한 번씩 부채규모를 조정하는 경우, 식 (13－27)에 의해 계산된 WACC을 식 (13－13)에 적용하면 프로젝트의 가치를 평가할 수 있다.

23) Miles, J. and R. Ezzell, 1980, The Weighted Average Cost of Capital, Perfect Capital Markets and Project Life: A Clarification, Journal of Financial and Quantitative Analysis 15, 719－730.

3.3 추가 설명

지금까지 매년 한 번씩 부채규모를 조정하는 경우, 어떻게 APV법과 WACC법을 적용하는지 설명했다. 여러 해에 한 번씩 부채규모를 조정하거나 1년에 여러 번 부채규모를 조정하는 경우로 확장할 수도 있다. 특히 매 순간 연속적으로(continuously) 부채규모를 조정하는 경우에는 식 (13−26)과 식 (13−27)의 조정 항목 $\left[\frac{1+r_U}{1+r_D}\right]$이 1로 수렴해 1절과 2절에서 사용했던 식 (13−21)과 식 (13−12)로 환원된다.[24)]

기존 교과서들의 틀을 따라, 1절과 2절에서는 마치 매년 부채규모를 조정하는 것처럼 설명했다. 하지만 실제로는 연속적으로 부채규모를 조정한다는 암묵적 가정이 숨겨져 있다. 그러므로 일정한 목표부채비율을 가정한 사례들의 경우, 계산된 프로젝트들의 가치는 정확한 값이 아니라 다소 하향된 근사값이라고 볼 수 있다.

그렇다면 마일즈−이젤 공식을 쓰는 경우와 얼마나 차이가 날까? [사례 2]를 다시 살펴보자. 기본 사례들에서는 $r_D=8\%$, $r_E=15\%$, $\tau_C=25\%$, $d=0.6$을 가정했다. $r_U=10.8\%$, $r_{WACC}=9.6\%$로 계산되었다. 마일즈−이젤 공식에 따라 WACC을 다시 계산하면

$$r_{WACC}=r_U-dr_D\tau_C\left[\frac{1+r_U}{1+r_D}\right]=0.108-0.6\times0.08\times0.25\times\left[\frac{1+0.108}{1+0.08}\right]=0.095689$$

마일즈−이젤 WACC은 기존 WACC보다 0.000311, 즉 0.0311%만큼 낮아진다. 이 WACC을 사용해 다시 계산한 프로젝트 가치는 원래 계산했던 159.875억원에 비해 약 0.109억원 증가한 159.984억원이다. 근사치의 오차 0.109억원은 새로 계산한 프로젝트 가치 159.984억원에 비하면 0.068%에 불과하다. 억원 단위로 반올림해 표현하면 두 경우 모두 약 160억원이라고 표현하게 된다.

이와 같이, 실제로는 어느 WACC 공식을 선택해도 거의 차이가 나지 않는 경우가 대부분이다. 특히 미래 잉여현금흐름의 예측에 필연적으로 내재하는 예측오차(prediction error)에 비하면 거의 중요하지 않다. 실무에서도 미래 잉여현금흐름을 정확하게 예측하도록 노력하는 것이 복잡한 공식을 사용하려고 고민하는 것보다 훨씬 중요한 일이다.

24) 연속적으로 부채규모를 조정한다는 것은 매순간마다 부채규모를 조정한다는 뜻이다.

키워드

- 가중평균자본비용법
- 조정현가법
- 주주현금흐름법
- 무부채자본비용
- 자기자본비용
- 부채비용
- 가중평균자본비용
- 조정현가
- 잉여현금흐름
- 목표부채비율
- 부채비율
- 자산 대비 부채비율
- 영구부채
- MM 명제
- 계속가치
- 부채규모
- 주주잉여현금흐름
- 이자세금방패
- 마일즈-이젤 공식

13 연습문제

Exercise

01 (★) 다음 용어를 설명하시오.

(1) 조정현가 (2) 무부채자본비용 (3) 주주잉여현금흐름
(4) 목표부채비율 (5) 계속가치 (6) 영구부채
(7) 마일즈-이젤 공식

02 (★★) 다음 설명 중 옳지 않은 것은?

① 부채비율을 일정하게 유지하는 경우에는 WACC법을 사용하는 것이 APV법보다 편리하다.
② 부채규모(debt capacity)를 미리 알 수 있는 경우에는 WACC법을 사용하는 것이 APV법보다 편리하다.
③ 법인세가 존재하는 경우, 부채비율을 일정하게 유지하는 경우에는 프로젝트의 위험이 무부채프로젝트의 위험과 동일하다.
④ 부채비율을 일정하게 유지하는 경우에는 이자세금방패와 무부채기업이 동일한 기대수익률을 가진다.

03 (★★) 다음 설명 중 옳은 것은?

① 영구부채(permanent)의 경우 이자세금방패의 기대수익률은 부채의 기대수익률과 동일하다.
② 잉여현금흐름에서 이자비용 × $(1-\tau_C)$을 차감하면 주주잉여현금흐름(free cash flow to equity)이 된다.
③ 100억원을 투자해야 하는 프로젝트의 경우 자산 대비 부채비율을 50%로 유지하려면 50억원의 부채를 발행해야 한다.
④ WACC법은 수정된 MM명제Ⅰ 또는 상충이론을 직접 가치평가에 적용할 수 있다.

04 (★★) WACC법이나 APV법에서 현가 계산을 할 때 분자에 들어가는 잉여현금흐름(Free cash flow)의 개념으로 옳은 것은?

① 현재의 자본구조 하에서 계산한 세전 현금흐름

② 현재의 자본구조 하에서 계산한 세후 현금흐름
③ 마치 100% 자기자본으로 조달한 것처럼 가정하고 계산한 세전 현금흐름
④ 마치 100% 자기자본으로 조달한 것처럼 가정하고 계산한 세후 현금흐름

05 (★★) 다음 중 WACC법을 계산하는 절차로 옳은 것은?

① 이자세금방패를 고려하지 않고 프로젝트로부터 발생할 잉여현금흐름을 계산한다.
② 잉여현금흐름을 무부채자본비용으로 할인한다.
③ 이자세금방패의 현재가치를 계산한다.
④ 잉여현금흐름을 세전 WACC으로 할인한다.

06 (★★★) ㈜한라는 지금 100억원을 투자하면 1년 후 130억원의 현금흐름이 예상되는 프로젝트를 평가하고 있다. 이 프로젝트는 ㈜한라의 나머지 사업들과 유사한 위험을 갖고 있다. 투자 자금 중 54.6억원은 부채로 조달할 예정이다. ㈜한라의 세전 가중평균자본비용은 12%, 부채비용(debt cost of capital)은 8%, 한계법인세율은 30%이며, 회사의 부채비율을 항상 일정하게 유지한다.

(1) 프로젝트에 투자하는 경우, 현재와 1년 후의 잉여현금흐름(FCF)은 각각 얼마인가?
(2) 프로젝트의 APV를 계산하시오.
(3) ㈜한라는 부채비율을 몇 퍼센트로 유지하고 있는가?
(4) ㈜한라의 자기자본비용(equity cost of capital)은 몇 퍼센트인가?
(5) 프로젝트의 WACC을 계산하시오.
(6) WACC법을 사용해 프로젝트의 순현가를 계산하시오.

07 (★★★) 태백기업의 사업가치(enterprise value)는 20조원, 자기자본의 시장가치는 15조원이다. 이 회사의 자기자본비용(equity cost of capital)은 10%, 부채비용(debt cost of capital)은 6%, 한계법인세율은 40%이다. 태백기업은 향후 3년 동안 다음과 같은 현금흐름이 예상되는 투자프로젝트를 구상하고 있다.

(단위: 1억원)

연도	0	1	2	3
잉여현금흐름	−120	40	60	80

이 프로젝트의 위험은 태백기업 사업가치의 위험과 유사하다. 태백기업은 현재의 부채비율을 유지하는 부채정책을 갖고 있다.

(1) 태백기업의 무부채자본비용(unlevered cost of capital)을 계산하시오.

(2) 태백기업의 WACC을 계산하시오.
(3) WACC법으로 프로젝트의 가치와 순현가를 계산하시오.
(4) 프로젝트의 부채규모(debt capacity)가 어떻게 변할지 연도별로 계산하시오.
(5) 문제 (4)에서 계산한 부채규모를 이용해 이자세금방패의 현재가치를 계산하시오.
(6) APV법을 사용하여 문제 (3)과 동일한 결과가 나오는지 검증하시오.
(7) 프로젝트의 주주잉여현금흐름(free cash flow to equity)을 계산하시오.
(8) FTE법으로 프로젝트의 순현가를 계산해 문제 (3)과 동일한 결과가 나오는지 검증하시오. 문제 (4)에서 계산한 부채규모를 이용한다.

08 (★★★) (주)설악기업의 내년도 EBIT는 2,100만원일 것으로 예상되고 시장은 이러한 이익이 연간 2.7%의 비율로 증가할 것으로 기대한다. 회사는 순투자를 하지 않고(즉, 자본지출은 감가상각과 동일하다), 또한 순운전자본을 변경하지 않을 것이다. 현재 이 회사는 무위험 부채 5,250억원을 가지고 있으며 매년 부채비율을 일정하게 유지하기 때문에, 부채는 평균 2.7%씩 증가할 것이다. 무위험 이자율이 4.5%, 시장의 기대수익률이 9.9% 법인세율은 20%라고 가정한다. 이 업계의 자산 베타는 1.27이다.

(1) 만일 (주)설악기업이 무차입 기업이라면 (주)설악기업의 시장가치는 얼마인가?
(2) 부채에 대한 이자율이 합리적으로 책정된다고 가정한다면, 내년에 (주)설악기업이 지불할 이자는 얼마인가?
(3) 비록 (주)설악기업의 채무(채무불이행 없음)가 무위험이라고 하더라도, (주)설악기업의 채무의 미래 성장은 불확실하기 때문에 미래 이자지급액의 정확한 금액은 불확실하다. 미래 이자 지급액이 (주)설악기업의 자산과 동일한 베타를 가진다고 가정하면, (주)설악기업의 이자의 세금 절감액의 현재가치는 얼마인가?
(4) APV방법을 사용하면, (주)설악기업의 총 시장가치 VL은 얼마인가? (주)설악기업 주식의 시장가치는 얼마인가?
(5) (주)설악기업의 WACC는 무엇인가?
(6) WACC방법을 사용하면, (주)설악기업의 주식에 대한 기대 수익률은 얼마인가?
(7) 채무증가로 인한 조달금액이 주주에게 지급된다고 가정할 때, 주주가 1년 이내에 받을 것으로 예상되는 현금흐름은 무엇인가? 이 현금흐름은 어느 정도의 속도로 증가할 것으로 예상되는가?

09 (★★) ㈜소백기업은 현재 108억원의 투자가 필요한 프로젝트의 착수를 고려중이다. 이 프로젝트는 1년 후 118억원의 현금흐름을 제공하며 100% 부채를 통해 자금을 조달하기로 했다. 즉, 108억원를 차입할 것이다. 무위험 이자율은 4%이며, 세율은 20%이다. 무차입 투자를 할 경우 투자가 연말에 완전히 감가상각된다고 가정하면, 프로젝트 현금흐름과 투자금액의 차이, 즉 10억원에 대해 세금이 적용된다.

(1) APV방법을 통하여 투자 기회의 NPV를 계산하시오.

(2) (1)에서의 답을 이용하여 이 프로젝트의 WACC를 계산하시오.

(3) WACC방법을 사용하여 NPV를 계산하여도 동일한 값을 얻었는지 확인하시오.

(4) 마지막으로 주주 귀속 현금흐름(FTE)도 투자기회의 NPV값을 정확하게 나타낸다는 것을 보이시오.

13 연습문제 정답 및 해설

Exercise

02 ②

부채규모를 미리 알 수 있는 경우에는 편리한 방법은 WACC법이 아닌 APV법이다.

03 ①

② 주주잉여현금흐름=잉여현금흐름−세후이자비용+순차입

③ 투자규모의 50%가 아니라 프로젝트의 시장가치의 50%만큼 부채를 발행해야 한다.

④ 수정된 MM 명제I 또는 상충이론을 직접 가치평가에 적용할 수 있는 방법은 APV법이다.

04 ④

WACC법이나 APV법에서는 무부채기업을 가정하여 프로젝트로부터 발생할 잉여현금흐름을 계산한다.

05 ①

②, ③은 APV법의 절차이며, ④에서의 잉여현금흐름은 세후 WACC으로 할인해야 한다.

06 (1) $FCF_0 = -100$

1년 후: 이 프로젝트의 이익 30억원(=130−100)에 대해 30%에 해당하는 9억원만큼 법인세를 납부해야 한다. 따라서 현금흐름 130억원에서 법인세로 인한 현금유출 9억원을 차감하면 $FCF_1 = 121$억원이다.

(2) 회사의 부채비율을 항상 일정하게 유지하면 세전 가중평균자본비용(pre−tax WACC)과 r_U는 같다. 따라서 $r_U = 12\%$.

무부채프로젝트의 가치: $V_U = \dfrac{121}{1+12\%} = 108.04$억원

회사의 부채비율을 항상 일정하게 유지하면 r_U를 이자세금방패의 할인율로 사용할 수 있다.

이자세금방패의 현재가치: $S = \dfrac{54.6(8\%)(0.3)}{1+12\%} = 1.17$억원

APV: $V_L = V_U + S = 108.04 + 1.17 = 109.21$억원

(3) (주의할 것: 자산 대비 부채비율이 투자액 100억원의 54.6%라고 생각하면 안 된다. 프로젝트의 자산가치의 비율로 계산해야 한다.)

자산 대비 부채비율 $d = \dfrac{54.6}{109.21} = 0.5$이다. 따라서 부채비율은 100%이다.

(4) $r_E = 12\% + 1(12\% - 8\%) = 16\%$

(5) $r_{WACC} = \dfrac{E}{D+E} r_E + \dfrac{D}{D+E} d r_D (1-\tau_C) = \dfrac{1}{2}(16\%) + \dfrac{1}{2}(8\%)(1-0.3) = 10.8\%$

(6) $V_0 = \frac{121}{1.108} = 109.21$억원, $NPV = V_0 -$ 초기투자 $= 109.21 - 100 = 9.21$억원. 문제 (2)의 답과 일치한다.

07

(1) 태백기업의 순부채는 5조원이다. $r_U = \frac{15}{20} \times 10\% + \frac{5}{20} \times 6\% = 9\%$

(2) $r_{WACC} = \frac{15}{20} 10\% + \frac{5}{20} 10\%(1-0.4) = 8.4\%$

(3) 프로젝트의 가치 $V_0 = \frac{40}{1.084} + \frac{60}{1.084^2} + \frac{80}{1.084^3} = 150.77$억원, $NPV = 150.77 - 120 = 30.77$억원

(4) $V_t = \frac{FCF_{t+1} + V_{t+1}}{1.084}$ 공식을 이용해 V_t을 계산한다. 자산대비 부채비율이 0.25이므로 V_t에 0.25를 곱하면 D_t가 계산된다. 이 계산을 연도 3부터 시간 역순으로 진행한다.

연도	0	1	2	3
FCF_t	−120	40	60	80
V_t	150.77	123.43	73.80	0
D_t	37.69	30.86	18.45	0

(5) 전년도 말의 부채와 부채비용 6%를 적용해 이자비용을 계산한다. 법인세율 40%를 적용해 이자세금방패를 계산한다. 부채비율이 일정한 경우이므로 이자세금방패의 기대수익률(r_S)과 무부채기업의 기대수익률(r_U)이 같다. 따라서 이자세금방패의 할인율로는 문제 (1)에서 계산한 무부채자본비용 9%를 사용한다.

연도	0	1	2	3
부채규모	37.69	30.86	18.45	0
이자비용	0	2.26	1.85	1.11
이자세금방패	0	0.90	0.74	0.44

이자세금방패의 현재가치: $S = \frac{0.90}{1.09} + \frac{0.74}{1.09^2} + \frac{0.44}{1.09^3} = 1.795$억원

(6) 먼저 무부채자본비용 9%로 무부채프로젝트의 가치를 계산한다.

$$V_U = \frac{40}{1.09} + \frac{60}{1.09^2} + \frac{80}{1.09^3} = 148.97\text{억원}$$

따라서 APV는 $V_L = V_U + S = 148.97 + 1.795 = 150.77$억원으로 계산된다. 이 값은 문제 (3)의 V_0와 일치한다.

(7)

연도	0	1	2	3
이자비용	0	2.26	1.85	1.11
세후 이자비용	0	1.36	1.11	0.66

부채규모	37.69	30.86	18.45	0
순차입(△부채규모)	37.69	−6.83	−12.41	−18.45
FCF_t	−120	40	60	80
−세후 이자비용	0	−1.36	−1.11	−0.66
+순차입(△부채규모)	37.69	−6.83	−12.41	−18.45
$FCFE_t$	−82.31	31.81	46.48	60.89

주주잉여현금흐름을 자기자본비용 10%로 할인해 합산한다.

$$NPV = -82.31 + \frac{31.81}{1.1} + \frac{46.48}{1.1^2} + \frac{60.89}{1.1^3} = 30.77\text{억원}$$

문제 (3)의 결과와 정확하게 일치한다.

08 (1) ㈜설악기업의 무차입 잉여현금흐름(FCF)은 2,100×(1−0.2)=1,680억원이다. CAPM으로부터 ㈜설악기업의 무차입 자본비용은 다음과 같음을 알 수 있다.

$$r_E = 4.5\% + 1.27 \times (9.9\% - 4.5\%) = 11.358\%$$

2.7%의 성장을 가정하여 성장연금모형을 이용해 잉여현금흐름을 할인하면 기업의 가치는 다음과 같다.

$$V_U = \frac{1{,}680}{0.11358 - 0.027} = 19{,}404\text{억원}$$

(2) 부채는 무위험이기 때문에 이 부채에 대해 지급되는 이자율은 무위험이자율인 4.5%와 같아야 한다. 그렇지 않으면 차익거래 기회가 있을 것이다. 회사는 내년에 5,250억원의 부채를 지고 있다. 이자 지급은 그것의 4.5%인 236.25억원이 될 것이며, 부채가 매년 2.7%씩 늘어나면 이자상환액도 그만큼 늘어난다.

(3) 내년 세금 절감액의 예상가치는 236.25억원×20%=47.25억원이 될 것이며, 부채의 증가에 따라 2.7%의 비율로 성장할 것이다. 그러나 ㈜설악기업은 현금흐름에 따라 1년 동안 신규채무를 추가하거나 일부 채무를 상환할 수 있기 때문에 정확한 세금 절감액을 파악하는 것은 어렵다. 이렇게 되면 세금 절감액의 실제 액수가 불확실해진다. 부채로 인한 세금 절감액의 베타는 1.27이므로 적정 할인율은 4.5%+1.27%(9.9%−4.5%)=11.358%이다. 성장연금공식을 사용하여 다음과 같이 결론을 내릴 수 있다.

$$PV(ITS) = \frac{47.25}{0.11358 - 0.027} = 545.74\text{억원}$$

(4) APV법에 따르면 부채가 있는 기업의 가치는 회사의 모든 주식 가치와 세금 절감액의 합계와 같다. 앞의 문제에서 구한 값을 이용하면 ㈜설악기업의 총 시장가치를 구할 수 있다.

V(설악기업) = 19,404 + 545.74 = 19,950억원.

그러므로 주식의 시장가치는 V − D = 19,950 − 5,250 = 14,700억원.

(5) 내년의 잉여현금흐름은 2,100(1 − 0.2) = 1,680억원이다. 이는 2.7% 성장할 것으로 예상되므로 WACC는 다음을 충족해야 한다.

$$V_L = \frac{1,680}{r_{WACC} - 0.027} = 19,950 \quad \text{따라서 } r_{WACC} = 11.12\%$$

(6) $r_{WACC} = \frac{E}{V} \times r_E + \frac{D}{V} \times r_D \times (1 - \tau_C)$로 나타낼 수 있다.

부채에 대한 이자율은 4.5%이며 부채의 가치는 5,250억원, 기업의 가치는 19,950억원이므로 자기자본의 가치는 14,700억원이다. 위의 식에 대입하면 다음과 같은 결과를 얻을 수 있다.

$$11.12\% = \frac{14,700}{19,950} \times r_E + \frac{5,250}{19,950} \times 4.5\% \times (1 - 0.2) \Rightarrow r_E = 13.8\%$$

(7) 부채는 5,250(1 + 0.027) = 5,391.75억원으로 늘어날 것으로 예상되므로 이러한 부채 증가로 주식보유자는 141.75억원을 받게 된다. 이러한 수익은 매년 2.7% 증가할 것이다. 2년차 부채는 5,250(1 + 0.027)² = 5,537.33억원으로, 부채 증가액은 1년차 수익률 141.75억원보다 2.7% 높은 145.58억원이 될 것이다. 따라서 첫 해 말에 예상되는 FCF는 EBIT − 이자 − 세금 + 부채 수익, 또는 FCFE = (2,100 − 236.25)(1 − 0.2) + 141.75 = 1,632.75억원.

이 같은 현금 흐름은 연간 2.7% 성장할 것으로 예상된다. 따라서 자본가치를 계산하는 또 다른 방법은 (f)에서 계산한 주식의 기대수익률 13.8%을 이용하여 직접 현금흐름을 할인하는 것이다.

$$E = \frac{FCFE}{r_E - g} = \frac{1632.75}{0.138 - 0.027} = 14,700$$

이는 APV를 사용하여 (d)에서 계산한 값과 일치한다(반올림에 따른 오차 존재).

09 (1) 연말 잉여현금흐름(세후) = 118 − 0.2 × 10 = 116억원

$V^U = 116/1.04 = 111.54$억원

PV(ITS) = 20% × 4% × 108/1.04 = 0.83억원

$V^L = 111.54 + 0.83 = 112.37$억원

NPV = 112.37 − 108 = 4.37억원

(2) $r_u = r_d = 4\%,\ d = 108/112.37$

$\tau_c = 20\%,$

WACC = 4% − (108/112.37)(0.2)(4%) = 3.23%

(3) $V^L = 116/1.0323 = 112.37$억원

NPV = 112.27 − 108 = 4.37억원

(4) $FCFE_0 = 0$

$FCFE_1 = 116 - 4\%(108)(1 - 0.2) - 108 = 4.54$억원

$r_E = 4\%$(무위험이므로)

NPV = 4.54/1.04 = 4.37억원

제14장

옵　션

Financial Management

CHAPTER 14

옵 션

옵션(option)은 주식이나 채권 등을 기초자산으로 하여 만들어진 대표적인 파생상품(derivative) 중 하나이다. 옵션은 투자원금 전액을 잃어버릴 위험을 가지고 있는 반면, 적은 금액으로 상대적으로 큰 이익을 얻을 수 있어 레버리지가 매우 높다. 또한, 여러 옵션 또는 다른 상품과 결합하여 다양한 손익구조를 만들 수 있다. 이러한 이유로 옵션은 현물 포지션의 위험을 선택적으로 관리할 때 널리 활용된다. 이 단원에서는 옵션을 활용한 위험관리를 배우기에 앞서 파생상품의 기초와 옵션의 원리에 대해 배운다. 구체적으로, 먼저 파생상품의 종류와 기능에 대해 살펴보고, 만기시 옵션의 가치가 어떻게 결정되는지에 대해 학습한다. 다음으로 옵션가격의 결정요인에 대해 살펴보고, 시장의 균형상태에서 콜옵션과 풋옵션 가격 사이에 어떤 관계가 성립하는가를 보여주는 풋－콜 패러티에 대해 공부한다. 마지막으로 앞에서 살핀 옵션 특징에 대한 이해를 토대로 기업의 자기자본과 부채가 어떤 옵션적 특징을 가지는가를 생각해보고 실물옵션에 대하여 살펴본다. 옵션을 활용한 위험관리는 다음 단원에서 선물에 대해 공부한 후 선물과 같이 다루기로 한다.

1. 파생상품의 개요

1.1 파생상품의 종류

파생상품(derivative)은 기업이 자본조달을 위해 발행하는 증권과 달리 거래소나 금융회사가 투자자들의 다양한 수요를 충족시키고자 금융공학을 이용하여 개발한 금융상품이다. 파생상품은 기초자산으로부터 파생된(derived) 상품이며, 가치와 투자손익이 기초자산에 의존하여 변동하므로 조건부청구권(contingent claim)이라고 부르기도 한다. 기초자산의 범위는 전통적인 금융상품인 주식, 채권, 통화는 물론 실물상품인 귀금속, 광물, 농축산물, 다른 파생상품, 신용위험, 날씨 등 매우 광범위하다. 실물상품이 기초자산인 파생상품을 실물파생상품(commodity derivative), 기초자산이 금융상품인 파생상품을 금융파생상품(financial derivative)이라 한다. 또한 파생상품은 거래되는 장소에 따라 거래소에서 거래되는 장내 파생상품과 거래소 밖에서 거래되는 장외 파생상품으로 구분된다.

기본적 파생상품은 옵션, 선물, 스왑으로, 대부분의 파생상품들은 이들 3개의 기본적 파생상품의 특성을 변형하고 결합하여 개발된다. 옵션(option)은 미리 정해진 만기 또는 그 이전에 사전에 정한 가격으로 기초자산을 사거나 팔 수 있는 권리를 말한다. 선물(futures) 또는 선도(forward)는 미리 정해진 만기에 사전에 정한 가격으로 기초자산을 사거나 파는 계약을 말한다. 스왑(swap)은 거래 당사자 사이에 현금의 흐름을 교환하는 계약이다. 이 단원에서 옵션에 대해서, 다음 단원에서 선물에 대해서 공부한 후 선물과 옵션을 활용한 위험관리를 다룬다. 본 서에서는 스왑을 다루지는 않는다. 스왑의 자세한 내용은 투자론이나 파생상품론에서 공부할 수 있다.

파생상품의 가치와 투자손익은 기초자산의 가격 변동에 의해 결정된다.

1.2 파생상품의 기능

다양한 거래방식으로 현금흐름 창출

파생상품을 활용하면 다양한 거래방식으로 현금흐름을 창출할 수 있다. 기초자산이나 파생상품을 보유하지 않아도 매도가 가능하며, 기초자산 가격이 하락하는 시기 또는 특정한 상황 하에서도 수익을 창출하는 등 투자전략을 다양하게 추구할 수 있다. 또한 투자위험을 조절하기 위해 위험을 분리하거나 거래하는 등의 위험관리 목적으로 활용되기도 한다.

파생상품을 활용한 거래방식에는 투기거래(speculation), 차익거래(arbitrage), 헤지거래(hedge)가 있다. 투기거래는 파생상품 가격변동에 따른 시세차익의 획득을 목적으로 위험을 감수하고 파생상품의 포지션을 취하는 거래이다. 차익거래는 파생상품의 시장가격과 이론적 가격 간의 괴리가 발생시, 가격간 차이를 얻기 위해 파생상품을 통해 반대 포지션으로 거래하여 차익을 획득하는 경우를 말한다. 헤지거래는 주로 기초자산에서 발생하는 가격변동 위험을 없애기 위해 파생상품과 현물을 반대 포지션으로 취하는 거래이다.

거래비용의 절감

파생상품의 가격은 기초자산의 가치로부터 결정되므로 거래비용이 현물의 거래비용보다 훨씬 저렴하다. 또한 선물거래의 경우 증거금(margin)만을 예치하고 거래에 참여할 수 있다. 따라서 파생상품거래에는 현물보다 높은 투자수익을 창출하는 레버리지(leverage) 효과가 발생한다. 이러한 저렴한 거래비용과 레버리지의 효과로 인해 투자자들의 참여가 활발하여 현물시장보다 유동성이 높고, 시장의 정보효율성도 높다.

가격발견

가격발견(price discovery)은 시장에서 거래를 통해 가격이 형성되는 과정이다. 투자자들은 현물시장보다 상대적으로 레버리지가 크고 거래비용이 저렴한 파생상품을 선호하여 기초자산 가격에 대한 정보를 효율적으로 수집하고 거래한다. 파생상품 시장은 기초자산의 미래 가격에 대한 시장참여자들의 예측을 반영하여, 기초자산에 대한 가격발견 기능을 수행한다. 투자자들은 이러한 파생상품의 가격발견 기능을 이용하여 다양한 방식으로 거래를 하며, 거래과정에서 가격발견 기능의 효율성이 다시 높아지는 상호작용 효과를 가져온다.

2. 옵션의 개요

2.1 옵션의 정의

옵션이란 특정 자산(기초자산)을 미리 정해진 기한(만기) 내에 미리 정한 가격(행사가격)에 사거나(콜옵션, call option) 팔 수 있는(풋옵션, put option) 권리를 말한다. 예를 들어 1년 후에 어떤 주식을 5만원에 살 수 있는 옵션이 있다고 하자. 이 옵션의 기초자산은 주식, 만기는 1년, 행사가격은 5만원이며, 살 수 있는 권리이어서 콜옵션이다. 만약, 이 옵션의 보유자가 1년 후에 권리를 행사한다면, 그 시점의 해당 주식의 주가가 얼마이든 상관없이 행사가격 5만원에 주식을 살 수 있다.

옵션을 행사함으로써 얻게 되는 자산은 옵션의 가치를 결정하는 기초가 되므로 기초자산(underlying asset)이라고 한다. 옵션의 행사(exercise)란 기초자산의 시장가격이 행사가격에 비하여 유리할 경우 계약의 내용을 이행하도록 요구하는 행위이다. 옵션거래에서는 기초자산을 사거나 파는 가격이 미리 정해져 있으며 이를 행사가격(exercise price 또는 strike price)이라고 한다. 또한 옵션을 행사할 수 있는 기간을 옵션의 잔여만기(maturity)라고 하며, 최종행사일을 만기일(expiration date)이라고 한다. 옵션의 효력은 만기일까지이며, 옵션 보유자의 행사 여부와 관계없이 만기일이 경과하면 옵션은 소멸한다.

옵션은 기본적으로 권리이다. 따라서 옵션을 행사하는 것이 경제적으로 불리하다고 생각되면 굳이 행사하지 않아도 된다. 위의 예에서 1년 후 주가가 4만원이 된다면, 시장에서 4만원에 매입하는 것이 옵션을 행사해서 5만원에 매입하는 것보다 유리하므로 옵션 매입자는 권리를 포기할 것이다. 반대로 1개월 후 주가가 6만원이 된다면, 옵션을 행사해서 5만원에 매입하는 것이 시장에서 6만원에 매입하는 것보다 유리하므로 옵션 매입자는 권리를 행사할 것이다.

옵션 매입자(buyer 또는 holder)는 옵션 매도자(seller 또는 writer)로부터 기초자산을 매매할 수 있는 권리를 얻게 되므로 이에 대한 대가를 지불하여야 한다. 이 대가를 옵션 프리미엄(option premium)이라 하는데, 옵션가격으로 이해하면 된다. 옵션 매도자는 옵션 발행자라고도 하며 옵션 매입자로부터 프리미엄을 받는 대신 매수자의 권리행사에 대해 계약을 이행할 의무를 지닌다. 즉, 위의 예에서 보면 옵션 매입자가 행사를 하면 옵션 매도자는 시장에서 6만원에 거래되는 주식을 행사가격인 5만원에 옵션 매입자에게 인도해야 한다. 그러나 옵션 매입자가 만기일에 행사를 하지 않으면, 옵션 매도자는 주식을 인도하지 않아도 된다.

이상의 내용으로만 본다면 옵션은 매입자에게 절대적으로 유리하며 매도자에게는 불리한 계약이다. 옵션이 매입자에게 유리한 계약이므로 옵션이 거래되려면 매도자에게 권리인 옵션의 대가를 지불해야 한다. 옵션 매도자는 옵션 매입자가 행사를 포기할 경우에는 옵션 프리미엄을 확보할 수 있기 때문에 거래를 하는 것이다.

옵션 매입자는 권리만을 가지며, 옵션 매도자는 의무만을 가진다.

2.2 옵션의 종류

옵션은 기초자산을 살 수 있는 권리와 팔 수 있는 권리로 구분할 수 있다. 앞서 소개했듯이 살 수 있는 권리를 콜옵션, 팔 수 있는 권리를 풋옵션이라 한다. 앞의 예에서 옵션 매입자는 주식을 살 수 있는 권리를 가지고 있으므로 콜옵션을 매입한 것이 된다. 만일 주식을 행사가격으로 팔 수 있는 권리라면 이는 풋옵션이다. 만기와 관련해서는 미국식 옵션과 유럽식 옵션으로 분류할 수 있다. 미국식 옵션(American option)은 미리 정해진 기간 내에는 언제라도 권리를 행사할 수 있는 옵션을 말하고, 유럽식 옵션(European option)은 미리 정해진 만기일 단 하루에만 권리를 행사할 수 있는 옵션을 말한다. 앞의 예에서는 1년 후의 만기일에만 행사 여부가 결정되므로 유럽식 옵션이다.

2.3 옵션의 거래방식

옵션을 매입한 상태를 매입포지션(long position)이라고 하고, 옵션을 매도한 상태를 매도포지션(short position)이라고 한다. 옵션은 추상적인 권리이기 때문에 실물자산이 매도자로부터 매입자로 이전되고, 매입자는 매도자에게 그 대가를 지불하는 일반적인 거래방식과는 차이가 있다. 실물자산을 매도하면 매도자는 그 소유권을 상실하지만, 옵션의 매도 포지션은 옵션의 만기일까지도 존속한다. 또한 옵션의 거래시 기초자산을 보유하지 않아도 매도 포지션을 취할 수 있다. 예를 들어, 만기에 콜옵션 매입자가 행사를 한다면, 콜옵션 매도자는 그 때에 기초자산을 시장에서 매입하여 인도하면 된다.

그렇지만 만기일까지 옵션의 매입 포지션이나 매도 포지션을 유지할 필요가 없을 경우에는 반대매매를 통해 자신의 원래 포지션을 청산할 수 있다. 옵션 매입포지션의 경우에는 동일한 조건의 옵션을 매도하면 매입과 매도가 서로 상쇄되며, 이러한 매도 거래를 전매도(long liquidation)라 부른다. 또한 옵션 매도포지션도 동일한 조건의 옵션을 매입하면 매도와 매입이 서로 상쇄되며, 이러한 매입 거래를 환매수(short covering)라 부른다. 최초 포지션에서 결정된 옵션 프리미엄과 반대매매 포지션의 옵션 프리미엄의 차액이 바로 반대매매로 인한 손익이다.

만기일에 기초자산의 가격과 행사가격 간의 관계가 옵션 매입자에게 유리하게 형성되었을 경우, 옵션 매입자는 옵션을 행사하며 옵션 매도자는 이를 이행해야 한다. 그렇지만 만기일에 옵션 행사가 불리한 경우에는 옵션 매입자는 옵션 행사를 포기하고, 옵션 매도자도 의무를 이행하지 않는다.

옵션시장에서는 거래의 이행이 보장되도록 하는 방편으로 옵션 매도자에게 증거금(margin)을 거래구좌에 예치하도록 요구한다. 반면에 옵션 매입자는 옵션 행사의 선택권을 가지기에 계약불이행의 위험이 없으므로 증거금을 예치하지 않아도 된다.

3. 옵션의 만기 가치

옵션의 만기 가치란 옵션의 만기일에 기초자산의 가격에 따라 옵션이 가지는 손익의 형태를 말한다. 유럽식 옵션의 만기 가치는 만기일의 행사 여부에 따라 결정된다. 주식을 기초자산으로 하는 유럽식 콜옵션과 풋옵션의 만기일의 손익은 다음과 같다.

3.1 콜옵션의 만기 가치

콜옵션은 정해진 행사가격으로 주식을 살 수 있는 권리이므로 만기일에 주가가 높을수록 옵션 매입자에게 유리하다. 만기일의 주가가 행사가격보다 높다면 옵션 매입자는 시장에서 거래되는 주가보다 낮은 행사가격으로 살 수 있으므로 행사를 할 것이다. 옵션 매입자가 행사를 하면 (주가－행사가격) 만큼 이익이 발생하며, 이것이 옵션의 만기 가치이다. 반대로 주가가 행사가격보다 낮다면 옵션 매입자는 주식을 시장가격으로 사는 것이 유리하므로 행사를 할 필요가 없다. 옵션을 행사하지 않으면 그 옵션의 가치는 0이 된다.

만기일의 주가를 S_T, 행사가격을 X, 만기일의 콜옵션의 가치를 C_T라 하자. 콜옵션의 가치는 행사 여부에 따라 결정되므로 행사이익이라 할 수 있으며, 식으로 나타내면 다음과 같이 표현할 수 있다.

$$C_T = S_T - X : \ S_T > X$$
$$C_T = 0 \qquad : \ S_T \leq X \text{인 경우}$$

이를 Max 함수를 이용하면 다음과 같이 하나의 식 (14－1)로 나타낼 수 있다.

$$C_T = Max[S_T - X, 0] \tag{14-1}$$

Max 함수는 두 값 중에서 더 큰 값을 산출하는 함수이다. 따라서 주가가 행사가격보다 높으면($S_T > X$), 그 차이는 0보다 클 것이므로 Max 함수값은 $S_T - X$이며, 주가가 행사가격 이하라면($S_T \leq X$), 그 차이는 0이하이므로 Max 함수값은 0이다. 예를 들어 기초자산이 주식인 콜옵션의 프리미엄이 3천원이며, 이 옵션의 행사가격은 5만원이라고 하자. 만기일의 주가에 따른 콜옵션 가치는 [표 14－1]에 나타나 있으며, 이를 그래프로 나타내면 [그림 14－1]과 같다. [그림 14－1]의 (a)에서 만기일의 주가(S_T)가 행사가격(X)인 5만원보다 높다면 매입자는 옵션을 행사하므로 $S_T - X$가 행사이익이다. 순이익은 행사이익에서 옵션 매입자가 지불한 프리미엄을 차감한 값으로 $Max[S_T - X, 0] - C_0$이다. 따라서 콜옵션 매입자는 만기일에 행사를 포기한다면 프리미엄만큼의 한정된 손실을 부담하는 반면, 행사를 한다면 주가가 높을수록 무제한의 행사이익과 순이익을 실현할 수 있다.[1)]

1) 행사이익이 실현되는 시점은 만기이고, 옵션 프리미엄을 지불하는 시점은 옵션을 매입하는 시점이므로 만기시점의 정확한 손익을 계산하려면 화폐의 시간가치를 고려해야 한다. 따라서 콜옵션 매입 순이익선은 [그림

표 14-1 만기 시점의 주가 변화에 따른 콜옵션의 가치

주가(S_T)	10,000	30,000	50,000	70,000	90,000	11,000
콜옵션 가치(C_T)	0	0	0	20,000	40,000	60,000
순이익($C_T - C_0$)	−3,000	−3,000	−3,000	17,000	37,000	57,000

이제 콜옵션 매도자의 현금흐름에 대해 생각해보자. 콜옵션을 매도한 거래자는 만기에 옵션 매입자가 행사하면 행사가격을 수취하고 주식을 양도해야 하지만 옵션 매입자가 행사를 포기한다면 옵션 매도자도 주식을 양도할 의무가 없다. 따라서 만기의 옵션 매도자의 현금흐름은 옵션 매입자와 반대로 실현된다. 주가가 5만원 이하이면 콜옵션 매입자는 옵션을 행사하지 않을 것이므로 콜옵션 매도자는 손실을 부담하지 않는다. 반면에 주가가 5만원을 초과하면 콜옵션 매입자는 옵션을 행사할 것이며, 콜옵션 매도자는 매입자의 행사이익을 $X - S_T$의 손실로 부담한다. 따라서 [표 14−1]에서 콜옵션 가치와 순이익에 (−) 부호를 붙이면 콜옵션 매도 포지션의 행사이익과 순이익이 되며, [그림 14−1]의 (b)와 같다. 옵션 프리미엄을 고려한다면 콜옵션 매도자는 콜옵션 매입자가 옵션을 행사하지 않을 경우에는 옵션을 매도한 대가로 받았던 프리미엄만큼의 이익을 확보하게 된다. 그리고 옵션 매입자가

그림 14-1 콜옵션의 만기일 손익구조

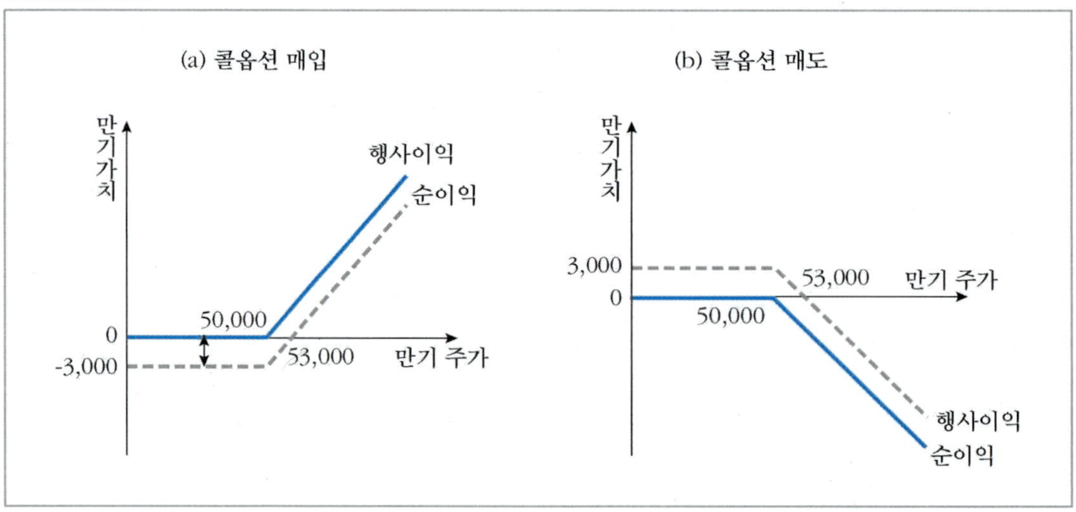

14−1]보다 하향 이동하며, 콜옵션 매도 순이익선은 상향 이동한다.

행사를 할 경우 옵션 매도자의 손익은 프리미엄에서 $S_T - X$을 차감한 값이다. 따라서 콜옵션 매도자의 이익은 옵션 프리미엄으로 제한되는 반면 손실은 무제한이다. 즉, 옵션 매입자의 이익은 곧 매도자의 손실이므로, 매입자의 손익과 매도자의 손익을 합하면 0이 되는 제로섬 게임(zero sum game)이다. [그림 14-1]의 (a)의 콜옵션 매입 포지션과 (b)의 매도 포지션의 만기 가치는 X축을 기준으로 정확히 상하대칭의 모습을 보인다.

[그림 14-1]에서 순이익이 0이 되는 만기의 주가, 즉 콜옵션 거래의 손익분기 주가는 순이익선과 횡축이 교차할 때의 주가인 53,000원이다. 즉, 이는 만기일에 행사가격보다 주가가 높아서 콜옵션을 행사하더라도 순이익이 0보다 크기 위해서는 옵션 프리미엄을 회수할 수 있는 수준으로 주가가 충분히 높아야 한다는 것을 의미한다. 따라서 만기일에 주가가 충분히 상승할 것으로 예측하는 투자자에게 적합한 전략은 콜옵션 매입이며, 반대로 주가가 행사가격보다 하락할 것으로 예측하는 투자자는 콜옵션 매도를 하여 프리미엄을 취할 수 있다.

예제 1 앞 예의 콜옵션에 대해 1개월 후 주가가 6만원인 경우와 4만원인 경우의 콜옵션 수익률과 주식 1주를 매입했을 경우의 수익률을 비교하라.

해설 1개월 후 주가가 6만원인 경우, 콜옵션 이익은 7천원, 투자금액은 3천원이므로 수익률은 233%($=\frac{7,000}{3,000}$). 1개월 후 가격이 4만원인 경우, 콜옵션 이익은 -3천원, 투자금액은 3천원이므로 수익률은 -100%($=\frac{-3,000}{3,000}$).
1개월 후 가격이 6만원인 경우, 주식 이익은 1만원, 투자금액은 5만원이므로 수익률은 20%($=\frac{10,000}{50,000}$). 1개월 후 가격이 4만원인 경우, 주식 이익은 -1만원, 투자금액은 5만원이므로 수익률은 -20%($=\frac{-10,000}{50,000}$).

[예제 1]에서 동일한 기초자산의 가격 변화에 대해 콜옵션 수익률은 주식 수익률의 11.7배(233% vs. 20%) 또는 5배(−100% vs. −20%)임을 알 수 있었다. 콜옵션은 기초자산 그 자체가 아니라 기초자산을 살 수 있는 권리이기 때문에 콜옵션 프리미엄은 기초자산 가격보다 싸다. 반면, 손익은 기초자산의 가격 변화와 비슷하게 결정된다. 때문에 옵션은 레버리지가 매우 높은 금융상품이다. 특히, 만기일에 기초자산의 가격이 행사가격보다 낮아 콜옵션을 행사하지 못하게 되면, 투자원금 전액을 잃게 된다. 따라서 주식, 채권과 같은 일반적인 금융상품과 위험-수익구조가 현저히 다르다는 사실을 숙지하고 옵션 투자에 임해야 한다.

콜옵션의 만기 가치 $C_T = Max[S_T - X, 0]$

3.2 풋옵션의 만기 가치

풋옵션은 정해진 행사가격으로 주식을 팔 수 있는 권리이므로 만기일에 주가가 낮을수록 풋옵션 매입자에게 유리하다. 만기일의 주가가 행사가격보다 낮다면 풋옵션 매입자는 시장에서 거래되는 주가보다 높은 행사가격으로 주식을 팔 수 있으므로 행사를 한다. 옵션 매입자는 행사를 하여 (행사가격－주가) 만큼 이익이 발생하며, 이것이 풋옵션의 만기 가치이다. 반대로 주가가 행사가격보다 높다면 옵션 매입자는 주식을 시장에서 거래되는 가격으로 파는 것이 유리하므로 행사를 할 필요가 없으며 옵션 가치는 0이다.

만기일의 주가를 S_T, 행사가격을 X, 만기일의 풋옵션의 가치를 P_T라 하자. 풋옵션의 가치를 식으로 나타내면 다음과 같이 표현할 수 있다.

$$\begin{aligned} P_T &= X - S_T : \ X > S_T \\ &= 0 \qquad : \ X \leq S_T \text{인 경우} \end{aligned}$$

이를 Max 함수를 이용하면 다음과 같이 하나의 식 (14－2)로 나타낼 수 있다.

$$P_T = Max[X - S_T, 0] \tag{14-2}$$

주가가 행사가격보다 낮으면($X > S_T$), 그 차이는 0보다 클 것이므로 Max함수의 값은 $X - S_T$이며, 주가가 행사가격 이상이라면 그 차이는 0 이하이므로 Max 함수의 값은 0이다. 예를 들어 기초자산이 주식이며 행사가격이 5만원인 풋옵션의 프리미엄이 3천원일 때 만기일의 주가에 따른 풋옵션 가치는 [표 14－2]와 [그림 14－2]와 같다. 만기일의 주가(S_T)가 행사가격(X)인 5만원보다 낮다면 풋옵션을 행사하므로 $X - S_T$이 풋옵션 매입자의 행사이익이다. 순이익은 행사이익에서 옵션 매입자가 지불한 프리미엄을 차감한 값으로 $Max[X - S_T, 0] - P_0$이다. [그림 14－2]의 (a)에서 풋옵션 매입자는 주가가 행사가격 미만이라면 행사를 하지만 주가가 0보다 낮을 수 없으므로 콜옵션과 달리 행사이익과 순이익은 제한적이다. 반면 만기일에 행사를 포기해도 프리미엄만큼의 한정된 손실을 부담한다.

표 14-2 만기 시점의 주가 변화에 따른 풋옵션의 가치

주가(S_T)	10,000	30,000	50,000	70,000	90,000	11,000
풋옵션 가치(P_T)	40,000	20,000	0	0	0	0
순이익(P_T-P_0)	37,000	17,000	−3,000	−3,000	−3,000	−3,000

이제 풋옵션 매도자의 현금흐름에 대해 생각해보자. 만기의 풋옵션 매도자의 현금흐름은 풋옵션 매입자와 반대로 실현된다. 풋옵션을 매도한 거래자는 만기에 옵션 매입자가 옵션을 행사하면 행사가격을 지불하고 주식을 매입해야 하지만 옵션 매입자가 행사를 포기한다면 옵션 매도자도 주식을 매입할 의무가 없다. 주가가 5만원 이상이면 풋옵션 매입자는 옵션을 행사하지 않을 것이므로 풋옵션 매도자의 행사이익은 0이다. 반면에 주가가 5만원 미만이면 풋옵션 매입자는 옵션을 행사할 것이며, 콜옵션 매도자는 $-(X-S_T)$의 손실을 부담한다.

이를 그림으로 표시하면 [그림 14-2]의 (b)와 같다. 옵션 매도자는 옵션 매입자가 옵션을 행사하지 않을 경우에는 옵션을 매도한 대가로 받았던 프리미엄만큼의 이익을 확보하게 된다. 그리고 옵션 매입자가 행사를 할 경우 옵션 매도자의 손익은 $P_0-(X-S_T)$이다. 풋옵션 매입자의 순이익은 행사이익에서 옵션 프리미엄을 차감한 값만큼으로 제한되고, 손실도 옵션 프리미엄으로 제한된다. 따라서 풋옵션 매도자의 손실도 행사이익에서 옵션 프리

그림 14-2 풋옵션의 만기일 손익구조

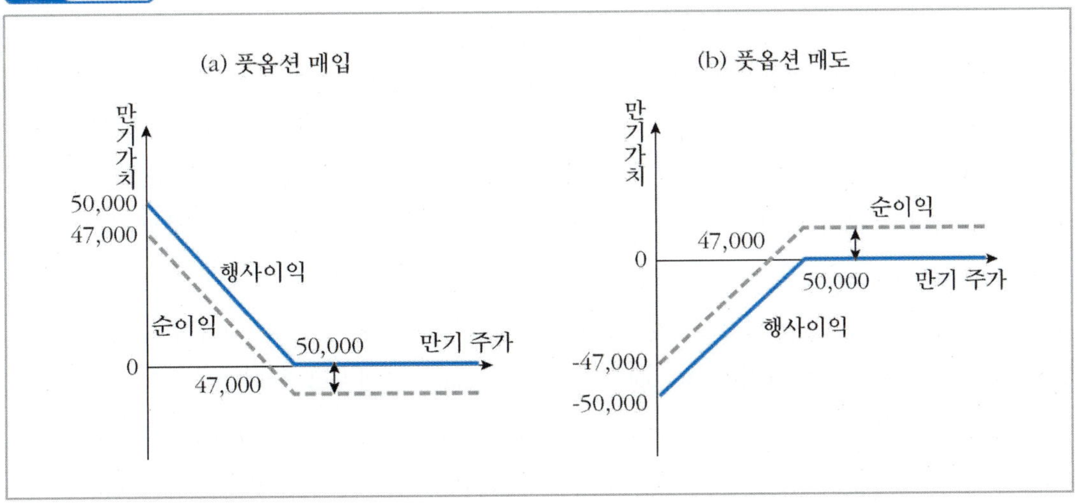

미엄을 차감한 값으로 제한되고, 이익은 옵션 프리미엄으로 제한된다. (b)에서도 매입자의 손익과 매도자의 손익은 횡축을 기준으로 대칭이며, 이는 콜옵션과 같이 매입자와 매도자의 손익을 합하면 0이 되는 제로섬 게임이라는 것을 보여준다.

[그림 14-2]에서 순이익이 0이 되는 만기의 주가, 즉 풋옵션 거래의 손익분기 주가는 순이익선과 횡축이 교차할 때의 주가인 47,000원이다. 즉, 이는 만기일에 행사가격보다 주가가 낮아서 풋옵션을 행사하더라도 순이익이 0보다 크기 위해서는 옵션 프리미엄을 회수할 수 있는 수준으로 주가가 충분히 하락해야 한다는 것을 의미한다. 따라서 만기일에 주가가 행사가격보다 하락할 것으로 예측하는 투자자가 취할 수 있는 전략은 풋옵션 매입이며, 반대로 주가가 상승할 것으로 예측하는 투자자는 풋옵션 매도를 하여 옵션 프리미엄을 취할 수 있다.

풋옵션의 만기 가치 $P_T = Max[X - S_T, 0]$

4. 옵션 프리미엄의 구성

4.1 옵션의 내재가치와 시간가치

만기일 전에라도 지금 당장 옵션을 행사한다면 얻을 수 있는 행사이익을 옵션의 내재가치(intrinsic value)라 한다. 내재가치는 결국 기초자산 가격과 행사가격 간의 관계에 따른 옵션의 행사 가능성에 따라 결정되며, 이를 가격성(moneyness)이라 한다. 콜옵션 매입자는 현재 기초자산 가격이 행사가격보다 높고 만기일까지 지속한다면 옵션을 행사할 수 있을 것으로 기대한다. 반대로 현재 기초자산 가격이 콜옵션 행사가격보다 낮다면 만기일의 옵션의 행사 가능성이 낮을 것으로 예상할 것이다. 전자의 경우를 옵션의 내가격(ITM, in-the-money) 상태, 후자를 외가격(OTM, out-of-the-money) 상태라고 한다. 시장가격과 행사가격이 동일한 경우를 등가격(ATM, at-the-money) 상태라고 한다. 시장가격과 행사가격이 가까운 경우는 근가격(NTM, near-the-money), 먼 경우는 심가격(DTM, deep-the-money)라고 하며, 근외가격(near−out−of−the−mony), 심내가격(deep−in−the−money)과 같이 사용한다. 풋옵션의 경우에는 콜옵션과 반대로 현재 기초자산 가격이 행사가격보다 낮으면 내가격 상태이며, 높으면 외가격 상태이다. 내가격 콜옵션의 내재가치는 $S_0 - X$이고, 내가격 풋옵션의 내재가치는 $X - S_0$이다. 또한 외가격옵션은 행사하는 것이 불리하므로 내재가치는 0이다.

주식의 현재 가격이 4만원, 1년 후 만기가 되는 콜옵션의 행사가격이 5만원이라 한다면 이 콜옵션은 외가격 상태에 있으므로 이 옵션의 가치는 0이라고 생각할 수도 있다. 그렇지만, 이러한 외가격 옵션도 시장에서 가격이 형성되어 거래된다. 만기가 될 때까지 기초자산의 가격이 5만원 이상으로 상승할 가능성은 있으므로 실제로는 0보다는 큰 가치를 가진다. 이 부분이 바로 시간가치(time value)인데, 시간가치는 잔존 만기 동안 기초자산 가격의 변동에 따라 이익을 얻을 수 있는 가능성에 대한 가치이다. 주가가 4만원에서 2만 5천원으로 하락하거나 5만 5천원으로 상승할 확률이 동일하다 하더라도, 4만원에서 2만 5천원으로 떨어진다면 행사이익은 여전히 0원이지만, 5만 5천원으로 오른다면 행사이익이 5천원이 되기 때문에 옵션에 시간가치가 있다. 결국 시장에서 거래되는 옵션 프리미엄은 내재가치와 시간가치로 구성된다.

[그림 14−3]은 만기일 전의 콜옵션의 가치를 표현한 것이다. 기초자산의 가격이 행사가격에 비해 매우 낮으면 행사 가능성이 적으므로 옵션 가치는 거의 0에 가까울 것이고, 행

그림 14-3 만기 전 콜옵션의 가치

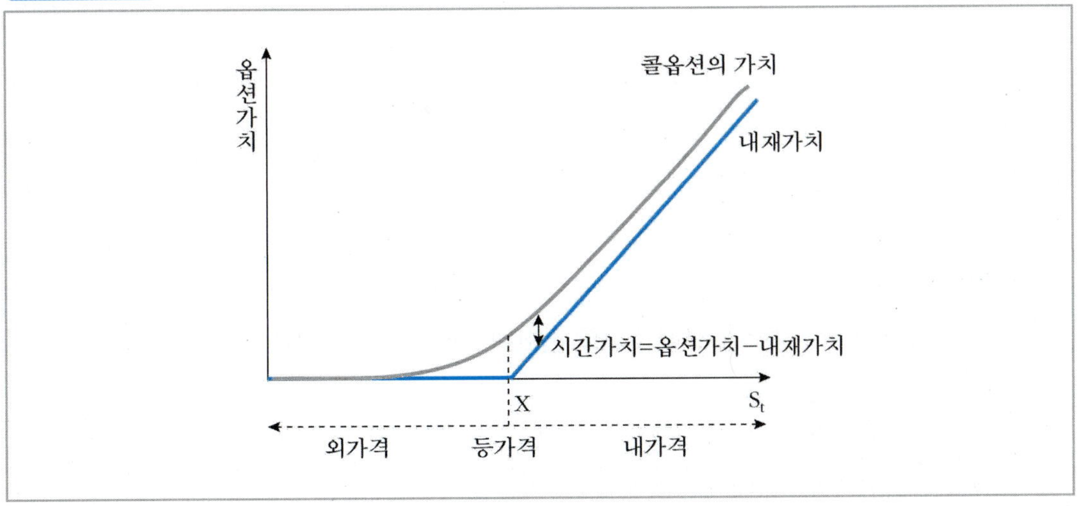

사가격에 비해 매우 높으면 옵션 가치는 내재가치에 근접해질 것이다.[2] 등가격에 가까울수록 내재가치에 비해 시간가치가 상당히 커지는데 그 이유는 기초자산의 가격이 조금만 상승해도 행사이익이 생기지만, 조금 하락하더라도 행사이익은 원래 0원에서 바뀌지 않기 때문이다. 만기일에는 시간가치가 0이므로 옵션의 가치는 내재가치만 존재하며, 이는 옵션의 행사이익과 같다.

옵션의 시간가치는 옵션 프리미엄에서 행사할 때 얻을 수 있는 가치인 내재가치를 차감한 것이다.

4.2 옵션가격의 결정요인

시장에서 거래되는 옵션가격은 만기일까지 남은 시간 동안 행사 가능성에 영향을 미치는 여러 가지 요인들을 반영하여 결정된다. 옵션에 투자할 때 다음과 같이 옵션가격에 영향을 미치는 요인과 가격 간의 관계를 파악하면 유용하다.

기초자산의 가격

콜옵션은 기초자산의 가격이 행사가격보다 높아야 행사이익이 생긴다. 따라서 기초자산의 가격이 높을수록 내재가치가 높아지고, 콜옵션의 가격도 높아지므로 기초자산 가격이 상승하면 콜옵션 가격도 상승한다. 반대로 풋옵션은 기초자산의 가격이 행사가격보다 낮아야 행사이익이 생긴다. 따라서 기초자산의 가격이 높을수록 내재가치가 낮아지고, 풋옵션의 가격도 낮아지므로 기초자산 가격이 상승하면 풋옵션 가격은 하락한다.

행사가격

앞서 설명한 바와 같이 콜옵션은 기초자산의 가격이 행사가격보다 높아야 행사이익이

2) 심외가격 콜옵션은 내재가치가 0에 가까우므로 프리미엄이 상당히 낮지만, 만기일에 기초자산 가격이 상승하면 프리미엄도 급등하므로 높은 수익률을 얻을 수 있다. 심외가격의 옵션은 행사가능성의 확률이 낮지만, 행사를 한다면 큰 수익을 얻을 수 있는 복권 특성을 가진다.

생긴다. 따라서 행사가격이 높은 옵션일수록 내재가치가 낮아지고, 콜옵션의 가격도 낮아진다. 반대로 풋옵션은 행사가격이 높을수록 내재가치가 높아지고, 풋옵션의 가격도 높아진다.

기초자산의 가격 변동성

기초자산인 주식의 변동성(volatility)이 클수록 주가가 큰 폭으로 오르거나 떨어질 가능성이 높다. 주가가 오르는 경우 콜옵션 매입자는 이익을 보지만 주가가 떨어지는 경우에는 그 손실은 프리미엄으로 제한된다. 마찬가지로 주가가 하락하는 경우에 풋옵션 매입자는 이익을 볼 수 있지만, 주가가 오르는 경우에 손실은 프리미엄으로 제한된다. 따라서 변동성이 클수록 옵션의 이익 실현 가능성은 높아지므로 콜옵션과 풋옵션 가격도 모두 상승한다.

잔존만기

옵션의 만기까지의 기간이 길수록 남은 기간 동안 주가가 변동하여 내가격이 될 가능성은 높아진다. 따라서 잔존만기가 길수록 콜옵션과 풋옵션 모두 시간가치가 높아지고 가격도 높아진다. 반면에 만기가 가까워올수록 잔존만기는 짧아지므로 옵션의 시간가치는 감소한다. 이를 시간가치의 잠식효과(decay effect)라 한다.

무위험이자율

콜옵션을 만기에 행사하여 기초자산 매입에 지출해야 하는 현금의 현재가치는 무위험이자율이 높을수록 낮아진다. 콜옵션을 행사하여 지불하는 현금은 만기에 유출되므로 그 사이에 화폐의 시간적 가치에 해당하는 이자를 획득할 수 있기 때문이다. 따라서 무위험이자율이 높을수록 이는 콜옵션 매입자에게는 유리하며, 이를 반영하여 콜옵션 가격도 높아진다. 풋옵션의 경우, 옵션을 행사하여 수취하는 행사가격은 만기에 유입되므로 그 사이에 화폐의 시간적 가치에 해당하는 이자수입을 상실하게 된다. 따라서 무위험이자율이 높을수록 풋옵션 매입자에게는 불리하며 이를 반영하여 풋옵션 가격도 낮아진다.

배당수익률

만기 전에 배당금을 지급하는 주식의 경우 배당락일에 주가가 배당금만큼 하락하므로 콜옵션의 내재가치는 하락하며, 풋옵션의 내재가치는 상승하는 효과를 가져온다. 따라서 배당금이 클수록 콜옵션가격은 낮고, 풋옵션가격은 높다.

주식옵션의 가치는 기초자산의 가격, 행사가격, 기초자산 가격의 변동성, 잔존만기, 무위험이자율, 배당수익률의 함수이다.

5. 풋—콜 패리티

풋－콜 패리티(put－call parity)는 동일한 기초자산에 대해 동일한 행사가격과 동일한 만기를 갖는 풋옵션가격과 콜옵션가격 사이의 균형관계를 말한다. 시장이 균형상태에 있다면 풋옵션과 콜옵션의 가격 사이에는 어떤 관계가 성립할까? 이에 대한 해답을 얻기 위하여 다음과 같은 투자전략을 생각해 보자.

① 만기가 T이고 행사가격이 X인 콜옵션 1계약을 C_0에 매도
② 만기가 T이고 행사가격이 X인 풋옵션 1계약을 P_0에 매입
③ 기초자산인 주식을 가격 S_0에 매입
④ $\frac{X}{(1+r)^T}$만큼의 자금을 차입(r＝무위험이자율)

이러한 전략의 현금흐름을 [표 14－3]과 같이 나타낼 수 있다. 전략 ②, ③, ④로 구성된 포트폴리오는 만기에 콜옵션 매입 포지션과 동일한 현금흐름을 창출하므로 콜옵션을 복제한 합성 콜옵션(synthetic call option)이다. 합성 콜옵션의 가치는 실제 콜옵션 가격과 동일해야 한다. 또한 ①, ③, ④로 구성된 포트폴리오도 만기에 풋옵션 매도 포지션의 현금흐름과 동일한 현금흐름을 창출하므로 합성 풋옵션이며 실제 풋옵션 가격으로 평가되어야 한다. [표 14－3]을 보면 거래의 결과로 투자전략의 만기의 가치는 주가가 어떠한 경우이든 0이 되는 것을 알 수 있다.

포트폴리오의 만기 가치는 어느 상황에서도 0이며, 시장에서 차익거래 기회가 존재하기 않기 위해서는 포트폴리오의 현재 가치도 0이 되어야 한다. 이를 정리한 식 (14－3)이 바로 동일한 기초자산에 대해 동일한 행사가격과 만기를 갖는 콜옵션가격과 풋옵션가격의 균형관계를 표현하는 풋－콜 패리티식이다. 만약 콜옵션의 가격을 알고 있다면 동일한 기초

표 14-3 풋-콜 패리티의 도출을 위한 포트폴리오의 현금흐름

거래내용	현재 가치	만기 가치	
		$S_T \leq X$	$S_T > X$
콜옵션 매도(①)	$-C_0$	0	$-(S_T - X)$
풋옵션 매입(②)	P_0	$X - S_T$	0
주식 매입(③)	S_0	S_T	S_T
자금 차입(④)	$\dfrac{-X}{(1+r)^T}$	$-X$	$-X$
포트폴리오	$-C_0 + P_0 + S_0 - \dfrac{X}{(1+r)^T}$	0	0

자산에 대해 행사가격과 만기가 같은 풋옵션의 가격은 이 식으로부터 바로 계산하여 균형가격 여부를 평가할 수 있다.

$$C_0 = P_0 + S_0 - \frac{X}{(1+r)^T} \tag{14-3}$$

예제 2 한라산업㈜의 현재 주가가 1,000인데, 만기가 1년이고 행사가격이 990원인 한라산업㈜의 콜옵션이 150원에 거래된다면, 동일한 만기와 행사가격을 갖는 풋옵션의 가격은 얼마가 되어야 하는지 풋-콜 패리티를 이용하여 구해보라. 단, 무위험 이자율은 10%라 가정하자.

해설 식(14-3)을 이용하여 다음과 같이 구할 수 있다.

$$P_0 = C_0 - S_0 + \frac{X}{(1+r)^T} = 150 - 1{,}000 + \frac{990}{(1+0.1)} = 50\text{원}$$

6. 옵션가격결정모형

6.1 이항옵션가격결정모형

이 절에서는 존 콕스(John C. Cox), 스테펀 로스(Stephen A. Ross), 마크 루빈스타인(Mark Rubinstein)에 의해 개발된 이항옵션가격결정모형(binomial option pricing model)을 소개한다.[3] 이 모형은 기초자산의 가격이 변할 수 있는 경우를 두 가지로만 가정하는 단순한 모형이지만, 옵션가격결정모형의 경제적 의미를 쉽게 이해하도록 해주며, 다기간으로 확장하면 뒤에 소개할 블랙숄즈옵션가격결정모형보다 현실적이라는 점에서 유용한 모형이다. 우선 위험중립가격결정으로 옵션가격을 결정하는 과정을 설명하고, 그 다음에 이항옵션가격결정모형이 왜 성립하는지 설명한다.

옵션가격은 만기일의 기초자산의 가격에 따라 달라진다. 만기일에 기초자산의 가격은 이항분포(binomial distribution)를 가지는 것으로 가정하자. 예를 들어, 현재 백두산업의 주가(S_0)는 5만원이고, 1년 후 주가가 두 배로 상승(수익률 u=1.0)하여 10만원이 되거나, 절반으로 하락(수익률 d=−0.5)하여 2만 5천원이 되며, 주가가 상승할 확률(p)은 50%라고 하자. 그러면 다음과 같은 주가 이항모형을 생각할 수 있다.

$$
S_0 = 50{,}000 \begin{cases} \xrightarrow{p=0.5} & S_u = S_0(1+u) = 100{,}000 \\ \xrightarrow{1-p=0.5} & S_d = S_0(1+d) = 25{,}000 \end{cases}
$$

만기가 1년 후인 콜옵션의 행사가격(X)은 5만원이라고 하자. 1년 후 콜옵션의 가치는 주가가 10만원이면 5만원이 되고, 주가가 2만 5천원이면 행사를 하지 않아 0원이 되므로 콜옵션 이항모형은 다음과 같다.

3) Cox, J.C., S.A. Ross and M. Rubenstein, 1979. "Option pricing: A simplified approach," Journal of Financial Economics 7, 229−263.

$$
C_0 \begin{cases} p=0.5 & \rightarrow C_u = Max[S_T - X, 0] = 50{,}000 \\ 1-p=0.5 & \rightarrow C_d = Max[S_T - X, 0] = 0 \end{cases}
$$

여기서 알고 싶은 것은 현재 콜옵션의 가격 C_0이다. 얼핏 생각하면, 만기 시점의 콜옵션 가치의 기대치를 구하고, 이를 현재가치로 할인하면 현재 시점의 콜옵션 가격을 구할 수 있을 것 같다. 무위험이자율이 10%라 한다면, 다음과 같이 구할 수 있다.

$$
C_0 = \frac{E^P(C_T)}{(1+r_F)^T} = \frac{pC_u + (1-p)C_d}{(1+r_F)^T} = \frac{0.5\times 50{,}000 + 0.5\times 0}{1+0.1} = 22{,}727.27\text{원}
$$

그런데, 이 방법의 문제는 불확실한 미래 현금흐름을 무위험이자율로 할인했다는 것이다. 투자자는 위험회피적(risk averse)이므로 무위험이자율에 위험프리미엄을 더한 값으로 할인할 것이다. 여기에서 발생하는 또 다른 문제는 위험프리미엄으로 얼마가 적정한가이다.

콕스, 로스, 루빈스타인은 이 문제를 위험중립확률이라는 개념으로 해결하였다. 위험중립확률(risk neutral probability)이란 위험중립적 투자자(risk neutral investor)가 생각하는 확률이다. 그리고 위험중립적 투자자는 위험중립확률로 계산한 기대치를 무위험이자율로 할인하여 위험자산의 가치를 평가할 것이다. 이러한 방법을 위험중립가격결정(risk neutral valuation)이라 한다. 여기에서 발생하는 또 다른 문제는 위험중립확률을 어떻게 계산할 것인가인데, 콕스, 로스, 루빈스타인은 위험중립적 투자자는 콜옵션을 위험중립가격결정으로 평가할 뿐 아니라 주식도 마찬가지라고 생각하였다. 즉, 주식의 현재가격으로부터 위험중립확률을 역산할 수 있다는 것이다. 주식의 위험중립가격결정은 다음과 같이 표현된다.

$$
S_0 = \frac{E^Q(S_T)}{(1+r_F)^T} = \frac{q\times 100{,}000 + (1-q)\times 25{,}000}{1+0.1} = 50{,}000 \qquad (14\text{-}4)
$$

여기서 q는 주가상승 경우에 대한 위험중립확률이다. 또한, 위 식에서 위험중립확률은 $q=0.4$로 도출된다. 이제 위험중립확률 q를 알기 때문에 콜옵션에 대한 위험중립가격결정을 할 수 있게 되었다.

$$C_0 = \frac{E^Q(C_T)}{(1+r_F)^T} = \frac{qC_u + (1-q)C_d}{(1+r_F)^T} = \frac{0.4 \times 50,000 + 0.6 \times 0}{1+0.1} = 18,181.82\text{원} \quad (14\text{–}5)$$

예제 3 예와 동일한 조건에서 이항옵션가격결정모형을 이용해서 행사가격이 5만원인 풋옵션의 현재가격을 구하라.

해설 만기 시점의 풋옵션의 가치 P_T는 다음과 같다.

$$P_0 \begin{cases} p=0.5 \rightarrow P_u = Max[X-S_T, 0] = 0 \\ 1-p=0.5 \rightarrow P_d = Max[X-S_T, 0] = 25,000 \end{cases}$$

풋옵션에 대해서 위험중립가격결정을 적용할 수 있으므로,

$$P_0 = \frac{E^Q(P_T)}{(1+r_F)^T} = \frac{qP_u + (1-q)P_d}{(1+r_F)^T} = \frac{0.4 \times 0 + 0.6 \times 25,000}{1+0.1} = 13,636.36\text{원}$$

이제 이항옵션가격결정모형이 왜 성립하는지 이해하기 위해 콜옵션 매도자의 헤지 문제(hedge problem)에 대해 생각해보자. 콜옵션 매도자의 위험은 기초자산 가격이 행사가격을 상회하여 콜옵션이 행사되는 경우, 높은 가격의 기초자산을 매입해서 콜옵션 매수자에게 인도해야 한다는 것이다. 그렇다고, 이를 회피하기 위해 기초자산을 미리 매입해 두는 경우, 기초자산 가격이 행사가격을 하회하여 콜옵션이 행사되지 않는다면, 낮은 가격에 기초자산을 처분해야 하는 문제가 발생한다. 따라서 콜옵션 매도자는 위험을 헤지하기 위해 콜옵션 1개 매도에 대해 기초자산 1개를 매입하는 것이 아니라 적절한 h개를 매입하여 무위험헤지포트폴리오 $-C+hS$를 구성해야 한다. 무위험헤지포트폴리오의 이항모형은 다음과 같다.

$$-C_0 + hS_0 \begin{cases} p=0.5 \rightarrow -C_u + hS_u = -50,000 + h \times 100,000 \\ 1-p=0.5 \rightarrow -C_d + hS_d = -0 + h \times 25,000 \end{cases}$$

이때 포트폴리오의 위험이 0이 되기 위해서는 기초자산의 변화에 상관없이 만기 시점의 포트폴리오의 가치는 일정해야 한다. 즉, 다음의 식이 성립해야 한다.

$$-50{,}000 + h \times 100{,}000 = -0 + h \times 25{,}000 \tag{14-6}$$

이 식으로부터 무위험헤지포트폴리오를 구성하기 위하여 매입해야 할 기초자산의 개수가 $h=2/3$로 도출된다. 콜옵션 1개 매도에 대해 기초자산 2/3개를 매입하면 무위험헤지포트폴리오가 구성되며, h는 헤지비율(hedge ratio)이라 한다. 무위험헤지포트폴리오의 만기 시점의 가치(B_T)는 식(14−6)의 h에 2/3를 대입하여 계산하면, $B_T = -C_T + hS_T = 2/3 \times 25{,}000 = 16{,}666.67$가 나온다. 무위험헤지포트폴리오의 만기 시점의 가치는 기초자산 가격 변화에 상관없이 일정하므로 현재 시점의 가치는 무위험이자율로 할인하여 구할 수 있다. 따라서 다음이 성립한다.

$$-C_0 + hS_0 = \frac{-C_T + h \times S_T}{(1+r_F)^T} \tag{14-7}$$

식 (14−7)에 $h=2/3$, $S_0=50{,}000$, $-C_T+hS_T=2/3\times 25{,}000$, $r_F=0.1$, $T=1$을 대입하여 C_0에 대해서 풀면, $C_0=18{,}181.82$원으로 식 (14−5)와 같은 답을 얻게 된다. 이와 같은 과정을 예의 숫자를 집어넣지 않고, S_0, u, d, C_u, C_d, r_F 변수로 C_0에 대해서 풀면, 다음과 같은 식이 나온다.

$$C_0 = \frac{qC_u + (1-q)C_d}{1+r_F} \tag{14-8}$$

$$q = \frac{r_F - d}{u - d}$$

그런데, 식 (14−8)은 콜옵션의 가치를 위험중립가격결정으로 평가한 식 (14−5)와 동일하다. 또한, 식 (14−8)의 q식에 $u=1.0$, $d=-0.5$, $r_F=0.1$을 대입하면, $q=0.4$로 식 (14−4)로부터 도출된 q와 동일하다. 결국, 위험중립가격결정이 가능한 것은 무위험헤지포트폴리오를 구성하여 평가한 콜옵션의 가치가 위험중립가격결정으로 평가한 것과 동일하기 때문이다.

6.2 블랙-숄즈옵션가격결정모형

이 절에서는 피셔 블랙(Fischer Black)과 마이런 숄즈(Myron Scholes)에 의해 개발된 블랙－숄즈옵션가격결정모형(Black－Scholes option pricing model)을 소개한다.[4] 블랙－숄즈옵션가격모형은 옵션가격을 기초자산의 가격(S), 행사가격(X), 기초자산 가격의 변동성(σ), 잔존만기(T), 무위험이자율(r)의 함수로 표현한 것이다. 복잡해 보이지만, 입력변수만 투입하면 쉽게 옵션가격을 계산할 수 있기 때문에 실무에서 많이 활용되고 있다. 블랙과 숄즈는 기초자산의 가격이 기하브라운운동(geometric Brownian motion)을 따른다는 가정 하에서 다음과 같이 유럽식 콜옵션의 가격결정식을 도출하였다.

$$C = S \times N(d_1) - X \times e^{-rT} \times N(d_2) \tag{14-9}$$

$$d_1 = \frac{\ln(S/X) + (r + 0.5\sigma^2) \times T}{\sigma\sqrt{T}}$$

$$d_2 = d_1 - \sigma\sqrt{T}$$

C : 콜옵션가격
S : 기초자산 가격
X : 행사가격
r : 무위험이자율
σ : 기초자산 수익률의 표준편차
T : 만기까지의 기간(단위: 년)
e : 자연로그의 밑수=2.7182818284590 …
$\ln(x)$: 자연로그함수
$n(d)$: 표준정규분포의 누적밀도함수; 표준정규분포에서 d값보다 작을 확률

예를 들어, 만기까지의 기간이 3개월(T=0.25)이고, 행사가격은 6만원(X=60,000)인 콜옵션이 있다고 하자. 기초자산의 가격은 5만원(S=50,000), 기초자산 수익률의 표준편차는 0.5(σ=0.5), 그리고 무위험이자율은 연 10%(r=0.1)라고 하자. 콜옵션의 가격을 구하기 앞서, d_1과 d_2를 계산하면, 다음과 같다.

4) Black, F. and M. Scholes, 1973, "The valuation of options and corporate liabilities," Journal of Political Economy 8, 637－659.

$$d_1 = \frac{\ln(50,000/60,000) + (0.1 + 0.5 \times 0.5^2) \times 0.25}{0.5\sqrt{0.25}} = -0.50429$$

$$d_2 = -0.50429 - 0.5\sqrt{0.25} = -0.75429$$

$\ln(x)$ 함수값, 제곱근 함수값은 공학용 계산기나 재무용 계산기로 계산할 수 있으며, 마이크로소프트 엑셀 함수=ln( ), =sqrt( )로도 계산할 수 있다.

$N(d)$은 표준정규분포의 누적밀도함수값이다. 이 값은 통계학 교과서 뒤편의 표준정규분포의 누적밀도표를 이용해서 구할 수 있으며, 마이크로소프트 엑셀 함수=normsdist( )로도 계산할 수 있다. 그 값을 구하면,

$$N(d_1) = N(-0.50429) = 0.30703$$
$$N(d_2) = N(-0.75429) = 0.22534$$

따라서 콜옵션 가격은 다음과 같이 계산된다.

$$C = S \times N(d_1) - X \times e^{-rT} \times N(d_2)$$
$$= 50,000 \times 0.30703 - 60,000 \times e^{-0.1 \times 0.25} \times 0.22534 = 2,165.003\text{원}$$

e의 지수함수값은 공학용 계산기나 재무용 계산기로 계산할 수 있으며, 마이크로소프트 엑셀 함수=exp( )로도 계산할 수 있다.

콜옵션 가격이 얻어지고 나면 똑같은 조건의 풋옵션 가격은 앞서 살펴본 풋-콜 패리티 식 (14-3)을 이용하여 다음과 같이 계산할 수 있다.

$$S_0 + P_0 - C_0 = PV(X)$$
$$50,000 + P_0 - 2,165.003 = PV(60,000) = e^{-0.1 \times 0.25} \times 60,000$$

여기에서 주의할 점은 블랙-숄즈모형은 연속시간모형이므로 현재가치로 할인할 때도 연속시간으로 할인(e^{-rT})해야 한다는 것이다. 결과적으로 풋옵션가격 P_0=10,683.6원이 산출된다.

콜옵션 가격결정식인 식 (14-9)에서 C와 S의 포트폴리오로 정리하면, $-C + S \times N(d_1) = X \times e^{-rT} \times N(d_2)$와 같이 표현된다. 이 식의 좌변은 이항옵션가격결정모형의 무위험헤지포트폴리오 $-C + hS$와 유사하다. 결국, 이항옵션가격결정모형에서는 주가 변화가 2가지 경우만 있는 경우의 헤지비율을 계산한 반면, 블랙숄즈옵션가격결정모형에서는 주가

변화가 연속적인 경우의 헤지비율을 $N(d_1)$로 계산한 셈이다. 콜옵션 매도자의 헤지 문제는 옵션행사를 당할 경우 인도할 기초자산을 확보하는 문제로 귀결되며, 행사를 당하지 않을 경우도 있기 때문에 헤지비율은 행사를 당할 확률, 즉, 기초자산의 가격이 행사가격을 상회할 확률과 연관을 가진다. 이항옵션가격결정모형에서의 헤지비율 h, 블랙숄즈옵션가격결정모형에서의 헤지비율 $N(d_1)$은 기초자산의 가격이 행사가격을 상회할 위험중립확률 $\Pr(S > X)$와 연관을 가진다.

콜옵션 가격결정식인 식 (14−9)는 콜옵션은 기초자산 S을 $N(d_1)$ 비율만큼 보유하고, 만기에 X만큼의 현금흐름이 발생하는 무위험차입을 $N(d_2)$ 비율만큼 실행함으로써 복제할 수 있음을 의미한다. 그리고 기초자산과 무위험차입의 비율은 기초자산의 가격이 변함에 따라 연속적으로 조정해야 콜옵션 복제가 가능하다. 이와 같이 무위험차입과 기초자산 매입의 비율을 동적으로 조정하여 콜옵션의 손익구조를 복제하는 것을 동적 자산배분(dynamic asset allocation)이라 한다. 동적 자산배분은 해인 리랜드(Hayne E. Leland)와 마크 루빈스타인(Mark Rubinstein)이 포트폴리오보험(portfolio insurance)을 최초로 개발하면서 사용한 전략이다. 또한, 동적 자산배분은 주식연계증권(ELS, equity linked securities)을 구현하는 데도 활용된다.

7. 자기자본과 부채의 옵션 특성

로버트 머튼(Robert C. Merton)은 자기자본의 잔여청구권 특성으로 인해 자기자본과 부채가 옵션 특성을 가지고 있음을 지적하였다.[5] 이 절에서는 그 내용을 간략히 소개함으로써 주식회사를 새로운 시각에서 바라볼 수 있음을 보이고자 한다. 로버트 머튼의 이론은 신용위험 측정, 부채의 가격결정에도 활용된다.

5) Merton, R. C., 1974, "The Pricing of Corporate Debt: The Risk Structure of Interest Rates," Journal of Finance 29(2), 449–70.

그림 14-4 기업 청산시 자기자본의 가치

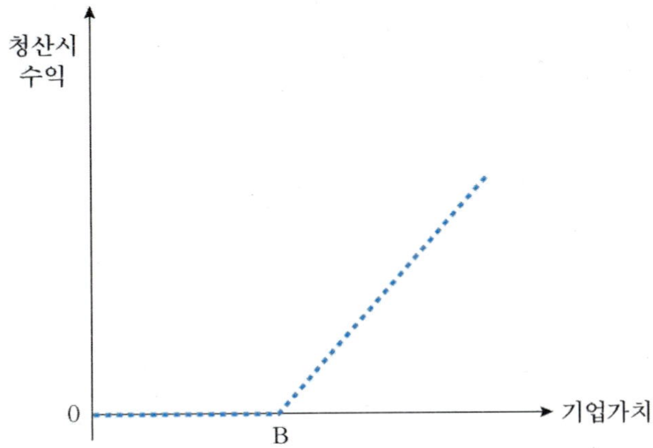

자기자본의 옵션 특성

주식을 보유한 주주는 기업이 청산될 때, 채권자들이 자신들의 몫을 우선적으로 가져간 후 남은 부분을 가져가는 잔여청구권자(residual claimer)이다. 따라서 회사의 가치가 1천억원이고 부채의 가치가 6백억원이라면 남은 4백억원이 주주의 몫이 된다. 그런데 회사의 가치가 5백억원이라면 주주가 가져갈 수 있는 몫은 없다.

채권자의 몫, 즉 부채 가치를 B라고 하자. 주주는 기업의 가치가 B보다 클 때 양(+)의 잔여청구권을 갖지만, 기업의 가치가 B보다 작을 때는 잔여청구권의 가치는 '0'이다. 주주의 최대손실액은 자신의 투자금이므로 잔여청구권은 0보다 낮을 수 없다.

즉, 자기자본은 기초자산을 기업의 자산으로 하고, 행사가격을 부채의 가치로 하는 콜옵션적 성격을 지닌다. 이를 그림으로 나타내면 [그림 14−4]와 같다.

부채의 옵션 특성

위의 예에서 채권자는 기업이 청산하는 경우 그 청산금액이 부채가치에 도달하지 못하면 청산금액 전체를 가져가게 된다. 회사의 가치가 5백억원이고 부채가치가 6백억원이면 5백억원을 모두 채권자가 가져간다. 한편 회사의 가치가 부채가치를 초과하는 경우에는 부채금액만큼만 가져간다. 즉, 회사의 가치가 1천억원이든 1천 2백만원이든 채권자가 가져가는

표 14-4 기업 청산시 채권자의 수익(1)

채권자의 포트폴리오	청산시의 기업가치(V_T)	
	$V_T \leq B$	$V_T > B$
기업 매입	V_T	V_T
콜옵션 매도	0	$-[V_T - B]$
합계	V_T	B

몫은 6백억원이다.

이것은 채권자가 회사를 소유하고 콜옵션을 매도한 것으로 생각할 수 있다. 만기를 T, 청산시 기업의 가치를 V_T, 부채의 가치를 B라고 하면 청산시 채권자의 수익은 다음 [표 14-4]와 같다.

이를 그림으로 나타내면 아래의 [그림 14-5]와 같다.

그림 14-5 기업 청산시 채권자의 수익(1)

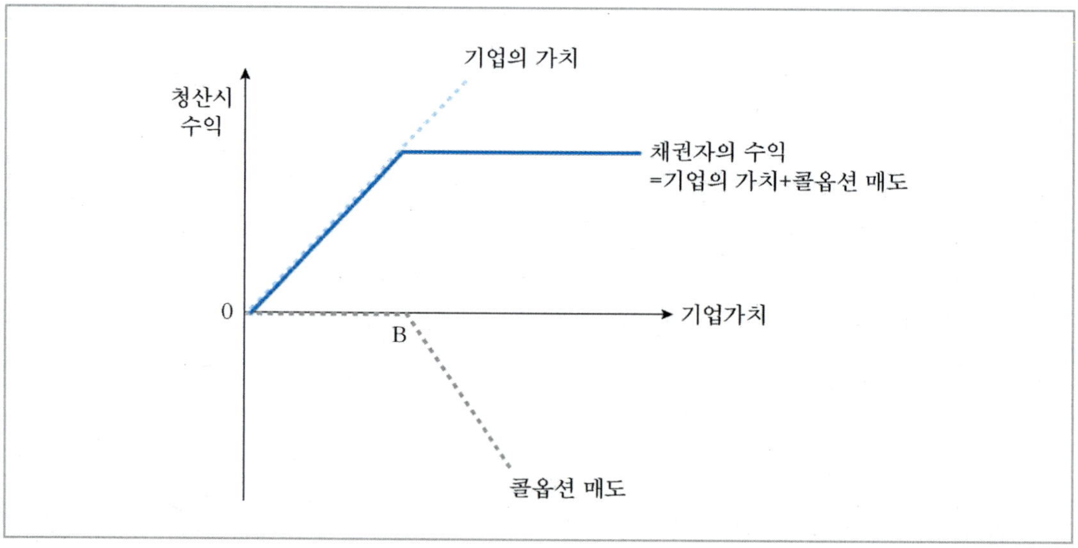

표 14-5 기업 청산시 채권자의 수익(2)

채권자의 포트폴리오	청산시의 기업가치(V_T)	
	$V_T \leq B$	$V_T > B$
무위험채권 투자	B	B
풋옵션 매도	$-[B-V_T]$	0
합계	V_T	B

그림 14-6 기업 청산시 채권자의 수익(2)

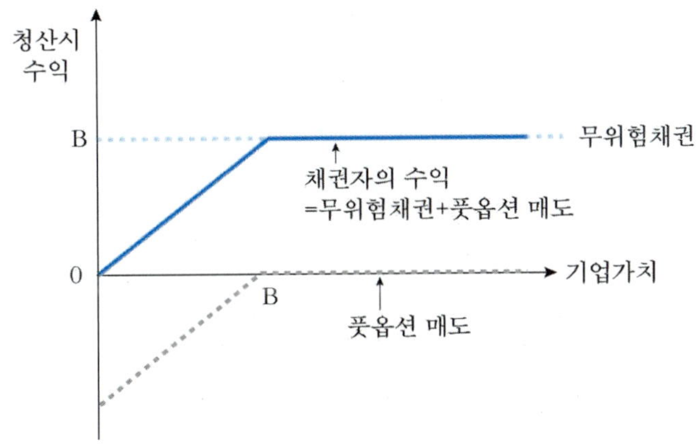

한편, 부채는 부채 가치(B)의 현재가치 만큼을 무위험 채권에 투자하고 B를 행사가격으로 하는 풋옵션을 매도한 것으로 볼 수도 있다. 청산시 채권자의 수익은 다음의 [표 14－5]와 같다.

이를 그림으로 나타내면 아래와 같다.

기업가치의 옵션 특성

이제까지 논의에 따르면 자기자본은 콜옵션을 매입한 성격을 지니고 부채는 기업을 보유하고 콜옵션을 매도한 것으로 해석할 수 있다. 자기자본 가치와 부채 가치를 합산하면 '콜옵션 매입＋기업보유＋콜옵션매도＝기업보유'이다. 따라서 자기자본과 부채의 합은 기업가치임을 알 수 있다. 이를 그림으로 표현하면 [그림 14－7]과 같다.

그림 14-7 주식가치, 부채가치, 기업가치의 관계

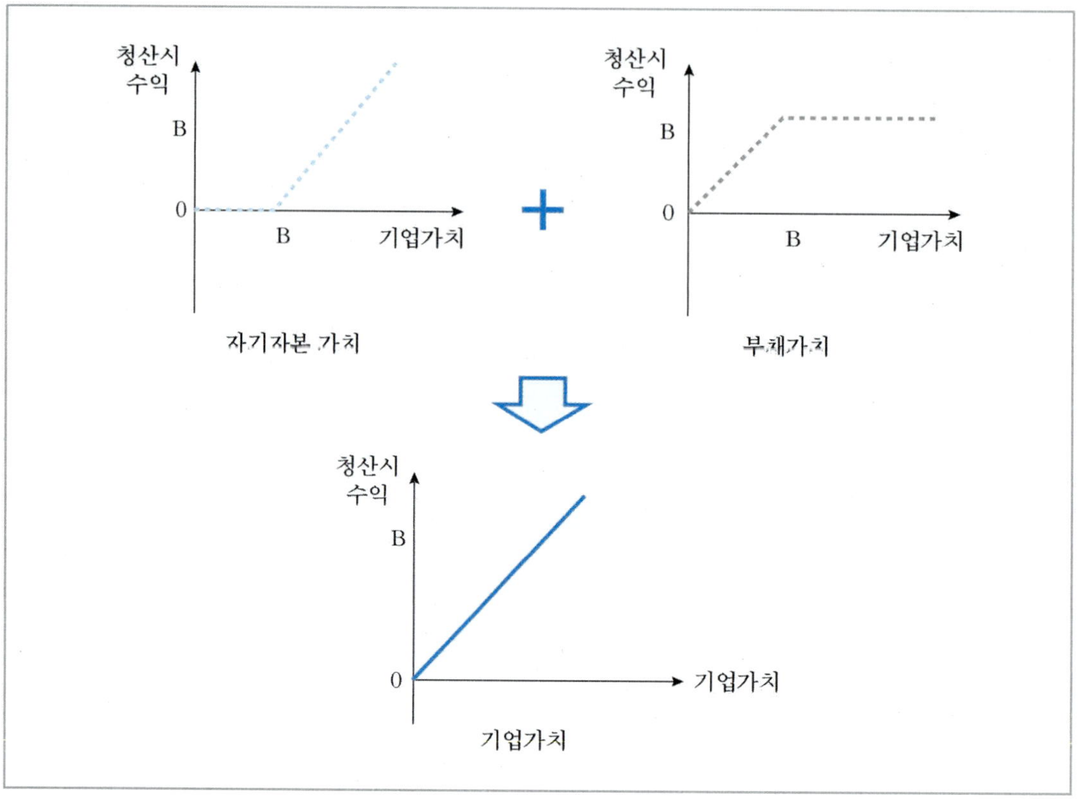

주주는 기업의 자산이 기초자산이며, 부채가치가 행사가격인 콜옵션을 보유한 셈이다.

8. 실물옵션

옵션 개념은 자본예산 문제에도 활용할 수 있다. 전통적인 자본예산에서는 프로젝트의 가치를 평가할 때 의사결정이 투자결정 시점에 확정된다고 가정한다. 그러나 실제로는 프로젝트가 시작한 이후에도 상황의 변화에 따라 여러 가지 의사결정이 진행될 수 있다. 예를 들어, 프로젝트가 성공적이라고 판단되면 규모를 키울 수도 있고, 성공적이지 않다고 판단되면 규모를 줄이거나 포기할 수도 있다. 이와 같이 실제 투자에서는 프로젝트 과정 중에 여러 가지 의사결정이 이루어지며, 이를 의사결정가지(decision tree)로 표현할 수 있다. 각 의사결정 가지의 현금흐름들을 옵션가격결정모형을 이용해 종합적으로 가치평가하는 방법이 실물옵션(real option)이며, 달리 전략적 옵션(strategic option)이라고 부르기도 한다. 본 절에서는 투자과정에 어떠한 실물옵션이 존재하는지를 살펴본 후 사례로 실물옵션의 가치평가를 학습한다.

실물옵션은 투자 의사결정 문제인 자본예산(capital budgeting)에 옵션 개념을 적용한 것이다.

8.1 실물옵션의 종류

포기옵션(option to abandon)

특정한 대안을 포기하거나 매각하는 옵션이다. 예를 들어 자산의 현재가치가 청산가치보다 하락할 때 해당 자산을 포기하거나 매각하는 것은 풋옵션(put option)의 행사와 같다. 사업의 진행 상황에 따라 청산하거나 포기할 수 있는 조건을 가진 투자안에는 이러한 옵션이 반영되기 때문에 가치가 높다.

연기옵션(option to delay)

사업을 보류한 다음 나중에 실행하거나, 투자를 연기할 수 있는 옵션이 연기옵션이다. 예를 들어 유전임대계약(oil lease)의 임차인은 유전 개발에 성공하면 이를 획득할 권리를 보유한다. 그러나 임차인은 석유가격이 상승할 때까지 개발을 연기할 수 있으므로 유전임대계약에 내재된 옵션은 연기옵션의 특성을 가진다. 이러한 연기옵션은 콜옵션(call option)과 같다.

확장 및 축소옵션(option to expand or contract)

투자가 개시된 이후 상황 변화에 따라 사업이나 프로젝트의 영업규모를 확장하거나 축소할 수 있다면 이것 역시 가치를 지닐 수 있다. 예를 들어, 제품 매출이 원래 예상했던 수

요량을 초과하는 경우, 정상 조업도(normal capacity)를 초과하는 생산 설비를 증설하는 투자를 실행한다면 매출을 높일 수 있다. 즉, 사업을 둘러싼 여건이 호전될 경우에 경영진이 추가적인 투자를 할 수 있는 권리가 확장옵션이다. 확장옵션은 최초 투자 후 사업의 성과가 처음에 기대했던 것보다 더 좋을 경우 사업규모를 확장하거나 다른 산업에 진출할 수 있는 옵션이므로 성장옵션(growth option)이라고도 한다. 이와 반대로 예상하지 못한 불리한 상황에서 계획이 변경될 때 사업이나 투자의 규모를 축소시킬 수 있는 옵션은 축소 옵션에 해당한다.

복합옵션(compound option)

복합옵션은 기존 옵션에 또다른 옵션이 부가된 특성을 가진다. 예를 들어 장기간에 여러 단계를 걸쳐 계획된 설비 증설이 진행되는 경우로 각 단계에서 연기옵션이나 확장옵션, 그리고 포기옵션 등을 실행할 수 있다. 어떤 사업을 수행할 때 최초 투자 결과가 다음 단계의 투자에 영향을 미치는 사업들인 신약개발, 신제품출시, 그리고 에너지 개발 등이 여기에 해당한다.

전환옵션(switching option)

전환옵션은 사업의 영업을 중단하거나 재개할 수 있는 옵션이다. 영업을 중단하는 옵션은 풋옵션이며, 영업을 재개하는 옵션은 콜옵션으로 볼 수 있다. 포기옵션은 특정 대안에 대한 포기로 배타적 권리를 상실하는데 비해, 전환옵션은 사업 운영의 권리는 보유하면서 활동을 중지하거나 중지했던 활동을 다시 시작한다는 점에서 구별된다. 제품이나 제조공정에 대한 변경의 기회가 있거나 자산을 교체할 수 있는 기회도 전환옵션에 해당한다.

8.2 실물옵션의 가치평가

실물옵션의 가치는 옵션에서 학습했던 가치평가모형인 이항모형이나 블랙-숄즈 옵션 가격결정모형에 적용하여 평가할 수 있다. 어떤 창업자가 가전제품 회사의 지역 대리점을 개업하여 운영하기 위해 가전제품회사의 마케팅 부서가 제시한 계약 조건을 검토한다고 생각해보자. 본사가 제시한 계약조건에는 대리점을 즉시 개업하거나, 1년 후에 개업해야 한다

그림 14-8 연기옵션이 내재된 대리점 운영권의 의사결정가지

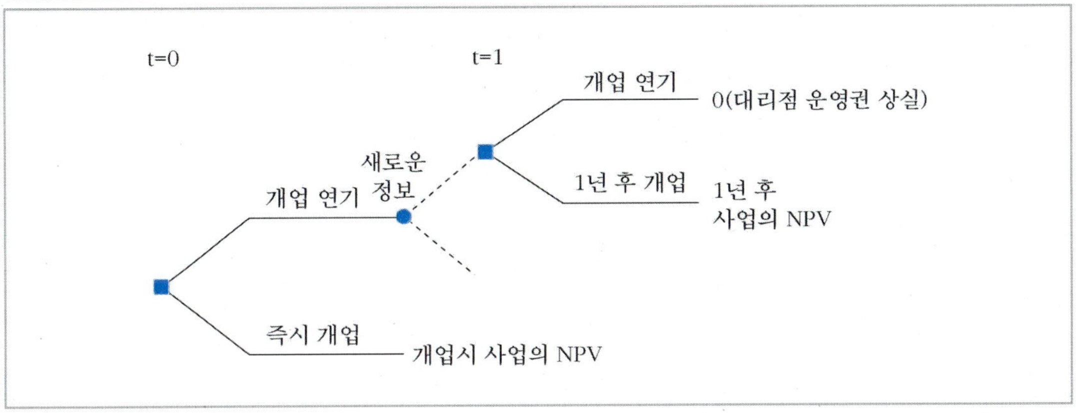

는 내용이 명시되어 있다. 이 두 가지 조건을 수락하지 않을 경우, 대리점 운영권은 아예 얻을 수 없다. 이상의 내용은 [그림 14-8]의 의사결정가지로 나타낼 수 있다.

대리점을 즉시 개업하거나 또는 1년 후 개업하는 조건 모두 대리점을 개업하는데 요구되는 투자액은 50억원이다. 만일 대리점을 즉시 개업한다면, 첫해에 6억원의 현금흐름을 기대할 수 있다. 가전제품 시장의 성장추세를 고려할 때, 개업 후부터 대리점을 통한 매출의 현금흐름은 매년 2%씩 성장할 전망이다. 대리점 개업에 소요되는 자금조달액의 견적과 신용도를 평가한 결과, 창업자가 부담할 자본비용은 12%이다. 국채수익률은 연간 5%이며, 과거 데이터를 이용하여 표준편차로 측정한 연간 가전업계 현금흐름 변동성은 40%이다. 대리점을 즉시 개업하는 대신, 1년 후로 연기하여 개업할 수 있는 옵션에 대한 가치를 블랙-숄즈(Black and Scholes) 옵션가치평가모형으로 평가하면 얼마일까?

대리점의 즉시 개업을 투자안으로 간주한다면, 그 사업의 가치는 다음과 같이 첫해의 대리점 판매의 현금흐름이 영구히 발생하며 일정성장비율인 2%를 일정성장모형(constant growth model)으로 평가할 수 있다.

$$V = \frac{6억}{12\% - 2\%} = 60억$$

그러므로 즉시 개업하는 사업가치의 NPV는 10억원(=60억−50억)이다.

대리점을 1년 후로 연기하여 개업할 수 있는 사업은 연기옵션에 해당한다. 그러므로 이 연기옵션에서 가전제품 판매로부터 얻게 될 현금흐름은 대리점 운영권을 기초자산으로 하는

표 14-6 연기옵션 가치평가를 위한 블랙-숄즈 옵션가치평가모형의 요인

금융옵션	연기옵션
기초자산(S)	대리점에서 가전제품 판매의 사업가치(60억원)
행사가격(K)	투자액(50억원)
잔존기간(T)	연기옵션의 효력이 가능한 최대 기간(1년)
무위험이자율(r_f)	국채수익률(5%)
기초자산가격의 변동성(σ)	현금흐름의 표준편차(40%)
배당수익률(d)	투자를 연기하는 동안 기초자산의 가치에서 연간 현금흐름이 차지하는 비율(10%)

유럽형 콜옵션의 만기인 1년 후 현금흐름으로 간주할 수 있다. 만일 개업을 연기한다면, 첫해에 거둘 수 있는 6억원의 현금흐름을 상실하며 이는 개업 연기에 따른 기회비용이다. 금융옵션의 관점에서 본다면, 첫해에 창출한 현금흐름은 주식을 보유하여 주주가 받는 배당금과 동일하다. 콜옵션 소유자는 옵션을 행사해야만 기초자산인 주식을 취득할 수 있기 때문에, 옵션 행사 전까지 수취하지 못하는 배당금액은 기초자산의 가치에서 차감해야 한다. 즉, 대리점 운영권의 사업가치에서 연간 배당금을 제외해야 한다.

이 연기옵션은 블랙-숄즈 옵션가치평가모형에 적용하여 배당을 지급하는 기초자산에 대한 콜옵션으로 가치를 평가할 수 있다. [표 14-6]은 연기옵션의 가치를 블랙-숄즈 옵션가치평가모형에 적용하기 위한 결정요인들을 금융옵션과 비교하여 요약하고 있다. 배당을 지급하는 블랙-숄즈 콜옵션의 가치평가모형은 식 (14-10)이며, 배당금은 배당수익률(d)로 환산하여 기초자산의 현행가치에서 할인해야 한다는 점에 주의해야 한다. 따라서 대리점을 첫해에 개업하는 경우에 얻게 되는 6억은 대리점 운영으로부터 얻게 되는 배당금으로 간주하며, 이 사업으로부터 발생하는 현금유입의 현재가치는 60억이므로 배당수익률은 10%이다.

$$C = Se^{-dT}N(d_1) - Ke^{-rT}N(d_2) \tag{14-10}$$

여기에서 $d_1 = \dfrac{\log_e(\dfrac{S}{K}) + (r - d + \dfrac{1}{2}\sigma^2)}{\sigma\sqrt{T}}$, $d_2 = d_1 - \sigma\sqrt{T}$

$$d_1 = \frac{\log_e(\frac{60}{50}) + (0.05 - 0.1 + \frac{1}{2}0.4^2)}{0.4} = 0.267,\ \ d_2 = 0.267 - 0.4 = -0.133$$

$$N(0.267) = 0.605,\ \ N(-0.133) = 0.447$$

$$C = 6\text{억}e^{0.1} \times 0.605 - 50\text{억}e^{0.05} \times 0.447 = 11\text{억}9{,}000\text{만원}$$

블랙-숄즈 옵션가치평가모형으로 연기옵션이 반영된 사업가치를 평가한 결과에서 옵션가치는 11억 9,000만원으로 즉시 개업할 경우의 NPV인 10억원보다 높다. 따라서 창업자는 즉시 개업보다 1년 연기 후 개업의 사업안을 채택하는 것이 바람직하다. 이같이 1년 후 개업을 시작할 수 있는 연기옵션의 가치는 1억 9,000만원이며, 이 가치는 1년 동안 개업 준비 과정에서 사업 운영에 관한 정보 취득과 환경변화에 따른 대처에 대한 대가로 해석할 수 있다. 만일 즉시 개업을 한다면, 창업자는 이러한 연기옵션을 포기하는 결과이므로 합리적인 의사결정으로 볼 수 없다. 그러나 개업을 연기하는 동안 가전제품 수요가 예상과 달리 부진하다면, 기초자산의 가치가 하락하여 즉시 대리점을 개업하는 사업의 가치보다 낮을 수 있으므로 이때에는 개업 계획을 철회하고 창업을 포기해야 한다.

키워드

- 파생상품
- 조건부청구권
- 투기거래
- 헤지거래
- 차익거래
- 가격발견
- 옵션
- 옵션 매입자
- 옵션 보유자
- 옵션 매도자
- 옵션 발행자
- 기초자산
- 행사가격

- 만기일
- 옵션 프리미엄
- 옵션가격
- 매입포지션
- 매도포지션
- 전매도
- 환매수
- 콜옵션
- 풋옵션
- 유럽식 옵션
- 미국식 옵션
- 내가격 옵션
- 등가격 옵션
- 외가격 옵션
- 내재가치
- 시간가치
- 옵션의 만기 가치
- 풋-콜 패리티
- 이항옵션가격결정모형
- 위험중립확률
- 무위험헤지포트폴리오
- 헤지비율
- 블랙-숄즈옵션가격결정모형
- 실물옵션
- 포기옵션
- 연기옵션
- 확장 및 축소옵션
- 복합옵션
- 전환옵션

14 연습문제

Exercise

01 (★) 다음 용어를 설명하시오.

(1) 유럽형옵션 (2) 옵션 프리미엄 (3) 풋-콜 패리티 (4) 이항모형 옵션가격결정
(5) 내재가치 (6) 실물옵션 (7) 외가격옵션 (8) 블랙-숄즈 옵션가격결정

02 (★) 다음 중 옵션에 대한 설명으로 틀린 것은?

① 외가격상태의 옵션도 옵션 프리미엄은 0보다 클 수 있다.
② 옵션매도자는 불리한 경우 권리행사를 하지 않을 수 있다.
③ 옵션거래는 제로섬게임(zero-sum)이다.
④ 유럽형 옵션은 만기일에만 권리행사가 가능하다.

03 (★) 다음 중 옵션에 대한 설명으로 틀린 것은?

① 기초자산의 시장가격이 콜옵션의 행사가격보다 높다면 콜옵션은 외가격상태이다.
② 콜옵션 소유자는 기초자산가격이 높을수록 유리하다.
③ 옵션의 매입자는 매도자로부터 특정한 자산을 매매할 수 있는 권리를 얻게 되므로 이에 대한 대가를 지불하여야 한다.
④ 옵션의 매입자에게는 계약불이행의 위험이 없으므로 증거금을 요구하지 않는다.

04 (★) S_T를 만기일의 기초자산가격, X를 행사가격이라 할 때 유럽형 풋옵션(put option)의 만기일의 가치는? (단, $\text{Max}[A, B]$는 A와 B 중 큰 값을 의미한다.)

① $\text{Max}[S_T, X, 0]$
② $\text{Max}[X, -S_T, 0]$
③ $\text{Max}[X, -S_T, S_T, 0]$
④ $\text{Max}[S_T+X, 0]$

05 (★★) 다음 중 옵션에 대한 설명으로 옳은 것은?

① 옵션 프리미엄이 0보다 크면 해당 옵션은 내가격상태이다.

② 풋옵션 매입자는 기초자산의 가격이 낮을수록 유리하다.
③ 옵션의 매도자는 옵션 프리미엄을 지불해야 한다.
④ 옵션 매입자와 옵션 매도자는 모두 거래소에 증거금을 납부한다.

06 (★★) 옵션가격결정에 영향을 미치는 다음 요인이 증가할 때, 콜옵션과 풋옵션의 가격을 모두 증가시키는 요인은?

① 기초자산의 가격　② 만기까지의 기간
③ 배당금　④ 행사가격

07 현재 A기업 주식은 3,000원에 거래되고 있다. 김재무 씨는 1개월 후 A기업 주식을 주당 4,000원에 살 수 있는 옵션을 10계약 매입하였고 이투자 씨는 10계약 매도하였다. 옵션 1계약의 가격은 200원이다.

(1) (★) 이 옵션에 대한 설명 중 올바른 연결이 아닌 것은?
① 행사가격-4,000원　② 유형-풋옵션
③ 기초자산-A기업 주식　④ 만기-1개월 후

(2) (★) 이 옵션에 대한 특징으로 적절하지 않은 것은?
① 개별 주식옵션　② 유럽형 옵션
③ 콜옵션　④ 미국형 옵션

(3) (★) 현재 상태의 옵션을 무엇이라 하는가?
① 내가격(ITM)옵션　② 외가격(OTM)옵션
③ 등가격(ATM)옵션　④ 근가격(NTM)옵션

(4) (★★) 현재 이 옵션의 시간가치는 얼마인가?
① 0원　② 200원
③ 800원　④ 1,000원

(5) (★) 만일 만기 시점에 A기업 주가가 6,000원이 되었다면 옵션 프리미엄을 고려한 김경영 씨의 손익은 얼마인가?
① 20,000원 이익　② 18,000원 이익
③ 20,000원 손실　④ 18,000원 손실

(6) (★★) 만일 만기 시점에 옵션 프리미엄을 고려한 이투자 씨의 투자성과가 10,000원 손실이라면 A기업의 주가는?
① 3,000원　② 4,000원
③ 5,200원　④ 10,000원

08 (★) 옵션거래와 선물계약의 공통점은?

① 만기일 이전에 포지션을 청산할 수 없다.
② 매입자와 매도자간의 손익을 합하면 0이다.
③ 옵션과 선물의 최초 거래시점에서의 가치는 0이다.
④ 옵션 매입자와 선물 매입자는 모두 증거금을 납부해야 한다.

09 (★★) A회사 주식을 기초자산으로 하는 풋옵션의 현재 가격은 2,400원이며 시간가치는 1,000원이다. A회사의 현재 주가가 40,000원이라면 이 풋옵션의 행사가격은 얼마인가?

10 (★★) A회사의 주식을 기초자산으로 하며 행사가격이 30,000원인 3개월 만기 유럽식 콜옵션의 가격은 1,000원이다. 이 회사는 배당을 지급하지 않으며 현재 주가는 27,000원이다. 무위험이자율이 연 4%일 때 유럽식 풋옵션의 가격을 내재가치와 시간가치로 분해하시오.

11 (★★★) A기업 주가가 현재 50,000원이고, 무위험이자율이 10%이다. A기업 주식이 기초자산이며 만기가 1년인 등가격 콜옵션과 풋옵션의 시장 가격이 모두 3,000원이라고 하자. 콜옵션과 풋옵션이 균형가격인지 평가하시오.

12 (★) 옵션가격에 영향을 미치는 요소 6가지를 설명하시오.

13 (★★) 현재 A회사 주가는 30,000원이며 주가의 변동은 이항분포를 따른다. 6개월 후 주가는 33,000원 또는 27,000원이라고 하자. 무위험이자율은 5%이다. A회사 주식을 기초자산으로 하며 만기가 6개월 후인 등가격 콜옵션 가격을 위험중립가격결정으로 구하시오.

14 (★★) 현재 주가는 50,000, 표준편차로 측정한 변동성은 30%, 무위험이자율은 5%이다. 이 주식을 기초자산으로 하는 유럽식 풋옵션의 행사가격은 48,000원이고 만기는 6개월이다. 블랙-숄즈옵션가격결정모형에 따른 이 풋옵션의 가격은 얼마인가?

15 (★★★) 어떤 투자안의 초기 투자액은 5억원이다. 4년 후에 현금흐름의 획득 여부에 따라 현금흐름이 기대 수준에 미달하면 6억원에 이 투자안을 매각할 수 있다. 4년 후 미래 현금유입의 현재가치는 7억원이고, 현금흐름의 변동성은 표준편차로 측정할 때 0.5이다. 무위험이자율이 연 2%일 때 매각

할 수 있는 옵션의 가치를 포함한 투자안의 순현재가치는 얼마인가?

16 (★★) 자기자본의 옵션적 특성을 기초자산과 행사가격, 그리고 행사조건으로 설명하시오.

17 (★★★) A주식의 현재 주가는 10,000원이며, 이항분포를 따라 1년 후 상승시에는 15,000원이 예상되지만, 하락시에는 8,000원이 예상된다. 현재 무위험이자율이연 5%일 때 위험중립확률(q)을 구하시오.

18 (★★) 위험중립가격결정이 유효하기 위한 주가의 상승(하락)비율과 무위험이자율간의 관계를 설명하시오.

14 연습문제 정답 및 해설

Exercise

02 ②

옵션매도자(writer)는 권리가 아닌 의무이므로, 옵션매입자(buyer)가 옵션을 행사할 경우에 응해야 한다.

03 ①

기초자산의 시장가격이 콜옵션의 행사가격보다 높을 경우를 옵션이 내가격 상태(in-the-money)에 있다.

04 ②

풋옵션의 만기일의 가치는 기초자산가격이 행사가격보다 낮을 때 행사이익($X-S_T$)과 그렇지 않다면 행사를 포기할 때의 가치(0)이다. ①은 콜옵션의 만기일의 가치이며 ③은 콜옵션과 풋옵션을 모두 보유했을 때의 가치이다.

05 ②

① 외가격상태라 하더라도 시간가치 때문에 옵션 프리미엄의 가치는 0보다 크다. ③ 옵션 매입자가 옵션 프리미엄을 지불해야 한다. ④ 옵션 매도자만 증거금을 납부해야 한다.

06 ②

옵션가격결정에 영향을 미치는 요인은 기초자산의 가격, 행사가격, 만기까지의 기간, 배당금, 기초자산의 변동성, 무위험이자율 등이 있다. 콜옵션과 풋옵션의 가격을 모두 증가시키는 요인은 만기까지의 기간과 기초자산의 변동성이다.

07 (1) ②

이 옵션은 기초자산인 주식을 살 수 있는 권리이므로 콜옵션이다.

(2) ④

이 옵션은 만기일에만 행사할 수 있는 유럽형 옵션(European option)이다.

(3) ②

기초자산인 주식의 가격이 행사가격보다 낮으므로 콜옵션의 경우에는 외가격 옵션이다.

(4) ②

옵션가격 = 내재가치 + 시간가치이다. 콜옵션은 외가격상태이므로 내재가치 = 0이므로 옵션가격은 시간가치 밖에 없다.

(5) ②

만기 시점에 A기업 주가는 6,000원이므로 행사가격보다 높으므로 행사하며, 이 때 옵션 소유자인 김재무 씨가 옵션 행사로 인한 수익=(6,000원−4,000원)×10계약=20,000원이며, 옵션 프리미엄을 고려한 순이익=20,000원−200원×10계약=18,000원 이익이다. 반면 옵션 매도자인 이투자 씨는 18,000원 손실이다.

(6) ③

옵션의 제로섬 게임이므로 옵션 매도자인 이투자 씨의 투자성과가 10,000원 손실이라면 옵션 매입자인 김재무 씨의 투자성과는 10,000원 이익이다. 옵션 소유자인 김재무 씨의 옵션 프리미엄을 고려한 순이익=(A기업 주가−4,000원−200원)×10계약=10,000원 이익이다. 따라서 A기업 주가는 5,200원이다.

08 ②

① 만기일 이전에 반대매매로 포지션을 청산할 수 있다. ③ 선물의 최초 거래시점에서의 가치는 0이다. ④ 옵션 매입자는 증거금을 납부하지 않는다.

09 풋옵션 가격=내재가치+시간가치=(행사가격−기초자산가격)+시간가치

⇒ 행사가격=기초자산가격+풋옵션 가격−시간가치=40,000+2,400−1,000=41,400원

10 $P_0 = C_0 - S_0 + \frac{X}{(1+r)^T} \quad \Rightarrow \quad 1{,}000 - 27{,}000 + \frac{30{,}000}{(1+0.04)^{3/12}} = 3{,}707$

내재가치=30,000−27,000=3,000원,

시간가치=풋옵션가격−내재가치=3,707−3,000=707원

11 등가격 옵션은 기초자산가격과 행사가격이 같다. 콜옵션 시장가격은 풋−콜 패리티로 도출한 균형 콜옵션가격보다 낮다.

$$C_0 = P_0 - S_0 - \frac{X}{(1+r)^T} \quad \Rightarrow \quad 50{,}000 - 3{,}000 + \frac{50{,}000}{(1+0.1)} > 3{,}000$$

풋옵션 시장가격은 풋−콜 패리티로 도출한 균형 풋옵션가격보다 낮다.

$$P_0 = C_0 - S_0 + \frac{X}{(1+r)^T} \quad \Rightarrow \quad 3{,}000 - \ 50{,}000 + \frac{50{,}000}{(1+0.1)} < 3{,}000$$

13 등가격옵션은 행사가격이 현재 기초자산과 동일한 옵션이다.

$u = 33{,}000/30{,}000 - 1 = 0.1,\ d = 27{,}000/30{,}000 - 1 = -0.1$

위험중립확률 $q \ = \ \frac{0.05-(-0.1)}{0.1-(-0.1)} = 0.75,\ 1-q = 0.25$

콜옵션 가격

$C_u = \max[33{,}000 - 30{,}000] = 3{,}000,\ C_d = \max[27{,}000 - 30{,}000] = 0$

$$C_0 = \frac{qC_u + (1-q)C_d}{(1+r_F)^T} = \frac{0.75 \times 3{,}000 + 0.25 \times 0}{(1+0.05)^{0.5}} = 2{,}196$$

14 블랙-숄즈옵션가격결정모형으로 콜옵션을 계산하고, 풋-콜 패리티를 이용하여 풋옵션 가격을 구한다.

$$d_1=\frac{\ln(50{,}000/48{,}000)+(0.05+0.5\times0.3^2)\times(6/12)}{(0.3\times\sqrt{(6/12)})}=0.4164$$

$$d_2=d_1-0.3\times\sqrt{(6/12)}=0.2042$$

$$N(d_1)=0.6614,\quad N(d_2)=0.5809$$

$$C_0=50{,}000\times0.6614-48{,}000\times e^{-0.05\times0.5}\times0.5809=5{,}876$$

$$P_0=5{,}876-50{,}000+48{,}000\times e^{-0.05\times0.5}=2{,}691$$

• d_1과 d_2의 계산

B6 =(LN(B1/B2)+(B5+0.5*B3^2)*B4)/(B3*SQRT(B4))

	A	B	C	D	E	F	G	H
1	S	50000						
2	X	48000						
3	σ	0.3						
4	T	0.5						
5	r	0.05						
6	d_1	0.4164	$N(d_1)$	0.6614	C	5,876		
7	d_2	0.2042	$N(d_2)$	0.5809	P	2,691		

• $N(d_1)$과 $N(d_2)$의 계산

D6 =NORMSDIST(B6)

	A	B	C	D	E	F
6	d_1	0.4164	$N(d_1)$	0.6614	C	5,876
7	d_2	0.2042	$N(d_2)$	0.5809	P	2,691

• 콜옵션의 계산

F6 =B1*D6-B2*EXP(-B5*B4)*D7

	A	B	C	D	E	F
6	d_1	0.4164	$N(d_1)$	0.6614	C	5,876
7	d_2	0.2042	$N(d_2)$	0.5809	P	2,691

• 풋-콜 패리티로 풋옵션의 계산

F7 =F6-B1+B2*EXP(-B5*B4)

	A	B	C	D	E	F
6	d_1	0.4164	$N(d_1)$	0.6614	C	5,876
7	d_2	0.2042	$N(d_2)$	0.5809	P	2,691

15 이 옵션은 포기옵션에 해당하므로, 투자안의 가치를 기초자산으로 하고 매각대금을 행사가격으로 하는 풋옵션의 특성을 가진다. 따라서 풋옵션의 기초자산의 가치와 행사가격이 동일한 콜옵션의 가치를 블랙-숄즈 옵션가치모형으로 구한 다음, 풋-콜 패리티로부터 포기옵션인 풋옵션의 가치를 구한다.

기초자산의 가치(S) = 현금유입의 현재가치 7억

행사가격(X) = 투자안 매각액 6억

만기(T) = 4

변동성(σ) = 현금흐름의 표준편차 0.5

무위험이자율(r_f) = 0.02

$C = 7억 \times 0.769 - 6억 e^{-0.02 \times 4} \times 0.395 = 3.19억원$

$P = C - S + Xe^{-r_f T} = 3.19 - 7 + 6e^{-0.02 \times 4} = 1.73억원$

투자안의 순현재가치 = 현금유입의 현가 - 초기 투자액 + 포기옵션의 가치 = 3.73억

17 주가상승률(u) = 15,000/10,000 - 1 = 0.5, 주가하락률(d) = 8,000/10,000 - 1 = -0.2,

위험중립확률 $q = \dfrac{0.05 - (-0.2)}{0.5 - (-0.2)} = 0.357$

18 위험중립확률 $q = \dfrac{r_F - d}{u - d}$, $1 - q = \dfrac{u - r_F}{u - d}$이다.

$u > d$이며, $r_F > d$와 $u > r_F$가 성립해야 하므로 $u > r_F > d$이어야 한다.

제15장

선물과 위험관리

1. 선물의 개념
2. 선물과 선도의 차이
3. 선물계약의 특성
4. 선물거래의 손익
5. 선물가격의 결정
6. 선물과 옵션을 활용한 위험관리

CHAPTER 15

선물과 위험관리

파생상품 중 옵션과 더불어 역사가 오래된 선물(futures) 또는 선도(forward)는 그 이름에서 유추할 수 있듯이 미래 시점에 사거나 파는 계약을 현재에 매매하는 것이다. 선물가격의 변동은 기초자산 가격의 변동과 거의 1:1의 관계를 가지고 있어 선물은 기초자산의 가격변동 위험을 헤지하는 수단으로 널리 사용되고 있다. 이 단원에서는 선물의 개념과 원리를 파악하고 선물가격의 결정에 대해 학습하며 선물 및 옵션을 이용한 위험관리에 대해서 살펴본다.

1. 선물의 개념

선물(futures) 또는 선도(forwards)는 특정 자산을 미래 시점에 사거나 팔되, 그 가격과 수량을 현재 시점에 약속하는 계약이다. 이에 비해서 통상적인 현물거래(spot transaction)는 매매하려는 기초자산의 가격과 수량의 결정을 현재 시점에서 계약할 뿐 아니라, 인도 및 결제도 현재 시점에 실행된다. 즉, 선물은 기초자산의 가격 및 수량에 대한 거래 시점과 인도 및 결제 시점이 시간적으로 분리되어 실행되는 특징을 가지고 있다. 선물과 선도는 거래 시점은 현재이고 인도 및 결제 시점이 미래라는 점에서는 동일하다. 다만, 거래장소의 차이가 있을 뿐이다. 이에 대해서는 다음 절에서 자세히 살펴보고 여기에서는 선물과 선도를 구분하지 않고, 거래 시점과 인도 및 결제 시점의 시간적 분리가 어떤 효과를 가져오는지 살펴보자.

예를 들어, 쌀과자회사가 농부에게 8만원을 주고 쌀 한 포대를 샀다면 이는 곡물에 대한 현물거래로 그 자리에서 인도 및 결제가 완료된다. 반면에 쌀과자회사가 농부로부터 3개월 후에 8만원에 쌀 한 포대를 사기로 하는 계약을 지금 체결했다면, 이는 쌀을 기초자산으로 하는 선물계약이다. 쌀 수확 시점에 가격이 폭등할 것을 우려하는 쌀과자회사와 가격이 폭락할 것을 우려하는 농부가 미래에 사거나 팔 가격을 미리 확정하는 선물계약을 체결하는 것이다. 통상적인 상품거래 계약과 마찬가지로 선물도 상품에 대한 매입자와 매도자 간의 계약이며 기초자산인 쌀을 매입하는 쌀과자회사는 선물계약의 매입자가 되며 기초자산을 매도하는 농부는 선물계약의 매도자가 된다. 매입자가 되면 매입포지션(long position)에 있다고 하며, 매도자가 되면 매도포지션(short position)에 있다고 한다.

해당 거래가 선물거래이든 선도거래이든 가장 중요한 특징은 미래에 거래할 가격을 현재 확정함으로써 가격변동 위험으로부터 회피할 수 있게 해준다는 데 있다. 앞의 예에서 쌀과자회사는 원재료인 쌀의 가격 상승을 우려하며, 농부는 쌀의 가격 하락을 염려한다. 그러나 선물계약을 체결하여 거래 가격을 확정함으로써 양자 모두 가격변동 위험에 대한 우려에서 벗어날 수 있으며 본업에 집중할 수 있다.

선물계약 또는 선도계약은 미래에 인도하고 결제할 상품의 가격을 현재에 결정하는 계약이다.

2. 선물과 선도의 차이

선물과 선도는 거래시점은 현재이고, 인도 및 결제시점은 미래라는 점에서 본질적으로는 같은 거래 방식이다. 그러나 선물과 선도는 거래되는 장소의 차이가 있다. 선도는 별도의 조직화된 시장이 없이 거래당사자의 1:1 쌍방간 계약인 반면, 선물은 공식적으로 설립된 거래소에서 불특정 다수가 거래할 수 있도록 만든 상품이다. 즉, 선물은 선도에 시장성

(marketability)을 부여하여 탄생한 파생상품이다.

선도는 거래당사자 쌍방간에 1:1로 미래의 가격을 현재에 약속하기 때문에 원하는 거래조건에 동의하는 거래상대방을 찾기가 쉽지 않고, 찾는다 해도 거래상대방이 계약을 이행할지 믿기가 힘들다는 문제점이 있다. 만일 수확시점에 가격이 폭락하면 쌀과자회사가 선도계약을 이행하지 않고 다른 농부에게 쌀을 약속한 가격보다 싸게 살 유인이 생긴다. 반대로 가격이 폭등하면 농부가 선도계약을 이행하지 않고 다른 사람에게 쌀을 약속한 가격보다 비싸게 팔 유인이 생긴다. 그러므로 일반적으로 선도는 서로 믿을 수 있는 거래상대방끼리만 이루어진다. 선도의 문제점을 해소하여 공식화된 거래소에서 불특정 다수가 거래할 수 있도록 만든 상품이 바로 선물이다.

선물은 선도에 비해 다음과 같은 장점을 지닌다. 첫째, 거래조건을 표준화함으로써 거래상대방을 찾기 쉽게 만들었다. 선물계약의 만기일을 3, 6, 9, 12월의 두 번째 목요일로 표준화시켰다면, 1년 중 여러 날로 분산될 거래 수요가 특정일에 집중됨으로써 선물계약의 유동성이 높아진다.

둘째, 거래소가 법적 거래의 상대방이 되므로 신용도가 낮은 거래자와도 거래가 가능하다. 선도는 1:1 거래이기 때문에 신용도가 낮은 상대방과는 거래를 하지 않으려 한다. 반면, 선물계약에서는 신용도가 높은 거래소가 매입자에 대해서는 법적 매도자, 매도자에 대해서는 법적 매입자가 되어 거래당사자 중 하나가 계약을 불이행하더라도 거래소가 계약의 이행을 대신하므로 거래 당사자는 상대방의 신용도를 신경 쓰지 않고 거래에 임할 수 있다.

셋째, 만기일 이전에도 반대매매를 통해 계약을 청산할 수 있다. 선도계약은 1:1 거래이기 때문에 거래상대방이 동의해주지 않으면 만기일 이전에 계약을 청산하기 힘들다. 반면, 선물계약은 거래소가 법적 거래상대방이기 때문에 반대매매를 통해 만기일 이전에 청산이 가능하다. 예를 들어, 최초에 A가 선물계약을 매입하고, B가 매도하였다고 하자. 이 때 A는 선물의 매입포지션에 있으며, B는 선물의 매도포지션에 있게 된다. 이후 A가 매도하고, C가 매입한다면, A는 반대매매를 통해 매입포지션을 청산하는 셈이 된다. 법적으로는 거래소가 거래상대방이기 때문에 최초 거래에서는 A가 매입하고 거래소가 매도하였다가, 다음 거래에서는 A가 매도하고 거래소가 매입하였기 때문에 A의 매입포지션이 청산되는 것이다. 실제로는 A가 가지고 있던 매입포지션을 C에게 이전한 셈이 된다. B는 법적으로 거래소가 거래상대방이기 때문에 실제 거래상대방이 A이건 C이건 상관없다.

넷째, 거래소는 계약불이행 위험을 관리하기 위해 증거금제도와 일일정산제도를 운영한다. 거래소가 법적인 기관이라 하더라도 계약불이행 위험을 완전히 제거할 수는 없다. 미래의 가격이 폭락하면 매입자만 계약불이행을 할 유인이 생기며, 가격이 폭등하면 매도자만 계약불이행을 할 유인이 생겨 계약불이행이 한쪽 방향으로 발생하기 때문이다. 이러한 문제를 해결하고자 거래소는 거래당사자가 계약을 이행시키기 위한 성격의 보증금인 증거금(margin)을 계약대금의 일부분만큼 부과한다.

그러나 계약대금의 일부분만으로는 계약 이행을 충분히 보증하지 못할 수도 있다. 거래당사자가 계약을 불이행하면 증거금만큼을 포기하게 되겠지만, 계약불이행으로 얻을 수 있는 이익이 이보다 크다면 계약을 불이행할 유인은 여전히 존재한다. 이러한 문제를 해결하기 위해 거래소는 매일 매일 발생하는 손익에 따라 증거금 잔액을 변동시키고, 증거금이 충분치 않으면 추가적인 증거금을 부과하는 일일정산(daily marking to market)을 실시한다.

표 15-1 선물계약과 선도계약의 비교

구분	선물계약	선도계약
인도 · 결제시점	미래	미래
거래장소	거래소	장외시장
거래방법	공개경쟁매매	1:1거래
거래조건	표준화	협상가능
만기일 이전 청산	반대매매로 청산 가능	사실상 불가
시장참가자	증거금만 납입하면 누구나 거래가능	신용도가 높아야 거래가능
계약이행 보증	거래소가 계약이행 보증, 증거금, 일일정산	신용도가 높은 거래상대방과 거래

선물계약은 거래소에서 거래되며, 선도계약은 장외시장에서 거래된다. 이러한 차이로 두 계약이 다른 특성을 가지게 한다.

3. 선물계약의 특성

3.1 선물의 권리와 의무

선물거래의 경우에는 선물의 매입자와 매도자 모두 만기일의 현물가격에 관계없이 거래를 반드시 이행시킬 의무를 갖는다. 선물 매입자는 만기일에 기초자산을 인도받고 대금을 지급할 의무를 지게 되며, 선물 매도자는 대금을 지급받고 기초자산을 인도할 의무를 지므로 매입자와 매도자는 대칭적 관계이다. 반면 제14장에서 소개된 바와 같이 옵션의 소유자는 기초자산의 가격에 따라 옵션의 행사 여부를 결정할 수 있는 권리를 갖는다. 그리고 옵션의 매도자는 옵션소유자가 옵션을 행사할 경우에만 이에 대응해서 거래를 이행해야 하는 의무를 갖는다는 점에서 선물거래와 차이가 있다.

옵션계약은 매입자와 매도자가 권리, 의무를 분리하여 가지는 반면, 선물계약은 매입자와 매도자 모두 권리와 의무를 가진다.

3.2 선물계약의 가치

옵션 매입자는 권리만을 가지고 있고, 옵션 매도자는 의무만을 가지고 있기 때문에 옵션 매입자가 거래 시점에 매도자로부터 권리를 매입하는 대가가 옵션 프리미엄이다. 그러나 선물계약의 매입자와 매도자는 동등하게 의무를 가진다. 따라서 매입자와 매도자가 미래에 발생할 기초자산가격 변동에 따라 평균적으로 예상할 수 있는 선물거래 손익의 기대값은 0이다. 어떤 자산의 가치는 미래에 기대되는 현금흐름을 적절한 할인율로 할인한 현재가치이며, 선물거래에서 만기일의 기대 손익이 0이므로 최초 거래시점에서 선물계약의 가치는 0이다. 따라서 선물거래에서는 옵션거래와 같이 매입자가 계약의 대가를 매도자에게 지불할 필요가 없다. 선물거래의 최초 거래시점에 예치하는 증거금은 계약 이행의 보증금이지 계약의 대가는 아니다.

4. 선물거래의 손익

예컨대, 3월 1일의 쌀 가격은 포대당 8만원이며, 쌀과자회사가 농부로부터 7개월 후인 10월 1일에 쌀 100포대를 포대당 82,000원에 인도 받고 대금을 결제하기로 하는 선물계약을 체결했다고 가정하자. 여기서 쌀과자회사는 선물을 매입한 것이 되고, 농부는 매도한 것이 된다. 이때 선물거래의 대상이 되는 쌀을 기초자산(underlying asset)이라 하며, 쌀의 현재 가격인 8만원을 현물가격(spot price: S_0), 인도 및 결제 시점인 10월 1일을 선물거래의 만기일(maturity or delivery date: T), 그리고 정해진 거래가격인 82,000원을 선물가격(futures price: F_0)이라 한다. 100포대를 거래하기로 하였으므로 선물 거래금액은 100포대×82,000원=820만 원이 된다.

만기일인 10월 1일에 현물가격(S_T)이 85,000원이 되었다고 하자. 쌀과자회사가 현물시장에서 쌀을 매입한다면, 포대당 85,000원에 매입해야 하는 것을 선물거래를 통해 82,000원에 싸게 매입하였으므로 100포대×(85,000원−82,000원)=30만원의 이익을 획득한다. 농부가 현물시장에서 매도한다면, 85,000원에 매도할 수 있는 것을 선물거래를 통해 82,000원에 싸게 매도하였으므로 100포대×(82,000원−85,000원)=−30만원, 즉 30만원의 손실이 발생한다.

선물계약은 만기일 이전에라도 반대매매를 하여 포지션을 청산할 수 있다. 만기일 하루 전인 9월 30일에 선물가격이 84,900원이라고 하자. 그리고 쌀과자회사와 농부가 이 가격에 반대매매를 하여 포지션을 청산하였다고 하자. 이와 같은 경우, 쌀과자회사는 82,000원에 매입하고 84,900원에 매도하였으므로 100포대×(84,900원−82,000원)=29만원의 이익을 획득한다. 농부는 82,000원에 매도하고 84,900원에 매입하였으므로 손익은 100포대×(82,000원−84,900원)=−29만원, 즉 29만원의 손실이 발생한다.

이 예에서 선물계약을 매입하여 매입포지션(long position)에 있던 쌀과자회사가 만기일 하루 전에 선물계약을 매도하여 청산한 것을 전매도(long liquidation)라고 한다. 또한 선물계약을 매도하여 매도포지션에 있던 농부가 만기일 하루 전에 선물계약을 매입하여 청산한 것을 환매입(short covering)이라고 한다.

이제 쌀과자회사와 농부의 수익률을 계산해보자. 수익률을 계산하기 위해서는 투자금액을 알아야 하는데, 선물거래에서는 계약을 체결하는 시점에 대금의 결제가 이루어지지 않으므로 엄밀한 의미에서 투자금액은 0원이다. 그러나 통상적으로 계약을 체결하는 시점에 납입하는 증거금을 투자금액으로 보고 수익률을 계산한다. 만약, 증거금율이 선물거래금액의 20%라고 한다면, 예에서의 투자금액은 820만원×0.2=164만원이 된다. 그리고 쌀과자회사는 29만원의 이익을 획득했으므로 수익률은 $\frac{29\text{만원}}{164\text{만원}}=17.68\%$가 된다. 반면, 농부의 수익률은 $\frac{-29\text{만원}}{164\text{만원}}=-17.68\%$가 된다.

만약, 쌀과자회사가 현물거래를 통해 29만원의 이익을 얻었다면 수익률은 $\frac{29\text{만원}}{820\text{만원}}=3.54\%$이지만 선물거래를 통해 수익률이 5배인 17.68%가 되었다. 이와 같은 5배의 레버리지 효과는 투자금액 전액을 지불해야 하는 현물거래와 달리 선물거래에서는 투자금액의 20%만을 납입하면 되기 때문에 발생한다. 이러한 레버리지 때문에 투기거래자(speculator)는 현물거래보다 선물거래를 선호한다. 그러나 이익을 획득한 쌀과자회사의 수익률이 현물거래의 5배인 반면 손실이 발생한 농부의 수익률도 현물거래의 5배이므로 위험이 높은 거래라는 점에 유의해야 한다.

예제 1 쌀선물거래의 예에서, 만기일 하루 전인 9월 30일에 선물가격 79,100원으로 반대매매를 하였다면, 쌀과자회사와 농부의 손익과 수익률은 각각 얼마인가?

해설 쌀과자회사(선물매입)의 손익 = 100포대×(79,100원 - 82,000원) = -29만원,

$$\text{수익률} = -\frac{29\text{만원}}{164\text{만원}} = -17.68\%$$

농부(선물매도)의 손익 = 100포대×(82,000원 - 79,100원) = 29만원,

$$\text{수익률} = \frac{29\text{만원}}{164\text{만원}} = 17.68\%$$

본문의 예와 [예제 1]에서 알 수 있는 바와 같은 선물 매입자는 선물가격이 상승하면 이익을 얻고 하락하면 손실을 입는 반면, 선물 매도자는 선물가격이 하락하면 이익을 얻고 상승하면 손실을 입는다. 선물계약을 매도하면 선물가격 하락으로부터 이익을 획득할 수 있다는 것은 현물거래와 다른 선물거래의 중요한 특징 중의 하나이다. 현물거래에서는 현물을 보유하지 않은 상태에서 먼저 매도할 수 없지만, 선물거래에서는 먼저 매도하는 것이 가능

하다. 선물은 미래 시점에 인도·결제를 하므로 현재 시점에 현물을 보유하지 않아도 되기 때문에 먼저 매도할 수 있는 것이다.

선물계약 후 만기일까지 그 계약을 보유한다면 만기 시점에서 얻게 되는 기초자산 1단위당 손익은 다음 식과 같고, 이를 그림으로 나타내면 [그림 15-1]과 같다.

$$선물계약매입의\ 손익 = S_T - F_0 \qquad (15-1)$$

$$선물계약매도의\ 손익 = F_0 - S_T \qquad (15-2)$$

S_T : 만기일의 현물가격

F_0 : 선물계약시의 선물가격

[그림 15-1]에서 알 수 있듯이 선물 매입자와 매도자의 손익을 더하면 항상 0이 된다. 따라서 선물거래는 본질적으로 제로섬게임(zero-sum game)이다. 여기서 한 가지 유의할 점이 있다. 예에서 만기일인 10월 1일에 현물가격이 85,000원으로 상승한 결과 농부는 선물계약을 이용함으로써 포대당 3천원의 손해를 입었으므로 선물계약을 맺은 것을 후회할지도 모른다. 그러나 만기 시점의 쌀 가격을 사전적으로 알 수 있는 것이 아니기 때문에, 이미 원하는 가격에 쌀값을 고정시켜 위험회피 목적을 달성한 것에 만족해야 한다. 만기 시점의 쌀

그림 15-1 선물거래의 손익구조

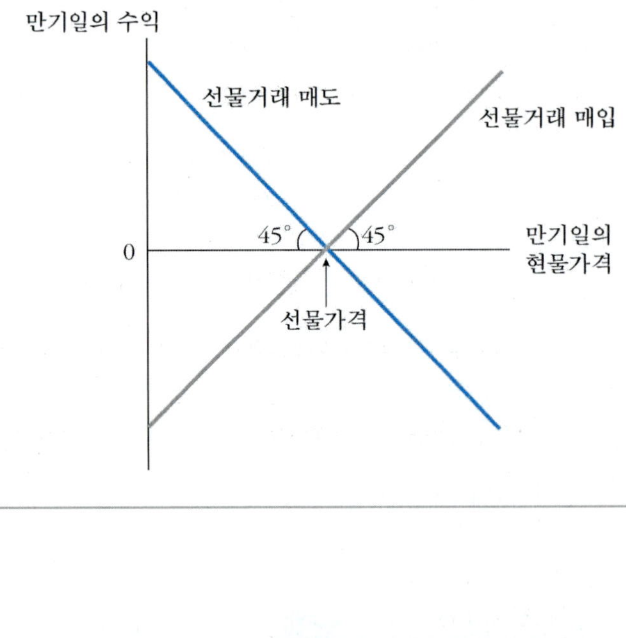

가격이 85,000원이 아닌 3만원으로 폭락할 가능성도 얼마든지 있는 것이며 이 경우 선물계약을 매도하지 않았다면 농부는 생계에 위협을 느낄 수도 있었을 것이다.

선물 매수포지션에서는 기초자산 가격이 상승할수록 이익이 증가하지만, 선물 매도포지션에서는 기초자산 가격이 상승할수록 이익이 감소한다.

5. 선물가격의 결정

5.1 차익거래와 현물-선물 패리티

선물가격은 현물과 선물 간의 차익거래가 발생하지 않도록 결정된다. 이를 이해하기 위해 서울에서 수박 1통의 가격이 1만원, 춘천에서 수박 1통의 가격이 9천원, 춘천-서울간 수박 1통 운송비용이 5백원인 경우의 차익거래에 대해 생각해보자. 이와 같은 경우, 춘천에서 수박 1통을 사서, 서울로 운송해서 서울에서 판다면, 1만원-(9천원+5백원)=5백원의 차익(arbitrage profit)을 획득할 수 있다. 즉, 춘천의 수박은 장소의 차이로 인해 서울 수박이 아니지만 춘천에서 서울로 운송하는 과정을 거친다면, 서울 수박과 동일한 기능을 할 수 있다. 편의상 이를 합성 서울 수박이라 부르자. 이와 같은 차익거래가 이루어진다면, 서울에서 수박 가격은 하락할 것이며, 춘천에서 수박 가격과 춘천-서울간 수박 운송비용이 상승하여 결과적으로 합성 서울수박 가격과 서울수박가격이 일치하는 一物一價의 법칙(law of one price)이 성립한다. 즉, 차익기회가 없는 균형 상태로 복원하게 되는 것이다.

현물과 선물 간의 균형 상태 역시 차익기회가 없는 상태이며, 선물가격과 합성 선물가격(synthetic futures)이 일치하면 차익기회가 없게 된다. 그리고 여기에서 합성 선물을 만들기 위한 변환과정은 현물을 선물의 만기까지 보유하는 것이다. 금 1kg의 현물가격은 5만원이고, 1년 후 만기의 선물가격은 6만원이라고 하자. 또한, 무위험이자율은 10%이고, 금 보관비용은 보관액의 5%이라고 하자.

이 때 금선물을 매도하고, 금선물과 동일한 기능을 가진 합성선물을 매입할 경우 어떻게 차익을 획득할 수 있는지 알아보자. 먼저, 합성 선물 매입포지션은 다음과 같이 만들 수 있다.

① 금 매입대금 5만원만큼을 무위험이자율 10%로 차입하여 만기에 상환한다.

② 차입한 5만원으로 금 1kg을 매입하여 만기까지 보유하며, 만기에 5만원의 5%에 해당하는 보관비용을 지불한다.

이와 같은 경우, 차입한 5만원으로 금을 매입하고 보관하였기 때문에 현재 시점에는 아무런 현금흐름도 발생하지 않는다. 만기에는 차입한 금 매입대금의 원리금을 상환하면서 5만원×(1+0.1)=55,000원의 현금유출이 발생하며, 금 보관비용인 5만원×0.05=2,500원의 현금유출이 발생한다. 만기에는 금 1kg을 보유하게 된다. 이와 같은 거래는 금에 대한 선물을 매입한 것은 아니지만, 선물을 매입한 것과 동일한 효과를 가진다. 또한, 만기에 보유한 금 1kg을 인도함으로써 선물 매도의 의무를 이행하고 선물 매도 가격인 6만원을 수취함으로써 합성선물 매입, 선물 매도의 차익거래가 완료된다. 그 결과, 6만원−5만원×(1+0.1+0.05)=2,500원의 차익을 획득하게 된다.

이와 같은 차익거래가 존재한다면 선물가격은 하락할 것이며, 합성 선물가격은 상승하여 결과적으로 차익기회가 존재하지 않는 균형상태로 복원하게 된다. 균형상태를 수식으로 표현한다면, $F_0 = S_0(1+r_F+C)^T = 0$으로 식 (15−3)이 도출됨을 알 수 있다.

$$F_0 = S_0(1+r_F+C)^T \qquad (15-3)$$

F_0 : 현재 선물가격

S_0 : 현재 현물가격

r_F : 무위험이자율

C : 보관비용

T : 잔존만기

식 (15−3)을 현물−선물 패리티(spot−futures parity)라 한다. 현물−선물 패리티는 선물가격은 계약시점으로부터 인도시점까지 해당 현물을 보관하는 데 드는 비용인 재고유지비용(cost of carry)을 현물가격에 더해서 결정된다는 것을 의미한다. 이때의 재고유지비용은 창고비용과 보험료 등과 같은 보관비용과 현물 구입자금에 대한 기회비용인 이자비용으로 구성된다. 선물은 최초시점에는 계약만 하고 상품의 인도와 대금의 지불은 만기에 이루어지므로, 상품의 재고부담과 현금지급의 기회비용만큼 유리하다. 따라서 선물가격에서 상품선물가격은 현물가격보다 높은 것이 일반적이다.

이 관계는 기초자산을 보유하면 이자나 배당과 같은 수익이 생기는 금융선물에 대해서도 쉽게 확장할 수 있다. 채권선물의 경우 채권을 보유하기 위해서는 차입비용이 생기지만, 대신 채권을 보유함으로써 이자수익을 얻을 수 있다. 또한, 차입비용인 무위험이자율보다 이자수익인 채권수익률이 높은 것이 일반적이므로, 재고유지비용이 음(−)이 되어 선물가격이 현물가격보다 낮게 형성된다. 주가지수선물의 경우, 주식을 보유하기 위해서는 차입비용이 생기지만, 대신 주식을 보유함으로써 배당수익을 얻을 수 있다. 그러나 차입비용인 무위험이자율보다 배당수익인 배당률이 낮은 것이 일반적이므로, 재고유지비용이 양(+)이 되어 선물가격이 현물가격보다 높게 형성된다.

주가지수선물에 대한 현물−선물 패리티는 식 (15−3)을 변형하여 다음과 같이 정리할 수 있다.

$$F_0 = S_0(1 + r_F - \tilde{d})^T \tag{15-4}$$

$\tilde{d}$: 배당수익률

식 (15−4)에서 배당수익률 $\tilde{d}$에 물결 표시가 위에 있는 것은 현재 시점에는 배당수익률이 불확실함을 의미한다. 즉, 주가지수선물 차익거래는 다른 선물상품과는 달리 무위험차익거래(risk−free arbitrage)가 아닌 위험차익거래(risky arbitrage)이다. 다만, 대부분의 기업은 예년과 유사한 수준의 배당을 지급하는 성향을 보이고 있기 때문에 주가지수선물 차익거래에서의 배당 위험은 일반적으로 그렇게 크지는 않다.

예제 2 현재 KOSPI200이 180포인트이고, 배당수익률은 연 1.2%, 무위험이자율은 연 6%라 할 때, 3개월 후에 만기가 되는 주가지수선물의 균형선물가격은 얼마인가? 만일 시장에서 실제 선물가격이 183포인트로 거래가 된다면 어떠한 전략으로 차익거래를 할 수 있겠는가? 이때의 차익은 얼마인가? KOSPI200 선물의 계약승수는 50만원이라고 하자.

해설 균형선물가격은 $F_0 = S_0[1+(r_F-\tilde{d})]^T = 180[1+(0.06-0.012)]^{\frac{3}{12}} = 182.12$이다. 합성선물가격은 182.12로 선물가격 183보다 낮으므로 합성선물 매입, 선물매도의 차익거래를 행할 수 있다. 차익은 $183-180[1+(0.06-0.012)]^{\frac{3}{12}} = 183-182.12=0.88$이다. 즉, 차익거래로 인한 KOSPI200의 1계약의 이익은 $0.88 \times 500{,}000 = 440{,}000$원이다.

선물의 적정가치는 현물 매입-보유와의 무차익원칙에 의해 결정된다.

5.2 선물가격과 미래 현물가격의 관계

선물이란 미래에 매매할 상품의 가격을 지금 결정하는 것이므로 선물가격은 시장참가자들의 미래 현물가격에 대한 기대치를 반영하여 결정된다. 예를 들어, 1년 후 만기가 되는 선물계약에 대한 가격은 5만원인데, 시장참가자들은 1년 후 현물가격이 평균적으로 6만원일 것으로 기대하고 있다고 하자. 이와 같은 경우에는 선물가격이 미래 현물가격의 기대치보다 싸므로 선물을 매입하고, 미래 현물을 매도하는 거래가 일어나게 될 것이다. 그 결과, 선물가격은 상승하고, 미래 현물가격은 하락하여 두 가격이 일치하는 균형 상태에 복원하게 될 것이다. 이를 수식으로 표현하면 다음과 같다.

$$F_0 = E_0(\widetilde{S_T}) \qquad (15\text{–}5)$$

F_0 : 현재 선물가격

$E_0(\widetilde{S_T})$: 미래 현물가격에 대한 현재까지의 정보에 근거한 기대치

식 (15−5)를 불편기대치가설(unbiased expectations hypothesis)이라 하며, 그 의미는 선물가격은 미래 현물가격의 기대치에서 벗어나지 않는다는 것이다. 여기에서 중요한 것은 현재까지의 정보에 근거한 기대치라는 점이다. 앞선 예의 차익거래에서는 현재 5만원의 선물을 사고, 1년 후 6만원에 현물을 팔 수 있어야 차익 1만원을 획득할 수 있다. 그런데, 현재까지의 정보에 근거한 1년 후 현물가격의 기대치가 6만원일지라도 앞으로 1년간 현물가격에 영향을 주는 새로운 정보가 계속 유입될 것이며, 그 결과 1년 후 실제 현물가격은 6만원

과 얼마든지 달라질 수 있다. 다만, 현재까지의 정보에 근거한다면, 기대치가 6만원이고 새로운 정보로 인한 가격변화는 평균적으로는 0일 것이므로, 예에서와 같은 차익거래를 무수히 반복한다면 평균적으로는 차익을 획득할 수 있다는 것이다. 예에서의 차익거래는 무위험 차익거래(risk-free arbitrage)가 아닌 위험 차익거래(risky arbitrage)이며, 불편기대치가설 역시 현물-선물 패리티와 같이 강한 균형관계가 아닌 대략 성립하는 약한 균형관계이다.

한편, 불편기대치가설의 괴리로부터 차익을 획득하는 거래는 위험을 수반하고 있으므로, 해당 차익거래자가 위험프리미엄을 획득할 수 있도록 현재의 선물가격과 미래 현물가격의 기대치간의 관계가 형성되어야 한다는 주장도 있다. 이를 위험프리미엄(risk premium) 가설이라고 한다. 현물에서 매입포지션을 취하고 있는 투자자가 선물에서 매도포지션을 취하고, 반대로 현물 매도포지션에 대해서 선물 매입포지션을 취하면 현물시장에서의 투자위험을 상쇄시킬 수 있다. 이러한 행위를 헤지(hedge)라고 부른다. 만약, 선물 매도 헤지 수요와 선물 매입 헤지 수요가 서로 일치하지 않는다면, 초과 수요가 발생한다. 이러한 초과 수요에 대해서는 선물 포지션만을 취하여 위험에 노출되는 투기거래자가 반대 포지션을 취해주어야 거래가 성립된다. 이 때문에 헤지거래자는 투기거래자에게 위험을 전가시키는 대가로 위험프리미엄을 지급해야 한다는 것이다.

선물 매도 헤지 수요가 선물 매입 헤지 수요보다 높은 초과 매도 헤지가 있다면, 매입 투기거래가 이를 충족시켜주어야 한다. 선물가격이 미래 현물가격의 기대치보다 충분히 싸다면 매입 투기 거래자가 기꺼이 위험을 부담할 수 있다. 즉, 초과 매도 헤지가 있다면, 선물가격은 미래 현물가격의 기대치보다 낮게 형성되는데($F_0 < E_0(S_T)$), 이를 정상적 백워데이션가설(normal backwardation hypothesis)이라 한다. 반대로 초과 매입 헤지가 있다면, 선물가격은 미래 현물가격의 기대치보다 높게 형성되는데($F_0 > E_0(S_T)$), 이를 콘탱고가설(contango hypothesis)이라 한다.

6. 선물과 옵션을 활용한 위험관리

선물과 옵션의 손익은 기초자산의 가격에 따라 결정된다. 따라서 14장과 이 장의 앞부분에서 설명한 바와 같이 선물과 옵션의 가격 변동은 기초자산의 가격 변동과 일정한 관계를 지닌다. 이러한 성질을 이용해서 선물과 옵션을 활용하여 현물 포지션의 위험을 줄일 수 있으며, 이를 헤지, 넓게는 위험관리라고 한다. 이 절에서는 2008년 글로벌금융위기 기간에 일어났던 KIKO 옵션(knock in-knock out option) 사태를 사례로 하여 선물와 옵션을 활용한 위험관리에 대해 알아본다.

2007년 11월 달러당 900원이던 원/달러 환율은 2008년 글로벌금융위기로 인해 2009년 2월 달러당 1,500원으로 치솟았다. 달러의 급등으로 KIKO 옵션을 보유하고 있던 수출기업들은 2조원 이상의 손실을 입었고, 어떤 기업은 자본을 초과하는 손실을 입어 파산을 했다. 환율 변동 위험을 줄이기 위한 헤지거래로 보유했던 KIKO 옵션으로 기업이 파산하는 일이 벌어진 것이다.

6.1 선물환 매도헤지

수출기업은 수출대금을 일정 기간 후에 받게 된다. 수출 시점과 대금 수취 시점 사이에 환율이 변동하기 때문에 환율 변동 위험에 노출되어 있다. 달러가 상승한다면 확정된 달러 금액을 더 많은 원화금액으로 환전할 수 있으며, 달러가 하락한다면 더 적은 원화금액으로 환전하게 된다. 따라서 수출기업은 달러가 상승하면 이익이고, 달러가 하락하면 손실인 달러화 매입포지션(long position)이다. 수출기업의 위험은 달러가 하락함으로써 입을 수 있는 손실 가능성이다. 이러한 위험은 선물 매도포지션(short position)을 취함으로써 상쇄시킬 수 있다. 외환시장에서는 통화선물보다는 선도가 일반화되어 있으며, 선물환이라고 부른다. 즉, 수출기업은 선물환 매도헤지를 함으로써 현물환 매입포지션(long position) 위험을 제거할 수 있다.

[그림 15-2]는 당시의 환율로 계산한 원/달러 수준에 따른 현물환 포지션, 선물환 포지션, 그리고 현물환 포지션과 선물환 포지션을 합한 종합 포지션의 손익을 보여주고 있다.

[그림 15-2]를 보면 달러가 하락하면 현물환 포지션에서 손실이 발생하지만, 선물환 포지션에서 이익이 발생하여 상쇄시켜 줌을 알 수 있다. 문제는 달러가 상승하는 경우이다. 만약 선물환 매도헤지를 하지 않았더라면 수출기업은 달러 상승으로 인한 이익을 얻을 수 있었을 것이다. 이것이 당시 많은 수출기업이 선물환 매도헤지를 하지 않은 하나의 이유이다.

그림 15-2 현물환 포지션, 선물환 포지션, 종합 포지션의 손익

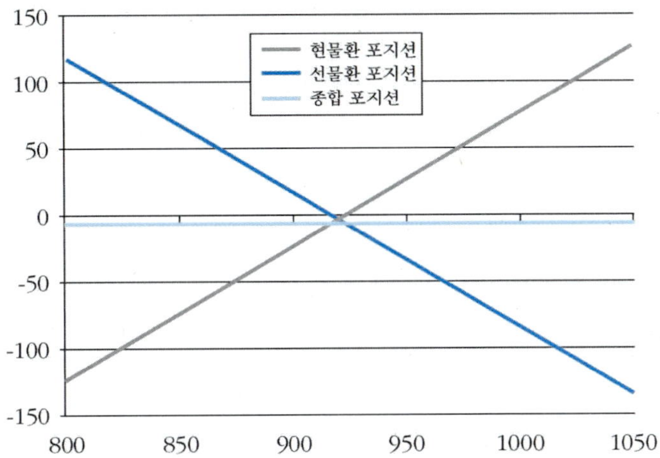

어떤 기업들은 달러 하락이 예상되면 선물환 매도포지션을 취하고, 달러 상승이 예상되면 선물환 매도포지션을 청산하기도 하였는데, 이를 선택적 헤지(selective hedge)라고 한다. 선택적 헤지는 달러 상승으로 인한 현물환 포지션 이익을 취하고, 달러 하락으로 인한 현물환 포지션 손실을 선물환 포지션 이익으로 상쇄시키기 때문에 현명한 헤지전략인 것처럼 생각될 수도 있다. 그러나 선택적 헤지의 성패는 얼마나 환율 변동을 잘 예측할 수 있는가에 있다. 그리고 수출기업의 경쟁력은 환율 변동 예측에 있지 않다. 환율 변동 예측에 경쟁력이 있다면, 수출기업이 아니라 외환딜러가 되었어야 할 것이다.

선물환 매도헤지의 또 다른 문제는 헤지비용에 있다. 당시 선물환율은 현물환율보다 낮은 상태였으며,[1] 이러한 경우 선물환 매도헤지를 하면 종합 포지션으로는 손실을 확정짓는 셈이 된다. 따라서 많은 수출기업들은 선물환 매도헤지를 선택하지 않았다. 그런데, 이 손실은 위험을 회피하는데 대한 대가 즉, 헤지비용이다. 마치 보험으로 위험을 대비할 때 보험료를 지불해야 하는 것과 마찬가지이다.

1) 현물-선물 패리티에 의하면 선물환율이 현물환율보다 높아야 적절한 상태였지만, 당시에는 낮은 상태였으며, 이는 선물환율 또는 현물환율이 왜곡되었음을 의미한다. 이 역시 선물환 매도헤지를 기피하는 원인 중 하나이었다.

6.2 풋옵션 매입헤지

선물환 매도헤지의 단점은 달러가 상승할 때 현물 포지션으로부터 얻을 수 있는 이익도 선물환 포지션의 손실로 상쇄시키는 것이었다. 이를 해결하는 것이 풋옵션 매입헤지이다. 달러가 상승할 때는 옵션 포지션의 손실을 제한하여 현물 포지션의 이익을 얻을 수 있게 만들고, 달러가 하락할 때는 옵션포지션의 이익이 상승하도록 하여 현물 포지션의 손실을 상쇄시키는 것이다. [그림 15-3]은 당시의 환율과 어느 한 기업이 계약한 행사가격과 옵션 프리미엄으로 계산한 원/달러 수준에 따른 현물환 포지션, 풋옵션 포지션, 그리고 현물환 포지션과 풋옵션 포지션의 합한 종합 포지션의 손익을 보여주고 있다.

[그림 15-3]을 보면 달러가 상승하면 종합 포지션의 이익이 증가하고, 달러가 하락하면 종합 포지션의 손실이 제한되고 있음을 알 수 있다. 이 전략은 주식 펀드매니저도 널리 사용하고 있으며, 보호적 풋(protective put)이라고 한다.

보호적 풋의 단점은 풋옵션 프리미엄을 헤지 포지션을 취하는 시점에 지불해야 한다는 것이다. 이러한 이유로 많은 수출기업들은 보호적 풋을 선택하지 않았다. 이 역시 위험 회피의 대가인 보험료를 지불하지 않으려는 잘못된 생각이다.

그림 15-3 현물환 포지션, 풋옵션 포지션, 종합 포지션의 손익

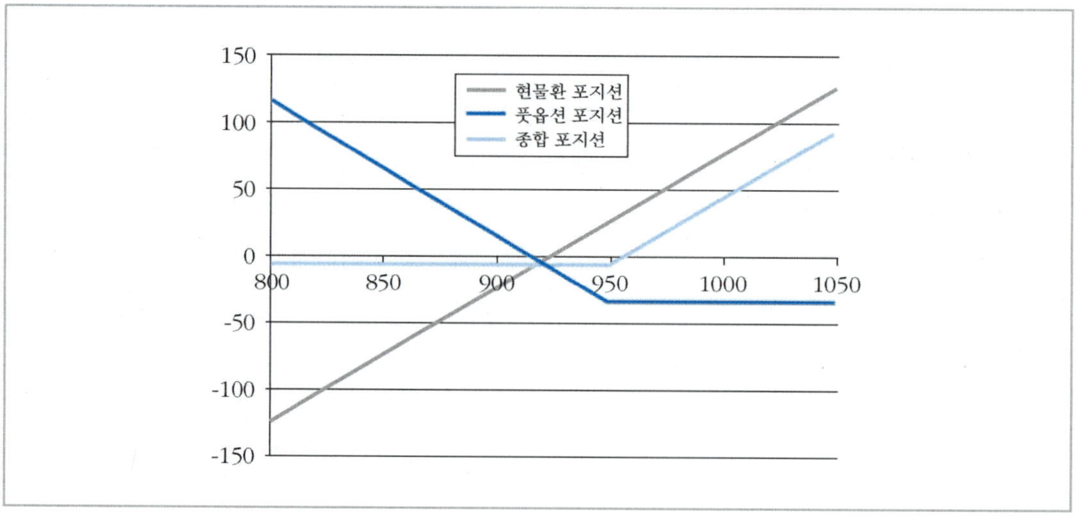

6.3 KIKO옵션

보호적 풋의 단점인 옵션 프리미엄을 없애는 것이 KIKO옵션의 아이디어이다. KIKO옵션의 첫 번째 아이디어는 풋옵션 매입과 콜옵션 매도를 동시에 함으로써 지불해야 할 풋옵션 프리미엄을 수취할 콜옵션 프리미엄으로 상쇄시키는 것이다. 그런데, 옵션의 행사가격은 현물환율보다 높아서 풋옵션은 내가격(ITM, in-the-money) 상태이었고, 콜옵션은 외가격(OTM, out-of-the-money) 상태였다. 즉, 지불해야 할 풋옵션 프리미엄이 수취할 콜옵션 프리미엄보다 높은 상태이다. 따라서 옵션 프리미엄을 상쇄시키기 위해서는 풋옵션 1개를 매입하고 콜옵션 2개를 매도해야 했다.

두 번째 아이디어는 달러가 일정 수준 이하로 떨어질 때는 풋옵션의 효력을 무효화(knock out) 시킴으로써 지불해야 할 풋옵션 프리미엄을 줄이는 것이다. 또한, 이에 대응하여 달러가 일정 수준 이상으로 올라갈 때 콜옵션의 효력을 발효(knock in)시킴으로써 달러가 일정 범위 내일 때는 풋옵션만 존재하도록 하는 것이다. 무효화 옵션(knock out option)과 발효화 옵션(knock in option)이 합성되어 있어 이 계약을 KIKO옵션(knock in-knock out option)이라고 불렀다.

그림 15-4 현물환 포지션, KIKO옵션 포지션, 종합 포지션의 손익

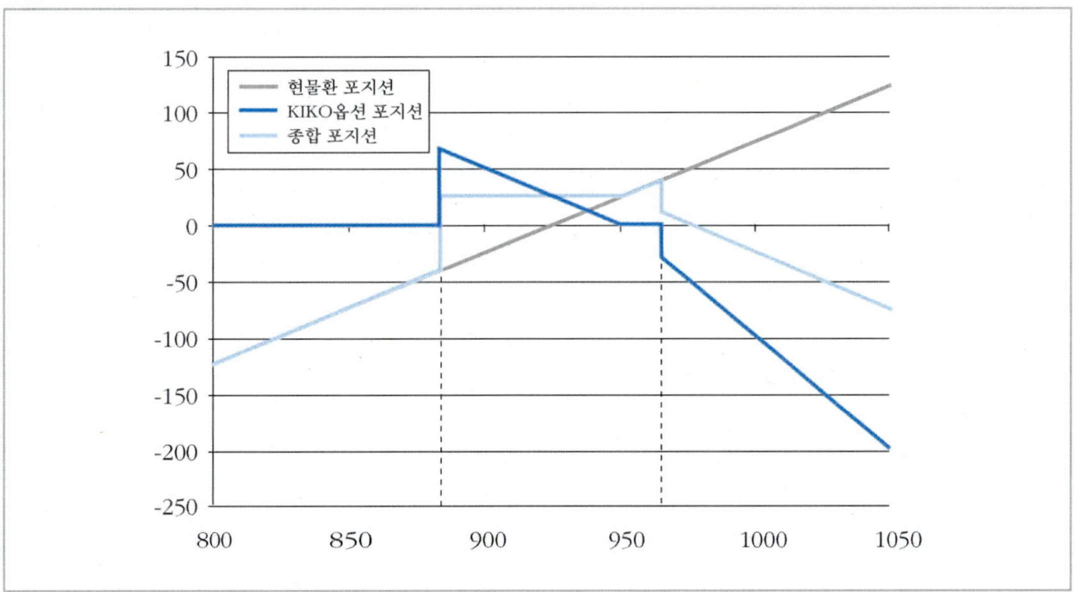

[그림 15－4]는 당시의 환율과 어느 한 기업이 계약한 행사가격, knock out가격, knock in가격으로 계산한 원/달러 수준에 따른 현물환 포지션, KIKO옵션 포지션, 그리고 현물환 포지션과 KIKO옵션 포지션을 합한 종합 포지션의 손익을 보여주고 있다.

[그림 15－4]를 보면, 당시 수출기업에게 KIKO옵션이 매력적인 대안으로 보일 수 있는 이유를 짐작할 수 있다. 종합 포지션을 보면, 환율이 885원~965원 사이에 있으면, 이익이 발생한다. 헤지 시점에 헤지비용을 지불할 필요가 없고, 예상되는 환율 범위에서는 이익이 생기므로 매력적인 대안인 것처럼 보인다. 달러가 885원 아래로 떨어지면 헤지 포지션을 취하지 않은 것과 같지만, 환율이 이 정도로 떨어질 가능성은 별로 없다고 생각했을 것이며, 또한 헤지를 하지 않던 과거 시절을 생각해본다면 큰 문제가 없다고 생각했을 것이다. 달러가 965원 위로 올라가면 손실이 발생할 수 있지만, 과거 몇 년간 달러가 하락 추세였던 것을 감안하면 큰 문제가 없다고 생각했을 것이다.

그러나 달러는 965원보다 현저히 높은 1,500원까지 치솟았고, 달러가 올라갈수록 손실은 커지는 구조였기 때문에 재앙이 발생한 것이다. 이 헤지전략의 가장 큰 문제는 종합 포지션을 보면 정상적인 환율 범위 내에서는 조금의 이익을 보지만, 환율이 비정상적으로 움직이면 손실은 제한 없이 커지는 구조라는 것이다. 수출기업들은 그럴 가능성은 희박하다고 보았지만, 헤지는 큰 손실을 보는 위험을 없애는 것이다. 정상적인 환율범위에서는 헤지를 하지 않더라도 영업이익으로 환율 변동으로 인한 손실을 어느 정도 부담할 수 있다. 따라서 정상적인 환율 범위에서 손실이 발생하더라도 비정상적인 환율로 인해 기업에 치명적 손실을 입을 수 있는 상황에 대비했었어야 했다.

헤지는 현물 포지션의 손실을 상쇄시킬 목적으로 파생상품 포지션을 취하는 것이다. 헤지 결과 극단적인 손실이 발생할 수 있다면, 그 가능성이 희박하더라도 제대로 된 헤지가 아니다.

키워드

- 선도거래
- 선물거래
- 기초자산

- 만기일
- 매입포지션
- 매도포지션
- 일일정산
- 증거금
- 헤지
- 차익거래
- 현물-선물 패리티
- 기대가설
- 정상백워데이션가설
- 콘탱고가설
- 위험프리미엄
- 선물환 매도헤지
- 보호적 풋
- KIKO옵션

15 연습문제

Exercise

01 (★) 다음 용어를 설명하시오.

(1) 선도거래 (2) 선물거래 (3) 일일정산 (4) 헤지
(5) 현물-선물패리티 (6) 기대가설 (7) 정상백워데이션가설 (8) 콘탱고가설

02 (★) 선물계약에 대한 설명으로 옳지 않은 것은?

① 거래조건이 표준화되어 있다.
② 만기일 이전에 반대매매를 통한 청산이 불가능하다.
③ 불특정 다수가 거래한다.
④ 계약불이행 위험이 관리된다.

03 (★★) 1년 후 수입대금을 달러화로 결제해야 하는 수입업체가 환위험을 헤지하기 위해 현물시장과 선물시장에서 취해야 하는 포지션은?

	현물 포지션	선물 포지션
①	달러 매입	달러 매도
②	달러 매도	달러 매입
③	달러 매입	달러 매입
④	달러 매도	달러 매도

04 (★) 선물계약 시점의 선물가격(F_0)이 만기일의 기초자산가격(S_T)보다 클 경우 선물매입자와 선물매도자의 손익은?

	선물매입자	선물매도자
①	이익	이익
②	이익	손실
③	손실	이익
④	손실	손실

05 (★★) 선물계약에 대한 설명 중 틀린 것은?

① 선물의 매입자는 기초자산의 가격에 따라 만기일에 이행여부를 결정할 수 있는 권리를 갖는다.
② 선물거래에서 기대되는 만기일의 손익은 0이므로 최초 거래시점에서 선물거래의 가치는 0이다.
③ 일반적으로 보면, 상품선물의 경우에는 재고유지비용이 양(+)이므로 선물가격이 현물가격보다 높게 형성된다.
④ 콘탱고가설에서는 현재 선물가격 가격이 미래 현물가격의 기대치보다 높다.

06 (★★) 현물-선물 패리티(spot-futures parity)식을 완성하기 위해 빈칸에 들어가야 할 내용이 적절히 구성된 것은? (단, r_F는 무위험이자율이며 보관비용은 없다.)

$$A = B(1 + r_F)^T$$

	A	B
①	선물계약 시점의 기초자산가격	만기 시점의 기초자산가격
②	선물계약 시점의 기초자산가격	선물계약 시점의 선물가격
③	선물계약 시점의 선물가격	선물계약 시점의 기초자산가격
④	선물계약 시점의 선물가격	만기 시점의 기초자산가격

07 곡물생산자는 곡물 10단위를 보유하고 있다. 현재 곡물시장에서 거래되는 곡물 1단위의 가격은 52,000원이다. 곡물선물시장에서 가공업자는 만기일인 1년 후 곡물 10단위를 단위당 54,000원에 매입하기로 하는 선물계약을 맺었다. 다음 물음에 답하시오.

(1) (★) 선물계약 만기일에 곡물 가격이 56,000원이라면 곡물가공업자가 선물거래로부터 얻게 되는 곡물 단위당 손익은 얼마인가?

① 2,000원 손실 ② 2,000원 이익
③ 1,000원 이익 ④ 1,000원 손실

(2) (★★) 선물계약 만기일에 곡물가격이 56,000원이라면 현재부터 만기일까지 현물가격의 시세변동과 선물거래를 종합한 곡물생산자의 곡물 단위당 손익은 얼마인가?

① 2,000원 손실 ② 2,000원 이익
③ 1,000원 이익 ④ 1,000원 손실

(3) (★) 곡물생산자는 6개월 후에 반대매매로 자신의 포지션을 청산해서 1,000원의 이익을 얻었다. 6개월 후에 어떠한 거래를 했는가?

	①	②	③	④
거래내용	선물매도	선물매도	선물매입	선물매입

선물가격	55,000	53,000	55,000	53,000

(4) (★★) 곡물시장에서 공매가 가능하며 무위험이자율이 연 1%라면 투자자가 차익거래를 할 수 있는 방법을 설명하시오.

08 밀 재배업자 최씨는 9월말에 추수할 밀의 수확량이 총 60,000kg에 달할 것으로 예상하고 있다. 최씨는 올해의 밀농사가 전반적으로 풍작이어서 추수 후의 밀가격이 현재보다 하락할 것을 우려하고 있다. 현재 밀가격 시세는 2,250원/kg이며, 9월말이 만기인 밀 선물가격은 2,520원/kg이다. 밀 선물의 거래단위는 계약당 5,000kg이다. 현재의 밀 가격을 적용할 때 최씨의 예상대로 60,000kg을 수확한다면 올해의 영업은 손익분기점에 달한다고 한다.

(1) (★) 최씨의 입장에서는 어떠한 선물 거래가 필요한지 설명하시오

(2) (★★) 9월말에 밀가격이 1,700원/kg이 되었다고 한다. 최씨가 그의 예상대로 9월말에 60,000kg의 밀을 수확할 경우에 선물거래와 현물거래의 손익을 계산하고 헤지의 성과를 설명하시오.

(3) (★★) 최씨가 예상과 달리 9월말에 50,000kg의 밀을 수확했을 경우 질문 2)의 손익 결과를 계산하고 헤지의 성과를 설명하시오.

09 (★) 선물거래에서 거래상대방 위험을 최소화하기 위한 제도들을 설명하시오.

10 (★★) 쌀농사를 짓는 농부가 헤지를 위하여 선도거래 1계약을 체결하였다. 선도계약의 만기는 내년 6월 15일이고 선도가격은 쌀 1포대 당 20,000원이다. 계약단위는 100포대다. 현재 쌀1포대의 가격은 18,000원이고 만기일 쌀 1포대의 가격은 25,000원이다. 증거금율이 선물거래대금의 20%일 때 만기일의 이 농부의 수익률은?

11 (★★★) 현재 주가가 12,000원인 A회사의 주식을 기초자산을 하는 선물이 있다. 만기는 3개월 후이며, 무위험이자율은 연 6%이다. 현재 선물가격이 (1) 15,000원인 경우와 (2) 10,000원인 경우 각 경우에서 어떠한 차익거래기회가 존재하며 그 차익은 얼마인지를 보이시오.

12 (★★) 선물가격의 정상백워데이션(normal backwardation) 현상과 콘탱고(contango) 현상이 발생하는 이유에 대하여 설명하시오.

13 (★★) A주식의 현재 가격은 40,000원이며, 무위험이자율은 연 5%이다. 만기가 1년인 A주식의 선물이 시장에서 거래되고, 1년 후 예상되는 A주식의 기대수익률은 8%이다. 현물-선물 패리티가 성립할 때, A주식의 1년 후 주가와 현재 선물가격간의 관계를 설명할 수 있는 가설과 그 근거를 제시하시오.

14 (★★) 부품 수출업체 K사는 6월에 부품을 수출하고, 9월에 미국 거래처로부터 수출결제대금 1억 달러를 지급받기로 했다고 계약했다. K사는 향후 원달러 환율 변동에 따른 환위험에 대비하여 통화선물을 이용하여 헤지를 하고자 한다. 9월 만기 달러 선물가격은 1,200원/달러이며, 거래단위는 계약당 1,000달러이다. K사가 헤지를 하기 위한 선물계약을 설명하고 9월 만기일의 원달러 환율이 1,100원/달러일 때 헤지의 성과를 설명하시오.

15 연습문제 정답 및 해설

Exercise

02 ②

선도계약과 달리 선물계약은 만기일 이전에 반대매매를 통해서 청산될 수 있다.

03 ②

달러 가치가 상승하면 손실이고, 달러 가치가 하락하면 이익이므로 수입업자는 달러 현물 매도 포지션(short position)을 취하고 있으며, 달러 선물 매입 포지션(long position)을 취해야 헤지가 이루어진다.

04 ③

만기일의 기초자산가격이 선물계약 시점의 선물가격보다 크면 선물매도자에게는 이익이며, 선물 매입자에게는 손실이다. 선물거래는 제로섬 게임이므로 ①, ④와 같은 경우는 발생할 수 없다.

05 ①

선물거래는 옵션과 달리 계약관계로 선물의 매입자와 매도자는 만기일에 기초자산의 가격에 따라 계약을 이행해야 한다.

06 ③

동일한 시점에서 선물가격과 현물가격간의 균형관계를 설명하는 것이 현물-선물 패리티이며, 선물가격은 현물가격에 재고유지비용(보관비용, 이자비용)을 가산하여 결정된다.

07 (1) ②

선물매입계약을 맺은 곡물가공업자는 만기시점의 현물가격(56,000원)이 선물가격(54,000원)보다 상승했으므로 단위당 56,000원-54,000원=2,000원의 이익을 얻는다.

(2) ②

곡물생산자는 곡물가공업자와 반대로 선물거래로 2,000원 손실을 입었다. 그러나 현물 시세변동으로 곡물생산자는 단위당 4,000원 이익(56,000원-52,000원)을 실현하므로, 선물시장 현물시장의 손익을 모두 감안한 전체 손익은 단위당 2,000원 이익(4,000원-2,000원)이다.

(3) ③

곡물생산자는 선물계약을 매도했으므로, 자신의 포지션을 청산하기 위해 매입포지션을 취해야 한다. 반대매매로 1,000원의 이익을 얻었다면 6개월 후의 선물가격은 계약시점의 선물가격보다 1,000원이 커야 한다. 즉, 6개월 후의 선물가격은 55,000원이다.

(4) 현물－선물 패리티에 따라 $F_0 = S_0(1+r)^T = 52{,}000 \times (1+0.01) = 52{,}520$
현재 선물가격이 현물－선물 패리티에 의한 합성선물가격보다 1,480원만큼 높으므로 차익거래를 할 수 있다. 투자자는 선물 매도계약을 하고, 무위험이자율로 현재 곡물 가격인 52,000을 차입하여 곡물을 매입한다. 투자자의 만기일 선물거래 손익은 54,000－ST이며, 곡물의 보유가치는 ST이다. 곡물 매입을 위해 차입한 금액의 원리금 상환금액은 52,000×(1+0.01)=52,520이므로 투자자의 차익거래의 성과는 1,480원이다.

08 (1) 60,000/5,000=12계약 선물 매도
(2) 선물거래손익: (2,520－1,700)×5,000×12=49,200,000원
현물거래손익: (1,700－2,250)×60,000=－33,000,000원
현물거래에서는 밀가격으로 인해 손실이 발생했지만, 선물거래에서 실현한 이익이 손실을 초과하여 전체 이익은 16,200,000원이다.
(3) 선물거래손익은 (2)와 동일하다.
현물거래손익: 1,700×50,000－2,250×60,000=－50,000,000원
현물거래에서는 가격하락에 따른 손실과 더불어 목표 생산량보다 10,000kg이 미달하여 손실 규모가 17,000,000 증가했다. 현물손실 규모는 50,000,000원으로 선물거래의 이익을 초과하여 전체 손실은 800,000원이다.

10 농부는 쌀의 가격하락 위험을 헤지하기 위해 선도계약의 매도포지션을 취해야 한다. 매도포지션의 투자금액은 20,000×100×0.2=400,000원이며, 만기일의 선도거래 수익은 20,000×100－25,000×100=－500,000원이다. 따라서 수익률은 －500,000/400,000=－125%이다.

11 현물－선물 패리티에 따르면 $F_0 = S_0(1+r)^T = 12{,}000(1+0.06)^{\frac{3}{12}} = 12{,}176$
(1) 선물가격이 15,000원이라면 합성선물보다 선물가격이 고평가되었으므로 선물매도포지션을 취하고 합성선물을 매입한다. 즉, 선물 매도계약을 하고, 무위험이자율로 현재 주가인 12,000만큼을 차입하여 주식을 매입한다. 투자자의 만기일 선물거래 손익은 15,000－S_T이며, 주식의 보유가치는 S_T이다. 주식 매입을 위해 차입한 금액의 원리금 상환금액은 $12{,}000(1+0.06)^{\frac{3}{12}} = 12{,}176$이므로 투자자의 차익거래의 성과는 (15,000－ST)+S_T－12,176=2,824원이다.
(2) 선물가격이 10,000원이라면 합성선물보다 선물가격이 저평가되었으므로 선물매입포지션을 취하고 합성선물을 매도한다. 즉, 선물 매입계약을 하고, 현재 주식을 공매도하여 무위험이자율로 은행에 예치한다. 투자자의 만기일 선물거래 손익은 S_T－10,000이며, 주식 공매도의 상환금액은 －S_T이다. 주식 공매도 금액 예치에 대한 만기일 원리금액 $12{,}000(1+0.06)^{\frac{3}{12}} = 12{,}176$이므로 투자자의 차익거래의 성과는 ($S_T$－10,000)－$S_T$+12,176=2,176원이다.

13 $F_0 = S_0(1+r)^T = 40{,}000(1+0.05) = 42{,}000$
$E_0(S_T) = S_0(1+k)^T = 40{,}000(1+0.08) = 43{,}200$
$F_0 < E_0(S_T)$이므로 정상적 백워데이션가설이 성립한다.

14 수출업체는 환율하락 위험을 헤지하기 위해 달러선물을 매도해야 하며, 9월 만기일의 원달러 환율의 변동과 관계없이 달러 수출결제대금×선물가격으로 고정할 수 있다.

수출업체의 달러선물계약 = 1억달러/1,000달러 = 10,000계약

9월의 헤지성과 = 선물거래 손익 + 수출결제대금 원화 환전액

= 1,000달러 × 100,000계약 × (1,200원/달러 − 1,100원/달러) + 1억달러 × 1,100원/달러

= 1,200억원

제16장

환율과 국제 자본예산

1. 국제금융시장의 균형
2. 이자율평가가 성립하는 경우의 해외사업의 평가
3. 해외사업의 평가 사례
4. 국가별 세율의 차이
5. 국제금융시장이 분할되어 있는 경우
6. 해외사업 평가에서의 추가적인 이슈

Financial Management

CHAPTER 16

환율과 국제 자본예산

국제 자본예산은 해외 프로젝트에 대한 투자 의사결정이다. 프로젝트의 장소가 해외로 달라진다고 해서 미래의 현금흐름을 예측하고, 이를 적절한 할인율로 할인하여 현재가치를 구하는 자본예산의 기본적인 틀이 바뀌는 것은 아니다. 다만, 국내 자본예산에서는 생각할 필요가 없었던 이슈들이 새로이 생긴다. 해외 프로젝트의 현금흐름은 외화로 표시되어 있기 때문에 환산의 문제가 있다. 국내 자본예산에서 고려한 세금방패효과(tax shield effect)는 국제 자본예산에서는 더욱 복잡해진다. 현지국과 모국의 세율이 다르고, 어디에서 세금을 납부해야 하는가 하는 문제가 발생하기 때문이다. 국가별로 이자율과 투자수익률이 다르기 때문에 어디에서 자금을 조달하고, 어디에 투자하는 것이 유리한지를 판단해야 하는 문제도 발생한다. 이 단원에서는 이러한 여러 이슈에 대해서 생각해볼 기회를 갖는다. 먼저 국제금융시장이 균형을 이룬 상태에서 환율결정을 설명하는 이론들로 이자율평가이론과 국제피셔효과에 대해 공부한다. 이어서 이자율평가이론이 성립한다는 가정 하에 해외사업의 가치를 어떻게 평가하는가에 대해 학습한다. 다음으로 국제금융시장이 분할되어 이자율평가이론이 적용되지 않는 경우 환위험관리를 어떻게 해야 하는지에 대해 살펴본다. 마지막으로 그 외 국제자본예산과 관련하여 추가적으로 생각해봐야 하는 이슈들에 대해 논의한다.

1. 국제금융시장의 균형

국내 자본예산에서 특정 사업의 미래 현금흐름을 자본비용으로 할인한 순현재가치를 구해 사업수행 여부를 결정하는 것과 마찬가지로 국제 자본예산에서도 동일한 과정을 거쳐 의사 결정을 한다. 다만, 해외사업의 미래 현금흐름은 외화로 표시되어 있으므로 어떠한 환율로 환산해야 하느냐의 문제에 직면하게 된다. 이 문제에 대한 해답을 얻기 위해 이 절에서는 환율이 국제금융시장의 균형을 통해 어떻게 결정되는지에 대해 먼저 알아본다.

1.1 이자율평가

이자율평가(IRP, interest rate parity)는 현물환율과 선물환율, 그리고 양국 이자율의 관계를 보여주는 균형조건이다. 한국 이자율이 5%, 미국 이자율이 10%, 원/달러 현물환율이 1,000원(원화로 표시한 1달러의 가치), 원/달러 선물환율이 1,100원이라고 하자.[1] 이 경우 한국 투자자의 입장에서 볼 때, 투자 시점에서 1년 뒤 시점의 확정적인 미래 현금흐름을 획득할 수 있는 방법은 두 가지가 있다. 첫 번째 방법은 1,000원을 한국의 금융기관에 예금하여 5%의 이자수익을 통해 1,050원의 미래 현금흐름을 획득하는 것이다. 두 번째 방법은 1,000원을 현물환거래를 통해 1달러로 환전한 후 미국 금융기관에 예금하여 10%의 이자수익으로 1.1달러의 미래 현금흐름을 얻고, 이를 선물환거래를 통해 1,210원의 원화로 환전하는 것이다. 두 방법의 환율, 이자율은 투자 시점에 확정되어 있으므로 두 방법은 시장위험 없이 확정적인 미래 현금흐름을 획득할 수 있는 투자안이다. 그런데, 어느 한 방법의 미래 현금흐름이 많다면 투자자는 그 방법을 선택할 것이다. 이와 같이 확정적인 미래 현금흐름을 획득하는 두 가지 방법이 있는데, 두 방법의 미래 현금흐름이 달라서 하나의 방법으로 투자가 쏠린다면, 이는 균형상태가 아니다. 동일한 투자액으로 확정적인 미래 현금흐름을 창출하는 두 방법이 있다면 균형상태에서는 두 방법의 미래 현금흐름의 크기는 동일해야 한다.

---

1) 이 장에서는 이해의 편의를 위해 한국 투자자가 미국에 해외 투자하는 경우를 상정하고 논의를 진행한다. 즉, 한국이 모국, 미국이 현지국이다.

이러한 균형조건을 수식으로 표현해보자. 한국 이자율을 $i_{₩}$라고 한다면, 1원을 예금했을 때의 첫 번째 대안의 미래 현금흐름은 $(1+i_{₩})$이다. 현물환율을 S_0, 선물환율을 F_0^1, 미국 이자율을 $i_{\$}$라고 한다면, 1원을 투자했을 때의 두 번째 대안의 미래 현금흐름은 $F_0^1(1+i_{\$})/S_0$이다. 두 현금흐름을 동일하게 두고 수식을 정리하면, 다음과 같은 균형관계가 도출된다.

$$F_0^1 = S_0 \frac{1+i_{₩}}{1+i_{\$}} \tag{16-1}$$

식 (16−1)은 이자율평가(IRP, Interest rate parity)로 불리며, 선물환율은 현물환율에 양국의 이자율을 고려하여 결정됨을 의미한다. 또한 "선물환 매수=원화 차입+현물환 매수+달러화 예금"을 의미하며, 식의 우변은 합성 선물환 매수를 구축하는 방법을 나타낸다. 선물환율은 합성 선물환율과 동일해야 한다는 일물일가의 법칙(一物一價의 法則, law of one price)이 성립하며, 동일하지 않은 경우 저평가된 것을 매수하고, 고평가된 것을 매도하는 차익거래가 가능하다. 앞의 예에서 식 (16−1)로 합성 선물환율을 계산해보면, $F_0^{1^*} = S_0\frac{1+i_{₩}}{1+i_{\$}} = 1{,}000\frac{1+0.05}{1+0.1} \approx 955$원으로 시장 선물환율 1,100원보다 낮다. 이러한 경우, 합성 선물환을 매수(원화 차입, 현물환 매수, 달러화 예금)하고, 시장 선물환을 매도하는 차익거래가 가능하다. 차익거래의 구체적인 과정은 다음과 같다. ① 1원을 5% 이자율로 차입, ② 1원을 현물환거래로 1/1,000달러로 환전, ③ 1/1,000달러를 10% 이자율로 예금하여 1년 후 (1+0.1)/1,000달러를 회수, ④ (1+0.1)/1,000달러를 선물환거래로 1,100×(1+0.1)/1,000원으로 환전, ⑤ 1,100×(1+0.1)/1,000원 중 1×(1+0.05)원의 원리금을 상환하면 차익은 1,100×(1+0.1)/1,000원−1×(1+0.05)원=0.16원이다. 이러한 차익거래는 시장위험이 없기 때문에 무위험이자율 차익거래(CIA, covered interest arbitrage)라고 한다.

이자율평가는 무위험이자율 차익거래에 의해 성립한다. 위의 예에서 $F_0^1 > S_0\frac{1+i_{₩}}{1+i_{\$}}$이기 때문에 차익거래가 가능하였다. 그런데, 차익거래의 결과, 원화 차입이 증가하여 $i_{₩}$가 상승하고, 현물환 매수가 증가하여 S_0가 상승하며, 달러화 예금이 증가하여 $i_{\$}$가 하락하게 되어 식의 우변이 상승한다. 그리고 선물환 매도가 증가하여 식의 좌변인 F_0^1가 하락하여 결과적으로 이자율평가의 균형관계는 성립하게 된다.

식 (16−1)은 다음과 같이 재정리할 수도 있다.

$$\frac{F_0^1 - S_0}{S_0} = \frac{i_{₩} - i_{\$}}{1 + i_{\$}} \tag{16–2}$$

$$\approx i_{₩} - i_{\$}$$

$(1 + i_{\$} \approx 1$이라면 위의 근사식이 성립)

식 (16－2)의 좌변은 선물환 할증율을 의미한다. 따라서 식 (16－2)의 근사식은 선물환 할증율이 양국의 이자율 차이에 의해 결정됨을 의미한다.

선물환율은 현물환율에 양국의 이자율 차이를 반영해 결정된다.

1.2 국제피셔효과

이번에는 선물환율이 아닌 미래의 현물환율로 환전하더라도 높은 미국 이자율을 향유할 수 있는 경우를 생각해보자. 현물환율과 양국의 이자율은 앞의 예와 동일하며, 1년 후 현물환율은 1,100원으로 예상된다고 하자. 이 경우, 무위험이자율 차익거래와 거의 유사한 차익거래가 가능한데, 유일한 차이는 무위험이자율 차익거래에서는 1년 후 환전의 환율을 선물환율로 투자 시점에 확정하였지만, 이 차익거래에서는 1년 후에 현물환거래로 환전함에 따라 환율이 투자 시점에 확정되지 않는다. 따라서 이 차익거래는 1년 후 현물환율이 예상과 같이 1,100원으로 형성된다면, 예상된 0.16원의 차익을 획득할 수 있지만, 예상과 달리 형성된다면 차익이 아니라 손실이 발생할 수 있다. 따라서 이 차익거래는 환율 변동 시장위험에 노출된 거래이며, 위험이자율 차익거래(UIA, uncovered interest arbitrage)라고 부른다.[2)]

위험이자율 차익거래의 결과, 현재의 현물환율, 미래의 현물환율, 양국의 이자율 간에는 국제피셔효과(IFE, international Fisher effect)라고 불리는 다음과 같은 균형관계가 성립한다.

2) 이자율평가가 성립하지 않는 경우 시장위험이 없는 무위험이자율 차익거래가 즉각적으로 발생하여 균형으로 복원하기 때문에 이자율평가로부터 차익을 획득할 기회는 거의 없다. 즉, 한국에 예금하나, 달러로 환전하여 미국에 예금한 후 선물환거래를 이용해 원화로 환전하나 두 방법의 차이가 발생할 기회는 거의 없으므로 높은 미국 이자율을 향유하기 쉽지 않다. 이러한 이유로 이자율이 낮은 국가에서 차입해서 이자율이 높은 국가에 투자해서 차익을 획득하려는 거래는 대부분 현물환율 변동위험에 노출되는 위험이자율 차익거래로 이루어진다. 위험이자율 차익거래는 통화캐리거래(currency carry trade)라고 불리기도 한다.

$$E_0(S_1) = S_0 \frac{1+i_{₩}}{1+i_{\$}} \tag{16-3}$$

식 (16−3)에서 좌변은 1년 후 현물환율에 대한 현재 시점(0 시점)의 예측치이다. 결국, 식 (16−3)은 미래의 적정 현물환율은 현물환율에 양국의 이자율을 고려하여 결정되어야 함을 의미한다. 국제피셔효과가 성립하지 않을 때는 위험이자율 차익거래가 발생해서 식 (16−3)의 균형으로 복원하게 될 것이다. 그런데, 위험이자율 차익거래는 미래의 현물환율이 어떻게 실현되는가에 따라 손실이 발생할 수 있는 위험차익거래이기 때문에 국제피셔효과는 이자율평가에 비해서는 성립이 쉽지 않은 약한 균형조건이다.

식 (16−3)은 다음과 같이 재정리할 수도 있다.

$$\frac{E_0(S_1) - S_0}{S_0} = \frac{i_{₩} - i_{\$}}{1+i_{\$}} \tag{16-4}$$

$$\approx i_{₩} - i_{\$}$$

($1 + i_{\$} \approx 1$이라면 위의 근사식이 성립)

식 (16−4)의 좌변은 예상 현물환율 상승률을 의미한다. 따라서 식 (16−4)의 근사식은 예상 현물환율 상승률이 양국의 이자율 차이에 의해 결정됨을 의미한다.

미래의 기대 현물환율은 현물환율에 양국의 이자율 차이를 반영해 결정된다.

1.3 선물환율 불편예측치가설

이자율평가를 나타내는 식 (16−1)과 국제피셔효과를 나타내는 식 (16−3)의 유일한 차이는 F_0^1와 $E_0(S_1)$이다. 따라서 식 (16−1)과 식 (16−3)이 성립한다면, 다음과 같은 관계도 성립한다.

$$E_0(S_1) = F_0^1 \tag{16-5}$$

식 (16−5)는 1년 후 현물환율의 적절한 예측치는 투자 시점의 선물환율임을 의미하며, 선물환율 불편예측치가설(forward rate unbiased predictor hypothesis)이라고 불린다.

식 (16－5)가 성립하지 않을 때는 선물환 차익거래(forward arbitrage)가 발생한다. 선물환율은 995원인데, 1년 후 현물환율의 예측치는 1,100원이라고 하자. 만약, 예측대로 1년 후에 현물환율이 1,100원으로 실현된다면, 1달러를 995원에 매수하고, 1,100원에 매도하여 105원의 차익을 획득할 수 있다. 그런데, 1년 사이에 달러가 약세를 보여 현물환율이 995원보다 낮게 실현된다면, 투자 시점의 예측과는 달리 손해를 볼 수도 있다. 따라서 선물환율 불편예측치가설도 이자율평가에 비해 성립이 쉽지 않은 약한 균형조건이다. 선물환 차익거래의 경우 차익거래자는 위험 부담에 대한 보상인 위험프리미엄이 충분히 존재해야 기꺼이 차익거래를 수행할 것이다. 그 결과, 선물환율은 예상 미래 현물환율과 정확히 일치하기보다는 위험프리미엄 범위 안에서 형성될 것이다.

선물환율은 미래 현물환율에 대한 불편 예측치이다.

1.4 시사점

국제 자본예산에서는 외화로 표시된 미래 현금흐름을 원화로 환산해야 하며, 이 때 적용해야 하는 환율은 해당 시점의 현물환율 예측치이어야 할 것이다. 미래의 현물환율을 예측하는 것이 쉽지 않은 작업이지만, 선물환율 불편예측치가설을 받아들인다면, 선물환율을 미래의 현물환율에 대한 예측치로 대용할 수 있다. 경우에 따라서는 장기선물환 시장이 충분히 발달하지 않아 미래 시점에 대응하는 선물환율이 형성되지 않을 수도 있다. 이 때에는 국제피셔효과가 성립한다는 가정 하에 미래 시점에 대응하는 이자율과 현물환율을 이용해 합성 선물환율을 계산하여 미래의 현물환율 예측치로 대용할 수 있다. 만약, 선물환율, 합성 선물환율보다 예측 오차가 작은 미래 현물환율의 예측방법이 있다면, 이로부터 산출한 미래 현물환율 예측치를 사용하는 것도 하나의 대안이 될 수 있다. 어느 방법을 사용하더라도 적용한 예측치에는 예측오차가 존재할 수밖에 없다. 이러한 이유로 국제 자본예산에서는 국내 자본예산보다 시나리오분석, 민감도분석, 시뮬레이션분석이 더 중요하다.

예제 1 환율과 이자율이 다음과 같을 때 미국 투자자가 1달러를 차입하는 무위험이자율 차익거래의 절차를 서술하고, 차익을 구하라.

한국 이자율 10%

미국 이자율 5%

원/달러 현물환율 1,000원/달러

원/달러 선물환율 1,000원/달러

해설 합성 선물환율은

$F_0^{1^*} = S_0 \frac{1+i_{₩}}{1+i_{\$}} = 1{,}000\frac{1+0.1}{1+0.05} \approx 1{,}048$ 원/달러로 시장 선물환율 1,000원보다 높으므로 합성 선물환 매도, 시장 선물환 매수의 차익기회가 존재

합성 선물환 매도

"합성선물환 매수 = 원화 차입 + 현물환 매수 + 달러화 예금"이므로, 반대 방향의 매매는 "합성선물환 매도 = 달러화 차입 + 현물환 매도 + 원화 예금"

무위험이자율 차익거래

① 1달러를 5% 이자율로 차입

② 1달러를 현물환거래로 1,000원으로 환전

③ 1,000원을 10% 이자율로 예금하여 1년 후 1,000×(1 + 0.1)원을 회수

④ 1,000×(1 + 0.1)원을 선물환거래를 통해 $1{,}000 \times \frac{(1+0.1)}{1{,}000}$ 달러로 환전

⑤ $1{,}000 \times \frac{(1+0.1)}{1{,}000}$ 달러 중 (1 + 0.05) 달러의 원리금 상환

차익은 $1{,}000 \times \frac{(1+0.1)}{1{,}000}$ 달러 - 1,000×(1 + 0.05)달러 = 0.05 달러

예제 2 환율과 이자율이 다음과 같을 때 한국 투자자가 1원을 차입하는 위험이자율 차익거래의 절차를 서술하고, 차익을 구하라. 또한 위험이자율 차익거래의 손익분기 미래 현물환율을 구하라.

한국 이자율 5%

미국 이자율 10%

현물환율 1,000원/달러

1년 후 예상 현물환율 1,100원/달러

1년 후 실현 현물환율 900원/달러

해설 합성 선물환율은

$$F_0^{1^*} = S_0 \frac{1+i_{₩}}{1+i_{\$}} = 1,000 \frac{1+0.05}{1+0.1} \approx 955\text{원/달러}$$

로 예상 현물환율 1,100원보다 낮으므로 합성 선물환 매수, 1년 후 현물환 매도의 차익기회가 존재

합성 선물환 매수
"합성 선물환 매수 = 원화 차입 + 현물환 매수 + 달러화 예금"

위험이자율 차익거래

① 1원을 5% 이자율로 차입

② 1원을 현물환거래로 $\frac{1}{1,000}$ 달러로 환전

③ $\frac{1}{1,000}$ 달러를 10% 이자율로 예금하여 1년 후 $\frac{(1+0.1)}{1,000}$ 달러를 회수

④ $\frac{(1+0.1)}{1,000}$ 달러를 1년 후 실현된 현물환율 900원으로 $900 \times \frac{(1+0.1)}{1,000}$ 원으로 환전

⑤ $900 \times \frac{(1+0.1)}{1,000}$ 원 중 $1 \times (1+0.05)$원의 원리금 상환

차익은 $900 \times \frac{(1+0.1)}{1,000}$ 원 - $1 \times (1+0.05)$원 = -0.06원
1년 후 실현 현물환율이 900원으로 떨어져 달러를 더 싸게 매도함으로써 위험이자율 차익거래에서 손실이 발생.

손익분기 미래 현물환율
미래 현물환율을 S_1으로 두면
차익 $S_1 \times \frac{(1+0.1)}{1,000} - 1 \times (1+0.05) = 0$을 충족하는 미래 현물환율은 손익분기환율(break-even spot rate) $S_1 \approx 955$원/달러
위험이자율 차익거래의 손익분기 미래 현물환율은 합성 선물환율 955원과 동일하다.

2. 이자율평가가 성립하는 경우의 해외사업의 평가

1년 후 달러화로 표시된 $C_\$$의 현금흐름이 발생하는 해외사업이 있다고 가정하자. 추가하여, 해외의 자본비용은 $r_\$$이며 국내 자본비용은 $r_₩$라고 가정하자. 한국 투자자 입장에서 이 사업의 가치를 어떻게 평가해야 할 것인가? 앞서 국내 자본예산에서 배운 바에 의하면, 사업가치를 구하거나 사업추진 여부를 결정하기 위해서는 미래 현금흐름을 자본비용으로 할인하여 현재가치를 구하면 된다. 그런데, 해외사업의 평가에서는 국내 자본예산에서는 없었던 두 가지 문제에 직면하게 된다. 첫째는 해외 자본비용($r_\$$)과 한국 자본비용($r_₩$)이 다를 수 있다는 것이다. 둘이 다르다면, 다른 자본비용을 적용하여 구한 현재가치가 다를 것인데, 어느 자본비용을 적용하는 것이 적절할까? 둘째는 달러화 현금흐름을 원화로 환산해야 하는데, 이때 어떤 환율을 적용하는 것이 적절할까의 문제이다. 해외사업의 달러화로 표시된 현재가치는 현물환율 S로 환산해야 적절할 것이며, 달러화로 표시된 미래 현금흐름은 선물환율 F로 환산해야 적절할 것이다. 그런데, 두 환율이 다르면 원화로 환산한 현재가치는 달라질 수 있다.

해외사업 현금흐름을 평가하는 방법에는 두 가지가 있다. 첫째는 달러화로 표시된 미래 현금흐름 $C_\$$를 달러화 자본비용 $r_\$$로 할인하여 평가한 사업가치를 현물환율 S로 환산하는 것이다. 즉, 현지국 투자자 입장에서의 사업가치를 단순히 원화로 환산하는 것이다. 둘째는 달러화로 표시된 미래 현금흐름을 선물환율 F로 환산한 후, 이를 한국 자본비용 $r_₩$로 할인하는 것이다. 즉, 한국 투자자 입장에서의 사업가치를 평가하는 것이다. 문제는 미국 자본비용 $r_\$$과 한국 자본비용 $r_₩$이 다르고, 현물환율 S와 선물환율 F가 다르므로 두 방법의 사업가치가 달라질 수 있다는데 있다.

결론은 이자율평가가 성립한다면, 두 방법의 사업가치는 동일하다는 것이다. 즉, 이자율평가가 성립한다면, 해외사업의 가치를 평가하는데 어느 방법을 사용해도 무방하다.[3] 이를 다음 예제에서 확인해보자.

3) 엄밀하게 말하면 양국의 이자율이 아닌 자본비용에 대해 이자율평가가 성립해야 한다. 이에 대해서는 5절에서 자세한 논의를 할 것이다.

예제 3 한국 투자자가 1년 후에 발생할 10만 달러의 현금흐름의 원화 현재가치를 평가하려고 한다. 앞에서 논의한 두 가지 방법으로 평가한 후, 비교하라.

1) 이자율평가가 성립하는 경우
   한국 이자율 10%
   미국 이자율 5%
   현물환율 1,000원/달러
   선물환율 1,047.62원/달러

2) 이자율평가가 성립하지 않는 경우
   한국 이자율 10%
   미국 이자율 5%
   현물환율 1,000원/달러
   선물환율 1,000원/달러

해설 1) 첫 번째 방법: 달러화 현재가치를 현물환율로 환산

달러화의 현재가치 $= \dfrac{100{,}000\text{달러}}{(1+0.05)} = 95{,}238\text{달러}$

현물환율로 환산한 원화의 현재가치

$= 95{,}238\text{달러} \times 1{,}000\text{원/달러} = 95{,}238{,}095\text{원}$

두 번째 방법: 선물환율로 환산한 원화 현금흐름의 현재가치

선물환율로 환산한 원화 현금흐름

$= 100{,}000\text{달러} \times 1{,}047.62\text{원/달러} = 104{,}761{,}905\text{원}$

원화 현금흐름의 현재가치 $= \dfrac{104{,}761{,}905\text{원}}{(1+0.1)} = 95{,}238{,}095\text{원}$

선물환율 1,047.62원/달러는 합성 선물환율

$= 1{,}000\text{원/달러} \times = \dfrac{(1+0.1)}{(1+0.05)}$ 과 동일하여 이자율평가가 성립하기 때문에 두 방법의 현재가치는 동일하다.

2) 첫 번째 방법: 달러화 현재가치를 현물환율로 환산

문제1)과 동일하게 현물환율로 환산한 원화 현재가치는 95,238,095원

두 번째 방법: 선물환율로 환산한 원화 현금흐름의 현재가치

선물환율로 환산한 원화 현금흐름

$= 100{,}000\text{달러} \times 1{,}000\text{원/달러} = 100{,}000{,}000\text{원}$

원화 현금흐름의 현재가치 $= \dfrac{100{,}000{,}000\text{원}}{(1+0.1)} = 90{,}909{,}091\text{원}$

선물환율 1,000원/달러는 합성 선물환율

$= 1{,}000\text{원/달러} \times \dfrac{(1+0.1)}{(1+0.05)} = 1{,}047.62\text{원/달러}$보다 낮아 이자율평가가 성

립하지 않기 때문에 두 방법의 현재가치는 다르다.

이자율평가가 성립한다면, 현지국 투자자 입장에서의 사업가치를 원화로 환산하는 방법이나 모국 투자자 입장에서의 사업가치를 평가하는 방법 모두 그 결과는 같다.

3. 해외사업의 평가 사례

한국기계의 사례를 통해 해외사업 평가의 구체적인 과정을 살펴보자. 한국기계는 서울에 본사를 두고 있는 기계 제조회사이다. 한국기계는 미국에 새로운 공장을 설립하려고 한다. 이 사업의 모든 수익과 비용은 미국에서 발생할 것이다.

이 사업은 앞의 절에서 논의한 것처럼 두 가지 방법으로 평가할 수 있지만, 한국기계의 경영진은 이자율평가가 성립한다고 가정하고, 두 번째 방법으로 계산하기로 하였다. 이러한 경우, 우선해야 할 작업은 달러화로 표시된 잉여현금흐름을 예측하는 것이다.

3.1 달러화로 표시된 잉여현금흐름의 예측

한국기계의 경영진은 미국 사업의 수지에 영향을 미치는 요소들을 다음과 같이 예측하고 있다.

- 자본지출 600만 달러, 3년 후 잔존가치 0, 정액감가상각법 사용
- 매출액 3년간 연간 2,000만 달러
- 매출원가 및 영업비용 각각 3년간 연간 830만 달러와 300만 달러
- 법인세율 30%
- 순운전자본의 증가는 없음

표 16-1 한국기계 미국 프로젝트 잉여현금흐름의 예측치

	0년	1년	2년	3년
순이익 증분 예측치(백만 달러)				
매출액		20.0	20.0	20.0
매출원가		−8.3	−8.3	−8.3
매출총이익		11.7	11.7	11.7
영업비용		−3.0	−3.0	−3.0
감가상각비		−2.0	−2.0	−2.0
영업이익		6.7	6.7	6.7
법인세(30%)		−2.0	−2.0	−2.0
당기순이익		4.7	4.7	4.7
잉여현금흐름(백만 달러)				
+감가상각비		2.0	2.0	2.0
−자본지출	−6.0			
−순운전자본의 증가		0.0	0.0	0.0
달러 잉여현금흐름	−6.0	6.7	6.7	6.7

한국기계 경영진은 자신들의 예측으로부터 [표 16−1]과 같이 예상 손익계산서와 잉여현금흐름을 계산할 수 있다.

3.2 현금흐름의 환산

다음 과정은 달러화로 표시된 현금흐름을 선물환율로 환산하는 것이다. 그런데, 장기 선물환계약은 거래가 거의 없어 호가를 얻기 힘들어 한국기계 경영진은 이자율평가에 의해 합성 선물환율을 계산하기로 하였다.

현물환율은 1,000원/달러, 미국 이자율은 5%, 한국 이자율은 10%이며, 두 국가의 수익률곡선(yield curve)은 수평이라고 하자.[4] 이자율평가를 적용하면 선물환율은 다음과 같이 산

4) 수익률곡선은 이자율이 만기별로 어떻게 형성되어 있는지를 보여주며, 미래 이자율에 대한 시장의 기대를 반영하고 있다. 여기에서는 논의를 단순화시키기 위해 수익률곡선이 수평이라고 가정하였으며, 이는 현재의 이자율이 미래에도 변하지 않을 것이라는 기대를 한 셈이다.

표 16-2 미국사업의 예상 원화 현금흐름

	0년	1년	2년	3년
달러 현금흐름(백만 달러)	−6.0	6.7	6.7	6.7
현 · 선물환율(원/달러)	1,000.0	1,047.6	1,097.5	1,149.8
원화 현금흐름(억원)	−60.0	70.1	73.4	76.9

출된다.

$$F_0^1 = S\times\frac{(1+i_{₩})}{(1+i_{\$})} = 1,000\frac{(1+0.10)}{(1+0.05)} = 1,047.6$$

$$F_0^2 = S\times\frac{(1+i_{₩})^2}{(1+i_{\$})^2} = 1,000\frac{(1+0.10)^2}{(1+0.05)^2} = 1,097.5$$

$$F_0^3 = S\times\frac{(1+i_{₩})^3}{(1+i_{\$})^3} = 1,000\frac{(1+0.10)^3}{(1+0.05)^3} = 1,149.8$$

이렇게 구한 합성 선물환율로 달러화 표시 미래 현금흐름을 원화로 환산한 결과가 [표 16−2]에 제시되어 있다.

3.3 가중평균자본비용의 계산

다음 과정은 가중평균자본비용을 계산하는 것이다. 한국기계의 부채는 1,500억원이며, 자본도 1,500억원으로 동일하다고 가정하자. 또한 타인자본비용은 10%, 자기자본비용은 15%라고 가정하자. 이 경우 가중평균자본비용은 아래와 같이 11%가 산출된다. 본사의 가중평균자본비용이 미국 사업에도 마찬가지로 적용된다고 가정하자.

$$r_{WACC} = \frac{E}{E+D}r_E + \frac{D}{E+D}r_D(1-\tau_C)$$
$$= 0.5 * 15\% + 0.5 * 10\% * (1-30\%) = 11\%$$

3.4 현금흐름의 할인

마지막 과정은 현금흐름을 가중평균자본비용으로 할인하는 것이다.

$$NPV = \frac{-60.0}{(1+0.11)^0} + \frac{70.1}{(1+0.11)^1} + \frac{73.4}{(1+0.11)^2} + \frac{76.9}{(1+0.11)^3} \approx 119.0$$

한국기계 미국사업의 순현재가치는 119.0억원으로 현금유입의 현재가치가 현금유출의 현재가치보다 크다. 따라서 한국기계의 경영진은 미국사업의 추진을 결정한다.

3.5 이자율평가에 의한 달러화 가중평균자본비용

한국기계 경영진은 달러화로 표시된 미국사업의 순현재가치를 구한 후, 이를 현물환율로 환산하여 미국사업의 가치를 평가할 수도 있다. 이 경우, 달러화로 표시된 가중평균자본비용을 알아야 한다. 이자율평가를 활용하여 이 문제를 해결해보자. 국제장기금융시장이 통합되어 차익거래가 가능하다면, 한국기계의 원화 자본비용 $r_{₩}$과 달러화 자본비용 $r_{\$}$ 간에도 $(1+r_{\$}) = \frac{S}{F}(1+r_{₩})$의 이자율평가가 성립할 것이다. 또한, 국제단기금융시장이 통합되어 차익거래가 가능하다면, 한국 이자율 $i_{₩}$와 미국 이자율 $i_{\$}$간에도 $\frac{S}{F} = \frac{(1+i_{\$})}{(1+i_{₩})}$의 이자율평가가 성립할 것이다. 이자율에 대한 이자율평가식을 자본비용에 대한 이자율평가식에 대입한 후 정리하면, 다음과 같은 관계를 도출할 수 있다.

$$r_{\$} = \frac{(1+i_{\$})}{(1+i_{₩})}(1+r_{₩}) - 1 \qquad (16\text{–}6)$$

$$\approx i_{\$} + (r_{₩} - i_{₩})$$

$(1+i_{₩} \approx 1,\ i_{\$} r_{₩} \approx 0$이라면 위의 근사식이 성립)

식 (16−6)의 근사식은 달러화 자본비용은 달러화 이자율에 원화 자본비용의 위험프리미엄을 더한 것과 동일함을 의미한다.

예제 4 한국기계의 미국사업에 대해 달러화 표시 순현재가치를 구한 후, 현물환율로 환산하라.

해설 (1) 이자율평가에 의한 달러화 자본비용

$$r_{\$}=\frac{(1+i_{\$})}{(1+i_{₩})}(1+r_{₩})-1=\frac{(1+0.05)}{(1+0.10)}(1+0.11)-1=0.0595=5.95\%$$

(2) 달러화 순현재가치

[표 16-2]의 달러화 현금흐름을 달러화 자본비용 5.95%으로 할인하면 달러화 순현재가치 1,190만 달러가 산출된다.

$$NPV=\frac{-6.0}{(1+0.0595)^0}+\frac{6.7}{(1+0.0595)^1}+\frac{6.7}{(1+0.0595)^2}\frac{+6.7}{(1+0.0595)^3}=11.9$$

(3) 원화 순현재가치

달러화 순현재가치 1,190만 달러를 현물환율 1,000원/달러로 환산하면, 원화 순현재가치 119억원이 나온다. 이는 달러화 현금흐름을 선물환율로 환산한 후, 원화 자본비용으로 할인한 원화 순현재가치와 동일하다. 이자율평가가 성립하기 때문이다.

4. 국가별 세율의 차이

한국기계 사례에서는 미국과 한국의 법인세율이 동일하게 30%라고 암묵적으로 가정하였다. 그러나, 실제로는 국가별로 세율이 다르기 때문에 해외사업을 수행하는 경영진은 이를 고려하여 세금부담을 최소화하고자 한다.

이익을 즉시 회수하는 경우의 단일 해외사업

한국기계 사례는 단일 해외사업을 수행하고, 이로부터 발생하는 이익 전액을 즉각 회수하는 것으로 설정되어 있었다. 이 같은 경우, 한국기계는 현지국에 이익에 대한 세금을 납부해야 하고, 한국에서도 다시 이익에 대한 세금을 납부해야 하는 이중과세의 문제가 발생한다. 이를 해소하기 위해 대부분의 국가에서는 세금감면제도를 운영하고 있다. 한국에서 부과하는 이익에 대한 세금 중 이미 현지국에 납부한 세금에 대해서는 세금감면을 해주는 것이다.

만약, 현지국의 세율이 한국의 세율보다 낮다면, 현지국에서 이익에 대한 세금을 납부하고, 한국에서는 한국 세율이 현지국 세율을 초과하는 금액에 해당하는 세금을 납부하게 된다. 이 경우, 한국기계 본사 입장에서는 국내사업이나 해외사업 모두 동일한 세금부담을 가지는 셈이 된다. 따라서 3절에서의 해외사업가치 평가가 유효하다. 만약 현지국 세율이 한국세율보다 높다면, 현지국에서 납부하는 세금이 한국에서 납부해야 할 세금을 상회함으로써 한국에서는 세금을 납부하지 않아도 된다. 다만, 해외사업의 세금부담이 국내사업보다 크게 된다. 미국 법인세율이 40%라면, 한국기계 사례에서 적용될 법인세율은 한국 법인세율 30%가 아닌 미국 법인세율 40%를 적용하여 해외사업의 가치를 평가해야 한다.[5)]

복수 해외사업과 이익 회수의 이연

한국기계 사례에서는 단일 해외사업, 이익의 즉시 회수를 가정하였는데, 둘 다 현실적이지 않다. 많은 기업들이 여러 국가에서 그리고, 해외지점이 아닌 해외현지법인의 형태로 해외사업을 수행하기 때문에 국가별 세율의 차이를 고려하여 세금부담을 최소화시키는 것이 가능하다.

세금부담을 최소화할 수 있는 첫 번째 원천은 여러 국가에 현지법인이 존재하고, 현지법인의 이익을 즉각 모국으로 회수하는 것이 아니라면 고세율 국가보다는 저세율 국가에서 이익을 발생시켜 세금부담을 낮출 수 있다. 또한 이익이 난 국가에서 손실이 난 국가로 이익을 이전시키는 이익평준화로도 세금부담을 낮출 수 있다.

두 번째 원천은 한국으로 이익을 회수하는 시점을 이연하는데서 나온다. 해외 지점이 아니라 해외 현지법인을 설립하는 경우, 해외 현지법인의 이익을 당해 연도에 회수하지 않고, 이연시킬 수 있다. 국내사업에서 세금부담을 최소화하기 위해 시점간 이익평준화를 하듯이 국내사업에서 손실이 발생한 해에 한국으로 이익을 회수함으로써 세금부담을 최소화할 수 있다. 또는 한국의 세율이 낮아지는 해에 한국으로 이익을 회수함으로써 세금부담을 최소화할 수 있다. 그러나 현지국 세율이 한국보다 높은 경우에는 이익회수 이연으로 인한 세금감면효과를 향유할 수 없다.

---

5) 2021년 말 현재 미국의 법인세율은 21%이며, 한국의 법인세율은 세전이익 2억원 이하인 경우 10%, 2억원~200억원 이하는 20%, 200억원~3,000억원 이하는 22%, 3,000억원을 초과하는 경우는 25%이다.

5. 국제금융시장이 분할되어 있는 경우

이제까지 우리는 이자율평가가 이자율과 자본비용 모두에 대해 성립한다고 가정해왔다. 이러한 가정이 성립하기 위해서는 양국의 단기금융시장과 외환시장이 통합되어 있을 뿐만 아니라 양국의 장기금융시장과 외환시장이 통합되어 무위험이자율 차익거래뿐만 아니라 "자본비용"차익거래가 가능해야 한다. 그러나 현실 세계에서는 국제단기금융시장은 통합되어 있더라도 국제장기금융시장은 분할되어 있을 수 있다. 이 절에서는 국제장기금융시장만이 분할되어 있는 경우에 대해서 논의한 후, 국제단기금융시장조차도 분할되어 있는 경우에 대해 논의하겠다.

5.1 국제장기금융시장의 분할

국제단기금융시장이 통합되어 있더라도 국제장기금융시장은 분할되어 있을 수 있다. 가장 중요한 이유는 기업이 모든 국가의 장기금융시장에 동일한 시장 접근성을 가지고 있지는 않기 때문이다. 앞 사례의 한국기계는 한국의 은행과 자본시장에는 널리 알려져 있기 때문에 원화로 장기 자금을 조달하는데 어려움이 없지만, 미국의 은행과 자본시장에는 알려져 있지 않을 수 있기 때문에 달러화로 장기 자금을 조달하는데 어려움이 있거나 높은 자본비용을 부담해야 할 수도 있다.

양국 장기금융시장에 대한 접근성이 다르다면, 한국기계가 미국 장기금융시장에서 장기 자금을 조달할 때의 자본비용은 3절의 이자율평가에 의한 달러화 자본비용 보다 높을 수 있다. 이 경우, 어느 시장에서 자본을 조달하는가에 따라 적용하는 평가방법이 달라져야 한다. 미국에서 장기 자금을 조달한다면, 미국 투자자 입장에서 달러화 현금흐름을 미국 장기금융시장에서의 달러화 자본비용으로 할인하여 순현재가치를 구한 후, 현물환율로 원화 환산해야 한다. 한국에서 장기 자금을 조달한다면, 한국 투자자 입장에서 달러화 표시 현금흐름을 선물환율로 원화 현금흐름으로 환산한 후, 이를 한국 장기금융시장에서의 원화 자본비용으로 순현재가치를 구해야 한다. 미국 장기금융시장에서의 자본비용이 한국 장기금융시장에서의 자본비용 보다 높기 때문에 한국기계의 경영진은 주주가치 극대화를 위해 한국 장기금융시장에서 부채와 자본을 조달할 것이다. 따라서 현실적으로는 원화 자본비용을 적용하여 사업가치를 평가할 것이다.

달러화 조달이 원화 조달보다 불리한 경우 활용할 수 있는 하나의 대안으로 통화스왑(currency swap)이 있다. 통화스왑은 다른 통화 원금과 이에 대한 이자를 서로 맞바꾸는 계약이다. 한국기계가 달러화 원금에 대한 이자를 지급하고, 원화 원금에 대한 이자를 수취하는 통화스왑을 계약한다면, 원화로 조달하면서도 사실상 달러화로 조달한 것과 동일한 효과를 얻을 수 있다. 한국기계는 투자하는 시점에 원화로 자금을 조달하고, 조달한 원화를 통화스왑 거래상대방에게 지급하여 원화 현금흐름을 상쇄시키는 대신 통화스왑 거래상대방으로부터 달러화를 수취하여 미국 사업에 투자한다. 매 이자지급시점에 통화스왑 거래상대방으로부터 수취한 원화 이자로 조달한 원화 자금의 이자를 상환하여 원화 현금흐름을 상쇄시키는 대신 미국사업에서 발생하는 달러화 수입으로 통화스왑 거래상대방에게 달러화 이자를 지급함으로써 달러화로 조달한 자금에 대한 이자를 지급하는 것과 동일한 효과를 얻는다. 원금상환시점에 통화스왑 거래상대방으로부터 수취한 원화 원금으로 조달한 원화 자금을 상환하여 원화 현금흐름을 상쇄시키는 대신 미국사업을 처분한 달러화 자금으로 통화스왑 거래상대방에게 달러화 원금을 지급함으로써 달러화로 조달한 자금에 대한 원금을 상환한 것과 동

그림 16-1 원화 조달과 통화스왑에 따른 한국기계의 현금흐름

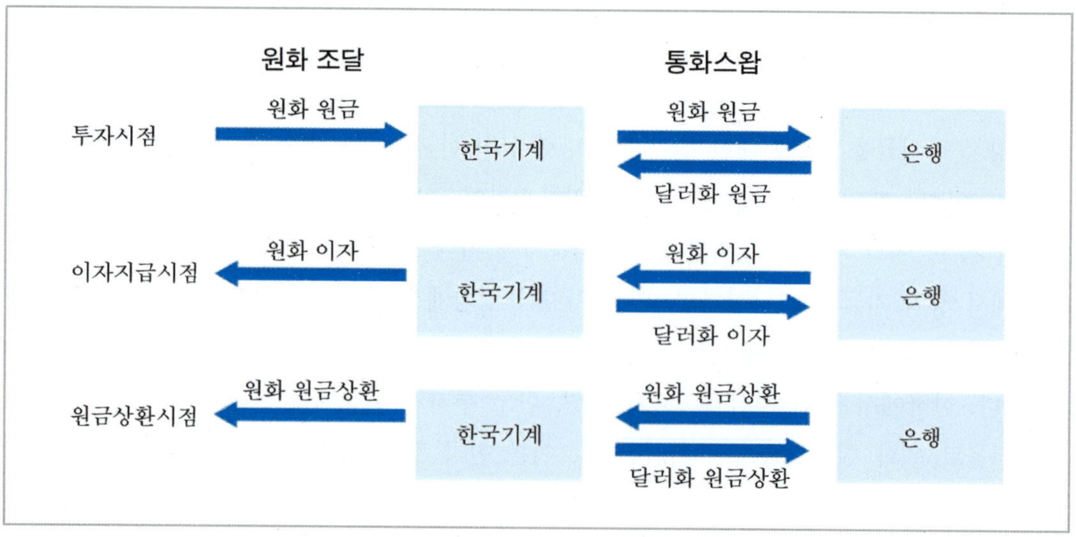

일한 효과를 얻는다. 한국기계는 원화로 조달한 후 통화스왑계약을 체결함으로써 환위험 없이 달러화로 조달하는 효과를 얻게 된다.

국제장기금융시장이 통합되어 있다면, 한국 장기금융시장에서 원화를 조달한 후 통화스왑 계약을 체결하여 합성 달러화를 조달하는 것과 미국 장기금융시장에서 달러화를 조달하는 것은 동일한 조달비용이 들어야 할 것이다. 따라서 통화스왑을 활용하는 대안이 미국 장기금융시장에서 달러화를 조달하는 것보다 유리하다는 것은 국제장기금융시장이 분할되어 있다는 증거이다. 한국기계는 한국 장기금융시장과 한국 통화스왑 시장에는 널리 알려져 있지만, 미국 장기금융시장에서는 알려져 있지 않기 때문에 이러한 현상이 발생한다.

국제장기금융시장이 분할되어 있다면, 달러화를 직접 조달하는 것보다 원화로 조달하고 통화스왑을 통해 합성달러화를 조달하는 것이 유리할 수 있다.

5.2 국제단기금융시장의 분할

국제단기금융시장과 외환시장이 분할되어 이자율평가조차도 성립하지 않을 수 있다. 많은 국가들이 직간접적으로 자본유출입을 통제하고 있으며, 자유로운 외환거래를 규제하고 있다. 자본통제와 외환통제는 무위험이자율 차익거래를 막아 이자율평가가 성립하지 않을 때의 균형 복원을 막는다. 각국의 정치적, 법적, 사회적, 문화적 특성으로 인해 국가 위험프리미엄이 존재하기도 한다. 법적 권리 보호가 부족한 국가에서의 국채에 대한 이자율은 무위험이자율이 아닐 수도 있다. 민간이 보유한 국채에 대해 정부가 지급 정지를 명령할 가능성이 있다면, 정치적 위험에 대한 프리미엄이 부가될 것이다. 해당국 정부가 모라토리움을 선언할 가능성이 있다면, 부도위험에 대한 프리미엄이 부가될 것이다. 무위험이자율 차익거래는 시장위험에 대해 무위험이지, 거래상대방의 부도위험이 없다는 것은 아니다. 2008년 리먼브라더스와 같은 대형투자은행이 부도나는 상황에서는 환율과 이자율이 이자율평가에서 크게 벗어나기도 하였는데, 거래상대방의 부도위험이 크게 증가한 것도 그 원인 중 하나였다.

이자율평가는 단기금융시장과 외환시장이 개방된 국가들 간에는 대체적으로 성립하며,

특정 시기에만 균형으로부터 괴리가 발생하기도 한다. 또한, '자본비용'차익거래는 시장위험에 노출된 반면, 무위험이자율 차익거래는 시장위험에 노출되어 있지 않기도 하다. 따라서, '자본비용'평가에 비해서 이자율평가가 성립하지 않는 경우는 예외적이다.

5.3 시사점

국제금융시장이 분할되어 있다면, 동일한 통화로 비교할 때 한 국가의 자본비용과 투자수익률이 다른 국가보다 높을 수 있다. 만약, 자본비용과 투자수익률의 차이가 자본통제와 같은 시장마찰에 의한 것이라면, 기업은 낮은 자본비용의 국가에서 자본을 조달해서 높은 투자수익률의 국가에 투자함으로써 차익을 얻을 수 있다. 물론, 이러한 전략으로 실제 차익을 획득할 수 있는 기회는 제한적이다. 만약, 쉽게 실행할 수 있었다면, 자본비용 또는 투자수익률의 차이는 빨리 사라져 국제금융시장이 통합되었을 것이다. 그럼에도 불구하고, 어떤 기업은 이러한 차익을 획득하는데 경쟁우위를 가지고 있을 것이다. 이를테면, 자기 기업에 대해서만 자본통제를 완화시키도록 현지국 정부와 협상할 능력이 있다면, 이 기업은 막대한 차익을 획득할 수 있을 것이다. 다국적기업은 현지국 정부와의 협상 능력에서 경쟁우위를 가지고 있고 이를 이용해서 국제금융시장에서 위험차익거래를 수행하여 이익을 얻고 있는 셈이다.

예제 5 외환시장과 국채시장에서 다음과 같이 가격이 형성되어 있을 때 가능한 차익거래를 서술하고, 이 차익거래 실행의 제약요인에 대해 논의하라.

미국 달러 표시 10년 만기 미국 국채 수익률 0.721%
브라질 헤알 표시 10년 만기 브라질 국채 수익률 6.706%
현물환율 5.2994 BRL/USD
10년만기 선물환율 5.3009 BRL/USD

해설 (1) 합성 선물환율

이자율평가로 합성 선물환율을 구하면,

$$F = S \times \frac{(1+r_{BRL})}{(1+r_{USD})} = 5.2994 \times \frac{(1+0.06706)^{10}}{(1+0.00721)^{10}} = 9.4338$$

합성 선물환율 9.4338 BRL/USD는 선물환율 5.3009 BRL/USD 보다 높으므로 "합성 선물환 매도 + 시장 선물환 매수"의 차익거래를 해야 한다.

(2) 합성 선물환 매도

"합성 선물환 매수 = 브라질 헤알화 차입 + 현물환 매수 + 미국 달러화 예금"이므로, 반대 방향의 매매는 "합성 선물환 매도 = 브라질 헤알화 예금 + 현물환 매도 + 미국 달러화 차입"

(3) 위험이자율 차익거래

① 미국 달러화 차입, ② 현물환 매도로 달러화를 브라질 헤알화로 환전, ③ 브라질 헤알화 예금, ④ 선물환 매수로 10년 후 회수한 브라질 헤알화를 미국 달러화로 환전, ⑤ 차입한 미국 달러화를 10년 후 상환

(4) 현금흐름

1달러 차입했을 경우의 현금흐름을 계산해보면,

① 미국 국채를 공매도하여 1 달러 확보

② 1 달러를 현물환 거래를 통해 5.2294 브라질 헤알로 환전:

$$1\,USD \times 5.2994\,BRL/USD = 5.2994\,BRL$$

③ 5.2994 브라질 헤알을 브라질 국채에 투자하여 10년 후 10.1418 브라질 헤알 회수: $5.2994\,BRL \times (1+0.06706)^{10} = 10.1418\,BRL$

④ 10.1418 브라질 헤알을 선물환 거래를 통해 1.9132달러로 환전:

$$\frac{10.1418\,BRL}{5.3009\,BRL/USD} = 1.9132\,USD$$

⑤ 1.9132달러로 공매한 1달러에 대한 원금과 이자 1.0745달러를 상환하고 0.8387달러 차익 획득:

$$1.9132\,USD - 1\,USD \times (1+0.00721)^{10} = 0.8337\,USD$$

(5) 위험이자율 차익거래의 제약요인

① 달러화 자금을 차입하는 것에 비해 미국 국채를 공매하는 것은 어렵다. 미국 국채를 공매하기 위해서는 미국 국채를 차입해야 하는데, 현금 차입보다는 국채 차입이 어렵기 때문이다. 미국 국채 차입은 일반 투자자가 하기 어렵고 차입이 가능하더라도 현금 차입보다는 높은 이자를 지급해야 한다.

② 브라질 정부가 모라토리움을 선언한다면, 10년 후 10.1418 브라질 헤알을 회수하지 못하고 그보다 작은 금액을 회수할 수 있다. 브라질 국채는 할인채가 아니라 이표채이며, 만기 이전에 발생하는 이표수입의 재투자 수익률은 투자하는 시점에서는 불확실하다.

③ 1년 이내의 만기에 대해서는 선물환 거래가 활발하지만, 1년을 초과하는 만기에 대해서는 선물환 거래가 거의 없다. 10년 만기의 초장기 선물환 거

래를 하기 위해서는 은행에 상당한 프리미엄을 지급해야 한다. 10년 후 현물환 거래를 통해 브라질 헤알화를 달러화로 환전하는 방법도 있으며, 이 경우 10년 후 현물환율은 투자 시점에서는 불확실하기 때문에 상당한 환위험에 노출된다.

브라질 국채 수익률이 미국 국채에 비해 현저히 높기 때문에 낮은 달러 이자율로 조달해서 높은 수익률의 브라질 국채에 투자함으로써 차익을 획득할 수 있을 것으로 보이지만, 예제에서 보는 바와 같이, 부도위험, 높은 공매도 비용, 이표 재투자위험, 환위험 등이 포함되어 있어 차익을 실현하는 데 제약이 있음을 알 수 있다.

6. 해외사업 평가에서의 추가적인 이슈

한국기계 사례는 해외사업 평가의 단순한 예이다. 그러나 실제의 국제 자본예산은 별도의 교과서로 논의해야 할 만큼 복잡한 문제이다. 한 개의 장만으로 충분한 논의가 어려우며, 본 서에서는 단순한 사례를 통해 국제 자본예산의 한 단면을 간단히 소개한 셈이다. 이 절에서는 국제 자본예산에 어떠한 추가적인 이슈가 있는지를 간단히 논의하고자 한다.

한국기계 사례에서는 해외사업의 비용과 수입이 전부 현지국에서 발생하는 것으로 설정되어 있다. 그러나 해외사업을 수행한다면 모국에서 부품을 조달하고, 모국 또는 제3국에 수출하는 것이 보다 일반적이다. 이때에는 환율 변동에 따라 현지국 통화 표시 미래 현금흐름이 변동할 것이다. 예를 들어, 한국기계의 미국 공장이 부품의 일부를 한국 공장에서 조달할 때 어떤 일이 일어날지 생각해보자. 미국 공장의 달러화 표시 현금흐름은 원/달러 환율에 연동될 것이다. 한국 부품 가격은 변화가 없더라도 원화 강세가 된다면 부품의 달러화 비용은 증가하여 달러화 현금흐름은 감소할 것이다. 이와 같은 경우에도 한국 부품의 달러화 비용을 선물환율로 환산함으로써 달러화 현금흐름을 산출할 수 있다.

그럼에도 한국기계 사례는 여전히 단순한 사례이다. 원/달러 환율 변동에 따라 고정된 원화 비용의 달러화 가치가 변동하는 환산효과(translation effect)만을 고려했을 뿐이다. 현실 세계에서는 환산효과에 추가하여 환율 변동으로 현금흐름 자체가 변동하는 전략효과

(strategic effect)도 존재한다. 원화 강세로 미국 공장 입장에서 한국 부품 비용이 상승하는 경우 한국기계 경영진은 어떤 대응을 할까? 미국 현지 조달 비중을 늘림으로써 비용 절감을 시도할 것이다. 한국기계 사례에서는 환율 변동과 현금흐름의 상관관계가 없다고 암묵적으로 가정하였는데, 실제로는 전략효과로 인해 상관관계를 가지는 것이다.

순수 국내기업조차도 경쟁효과에 의해 환율변동과 현금흐름은 상관관계를 가진다. 미국에서 자금과 부품을 조달하고 미국에서 판매하는 순수 미국기업을 생각해보자. 원화 약세로 부품의 일부를 한국에서 조달하는 한국기계 미국 공장의 조달비용이 줄어든다면, 한국기계 미국 공장은 보다 낮은 가격으로 기계를 판매할 수 있을 것이며, 그 결과 순수 미국기업의 매출은 줄어들 것이다. 경쟁효과로 인해 순수 국내기업조차도 환율 변동과 현금흐름은 상관관계를 가지며, 한국기계 미국 공장의 환율 변동과 현금흐름의 상관관계는 더욱 클 것이다. 따라서 보다 정확한 국제 자본예산을 실행하기 위해서는 환율변동과 현금흐름의 상관관계를 고려해야 한다.

한국기계 사례에서는 본사 경영진 입장에서의 사업가치에 대해서만 주목하였다. 그러나 한국기계 미국 현지법인의 사업이 커진다면, 현지 경영진 입장에서의 사업가치도 중요해질 것이다. 특히, 한국기계가 현지기업과 합작법인을 설립하였다면, 현지 경영진 입장에서의 사업가치는 더욱 중요할 것이다. 이러한 경우 본사 경영진 입장에서의 자본예산과 현지 경영진 입장에서의 자본예산을 같이 고려해야 할 것이다.

한국기계 사례에서는 사업구조의 중대한 변화가 없다고 가정하고 본사의 기존 가중평균자본비용을 적용하였다. 만약, 한국기계 미국 공장의 설립으로 한국기계의 사업구조가 현저히 변한다면 어떤 자본비용을 적용해야 하는가? 한국기계 미국 공장으로부터의 현금흐름은 한국기계 본사의 현금흐름과 반대 방향의 상관관계를 가지고 있어 한국기계 전체 현금흐름의 변동성을 줄어준다면 어떤 자본비용을 적용해야 하는가? 해외사업은 국내사업과 달리 사업구조 자체를 변화시킬 수 있으며, 적정 자본비용 산출에서부터 근본적인 검토가 필요하다.

해외사업은 국내에서 새로운 사업을 추진하는 것과는 차원이 다른 불확실성에 노출된다. 불확실성이 큰 경우에 유용한 자본예산 분석이 시나리오분석, 민감도분석, 시뮬레이션분석이다. 국제 자본예산에서 그 중요성이 더욱 커진다.

해외사업을 평가할 때, 환산효과 뿐만이 아니라 전략효과도 고려해야 한다.

키워드

- 국제 자본예산
- 이자율평가
- 현물환율
- 선물환율
- 무위험이자율 차익거래
- 국제피셔효과
- 위험이자율 차익거래
- 선물환율 불편예측치가설
- 위험프리미엄
- 잉여현금흐름
- 가중평균자본비용
- 국제금융시장의 통합
- 국제금융시장의 분할
- 통화스왑
- 환위험의 환산효과
- 환위험의 전략효과
- 환위험의 경쟁효과

16 연습문제 Exercise

01 (★) 다음 용어를 설명하시오.

(1) 이자율평가　(2) 무위험이자율차익거래　(3) 국제피셔효과
(4) 위험이자율차익거래　(5) 선물환율 불편예측치가설　(6) 통화스왑
(7) 환위험 환산효과　(8) 환위험 전략효과

02 (★★) 한국의 연 이자율이 10%, 미국의 연 이자율이 5%, 현물환율이 1,000원/달러인 경우 이자율평가에 의한 6개월 만기 선물환율을 계산하면?

03 (★★) 한국의 연 이자율이 10%, 미국의 연 이자율이 5%, 현물환율이 1,000원/달러인 경우 국제피셔효과에 의한 2년 후 현물환율의 예측치는?

04 (★★★) 한국의 연 이자율이 10%, 미국의 연 이자율이 5%, 현물환율이 1,000원/달러, 1년 만기 선물환율이 1,050원/달러인 경우 1,000달러의 자금으로 실행한 무위험이자율차익거래의 차익은?

05 (★★★) 한국의 연 이자율은 10%, 미국의 연 이자율은 5%, 현물환율은 1,000원/달러, 1년 후 현물환율의 예측치가 1,020원/달러이며, 1년 후 예측대로 현물환율이 실현될 경우, 차익 획득이 가능한 위험이자율차익거래는?

① 원화 차입 + 현재 시점 현물환 매수 + 달러화 예금 + 1년 후 현물환 매도
② 달러화 차입 + 현재 시점 현물환 매도 + 원화 예금 + 1년 후 현물환 매수
③ 원화 차입 + 현물환 매수 + 달러화 예금 + 현재 시점 1년 만기 선물환 매도
④ 달러화 차입 + 현물환 매도 + 원화 예금 + 현재 시점 1년 만기 선물환 매수

06 (★★) 한국의 연 이자율이 10%, 미국의 연 이자율이 5%, 현물환율이 1,200원/달러, 1년 후 예상 현물환율이 1,145원/달러, 1년 만기 선물환율이 1,257원/달러인 경우 옳은 설명은?

① 이자율평가가 성립한다.
② 국제피셔효과가 성립한다.
③ 선물환율의 불편예측치 가설이 성립한다.
④ 이자율평가와 국제평가효과 모두 성립하지 않는다.

07 (★) 한국의 자본비용은 5%, 현물환율은 1,000원/달러, 1년 만기 선물환율은 1,100원/달러이며 이자율평가가 성립할 때 미국의 자본비용은?

08 (★★★) 다음 백두기업과 한라기업이 원화와 엔화를 차입할 때 적용되는 이자율이 다음과 같을 때 두 기업 간에 실행가능한 통화스왑에 대한 설명 중 틀린 것은?

	원화	엔화
백두기업	7%	10%
한라기업	9%	11%

① 백두기업은 한라기업에 비해 원화에 비교 우위가 있다.
② 백두기업과 한라기업 간 스왑의 이익은 1%이다.
③ 백두기업의 엔화 채무와 한라기업의 원화 채무를 교환하여 이익을 창출한다.
④ 백두기업은 원화와 엔화에서 모두 우위가 있다.

09 (★) 설악기계는 한국의 채권시장에서 8%에 100억원의 자금을 조달하여 미국에 공장을 건설하려고 한다. 원화 8% 이자를 수취하고, 달러화 6% 이자를 지급하는 통화스왑계약을 체결하는 경우, 설악기계의 유효 달러화 조달비용은?

① 2% ② 4%
③ 6% ④ 8%

10 태백기계는 미국 공장에 새로운 시업에 대해 기계설비를 도입하여 총 5년 동안 운영할 계획이다. 투자시점의 현금흐름은 자본투자액 100만 달러이며, 4년 후 잔존가치는 0이다. 각 년도에 기대되는 현금흐름은 각각 30만 달러, 40만 달러, 50만 달러, 60만 달러이다. 태백기계 본사의 원화 자본비용은 11%이다. 한국의 이자율은 10%, 미국의 이자율은 5%, 현물환율은 1,000원/달러이다.

(1) (★★★) 태백기계의 미국 현지 경영자 관점에서 계산한 순현재가치를 원화로 환산하시오.
(2) (★★★) 태백기계의 한국 본사 경영자 관점에서 순현재가치를 구하시오.
(3) (★) 두 방법의 원화 순현재가치는 동일한지를 설명하시오.

11 (★★) 소백기계는 미국 텍사스주에 공장을 건설하려고 한다. 텍사스 주정부는 소백기계에 연 4%이자율로 1,000만 달러의 대출을 승인하려 한다. 대출조건은 3년간 원리금 균등분할 상환으로 매년 360.3만 달러를 상환해야 한다. 시장 이자율은 원화 6%, 달러화 5%이며, 현재 시점의 현물환율은 1,000원/달러이다. 텍사스 주정부가 제공하는 대출혜택의 원화 현재가치는? (연 5%로 차입하였다면 매년 367.2만 달러를 상환해야 한다.)

12 (★) 백두전자의 미국 공장은 올해 100만 달러의 세전이익을 보고했다. 미국 현지의 법인세율은 20%이고, 한국의 법인세율은 40%이다. 백두전자 미국 공장이 한국에 납부해야 할 법인세액은? 단, 현물환율은 1,000원/달러이다.

13 (★★) 브라질 헤알화 표시 브라질 국채의 수익률은 6.706%, 미국 달러화 표시 미국 국채의 수익률은 0.721%, 헤알화/달러 현물환율은 5.2994 BRL/USD, 선물환율은 5.3009 BRL/USD일 때, 미국 달러화 표시 브라질 국채의 내재 신용 스프레드는?

14 (★★) 수출업체가 외환시장에서 실행하는 환위험 헤지와 선물환을 이용하는 환위험 헤지가 동일한 성과를 달성하기 위한 조건을 설명하시오.

15 (★★★) 한라전자의 4년에 걸친 미국 지역 투자 프로젝트의 달러화 현금흐름과 한국과 미국의 예상이자율은 다음과 같다. 이 프로젝트의 달러화 자본비용이 15%이며 현재의 원/달러 현물환율이 1,200원일 때 이 투자안을 원화 순현재가치로 평가하시오.

기간	예상이자율(%)		현금흐름(억달러)
	한국	미국	
0			−20
1	10	4	10
2	9	5	10
3	8	6	8
4	7	7	8

16 (★★) 태백산업은 향후 3년간 매년 10억원 원금에 대해 6%의 이자를 지급하고, 소백산업으로부터 100만 달러 원금에 대해 LIBOR(London Interbank Offered Rate)이자를 수취하는 스왑 계약을 맺었다. 또한 태백산업은 한라은행으로부터 만기 3년 기간으로 연 LIBOR+2%의 이자율을 적용하여 100만 달러를 차입했다. 향후 3년간 원달러 환율이 1,200으로 예상될 때 태백산업과 소백산업 간 스왑 계약의 현금흐름을 그림으로 나타내고, 태백산업이 실질적으로 부담하는 연간 원화 이자비용을 계산하시오.

16 연습문제 정답 및 해설

Exercise

02 1년 이내 만기의 예금에 대해서는 단리를 적용하므로

$$F_0^1 = S_0 \frac{1+i_{₩}}{1+i_{\$}} = 1{,}000 \frac{1+\frac{0.1}{2}}{1+\frac{0.05}{2}} \approx 1{,}024\text{원/달러}$$

03 1년 이상 만기의 예금에 대해서는 복리를 적용하여,

$$E_0(S_2) = S_0 \frac{(1+i_{₩})^2}{(1+i_{\$})^2} = 1{,}000 \frac{(1+0.1)^2}{(1+0.05)^2} \approx 1{,}098\text{원/달러}$$

04 이자율평가에 의한 합성 선물환율

$$F_0^1 = S_0 \frac{1+i_{₩}}{1+i_{\$}} = 1{,}000 \frac{1+0.1}{1+0.05} \approx 1{,}048\text{원/달러}$$

합성 선물환율(1,048원/달러) < 시장 선물환율(1,050원/달러)이므로 합성 선물환율로 매수하고 시장 선물환율로 매도하는 차익 실현의 기회가 있다.

무위험이자율차익거래의 과정은 다음과 같다.
"합성선물환 매수 = 원화 차입 + 현물환 매수 + 달러화 예금"이므로

① 현재
- 1달러에 해당하는 원화인 1,000원을 10% 연 이자율로 차입
- 1,000원을 현물환거래로 1달러로 환전
- 1달러를 5% 연 이자율로 달러화 예금
- 선물환율을 1,050원/달러 매도

② 1년 후
- 달러화 예금 계좌에서 (1+0.05)달러의 원리금 회수
- (1+0.05)달러를 선물환거래로 (1+0.05)×1,050원으로 환전
- (1+0.05)×1,050원에서 1,000×(1+0.1)원 상환하여 2.5원/달러를 획득하므로 1,000달러에 대해 2,500원 차익실현

05 ②

③, ④는 무위험이자율차익거래이다.
1년 후 현물환율이 현재보다 상승할 것으로 예상되기 때문에 현재 시점에 현물환율로 매수하고,

1년 후 현물환율로 매도하면 차익이 발생할 것으로 생각할 수 있지만 이는 답이 아니다. 현재 시점에 현물환을 매수하면 한국의 연 10%의 이자율을 포기하면서 미국의 연 5%의 이자율에 투자하는 것인데 이같은 이자의 손실을 상쇄할 정도로 현물환율이 상승한 것이 아니기 때문이다.
국제피셔효과에 의하면, 현물환율과 양국의 이자율을 고려한 적정 미래 현물환율은

$$E_0(S_1) = S_0\frac{1+i_{₩}}{1+i_{\$}} = 1{,}000\frac{1+0.1}{1+0.05} \approx 1{,}048\text{원/달러}$$

즉, 양국의 이자율을 고려하면 현물환율은 4.8% 상승해야 하지만 예측치는 2% 밖에 상승하지 않기 때문에 현재 시점에 달러를 차입하여 현물환으로 매도하고, 이 금액을 은행에 예금한다. 1년 후 현물환을 매수한 다음 차입금을 상환하면 차익을 획득할 수 있다.

06

①

이자율평가에 따르면 $F_0^1 = 1{,}200 \times \frac{(1+0.1)}{(1+0.05)} = 1{,}257$이며, 국제피셔효과에 따르면 $E_0(S_1) = 1{,}200 \times \frac{(1+0.1)}{(1+0.05)} = 1{,}257$이므로 이자율평가는 성립하지만 국제피셔효과는 성립하지 않는다. $F_0^1 \neq E_0(S_1)$이므로 선물환율의 불편예측치가설은 성립하지 않는다.

07

②

$$r_{\$} = \frac{(1+i_{\$})}{(1+i_{₩})}(1+r_{₩}) - 1 = \frac{S_0}{F_0^1}(1+r_{₩}) - 1 = \frac{1{,}000}{1{,}100} \times (1+0.15) - 1 = 4.5\%$$

08

③

백두기업은 한라기업보다 원화와 엔화로 자금조달시 비용이 낮으므로 원화와 엔화에서 모두 우위가 있다. 하지만 백두기업은 원화로 자금조달시에는 한라기업보다 2%포인트 자본비용을 절감시킬 수 있고, 엔화로 자금조달시에는 한라기업보다 1%포인트 자본비용을 절감시킬 수 있으므로 상대적으로 한라기업에 비해 원화에 비교 우위가 있다. 백두기업은 비교우위에 있는 원화 채무를 한라기업이 비교우위에 있는 엔화채무를 교환해서 이익을 창출할 수 있다. 이 때 백두기업과 한라기업간 스왑의 이익은 두 기업간 원화금리차(9%−7%=2%)와 엔화금리차(11%−10%=1%)의 차이인 1%이다.

09

③

원화 8%+(−원화 8%+달러화 6%)=달러화 6%, 즉, 유효 달러화 조달비용은 6%

10

(1)

• 달러화 현금흐름(단위: 만달러)

연도	0	1	2	3
현금흐름	−100	30	40	50

이자율평가에 의한 달러화 자본비용

$$r_{\$} = \frac{(1+i_{\$})}{(1+i_{₩})}(1+r_{₩}) - 1 = \frac{(1+0.05)}{(1+0.10)}(1+0.11) - 1 = 0.0595 = 5.95\%$$

• 달러화 순현재가치

달러화 현금흐름을 달러화 자본비용 5.95%으로 할인하면 달러화 순현재가치는 53.59만 달러가 산출된다.

$$NPV=\frac{-100}{(1+0.0595)^0}+\frac{30}{(1+0.0595)^1}+\frac{40}{(1+0.0595)^2}+\frac{50}{(1+0.0595)^3}+\frac{60}{(1+0.0595)^4}=53.59$$

• 원화 순현재가치

달러화 순현재가치 53.59만 달러를 현물환율 1,000원/달러로 환산하면, 원화 순현재가치 5.359억원이다.

(2) 이자율평가에 의한 1년 만기부터 4년 만기까지 합성 선물환율은 다음과 같다.

$$F_1=S\times\frac{(1+i_{₩})}{(1+i_{\$})}=1{,}000\frac{(1+0.10)}{(1+0.05)}=1{,}047.62$$

$$F_2=S\times\frac{(1+i_{₩})^2}{(1+i_{\$})^2}=1{,}000\frac{(1+0.10)^2}{(1+0.05)^2}=1{,}097.51$$

$$F_3=S\times\frac{(1+i_{₩})^3}{(1+i_{\$})^3}=1{,}000\frac{(1+0.10)^3}{(1+0.05)^3}=1{,}149.77$$

$$F_4=S\times\frac{(1+i_{₩})^4}{(1+i_{\$})^4}=1{,}000\frac{(1+0.10)^4}{(1+0.05)^4}=1{,}204.52$$

원화 현금흐름은 달러 현금흐름에 선물환율을 곱한다.

연도	0	1	2	3	4
달러 현금흐름(만 달러)	−100	30	40	50	60
원화 현금흐름(억 원)	−10.00	3.14	4.39	5.75	7.23

• 원화 순현재가치

원화 현금흐름을 원화 자본비용 11%으로 할인하면 원화 순현재가치는 5.359억원이다.

$$NPV=\frac{-10.00}{(1+0.11)^0}+\frac{3.14}{(1+0.11)^1}+\frac{4.39}{(1+0.11)^2}+\frac{5.75}{(1+0.11)^3}+\frac{7.23}{(1+0.11)^4}=5.359$$

(3) 이자율평가가 성립하므로 (1)과 (2)의 계산절차에 따라 두 방법의 원화 순현재가치는 동일하다.

11 텍사스 주정부 대출혜택은 연 시장이자율보다 1%p 낮은 이자율이며, 이로 인한 상환 절감액은 6.9만 달러(=367.2만 - 360.3만)이다. 따라서 3년간 6.9만 달러를 시장이자율 5%로 현재가치를 구한 후, 현물환율 기준의 원화로 환산하면 된다.

$$PV=\frac{6.9}{(1+0.05)^1}+\frac{6.9}{(1+0.05)^2}+\frac{6.9}{(1+0.05)^3}\approx 18.8\text{만 달러}$$

원화가치 = 18.8만 달러 × 1,000원/달러 = 1.88억원

12 백두전자 미국 공장이 미국에 납부해야 할 법인세액은 100×0.2=20만 달러

백두전자 미국 공장이 한국에 납부해야 할 법인세액은 미국에 납부한 원화 가치 법인세액을 차감

한다.

$100\times(0.4-0.2)\times1{,}000$원/달러$=2$억원

13 이자율평가에 의한 달러화 표시 브라질 국채 수익률

$$r_{USD}=\frac{(1+i_{USD})}{(1+i_{BRL})}(1+r_{BRL})-1=\frac{S_0}{E(S_0)}(1+r_{BRL})-1$$
$$=\frac{5.2994}{5.3009}(1+0.06706)-1=0.066806=6.681\%$$

미국 달러화 표시 브라질 국채 수익률 6.681%는 미국 달러화 표시 미국 국채 수익률 0.721%보다 5.960%p 높으므로 내재 신용 스프레드는 5.960(=6.681−0.721)이다.

14 수출업체가 1년 후 X달러의 수출대금을 받는다고 가정한다.

- 외환시장에서 환위험 헤지방법: 미국 은행에서 X달러를 연 $i_\$$의 이자율로 할인한 금액을 현재 차입한 다음, 이를 현재 S_0의 환율로 원화로 환전하여 국내 은행에 연 $i_₩$의 이자율로 예치한다. 1년 후의 원화 예치 원리금은 $\frac{X}{(1+i_\$)}S_0(1+i_₩)$이며, 달러 차입에 대한 원리금 X는 수출대금 대금으로 상환한다.
- 선물환을 이용한 헤지방법: 1년 만기의 선물환율로 달러를 매도계약한다. 1년 후 원화 수취금액은 F_0^1X이다.

  두 방법의 성과가 일치하기 위해서는 $\frac{X}{(1+i_\$)}S_0(1+i_₩)=F_0^1X \rightarrow F_0^1=S_0\frac{(1+r_₩)}{(1+r_\$)}$이 성립해야 한다. 이는 이자율평가이론(interest rate parity theory)이 성립해야 함을 의미한다.

15

기간	선물환율(①)	원화자본비용(②)	현금흐름(억원)(③)	현재가치(억원)
0	1,200		−24,000	−24,000
1	1,269	0.216	12,692	10,435
2	1,318	0.194	13,176	9,074
3	1,342	0.172	10,740	6,312
4	1,342	0.150	10,740	5,489
NPV				7,309

① 기간별 선물환율을 이자율평가에 따라 계산한다.

$$F_0^1=1{,}200\times\frac{1.10}{1.04}=1{,}269$$

$$F_1^2=1{,}200\times\frac{1.10\times1.09}{1.04\times1.05}=1{,}381$$

$$F_2^3=1{,}200\times\frac{1.10\times1.09\times1.08}{1.04\times1.05\times1.06}=1{,}342$$

$$F_3^4=1{,}200\times\frac{1.10\times1.09\times1.08\times1.07}{1.04\times1.05\times1.06\times1.07}=1{,}342$$

② 기간별 원화자본비용은 이자율평가에 따라 계산한다. 4년 동안 달러화 자본비용은 15%로 변동이 없지만, 한국과 미국의 기간별 이자율이 변동하므로 원화자본비용도 변동한다.

$$r_{₩}=\frac{(1+i_{₩})}{(1+i_{\$})}(1+r_{\$})-1=\frac{(1+i_{₩})}{(1+i_{\$})}(1+0.15)-1$$

③ 원화 현금흐름은 기간별 선물환율에 달러화 현금흐름을 곱하여 계산하며 순현재가치는 다음과 같다.

$$\begin{aligned}NPV&=-24{,}000+\frac{12{,}692}{(1+0.216)}+\frac{13{,}176}{(1+0.216)(1+0.194)}\\&+\frac{10{,}740}{(1+0.216)(1+0.194)(1+0.172)}+\frac{10{,}740}{(1+0.216)(1+0.194)(1+0.172)(1+0.150)}\\&=7{,}309\end{aligned}$$

16

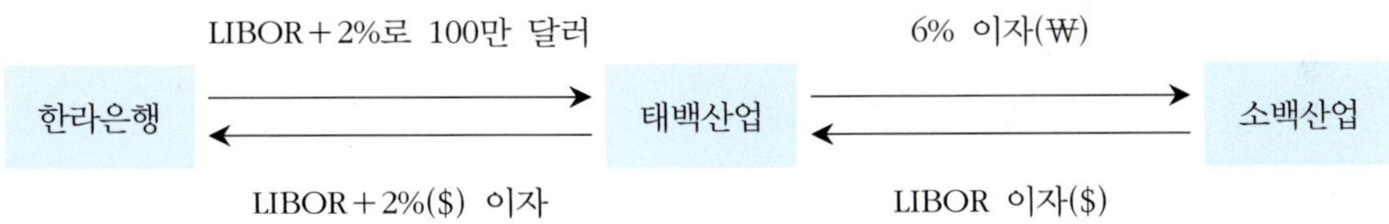

태백산업의 연간 실질 이자비용: LIBOR−6%−(LIBOR+2%)=−2%(달러)−6%(원)

태백산업의 연간 원화 실질 이자비용: −2%×100만달러×1,200원/달러−6%×10억원
=−84,000,000원

찾아보기

[저자소개]

[대표저자]

최 혁

서울대학교 경영학과 명예교수이다. 서울대학교 경영대학에서 학사·석사를 마치고 미국 시카고대학교에서 MBA와 경영학 박사학위를 취득했다. 미국 펜실베니아 주립대학교와 서울대학교에서 강의했으며 서울대학교 경영대학장 겸 경영전문대학원장, 한국증권학회장, 한국재무학회장, 증권선물위원회 비상임위원을 역임했다. 2006년도 매경이코노미스트상을 수상했다. 국내외 주요 학술지에 여러 논문을 게재했으며, 몇 논문은 국제적으로 빈번히 인용되고 있다.

[공동저자]

안 희 준

현재 성균관대학교 경영대학 교수이면서 경영대학장 겸 경영전문대학원장, 글로벌보험연금대학원장을 맡고 있다. 강원대학교 학부를 졸업하고, 미국 펜실베니아 주립대학교에서 경영학 석사(MBA)와 박사학위를 취득하였으며 홍콩시립대학교, 숙명여자대학교에서 교수로 재직하였다. 투자론 및 시장미시구조가 주 연구 분야이며, 재무연구와 Asia－Pacific Journal of Financial Studies 편집위원장, 한국증권학회장, 거래소 청산결제관리위원장을 역임하였다.

김 종 오

한국방송통신대학교 경영학과 교수이자 부총장이다. 서울대학교 경영학과를 졸업하였고, 같은 대학 경영학석사 및 박사학위(재무금융)를 취득하였다. 미국 오하이오 주립대에서 방문학자로 연구활동을 하였고, 공매도, 개인투자자의 거래행태 등의 연구논문을 게재하였으며, 재무관리, 투자론, 경영분석 등의 저서를 집필하였다.

정 재 만

숭실대학교 금융학부 교수이다. 서울대학교 경제학과에서 학사, 서울대학교 경영학과에서 석사·박사학위를 취득하였다. 한림대학교, 서울시립대학교, 숭실대학교에서 강의하였으며, 투자론, 시장미시구조, 국제재무 등 분야에 대한 연구를 하고 있다. Asia－Pacific Journal of Financial Studies, 한국증권학회지, 재무연구, 재무관리연구, 선물연구, 금융연구, 금융공학연구 등의 학술지에서 편집위원을 역임하거나 역임 중이며, 현재 재무관리연구 편집위원장이다.

이 우 백

한국방송통신대학교 경영학과 교수이면서 경영대학원장이다. 서강대학교 경영학과를 졸업하고, 서울대학교 대학원에서 재무금융 전공으로 경영학석사 및 박사학위를 취득하였다. 삼성금융연구소에서 금융산업 분야의 연구원으로 활동했다. 국내외 학술지에 자본시장의 미시구조와 정책, 투자자들의 행태와 전략에 관한 다수의 논문을 게재했으며, 재무관리, 금융시장과 금융투자, 재무분석의 도서를 저술하였다.

엄 윤 성

한성대학교 사회과학부 회계·재무트랙 교수이다. 서울대학교 미학과와 경영학과를 졸업하고 같은 대학에서 재무전공으로 경영학 석사 및 박사학위를 취득하였다. 미국 워싱턴대학교와 한국은행 경제연구원에서 객원연구원으로 연구를 수행하였고, 투자론, 시장미시구조, 행동재무 등 분야에 관심을 가지고 연구하고 있다. 주요 연구로 “The disposition effect and investment performance in the futures market”이 가장 많이 인용된다.

양 철 원

단국대학교 경영학부 교수이다. 서울대학교 경영대학을 졸업하였고, 같은 대학에서 경영학석사와 경영학박사(재무금융 전공)학위를 취득하였다. 주요 연구 관심 분야는 투자전략 및 투자자의 행태, 시장의 유동성 등 시장미시구조 등이다. 최근에는 금융관련 규제 및 법 분야와 가상자산 등 핀테크 분야에 대해서도 관심을 넓혀 연구하고 있다. 한국증권학회, 한국재무학회, 한국파생상품학회에서 이사로 활동하고 있으며, 학술지인 재무연구와 재무관리연구의 편집위원을 역임하였다.

김 지 현

한림대학교 금융재무학과의 교수이다. 서울대학교 경영대학에서 학사학위를 취득하였으며 같은 대학교 경영대학원에서 재무금융전공으로 석사 및 박사학위를 취득하였다. 미국 오하이오 주립대에서 방문학자로서 연구활동을 한 바 있으며, KT 경영연구소에서 연구원으로 근무한 바 있다. 재무연구, 파생상품학회, 금융정보학회 등의 편집위원 또는 이사로 활동하였거나 활동하고 있다. 투자론, 펀드, 행동재무, 기업재무 등의 주제에 관심을 가지고 연구를 진행하고 있다.

우 민 철

한국거래소 시장감시본부 시장감시1팀장이다. 불공정거래 감시업무를 18년간 담당했으며 근무기간 중 금융감독원, 검찰에서 파견 근무하였으며 금융위원회의 시장질서교란행위, 외국인투자자 등의 TF에 참여하였다. 법원행정처의 특수분야 전문감정인으로 등록되어 21건의 민사, 형사사건을 담당하였다. 서울대학교에서 재무관리 전공으로 박사학위를 취득하였으며, 공매도, 투자전략, 고빈도 거래 등의 81편의 논문을 저술하였다.

윤 선 흠

한국채권연구원 연구위원이다. 경희대학교 경영학과에서 학사, 서울대학교 경영학과에서 석사·박사학위를 취득하였다. 박사학위 논문은 "시장가주문과 지정가주문 선택에 대한 연구"이다. 한국증권학회지, 재무관리연구 등의 학술지에 개인, 기관, 외국인 투자자의 투자행동에 대한 논문을 다수 발표하였다. 연금과 공공기금의 ALM(Asset Liability Management) 및 자산배분에 대한 자문을 수행하고 있다.

반 주 일

상명대학교 글로벌경영학과 교수이자 현장실습·일경험지원센터장이다. 서울대학교 지구환경시스템공학부를 졸업하고 같은 대학에서 경영학(재무·금융) 석사 및 박사학위를 취득하였다. 한국수출입은행 남북협력1실, 전대금융실, 수원지점에서 부심사역으로, 우리자산운용 인덱스운용팀에서 펀드매니저로 근무하였다. 펀드시장 및 IPO시장에 관심을 가지고 연구하고 있다.

이 효 정

광운대학교 경영학부 교수로 재직 중이며, 재무관리, 증권투자론, 파생금융상품론 등을 강의하고 있다. 서울대학교 법학부를 졸업하였고, 고려대학교 경영전문대학원에서 MBA를, 서울대학교 경영대학에서 경영학(재무금융 전공) 박사학위를 취득하였다. 미국 조지메이슨 대학교에서 방문학자로 연구활동을 하였고, 매일경제신문사에서 취재기자로 약 5년간 활동하였다. 국내외 주요 학술지에 투자심리, 개인투자자의 거래행태, 공매도 등에 관한 연구 논문을 게재하였다.

왕 수 봉

아주대학교 경영학과 교수이다. 대만 국립정치대학교 재무관리학사학위를 취득하였으면 서울대학교 경영대학원에서 재무금융 전공으로 석사 및 박사학위를 취득하였다. 이후 성균관대학교 경영학과에서 강의전담교수를 지냈고, 대만국립중앙대학교 재무관리 학과에서 조교수로 재직하였다. 주요 연구분야는 공매도 및 주식시장의 유동성이다.

재무관리

2022년　8월　20일　제 1 판　인쇄
2022년　8월　30일　제 1 판　발행

공저자　최혁 · 안희준 · 김종오 · 정재만 · 이우백 · 엄윤성 · 양철원 · 김지현 · 우민철 · 윤선흠 · 반주일 · 이효정 · 왕수봉
발행인　임　권　규
발행처　弘　文　社

05855 서울시 송파구 송파대로 167 테라타워 B동 802호
등록　1993. 6. 24.　제1-1543호
TEL. 712-5311(代)　FAX. 716-5311

값 32,000원

ISBN 978-89-7770-731-3　93320